【记忆丛书·地方文革】

# "北决扬"资料集

## "Bei Jue Yang" Data Sets (I)

### (上卷)

李晓航 编注

By Li Xiaohang

美国华忆出版社

Remembering Publishing. USA

Copyright © 2025 by Remembering Publishing, LLC. USA

ISBN:　978-1-68560-190-4　(Paperback)
　　　　978-1-68560-191-1　(eBook)
Remembering Publishing, LLC
RememPub@gmail.com

"Bei Jue Yang" Data Sets (Volume I)
*By Li Xiaohang*

"北决扬"资料集（上卷）
李晓航　编注

出　版：美国华忆出版社
版　次：2025 年 6 月　第一版　第一次印刷
字　数：386 千字

All Rights Reserved.
No part of this book may be reproduced in any form or by any electronic or mechanical means, including information storage and retrieval systems, without permission in writing from the publisher. The only exception is by a reviewer, who may quote short excerpts in review.

作品内容受国际知识产权公约保护，版权所有，侵权必究

## 揚子江評論

決派聯络总主编

一九六七年十二月二十五日 創刊号 （本期共四版）

**菩薩蠻 黃鶴樓**

茫茫九派流中國，
沉沉一線穿南北。
煙雨莽蒼蒼，
龜蛇鎖大江。

黃鶴知何去？
剩有遊人處。
把酒酹滔滔，
心潮逐浪高！

毛泽东

## 中國共產党中央委員会
### 关于今冬明春农村文化大革命的指示
（一九六七年十二月四日）

（一）经过一年多的无产阶级文化大革命，战无不胜的毛泽东思想深入人心，农村中广大贫农、下中农进一步发动起来了，分得了革命和生产的双胜利。当前农村形势大好，只有一小部分受资产阶级和走资派及地富反坏右把持的地区的情况不同。

（二）今冬明春农村里的无产阶级文化大革命，要照着中共中央《关于无产阶级文化大革命的决定》和十六条和《关于农村无产阶级文化大革命的指示（草案）》和十条的规定进行，斗争的矛头主要对准党内走资本主义道路的当权派和地富反坏右分子及其代理人。必须坚定地放手发动群众，让群众自己教育自己。不要派工作队去搞斗批改。学生、工人、市级机关、机关干部，都不要去农村下乡。农民也不要进城串连。可由人民解放军经过少训练的毛泽东思想宣传队，宣传毛泽东思想，宣传党的方针政策。

（三）县、人民公社、生产大队、生产队等单位，要普遍举办毛泽东思想学习班，广大社员、干部和复员转业军人要学习毛泽东思想的伟大红旗，以"斗私批修"为纲，进行自我教育。要深入地学好"老三篇"，学习老三篇是无产阶级文化大革命的重要措施。要开展革命的大批判，把中国赫鲁晓夫的修正主义"阶级斗争熄灭论"、"驯服工具论"、"三自一包"、"四大自由"、"党内和平"等等反动谬论，他们干扰批判"打击一大片，保护一小撮"的反革命战略，及其他党内外资本主义复辟的阴谋，揭露、批判、肃清，改造各单位、本部门各单位，改造各系统的。

（四）要继续贯彻执行毛主席"抓革命，促生产"的方针，要大力，要坚持社会主义道路，支援集体经济，要抓紧闹革命，要

对敌斗争，反对贪污盗窃，反对铺张浪费，反对投机倒把，反对偷工减料，大量制造假货劣品，大反资本主义的倾向，农村人民公社现有的三级所有、队为基础的制度，关于自留地的规定，一般不要变动，以免耽误生产。

（五）在举办毛泽东思想学习班的基础上，解决党、政、团的革命大联合，多三结合问题，组织政工、社员革命领导小组，只要好地组织生产大军。要支持贫下中农，实现革命大联合。在贫下中农的生产大军，应坚持贫下中农为主，实现革命大联合，农村干部大多数是好的积极靠拢的。

（六）革命群众要提高警觉性，加强无产阶级专政，不能随意整人、打人、抓人、关人，要严防反革命分子，特别他们口里讲社会主义行动，受走资派复辟的控制和破坏，必须坚持依靠贫下中农、下中农为主体的无产阶级革命派手中来。

实现革命的大联合，反对宗派主义，反对山头主义，坚持文斗，防止党内一小撮走资本主义道路的当权派和其他坏人挑动武斗，挑动群众斗群众。

（七）一九六三年五月二十日，中共中央关于目前农村工作中若干问题的决定（即草案），以一九六五年月十四日，中共中央关于农村社教运动中目前提出的一些问题第二十三条，是毛主席亲自领导下制定的。根据这两个文件进行的四清运动，有伟大成绩。四清运动落实的其他问题，可以在无产阶级文化大革命运动中解决。

〔中发（67）371号〕

## 創刊词

呵！延迟期待得再那地都在前面摆上的这颗稿应无人理，不是由我们这样的小人物把攥了个个大的毛主席的红宝贵——起来完成吗？文化大革命的洪流，把我们一班老手生件的小人物推到了——无产阶级文化大革命斗争的风暴激荡的时代，让人类历史上从未有过的春扑透推着涌来呼啸着飞奔。明眼看清大革命的大形势势究竟将怎样呢？为什么《扬子江评论》要应运而生？

历史，都是无不新事物代旧事物，是先进的力量不断地战胜保守

我们以看看者的分身，铁矿、矿 矿和采访，各自合集在一起，这是千百万青年革命运动的结果，是大自然 的威力，且看我们的队伍，虽已经有人溜脱、有人掉队、有人叛徒、有人做党，虽有人暂时撤到后方进行，这是一年革命运动的结果，是大革命的威力。《扬子江评论》的放诞发报行者在！

学者们的束西，十有八九无自无病，不见历史的激响者的呼喊，为什么？就因为龙杆是在石流之上的青年，不是大江大水里的青年是在彩虹桥头中的青年，这一次赤的哥尔呢等亦喊，一个普通的工人，已感受者被历经风雨八七一二风云，就应该了这篇世界视影的无产阶级文化大革命，如何息想它，如何建定它，

勢力的过程，如同毛主席教导我们的，"水远不会停止在一个水平上"，"武化的刺激之争，已经改变全新的时代表示发表发生，什么刺派、什么新派，一个共产主义的政治斗争就迎来冲击，毛主席庄严地说："决心将无产阶级文化大革命进行到底的无产阶级革命派"，同情团泽而心悦诚服的无产阶级革命派和小资产阶级革命派们，给踊跃旗挺促地拥起，普炸岗社会，新志扬，既须是决心将无产阶级文化大革命进行到底的洪水猛兽，运动中达到千百万的人民的水平。坚持这一切的，是谁然坚定对坏持扬者者自有一大批百友基不愿人奉不是第步小林，为一步一步的人民合格战士，方才有新的斗争激发鲜、新武器，君子国落落，小人省庆波，我们以来都只把这些甜熟伟大的中国沉寂声（下转第三版）

"北决扬"之《扬子江评论》

鲁礼安与父母和姐姐合影（摄于1955年，时念小学一年级）

鲁礼安（摄于2000年，时年54岁）

2005年香港中文大学出版的鲁礼安回忆录

# 内容简介

本书是武汉"北决扬"一案的文献资料集，汇集了"北决扬"成员的文稿和言论，湖北清查"北决扬"的有关指示、讲话和文章，以及"北决扬"主要成员构成情况和活动大事记。

正文共分三部分，第一部分收录有关"北决扬"言论方面的文稿，包括鲁礼安、冯天艾等"北决扬"成员写的评论、宣言、声明、调查报告、通讯、口号、自供等，支持和帮助"北决扬"的有关人员在清查期间写的交待，以及"巴河一司"王仁舟的有关言论；第二部分收录中央、湖北省革委会领导人关于"北决扬"问题的指示、讲话和有关文件，以及关于"两清"（清查"五·一六"和"北决扬"）运动的材料；第三部分选编揭发、批判"北决扬"的部分有代表性的文章。

本书编者整理的《"北决扬"大事记》《"北决扬"主要成员简介》《<湖北日报><长江日报>刊载的批判"北决扬"文章篇目》，作为附录放在正文后面。

本书收录的大量原始资料，全面、真实地反映了"北决扬"的思想脉络、活动方式和生存状态，记录了当时青年学生对文革运动的观察与思考，是研究"北决扬"问题的基础性资料，对研究文革时期的群众思潮、群众组织和群众运动具有重要参考价值。

# 上卷目录

序　言　印红标 ......................................................... I
前　言　被革命反噬的闯将　李晓航 ............................ VII
凡　例 ................................................................. XXI

## 第 一 部 分

为南下革命师生呼吁
　　——驳湖北大学的《紧急呼吁》 ................................. 3
　　（一九六六年八月三十一日）　鲁礼安

陈秀惠与向东流的两封信 ............................................ 11
　　（一九六七年二月、九月）

从阿基米德一句话谈起——给我一个支点，我可以把地球翻过来
　　——论工总必须翻案 ................................................ 15
　　（一九六七年春）　鲁礼安

从阿基米德一句话继续谈
　　——再论必须为工总翻案 .......................................... 19
　　（一九六七年春）　鲁礼安

钢八司是武汉地区工人总部战斗队员翻案不彻底性的畸形产物
　　——三论必须为工总翻案 .......................................... 22
　　（一九六七年四至五月）　鲁礼安

且看今日之武汉谭震林 ............................................... 25
　　（一九六七年春）

《天津延安中学以教学班为基础实现全校大联合和整顿、巩固、
　　发展红卫兵的体会》是一株抽掉两条路线斗争的大毒草 ...... 27
　　（一九六七年四月一日）　鲁礼安

英雄的八月 .................................................. 32
  （一九六七年四月三日）　鲁礼安

三司在十字街头 .............................................. 35
  （一九六七年四月三日）　鲁礼安

忘记过去，就意味着背叛 ...................................... 38
  （一九六七年四月五日）　鲁礼安

二司的功与过 ................................................ 43
  （一九六七年四月）　鲁礼安

政权的根本问题是军权 ........................................ 48
  （一九六七年五月十二日）　鲁礼安

听毛主席的话，誓死捍卫毛主席的革命路线
 ——致中国人民解放军武汉部队全体指战员 .................. 50
  （一九六七年五月十八日）　红司新华工敢死队

"大抓叛徒网，保护一小撮"是资产阶级反动路线的
 一个新的组成部分 ...................................... 54
  （一九六七年五月二十日）　鲁礼安

郭保安背叛了工学运动何止一年？
 ——独立师（8201）与新华工代表座谈会记录（摘录）........ 57
  （一九六七年五月三十一日）

迎接第五天
 ——"国际悲歌歌一曲，狂飙为我从天落" .................... 60
  （一九六七年六月）　鲁礼安

论刘少奇的中原失守 .......................................... 65
  （一九六七年七月二十五日）　冯天艾

新华工应当干什么？ .......................................... 70
  （一九六七年八月八日）　新华工敢死队

敢死队当前若干重大政治观点 .................................. 72
  （一九六七年八月八日）　新华工敢死队

论无产阶级文化大革命的最高形式仍然是武装夺取政权 ................73
　　（一九六七年八月十日）　新华工敢死队

为了前进的回顾
　　——献给武汉的无产阶级革命派 ................77
　　（一九六七年八月十一日）

论武汉工运道路 ................90
　　（《扬子江》版）（一九六七年八月十五日）　新华工敢死队

论武汉工运道路 ................94
　　（《长江日报》版）（一九六七年八月十八日）
　　红司（新华工）敢死队

从陈再道的垮台谈起
　　——再致武汉部队全体指战员 ................97
　　（一九六七年八月十八日）

联合，还是分裂？
　　——一评"新武汉" ................100
　　（一九六七年八月二十六日）　新华工敢死队

论"新武汉"的阶级实质
　　——二评"新武汉" ................104
　　（一九六七年八月二十日）　新华工敢死队

新华工敢死队、红色造反团代表发言 ................108
　　（一九六七年八月二十八日）

在革命的大批判中大树钢工总权威
　　——献给钢工总首届政治工作会议 ................110
　　（一九六七年九月二日）　新华工敢死队

《扬子江》杂志创刊词 ................115
　　（一九六七年九月七日）

新华工敢死队鲁礼安的发言 ................117
　　（一九六七年九月七日）

赞"第一炮手"为纪念毛主席《炮打司令部》大字报 .................. 119
　　（一九六七年九月七日）

论无产阶级权威 .................................................. 122
　　（一九六七年十月一日）　鲁礼安

钢工总是大联合的当然核心
　　——三论树工总大旗，是武汉运动的关键 ........................ 127
　　（一九六七年十月一日）新华工敢死队

武汉新华工红色造反团、敢死队关于当前大联合的严正声明 ...... 130
　　（一九六七年十月一日）

决派联络站组织条例 .............................................. 134
　　（一九六七年十一月三日）

北斗星学会宣言 .................................................. 135
　　（一九六七年十一月七日）　鲁礼安

"北斗星学会"记者招待会 .......................................... 137
　　（一九六七年十一月）

大人先生们！你们要"逼死"她吗？！ .............................. 142
　　（一九六七年十一月）　鲁礼安

决派宣言 ........................................................ 143
　　（第一稿）（一九六七年十二月十日）　鲁礼安

决派宣言 ........................................................ 146
　　（第二稿，草案，供大家讨论）（一九六八年一月二十五日）
　　鲁礼安

《扬子江评论》创刊词 ............................................ 163
　　（一九六七年十二月二十五日）

超越过去中国知识界千百年的成就 ................................ 166
　　（一九六七年十二月二十五日）

浠水农民运动考察报告 ............................................ 169
　　（一九六七年十二月三十日）　鲁礼安

为浠水农民发言
　　——展望中国农民运动的兴起..................180
　　　　（一九六八年一月五日）　鲁礼安

决心把无产阶级文化大革命进行到底的无产阶级革命派（决派）
章程总纲..................183
　　　　（一九六八年二月六日）　武汉决派联络站

论将无产阶级文化大革命进行到底的策略问题..................190
　　　　（一九六八年二月）　鲁礼安

我回答你们之一..................195
　　　　（一九六八年四月）　鲁礼安

愚蠢的诽谤
　　——我回答你们之二..................203
　　　　（一九六八年四月）　鲁礼安

历史在说话
　　——我回答你们之三..................209
　　　　（一九六八年四月十八日）　鲁礼安

无产阶级文化大革命与叛徒考茨基派
　　——为捍卫五·一六通知的原则性与纯洁性而作..................214
　　　　（一九六八年五月十一日）　鲁礼安

论派别和派性..................228
　　　　（一九六八年五月十六日）　《扬子江评论》评论员

历史该下怎样的结论..................234
　　　　（一九六八年五月十六日）　鲁礼安

评新华工内右翼朋友的机会主义路线..................237
　　　　（一九六八年五月十七日）　鲁礼安

我们需要怎样的团结
　　——兼与梅子惠、贾培培同志商榷..................242
　　　　（一九六八年五月十七日）　鲁礼安

别了，右翼朋友保安司令
　　——二论英雄与戏子 ............................................. 248
　　（一九六八年五月三十一日）　《扬子江评论》编辑部

还我战友鲁礼安，血债要用血来还
　　——记5·18铁山政治事件 ..................................... 252
　　（一九六八年五月三十一日）

喝令保安司令住手，不许迫害鲁礼安！ ......................... 261
　　（一九六八年五月三十一日）　《扬子江评论》评论员

鲁妈妈访问记 ................................................................ 264
　　（一九六八年六月五日）　《扬子江评论》记者

怎样认识无产阶级政治革命 ......................................... 267
　　（一九六八年六月十二日）　《扬子江评论》编辑部

严正声明 ...................................................................... 274
　　（一九六八年六月十二日）　江城人民营救鲁礼安联合代表团

强硬声明·口号报 ........................................................ 278
　　（一九六八年六月十二日）　钢工总武昌办事处等

右翼朋友是右倾翻案的吹鼓手 ..................................... 281
　　（一九六八年六月十二日）　《扬子江评论》评论员

妖为鬼蜮必成灾
　　——关于鲁礼安的一批材料 ..................................... 284
　　（一九六八年六月十五日）

我对无产阶级文化大革命各回合的认识
　　——鲁礼安的自供 ..................................................... 298
　　（一九六八年六月十六日）

鲁礼安在黄石所犯罪行的自供 ..................................... 301
　　（一九六八年）

无产阶级文化大革命中各种派别的分析 ..................... 305
　　（一九六八年六月二十日）　《扬子江评论》编辑部

《扬子江评论》第11期编者按 ......310
　　（一九六八年六月二十四日）　《扬子江评论》编辑部

千秋功罪，历史当与评说
　　——兼评《评反革命跳梁小丑鲁礼安》......313
　　（一九六八年七月八日）　新华工敢死队

"极左派"的自白 ......332
　　（一九六八年）　冯天艾

关于"北斗星学会"的情况简介 ......354
　　（一九六八年七月十六日）　《扬子江评论》编辑部

口号报 ......356
　　（一九六八年八月一日）　《扬子江评论》编辑部

《扬子江评论》编辑部纪念8·5、8·8战斗口号报 ......357
　　（一九六八年八月）　《扬子江评论》编辑部

评×氏人物第二个中心
　　——一评反动的"多中心论" ......359
　　（一九六八年八月八日）　冯天艾

评《文汇报》
　　——二评反动"多中心论" ......363
　　（一九六八年八月十一日）　冯天艾

炮打×氏有何罪，造反当学红革会
　　——三评反动的"多中心论" ......373
　　（一九六八年八月十三日）　《扬子江评论》编辑部

群众运动与考派
　　——纪念十六条颁发两周年暨四评反动的"多中心论" ......377
　　（一九六八年八月十三日）　《扬子江评论》编辑部

《扬子江评论》答读者问 ......384
　　（一九六八年八月二十三）　《扬子江评论》编辑部

《扬子江评论》呼吁报 ......389
　　（一九六八年八月二十六日）　《扬子江评论》编辑部

反革命跳梁小丑鲁礼安的自供 ................................................ **390**
　　（一九六八年九月六日）　新华工革委会斗批改串连会

"百舸争流"创立宣言 ........................................................ **398**
　　（一九六九年五月二十二日）

反动刊物《扬子江评论》黑话摘编 ............................................ **400**
　　（一九六九年九月一日）

今年七月份以前我在"决联站"及《扬子江评论》编辑部的
　　一些情况 ............................................................ **431**
　　（一九六八年十二月二十九日）　郭仲藩

向警司汇报材料 ............................................................ **433**
　　（一九六八年九月）　狂妄师湖北省话剧团革命造反团

《扬子江评论》编辑部与我接触的始末　及我所知情况的报告 ... **435**
　　（一九六八年九月十四日）　王延绪

继续交待和揭发《扬子江评论》破坏毛主席的伟大战略部署、
　　炮打"三红"的罪行 ................................................... **443**
　　（一九六八年九月十五日）　王延绪

继续交待、揭发反革命喉舌《扬子江评论》散布的
　　反革命言论（摘录） .................................................. **451**
　　（一九六八年十一月一日）　王延绪

我与"新华工敢死队"、《扬子江评论》以及黑会的
　　关系的交待 .......................................................... **455**
　　（一九六八年十一月十四日）　刘君侠

我的揭发、交待材料 ........................................................ **461**
　　（一九六八年十一月十七日）　王延绪

交待材料（摘录） .......................................................... **483**
　　（一九六九年一月二十二日）　王延绪

我与《扬子江评论》的关系 .................................................. **488**
　　（一九六九年至一九七〇年交待）　王延绪

张德溢、曹艮俊、刘艮侠等的交待 ......498

我对于捂《扬子江评论》问题的盖子的交待 ......500
  （一九六九年一月三十日） 张家柱

交待与揭发
  ——我与反革命《扬评》的接触 ......508
  （一九六九年十月二十二日） 胡家模

周建启的交待（已定为现行反革命分子） ......510
  （一九七〇年）

王仁舟提出文化大革命要用战争解决问题的谬论 ......513
  （一九六七年八月十六日）

王仁舟恶毒地攻击毛主席的言论 ......514
  （一九六七年八月）

王仁舟咒骂毛主席和林副主席的反革命言论 ......516
  （一九六七年九月五日）

王仁舟九月二十四日晚在广播大会上的讲话 ......517
  （一九六七年九月二十四日）

王仁舟提出要建立一支新型的"人民军队"
  ——记浠水人武部顿参谋与王仁舟一次电话的辩论 ......519
  （一九六七年九月）

敬告×××大人 ......520
  （一九六七年十二月十二日） 浠水八·一八红联

王仁舟在红旗大楼的形势报告 ......523
  （一九六七年十二月十八日）

×××，你要走哪条路？ ......532
  （一九六七年十二月二十三日）

王仁舟向蕲春群众讲解农村文化大革命七条 ......534
  （一九六八年一月七日）

王仁舟接待钢二司、三司革联同学时的答话 ................................................. 539
　　（一九六八年一月九日）

北京科技大学周应求谈王仁舟在京活动情况 ..................................... 542
　　（一九六八年三月二十五日）

王仁舟的反动言论摘要 ............................................................................. 543
　　（一九六八年三月二十六日）

北邮革委会常委张子学和穆天保 谈王仁舟的情况 ........................ 554
　　（一九六八年三月二十八日）

浠水各地出现歌颂王仁舟的反动标语口号 ..................................... 555
　　（一九六八年五月十二日）　　浠水革联第四办公室

王仁舟六月一日在巴河一司群众大会上的讲话
　　关于梅川谈判问题的全文 ............................................................. 557
　　（一九六八年六月一日）

反革命政治狂人王仁舟言论摘编 ..................................................... 562
　　（一九六八年九月十八日）

# 序　言

印红标

　　这是 1967-1969 年群众运动期间湖北地区"北决扬"派的历史资料集。

　　提起"北决扬",当下的人们恐怕闻所未闻,而在 1967 年之后数年的湖北,尤其是武汉地区,却是群众运动中广为人知的派别。"北决扬"人数很少却曾经掀起过不大不小的风波,其与众不同的激进观点及活动,在群众运动中引发激烈争议,为武汉军区主导的"新生"政权革命委员会所不容,进而被中央领导人讲话和中央文件称为"反动思潮""反动刊物"。口诛笔伐"北决扬"是湖北省批判"极左思潮",压抑造反派,结束群众运动的重要一环。戏剧性的变化是不久之后,主持整肃"北决扬"的武汉军区领导人受突发的林彪事件牵连而失势,甚至落马。1971 年 11 月,毛泽东谈话又提到整"北决扬""搞过了一点",于是又是一番波动。文革结束之后,1979 年 12 月,湖北省党委批准省法院的重审结论:"北决扬"不是"反革命组织",相关个人作为个案分别处理。"北决扬"的首要人物鲁礼安"免于刑事处分",予以释放。

　　"北决扬"的名称来源于这一派别赖以活动的群众团体和报刊名称的缩写:"北斗星学社""决心把无产阶级文化大革命进行到底的无产阶级革命派联络站"、《扬子江》刊和《扬子江评论》报。"北决扬"最引人注目的是其超乎一般群众组织的激进思想观点,包括对文革运动的形势、任务、党内斗争以及对中国社会矛盾的分析和判断。"北决扬"的观点与当时出现的"首都五·一六红卫兵团""湖南省会无产阶级革命派大联合委员会"(简称"省无联")等群众组织的思想倾向有不同程度的相似性,被"无产阶级司令部"及主流群众组织定性为"极左思潮"。

"北决扬"关于文化大革命理论观点的关键词是：政治革命与社会革命、官僚资产阶级、巴黎公社。他们认为文革不仅是政治革命还应当是社会革命。所谓社会革命就是："二十年来，中国社会形成了新的官僚资产阶级"，"要彻底让工人阶级获得解放，就必须号召无产阶级革命派联合起来推翻这个阶级。"他们认为人民群众与这个"官僚资产阶级"的阶级矛盾是文革政治斗争的社会基础，因此"政治革命必然伴随以社会革命"。这里的"社会革命"意味着阶级关系的根本性变革，而不仅仅是党内路线斗争和打倒几个当权派等政治革命。这个观点超出了以毛泽东为首的"无产阶级司令部"关于文革的理论和任务。

在群众造反运动发动和高涨的三年，文革领导中枢没有提出中国存在一个新的"官僚资产阶级"，也没有提出推翻"官僚资产阶级"的任务，而是要求斗争"党内走资本主义道路的当权派"、炮打"资产阶级司令部"、批判"修正主义路线"。就是说，要求群众参与党内斗争即政治革命；要求群众去批判和打倒领导干部中所谓走资本主义道路的那部分人，而不是整个党政领导群体。尽管毛泽东在1964年底的一个批示中曾经提到"官僚主义者阶级"的概念，但是提法很快就改为"党内走资本主义道路的当权派"。在文革最初三年的群众运动期间，中央文件、首长讲话和官方喉舌《人民日报》、《红旗》和《解放军报》一概回避使用"官僚主义者阶级"的概念，更没有提出过进行"社会革命"。显然，"官僚主义者阶级"和"社会革命"的概念很容易导致否定领导干部整体，导致运动偏离领袖和中央指导的方向。

在毛泽东步入垂暮，基本不能理事的1976年7月，官方喉舌公开发表毛泽东1964年批示中的"官僚主义者阶级"概念，同时发表毛泽东关于"资产阶级就在党内，党内走资本主义道路当权派"等谈话，意在针对党内否定文革的意见，重在党内斗争，而不同于1967-1969年群众运动"极左思潮"中出现的"官僚资产阶级"的概念（湖北，北决扬）、以及"推翻十几年来新资产阶级——特权阶层在中国的统治"，进行"社会革命"的呼喊（湖南，杨曦光）。"极左思潮"是激进青年自主延伸、阐发领袖的观点，重在分析领导阶层与民众之间的社会矛盾，幻想推动运动超越党内斗争的部署，向着他们理想的社会革命方向发展。1976年公开发表毛泽东"官僚主义者阶级"批示时，已不存在群众造反运动，那些数年之前提出"官僚资产阶级"的"北决扬"青年人继续是戴罪之身。

"北决扬"的另一个思想特征是推崇巴黎公社政权模式，不满足打碎原党政领导机构后建立的革命委员会，他们认为，革委会只是临时权力机构，应当使其向巴黎公社式的崭新国家机器、革命政权过渡。群众运动中的巴黎公社观念来自文革发动阶段中央的提倡。1966年8月中共中央关于文化大革命的决定（"十六条"）提出：文化革命委员会等群众组织应当成为各单位文化大革命的权力机构，其成员要象巴黎公社那样，实行全面的选举制，由革命群众充分酝酿，进行选举；对其成员群众可以随时提出批评，如果不称职，经过群众讨论，可以改选、撤换。这种巴黎公社式的民主选举制度激发了"革命群众"政治参与的热心与憧憬，一定程度削弱了基层党政领导当权派对运动的掌控权。但是当造反派群众夺权，当真要建立起"上海人民公社"的时候，领袖却否定了巴黎公社模式，转而要求建立"群众组织负责人、驻军代表、革命干部""三结合"的革命委员会，以有领导的协商取代直接选举。从这以后，谁再执着于巴黎公社直接选举的政权形式，谁就违背了领袖的指示，就要受到批判，沦为"极左"，"北决扬"就是一个典型。从文革的历史演进看，革命委员会建立之后，接着是重建党委领导体系，全然没有了巴黎公社式选举的影子。当初提倡的巴黎公社民主选举，事实上成为一个发动群众的手段，不如意即予以抛弃。

"北决扬"对党内斗争，运动的发展方向提出的一些观点，或多或少背离中央领导意图。他们从激进造反派的立场不仅抨击保护老干部的周恩来，还暗批张春桥是"叛徒考茨基派"，因张春桥打压"炮轰"他的上海部分造反派。他们自以为是地套用共产党革命时期进行武装斗争、发动农民运动的先例，违背领袖对文革的指示，鼓吹在文革运动中进行"暴力革命""重新建党"，寄希望于发动农民运动，将运动进行到底。他们思想的起点是毛泽东的某些论述，自认为领会并可以发挥领袖的思想，可以对社会政治现实和运动方向做一番分析和评论,而具体结论却偏离权威的理论阐释,与领袖的文革部署南辕北辙,不被允许。

"北决扬"案例展现了思想领域里控制与自主思考之间的矛盾冲突。文革群众运动中的越轨思潮带有明显的个性,不甘于亦步亦趋紧跟中央指示,而要自己琢磨出一些观点、理论,模仿青年毛泽东去"指点江山,激扬文字"。然而,文革运动的"大民主"是定向的,有限度的,不是言论自由;若越出了限度,轻则被警告,重则遭关押。在文革最初的阶段,最高领导放手发动群众,抛开地方和基层党政组织体系,允许群众成立组织,在遵循最高领袖指挥的前提下,发表批评性的言论,似乎有了较大的政治言论空间。在"放手发动"的情况下,不可避免地会出现中央管控与群众自发越轨言行的矛盾。那些激情澎湃的青年或许没有认识到,文革运动最终不能允许追随者像领袖青年时代那样尽情挥洒,"粪土当年万户侯"。

"北决扬""省无联"等"极左思潮"对"官僚资产阶级阶级"的批判,对巴黎公社政权模式和民主选举的追求,反映了群众对逐渐发展的执政者官僚化及其压迫的不满,反映了群众通过直接民主选举限制和监督掌权者的愿望。湖北的"北决扬"比首都五·一六红卫兵团多了些理论探索,比"省无联"多了发动农民运动的行动。对"极左思潮"的分析有助于了解群众激情投入文革运动的社会政治根源。

回顾历史可以发现,对"官僚特权"批判和对民主向往的民间思潮在过往70多年期间时起时伏。从1957年的鸣放、1966-1968年的造反,到1969-1976年的民间思想潜流一路走来,一方面,其思想武器随时代更替表现了差异;另一方面,以政治参与和民主权利反制官僚特权的诉求不绝于耳,呈现出类同,其根基是体制性的社会政治矛盾。文革中造反群众,特别是"极左思潮",或温和或激烈的批判言论,从领袖继续革命理论以及批判走资派、官僚主义者阶级的话语中获取思想资源和政治合法性,具有独特的时代特征,而未曾改变的是对官僚特权的不满和对言论、选举等民主权利的追求。详实的"北决扬"资料为实证性对比研究提供了生动的个案素材。

需要指出的是:"北决扬"等"极左思潮"作为文革思潮的一支,应当予以认真反思。"极左"派大体是不被承认而遭受打压的追随者,那些被斥责为"反动"的观点，不外是基于领袖的继续革命理论，进而从民间立场做了某些自主阐释，未能自成体系。他们的思想乌托邦色彩浓重；揭露批判有余，而实践性不足。他们关于运动方向的主张，例如"北决扬"鼓吹的"暴力革命"，在现实中只能是加剧动乱。封闭的环境限制了一代人的眼界和思想深度，彻底走出文革的思路，才能有柳暗花明的天地。文革是当代中国历史中抹不掉的劫难，举国上下不论领导还是群众，不论青年还是老者，不论主动投入还是被动裹挟或者受害，几乎无人能够置身度外。记取文革的惨痛历史教训是中国转型进步的起点，是解放思想、开启改革开放进程的主要原动力之一。然而，从1980年代后期开始，文革史研究、文革话题被视为敏感领域，随着时光流逝，封禁不仅没有松动，反而愈加严苛。常听到人们说："文革在中国，文革研究在外国"，这不是杞人忧天，却也不尽如此。在文革研究领域的三支队伍，中国国内研究者、海外华人和外国学者，从来没有停止其研究和资料收集整理的脚步。国内研究者以其坚韧顽强的努力，突破压力、阻碍和风险，负重前行，取得了可观的成果。几十年来这些来自体制内外，专业或业余、在职或退休的研究者、亲历者，推出了一批回忆录、论文和文集、专著、资料汇编、网络刊物和网络专题讲座，在国内、海外或网络出版传播，向世界学术界展示了中国研究者的学术贡献和风骨，一种不曾磨灭的对民族、对历史的责任感，超越功利的执着，如同疾风中的劲草，岩石缝中的青松。

文革运动与以往群众运动的一个显著区别是领袖发动和领导了大规模的、群众性的造反运动，允许群众和群众组织印发传单、报刊、领导人讲话、甚至中央及地方领导机构半公开的公告文件，这些都是研究这段历史不可或缺的资料。当时，官方档案馆的工作受到不同程度的干扰和冲击，对于群众自发出版物的收藏未必丰富，并且至今不对外开放。国内一些公共图书馆和院校研究机构的图书馆曾经将群众出版物当作革命运动资料专门收藏，保留下来，却也很难开放。因此，散落在民间并保留至今的资料，具有了特别重要的地位。随着岁月的流失，这些资料亟待抢救性的整理。

目前有关"极左思潮"个案的资料十分欠缺，经收集整理的关于

"北决扬"的资料寥寥无几，局限了研究的深入。这本内容丰富的"北决扬"资料集，是文革资料收集整理成果当中扎实厚重的一份，弥补了资料的不足和空缺，提供了"北决扬"个案研究的扎实基础。

李晓航先生多年专注于文革历史资料的收集和研究，不仅收藏甚丰，并且发表了论文《文革时期群众组织编印的〈毛泽东思想万岁〉考略》等十分有分量的研究成果。李先生在其收藏的基础上编辑的这部资料集，汇集了"北决扬"的大批言论，基本来源于第一手资料原件，并附录了李晓航先生编辑的《"北决扬"大事记》，为多方面研究"北决扬"事件提供了可靠的资料基础。在编辑过程中，李晓航先生以其史料学的专业素养，对"北决扬"资料进行了规范的整理和注释，使之十分方便研究者利用。毫不夸张地说，李晓航先生贡献给读者的这部资料集实为"北决扬"资料的集大成者，定会推动文革群众思潮研究的深入。

在祝贺李晓航新作付梓之际，期待李先生和同仁们有更多的成果面世。

# 前　言

## 被革命反噬的闯将

李晓航

"北决扬"是文革时期武汉地区一批激进青年学生组成的群众团体，是1967年11月至12月先后成立的"北斗星学会""决心把无产阶级文化大革命进行到底的无产阶级革命派联络站"（简称"决联站"或"决派"）及其所办小报《扬子江评论》的合称。

1967年4月初，华中工学院学生鲁礼安在本校发起成立学生组织"新华工敢死队"；9月7日，"新华工敢死队"创办《扬子江》杂志（小报《扬子江评论》的前身）；11月7日，鲁礼安和同校四年级学生冯天艾仿照毛泽东青年时期创办的"新民学会"，在汉口海陆饭店成立学习研究性团体"北斗星学会"，学会取名于文革流行的歌词"抬头望见北斗星，心中想念毛泽东"，其成员是武汉地区大专院校学生和中学生；12月4日，主政湖北的一、二号首长曾思玉、刘丰在一个学习班上点名斥责"北斗星学会"之后，"北斗星学会"随即改头换面，另起炉灶，10日在湖北大学成立"决联站"[1]，并于25日创办他们的小报《扬子江评论》。"决联站"名称取自毛泽东关于教育革命的一段语录："进行无产阶级教育革命，要依靠学校中广大革命的学生，革命的教员，革命的工人，要依靠他们中间的积极分子，即决心把无产阶级文化大革命进行到底的无产阶级革命派。"《扬子江评论》模仿青年毛泽东主办的刊物《湘江评论》而起名。

文革中的"四大"（大鸣、大放、大字报、大辩论），给鲁礼安们这样一批青年思想者结社、办报和畅言提供了短暂的生存间隙，在其存在的两年多时间里，他们"拿起笔做刀枪"，以怀疑的精神和批评

---

[1] 最早公开出现的"决联站"是鲁礼安和王仁舟共同建立的湖北"决联站"，12月10日在湖大成立的武汉"决联站"是鲁与王分裂后成立的。

的态度，撰写时评，发表了数十篇政论性文章，这批文章从思想到语言，无所畏忌，秉笔直书，与当时盛行的"文革八股"大相径庭，颇有"说大人则藐之"的气势。

鲁礼安和他的"战友们"作为毛泽东忠诚的崇拜者，以"青年毛泽东派"自居且自豪，自诩为"最能紧跟毛主席的一派"。他们关怀国家，"两耳竖闻窗外事"，潜心研究马列主义与文化大革命的关系，对运动中出现的各种现实问题，诸如大联合、工人运动、农民运动、革委会等，有其独到的判断和主张。他们不惮于公开表达自己与众不同的观点，大胆怀疑，独立思考，自主研究，用自己的头脑分析社会现象，对流行观点进行质疑，无论这些流行观点来自上层，还是来自群众组织其它派别。他们以革命领袖著作为理论依据，从中寻出一些经典语句，按照自己的理解进行阐释与发挥，用革命领袖的言论和术语论证自己的观点，对他们认为违反领袖指示的观点大胆批驳。

"北决扬"不同于其他群众组织，他们不热衷于争权夺位和在社会上冲冲杀杀，而致力于通过结社和刊物来参与国家政治生活，关注于文化大革命运动最新动向，探讨如何将文化大革命进行到底，开展文化大革命采取什么样的方式和策略，文化大革命依靠什么力量等问题。他们在文革中的所作所为，用鲁礼安的话说就是"归根结底都是遵循主席'造反有理'和'无产阶级专政条件下继续革命'的理论"，从理论上为造反派提供舆论支持，为群众运动呐喊造势。

然而，当中央对群众运动踩刹车、调整运行方向时，他们却刹不住车，未有收敛停息之意，逆势而动；当中央要求实行大联合时，他们误判形势，认为这是"考茨基派"的阴谋，"'无条件联合'完全适应了资产阶级需要"[2]，"这是向资产阶级保皇派投降"[3]；中央指示全军支持左派，他们认为这是"军内一小撮""大搞白色恐怖，实行围剿革命派"[4]；中央"九·五"命令要求群众组织限期归还已经抢夺的人民解放军的武器弹药，他们认为这违背毛泽东"武装革命群众"

---

2 鲁礼安《无产阶级文化大革命与叛徒考茨基派——为捍卫五·一六通知的原则性与纯洁性而作》，1968年5月11日。
3 同上
4 鲁礼安《政权的根本问题是军权》，1967年5月12日。

的指示，放言"抢枪、放枪、交枪，这是小资产阶级的表现。'九·五'命令就是对付这种小资产阶级而发出来的"[5]，拒不执行。犹如打开的潘多拉盒子，他们一旦跳出盒子，便不受主人控制。他们有幸成为"召之即来"的"闯将"，却未能成为"挥之即去"的"俊杰"。

鲁礼安本人政治嗅觉灵敏，眼光犀利，善于思辨，擅长观察和分析运动的动态变化，对"将文化大革命进行到底"的"底"究竟在何处？对"继续革命"继续到什么程度等一些青年反叛者非常关注的问题，作了一番别开生面的探索。他以《红旗》杂志代表中央提出的"对派性要作阶级分析"为依据，批驳《文汇报》的社论《论派性的反动性》[6]；他认为对"六十一人叛徒集团"中的干部不能一脚踢开，其中既有"革命事业的叛徒"，也有"无产阶级革命战士"，应区别对待，不能统统一棍子打死；他质疑中央转发的《关于天津延安中学以教学班为基础实现全校大联合的报告》（这个报告被毛泽东肯定且据此于1967年3月7日作出批示，时称"三·七"指示），认为该报告宣传无条件实行大联合，片面强调大联合的意义和以教学班为基础的好处，不符合毛泽东思想；他以马克思所说的"国家机器不能凌驾于社会之上，必须处于切实监督之下"为理论根据，呼吁实行"巴黎公社原则"——官员直选，选民监督，随时可以撤换，不领高薪；他寻求解决农民贫困问题的措施，"让农民免除苛捐杂税"。

相对于敢于创想的鲁礼安，比他年长几岁的"战友""巴河一司"头头王仁舟，则敏于行动，堪称"北决扬"的"践行者"。王仁舟虽非"北决扬"组织成员，但他与鲁礼安思想相通，在许多问题上观点一致，惺惺相惜。比较而言，王仁舟的思想更加激进，不仅敢想、敢说，而且敢干，且将其激进思想付诸社会实践，在巴河推行他的"新农村"政治主张。

王仁舟原是北京外语学院西语系学生，1965年5月因"思想反

---

5 《王仁舟六月一日在巴河一司群众大会上的讲话》，1968年6月1日。
6 这篇社论传达了中央文革的观点。周恩来在1967年9月讲：最近中央文革不好讲的话，通过《文汇报》来讲，你们要好好学习《文汇报》。见华东纺织工学院东方红兵团1967年9月15日出版的《东方红通讯》第81期第2版。

动"被开除学籍，回原籍湖北浠水县巴河区参加农业生产。文革爆发后，他在当地操纵农民造反组织"巴河一司"，夺取巴河区党政大权，大搞农民运动，举办"农民运动讲习所"，按照巴黎公社原则在巴河进行社会实验，采取直选方式，建立新的政权机构。他说："马克思很早所盼望的廉价政府，我第一个要在巴河办起来，这是我的创举。"他和他的"巴河一司"替代原先的生产队和党支部，在当地试建"新农村"，打破传统的一家一户分散居住格局，村民们以班、排、连为单位统一住宿、统一行动，让村民免交公粮和税收，"藏粮于民"，"藏富于民"。鲁礼安对"巴河一司"在农村实行的一系列"新政"推崇备至，他坚信文化大革命必然遵循学生运动、工人运动，进而农民运动这一规律发展，认为农民造反才是文化大革命的真正开始，"巴河一司"的崛起，是湖北乃至中国农民运动高潮将要来临的预兆，"巴河一司"的"新农村"试验，是"革命的创举"。

1967年7月13日，中央发出关于禁止挑动农民进城武斗的通知。显然，中央并不希望农村也像城市那样大乱一场。"北决扬"对农民运动高潮到来的预期落空，转而质疑新生的权力机构革命委员会。

各地在夺权过程中，中央对即将成立新的权力机构的要求有一个渐变的过程。最先的要求是按照巴黎公社原则举行选举："不能由上面指定，不能背后操纵，而必须按照巴黎公社的原则，实行全面的选举制，经过群众充分酝酿，反复讨论，认真选举，并且可以随时改选和撤换。"[7]后来发现，这种全面的选举制容易导致群众组织撕裂，彼此抵牾，处于不可控状态。1967年1月23日，中共中央、国务院、中央军委、中央文革小组发出《关于人民解放军坚决支持革命左派群众的决定》，要求解放军"积极支持广大革命左派群众的夺权斗争"。解放军支左有两个目的，一是让解放军作为"调解人"，化解造反派组织与组织之间、造反派与老干部之间的矛盾，实行"大联合"；二是将夺权和成立新的权力机构纳入可控范围，解放军不仅参加夺权，还主导建立新的权力机构，成为其领导成员构成之一。1月25

---

[7] 1966年12月26日《人民日报》社论《迎接工矿企业文化大革命的高潮》。

日,山西夺权成功后,中央肯定了山西由"革命造反派""革命的领导干部""人民解放军"三方大联合夺权的经验[8]。这释放出一个重要信息:凡是造反派单方面而没有老干部和解放军参加的夺权,中央一律不承认。1月31日,中央将权力机构的产生由原先"全面的选举制",悄悄修改为由三方共同参加的"协商制":"在夺权斗争的过程中,要由革命群众组织的负责人、当地驻军的负责人和党政机关的革命的领导干部,经过酝酿和协商,建立临时的权力机构"[9]。这实际上等于放弃了巴黎公社模式。随后,中央在总结黑龙江夺权经验时,首次明确提出"三结合"这一大联合模式,正式确定为组成权力机构的"三结合"方针:"黑龙江省无产阶级革命派夺权斗争的经验再一次表明,革命群众组织的负责人,人民解放军当地的负责人和党政机关的革命领导干部,组成三结合的临时权力机构,对夺权斗争的胜利,起了关键性的作用"[10]。在这个初始"三结合"的排序中,"革命群众组织的负责人"排在首位(群、军、干),可见中央对造反派在夺权斗争中的充分肯定。此后,"三结合"的经验在全国推广,各地夺权后一律按照"三结合"方针成立革委会机构。

然而,各地在执行"三结合"方针过程中,三方力量暗中较量,导致"三结合"中的排序悄然发生改变。一方面,解放干部不通过群众,文革初期靠边站或被当作"走资派"打倒的老干部官复原职,另一方面,各级革命委员会的成立,不是选举产生,要由相当一级的军队领导机关批准,中央支左决定为军人执掌群众组织的生杀大权提供了法理依据。这样,老干部与军队干部一同成为"酝酿"革委会的实权派,处于主导地位,居"三结合"排序的前两位。而群众组织负责人在新的体制内缺乏权力基础,更无掌权经验,势单力薄,"山鸡还是山鸡",处于充门面、附属的尴尬位置,被淡化为"群众代

---

8　1967年1月25日《人民日报》社论《山西省无产阶级文化大革命的伟大胜利》指出:"山西省的革命造反派,为全国无产阶级革命派的夺权斗争创造了新的经验。山西省委内革命的领导干部,为全国革命的领导干部作出了良好的榜样。山西省军区的人民解放军部队,为全国人民解放军指战员树立了鲜红的旗帜。"
9　《红旗》杂志1967年第3期社论《论无产阶级革命派的夺权斗争》。
10　1967年2月2日《人民日报》社论《东北的新曙光》。

表"[11]，排序由首位降至末位（军、干、群），有职无权。这种现象引起具有广泛群众基础的群众组织的不满，他们纷纷表达自身诉求，认为革委会"复旧"了，"回潮"了，"造反派靠边站"了，在社会上掀起一股"反复旧"运动。"北决扬"集中反映了这股"反复旧"的社会思潮。

对于夺权后中央倚重对象的微妙变化（夺权倚重造反派，掌权倚重军队干部和老干部），"北决扬"由于政治上不成熟，缺乏斗争经验，并未察觉到这种变化，也未意识到建立革委会后，群众组织的地位在高层心目中正在下降。他们依旧按照中央在运动初期提倡的巴黎公社原则，要求对革委会进行"改善"，并根据毛泽东关于无产阶级专政下继续革命的学说诟病革委会。

巴黎公社有三条基本原则，一是打碎旧的国家机器，二是领导机构直接选举，三是公职人员的工资仅相当于熟练工人的工资，以防止工作人员由社会公仆变成社会主人。在"北决扬"看来，革委会的产生不符合巴黎公社原则，其领导成员是预先指定、暗中操作产生的，没有实行自下而上的直接选举，缺乏代表性和权威性，"现在中央批准成立的一系列革委会都是折衷主义的产物，基本上都是没有无产阶级权威的"[12]，是"套用的资产阶级国家体制"[13]。因而，革委会的成立，并不意味着文化大革命已经进行到"底"了，这个"底"的标志是，是否实现了巴黎公社原则，是否实现了直接选举，公职人员是否要对选民负责，接受选民的监督，且不享有任何特权。所有这些，革委会都没有做到，因而革委会没有"将无产阶级文化大革命进行到底"。他们依据《红旗》杂志1967年第3期社论的一段话[14]与革委会

---

[11] 1968年3月30日"两报一刊"社论《革命委员会好》转述毛泽东最近指示说："革命委员会的基本经验有三条：一条是有革命干部的代表，一条是有军队的代表，一条是有革命群众的代表，实现了革命的三结合。"

[12] 《鲁礼安学习〈元旦社论〉时的发言》，1968年6月15日《新华工》第95期文章《妖为鬼蜮必成灾——关于鲁礼安的一批材料》。

[13] 《决派宣言》（第二稿，草案，供大家讨论）（1968年1月25日），湖北大学革命委员会政宣部编《把反动刊物〈扬子江评论〉拿出来示众》，1969年9月，第34页。

[14] 这段话是："马克思在总结巴黎公社的经验时指出，无产阶级不能接受资产阶级的现成的国家机器，而必须把它彻底打碎。国际共产主义的实践，证明

大唱对台戏，批判革委会的"修正主义"，主张"工代会监督革委会""武装夺取政权"，乃至要"把他消灭掉"，要"吐故纳新"，重新建党，重新建军，而这个"故"便是各级革委会，"新"便是"决派"。

正是基于以上认识，"北决扬"对"革命委员会好"这一"最高指示"作了独具一格的诠释。他们认为，毛泽东说"革命委员会好"是对新的权力机构名称的称赞，是说这个名称好，而不是说"革命委员会"这个机构本身好。按照中央对革委会的定位，这个机构是临时性、过渡性机构。"北决扬"根据这一定位，认为既然是临时性、过渡性机构，必然存在不完善和需要改进之处。革委会虽然实行了"领导干部、军队干部和群众代表"的"三结合"，实际上是"左、中、右"的"三结合"，形式上实现了"大联合"，但没有消除造反派与老干部之间相互不信任和矛盾冲突状态。造反派作为夺权的急先锋和有功之臣，在革委会席位里没有占据主导地位，没有成为革委会的"核心"，基本上被排除在决策层之外，认为革委会是由各派捏合起来的折衷主义的产物，不是真正的大联合，而是临时拼凑起来的"大凑合"，这种临时权力机构中的各种政治势力，不可能长期在"革委会"这个框架下和平共处，"必将由革命群众自己来把他消灭掉"[15]，由一个通过巴黎公社原则选举出来的正式权力机构所取代。在他们看来，正式权力机构的终极目标，必须由一派通过严重斗争取得统治地位，"使之过渡到巴黎公社式的崭新的国家机器——真正地有代表性的，有无产阶级权威的正式权力机构——武汉人民公社而奋斗！"[16] "这个任务，毫无疑问地被放到了决派的肩上。"[17]

---

    这是一个伟大的真理。既然被党内一小撮走资本主义道路的当权派盘踞的一些单位，变成了资产阶级专政的机构，我们当然不能把它现成地接受过来，不能采取改良主义，不能合二而一，不能和平过渡，而是必须把它彻底打碎。"（《红旗》杂志1967年第3期社论《论无产阶级革命派的夺权斗争》）

15 《决派宣言》（第二稿，草稿，供大家讨论）（1968年1月25日），湖北大学革命委员会政宣部编《把反动刊物〈扬子江评论〉拿出来示众》，1969年9月，第20页。

16 《决心把无产阶级文化大革命进行到底的无产阶级革命派（决派）章程总纲》（一九六八年二月六日）。

17 《决派宣言》（第二稿，草稿，供大家讨论）（1968年1月25日），湖北大学革命委员会政宣部编《把反动刊物〈扬子江评论〉拿出来示众》，1969.9，20页。

在对待革委会问题上,"北决扬"与影响较大的"钢工总"等群众组织不谋而合,在社会上汇聚成一股强大的反革委会思潮,对革委会造成严重冲击。他们用巴黎公社原则质疑革委会,恰恰精准地攻击到革委会体制的命门,突破了"实权派"的底线,如果任由这股思潮在社会上蔓延,必然动摇革委会的权威,偏离"毛主席的革命路线",而任何对抗、颠覆"新生红色政权"的言行,都是不允许的。不仅体制的捍卫者"曾、刘首长"把"北决扬"视为群众组织派性的"大杂烩",也触碰到北京"最高司令部"的逆鳞。

在湖北主政者看来,"北决扬"自诩的"逆潮流而动"无异于离经叛道,其"勇敢战斗"无异于倒行逆施,其"革命到底的决心"无异于居心叵测的"祸心",其"决心"愈大,对"革命委员会"的危害愈甚,是打着红旗反红旗。正因如此,这批青年学子"不顾十字架的威胁,开拓新的道路"的救世情怀,无异于唐吉坷德大战风车,飞蛾扑火。

"北决扬"从问世的那一天起就不受待见,遭受来自官方和对立群众组织两方面的围攻。前期打头阵的是与"新华工敢死队"对立的学生组织,以新华工、新湖大、新一中为代表的"新派",把"北决扬"当作极左思潮进行批判。批判方式以论战为主,打口头官司。此时官方虽已介入,但中央尚未表态,未对"北决扬"采取组织措施,而是向群众组织打招呼,让他们不要与"北决扬"接触,并利用群众组织之间的分歧和矛盾,导引群众抵制"北决扬","借力打力"。当鲁礼安被"新派"拘禁后,"北决扬"联合"钢派"中"二司""九•一三"的基层组织进行营救,但由于"新派"背后有军方支持,营救失败,鲁礼安后被"新派"移交军方关押。在中央对"北决扬"表态前,"北决扬"仍有生存和公开辩驳的言论空间,论辩双方唇枪舌剑,彼此质难,"各说各有理"。

1969年9月27日,中央给湖北省革委会、武汉市革委会下达"九•二七"指示,指示说:"'北斗星学会''决派'这类地下组织,幕后是由一小撮叛徒、特务、反革命分子假借名义、暗中操纵的大杂烩",把《扬子江评论》定性为"是一些叛徒、特务、反革命分子幕后操纵的反动刊物"。在此之前,"北决扬"虽被湖北当局取缔,但其活动并未停止，转入地下，继续写文章，贴大字报。此后，"北决扬"问题陡然升级，其骨干分子和"幕后操纵者"相继被逮捕和拘留。当局将"北决扬"冠以"大杂烩"的名号，是别有深意的，除"北决扬"外，还囊括了与"北决扬"观点一致的"巴河一司""钢工总"等一大批群众组织。由于"钢工总"在武汉规模庞大，人数众多，影响广泛，加之中央在"七·二〇"事件后为"钢工总"平反，若再次公开把"钢工总"摁下去，法理上行不通，主政者便借中央清查"五·一六"之机，在湖北清查"北决扬"，以批判"北决扬"为名，为围剿造反派打开缺口。对"钢工总"等造反组织头头的策略是区别对待，"捧朱（鸿霞）、拉吴（焱金）、压李（想玉）、打胡（厚民）"[18]，分而治之，逐个瓦解，能分化的分化，不能分化的实行专政措施。

在之前的"清理阶级队伍"中，曾、刘本想将造反派一网打尽，不料造反派发起反复旧运动，受到干扰和反击，未能如愿。有了"九·二七"这一尚方宝剑，曾、刘以清查"北决扬"为突破口，彻底否定反复旧，对造反派大加挞伐，被结合进各级革委会中的群众代表成为"活靶子"。为了避免受到造反派的掣肘，曾、刘将大批造反派头头集中到北京，阻断造反派头头与其基层组织的联系，于1969年11月5日至1970年6月举办中央毛泽东思想学习班湖北班（"五不准"[19]学习班），重点清查"北决扬"及其"幕后操纵者"，矛头直指造反派头头，让造反派头头人人过关，交代问题。至此，揭批"北决扬"运动发展为大规模的"两清"（清查"五·一六""北决扬"）运动。据统计，参加湖北省学习班有一千五百余人，参加武汉市学习班一千三百多人，各市、地县参加人员达六十万人次[20]。"北决扬"成为曾、刘网罗造反派罪行的"箩筐"，把造反派与"北决扬"捆绑在一起，把"反复旧"与"北决扬"的罪行划等号，层层揪"北决扬"，

---

18 这是胡厚民在1969年北京学习班时讲过的话。见《四十三年 望中犹记》，吴焱金口述，钟逸整理，中国文化传播出版社，2009年12月，第127页。
19 五不准，学员在学习班学习期间，不准打电话，不准打电报，不准写信，不准外出，不准会见来访人员（一说为"不准请假、不准会客、不准亲友会面、不准写信打电话、不准交头接耳"），交待问题。
20 《向党中央毛主席的汇报材料——关于刘丰、曾思玉在湖北、武汉地区向无产阶级文化大革命反攻倒算的罪行材料》，1974年4月4日，第2页。

一批与"北决扬"毫无关联但冲击过"当权派"的造反派头头和积极分子,无论是赞成"北决扬"观点还是反对"北决扬"观点的,统统被装进这个"箩筐",乱批乱斗。各单位革委会中的群众代表被清理、撤职,有的被边缘化,淘汰出局。与"北决扬"有联系或支持、同情"北决扬"的人,被打入另册。与"北决扬"有直接联系、参加过"北决扬"的活动的人,被当作"黑线人物",有的遭受长期监禁,有的精神失常。"曾、刘首长"为了证明"北决扬"不仅仅是一群学生娃,而是有幕后操纵的"黑手",将与鲁礼安仅一面之交的老红军王盛荣当作"北决扬"的后台逮捕[21]。

为了制造声势,《湖北日报》《长江日报》等官方报纸从 1969 年 10 月开始,不惜版面,铺天盖地发表批判"反革命'大杂烩'"的长篇文章和报道,连篇累牍讨伐"北决扬",持续一年半之久。这一时期,对"北决扬"批判的调门更高,措辞更凌厉,阵势更猛烈,一片肃杀之气。

"九·一三"事件后,湖北二号首长刘丰随之倒台,一号首长曾思玉也成为"问题人物"。按理说,"北决扬"是曾、刘二人共同掌握的案子,省革委会其他常委无权插手,这时一个倒台,一个犯了错误,"北决扬"案应重新审查,平反冤狱。但事情并非如此简单,一则"北决扬"是中央点名定性的"反革命地下组织","九·二七指示"没有撤销,仍然有效;二则曾思玉虽然犯了错误,"上了贼船"[22],但"不是死党,是活党"[23],还是"好干部",仍然主导湖北政局。因而,刘丰的倒台并未给"北决扬"案带来任何转机。

1971 年 11 月 20 日,毛泽东在接见曾思玉时,针对"北决扬"问题指出:"你那里有'北、决、扬',要注意政策。我跟你讲了,你

---

21 据中共湖北省委 1979 年 12 月 4 日批复的湖北省法院党组《关于处理"北决扬"一案的请示报告》说:"王盛荣仅与鲁礼安见过一次面,没有谈及'北决扬'的问题,不是幕后操纵者。上列三人(指周岳森、干毅、王盛荣——本书编者注)均早已释放,故幕后操纵问题已不存在。"

22 1971 年 11 月 17 日,曾思玉等十人向毛泽东写出《学习汇报》,说:"曾思玉的态度基本上是好的,检查自己上了贼船,犯了严重的方向、路线错误。"见《中共武汉党史大事记》,武汉大学出版社,1989 年 10 月,第 351 页。

23 毛泽东语。见《毛泽东传》(1949-1976)(下),中央文献出版社,2003 年 12 月,第 1608 页。

不相信，你又搞过了一点。"[24] 显然，毛泽东对湖北清查"北决扬"问题并未全盘否定，只是认为"搞过了一点"，扩大化了而已。

曾思玉虽承认了错误，作了检讨，但不过是官样文章，其职权并未旁落，他继续主导清查"北决扬"。1972年3月，为加强对清查"五·一六""北决扬"专案的领导，省委撤销原湖北省驻军和地方"五·一六""北决扬"专案联合小组及其办事机构，新成立湖北省清查"五·一六""北、决、扬"专案办公室，由省委直接领导，负责"彻底清查林陈死党和'五·一六''北、决、扬'的工作"。两个月后，省委下发文件《关于清查'五·一六''北、决、扬'问题》，文件承认清查"搞过了一点"，但仍认定"有的单位对清查工作抓得不紧，决心不大。从全省范围看，有的'五·一六''北、决、扬'的骨干分子和幕后操纵者还没有挖出来。"要求"进行重点清查""清理大事件"。在1972年5月18日全省政工会上，曾思玉不讲"搞过了一点"，反而肯定"继续清查反革命阴谋集团'五·一六'和反革命地下组织'北、决、扬'的幕后策划者和操纵者。"10月6日，省委又下发文件《批转武汉市委〈关于解决清查'五·一六''北、决、扬'工作搞过了一点的问题的试点情况报告〉》，继续肯定"清查工作十分必要，成绩是主要的"，对"搞过了一点"的问题，不痛不痒地列举了几种表现形式：一是"审查面宽了一点"，二是"挂的时间长了一点"，三是"个别单位有逼供、诱供、指供现象"，指出"有些人完全否定清查工作"，要求"对于破坏解决搞过了一点的问题的现行反革命分子，要坚决予以打击。"可见清查力度有增无减。

1973年12月22日，中央军委发布命令，八大军区司令员实行对调，曾思玉奉命调往济南军区任司令员。曾思玉调离武汉，成为清查"北决扬"的一个分水岭，清查运动出现反弹。在此之前，清查对象在基层，主要针对造反派头头，在此之后，受压制的造反派重新活跃起来，要求彻底否定清查运动。新的省委领导班子内部也出现分化，对清查运动和曾思玉问题存在两种完全对立的看法，一方支持造反派的主要诉求，认为"两清"把矛头指向造反派头头，犯了方向路

---

24 见中共湖北省委《关于湖北"两清"工作中的错误问题（草稿）》（一九七四年三月十四日）。

线错误，错误的根源在曾思玉和刘丰。在中共湖北省委1974年3月印发的《关于湖北"两清"工作中的错误问题》（草稿）（时称"六条"）中，公开点了曾思玉的名，把曾思玉"搞过了一点"的问题同刘丰的罪行并提，把曾思玉的检查与刘丰的罪行材料一起下发。这一派的观点得到造反派的积极策应。另一方认为"两清"的大方向是完全正确的，"两清"虽然出现了扩大化的问题，但那是林彪"死党"刘丰插了手，扩大化并没有转移"两清"的方向。双方对毛泽东"搞过了一点"的指示各取所需，一方强调"搞过了"，另一方强调"一点"（即虽然"搞过了"，但大方向没错），双方僵持不下。

为解决省委对"两清"和曾思玉问题认识不一致的问题，中央于1974年4月将省委双方领导集中到北京办学习班。在学习班上，中央对省委领导层和社会上反对曾思玉的一方并未认可，中央首长连续五次接见他们，进行座谈。在座谈中，中央首长肯定了湖北清查"北决扬"大方向是正确的，说"主席指示过了一点，就是扩大化了，错误还是严重的，一点是个形容词，就是扩大化，总不能说过了十点吧！"又有针对性地说："在'六条'上调子定得那么高，已经超过了主席指示，在这个问题上，你们要在立场上转变观点，认识达到一致，不然回去弄得不好又会犯错误。"姚文元说："清查'五·一六''北、决、扬'要继续深入深挖。"对曾思玉的问题，周恩来、纪登奎等中央首长于4月8日接见湖北省委书记赵修、武汉军区第一政委王六生等时，明确指示："关于曾思玉同志的问题，要一批二保，现在他在济南工作，湖北整理他的材料，要全部销毁。以后在湖北对他不要炮轰。"在此期间，中央召开"湖北来京负责同志汇报会议"，认为对曾思玉的批评是对的，但他的问题是人民内部矛盾，不要揪住不放；还是要抓大方向，揭批刘丰。5月23日，省委下发《中央领导同志关于湖北问题的指示要点（1974年5月21日）》，这个《指示要点》对刘丰和曾思玉二人分别作了不同定性："刘丰是林彪的死党，曾思玉同志是好人犯错误，这是两类不同性质的矛盾，应严格加以区别。对曾思玉同志提出批评意见，是完全可以的，曾思玉同志应持欢迎态度。"对于"两清"问题，《指示要点》一方面认为"清查'五·一六''北、决、扬'是完全必要的"，另一方面认为"'两清'工作发生了严重错误","错误的根子在刘丰"。

很显然,中央对曾思玉的态度是保护第一,批评第二,把刘丰作为敌我矛盾处理,把曾思玉作为人民内部矛盾对待,要求把揭批对象指向刘丰。这样,"两清"的错误,作为一把手的曾思玉免了责任,而让二把手刘丰顶了雷。

经过中央领导协调,湖北省委领导在"两清"问题上的认识有所统一,双方矛盾得到缓解,武汉地区基层群众相互攻击的混乱局面也告一段落。此后,"两清"的重点由整人转向落实政策,对涉案人员重新审查,进行纠偏。7月17日,中共武汉市委上报《关于继续纠正"清查"扩大化错误落实政策的几个问题的请示报告》。报告提出:对"两清"中确实曾作为"五·一六""北决扬"审查,现在查清否定其问题的,单位领导人要与本人谈话,代表组织赔礼道歉,要认真退还和销毁有关材料,原则上应该恢复其职务。此后,大批涉案人员获得解脱,大部分被抓的人予以释放,造反派头头们大多得到平反。

1975年6月,赵辛初在全省广播大会上发表讲话,对清查"北决扬"问题作出简短总结。他说:"我省经过批林整风,批林批孔,纠正'两清'中扩大化的问题,在政策上已经基本落实了。"至此,全省清查"北决扬"运动尘埃落定。

1979年12月4日,中共湖北省委批复同意中共湖北省高级法院党组《关于处理"北决扬"一案的请示报告》,报告说:"现审查结果,'北决扬'不是由一小撮叛徒、特务、反革命分子暗中操纵的反革命组织。因此,此案不作反革命组织处理,按各人的具体罪行分别处理。""对鲁礼安、冯天艾、蔡万宝、严琳免予刑事处分,对甘勇、童丹、马业成不以反革命论处,予以释放。"并要求劳动部门予以安排工作。一场声势浩大的清查"北决扬"运动,最终以这种"新官否旧官"的方式结案。

综上所述,"北决扬"存在时间不长,人数不多(武汉市最后认定参加"北决扬"组织的为177人[25]),组织松散,活动范围有限,所办刊物《扬子江评论》总共出刊不过十二期,其社会影响远不如同为

---

[25] 《中国共产党武汉历史》(第二卷),中共武汉市委党史研究室著,中共党史出版社,2011年6月,第440页。

主政者所痛恨的"三钢"等组织，但由于"三钢"人数多，势力强，影响大，主政者不便下手，出于策略考虑，"北决扬"这个小组织被当作整治造反派群体的突破口，"小题大做"，以清查"北决扬"为名，通过打击"一小撮"，各个击破，震慑"一大片"，对全省造反派大兴挞伐。在"北决扬"组织解散，刊物被查封，成员被抓，其社会表达功能处于失语状态下，仍然深挖细找，上挂下联，开展空前规模的"批扬""挖决"的群众运动，其发动之深入，范围之广泛，声势之浩大，攻势之猛烈，可谓轰轰烈烈，以致"伟大领袖"亲自出面敲打，仍未收手，直至湖北主政者一个垮台，一个调离武汉之后，清查运动才有所收敛，渐次收场。

"北决扬"的学子们以"革命到底"的执念登上文革舞台，在时代的浪潮中踽踽孤行。这些弄潮儿口衔"最高指示"，引经据典，无奈最终演化为当局所不容的"反动思潮"，沦为"最高司令部"的弃儿；他们言必称领袖教导，舌战群雄，却事与愿违，遭遇围剿，被自己"誓死捍卫"的"革命路线"反噬，成为革命的对象。他们与1957年的"右派"既有相似之处，也有不同之处，"右派"在精神气质上尚存知识分子的独立性，与官方"同心不同德"，对党的领袖、党的政策有相对独立的看法。"北决扬"则不具思想上的独立性，与中央既同心也同德，其思想资源和思维定势并未脱离官方话语系统，只是在解读、阐释"上意"上有所"僭越"，有所"触犯"，在革命的大合唱中唱走了腔，弹跑了调，帮了倒忙，视为"极左"，"打着红旗反红旗"，演出了一幕"革命吞噬自己的儿女"的悲剧。他们的悲剧不仅是这个小团体的悲剧，也是整个造反派群体的悲剧。他们既是群众运动的参与者，又是群众运动的受害者，其命运遭际令人叹息，其中的历史与政治涵义，给后人留下了巨大的审视与反思空间。

2016 年 1 月 28 日初稿
2022 年 4 月 12 日修改
2024 年 3 月 24 日定稿

# 凡　例

本集所收文献大致按写作或发表时间顺序编排，每篇文献均在文末注明出处，对原文涉及的人物、群众组织和事件等，作必要的注释。

对文献原文一般不作改动，尽量保持原状，以存历史本来面貌。对原件文字上明显的错讹，编者作了必要的校勘和订正，校订原则如下：

一、将原文中的错字、缺字予以更正，填补于（ ）内，将原文中的衍字，置于[ ]内；

二、原件因破损或墨迹不清导致无法辨认的字，用"□"代替；

三、原文中一些不符合现今规范的用字，如"象"与"像"，"哪"与"那"不分等，予以保留，不作改动；

四、原文中的繁体字，均按现行简体字录入；

五、原文语句不通而又无法厘清的句子，不作改动，保留原句，在原句之后加括号用楷体字注明"原文如此——本书编者注"；

六、对于标点符号，因本集编入的是历史文献，当时的用法同当今的有所不同，为保持历史原貌，对过去用法的标点符号一般不作改动；

七、凡原文前后提及同一人而姓名写法不一者，一仍其旧，例如"朱鸿霞"与"朱洪霞""李湘玉"与"李想玉"并存；地名、事件、数字等均同此；

八、原文引用的毛泽东语录，首次出现的，注明出处，以后出现的，不再注明；对于引文和出处，只宜引用当时出版的毛著原文，并注明该著作的出处，而不宜引用作者当时不可能阅读到的、后来新出版的毛著的引文和出处；原件铅印材料引用毛泽东语录一般用黑体字标出，打印和刻印材料没有用黑体字，本集一仍其旧。

所收文献资料来源如下：

一、"新华工敢死队"和"决联站"主办的报刊《扬子江》杂志、小报《扬子江评论》《激扬文字》等；

二、"北决扬"成员和与其密切接触者的自供、交待、专案档案材料；

三、湖北大学革命委员会政宣部 1969 年 9 月编印的文集《把反动刊物〈扬子江评论〉拿出来示众》；

四、有关"北决扬"的官方文件和首长讲话；

五、与"北决扬"对立的群众组织主办的报刊，如小报《新华工》《新湖大》等；

六、湖北省各级革委会和群众组织编印的有关批判"北决扬"的单行材料及传单。

注释部分和附录部分参考了毛泽东有关著作、"两报一刊"社论集、《湖北日报》《长江日报》、地方党史部门编纂的党史著作和大事记，以及有关亲历者回忆录等。

# 第一部分

# 为南下革命师生[1]呼吁
## ——驳湖北大学[2]的《紧急呼吁》[3]

(一九六六年八月三十一日)

华中工学院船舶工程系一年级六班 鲁礼安[4]

全国各兄弟院校革命师生同志们:

亲爱的战友们,我向你们呼吁:中南左派学生危急!华北南下革命师生危急!他们几千人结成的钢铁城垒正遭受着惊涛恶浪的冲击。

---

1. 1966年8月下旬,一批北京的红卫兵串连到达武汉,公开提出"炮打张体学,火烧湖北省委"的口号,并在湖北大学31号楼设立联络站,称"首都南下革命造反大队"。湖北省委在全省大抓"南下一小撮",湖北学生、工人以炮轰省委还是保卫省委分为造反派和保守派。
2. 湖北大学,今中南财经政法大学。文革初期是湖北省委的运动试点,由于地处武昌闹市区,交通便利,也是武汉群众运动的中心。北京南下学生多数住在该校。
3. 针对北京南下红卫兵反省委的言行,湖北大学文化革命临时委员会以"革命师生员工"名义于8月31日铅印五十万份《紧急呼吁》,谴责他们的所作所为。呼吁说:"自8月25日以来,北京二十多所学校师生相继来到我校串连。他们人数虽少,但影响很大,流毒甚广,实在令人不能容忍。"同时,湖北大学文化革命临时委员会大量翻印北京航空学院毛泽东主义红卫兵刘小清、杨小力、赵开煌联名写的大字报《警告这批坏蛋们》,大字报称"一小撮别有用心的家伙到武汉来制造分裂,制造混乱,散布流言蜚语,欲达其不可告人之目的"。
4. 鲁礼安,1945年出生,湖北汉口人。华中工学院船舶工程系6556班学生,共青团员。1967年3月加入"红司(新华工)"(毛泽东思想红卫兵新华工红色造反司令部),在《新华工》报当编辑,为该报撰写文章。4月初因写一篇文章被"红司"开除,遂与冯天艾等组建"新华工敢死队",任队长。11月7日与冯天艾等发起成立"北斗星学会",12月25日组建"决联站",创办小报《扬子江评论》。1968年5月18日被监禁。8月23日被新华工革委会开除学籍和团籍。1979年12月获释,免予刑事处分。著有长篇回忆录《仰天长啸——一个单监十一年的红卫兵狱中吁天录》(鲁礼安著,王绍光校,香港中文大学出版社,2005年)。2006年4月离家出走,下落不明。

在湖北省省长、湖北省第二书记张体学[5]直接策划下的以湖北大学二千一百五十三个革命师生员工的名义散发全国的《紧急呼吁》就是这场惊涛恶浪中的一个高峰，是一株百般歪曲抵制毛泽东思想与十六条精神的大毒草，是以张体学为首的湖北省委右倾机会主义反革命集团，在黔驴技穷，走投无路的情况下向广大革命师生进行的一场疯狂反扑，这是一次极其严重的反革命事件。

这份《紧急呼吁》是在湖北大学集会欢迎外地革命师生会上，南下革命同学与湖大大部分同学进行了针锋相对的斗争以后出笼，呼吁什么"我们湖北大学的无产阶级文化大革命在毛泽东思想指引下，在全院革命师生员工的努力下，正在掀起斗争高潮的时候，遭到了一股外来的暗流的冲击，运动的发展受到了严重的阻碍。"

这是对千余名南下革命师生的无可容忍的诬蔑！是对千百万革命师生穷凶极恶的诽谤！

"一股外来的暗流"，胡说！这是一股强大的真理的洪流，孰当，孰不可当！（原文如此——本书编者注）你们这些老爷们必将为此洪流与湖北地区广大革命学生运动洪流所吞没，这是历史必将作出的结论！运动的发展在这股洪流的冲击推动下，将出现一个汹涌澎湃的高潮。至于运动的发展的严重阻碍是有的。这种阻碍正象十六条中所指出的："这种阻力，主要来自那些混进党内的走资本主义道路的当权派，同时也来自旧的社会习惯势力。这种阻力目前还是相当大的，顽强的。"那些说什么"遭到了外来的暗流的冲击，运动的发展受到了严重的阻碍"的不是应该把这段话重温重温吗？

值得深思的是：《紧急呼吁》中的主要攻击对象，也就是北航刘小清、杨小力、赵开煌等三人在"警告这批坏蛋们"中疯狂谩骂的北京政法学院学生周仕凌，是该院南下学习团领队、共产党员、红卫兵战士，曾在军中服役三年。对于这样一个同志，两篇文章开动一个腔调，极尽歪曲、造谣、中伤之能事，用词唯恐不毒，什么胆大包天的污蔑，简直是他妈的放狗屁哇，耽（当）心他的狗头落地呀等等，对

---

[5] 张体学，1915年出生，河南新县人。1956年任湖北省省长、省委书记处书记，1966年9月任代理湖北省委第一书记，后又任湖北省革委会副主任。1973年9月去世。

于此类乱七八糟的东西,湖大文革[6]积极翻印。我们要正告这些大大小小的政治扒手们,竖耳听着:谎言绝不是事实,诽谤更不是真理,一大群苍蝇的嗡嗡叫里尽管加入了你们几声,也丝毫无损于左派学生半根毫毛!战士尽管被咒骂所包围,他仍然是一个顶天立地的战士,苍蝇,即使再多,再完美,叫得再响,也不过是一群苍蝇。

"这些人,有的不带介绍信,自称'世界革命家','南下尖刀班'",你们讲对了。我们说毛主席和党中央发给的"红卫兵"袖章就是最革命的介绍信,除此而已(外),我们干革命还需要谁来介绍吗?说自称"世界革命家","南下尖刀班",一点也不假。我们就是"世界革命家",野心大吗?可谓大矣。我们就是"南下尖刀班",尖刀团,千余人铸成的钢刀正可以横扫千军,摧旧世界之枯、拉恶势力之朽,威风之极吗?可谓猛矣。

"他们下车伊始,就指手划脚,乱发议论……把我们学校搞得乌烟瘴气。"说得对极了,谢天谢地,这正是南下革命同学具有高度政治敏感,一下车便闻出你们湖大无革命命气,尽反革命命味,心里有话,不得不说。而且我们正是要把你这个张氏堡垒打个落花流水,乱七八糟,不然如何叫着(作)造反。造反有理,这个"乌烟瘴气"还要更"乌"更"瘴"才好。

至于说什么"露骨地反对毛泽东思想,反对十六条",不敢当,你们的评价需经照相显影,反过来看。这就是我们坚决地捍卫了毛泽东思想,捍卫了十六条。你们拿出的帽子,我看赠给张体学及其一切老爷们戴上,正是不偏不斜。张体学想来不会那么健忘,想一想最近以来在各高等院校大放其毒,总有些冷汗要出吧!

说周仕凌公开宣扬"运动中不能划左、中、右派,这样划了就会阻碍运动的发展,引起学生斗学生。"因为有时真理在少数人手里,一时被认为是谬误的"右"派可能正是代表着真理的左派。至于说"十六条中正确地规定,在文化大革命运动中要坚决地执行党的阶级路线,坚决依靠革命左派,争取中间派,孤立最反动的右派"中右派的划分是指党内那些走资本主义道路的当权派和一小撮极端反动

---

[6] 湖大文革,"湖北大学文化革命临时委员会"的简称,成立于1966年8月16日。

的资产阶级"权威"。而绝不准许现在就在学生中划分右派，实在要分也可以的，不过谁左谁右，人人心里都有极明白的计算。

"十六条不全面，有框框"，此句来处矛盾，无需一驳，《紧急呼吁》中注明此出自北京政法学院周仕凌之口，而政治系的《呼吁书》[7]又注明出自北大历史系某同学之口，更何况当时周仕凌根本没有说十六条不全面，只是说十六条是纲领性文件，不可能把每件具体事情都写进去，就被你们湖大的造谣专家们曲解一番，整理成"不全面，有框框"，把自己的意愿强加于人，可笑，可气，可恶！

谈到戴高帽游行，我们说这用来压压敌人威风完全合法，算不得武斗。何谓武者，动手打也。对于这一班看到高帽便浑抖[8]，脚下流汗，如丧考妣的老爷们来说，不知何时，此顶高帽轮到自己，极力反对原是可以理解的，但若某些人说什么戴了几顶高帽子就是公然对抗十六条，我们也想送上一段语录："革命不是请客吃饭，不是做文章，不是绘画绣花，不能那样雅致，那样从容不迫，文质彬彬，那样温良恭俭让，革命是暴动，是一个阶级推翻一个阶级的暴烈的行动。"[9]对阶级敌人戴上区区一顶高帽算得了什么武斗，要造反，就顾不得那么多客气了。

"把矛头引向伟大的中国共产党。"对不起，这是别有用心的诽谤。要说有这么回事，不是别人，恰恰是诽谤人自己。我们发现了省委的问题，炮轰省委，何罪之有？至于对张体学同志在湖大讲话，南下革命同学认为"有很大的片面性"，"是毒草"绝非"污蔑"。这正是他们用毛泽东思想这个强大的望远镜和显微镜观察问题得出（的）结论。不这样结论实在有负张望，贬低了张体学同志谈话的价值。请那些叫嚷保卫省委就是保卫毛主席、保卫党中央的先生们认真学习

---

7 《呼吁书》，指"湖北大学政治系革命师生76人"1966年8月30日发出的《呼吁书》。《呼吁书》说：北京政法学院等学校一些人来到我校，散布了一系列极其荒谬的观点：一、恶毒攻击"十六条"；二、恶毒攻击林彪同志及其他党和国家领导人；三、煽动学生外流；四、反对文化革命委员会；五、北京政法学院某女同学等说;;"北京没有框框，想斗谁就斗谁""要戴高帽子就戴高帽子"等。

8 浑抖，即"浑身颤抖"之意。

9 引自《湖南农民运动考察报告》（1927年3月），《毛泽东选集》第1卷，人民出版社，1966年7月，第17页。

一下人民日报社论："那些走资本主义道路的当权派，荒谬地把自己本单位的领导，同党中央，同整个党等同起来。"他们利用广大工农兵群众对党的热爱，利用一些群众不明真相，提出什么保卫本地区、本部门党委的口号，如有革命学生批评他们，起来造他们的反，就被说成什么"反党"，"反党中央"，说成什么"反革命"。我们炮打省委，正是为了保卫党中央和毛主席，在这个问题上不准任何人鱼目混珠，混淆是非，趁机转移目标，倒打一耙，这岂止扒手，大盗有余啊！

"文革只能代表一部分人，你们可以不听他的话，它不是党的领导的，你们可以不要他的领导"，"文化革命时期不要少数服从多数"，"发动群众就是不要领导"种种罪状，我看都对得很。你们湖大现在的文革确实不能代表全部。文革指挥无力，我就是不听他的，就是不服从。少数在现阶段就是可以不服从多数。道理很简单，因为真理就是掌握在我们少数手里。我们将来的多数，现在的少数，是真理的少数，必胜的少数。真理为什么要服从谬误？当然不能。原则如此，不能作交易买卖。现时对你们湖大而言，发动群众就是不要"领导"，你这个乱七八糟的领导是包袱，要你算是例毒（原文如此，疑为"倒霉"——本书编者注）。领导其实是有的，这就是毛主席的领导，党中央的领导，而且我们今后一定要选出真正革命文革的来领导，对想要我们象你们那样唯张省长命是从，办不到！

"破坏我校的无产阶级文化大革命。"呜呼，这简直是莫须有的罪名了。南下同学来的宗旨不是十分明确吗？一曰学习取经，二曰造一切不符合十六条精神之反，怎么能说破坏运动呢？要说破坏，也是有的，这就是破旧制度，旧世界，破你们在运动中墨守陈规。你是坏的，我就破你。不服气么，听便听便。

"我们说湖大斗李光斗是打死老虎，这还是说得轻的。这里面有阴谋，斗死的是为了掩盖活的。"这就看得很准，有什么不好，明明李光斗是六四年即被揪出而且潜伏了，湖北日报偏偏说什么"……经过十多天的大鸣大放，大字报，大辩论，已揪出了李光斗、辛永信、汪平一伙反党黑帮。"岂不叫人笑掉牙齿。你说"煽动"，过奖过奖，煽革命之风，动腐朽之势完全必要，还做得太差。这哪里是在极力为黑帮分子辩护呢？要说辩护，此人是有的，姓张姓李，心中有数。

对于"呼吁"最后一大堆脚布[10]似的质问，略检一、二说明说明，启发启发，教育教育这班老爷们，洗耳恭听着：

"你们到底是在宣传毛泽东思想，还是在反对毛泽东思想？"此问题提出来本身就十分荒唐。我们不仅是宣传，还是运用、捍卫这最高最活的马列主义真理。

"你们是真心造资产阶级、修正主义的反，还是造无产阶级的反？"我们就是造你们这班老爷们的反，你说是造无产阶级的反，还是造资产阶级、修正主义的反呢？

"你们是在传播无产阶级思想，还是宣扬资产阶级民主？"这个问题无须多讲，待大家看过此文后，是被传播进了无产阶级造反精神的思想，还是被宣扬进了资产阶级民主？自己回答，岂不更好吗？

"你们口口声声宣传来自祖国心脏。"嗯，不错，这是光荣，"来自毛主席身边"，嗯，就是，这是骄傲；"有的还自吹是毛主席派来的，"错了。错在第一不是什么有的，第二不是自吹。广大南下革命师生就是毛主席派来的。你们生气吗？你瞪眼吗？你不高兴就干脆滚蛋。

"难道毛主席和党中央就是叫你们来煽这样的风，点如此之火吗？"聪明，聪明，被你们猜中了。毛主席和党中央就是要我们来煽这样的革命之风，点如此的造反之火。煽风点火，光荣得很，骄傲得很。只怕风煽不大，火点不猛，要煽要点，你们是管不了的，泼冷水不行，泼汽油欢迎。

"难道北京地区文化大革命的经验就是如何打人，如何戴高帽游街吗？"此句断章取义，强词夺理，何况打人之事根本没有，至于戴高帽子游街，总不是什么坏事。其实经验是多得很的，有空北京学生还可以接见你们这些先生，开导开导。不过一条，我们一不会让牛鬼蛇神和我们一起学毛选，二不会象华师[11]那样给这些家伙戴上一顶帽子，慢着，不是高帽，是顶草帽，三不会说我们斗你，不违反政策，你持久战要紧，坐下坐下，不必客气。

你们说"南下革命同学歪曲了首都无产阶级文化大革命运动，侮

---

10 脚布，即旧时小脚女子的裹脚布，喻又臭又长。
11 华师，即华中师范学院（现华中师范大学）。

辱了首都革命师生，败坏了毛主席的崇高威信。"这是纯属诽谤。那些歪曲了无产阶级文化大革命运动，侮辱了革命师生，败坏了毛主席的崇高威信的人是有的，不是别人，正是你们一伙掌握控制了各种宣传机器的先生们。君不见湖北日报变成了湖北谎报，编辑先生提拔成了造谣教授，连日以来，铁证如山有目可睹。好笑我们到湖北日报接待站质问负责人时，此先生态度可佳，立场死硬，吞吞吐吐，汗如珠滴，可怜一个能说会辩的主编先生结结巴巴，这也与省委领导有关，不无功劳。

"可以肯定你们这少数人决不能代表首都广大革命师生的意见，你们的所作所为，必将遭到首都红卫兵战士的愤怒谴责。"

怎么能够肯定呢？毛主席教导我们，一切结论产生于调查研究的末尾，而不是开头。[12]先生们上北京调查过没有？而我们根据毛泽东思想分析问题，却可以给你们找个归宿：欲（借）问瘟君欲何往，纸船明烛照天烧[13]。

被《紧急呼吁》大肆吹捧的北航三人来历，我等自己查处。其一刘小清者，武汉市市长刘惠农之女，其二杨小力者，湖大法律系党总支书记杨志平之子，其三赵开煌者，湖北军区某首长之子，姓甚名谁，暂且登记，静待考认。这样三个躲在杨宅混日的公子哥儿，除了闭着眼睛撒谎骂街之外，并无更多本领。实有哗众取宠之意，毫无实事求是之心。我们这里奉劝一声：年纪轻轻，不要做了保爸爸派。应以毛主席和党中央为重，以革命利益为重，回到广大革命师生行列中。

奇文共欣赏，疑义相析（与）析。《紧急呼吁》可谓奇了，通篇颠倒黑白，违反主席思想。你们狗急跳墙，利令智昏，竟向全国发出这样一张误人时间的废纸，我们正告这些先生们，华工[14]革命同学不准你们这样放肆，湖大革命同学不准你们这样无耻，湖北革命同学不

---

12 这条语录与原文有出入，原文是："一切结论产生于调查情况的末尾，而不是在它的先头。"见《反对本本主义》（1930年5月），《毛泽东著作选读》（甲种本·上），人民出版社，1964年6月，第19页。
13 毛泽东《七律二首·送瘟神》。
14 华工，即华中工学院（现华中科技大学）。

准你们这样猖狂，北京革命同学不准你们这样诽谤，全国革命同学不准你们这样放毒。你们不是将上述情况公诸与（于）众了吗？并呼吁"全国各兄弟院校以（的）革命师生给我们精神和道义上的支持""欢迎兄弟院校的革命同学来我校进行革命串连"吗？告诉先生们，精神和道义我你二者之间毫无共道之处，只能反对不能支持。进行革命串连很好，南下来一个，我们多了一个战友，南下来了两个，我们多了一双伙伴，都来了，你们这班制造《紧急呼吁》的先生早就完蛋了。

最后要提到一点，作为《紧急呼吁》的签名数二千一百五十三人这样精确到个位的数目也不知由湖大哪个统筹专业同学统计而来，只是有一点我尚明白：此份"呼吁"先已在武汉邮电学院散发，后才在湖大宣读通过。天天怪事皆有，独有今天不同，《紧急呼吁》原是这般奇文。牛皮既已吹破，先生可以休矣！

（口号略）

根据 1968 年 7 月 16 日出版的《扬子江评论》第 12 期刊印。

# 陈秀惠[1]与向东流[2]的两封信

（一九六七年二月、九月）

## 一、陈秀惠给向东流的信

【按：毛泽东思想是在帝国主义走向全面崩溃，社会主义走向全世界胜利的时代的马克思列宁主义。这封黑信恶意地把马克思列宁主义与毛泽东思想分隔开来，狂叫什么"马列主义已经大大不够用了"，就是明目张胆地攻击、诬蔑毛泽东思想这一当代最高最活的马克思列宁主义。黑信还强调"了不起的人与人之间的关系，会产生了不起的力量"。这就表明陈秀惠之流都是以"了不起的人"自居的，他们要与向东流（向东流——武汉反动组织"北斗星学会"[3]和"决派"的骨干）这样的反革命结成特殊关系，以便形成"了不起的力量"。这是一种什么样的关系呢？只能是反革命的小勾结。这种反革命勾结对革命人民来说，根本没有什么"了不起"。现在可以看得很清楚，等待着他们的，并不是他们"神往"的领袖地位，而是革命人民的审判台。】

向东流战友：

"反复辟学会"创立已半年，收到大量富有革命抱负的信件，从大堆大堆的信件中，我在狂热地寻找自己的战友……

---

[1] 陈秀惠，复旦大学学生，"反复辟学会"负责人。"反复辟学会"是复旦大学等学校以学生为骨干的群众性理论研究组织，其中有的人参加过"炮打张春桥"。

[2] 向东流，疑为童斌的化名。据鲁礼安在他的回忆录《仰天长啸——一个单监十一年的红卫兵狱中吁天录》中说，童斌是华中师范学院政教系二年级学生，鲁礼安在与冯天艾和童斌等一起发起筹建"北斗星学会"时，童斌曾给他一份"反复辟学会"的《创立宣言》，作为鲁起草《北斗星学会宣言》的参考。

[3] 北斗星学会，以鲁礼安、冯天艾为首创建的以大学生和中学生为骨干的学习研究性组织，成立于1967年11月7日。

作为无产阶级革命派战士，如何使自己适应无产阶级专政下继续革命的需要？

一、突出毛泽东思想

在当代，马列主义已经大大不够用了。只突出马列主义，不突出毛泽东思想，就不叫突出无产阶级政治，就不是无产阶级先进分子，就不配作共产党员！

二、有一批决心将无产阶级专政下革命继续进行到底的战友

我们的时代，只有承认阶级和阶级斗争，承认无产阶级专政，同时又承认（不是口头上承认）无产阶级专政条件下还要革命的人，才是真正的马克思列宁主义者。

青年人象八九点钟的太阳，但富于幻想者多，怀有事业心者少，光有闯劲，没有韧劲，往往虎头蛇尾，难以成事。我多么希望有一批志同道合的战友，但是我要的是一些"死心塌地、顽固不化"的战友……

了不起的人与人之间的关系，会产生了不起的力量。马克思有了恩格斯，恩格斯找到了马克思，在阶级斗争的大风大浪中，马克思主义来到了"人间"，无产阶级在全世界范围内产生了伟大的飞跃，他们的结合，或许是偶然，对于无产阶级事业而言，完全是必然。和马恩一样，列斯和毛林均成为无产阶级战斗友谊的崇高典范，多么令我们青年一代神往？！

嘤其鸣矣，求其友声。[4]

此致 敬祝毛主席万寿无疆！

复旦大学85信箱

"愿永远无愧于狂妄称号的狂妄人"

【按：即陈秀惠】于二月五日

根据复旦大学"反复辟学会"专案组1970年6月编印的《公布"反复辟学会"反革命小集团的一批材料》刊印。

---

4　引自《诗经·小雅·伐木》。

## 二、向东流给陈秀惠的信

【按：黑信作者向东流是武汉反动组织"北斗星学会"和"决派"的重要骨干。此人与"反复辟学会"书信往来频繁，勾搭甚密。他看了"反复辟学会"的"创立宣言"，其他什么都没有记住，专门记住了"中国产生了毛泽东思想，我们怎么办？"一段。这说明向东流与"反复辟学会""心有灵犀一点通"，"通"就"通"在这段话隐晦曲折地否定了林副主席毛泽东思想伟大红旗举得最高，毛主席著作学得最好，这样也就否定了林副主席是毛主席的最好接班人。他们在后面大言不惭地宣称，他们要"立志做一个毛泽东式的无产阶级革命家。"这就充分暴露出这伙反革命小丑妄图取伟大领袖毛主席而代之的反革命政治野心。】

忠于毛泽东思想的战友们：

有志气有抱负的同志们：

你们好！

这次到上海来，有幸能看到你们的"反复辟学会"创立宣言（草案），对于你们的这种高昂的革命热情及崇高的革命理想和抱负，我代表我个人和我的战友们向你们表示热烈的支持，并同你们并肩奋斗！

还在去年年底时，我就有和你们这样类似的想法，痛感有深入研究毛泽东思想之必要——尤其是在我国社会主义革命发展到更广阔的新阶段的时刻——于是，就企图发起一个《毛泽东思想研究会》，连征友启事都铅印散发了，但是由于种种原因，我的这次尝试未能获得有效的成功。现在你们也在进行这种工作，倍觉兴奋。在你们的宣言中提得好：

"德国产生了马克思主义，俄国人学得最好，而不是德国。俄国产生了列宁主义，中国学得最好，而不是俄国，中国产生了毛泽东思想，我们怎么办？"（凭印象记的不知是否完全？）

中国产生了毛泽东思想，会不会是中国人学得最好？这的确是一个十分令人深思的大问题！而这个问题的实质，则是中国究竟能不能把革命的大旗永远高举！有志气、有抱负的中国青年一定不能辜负我们领袖毛主席的殷切期望！世界革命的重担必须由我们承担起来！

由于手头上没有你们的"宣言"，未能很好的推敲，请你们给我寄几份来。再，你们既然决心发起"反复辟学会"，准备怎样办下去？搞多大的规模？采用什么样的形式？学习的内容和方式如何？欲达何目的等等，也请一一指教，我亦愿与你们共同商讨之。

海内存知己，天涯若比邻。

你们中有愿意和我交朋友者，就请给我回信罢，我提出如下条件作为交朋友的前提：

一、无限信仰、崇拜毛主席，无限忠于毛泽东思想。

二、有志致力于毛泽东思想、马列主义的研究，立志做一个毛泽东式的无产阶级革命家。

三、以毛主席提出的关于接班人的五个条件作为座右铭（请仔细考虑以上三点）。

最后敬赠一言：发起"反复辟学会"是容易的，但是坚持下去就不容易，会遇到许许多多的实际问题，并不为我们想象中的那样轻而易举。然而在真正的革命者面前，却又没有克服不了的困难。坚持到底，百折不回，就是胜利，祝你们成功！

暂就写到这里吧。紧握你们的手！

因要事在身，急于返汉，不能登门拜访，后会有期。

武汉钢二司[5]战士向东流，六七年九月四日晚

（请你们把"学会"的发起者及"宣言"的执笔者介绍给我认识认识）

根据复旦大学"反复辟学会"专案组1970年6月编印的《公布"反复辟学会"反革命小集团的一批材料》刊印。

---

[5] 钢二司，又称"二司"，全称"毛泽东思想红卫兵武汉地区革命造反司令部"，武汉全市性大中学校学生最大的学生造反组织（"新华工""新湖大"未加入），正式成立于1966年10月26日，司令部设在武汉测绘学院。一号勤务员为杨道远。因在1967年春的"镇反"中遭到打击后表现坚强不屈，所以被加称"钢"，6月下旬始称"钢二司"。与武汉另外两大造反组织"钢工总""钢九·一三"观点一致，合称"三钢"。1968年9月16日宣布解散。

# 从阿基米德一句话谈起

## ——给我一个支点,我可以把地球翻过来

## ——论工总[1]必须翻案[2]

(一九六七年春)

鲁礼安

阿基米德一句大胆的名言:"给我一个支点,我可以把地球翻过来"。尽管在现实生活中不可能实现,却道出了一个普通的真理,基本的关键(矛盾)问题一解决,便可以成就一番伟大事业。列宁曾引用这句话:"给我一个革命家组织,我可以把整个俄国翻过来"。在今天震撼世界的中国无产阶级文化大革命中,武汉地区无产阶级文化大革命运动发展到今天,我们可否将这句话再改一下,"还我一个工人总部,可以将武汉地区工人运动翻过来"呢?

革命年代,一切阶级都登台表演了,显示自己的政治力量。群众运动无情地检验了各派势力。工人运动的广泛性和激烈性为全世界空前未有的革命工人造反派登上历史舞台,立即显示了其最有觉悟,

---

[1] 工总,又称"工人总部",全称"毛泽东思想战斗队武汉地区工人总部",武汉全市性产业工人造反组织,成立于1966年11月10日,总部设在武昌红楼。主要负责人为朱鸿霞、胡厚民、夏邦银等。所属有8个办事处,90个战斗兵团,遍布武汉三镇。总部设在湖北省人委招待所。1967年6月下旬开始称"钢工总"。观点与武汉"九·一三""二司"和"工造总司"一致。武汉部队发出"3·21通告"后,被强令解散。

[2] 为"工总"翻案问题,造反派内部有分歧,"二司"坚决要求翻案,"新湖大"倾向于"二司","新华工"不同意彻底为"工总"翻案。本文与另外两篇为"工总"翻案的文章《再论必须为工总翻案》《三论必须为工总翻案》写于1967年春和4-5月间。据鲁礼安在他的回忆录《仰天长啸——一个单监十一年的红卫兵狱中吁天录》(第162页)中说:"我这三篇论述必须为工总翻案的文章,因观点鲜明,角度新颖,被各造反组织以大字报和传单形式,在武汉三镇广为传抄,并被《新华师报》全文转载。"

最有组织,最富有力量的革命性。斗争的需要产生了武汉地区工人总部这个革命造反组织。庞大的队伍聚集了武汉地区工人运动的优秀战士。同时,也象历次大革命一样,吸收了一群投机分子和各种各样的冒险家。从整个历史来看,从对无产阶级文化大革命的整个贡献来看,工人总部的主流是革命的。广大战斗队员掌握着自己的命运,为武汉地区的无产阶级文化大革命运动建立了功勋,由于党内一小撮走资本主义道路的当权派玩弄拉一批打一批的手段,收买了革命队伍中的意志薄弱者,勾结社会上牛鬼蛇神,一度瓦解破坏了我们的队伍,给革命事业带来了不可弥补的损失,武汉谭震林为实现自己的阴谋,抓住工人总部所犯的严重错误,非法取缔了武汉地区规模最大的、杀出来最早的工人革命组织,混淆是非,颠倒黑白,围剿革命造反派,压制不同意见,实行白色恐怖,将几十万造反工人打了下去,何其毒也!我们能够跟在武老谭[3]及大大小小保守派的屁股后面,闭着眼睛大叫工人总部糟得很吗?工人总部中混进的一小撮阶级异己分子,本身就是工人阶级的敌人。我们只有协助工人同志清除这一小撮蛆虫的义务,决无因这少数分子而全盘否定整个工人总部的权力。难道马克思因为巴黎公社中混进了不少的布朗基分子、自治论者、无政府主义者,甚至牧师布策德洛之流而丝毫否定过公社的伟大革命性吧?每当工人阶级的斗争中遭到失败的时候,真正的马克思列宁主义者总是满腔热情的维护战败者的事业,尖锐地驳斥战胜者(当然暂时的而且没落的)。我们为工人总部翻案是为广大战(斗)队员所代表的伟大革命事业辩护,是为(被)压迫被侮辱的革命组织工人总部战士翻案,是为整个武汉地区革命造反派撑腰。这与工人总部中一小撮确有证据的反革命分子翻案哪有丝毫共同之处呢?

把鼻子贴在牛肚子上只能闻到厌恶的牛腥气,只有到广阔的田野里才能看到耕作的作用,而从心里真正为牛叫好。就工人总部这个组织(来说),整天繁琐地迷恋于寻找工人总部的错误和"罪行",以便稳重地发表自己的观点,固然是保险的,然而这只是政治上近视。

---

3 武老谭,即武汉的谭震林式人物,指陈再道,是一种蔑称。在1967年4月开始的"反击二月逆流"中,谭被作为"二月逆流"的头号"黑干将"受到批判,各地纷纷提出揪本地的谭式人物。

以抽象的辞句来代替具体的分析，那么，这是革命中最主要的罪过之一，最危险的罪过之一。当前武汉地区工人运动具体决定了我们对工人总部的态度唯一必要的是：肯定而不是否定。列宁曾尖锐地指出："他们（指第二国际）破产的根本原因，就在于他们对工人运动和社会主义运动的发展只是呆呆注视着，一个固定的形式，忘记了这个形式是片缺不全的，他们害怕看见那种因客观条件改变而必然发生的急剧转弯，而继续千篇一律的重复那句简单的、读熟了的，初看起来是不容争辩的真理，三大于二。"眼前的事实不正是这样吗？有些人，嘟嘟嚷嚷的说工人总部的这个错误是有案可察（查）的，那个罪行是有根据的，真有些不容争辩的样子。但是他们忘记了"我们必须站在哪一边？……必须站在人民群众这一边，绝不能站到人民的敌人那（一）边去。这是一个马（克思）列（宁）主义者的根本立场问题"[4]的教导。首先不是想无产阶级革命造反派工人所想，急无产阶级革命造反派所急，不是从无产阶级文化大革命群众运动的发展过程，从两条路线斗争的大方向去看，肯定他们的本质和主流，而是叽叽咕咕貌似公允地在他们后面指手画脚。这些人不懂得马克思的方法论，首先在于要在特定的具体情况下，在规定的具体环境中，去估计历史的客观内容，要先去懂得什么阶级的运动乃是这个具体环境中，可能的过程之主要动力。也正如毛主席所说："阶级斗争，一些阶级胜利了，一些阶级消灭了，这就是历史……。"[5]我们当前的一些活动，必须为武汉地区工人阶级斗争的胜利而服务。殊知武汉工人总部问题现在绝不是一个组织的问题，而是关系到武汉地区工人运动能否重新翻过来的问题。难道眼前事实还不足够证实这一点吗？

中国的过去"其根本的革命力量是工农，革命的领导阶级是工人阶级。如果离开（了）这两（种）根本的革命力量，离开了工人阶级的领导，要完成反帝反封建的民主革命是不可能的。"[6]中国的今天离

---

4 转引自 1967 年 6 月 27 日《解放军报》社论《正确对待群众》。
5 引自《丢掉幻想，准备战斗》(1949 年 8 月 14 日)，《毛泽东选集》第 4 卷，人民出版社，1966 年 7 月，第 1424 页。
6 引自《五四运动》(1939 年 5 月)，《毛泽东选集》第 2 卷，人民出版社，1966 年 7 月，第 523 页。

开了工人这支主力军,无产阶级文化大革命将一事无成。所有这些决定了武汉工人运动必须重新起来,也就决定了工人总部必须翻案。如果说无产阶级和资产阶级之间的阶级斗争,是现代社会变革的强有力的杠杆,那么工人总部的恢复正是一个支点,各派政治力量将因之而进行决定性的较量,不是上升为统治,就是一落千丈。

  根据 1968 年 7 月 16 日出版的《扬子江评论》第 12 期刊印。

# 从阿基米德一句话继续谈

## ——再论必须为工总翻案

（一九六七年春）

鲁礼安

给我一个支点，我可以把地球翻转过来！

——阿基米德

在人类历史的天平上，无产阶级和资产阶级正在较量着上下。在中国无产阶级文化大革命运动中，就武汉地区而言，可以毫不掩饰地认为，工人总部的恢复，将成为这一天平的支点，广大工人战斗队员将和其他革命造反派在一起，以强大的力量压倒一切，使天平迅速地左转，取得武汉地区无产阶级文化大革命的最后胜利。

工人阶级的解放是工人阶级自己的事情。在肃清了自己队伍中的蛆虫，赶走了抱有可耻目的投机分子之后，被武老谭非法取缔的工人总部，重新举起革命造反大旗已经是广大战斗队员的一致呼声，在他们心里和眼里：恢复工总，就是恢复蓬蓬勃勃的武汉地区工人运动，就是恢复浩浩荡荡的工人阶级革命大军。"他们想恢复《二·八声明》[1]前的全盘时期。"有人躲在角落里愁眉苦脸的咕咕噜噜，一付（副）闵（杞）人忧天的样子，口口声声为工人运动唱赞歌的，工人运动真要兴起来了所（就）变成了"好龙"的叶公。工总恢复到全盛时期有什么不好？怕工总起来对自己不利吗？怕自己被工人战斗队员安上武老谭的黑打手吗？私心重重，顾虑层层的夫子先生们，决不

---

[1] 二·八声明，即1967年2月8日武汉地区工人总部等十二个造反组织联名在《长江日报》头版发表的《关于武汉地区当前局势的声明》。这个声明导致武汉地区造反派公开分裂，钢、新两派内战自此开始。同时导致武汉军区对"工总"等造反组织进行镇压。

能成为对群众进行呼风唤雨的工作的无产阶级革命家。请听毛主席对湖南农民运动是怎样说的吧："农民若不用极大的力量，决不能推翻几千年根深蒂固的地主权力。农村中须有一个大的革命热潮，才能鼓动成千成万的群众，形成一个大的力量。"[2]对于今日武汉地区工人总部，我们必须拿出充分的勇气和毅力去迎接他们，学习他们，并站在他们的前头领导他们。使工总日益纯洁和壮大，获得结果，获得胜利。那些害怕工人运动烈火燃伤自己手指的庸人，那些坐在玻璃窗子里面大喊大叫什么"工人总部决不是反革命组织，也决不是革命组织，是一个群众组织。"而扬言要与人辩论工总性质的书呆子们，根本不懂为工总翻案对武汉地区工人运动的伟大意义。

百万雄师[3]的联络站的凑成，三字兵[4]司令部的拚（拼）起，宣布了武汉地区反革命统一战线的最后完成。形势的发展，将迫使规模最大，杀出来最早的革命造反派主力工总重新立起，以对付反革命阵营的需要。正当武老谭及大大小小的老保们，康老三[5]们对工总怕得要死，恨得要命，而对之实行蚕食政策时，我们的某些同志却关在房子里大唱"把被冲散的革命队伍组织起来，按单位、按部门、按系统实现自下而上的革命派大联合"的高调。这些人在书房中制造"革命"计划，绘画"革命"图案，而让群众去按照他们的计划去执行，忘掉了工人群众的要求。列宁有过一段很好的话："不要把我们认为过了时的东西以为别人也认为过了时。"对于那些企图阻拦工总的成立企图拦断历史潮流的人们，恩格斯说得好，"……可是，世界历史是沿

---

2 引自《湖南农民运动考察报告》（1927年3月），《毛泽东选集》第1卷，人民出版社，1966年7月，第17页。

3 百万雄师，全称"武汉地区无产阶级革命派百万雄师联络站"，由武汉军区和武汉市人武部支持的保守组织联合体，正式成立于1967年5月16日，号称一百三十多万人。在"七·二〇"事件中，与8201部队同属主导力量。"七·二〇"事件后垮台。

4 三字兵，武汉1966年8月下旬成立的以高干子弟为核心的红五类保守组织，其袖章上只有"红卫兵"三个字，故称"三字兵"。成员中初中生多，高中生少，女生多，男生少。他们"破四旧"和保卫省市委的行动，得到省市委的支持。"七·二〇"事件后垮台。

5 康老三，即武汉地区红卫兵第三司令部（简称"三司"），是对"三司"的蔑称，喻像康有为那样的保皇派。"七·二〇"事件后垮台。

着自己的道路前进的,它不会理会这些聪明的温和的庸人",让那些站在工总对面隔岸观望,自吹博为的先生们,让那些站在群众后头指手划脚地批评他们的聪明的人们在必将站起来的武汉工总面前发抖去吧!

只有政治上的迟钝货,才会将工总问题理解成仅仅是一个组织问题,理解成要否工总这个组织形式的问题。一切真正的无产阶级革命派,都把工总的恢复,把工总的翻案看作是武汉地区工人运动重新兴起的开关,看作是向武老谭的一个致命性的挑战,看作是向带枪的刘、邓路线的最强大的示威,看作是宣告武汉部队中一小撮反革命修正主义分子操纵的"3·21"通告[6]的死刑!正如一个支点,在普通市民看来,不过一个支点而已,可是天才的科学家阿基米德,却如此而提出了"将地球翻转过来"的惊人设想。工人总部恢复,在某些人看来,仅仅一个普通工人组织而已,可是(在)真正无产阶级革命者眼里,却是"翻转整个武汉地区工人运动"的强大工具。

根据1968年7月16日出版的《扬子江评论》第12期刊印。

---

6 "3·21"通告,指中国人民解放军武汉部队1967年3月21日发布的《通告》,通告说:"从即日起,'武汉地区工人总部'及其所属组织一律解散。"通告附"'武汉地区工人总部'反革命分子罪行",共10条。

# 钢八司是武汉地区工人总部战斗队员翻案不彻底性的畸形产物——三论必须为工总翻案

(一九六七年四至五月)

鲁礼安

"钢八司"的名声在群众中愈来愈响了,那些在工总被取缔后的战斗队员起来是以参加八小时工作制司令部自愿(原文如此——本书编者注),以后一股不可压抑(的)革命热情使得他们自发地在工作之余走上街头,不约而同地集合在一起,向武老谭及所属保守势力,进行了无比英勇的斗争。

每天晚上六点直到深夜十二点,你都可以看到"钢八司"战士在街头活动,他们检查来往可疑车辆,防止武斗,保护革命造反派的安全,他们专找老保辩论,革命造反派无不为之欢欣,对他们的革命行动大叫"好得很"。

人们尽可以千百遍赞扬"钢八司"的革命热情,革命精神和革命行动,倘有人竟想为自己盲从和崇拜自发性的态度奠定理论基础时,将给武汉地区工人运动带来极大的危险。

列宁指出:"……自发论是机会主义的理论,是崇拜工人运动的自发性的理论,……"

离开工人阶级自己的革命造反组织,鼓吹运动中的无政府主义政策,根本上是要把工人运动交给机会主义去领导。一旦武老谭之流利用了革命造反派工人自发的革命热情,甚至会使他们不自觉地被党内、军内走资本主义道路的当权派所利用,武老谭近日来大批地把解放军指战员推上了第一线与钢八司对立,企图制造军民之间的敌对情绪,就是他们这群混蛋对钢八司的一次开刀。

崇拜自发性的理论,是反对使自发运动带上觉悟的和有计划的性质,反对无产阶级革命造反派权威对革命群众的领导。他们认为似乎愈没有领导愈好，愈没有组织愈好。这些人不顾工人阶级的利益，而企图采取"阻力最少的路线"去完成革命。

"钢八司"由于广泛地集合了门市中的工人、市民和学生，因此不可避免地混入大批号称"钢八司一员"的阶级异己分子。又由于钢八司往往带有盲目的破坏性，因此就可能被阶级敌人引向歧途，发展下去，甚至会变为反动力量。一九二七年蒋介石实行反革命政变的时候，曾经利用"哥老会""大刀会"这类落后组织作为破坏劳动人民团结和破坏革命的工具。而这些组织不是也曾经用来发动斗争去反压迫他们的官僚和地主吗？但是历史无情地表明，劳动人民不可能从这种地方找到自己的出路。今日武汉地区的"钢八司"，从某种意义上来说也染有这类色彩。用毛主席在其光辉著作《中国社会各阶级的分析》中一段话来说："处置这一批人，是中国的困难的问题之一。这一批人很能英勇（勇敢）奋斗，但有破坏性，如引导得法，可以变成一种革命力量。"[1]

怎样引导这批勇敢热情的力量呢？

我们考察"钢八司"的来历，原来他们与非法取缔的武汉地区工人总部有着千丝万缕的联系。

他们中间的绝大多数是原来的工总战斗队员，工总非法取缔后他们被迫失去了自己的组织，于是变成了一只庞大的游离的力量。

当他们明白自己的处境是由于全国一股自上而下的资本主义复辟反革命逆流所造成时，一种自发的、不甘受压迫的革命精神形成他们自发的革命运动。从失望痛苦到今天自发地投入粉碎武汉地区自上而下的资本主义复辟反革命逆流的斗争，足以表明工人阶级在这一时期已经达到了自觉的地步，这个事实只是觉悟的萌芽，证明被压迫的无产阶级革命造反派工人已经不如二、三月份那样相信镇压他们的那个武老谭是坚定不移的而且开始感觉到必须共同反抗，并且推翻这个"庞然大物"了，但这种行动是太有局限性了，它终究多半是反抗与报复的表现，很难说是无产阶级革命造反派对武老谭的真正的斗争。

---

[1] 《毛泽东选集》第1卷，人民出版社1966年版，第9页。

为工总翻案的斗争也就更加迫切地提到了议事日程上来了。

我们发现"钢八司"成员中间，许多是有所牵顾的，如家庭、老人，他们较之那些已经又组织到工总基层组织中去了的战斗队员（他们中间先是年轻工人）更加迫切地希望"工总"的案能够翻过来。真正工人阶级优秀本质，使得他们完全不同于那些"有奶便是娘"的铁杆保皇分子，可以很容易地由一个垮了台的"职工联合会"一下子跳到武老谭的御用工具"红武兵"[2]里面。这些革命造反派一旦认清了自己的革命组织，会跟着一道走下去，直到她成立（完成）自己的历史使命。也就是为什么尽管武老谭非法取缔了工总，残酷地镇压工人运动，而工人总部中广大战斗队员始终对工总抱着坚定信念的原因。

工总倘若真象某些人所说那样是一个一般的群众组织，她绝不会如此强烈地吸引广大革命造反派工人，否则，不会使得武老谭如此刻骨地对她仇恨。"凡是敌人反对的，我们就要拥护；凡是敌人拥护的，我们就要反对。"[3]难道我们的同志竟忘记了这个光辉的真理？武老谭这样卖力地阻止工总的恢复，不是更坚定了我们为工总翻案的决心吗？

"钢八司"是武汉地区独特的组织形式，在全国恐怕也是一个创造。严格地分析起来，她应该是武汉地区工人总部未得翻案的一种畸形产物，这种产物在组织上落后于当前运动的需要。工总不翻案，所谓广大战斗队员彻底翻案只能是自欺欺人的空谈。"钢八司"的出现应该是对那这（些）不为工总翻案，而又高唱为广大战斗队员平反的一个讽刺，也正好是给那些×××"稳重派"们一记响亮的耳光。

随着无产阶级革命造反派力量的盛大兴起，广大战斗队员必然奋力为自己的革命组织翻案。工总一旦搏了过来，"钢八司"便将完全失去她存在价值，她特殊的历史地位将随着工总的改变而改变。

根据1968年7月16日出版的《扬子江评论》第12期刊印。

---

2　红武兵，武汉由各级人民武装部支持的以基干民兵为基本队伍的群众组织，"百万雄师"的前身。
3　引自《和中央社、扫荡社、新民报三记者的谈话》（1939年9月16日），《毛泽东选集》第2卷，人民出版社，1966年7月，第553页。

# 且看今日之武汉谭震林

（一九六七年春）

北京有北京的谭震林，此乌龟王八旦鄂中也有，叫今日之谭震林。

当前武汉地区出现了一股资本主义复辟的反革命逆流，武汉谭震林就是资本主义复辟的反革命逆流的策划者，推波助澜，或策划于密室，或点火于工厂、学校，上窜下跳，谬论无穷。

武汉谭震林，对革命小将玩弄阴谋诡计，在革命小将之间播弄是非，拉一批，打一批，妄图分裂革命小将队伍，将革命小将引向邪路。

武汉的谭震林勾结社会上的牛鬼蛇神，抓住革命小将的某些缺点、错误不放，攻其一点，不及其余，全盘否定革命小将的大方向，甚至操纵和扶植早已垮台的保守组织，进行翻案活动，企图把一些革命小将重新打成"反革命"。

武汉之谭震林，对北京的一派大好形势[下]怕得要死吓得要命，把北京的大快人心的好消息一律诬为"马路消息"，他们对四川渡口经验[1]不宣传，不印发，其胆何其小，其心何其独（毒）也！

武汉之谭震林是一个典型的两面派，当面（说）你（是）左派，背地撤（拆）你墙脚，千方百计想把真正的无产阶级革命造反派组织搞臭搞垮，又何其毒也。

武汉谭震林这样做，就是反对毛主席革命路线，就是否定现阶段的无产阶级文化大革命的伟大成果，就是现行反革命，我们舍得一身剐，敢把武汉谭震林拉下马！

正告武汉之谭震林，有着我们这些完蛋就完蛋的小人物在，你资本主义复辟就休想实现，你扶植老保翻天就休想得逞。你反对毛主

---

1 渡口经验，指铁道兵党委1967年3月4日转发的四川渡口驻军支左联合指挥部关于"首要的是从政治思想上支持左派"的经验报告。3月8日，中共中央根据毛泽东的批示印发了这个报告。

席，老子就豁出命来和你拚了。

武汉之谭震林听着，你们对广大无产阶级革命造反派欠的帐够多了，不是不报，时候未到，你首先得还我《湖北日报》！

武汉之谭震林的下场决不会比北京谭震林下场倘（尚）好一点。

大大小小谭震林不投降，就叫他灭亡！

根据 1968 年 7 月 16 日出版的《扬子江评论》第 12 期刊印。

# 《天津延安中学以教学班为基础实现全校大联合和整顿、巩固、发展红卫兵的体会》[1] 是一株抽掉两条路线斗争的大毒草

(一九六七年四月一日)

鲁礼安

国际悲歌一曲,狂飙为我从天落[2]。

在这篇文章的开头,我郑重声明这一点:我以新华工[3]船舶工程系一年级六班鲁礼安名义发表此文,与新华工红色造反司令部[4]没有任何关系,由于我这篇文章所引起的一切后果,不准任何人以任何借口强栽到红色造反司令部上面。

《天津延安中学以教学班为基础实现全校大联合和整顿、巩固、发展红卫兵的体会》一文与我们最伟大的领袖毛主席的《三·七批示》同时在全国发表了,引起了全国范围内极大的反映。许多单位都急急忙忙地按天津延安中学体会中的方法进行了班校大联合。

根据我自己最初接到这份《体会》的研究,以及我从武汉市一些

---

1 这是天津警备区司令员郑三生等 1967 年 3 月 6 日给北京军区和全军文革小组的报告。3 月 7 日,毛泽东对这个报告作了批语。3 月 8 日,中共中央将这个报告和毛泽东的批语一起转发给各军区党委、各级党委。因毛泽东的批语写于 1967 年 3 月 7 日,又称"三·七"批示。
2 毛泽东《蝶恋花·从汀州向长沙》。
3 新华工,华工即华中工学院,今改名华中科技大学;"新华工"全称为"毛泽东思想红卫兵红色造反司令部新华工"。
4 新华工红色造反司令部,简称"红司",对外称"红司(新华工)",全称"毛泽东思想红卫兵新华工红色造反司令部",是华中工学院的学生造反组织,人数超过全校百分之九十以上。成立于 1966 年 10 月下旬。在 1967 年"1·26 夺权"前后,"新华工"与武汉另外两所大学的造反组织"新湖大"(新湖大革命造反临时委员会)"新华农"(毛泽东思想红卫兵华中农学院东方红总部)观点一致,合称为"三新"。后于 1967 年 8 月 4 日成立"新华工革命委员会",主要负责人是张立国、郭保安。

单位按《体会》进行了大联合的情况，愈来愈加深了，而且愈来愈证实了我自己的看法：天津延安中学的《体会》是假的，是用来欺骗毛主席的，是一小撮党内走资本主义道路当权派和一些隐藏的，尚未揭露出来的黑线人物及其爪牙用以夭折无产阶级文化大革命运动的一支暗箭。

延安中学的一些主要体会是些什么呢？

一、以两条路线斗争为纲，针对问题，活学活用毛主席著作，促进思想革命化。

二、尊重群众的首创精神，积极扶植新生事物。

三、狠抓大联合中的活思想。

四、整顿、巩固和发展红卫兵组织。

从表面上看来，《延安中学体会》首先强调了"以两条路线斗争为纲"，指出要"针对问题，活学活用毛主席著作，促进思想革命化"，从内容实质来看，《延安中学体会》恰恰是以"两条路线斗争为纲"作虎皮，包住了一场严峻的、你死我活的阶级斗争。

《延安中学体会》全文看后，给人一个这样的明显的印象，军训前学校冷冷清清，通过军训，广大师生更加热爱毛主席，提高了活学活用毛主席著作积极性和自觉性，大大增加了革命性、科学性、组织纪律性，或者说，提倡了一个"公"字。

但是，《解放军报》三·一七社论说得好："路线问题，是关系到革命事业的方向和前途的大问题。我们要关心国家大事，就不能不关心两条路线的斗争。我们兴无灭资，破私立公，实现思想革命化，首先就要解决这个大方向的问题，路线问题。这是革命者的大节。如果对于路线问题不关心，不理解，没有觉悟，没有弁（辨）别能力，就不是一个清醒的革命者，就是糊涂人。离开无产阶级文化大革命，离开两条路线的斗争去谈破私立公，就会在政治上迷失方向。"

《延安中学体会》正是以大量篇幅大谈特谈了怎样分清敌、我、友，怎样整风、整顿组织，怎样克服各种错误思想，怎样积极扶植这个两天内即有十五个教学班实行了大联合的新生事物，怎样反复宣传了大联合的意义和教学班为基础联合的好处，怎样整顿和统一红卫兵组织，而仅以四十六个字空空洞洞、轻描淡写地说了一些"在批判资产阶级反动路线的斗争中""以两条路线斗争为纲""深刻地揭发、批判、控诉了资产阶级反动路线的罪行",占整个文章的5%弱。因此,《延安中学体会》明显地,对两条路线的激烈斗争的问题很不关心,很不理解,很不觉悟,很无弁(辨)别能力,这份《体会》也就不是一篇毛泽东思想的体会,而是一份糊涂虫的体会。

《天津延安中学体会》离开了无产阶级文化大革命中的两条路线斗争,大谈破私立公,因而在政治上迷失了方向。

《延安中学体会》一出现,便迎合了阶级敌人和机会主义分子的需要,他们利用这个体会大叫"以教学班为基础,实现全校大联合",大搞"折中""杂烩"三凑合,大拆左派组织的台,大挖左派组织的墙脚,难道这在武汉地区不是既成事实吗?

在全国范围内,难道没有出现武汉地区类似的情况?为什么《解放军报》要在三月十七日发表《三论提倡一个"公"字》,第一次将破私立公提高到两条路线斗争的纲上来,岂不非常发人深思吗?

就我院而言,谁对《天津延安中学体会》最感兴趣?大专兵[5]!什么"春雷"呀,"红总"呀,"乌兰牧骑"[6]呀,叫嚷按《延安中学体会》办事叫得最积极,并积极活动,挖红色造反司令部的墙脚,而不少混入红司的机会主义者也便纷纷宣布独立,回系、班搞乌七八糟的大联合去了。四月三十日在"三·七"批示讲用会上金相教研室"活学活用"这件《体会》的最大心得是"必须解散红司",岂不滑天下之大稽,完全说明了《天津延安中学体会》的反面作用。

周总理在首都大专院校红代会上说:"庆贺你们北京的大专院校的三个革命司令部,也就是一司、二司的造反派,三司的全体无产阶级革命派实行大联合、大团结、大会师……拿这一个大联合来实行北京市的全体无产阶级革命派的大联合和夺权的斗争!这样的斗争才是最有力量的斗争。这样的斗争也才能实现我们期待了很久的北京

---

5 大专兵,全称"武汉地区大专院校红卫兵",武汉的保守派组织,成立于1966年8月。1967年1月,造反组织压垮"武汉职工联合会"后,"大专兵"随即转入地下活动;1967年5月"百万雄师"成立后,他们又恢复活动;"七·二〇"事件后垮台。
6 春雷、红总、乌兰牧骑(红色华工乌兰牧骑战斗兵团),均为华中工学院的保守派组织。

夺权斗争的联合，胜利！"

周总理还指出："我相信你们这个联合将会影响我们中等学校的革命小将们，他们也会跟你们一样在毛泽东思想的伟大红旗的指引下，实行你们这样的大联合。"

这些话不是十分值得我们回味吗？

一些人对毛主席批为"参照执行"的《天津延安中学体会》十分感兴趣，大量铅印，而对有毛主席批示并有中共中央关于"渡口驻军支持左派的经验是值得全国全军学习"的《渡口经验》无动于衷，这又说明了什么问题呢？

一八七五年，马克思和恩格斯批判了德国社会民主党放弃原则，同拉萨尔派合并，以及由此而产生的《哥达纲领》。恩格斯深信："在这种基础上的合并连一年也保持不了。"

同样，我深信，天津延安中学所谓的联合甚至连一个月也保持不了，除非天津已经没有了两条路线的斗争。

大联合，三结合夺权的关键时刻，也是各种政治力量空前积极登台表演的时刻，阶级敌人会用各种各样巧妙的方法来歪曲三结合，破坏三结合。在政治思想领域里，社会主义同资本主义之间谁战胜谁的斗争，需要一个很长很长的时间——几十年，甚至几百年才能解决。一条黑线挖掉了，另外一条黑线还会出现，一些资产阶级代表人物被识破了，一些没有被识破的还睡在我们的身边，妄想实行资本主义复辟。《天津延安中学体会》就是这样一件披着革命大联合的外衣，实行自上而下的资本主义复辟阴谋的反革命总结。我们必须把《总结》的泡制者揪出来，看一看是刘家店的哪号货色。

这篇文章发表以后，一切后果我都早已预料到了，一套毛选，一块洗脸巾，我早已准备好了，我的命是毛主席和中央文革救的。如果刘、邓路线翻过来了，我将仍是一个"极右分子"。我死也要为毛主席的无产阶级革命路线而死，我与刘邓路线（有）不共戴天之仇，尽管我班的一个三司[7]的警告了"真的有账就得算，用不着等到'秋后'，

---

[7] 三司，全称"武汉地区红卫兵第三司令部"，成立于1966年11月4日，1967年7月23日垮台。该组织由开始的温和造反，逐渐转向武汉军区，反对为"工总"翻案。

记在谁的账上那是另外一个问题。"并私下抄了我的抽屉和书包,光天化日之下,整了黑材料,尽管一些人给我扣上了一顶顶什么"跳梁小丑""苍蝇"和"机会主义分子""把矛头指向中国人民解放军"的莫须有的罪名,甚至通过广播台[8]三次进行"紧急动员",要对一个小小的鲁礼安搞什么"全线反击",我也丝毫无所畏惧,不管他们是王任重[9]的孝子贤孙,还是谭震林[10]的虔诚信徒。难道一些人真的相信,只要你们"紧急动员令"一下,别人就会俯首贴耳,只要你们大喝一声,别人就会混(浑)身发抖吗?老实说,从昨天清晨三司井冈山(新华工)总部发出"紧急动员令"起,我就一直在等待着,很想领教一下,究竟什么样的"全线反击"。

可是到现在为止,还没有看到井冈山拿出任何一篇象样的东西来。就是王牌"赤舰"[11]也只是善于泼妇骂街式地嗡嗡叫了两声而已,你们能力不行,就让你们的杨家志来一个全三司的紧急动员令吧!看一看三司究竟是怎样的一支"独立的政治力量"。

我等待着一场不可避免的大论战的到来,论战中不许谩骂,因为一句法国格言说得好:"骂人是没有道理的人的道理。"

"国际悲歌歌一曲,狂飙为我从天落。"我准备承担任何风险,哪怕是十二级的风暴。

新华工船舶工程系一年级六班 鲁礼安<br>1967・4・1 于新华工东一楼 312 室

根据湖北大学革命委员会政宣部 1969 年 9 月编印的《把反动刊物〈扬子江评论〉拿出来示众》刊印。

---

8 指华中工学院的广播台。
9 王任重,1917 年出生,河北景县人。湖北省委第一书记、中南局第一书记。文革初任中央文革小组副组长。1966 年 11 月被打倒。文革后得到平反,先后担任陕西省委第一书记、省革委会主任、国务院副总理、全国政协副主席、中顾委副主任。1992 年 3 月去世。
10 谭震林,1902 年 4 月出生,湖南攸县人。中央政治局委员、副总理,1967 年因"大闹怀仁堂"被打倒,文革后复出,当选为中央委员、全国人大常委会副委员长。1983 年 9 月去世。
11 赤舰,华中工学院的一个群众组织。

# 英雄的八月[1]

（一九六七年四月三日）

鲁礼安

八月，一九六六年的八月，这是英雄的八月，光荣的八月，难忘的八月。

亲爱的战友们，你们还记得吗？那不眠的夜晚，那炽烈的白天，那熬夜而红肿的两眼，那因疲劳而削（消）瘦的面孔，那被盯梢的日日夜夜，那被围攻的八、九小时，那黑云压城城欲摧的白色恐怖，那光荣的"一小撮"少数派头衔……。

我们是怎样走过来了啊，怎样地杀出来了，像山河的溪水，崖上的瀑布，草源（原）的小河，飞溅着，潜流着，左绕右转，千流归一，汇成了滚滚的江河，向着太阳升起的东方奔流。

前进、战斗、摔倒，爬起来再前进，再战斗，看见悬崖绝壁，参天大树，识透了波流的方向，巨涛的威力，跟着伟大领袖毛主席，逐渐锻炼成为革命的水手。

多少年后，也许有那么一天，你将重新唱起"造反派"回忆起那一次次有几个战友的紧急集合，你的第一次革命造反行动，幼稚地迈开了坚定的一步。

我们日益壮大的队伍在前进，你看那威武的行列里，我们攻取广播台时第一个冲锋陷阵的战友，印过毛泽东思想红卫兵第一篇宣言的油印机，穿过弥漫风雨的毛泽东思想红卫兵大旗，不都引起我们骄傲的回忆。

八月，英雄的八月，光荣的八月，难忘的八月，这是历史上极其光荣的一页。我们最伟大的导师毛主席的第一张大字报，《炮打司令部》，不就是出在这战斗的岁月。

---

[1] 本文作者是鲁礼安，发表时未署名。

《炮打司令部》多么响亮的战斗号召！就是这个曾经被讥为"马路新闻""不可靠的北京来电"，使得那一小撮党内走资本主义道路的当权派闻风丧胆，屁滚尿流。

　　"炮打司令部"！于是刘、邓资产阶级司令部崩溃。"炮打司令部"！于是党内一小撮走资本主义道路的当权派和那些顽固执行资产阶级反动路线而且死不回头的人物一个个被揪了出来。

　　八月、九月、十月……雷电风雨，惊涛骇浪，顶过来了。眼光炼得锐利而罪沉（原文如此——本书编者注），每一个脚步都留下深深的脚印。就这样，在伟大统帅毛主席"炮打司令部"的号领（令）下，成为向一小撮走资本主义道路当权派开火的炮手。

　　八月，英雄的八月，光荣的八月，难忘的八月，"工作组滚出去"[2]！这是八月的呼声，这是革命造反派的英雄气概！我们不要保姆，更不要救火队，或者改头换面的"三鱼"，"我们中华民族有同自己的敌人血战到底的英雄气概，有在自力更生的基础上光复旧物的决心，有自立于世界民族之林的能力"。我们紧紧跟着毛主席和中央文革，闯过多少急流险滩，越过多少高山峻岭，我们终于成了浩浩荡荡的大军，团结的大军，胜利的大军。

　　想抓住革命群众在斗争方法上的自发产生的，不可避免的一些缺点和错误，拚命夸大无限上纲吗？想把各种莫须有的恶毒的罪名强加在中央文革小组身上吗？想全盘否定革命造反派过去的不朽功勋吗？想反攻倒算吗？办不到！一万个办不到！

　　亲爱的战友们，我们永远也不要忘记在刘、邓资产阶级反动路线统治的白色恐怖下是中央文革小组支持我们，艰难曲折的道路，每一步都是毛主席和中央文革小组带领我们走过来的。谁敢否定无产阶级造反派的成绩，谁敢说我们过去抢广播电台、抢黑材料是反革命行动，谁就是否定无产阶级文化大革命，就是炮打中央文革，我们就把他揪出来，砸烂他的狗头。

　　八月，英雄的八月，每提起你，就引起我们无限的深情。"新的革命，只有从新的危机之后才可能发生，可是新的革命的来临像新的

---

2　1966年6月11日，湖北省委工作组进驻华中工学院，8月20日从该院撤出。

危机的来临一样，也是不可避免"。马克思恩格斯不在沉默中死亡，就在沉默中爆发，这就是真理。经过一段难熬的沉默，我们现在又发动起来了，沸腾起来了，我们又重新回到英雄的八月。

请看那三角地段沸腾的人群，请看《炮打司令部》和《北京公社的宣言》的角抄，请听激烈的辩论，请闻一闻一触即发的火药味，从那嚓嚓的脚步声里，从那《一切权利归农会》的大标语上，从把《乌拉西[3]入另册》的呼声中，从毛泽东思想红卫兵的眼神中，从红司战士的嘴上，我们感到革命的脉搏在跳动。这时候，我们可以大喊一声，这才是真正的战斗！

"无产阶级革命派联合起来，向党内一小撮走资本主义道路当权派手中夺权！"多么伟大的战略号召。我们在推着土油印机的时候想到你，在饱受压迫和歧视的时候想过你，在攻占红旗大楼[4]时喊过你："夺权！夺权！"

革命造反红旗打开，油印机推起。革命的铁轮，你滚转吧！造反的骏马，你奔驰吧！"造反有理"歌，你响起吧！雄文四卷你闪光吧！迎着两条路线的决战，挺进，挺进，向着鲜红的太阳。

向前，向前，向前，我们的队伍向太阳……我们从英雄的八月走过来，从白色恐怖下走过来，从惊涛骇浪中的八月走过来，我们将无敌于天下，不是胜利就是牺牲！让我们用生命和鲜血来投入这最后的决战！

1967年4月3日

根据1968年7月16日出版的《扬子江评论》第12期刊印。

---

3　乌拉西，一作"乌拉稀"，造反派对华工保守组织"乌兰牧骑"的蔑称，泛指保守派。

4　攻占红旗大楼，指1966年11月北京红卫兵和"二司"等封闭《湖北日报》，红旗大楼是《湖北日报》《长江日报》的办公地，位于汉口。

# 三司在十字街头

（一九六七年四月三日）

鲁礼安

三司在十字街头徘徊。

或者向左，或者向右，但无论是向左的力量还是向右的力量都无法决定三司未来的命运了，结果只好分裂。这是三司的唯一出路。

由于各方面的原因，也是由于先天的不足，三司登上历史舞台以来，就从未担任过主角的角色，它未曾以一种独立的政治力量出现过，它有极大的依附性。

在向湖北省委资产阶级反动路线开火的时候，三司依附新华工红司、新湖大红八月[2]及二司，一起冲锋陷阵，在"二·八声明"出笼以后，三司无法招架这股反动思潮的冲击，仅仅是凭着中国人民解放军武汉部队的支持，新华工红司、新湖大红八月的尚在，没有垮台。现在面临两条路线生死决战关口，三司内部将发生较大的震恐（动），而剧烈分化。一部分比较坚强的革命造反派将跑向无产阶级革命路线的大旗下，这面大旗由伟大领袖毛主席高举着，另一部分群众将跑向资产阶级反动路线的大旗下，这面旗由刘邓支撑着，而更多的群众将重新进入中间立场。

我们仅摘一点历史来看武汉三司的组织路线：

当着广大无产阶级革命派对"二·八声明"的批判取得节节胜利，三司趁机大批补充自己的成员，成为畸形膨胀，当时加入三司简直成

---

1 本文作者是鲁礼安，发表时未署名。
2 新湖大红八月，全称"新湖大红八月造反队"，湖北大学的群众组织，是武汉地区较早起来造反的组织。成立于1966年8月。其观点原属新派，后转向钢派，成为"新派中的钢派"，是新湖大两大派组织之一，另一派是新湖大临委会。1967年2月被取缔。1967年8月28日，新成立"新湖大红八月公社"。

了买票进公园一般的容易，然而，三司的个别野心家们可知道，架子再大，却不是钢，水泥的，也维持不了多久。

近来的事实不是很好地说明了这一点吗？一些原来的大专兵纷纷丢掉大专兵的袖章，加入"一月革命"的行列，而三司内部在重大原则上的分歧也将发展到不可收拾的地步，预示了其必然大分化的结局。所有这些例子都指明，在从上到下的资本主义复辟逆流中冲击全国的时候，在斗争改变常态而突然（以）汹涌的阵势向前推进的时候，三司的营垒是会发生破裂的。

三司中的某些分子常常是欺骗群众的好手。为什么？因为三司中间除了那些真正为捍卫以毛主席为代表的无产阶级革命路线而流血牺牲的革命造反派以外，有些人在一时期内能够以革命的或半革命的面目出现，所以他们同时就具有着欺骗民众的资格，使得民众不容易认识他们的不彻底性和装模作样的假象，如果我们否认三司在大震动有动摇及参加革命的可能性，那也取消了至少也减轻了我们争取领导权的任务。因为，如果三司是同大专兵一样以完全保守的资产阶级反动立场出现，那么我们争取领导权的任务就大可取消，至少可以减轻。

鉴于上面的分析，我在《三论巴黎公社的启示——一切权力归农会红司和井冈山》一文所犯右的错误应该纠正，而取消"井冈山"三字，其他各高等院校中大多数出现了三司与大专兵保守组织和平共事的情况，如共同管理广播台便是证明着三司与大专兵组织的同流合污。

列宁在《怎么办？》中引过一句很中肯的话："要用什么公式捉住机会主义者是很难的，机会主义者很容易赞成任何公式，同时也容易背弃这个公式，因为机会主义的特点，就在于缺乏任何明确和坚定的原则。"这完全适用于今日武汉三司。

当着武汉部队声称大专兵可以成立时，三司马上比谁都快地贴出"欢呼武汉大专院校红卫兵新生"的巨幅标语，而一当支左办公室经过反复慎重考虑，收回了这一决定时，三司马上将大专兵骂个狗血淋头。"模棱两可，含糊不清，不可捉摸"，似乎是三司的特点，而遗憾的是这又恰恰是整个现代机会主义在各个方面所表现出的特点。

正如列宁所指出的那样：机会主义按基本性来说总是回避明确地肯定地提出问题，企图找出一种合力，在两种互相排斥的观点之间象游蛇一样回旋，企图既"同意"这一观点，又"同意"另一观点，把自己的不同意见归结为小小的修正、怀疑、善良、天真的愿望等等。

列宁同志简直是给三司画出了一副绝妙的嘴脸。

在对待保守组织的问题上，我们是立场鲜明的，有你无我，有我无你，有你"乌拉西""春雷""一月革命""红总"在，就没有我红司在，但是我们看到过三司有这样一个鲜明的态度么？

无产阶级文化大革命中一向苦战奋斗的主要力量是毛泽东思想红卫兵。从白色恐怖到现在，毛泽东思想红卫兵都在积极奋斗，他们最听毛主席的话。

1967年4月3日

根据1968年7月16日出版的《扬子江评论》第12期刊印。

# 忘记过去,就意味着背叛

(一九六七年四月五日)

鲁礼安

## 前 言

在英雄的"江城无产阶级革命派的"还我战友鲁礼安的怒吼声中,由新华工园内老牌右倾机会主义头头张立国[1]、郭保安[2]之流精心泡制的喻家山[3]夜话——《评反革命跳梁小丑鲁礼安》终于出笼了。这是一篇何等好的反面教材啊!

张、郭之流象骑着瘦驴的唐·吉坷德、潘·乔沙一样,手里拿着马粪纸做的宝剑,口里念着各种恶毒的咒语,挺着自己干瘪的胸膛摆出一副不可一世的架势,向着广大的战斗队员冲了过来。他们一会儿象教师爷似的威胁着那些决心营救鲁礼安的人们听着:"你们为鲁礼安叫冤叫屈的活动还是收敛一些"。一会儿又象牧师似的规劝着那些决心营救鲁礼安的人们"该是猛省的时候了"。飞扬跋扈,盛气凌人,简直不知世界上尚有羞耻二字。

"诚然,老百姓虽然不读书,不明史法,不解在瑜中求瑕,屎里觅道,但能从大概上看,明黑白,辨是非,往往有决非法清高通达的

---

1 张立国,1945年出生,湖南湘阴人。"新华工"二号勤务员。1965年9月入华中工学院读书。1967年9月任该院革委会主任。1968年2月任省革委会副主任。1970年分配到湖北齿轮厂当工人。1973年为全国四届人大代表,3月任湖北齿轮厂革委会副主任。1974年1月入党。1975年3月下放麻城县,任县革委会副主任、乘马公社党委书记。1976年12月开始在省委学习班进行审查。1977年4月,经中央批准对其隔离审查,11月,依法逮捕。1982年8被判刑13年,出狱后经商。
2 郭保安,1944年出生,河南人。华中工学院学生,中共党员。"新华工"一号勤务员(时称"郭司令"),华中工学院革委会副主任,武汉市革委会常委。文革后受留党察看两年处分。
3 喻家山,位于武昌洪山区,"新华工"的所在地。

士大夫所可几（企）及之处的。"广大的战斗队员虽然不会象新华工园内张、郭之流那样玩弄种种最卑鄙、最无耻、最肮脏的资产阶级反动政客手腕，也不会象张、郭之流那样用断章取义、添枝加叶、大肆渲染、恣意歪曲的方法来分析对方的缺点，更不会采取造谣中伤，诬蔑诽谤的卑劣手段去陷害自己的战友；但是，他们都能出自对无产阶级革命路线的深刻理解，出自对革命小将的真心爱护和关怀，出自爱憎分明的强烈的无产阶级感情，用光焰无际的毛泽东思想对已经发生过的或正在发生的每一件事情作出最公正的裁判。

### 写在《震撼世界的日日夜夜》之前

最近几天，我倾听了各方面声音，阅读了各个方面的来信。我觉得，在一班醉生梦死、目光短浅、跳梁小丑们的周围，整个伟大的无产阶级文化大革命运动正处在分娩之前的阵痛中，正在生育一个以毛主席为代表的无产阶级革命路线的绝对统治的新世界。

那早在去年五月初旬即已开始的无产阶级文化大革命革命运动，无产阶级革命路线与刘、邓资产阶级反动路线之间的斗争，现在快要发展到顶点了。它在决战的来临之前，向那震恐（撼）的世界昭示了两种性质决然不同的战斗——无产阶级夺权与资产阶级反夺权。

经历了一个沉默的阶段，无产阶级文化大革命显示出何等磅礴的生命力啊！我们红司的政治关系，必须立即向左转。这最后的决战，这人类命运的决战，将是人类历史上最伟大的事件，胜于一八七一年巴黎公社的起义，胜于一九一九年俄国社会主义革命，我们所经历的是震撼世界的日日夜夜，它的每一个脚步都给整个世界留下了响亮的足音。

我试图尽我们全部心血，从武汉地区大专院校这个侧面，来反映评价这一伟大革命，作刀枪，作匕首，给战友以鼓舞，给苍蝇以毁灭，给叛徒以揭露，我希望长期借用这堵我去年八月十五日贴下了第一张大字报的墙壁，一直写下去，除非有一天我遭到不幸而停笔。

鲁礼安<br>一九六七·三·二（十）二日清晨 2 时

一个大胆的预言；

未来的几期《红旗》社论将属于谁？

《红旗》杂志去年第十三期社论[4]，写得何等好啊！大家回忆一下去年的十月吧！那一双双捧着社论的手掌，那一双双充满着泪花的眼睛，那一张张重新亮了的面孔，那一句句发自内心最深处的呼声，毛主席万岁！万岁！万万岁！

去年十月以前，正当党内一小撮走资本主义道路的当权派和一些顽固坚持资产阶级反动路线的人，别有用心的以斗、批、改，掌握斗争大方向为幌子企图维护自己的反动路线，《红旗》杂志十三期社论发表，象一轮红日出现在地平线上，涤荡了一切谬论奇谈，污泥浊水，发出了"彻底批判资产阶级反动路线"的伟大号召。解放了遭受重重迫害的革命小将，一批杀出来的革命小将根据毛主席"造反有理"的教导，高举起革命造反大旗，向党内一小撮走资本主义道路当权派，向那些顽固坚持资产阶级反动路线的人物，发起风暴雨似的总攻击。他们为中国革命，世界革命立下了不朽功勋，他们是文化大革命的闯将。

现在，正面临去年十月初的情况，一些人以"大联合进行三结合夺权"为幌子大搞大杂烩，运动群众，企图掩盖一切新的从上到下的资本主义复辟的铁一般的事实，我们能让他们这样做吗？

不能，绝对不能，否则无产阶级文化大革命就会中途而废，走资本主义道路的当权派就会重新上台，这样的"三结合"就会成反革命复辟，反夺权的工具。

少数人闭门卷（圈）定"三结合"的名单，包办代替，把群众当阿斗，把自己当成诸葛亮，把群众运动弄得冷冷清清，这就是资产阶级反动路线的表现，均在扫荡之列。

未来的《红旗》社论，将是彻底批判这种反动路线，将是号召全体无产阶级革命派联合起来，打垮一股自上而下的资本主义复辟的反革命逆流，将是宣布保守组织彻底完蛋，将是宣布广大无产阶级革

---

[4] 指《红旗》杂志1966年10月3日发表的社论《在毛泽东思想的大路上前进》。

命派实现钢铁般的大联合,总之未来的几期的《红旗》社论将为实现"三结合"联合夺权的伟大历史使命扫除一切障碍。

一个响亮的口号将提出来:无产阶级革命派联合起来,打退从上而下的资本主义复辟的反革命逆流!

一唱雄鸡天下白,革命造反派的战友们,举起你们的双手,迎接着这一光辉的一天。

《敢死队》[5]向武汉部队"支左"办公室的一小撮混蛋们挑战!

——震撼世界的日日夜夜第七章

武汉部队"支左"办公室的一小撮混蛋们听着:你们支右不支左,又想做婊子,又想立牌坊,既是老保的后台,何必打"支左"的旗号,败坏解放军的声誉。

××同志的文章明明说:"一些保字号组织,也死灰复燃,蠢蠢欲动,大叫我们过去保对了!大家都知道,大家知道他们保的是党内一小撮走资本主义道路的当权派。"你们却在6月保字堆大叫"坚决支持革命小将""誓作革命小将的坚强后盾",你们对新华工、新湖大[6]这样坚强的左派组织,却玩弄着两面三刀,拆他们的墙脚,挖他们的根基,真他妈的混蛋透顶。

我们为纪念毛主席的《湖南农民运动考察报告》发表41周年和《中国社会各阶级分析》40周年举行盛大游行,何罪之有,你们之中的一小撮混蛋却公然无视党纪国法,一清早起来就沙着喉咙狂吠什么"不准举行全市性游行,不准串连"。你们这是几号逻辑,竟敢公开反对我们伟大领袖著作发表的纪念。

毛主席亲自批发的《四川渡口驻军支左经验》何等好啊!你们却千方百计地压起来,不与群众见面,《经验》见报后你们又胡扯什么"武汉特殊论",武汉特殊什么?就特殊在你们不听毛主席的话,支

---

5　敢死队,指华中工学院的学生组织"新华工敢死队",鲁礼安为队长,冯天艾为副队长。原为"新华工"观点,后被"新华工"开除,转变为"钢派"观点。

6　新湖大,全称"新湖大革命造反临时委员会",湖北大学的造反组织,由该校"毛泽东思想红卫兵""毛主席革命路线红卫兵""红旗红卫兵""红教工""红工兵"等5个群众组织联合成立于1966年10月下旬,一号勤务员为龙铭鑫,委员有23人,成员占全校人数百分之九十以上。

右不支左。

"一切权力归农会"！被革命小将用在今天不就是"一切权力归无产阶级革命造反派"么！你们之中一个大混蛋却大放厥词什么"一切权力归农会是四十年前的事，如今没有了，莫拿来硬套"，公然弹起了谭立夫的烂（滥）调，真他妈的混账透顶。你们这些小小谭立夫的狐群狗党，早该砸烂狗头。

从毛主席身边传来的"北京来电"，是多么振奋人心的消息啊！却统统被你们诬蔑为"马路消息"，分明是你们害怕真理，偏偏见不得太阳。

你们站在资产阶级反动路线立场上，实行资产阶级专政，将武汉地区轰轰烈烈的文化大革命打下去，颠倒是非，混淆黑白，围剿革命派，压制不同意见，实行白色恐怖，自以为得意，长资产阶级威风，灭无产阶级志气，有何其毒也！

你们根本不是毛主席司令部的人，你们早已背叛了我们的最高统帅毛主席，背叛了毛主席亲自缔造的中国人民解放军，你们肆无忌惮地炮打无产阶级最高司令部，炮打中国人民解放军，你们已经犯下了不可饶恕的罪行。

我们憋足了一肚子气，等了好久了，本指望你们能够变得好一点，却不知你们原本是一些顽固分子，顽而不固，正在变成不齿于人类的狗屎堆。我们只好丢掉幻想，准备战斗，这是你们逼出来的。

我们要揪出你们的后台，还要揪出你们混蛋的老混蛋，武汉之谭震林也！"今日长缨在手，何时缚住苍龙"，今日雄文四卷在手，何时缚住武汉之谭震林！

我们这个"枪一响，完蛋就完蛋"的敢死队向你们这个资本主义复辟的工具挑战了。试看今日之江城，意介谁家之灭事（原文如此——本书编者注），试看今日之武汉，竟该（是）你们武汉谭震林之天下，还是战无不胜的无产阶级革命派之天下！

向全世界的所有混蛋们挑战！

鲁礼安　1967.4.5

根据 1968 年 7 月 16 日出版的《扬子江评论》第 12 期刊印。

# 二司的功与过

（一九六七年四月）

鲁礼安

　　武汉二司问题，曾引起各派政治力量的强烈反应，至今还在议论纷纷，在无产阶级革命造反派之间，愈来愈多的人统一了看法：二司是犯了严重错误的革命造反派组织。

　　我们一向认为，某些人借"批判二·八声明"，是有其不可告人的政治目的，他们企图全盘否定二司，否定二司的大方向，否认所有无产阶级革命造反派的伟大功勋。

　　一些人常常逃避原则性问题，避而不答各种尖锐的批评，只是乐于给我们扣上什么"二·八声明的流毒""机会主义者"的帽子。其实这些人正是二·八声明的鼻祖，他们也根本不懂得什么叫"机会主义"，因为他们自己正是陷在模棱两可，含糊不清，毫无原则，逐波随流的机会主义泥坑中。

　　北京公社第一张马列主义大字报出现，武汉地区就有一大批革命闯将杀出来了，他们之中大多数就是毛泽东思想红卫兵。从无产阶级文化大革命运动的历史上说，无论在运动前期还是在现在，毛泽东思想红卫兵运动占有极为重要的地位。

　　怎样认识和对待二司广大毛泽东思想红卫兵，不只是对二司这个组织的评价问题，更重要的是怎样总结无产阶级文化大革命无产阶级革命造反派的历史经验问题。

　　我们历来认为必须用历史唯物主义的方法，按照历史的本来面目全面地、科学地分析二司的功绩与错误，而不应当用历史唯心主义的方法，避开两条路线斗争的实质，任意歪曲和篡改历史，主观粗暴地、别有用心地全盘否定二司。

---

1　本文作者是鲁礼安，发表时未署名。

二司曾有过错误，甚至是严重的错误。是有思想认识根源，也有社会历史根源，只有站在以毛主席为代表的革命路线一边，用正确的方法，批判二司确实犯过的错误，才是一个真正无产阶级革命造反派应取的态度。

二司，当着八、九月份白色恐怖笼罩着武汉三镇的时候，是他的前身广大毛泽东思想红卫兵为捍卫毛主席的无产阶级革命路线进行了无比英勇的斗争，在炸开湖北省委里的一小撮走资本主义道路的当权派的激战里，他们立下了不朽的功勋。

二司，在湖北省委内一小撮走资本主义道路当权派的御用工具"职工联合会"[2]和什么"大专兵""女红军""乌兰牧骑"跳出去以后，是他和兄弟革命造反派组织一起，与之进行了顽强的搏斗，对于瓦解保卫（守）组织起了巨大的作用。

二司在反对各种机会主义斗争中，也作出了贡献。二司的顽强存在，给那些革命的同路人极大的打击。

二司在两条路线的斗争中浴血奋战，毫不留情地向党内一小撮走资本主义道路的当权派和顽固坚持资产阶级反动路线而死不回头的人物，掀起了急风暴雨，对无产阶级文化大革命运动作出了不可磨灭的贡献。

二司，广大的毛泽东思想红卫兵，从总的方面说来，实现了符合以毛主席为代表的无产阶级革命路线，是站在历史潮流面前的，是一小撮党内走资本主义道路当权派不可调和的敌人。

二司的活动就总体来说，是同广大革命造反派的伟大革命斗争紧密结合在一起的，是同全体造反派分不开的。

二司的历史是一个革命造反派的组织的历史，代表了广大革命造反派的大方向（不清）。

不可否认，二司在无产阶级文化大革命建立功勋的时候，也的确犯过错误，有些是原则性的错误，有些是可以避免的错误，有些是在史无前例的情况下难以避免的错误。

有些功绩和错误，是历史之客观存在，是功大于过，恶意攻击毛

---

2　职工联合会，全称"武汉地区革命职工联合会"，武汉的保守派组织。

泽东思想红卫兵的小丑们,他们只能是无产阶级文化大革命运动后院的粪堆里的一群"鸡"而已。(不清)

在今日武汉谭震林的指挥下,一些保守组织与某些机会主义分子跑将出来,以批判"二·八声明"为名,把一切错误都推到二司身上,或者把任意编造的所谓(不清)

他们不是摆事实讲道理,而是用煽动的、蛊惑人心的谣言,对二司广大毛泽东思想红卫兵(不清)进行恶毒的人身攻击。

他们狂叫什么"砸烂黑二司",把二司入另册,这岂不是等于说广大毛泽东思想红卫兵在长达半年之久的冲锋陷阵时,是一个黑司令部领导之下战斗吗?这岂不等于说,这样一个基本由无产阶级革命派组成的队伍要跟"乌拉西"一样入另册吗?广大的毛泽东思想红卫兵和全体真正无产阶级革命派绝对不能同意这种污蔑。

他们咒骂二司是"强盗"是"暴徒",这岂不是等于说,在过去几个月同湖北省委内一小撮走资派进行斗争(不清),大方向错了。而大专兵却保对了吗?这岂不是说二司和广大无产阶级革命派战友一起揪出王任重、韩宁夫[3]之流,占领红旗大楼英勇不屈的斗争的毛泽东思想红卫兵曾经是一个从"强盗""暴徒"为其成员的组织吗?广大毛泽东思想红卫兵和全体无产阶级革命造反派绝不能同意这种污蔑。

他们诽谤二司,"自成立以来大方向错完了""自成立以来从来未干过一件好事"。这岂不等于说:"二司炮打党内一小撮走资派,批判资产阶级反动路线的大方向错完了",而大专兵保对了吗?这岂不等于说:二司和广大无产阶级革命派战友一起揪王任重、韩宁夫之流,占领红旗大楼,使资产阶级反动路线的咽喉《湖北日报》新生了光荣的一段历史,都是大大的坏事吗?广大毛泽东思想红卫兵和全体革命造反派绝不能同意这种污蔑。

他们这样咒骂,无耻地攻击二司,是对广大毛泽东思想红卫兵的莫大污辱,是对广大无产阶级革命造反派的莫大污辱,是对中央文革

---

3 韩宁夫,1915年9月出生,山东高唐人。文革前任湖北省委常委、副省长,1972年后,任湖北省委书记、省革委会副主任。1995年去世。

的莫大污辱，是对无产阶级文化大革命的莫大污辱。

在"二·八声明"前也曾与广大二司战士并肩战斗过的某些人，陷在这样挺胸拍桌，嘶声力竭地咒骂二司，究竟是把自己放在一个什么样的地位上呢？是把自己放在"强盗""暴徒"的同谋者的地位呢，还是放在"大方向一直错了""从没干过好事"一类人的地位呢？

某些人这样咒骂二司，同党内一小撮走资派、各种老保和小保对二司的咒骂有什么不同呢？为什么对二司有这样不共戴天之仇，为什么以[此]对老保组织更加残酷的态度来攻击二司呢？

这些人反对二司，实际上是疯狂地反对无产阶级革命派，反对无产阶级文化大革命运动，在这方面，他们所使用的语言，比起"乌拉西"都毫无逊色，甚至有过之无不及。

列宁在《漫骂的政治意义》一文中说："政治上的漫骂往往掩盖漫骂者的毫无思想原则，束手无策，软弱无力，恼人的软弱无力。"那些时时刻刻都感觉到毛泽东思想红卫兵的革命造反精神在威胁着自己的某些先生，不就是用漫骂来掩盖自己的毫无原则，束手无策和恼人的软弱无力吗？

尤其值得注意的是，某些人在百般地咒骂二司，必须置二司于死地而后快的同时，又搞什么欢呼大专兵的新生，这种现象难道目（自）然地联系在一起，而（岂）不是背离无产阶级文化大革命的必然逻辑吗？全盘否定二司，为党内一小撮走资派和老保们提供了求之不得反对无产阶级文化大革命，反对无产阶级革命造反派的弹药，他们借口批判"二·八声明"，在武汉掀起一个大规模的老保翻天的浪潮。党内一小撮走资派，原属职工联合会的机会主义者，都乘机向无产阶级造反派进攻，使得老革命造反派组织，甚至如红工[4]、八·一七[5]等

---

4 红工，全称"毛泽东思想红工武汉地区革命造反司令部"，前身是"工总"的一个兵团，武汉市精细医疗器械厂工人丁喆生为一号勤务员。由于与"工总"在组织路线上有分歧，于1967年1月6日从"工总"分裂出去8万余人，成立该组织。

5 八·一七，全称"毛泽东思想八·一七革命造反司令部"，是反对"二八声明"，先被武汉军区认为是工人中的左派组织，后因他们中多数成员是从"工总"分化出来的，也被看成是反革命组织被勒令解散。

"二·八声明"毒草派的造反组织都被取缔、解散的严重的困难境地。

这种反无产阶级革命造反派的（不清）狂热运动，在武汉谭震林的鼓舞下（不清），起来，早已变为政治僵尸的"大专兵""乌拉西"死灰复燃，叫嚣（不清），老保们封为"当然左派"。

一些人全面否定二司，叫嚷什么"砸烂黑二司"有着不可告人的目的。

他们抹煞广大毛泽东思想红卫兵在革命人民中不可磨灭的印象，否认无产阶级革命派的不朽功勋，是为资本主义复辟在武汉开辟道路。事实愈来愈清楚地证明武汉地区，甚至湖北地区（不清）资本主义复辟。韩宁夫之流在根本上"亮相"，大专兵的甚嚣尘上，"王任重是二类干部"的滥调的流传，都是同他们全面否定二司分不开的。

但我们同某些别有用心的先生提出的批判"二·八声明"是根本不同的。

揭穿来说，无非是：

借口所谓批判"二·八声明"，大肆扶植保守组织，在党内一小撮走资派的指使下，对革命造反派进行反攻倒算。

借口所谓批判"二·八声明"，全盘否定二司，乃在否认整个无产阶级革命派，打击无产阶级文化大革命。

借口所谓批判"二·八声明"，将无产阶级革命派的一切革命行动，统统视为"二·八声明"的流毒，灭革命造反派志气。

由武汉谭震林一手操纵的某些人批判"二·八声明"是一个卑鄙的政治阴谋（不清）掀起的一个资本主义复辟逆流（不清），这种人，正如马克思所说："如果说他理论上一窍不通，那么他在干阴谋勾当方面却是颇为能干的。"

这些人狂叫"二司自成立以来没有干过一件好事，就大方向错了"。

（不清）

1967 年 4 月

根据 1968 年 7 月 16 日出版的《扬子江评论》第 12 期刊印。

# 政权的根本问题是军权

（一九六七年五月十二日）

鲁礼安

政权的根本问题是军权。

党内一小撮走资本主义道路当权派，要篡夺政权，必须篡夺军权。蒋介石为什么视军队为生命，创造出一套那样压人的"中央军"！因为他明白：有军则有权。

"辛亥革命后，一切军阀，都爱兵如命，他们都看重了'有军则有权'的原则。"在今天，"混进党里、（政府里、）军队里和各种文化界的资产阶级代表人物，是一批反革命（的）修正主义分子，一旦时机成熟，他们就会（要）夺取政权，由无产阶级专政变（为）资产阶级专政。"[1]在（这）中间，混进军队里的反革命修正主义分子较其他的具有更大的危险性。无产阶级文化大革命的领导权如果落在这批人手里，其后果是不堪设想的。林副统帅指出，带枪的刘邓路线比不带枪的刘邓路线更危险。

彭真反革命修正主义集团的另一个头目罗瑞卿是曾经窃取了重要军事领导职务的反革命修正主义分子，赵永夫[2]之流则是窃据在地方军事领导机构中，这一次自己跳出来用枪杆子镇压革命造反派、革命群众运动的反革命修正主义分子。就是他们与党内头号走资本主义道路当权派刘少奇结党营私，争个人的兵权，企图一旦时机成熟，夺取无产阶级政权，实现资本主义复辟阴谋。

刘氏反党集团所以暂时还不能实现夺取我们的国家政权，一个根本原因就是因为我们的整个军权是牢牢掌握在毛主席和林副主席

---

1　转引自《中国共产党中央委员会通知》（1966年5月16日）。
2　赵永夫，1915年出生，河北正定人。青海省军区副司令员。1967年2月23日，赵永夫指挥部队强制接管受青海造反组织"八·一八红卫兵司令部"控制的青海日报社，酿成严重流血事件，史称"青海二·二三事件"。事件后赵永夫被隔离审查。后任北京军区装甲兵顾问，1987年10月去世。

手里，就是因为我们有一个强大的无限忠于毛主席的中国人民解放军。反过来说，刘氏反党集团之所以敢于制定一个如此庞大的政变计划，有如此之大的野心，就是因为他们不但在党政机关中安插一批反革命修正主义分子，而且已经通过钻进军队里的反革命修正主义分子掌握了部分军权。

军队介入无产阶级文化大革命后，军内一小撮反革命修正主义分子，本性终于暴露无遗，他们颠倒黑白，混淆是非。在他们暂时力所能及时，大搞白色恐怖，实行围剿革命派，实行资产阶级专政，何其毒也。武老谭陈再道[3]不就是这样一个反革命分子吗？

罗瑞卿篡夺的部分军权被夺过来了，赵永夫篡夺的部分军权也被夺过来了，武老谭及其他尚未揭露出来的军内一小撮反革命修正主义分子已篡夺的部分军权必将一定被夺回来，统统夺到我们的最高统帅毛主席和林副主席手中。

由于军队的特殊地位，"夺军权"的斗争，将以不公开的形式在军队内部军队中的无产阶级革命造反派进行。事实上军委会议上的斗争，中央小组（另一版本为"全军文革小组"——本书编者注）的多次改组，罗瑞卿被斗，赵永夫被揪出，就是一场十分惊心动魄的"夺军权"斗争。在毛主席伟大战略思想指导下，被一小撮反革命修正主义分子篡夺的部分"军权"正在一步一步被夺回来。

带枪的刘邓路线一日不投降，一日不完蛋，"夺军权"与"反夺军权"的斗争就一天不会停息，（这是）一场长时期的，空前激烈的阶级斗争。林副主席为此发出伟大的战斗号召："将军队的无产阶级文化大革命进行到底"，将夺军权的斗争提到议事日程上来了。

"夺权"的问题归根到底是一个"夺军权"的问题。无产阶级文化大革命的整个历史必将证明这一点。毛主席有一句话说的好："枪杆子里面出政权"[4]。

根据湖北大学革命委员会政宣部 1969 年 9 月编印的《把反动刊物〈扬子江评论〉拿出来示众》刊印。

---

3　陈再道，1909 年 1 月出生，湖北麻城人。武汉军区司令员，"七·二〇"事件后倒台。1978 年 7 月平反。1993 年 4 月去世。
4　引自《战争和战略问题》（1938 年 11 月 6 日）。《毛泽东选集》第 2 卷，人民出版社，1966 年 7 月，第 512 页。

# 听毛主席的话，誓死捍卫毛主席的革命路线
## ——致中国人民解放军武汉部队全体指战员

（一九六七年五月十八日）

红司新华工敢死队

全体指战员同志们：

　　首先，请让我们向你们祝贺！祝贺在全国颁发特制毛主席像章和"为人民服务"语录牌。这是你们的幸福和光荣，也是我们革命造反派的幸福和光荣！让我们共同祝福毛主席万寿无疆！万寿无疆！祝福林副统帅身体健康，永远健康！

　　下面，请让我们跟你们谈心，我们认为写公开信，在目前更有利于交换意见。

　　无产阶级文化大革命进入到决战的时刻，我们伟大统帅毛主席号召解放军介入无产阶级文化大革命，这就是把军队的无产阶级文化大革命推到了历史舞台的中心。"枪杆子里面出政权"，只有解决军权，才可以最后实现夺权任务，军队无产阶级文化大革命将是总决战的中心内容。

　　通过一段时间的"三支""两军"[1]，军队内两条路线的斗争反映到了社会上，罗瑞卿、贺龙就是军内的大坏蛋，青海赵永夫、成都李井泉[2]用枪杆子对革命造反派实行资产阶级专政式的血腥镇压。事实教育了我们，一定要把军队无产阶级文化大革命进行到底。否则，十余月来我们浴血奋战的果实，就会毁于一旦！国家就会变颜色。必须

---

[1] "三支""两军"，1967年初，文化大革命进入夺权阶段，各地党政组织处于瘫痪状态，1967年3月19日，中央军委命令军队到地方支工，支农，支左，军管、军训，以维护社会秩序、工作秩序、学习秩序和生活秩序。此后，解放军介入文化大革命。

[2] 李井泉，1909年出生，江西临川人。时任成都军区第一政委。

指出刘氏黑修养在军内有流毒，不彻底消除这些流毒，就不可能树立毛泽东思想的绝对威信。

有人说："军内无派"。这是黑修养在军队内的一条反动宗旨，企图抹杀阶级斗争。企图通过散布这种论调，以最后达到保护一小撮，妄图东山再起，搞资本主义复辟。

穿上了黄军装就没有了阶级斗争吗？毛主席教导我们："**在阶级社会中，每一个人都在一定的阶级地位中生活，各种思想无不打上阶级的烙印。**"[3]军内也有阶级斗争，并且十分尖锐复杂！

穿黄军装的都是毛主席司令部的人吗？不是 100％！必定有那么一小撮在里边，罗瑞卿、贺龙已经揪出，赵永夫、李井泉这次亡命跳出，以后也还会揪出军队内的一小撮坏蛋！

军内就是有派！必须清洗刘氏在军内的黑人物，必须在军内树立毛泽东思想的绝对权威！我们一定要打倒反动的"军内无派论"！

有人说："军人的天职是绝对服从命令"。这是黑修养在军内的又一反动宗旨。刘氏黑修养是没有阶级性的，那一个阶级都可以用，这句话也是如此。封建帝皇可用，日本天王、俄国沙皇、拿破仑、戴高乐、蒋介石都用了。历代剥削阶级代表人物利用这句话把军队变成维护他们统治地位的工具。解放后的刘少奇又企图通过这句话推行他那反动的驯服工具论。

把军队变成刘家王朝的御林军。

命令是有强烈的阶级内容的，绝对不能抽调路线斗争去谈命令。我们要绝对服从的是符合毛泽东思想的命令。对于反毛泽东思想的命令，反毛泽东思想的言行，必须坚决抵制！毛主席教导我们："**危害革命的领导，不应当无条件接受，而应当坚决加以抵制**"[4]。难道混入军队内的坏蛋命令也应服从吗？那些坏家伙的错误言行不应当坚决抵制吗？绝对服从命令论见他妈的鬼去吧！

---

3 引自《实践论》（1937 年 7 月），《毛泽东选集》第 1 卷，人民出版社，1966 年 7 月，第 260 页。

4 这条语录与原文有出入，原文是："对一切危害革命的错误领导，不应当无条件接受，而应当坚决抵制。"见《红旗》杂志 1966 年第 11 期重新发表的《人民日报》评论员文章《欢呼北大的一张大字报》。

解放军要绝对忠于毛泽东思想！绝对忠于毛主席的革命路线：打倒反动的"军人的天职就是服从命令"论！

同志们：解放军介入无产阶级文化大革命已经几个月了，你们之中有的同志已经认识到什么叫带枪的刘邓路线，当然也就认识到我们为什么要誓死捍卫毛主席的革命路线。社会主义时期的政治思想战线上的革命战争远远不是民主革命时期的斗争所能比的，都是过去见所未见的。期望你们用毛泽东思想去分析这一切，切切不应盲从，绝对不能提倡奴隶主义。

你们用毛泽东思想分析一下韩东山[5]的黄石讲话，100%的否定，镇压无产阶级文化大革命的大毒草！

你们用毛泽东思想去分析孔庆德[6]的支左工作，那是100%的支保、支右！

你们用毛泽东思想去分析一下司令员（？）陈再道的道德、品质，就可以看出他与旧军阀到底有什么区别？

你们用毛泽东思想去分析当前的时局，就可以明白，1949年5月16日解放了武汉还需要再次解放！……

亲爱的同志们：我们最热爱中国人民解放军，正是象爱护眼睛一样爱护解放军。我们决不允许混入军内的资产阶级代表人物混淆黑白，颠倒是非，破坏我军声誉。我们深深懂得，如果让他们得势，那末，复辟资本主义的情景就会出现。"拥军不拥武老谭"这是多么爱憎分明的口号啊！

爱民首先是热爱革命造反派，要做到这一点，自己就得是革命造反派，另一方面是把受刘邓路线毒害的同志解放出来！让他们早日回到毛主席的革命路线上来。必须指出，爱民的基础是毛主席的革命路线。脱离路线去爱民，只能搞调和折中。

亲爱的同志们，我们受过带枪的刘邓路线的迫害和不带枪的刘邓路线的迫害。在这方面，我们的体会要比你们深。在那白色恐怖的

---

5　韩东山，1905年出生，湖北大悟人。时任武汉军区副司令员。1986年1月去世。
6　孔庆德，1911年3月出生，山东曲阜人。时任武汉军区副司令员，武汉军区支左办公室主任。2010年9月去世。

日子里,我们最想念的就是毛主席。无情的斗争事实使我们深深地懂得,只有揪出刘邓路线黑帮,肃清它在党里、军内、社会上各方面的恶劣影响,中国就有希望,世界才有希望!

亲爱的同志们:千句话,万句话,说到底,就是一句话,我们热烈地希望你们听毛主席的话,誓死捍卫毛主席的革命路线!

我们坚信,通过军内的无产阶级文化大革命,我们国家的一切,都会更加革命化、战斗化!光焰无际的毛泽东思想将闪耀在每一个地方!

一定要把无产阶级文化大革命进行到底!

中国人民解放军万岁!

毛主席的革命路线胜利万岁!

我们心中最红最红的红太阳毛主席万岁!万岁!万万岁!

无产阶级文化大革命敬礼!

红司新华工敢死队<br>1967 年 5 月 18 日

根据新华工敢死队 1967 年 9 月 7 日出版的《扬子江》杂志创刊号刊印。

# "大抓叛徒网，保护一小撮"
# 是资产阶级反动路线的一个新的组成部分

（一九六七年五月二十日）

鲁礼安

在无产阶级文化大革命中，资产阶级反动路线总是顽固地为保护一小撮党内走资本主义道路的当权派服务，在"打击一大片，保护一小撮"这个资产阶级反动路线组成部分受到《红旗》杂志评论员文章"在干部问题上的资产阶级反动路线必须抵制"的致命打击后，广大无产阶级革命造反派发扬了"敢于打击一小撮，勇于保护一大片"的革命精神，使这一资产阶级反动路线的组成部分遭到彻底破产。

"大抓叛徒网"突然在全国风行起来。

这是资产阶级反动路线的一个新的组成部分，是披着合法外衣的"打击一大片，保护一小撮"。这同样是干部问题上的资产阶级反动路线。

叛徒者，叛变革命之徒也。他们是革命事业的败类。他们或屈服于敌人枪杆皮鞭威胁之下，或投降于敌人金钱地位利诱之前。他们为了自身的卑鄙利益，不惜出卖同志、牺牲别人，他们实际上是钻进革命队伍中的蛆虫。

也有这样的一些变节自首分子，他们是刘某人《修养》的中毒者，也是革命队伍中的意志薄弱者。在刘某人盗用党中央的名义让他们在狱中自首出狱时，"驯服工具""绝对服从"等《修养》中大肆鼓吹的谬论在他们身上发生了作用。他们终于放弃了原则，按刘某人的意图在自首书上签下了名字。

这第二种人中间，有人从此完全堕落成革命事业的叛徒。也有另一些人，出狱后在党中央和毛主席以及周围革命同志热忱耐心帮助下，正视了自己的错误，痛改前非，而终于在今后残酷的阶级斗争的考验中改造了自己,彻底摆脱了黑《修养》的束缚,清除了黑《修养》对自己的毒害,成了一个自觉的无产阶级革命战士。我们必须把这些人与"叛徒"严格地区分开来。这部分同志中间不就有最后为中国人民的解放事业而英勇牺牲的吗?

在当前无产阶级文化大革命中,我们判断一个干部,首先是看他站在以毛主席为代表的无产阶级革命路线上,还是站在刘邓资产阶级反动路线上,是"亮相"亮在无产阶级革命造反派一边,还是亮在保守派一边。经过了长期革命战争的考验,现在又能够坚定地站在以毛主席为代表的无产阶级革命路线上的,即使曾经有过那么一段历史,基本上仍应属于毛主席司令部的人。我们没有理由在今天把他们仍称为变节自首分子,硬将他们塞进"叛徒网"之列。这样做,实际上就是为了打击革命干部,就是挑衅(拨)干部与无产阶级司令部的关系,把革命干部推向刘邓资产阶级司令部中去。这是一个大阴谋,必须彻底揭穿。无产阶级革命造反派战友们必须提高警惕,千万不要上当。

《红旗》杂志评论员文章指出:"对资产阶级反动路线的群众性批判,已经取得了很大的胜利。"向我们发出了"着重批判干部问题上的资产阶级反动路线,批判'打击一大片,保护一小撮'这个资产阶级反动路线的组成部分"的伟大号召。"大抓叛徒网,保护一小撮"就是在干部问题上的一种资产阶级反动路线,是披着"合法"外衣的"打击一大片,保护一小撮",是"打击一大片,保护一小撮"的资产阶级反动路线的一个新的隐蔽形式,抛出"大抓叛徒网,保护一小撮"的人,正是党内一小撮走资本主义道路的当权派,他们本身就是革命事业的叛徒,是以毛主席为代表的无产阶级革命路线的最大的叛徒,却偏偏贼喊捉贼,目的就是保护他们自己,其用心何其毒也。

对历史上犯过错误的干部,统统一脚踢开,一棍子打死,这是反马克思列宁主义,反毛泽东思想的。

毛主席教导我们:"不但要看干部的一时一事,而且要看干部的全部历史和全部工作,这是识别干部的主要方法。"[1]又说:"处理历

---

[1] 引自《中国共产党在民族战争中的地位》(1938年10月),《毛泽东选集》第2卷,人民出版社,1966年7月,第492-493页。

史问题,不应着重于一些个别同志的责任方面,而应着重于当时环境的分析,当时错误的社会根源、历史根源和思想根源,实行惩前毖后,治病救人的方针,借以达到既要弄清思想又要团结同志这样两个目的。"[2] 一切真正站在以毛主席为代表的无产阶级革命路线上而又被人列入"叛徒网"的干部应该牢记毛主席的教导,正视自己历史上的错误,在两条路线的斗争中继续改造自己,彻底批判刘氏《修养》,站在群众运动的前列,而不要背上历史的包袱,上了"大抓叛徒网,保护一小撮"提出者的当。

识破党内一小撮走资本主义道路的当权派在干部问题上的资产阶级反动路线的种种形式,彻底批判它,勇敢地捍卫在干部问题上的毛主席革命路线,是历史赋于(予)我们的伟大使命。

红司新华工敢死队<br>5·20 洪山宾馆

根据刻印传单刊印。

---

[2] 这里引用的语录"当时错误的根源、历史根源和思想根源"有遗漏,前面遗漏了"当时的内容"五个字。见《毛泽东选集》第 3 卷,人民出版社,1966 年 7 月,第 892 页。

# 郭保安背叛了工学运动何止一年？
## ——独立师（8201[1]）与新华工代表座谈会记录（摘录）

（一九六七年五月三十一日）

参加人：蔡（炳臣）政委，郝参谋长，周副主任等军代表十一人
郭保安，林××，王××等新华工代表九人
时间：一九六七年五月三十一日上午八时四十分
地点：三团三楼会议室

（注）按发言顺序记录，发言人均简称为蔡、郝、周、郭、林、王。

郭：这么多人谈的不方便吧！是不是双方都退出一些人？

蔡：我们座谈是交换意见，是公开的，我们这些同志都是搞支左的，需要了解情况，你们来的这些人是不是信得过呢？

郭：我们明天开纪念第一张马列主义大字报大会，要给你发请柬，再一个我校明天举行毛主席大型塑象开工典礼，你去不去？

蔡：我们部队住得很分散，工作很忙，时间很紧，如有时间去是可以的。……

郭：前一段8201和我们关系是不错的，军训是我们请来的。

对待工总的问题，事前（按：即3·21发表前）我是去了，交换了意见，但是3·21通告我们不知道。……

师的同志：5月17日你们又冲宾馆，……你们敢死队[2]去了，而且打的水平很高。

蔡：……新华工以前是不错的，现在你们把矛头指向军队，反说

---

1　8201，即8201部队，原属湖北省军区管辖，后脱离湖北省军区成为武汉军区的独立师，直接受武汉军区司令员陈再道、政委钟汉华的指挥。
2　指新华工敢死队。

军队错了,你们说为工总翻案是最大的爱民,为工总翻案是错误的。至于下属组织和广大战斗队员是可以考虑的,朱鸿霞[3]问题,华工很清楚,他们与省委的关系,电信局问题,谁干的,这能翻吗?……

郭:……现在来谈谈我的看法,七字兵、麻子兵,我们都未提过(师的同志插话:我到你们司令部去有些人就当我面喊,有你们学校张力作证)张力不负责任,我们司令部是不知道的,后来知道了,就把外边的人召回来作了五项规定:不准冲击军事机关,不准喊打倒麻子兵,不准和解放军辩论……,我们没有夺军权的想法,在司令部从来未讲过。戚本禹同志讲的三种原因,就我所知,新华工从来未主动打过人,并且强调不准还手,我们是作了工作的,冲击军事机关和军管单位我们没有参加,冲宾馆有我们的"敢死队",那是作别论。

……最近出来一个钢八司[4],昨晚我出去看了一下,搞什么然后再作结论。

师的同志:你们为什么把湖北日报搬到新华工去出版呢?

郭:搬到新华工去是必要的,因为红旗大楼不让出版嘛,条件差,办得还不错,王力[5]很欣尝(赏)!当然以后有条件就搬回去。

郭:对工总我们是有独立看法的。你们见过新华工写过彻底为工总翻案吗?(师:有)也可能是别人冒充,我们敢保险没有提,(师的同志:敢死队中就有人提过)我们提的口号是可以解释,是符合毛泽东思想的,工总的领导班子我们是知道的,过去作过调查,现在又作了调查,我们没有讲朱鸿霞是革命闯将,更没有讲是硬绑绑、响响当当的革命闯将,不要把什么都推到新华工头上,打击我们。

新华工对8201是不保密的,参加我们的常委会都可以,你去听

---

3 朱鸿霞,一作"朱洪霞",1934年6月出生,安徽寿县人。文革前为武汉重型机床厂工人,文革中为"钢工总"一号勤务员、湖北省革委会副主任。文革后被定为"'四人帮'在湖北的黑干将",1976年12月经中央批准隔离审查。1982年被判刑15年。出狱后经商,1997年去世。

4 钢八司,1967年3月"工总"被取缔后,部分成员自发组成的分散组织,因坚持每天八小时上班,八小时以外自发地从事活动,便以"八小时工作制司令部"自居。

5 王力,1921年8月出生,江苏淮安人。1966年6月任中央文革小组成员,1967年1月任中共中央宣传部组长,8月底被关押。1982年1月恢复自由。1996年10月去世。

我们是欢迎的。对工总中确有证据的反革命分子是不能翻案的，但打击面宽了，把他们的下属组织，搞成那个样子，香花派[6]靠边站，谁起来造反，那么多牛鬼蛇神。工总是什么样的组织，我们有两种认识，一种说是群众组织，一种说是犯了错误的造反组织，你们有调查，我们也有调查，我们以为对工总的错误，事实是夸大了，我们要为广大战斗队员平反，对于他们和省委的关系，省委公章，电信局等问题，因有些尚未落实，所以我们未表态，未发文件。

……

师：搞打、砸、抢，你们向敢死队调查下就清楚了。

郭：敢死队的问题，我不知道，我坚信新华工没有主动打人，那里有就告诉我负责处理。

蔡：我也坚信你们不会作出决定搞打、砸、抢，但是在外面你们已控制不了的，上次我去谈判就有人动手嘛！（华工×：我们不否认个别人打了人）应该爱惜你们前一段的声名，我们坚信群众大多数，任你们否认少数，看问题要全面，不能那样坚信。

根据 1968 年 5 月 31 日出版的《扬子江评论》第 9 期刊印。

---

6　香花派，武汉造反派因对 1967 年 2 月 8 日《长江日报》发表的"二·八声明"持不同态度，分裂为两派，赞成的一派（工总、二司、九·一三等）称为"香花派"，反对的一派（工造总司、三新等）称为"毒草派"。武汉军区支持"毒草派"。

# 迎接第五天

## ——"国际悲歌歌一曲,狂飙为我从天落"

(一九六七年六月)

鲁礼安

我们中华民族的儿女,伟大统帅毛主席最忠实的红小兵,面对风云突变的今天,准备着用生命和鲜血,迎接第五天!

什么"五天以后见分晓",什么"五天以后新华工的观点将发生重大改变",去你的吧,从我们在无产阶级文化大革命迈出第一步起,踏荆棘,渡江河,从黑夜到黎明,从山岗到平原,迎接过多少个不眠的日日夜夜,还怕这么个五天!

我们不是早已领教过王任重的"秋后见分晓",不是早已领教过张体学的"春节以后见分晓"吗?然而历史发展的规律与自然发展的规律一样是不以人们意志为转移的。秋天过去,"飞雪迎春到",春节过去后"独有花枝俏"[1],结果呢,是"唤起工农千百万,同心干,不周山下红旗乱"[2]。这就是分晓!这就是分晓!

"五天之后新华工观点将发生重大改变",见他妈的鬼去吧!我们誓死保卫毛主席,誓死保卫以毛主席为代表的无产阶级革命路线,这就是新华工一切真正革命造反派的根本观点。撼山易,撼我们钢铁般的决心难!五天,哼,就是五十年,五千年,老子也是这个不可动摇的观点。除非我们倒下,我们的心也是向着北京,向着东方升起的永远不落的红太阳。

不是么?无产阶级文化大革命的史册上,哪一页没有我们的心血!我们的每一个脚印,都闪耀出磐石般的光辉,我们的每一滴血,都测(渗)透着对毛主席的无限热爱。

---

1 毛泽东《卜算子·咏梅》。
2 毛泽东《渔家傲·反第一次大"围剿"》。

是在不平静的三角地带,我们借着一支火烧的亮光,贴下了第一张向旧营垒开炮的宣言。是在南一楼的广阔草地,我们与几百革命造反派一起宣誓,步行数十里,大闹阎王殿。

走吧,我们年青的战友!无产阶级文化大革命,就是这样走出来的,无产阶级革命造反派就是这样闯出来的。我们曾经是"一小撮"的队伍,如此生气,如此威武,如此震撼着整个世界。象一股清澈的小溪,象一派汹涌的巨流,散发着晶莹的水花,叫啸震的怒吼,向前,向前,向前!永不停息!

不管压在头上的乌云,不睬响在头顶的惊雷,高昂起无产阶级革命造反派的头,以坚实的决心,以更豪迈的战歌,向雷雨,向风暴,向着光辉的前夜,坚定不移。

一轮最红最红的红太阳,永远拌在我们的心中,象浩漫的红浪,压倒一切大小王殿阎王,逼退资产阶级反动路线,洗涤出一个崭新的世界……你看那"一切权力归农会""不准恶意攻击义和团运动""痞子要掌权"的大旗,赤橙黄绿青蓝紫,好一个威武的革命造反派的行列!你听那英雄的战歌,血写的誓言,好一个刚强的革命造反派的行列。

谁知道在沉默的机关、沉默的农村,有多少使着钢铲的血统老工人在念望着我们,有多少抱着孩子的妈妈在焦急地望着我们,有多少血书篇文的农村青年在必(原文如此——**本书编者注**)地望着我们?望着我们这面不倒的红旗,望着我们这班不慎雷击的青松,望着我们这群"完蛋就完蛋"的铁铲的小人物,在茫茫的平原里,在莽莽的山岭上,在寂静的矿山里,有多少革命造反派工人、干部、学生和农民,在看着我们点起再次造反的烈火,把被某些混蛋颠倒的无产阶级文化大革命的历史重新颠倒过来!

还有什么你的、我的,我们无产阶级革命派是一条命,我们早已溶化在伟大领袖毛主席的事业中,谁想扼杀我们,除非他能扼杀整个革命事业,扼杀坚不可摧的无产阶级文化大革命,然而,所有这些,只能是蟑螂扫在千钢力压出梦蝶一场空"妄想"!

我们,当年是以"八·二三"首先见你的,经得起拷打,少说五天,就是五百年,你又能把我们怎么的!

只有在微微星火看到燎原火势的人,才是真正的无产阶级革命造反派!只有从心底里相信我们自己能够解放自己,相信毛主席和中央文革永远和我们在一起的人,才是经受"八·二三""九·二四""九·二七""十·二一"……的考验!只有在土油印(原文如此——本书编者注)旁看得到天安门的人,才会从南一楼前几十人、几百人战到今天的"赤旗舞、万里红"[3]。

想想看,当我们先戴起鲜红的毛泽东思想红卫兵的袖章时,在那寂静的夜里面对毛主席的象宣誓时,在重重围攻几小时中,在风雨弥漫的日日夜夜,在运动转折时听到毛主席声音的时候,……难道,世界上还有谁比我们,无产阶级革命造反派更快乐?更幸福?无产阶级革命造反派的天下不就是在我们手里接生、抚育、成长起来的么?

也许,我们更羡慕那今后的一代,但是如果要用我们战斗的岁月来交换,我们愿意么?不!战友们!我们不换!我们能用鲜血和生命保卫毛主席,保卫中央文革,这将是何等的幸福和骄傲!

在无产阶级文化大革命的长途中,有许多关口!它也许是一次会议,也许是一个集会,也许是一次游行,在每一个转折时期,都有着这几步!这几步,是对每个革命造反派的考验、锻炼。我们,也正是在这数次的、紧要关头里懂得了革命和自己,也正是在这无数次暴风雨中,我们把自己的全部血肉和毛主席、中央文革紧紧地联在一起了!

自始至终的站得住,看得清,毫不动摇、穿云破雾地向前迈进,岂止靠一股冲劲和勇气?我们是靠了伟大领袖毛主席的教导,是靠了来自北京的声音,是靠了雄文四卷!

最大的考验在我们每一个无产阶级革命派面前了。五天,五天,整整的五天,我们面对这五天放声大笑,武汉谭震林的宫殿就得在我们的笑声中动摇!管你五天还是六天,八天还是九天,王任重、张体学几个月都奈我不何,你老混蛋、武汉谭震林又算老几?

一百二十小时,七千二百分钟,四十三万二千秒,我们严阵以待,浴血奋战,用战斗的姿态迎接分分秒秒,什么疲倦的叹气,感伤的诉

---

[3] 陈明远《满江红·庆祝我国第一次核试验成功》。这首词在文革时期被误为毛泽东诗词,广为流传。

说,无言的烦脑(恼),乱麻似的纠葛,私人的成见,见鬼去吧,我们雄心注血,英勇奋战,不就是为了等待这两条路线的最后决战!

尽管我们的道路崎岖,我们遍身摔伤,我们走过弯路,我们入过迷途,但我们意志是坚强的,目光是明朗的,我们的道路是在毛主席的阳光照耀下,我们自己的路啊!

尤利乌斯·伏契克[4]临终时说:"永远不要让悲哀同我们的名子(字)联在一起吧!我们为欢乐生,为欢乐而战斗,为欢乐而死!"是的,我们尚能为毛主席的革命路线而死,我们就已经永远活在"未来的日子中了"。

让无产阶级文化大革命象电一样在我们面前闪过一次吧,让历史象一个铁面无私的法官,逐步加以审判,我们还算战斗不错,我们犯过不少错误,由于毛著未学好,也是由于年轻,然而大半还是由于政治上不成熟,而犯过错误!最主要的是我们在斗争火热的时期中,我们并没有睡觉,在争夺政权的残酷斗争时,在战火纷飞的战场上,我们找到了自己的岗位,而且在无产阶级革命造反派的旗帜上,也有我们的几滴鲜血……

在这"五天通缉令"面前动摇的人们,难道你已经把你在洪山礼堂[5]里的通宵坐地板,把你在红旗大楼面前的冲锋陷阵,而终于不顾一切困难攻克上了大楼忘记了吗?难道你已经把伟大统帅毛主席**"将革命进行到底"**的号召忘记了吗?难道你已经把林副统帅的"在需要牺牲的时候,要敢于牺牲,包括牺牲自己在内,完蛋就完蛋,上战场,枪一响,老子下定决心,今天就死在战场上了"的战斗命令忘记了吗?不能忘记,千万不能忘记,因为忘记了过去,就意味着背叛!忘记了伟大领袖毛主席的教导,就意味着不可能把自己造就成无产阶级革命事业的可靠接班人。

---

4 尤利乌斯·伏契克(1903-1943),捷克作家,1921年加入捷克斯勒伐克共产党,1942年4月被捕入狱,在狱中写下代表作《绞刑架下的报告》。1943年9月被杀害于狱中。20世纪50年代中国大陆曾大量翻译出版其《绞刑架下的报告》(一译《绞索套着脖子时的报告》),并在许多城市上演根据此书改编的话剧,成为教育人们为反对法西斯不惜奋斗牺牲的人生教科书。
5 洪山礼堂,湖北省政治、经济、文化活动的重要场所,位于武昌东湖西畔。

"不管风吹浪打，胜似闲庭信步"[6]，这才是战士的风度，"**梅花欢喜漫天雪，冻死苍蝇未足奇**"[7]，这就是历史的真理，挺进，敢死队的队员！挺进！"完蛋就完蛋"的无产阶级革命造反派的战友们，让我们用生命来保卫毛主席、中央文革和以毛主席为首的党中央！

无产阶级文化大革命，在烈火中勇猛地前进！

决战的胜利，在我们手中！！在我们手中！！！

一九六七年六月

《震惊世界的日日夜夜》第八章
根据1968年7月16日出版的《扬子江评论》第12期刊印。

---

6 毛泽东《水调歌头·游泳》。
7 毛泽东《卜算子·咏梅》。

# 论刘少奇的中原失守[1]

(一九六七年七月二十五日)

冯天艾

武汉地区是党内头号"走资派"刘少奇的反动力量与以毛主席为代表的党中央、中央文革相对抗的一个主要战场,是以毛主席为代表的无产阶级革命路线和资产阶级反动路线在中原、中南地区摆开的一个重要战场。

刘少奇的心腹爪牙陈再道吸取了内蒙、青海、四川、南昌等地党政军内一小撮走资本主义道路当权派反革命经验和教训,不动一枪一弹,却杀害了数百无产阶级革命派群众。

党中央和中央文革小组,武汉地区无产阶级革命造反派,则集中了全国各地无产阶级革命派的对敌斗争经验,对陈再道及其操纵的反动组织"百万雄师"和8201部队中的部分顽固分子展开了殊死的斗争。

毛主席的革命路线在武汉取得的彻底胜利,将对决定整个中原中南乃至全国的局势(起到)极其重要的作用。

河南是陈再道在中原地区杀人的一个试验场,他正在把在河南施行的一套变本加厉的应用到武汉,而且逐步升级,他妄图将武汉的"百万雄师"训练成一支较之四川成都"产业军"[2]、河南的"公安

---

[1] 本文在《扬子江》杂志创刊号发表时未署名。据鲁礼安在他的回忆录《仰天长啸——一个单监十一年的红卫兵狱中吁天录》中说,作者是冯天艾。(第187页)

[2] 产业军,全称"成都产业工人战斗军",原是1966年9月在西南局第一书记李井泉授意下,由原党政机关组织起来对付造反派的保守派群众组织"工人纠察队",到11月时因形势大变,李井泉遭到造反派"炮轰""火烧",同时因周恩来在一讲话中提出工人群众组织不要用大革命时期有光荣传统的工人纠察队作名称,于是重庆的工人纠察队改名为工人战斗军,成都的工人纠察队改名为产业工人战斗军。

公社"³更为顽固的保守力量,为了达到这一点,他不惜付出了极大的代价,从物资上、武装上、精神上作出了巨大的努力。

但是陈再道的算盘打错了。

他忘记了武汉地区无产阶级革命派是怎样一支力量。

这是一道百坚不摧,血肉筑成的万里长城,这是一股百折不挠的钢铁洪流,这是一支所向无敌的革命军。

他经过了二月黑风的考验,他迎接过三月黑浪的洗礼,他顶住了六月武装镇压的狂澜。

是谁在四月初就冒天下之大不韪发出了"向武汉部队支左办公室中的一小撮混蛋挑战"这样惊天动地的进军令,是武汉地区无产阶级革命派;是谁在一片"陈司令员就是好"的颂歌中呼出"讨伐陈再道!"是武汉地区无产阶级革命派;是谁在白色恐怖最严重的时刻,工总被非法取缔,无数战斗队员被投进监狱之时大喊"工人总部战旗不倒!"是武汉地区无产阶级革命派;是谁在血雨腥风中脸不变色心不跳,在刀光剑影,百匪⁴屠刀下顽强战斗视死如归,是武汉地区无产阶级革命派。

"钢八司",何等响亮的名字!这是武汉千百万革命群众的光荣象征,那里有战斗,"钢八司"就出现在那里,打击百匪,掩护革命造反派战士,多少可歌可泣的事迹。那里有这样觉悟、坚强的群众,武汉,武汉。

正象王力同志所说的那样:"你们这里有着钢铁般革命造反派。"这给中央解决武汉问题创造了最好的条件。

"中央最后解决武汉问题,也将解决得最好!"王力同志说。这表示了以毛主席为代表的党中央对武汉革命派的信任,更表示了伟大领袖毛主席对决战武汉早已"胸中自有百万雄兵。"

革命和反革命,各自聚集了自己的力量。于是,终于在武汉地区展开了场总决战。

---

3 公安公社,即"河南公安公社",是由河南省公安厅二十一个群众组织联合成立的厅内群众组织,成立于1967年1月24日,当时共有成员198人。其观点与河南另一派群众组织"二七公社"相对立。
4 百匪,即"百万雄师"。

六月二十六日，中央文革、全军文革来电，声称"不久将邀请武汉军区和各群众组织代表来京汇报。"

陈再道为对待这一步骤作好了周密的反革命准备。

七月十四日，谢富治、王力、余立金突然飞来武汉，就地解决武汉问题。这一迅雷不及掩耳的一着马上打乱了陈再道全部反革命计划。

七·二〇反革命兵变发生了，陈再道狗急跳墙，终于黔驴技穷，这最后一扫（原文如此——本书编者注）就同时宣布了陈大麻子[5]的死刑。

在强大的政治攻势军事压力下，陈再道的反革命企图被彻底粉碎了。忠于毛主席的武汉部队广大指战员坚决站到了毛主席的革命路线上。8201中一小撮混蛋处丁四面楚歌，陈再道输光了他的全部政治资本和军事资本。"百万雄师"土崩瓦解，刘少奇从此宣布中原失守。

在资产阶级反动路线较为猖狂的中国中部地区，从此树起了一面光辉灿烂的旗帜，刘少奇司令部在中国大西南一带的防线，从此彻底崩溃了。在毛主席、林副统帅和中央文革的直接领导下的武汉革命造反派，为无产阶级文化大革命运动立下了不朽的功勋。

武汉是大西南的门户。毛主席从来就十分重视武汉的战略地位，在抗战初期，主席就指出："当此保卫武汉等地成为紧急任务之时发动全军全民的全部积极性来支持战略，是十分严重的任务。保卫武汉等地的任务。毫无疑义地必须认真提出和执行。"[6]

毛主席又指出："然而究竟能否确定地保卫不失，不决定（于）主观的愿望，而决定于具体的条件之一。不努力于争取一切必要的条件甚至必要条件有一不备，势必重蹈南京等地之复（覆）辙中国的马德里在什么地方，看什么地方具备马德里的条件，过去是没有一个马

---

5　陈大麻子，对陈再道的污称。
6　这段语录与原文有出入，原文是："当此保卫武汉等地成为紧急任务之时，发动全军全民的全部积极性来支援战争，是十分严重的任务，保卫武汉等地的任务，毫无疑义地必须认真地提出和执行。"见《论持久战》（1938年5月），《毛泽东选集》第2卷，人民出版社，1966年7月，第478页。

德里的，今后应该争取几个，然而全看条件如何。条件中的最基本条件，是全军全民的广大的政治运动。"[7]

二十九年前的武汉尚未具备这个条件，所以终于武汉失陷了。二十九年后的今日武汉完全具备了这个条件，所以毛主席的革命路线在武汉彻底胜利了。而对于刘少奇来说则是武汉失陷，中原失守，大西南失守。

《人民日报》《解放军报》《光明日报》……以整版头条消息连日报导了"中央派往武汉处理无产阶级文化大革命问题的代表谢富治、王力同志光荣回到北京"的消息，报导了全国无产阶级革命派对武汉地区革命造反派的声援，报导了武汉革命造反派发表了武汉地区的大好革命形势。

"北京支持你们！"《人民日报》为武汉革命造反派发表了庄严的社论。

"中国人民解放军支持你们！"《解放军报》为武汉革命造反派发表了社论。

"上海支持你们"！

成都支持你们！

新疆支持你们！

……

九省通衢的极端重要地理位置，决定了武汉问题的解决，将马上打断湘鄂蜀各省军内一小撮反革命修正主义分子在交通上的联系。武汉控制在革命造反派手里，无异于在阶级敌人心脏插上了几把尖刀，动脉血管马上因心脏的破裂而瘫痪，反革命阵线的互相接应现在已经十分不容易了。

从夺权史上来看，上海"一月革命"还仅仅只是揭开夺权斗争的序幕，从"政权的根本问题是军权"这一点来说，只有现在在武汉地区由于七·二〇事件所引起的"七月风暴"，才是夺权斗争的真正展开。将军队无产阶级文化大革命进行到底，这一点决定了一切。

---

[7] 引自《论持久战》(1938年5月)，《毛泽东选集》第2卷，人民出版社，1966年7月，第479页。

刘少奇的中原失守，在全国引起了空前规模的震动。

从东海海滨到天山山麓，从珠江两岸到黄土高原，举国上下一致声讨中国的赫鲁晓夫及其在武汉地区军内的代理人陈再道，气势何等巨大，动员何等广泛，显示了毛主席伟大战略部署的一个重要措施。

通过武汉事件[8]，对全国革命人民进行一次最生动最深刻的阶级斗争教育，两条路线的教育，最广泛地动员全国人民的革命积极性，将这场史无前例的无产阶级文化大革命进行到底！

事实上正是这样。

对于陈再道反党篡军集团的批判，正如以对彭真为首的旧北京市委推行反革命修正主义路线的批判，就是直接对党内最大的一小撮走资本主义道路当权派刘少奇的批判。如果说以彭真为首的旧北京市委的反革命修正主义集团，是刘少奇在中国复辟资本主义的"桥头堡"，那么陈再道的反革命修正主义集团，则是刘少奇在中国复辟资本主义的大本营大西南的"门户"。

必须彻底摧毁陈再道反党篡军集团，揪出他们在军内最大的后台，正如必须彻底摧毁以彭真为首的旧北京市委的反革命修正主义集团的统治一样。

由武汉七·二〇事件而动员起来的更广泛而深刻地开展对党内和军内一小撮走资本主义道路当权派的大批判、大斗争，就是保卫毛主席，保卫以毛主席为代表的无产阶级革命路线，保卫以毛主席为首的无产阶级司令部，保卫无产阶级专政的斗争。这是关系到中国革命和世界革命的前途和命运的大事。

刘少奇在中原失守了。

中原逐鹿，鹿死谁手？鹿死无产阶级革命造反派手中，死我武汉地区钢铁般的革命闯将之手！

1967.7.25

根据新华工敢死队 1967 年 9 月 7 日出版的《扬子江》杂志创刊号刊印。

---

8　武汉事件，即"七·二〇"事件。

# 新华工应当干什么？

（一九六七年八月八日）

新华工敢死队

新华工应当鼓吹杀向全国吗？

否！

"全国亿万人的心飞向武汉，亿万人的眼睛注视着武汉"。

把武汉地区的无产阶级文化大革命进行到底！是毛主席、党中央和全国人民交给我们的头等神圣任务，是对全国无产阶级革命派最好的支援。

那些在武汉将混不下去了而企图外出沽名钓誉的人，必将被历史所淘汰。

我们也决不否认有必要派出少数优秀战士奔赴更艰苦的战场，因为这可以在全国起着一个革命造反派互相鼓舞的作用。

新华工应当鼓吹革司、联司[1]吗？

否！

必须树立工总的权威。因为工总早已不是工总了，他在全国人民，全省人民心目中的地位远远超出了一个组织的范围。团结在工总大旗之下，让工人阶级中的优秀代表掌握工总的各级领导权，余（舍）此没有其他的出路。任何鼓吹革司、联司的主张在目前都是改良主义，机会主义，是对工总的拆台，必将碰得头破血流。革司、联司的狂热鼓吹者必将是对历史犯罪！

新华工目前应当成立革委会吗？

---

[1] 1967年1月，已经实现大联合的"新华工"极力倡导"贵阳棉纺厂模式"（贵阳棉纺厂大联合的组织形式是"自下而上地按部门把无产阶级革命派组织在统一的革命组织中。"），各校不同的造反组织先形成大联合，然后各校派代表参加红代会，最后由各校代表选出红代会领导人，即武汉的"革司、联司模式"。

否！

新华工目前最需要的决不是这种组织任务。

在不到全院人数 30%的情况下，在以郭××[2]为代表的右倾机会主义思潮尚未彻底批判，吸出（取）教训的情况下，勉勉强强拼凑出一个"革委会"以争得中南地区的第一名状元桂冠，岂不是天大的笑话。

那些蓄意造成某种既成现实而迫使中央批准成立的人是政治投机商，不但愚蠢，而且可耻。

这种"革委会"将不能完成他应当负起的历史使命。

或者破产，或者分裂，这是新华工"革委会"未来的命运。

新华工应当干什么？

必须努力召开"遵义会议"，迅速结束郭××右倾机会主义在新华工的统治地位，让代表正确政治路线的革命小将出来掌权！

这就是新华工的当务之急。

一九六七年八月八日

根据新华工敢死队 1967 年 9 月 7 日出版的《扬子江》杂志创刊号刊印。

---

2　郭××，指郭保安，下同。

# 敢死队当前若干重大政治观点

(一九六七年八月八日)

新华工敢死队

根据我们体会的中央精神和意图,结合钢工总自 7·20 武汉事件后在全国所处的特殊地位,我敢死队认为必须迅速树立钢工总在武汉地区的权威。在钢工总正确对待别人和自己的基础上,只要不是大的原则分歧,各革命造反派工人组织应在钢工总的大旗下联合起来。优秀的工人阶级代表应选拔到工总各级核心领导机关中担任职务,使权掌握在真正坚定的革命左派手中。这就是武汉钢铁般总部及各基层大的革命队伍所应走的武汉道路,是避免内战的行之有效的途径,一切无产阶级革命派对钢工总只能补台,不能拆台,鼓吹革司、联司道路就是对钢工总的拆台,是对工人运动的出卖,是对革命事业的叛变。

我们坚决一如既往地和一切真正的新华工抵制红司新华工司令部中以郭××为首的一条不折不扣的机会主义路线,并将继续为摧毁这条路线付出自己最大的努力。

敢死队誓死与广大革命造反派共同揪出陈再道之流的余党,坚定不移地沿着毛主席的伟大战略步骤前进。

1967·8·8

根据新华工敢死队 1967 年 9 月 7 日出版的《扬子江》杂志创刊号刊印。

# 论无产阶级文化大革命的最高形式仍然是武装夺取政权

(一九六七年八月十日)

新华工敢死队

为什么在无产阶级专政条件下，还需要进行无产阶级文化大革命，还需要进行夺权斗争呢？

因为在无产阶级专政机构内部，原来还存在着两个根本对立的司令部，一个是以毛主席为首的无产阶级司令部，一个是以中国赫鲁晓夫为首的资产阶级司令部。而这个资产阶级司令部已经篡夺了党、政、文权和军权。

毛主席《炮打司令部》的大字报一声开天辟地的巨响，立即使党内最大的一小撮走资本主义道路当权派感到他们的必然灭亡。他们从他们的反动阶级本能出发，立即动用了他们所篡夺的全部权力，进行了垂死的挣扎和反抗。

一年的无产阶级文化大革命运动，宣告我国意识形态领域阵地的统治权基本上被我们从党内最大的走资本主义道路当权派手里夺回来了。党内的资产阶级司令部在政治上的失利，必然导致他们在军事上的疯狂行动。自伟大的历史文件《通知》公开发表后，全国性的大规模武斗开始逐步升级，说明了这一点。

一旦从政治上、思想上、理论上把以中国赫鲁晓夫为总代表的党内一小撮走资本主义道路当权派批深、批透、批倒、批臭，给了资产阶级司令部以最彻底、最致命的打击，必然暴发两大司令部在军事上的行动，以军事上的冒险来弥补政治上的失败，这是中外反动派的共同点。七·二〇武汉事件，就是一个十分现实而深刻的例证。

"'战争是政治的特殊手段的继续'。政治发展到一定的阶段，再不能照旧前进，于是爆发了战争，用以扫除政治道路上的障碍。例如中国的独立地位，是日本帝国主义政治发展的障碍，日本要扫除它，所以发动了侵略战争。"[1]这是毛主席在《论持久战》中对战争的一段精辟的论述。在武汉地区的无产阶级文化大革命运动发展到今天，党内和军内一小撮走资本主义道路当权派在政治上已经完全不能对付无产阶级革命造反派的进攻，大鸣大放大字报大辩论使得他们早已一败涂地，工人总部等坚强革命造反组织的日益壮大，成为他们这一小撮反革命修正主义分子维护其篡夺的政权、军权的障碍和危险。在政治上既压不倒革命造反派，所以便组织了不穿军衣的反动军队《百万雄师》，企图以武力征服革命派。到7·20八二〇一部队中的右派军人公开参加反革命暴乱，就更能说明这一点。

林副统帅指出："笔杆子，枪杆子，夺取政权靠这两个杆子。""资产阶级搞颠复（覆）活动，也是思想领先，先把人们的思想搞乱。另一个是搞军队，抓枪杆子。文武相配合、抓舆论、又抓枪杆子，他们就能搞反革命政变。"

武汉军区中一小撮走资本主义道路当权派，所以敢于在七·二〇发动了极端狂妄到（的）反革命政变，就是因为他们掌握了一部分枪杆子，就是因为他们一套反革命修正主义主张还在一部分群众和军队战士中间有市场。

党内军内一小撮走资本主义道路当权派，由于他们的政治上的失败而在军事上百倍疯狂。

彭德怀、罗瑞卿等反革命修正主义分子，长期企图用资产阶级思想，用修正主义的《修养》来指导中国人民解放军，事实上他们也是这样做了，而且已经把极少一部分军队变成了资产阶级军队。

八二〇一中一些右派军人正是这样的队伍，在七·二〇反革命政变中他们已经疯狂到把枪杆子对准毛主席司令部的人，对准中央文革，对准毛主席、林副统帅和党中央。

革命的最高形式就提[高]到议事日程上来了。

"枪杆子里面出政权"。这个真理从某种意义上来说，在无产阶级文化大革命运动中仍有其现实意义。

---

[1] 这段语录与原文有出入，其中"再不能照旧前进"的原文是："再也不能照旧前进"；"例如中国的独立地位"的原文是："例如中国的半独立地位"。见《毛泽东选集》第2卷，人民出版社，1966年7月，第447页。

除了强大的政治攻势,如果不是大兵已经压境,形成了对武汉的包围,不是八一九九部队对八二〇一部队中一些右派军人进行缴械,武汉事件能够如此迅速而成功地解决吗?

内蒙问题的解决仍然应在很大程度上归于枪杆子的功劳。

无产阶级专政的有利条件,强大的忠于毛主席的解放军的存在,保证了我们有能力在军事上完全能够摧毁隐藏在无产阶级专政机构内的资产阶级司令部在军事上的反抗,夺取其篡夺的部分军权。

事实上,七·二〇武汉事件,已经宣告了部分地区已经越过了无产阶级专政条件下的文化大革命的范筹(畴),已经形成了所谓反革命政变的和革命的镇压关系了,枪杆子解决问题,我们就把这称作无产阶级文化大革命的最高形式吧。

政治发展到一定的时候,必然是流血的政治。战争解决问题,枪杆子夺取政权。这就是结论。

无产阶级文化大革命本身就是一场极其严重的阶级斗争。而阶级斗争的最高形式是战争。不抓枪杆子,不用革命的武装反对反革命的武装,无产阶级革命造反派就永远不能翻身。

全国性保守组织中的顽固分子已经集结,八二〇一中的混蛋们到处流窜,意味着一场较武汉事件更为严重的全国性反革命政变的到来。在强大政治攻势的配合下,对于被党内、军内一小撮反革命修正主义分子篡夺的军权,必须用武装夺过来!

反对"文攻武卫"[2],反对"枪杆子里面出政权",反对"武装夺取政权",就是和老牌修正主义者伯恩斯坦、考茨基穿一条裤子,和现代修正主义者赫鲁晓夫、多列士、陶里亚蒂、丹吉和南布迪里巴德之流唱一个腔调。

---

2 文攻武卫,1967年上半年河南造反组织受压时,"二七公社"等拟定了文攻武卫八条(文攻五条,武卫三条),其中武卫三条是,一守,二走,三出击。同年7月22日江青在接见河南代表时,对"文攻武卫"这一口号予以肯定,说:"这个口号是对的。"8月,姚文元指示说:"春桥同志和我共同表示明确态度,支持成立'文攻武卫'统一指挥部。"此后,各地纷纷成立文攻武卫组织。9月5日,江青在接见安徽造反组织代表时表示支持,9月9日中共中央办公厅发出通知,号召全国学习江青9月5日的讲话。这一口号加剧了全国武斗剧烈升级,形成"全面内战"的混乱局面。

"武装夺取政权""战争解决问题",这些已被人讽为"极左"的理论,必将被未来的历史所证明,事实上已经在开始被证实了,而且继续(被)证实下去!

让历史作结论!

1967年8月10日

根据新华工敢死队1967年9月7日出版的《扬子江》杂志创刊号刊印。

# 为了前进的回顾

## ——献给武汉的无产阶级革命派

（一九六七年八月十一日）

在历史的长河中，一年是够短促的了。

可是在这场史无前例的无产阶级文化大革命所经过的一年中，武汉的革命造反派跟着伟大的领袖毛主席经过无数次惊涛骇浪，迎接了无数次严峻考验。

三反分子陈再道硬是被造反派活活地揪了出来。

刘邓之中原已失守了。

在新的斗争之前，总结过去的经验和教训，不是无益的，回顾是为了更好地前进。

用真正的批评和自我批评，来取代无休止的"内战狂"，这将使我们团结得更牢固，那些坚持机会主义路线的人，终将为历史所淘汰。

## 一、1·26夺权[1]的大方向全然正确

"一月革命"的风暴来到了扬子江畔的英雄城——武汉。

武汉的年轻的革命阵线举行了1·26省委夺权。在省市委一小撮"走资派"及保守派面前显示了革命造反派的雄心壮志。

这次夺权的大方向是正确的。

由于阶级敌人统治基础的牢固及两面三刀的狡猾手腕，加上造反派内部的私心杂念及缺乏对敌斗争经验，又没有几个干部参加，这次夺权以失败而告终。

---

[1] 1·26夺权，1967年1月26日，武汉地区造反组织联合夺湖北省委的权，由于造反组织内部在夺权筹备委员会名额分配上存在分歧，导致夺权流产。

但是，这毕竟是革命派的一次勇敢的大胆的革命尝试。

夺权中，工总、二司部分同志以真（其）组织大而不少地方表现出山头主义，而造反较早的新华工一些同志则又常常露出风头主义。这是造反派内部早期分裂的最激烈的一次。

阶级敌人比我们更明白夺权对他们的威胁和分裂对他们的有利。

令人遗憾的是我们的同志却没有及时理解内部的分裂会给革命带来多大的损失。

## 二、从革命的二·八声明到反革命的 3·21 通告

1·26 夺权后第十三天，以工总、二司为代表的部分造反派组织在长江日报[2]上发表了二·八声明。

这个声明的最可贵的地方是：革命小将指出了武汉地区的资本主义复辟逆流，鲜明地提出无产阶级专政与资产阶级反夺权是一场生死决战。

而且二·八声明中还提到了当时革命阵营中的一些错误思潮。

这个声明不足的是打击面过宽，把工造[3]、新华工等造反派全都打成托派，把三司全都打成摘桃派，而且在某种程度上流露了山头主义的思潮。

二·八声明打中了敌人的要害，同时，也给敌人可用之处。

新华工最先也是最坚决地出来反对二·八声明。最主要的原因是对二·八声明的主流认识不足，又加上自己被打成了托派。

新湖大、新华农[4]也参加了反二·八声明的行列。

两大势力经过了一段时间的摩擦，终于，一次大规模的内战在革

---

2 长江日报，原为《武汉晚报》，该报造反组织"毛主席路线战斗兵团"夺权后于 1967 年 1 月 21 日更名为《长江日报》。后成为武汉市委机关报。

3 工造，又称"工造总司"，全称"毛泽东思想红色造反者武汉地区革命工人造反司令部"，武汉地区轻工业系统的工人造反组织，成立于 1966 年 12 月 8 日（一说 25 日）。一号勤务员是吴焱金。下设 7 个司令部，15 个兵团，计有三十万人。办公地点在汉口友益街 16 号。1967 年 4 月 8 日，"工造"邀请近十个组织筹建"新武汉"，为"工总"翻案。

4 新华农，全称"新华农东方红红卫兵司令部"，华中农学院（现华中农业大学）的造反组织，成立于 1966 年 11 月初（一说 1966 年 10 月下旬）。

命组织之间爆发了。

由于某些机会主义作劣（孽），由于许多战士对陈再道之流的认识不足，以及风头主义为代表的私心杂念作怪，新华工当时没有也不可能正确对待二·八声明，但是，也要指出，新华工内有一部分同志反对二·八声明，新华工的内部斗争就是从这时开始的。可以这样说，红司成立的第一天起，新华工早就存在着正确路线与机会主义路线的斗争。这种斗争一直继续到今天，只是由于以司令部某些人为代表的机会主义思潮占了统治地位与主导地位，致使新华工在许多重大问题上犯了错误。然而，我们要相信，符合毛泽东思想的政治路线终究会取得胜利，新华工内一定会有一天召开"遵义会议"。

"二·八声明就是好，气死托派和老保"，这句当时香花派最流行的口号之一，表明了工总、二司也没有能够很好地坚持二·八声明的大方向而卷入内战的漩涡。

两面三刀的狡猾敌人从坐山观虎斗到直接指挥一方打另一方，十天后，署名为武汉部队的二·一八声明[5]抛出了笼，这是陈再道之流第一次撕下伪装的假面具。（从这里也可以看出二·八声明如何触痛了他们）

二·一八声明的出笼，二·八声明引起的内战就发生了质变，造反派内部的辩论转为陈再道之流对革命群众的镇压。至此，以新华工为代表的毒草派开始由辩论的一方转变为被利用来镇压革命群众的一支力量。（尽管主观上不是这样想，但客观上就是如此）而以工总、二司为代表的香花派也就从辩论的另一方转变为直接受镇压的对象。

这个时期，也正是刘邓反革命阵线在毛主席领导的"一月革命"风暴之后向已夺权和将要夺权的革命造反派进行的一次反扑，全国出现了自上而下的资本主义反革命复辟，这就是二月黑风。

陈再道之流终于窥测到了时机，精心泡制的臭名昭著的所谓武汉部队 3·21 通告出笼了。从工人运动的后院的垃圾堆中收罗了工人总部的十条罪状。没几天后，开始了大逮捕，公开撕下了遮羞布。

---

5　二·一八声明，即武汉军区 1967 年 2 月 18 日发表的介入文化大革命表态性文件《严正声明》，批判"二·八声明"中的观点。

由于 3·21 公告这一残酷的精神枷锁和陈再道之流的法西斯恐怖手段，配上一些铁杆汉奸和糊涂虫老保和不自觉地被利用了的同志在一边助威叫好，以产业工人为主体的拥有四十万的工人总部活活地被宣布非法解散。大批战斗队骨干被逮捕，与工人总部始终同患难的二司也遭到了杀鸡吓猴的遭遇。（甚至有二司比工总更坏的谬论）

尽管新华工是毒草派，但是他们的阶级利益与陈再道之流毕竟是水火不容。陈再道之流在镇压了一部分革命造反派之后，又回过身对新华工等革命造反派也施行了压力，年轻的红司几乎被八二〇一的军训团所搞垮。

至此，资本主义复辟在武汉基本成功了。（然而，全国的复辟逆流被击退了，因而红旗杂志上仅仅提了一次）

### 三、难忘的杀向社会

二·一八声明之后，新华工等毒草派中有部分同志开始意识到关于二·八声明的辩论已超越了内战的范围，脑子里出现了问号。狡猾的敌人在军训团有目的的进校以后，将社会上垮台的红武兵、大专兵等扶植起来，将乱七八糟的人塞进伪抓办[6]，借口走延安中学的道路而企图搞垮红司，对新华工耍两面三刀……

大专兵之流是两头好、中间差吗？

那么多朝气蓬勃的战斗队员和二司等造反派都是牛鬼蛇神吗？

武汉军区是真的支左吗？

武汉的运动为什么这样凄凉冷落呢？

问号越来越多了！

虽然是早春，可是造反派却愈感透不过气来！

不！这里面有鬼！

红旗杂志第五期社论给革命小将指出了方向！

新湖大战士在三月十日的庆祝红旗杂志社论发表时喊出了"欢迎二司战士自发的组织起来，杀向社会"，将造反有理的大旗又一次

---

6　抓办，指湖北省抓革命促生产第一线指挥部。

打了起来!

"一切权力归农会""痞子要掌权""乌拉稀入另册"等等响亮的口号激励着我们,响彻江城。

3月底,以新华工为首的革命小将自发地冲破了阻力,杀向社会,将武汉地区无产阶级文化大革命烈火重新又点燃起来。

4月6日,新华工敢死队的"小人物"贴出了"向武汉部队支左办公室中一小撮混蛋挑战"的革命大字报,武汉三镇沉闷已久的空气一下子就炸开了。"揪出武汉地区复辟资本主义的谭氏人物!"——这是何等鲜明的革命口号!

5月11日,新华工十余名战士自发地到洪山宾馆去揪支左主任孔庆德,又一次深刻地发动了学生界的造反派。二司广大战士纷纷起来投入战斗!

4月15日,新华工敢死队、新一中、新东中一批革命小将杀回了红旗大楼——这是二·八声明前后斗争的中心地区之一。当夜,红旗大楼人山人海,新武锅[7]的战斗队员举着火炬游行示威,表现了工人阶级硬骨头何等的雄心壮志!广大造反派迅速地重新集结,一支强大的无产阶级革命队伍活跃在武汉三镇。

至此,杀向社会的局面完全打开了,越来越多的造反派认识到了不把武汉军区内一小撮"走资派"揪出来,这一批造反派全部完蛋,武汉的运动就可能会夭折。

共同的阶级利益使新华工、新湖大与二司等之间较好地团结了一个时期,"毛泽东思想红卫兵是统一的整体"这一口号就很能说明问题。

应该肯定,新华工的许多战士为杀向社会作出了独特的先锋作用。

然而,不可不看到,在这个时期内武汉造反派已有了较良好的群众基础,六渡桥[8]居民就是表率,占全市人口五分之一的战斗队员则更是有力的后盾。

---

7 武锅,即武汉锅炉厂。
8 六渡桥,位于汉口中山大道与三明路汇合的中心地带,是汉口乃至武汉全市最繁华的闹市区。

杀向社会的艰难的日日夜夜，实在是令人难忘的。

### 四、"为工总翻案！"

毛主席教导我们说："组织千千万万的民众，调动浩浩荡荡的革命大军，是今天的革命向反革命进攻的需要。"[9]

在冲破陈再道之流的种种迫害与束缚的过程中，革命的群众运动进入了更高的阶段。

四月中旬，问题愈来愈清楚，愈来愈明显地提了出来——这就是"为工总翻案"与"揪武老谭"。这是一个问题的互相有关的两个方面。

"人民靠我们去组织。中国的反动分子，靠我们组织起人民去把它（他）打倒。"[10]毛主席这个教导告诉了我们，工总翻案是问题的主导方面。

"树工总大旗，是武汉运动的关键。"这个结论，这是工总问题的现实意义。

工总问题的社会意义，在于怎样应用马列主义观点对待革命群众运动。

在这一点上，1891年马克思对于巴黎公社的态度，1905年列宁对于俄国武装的工人阶级的态度，将永远是我们的榜样，工人总部作为武汉地区无产阶级文化大革命中工人运动的代表，将比前三次大革命有着更深远的历史意义。每一个革命同志必须学习革命导师那种立场和态度。

五月十日，工人总部举行了成立半周年纪念大会，战斗队员用自己的铁拳砸烂了"3·21"这个精神枷锁。

"坚决支持新公校[11]，打倒麻子陈再道"——5月下旬，全市造反派相继支持了新公校革命小将被迫举行的绝食[12]斗争，那是一次何

---

9 引自《论反对日本帝国主义的策略》（1935年12月27日），《毛泽东选集》第1卷，人民出版社，1966年7月，第141页。
10 引自《抗日战争胜利后的时局和我们的方针》（1945年8月13日），《毛泽东选集》第4卷，人民出版社，1966年7月，第1077页。
11 新公校，"中学红联"下属的武汉市公安学校的造反组织。
12 绝食，1967年5月10日，武汉市公安学校内发生武斗，12日，武汉市公安

等深刻的社会发动啊！完全是一曲悲壮的颂歌。造反派那种"民不畏死，奈何以死惧之"的英雄气概沉重地打击了陈再道之流，为后来艰苦斗争奠定了思想基础。

这时，二司广大战士已经大量地发动起来了，二司形成了一股不可抗拒的革命力量，广大的二司战士他们自豪地在自己组织前加上了"钢"字，以表示和武老谭血战到底的决心。

"下定决心，为工总翻案，工总起来，老保完蛋"——一直与工总生死共患难的二司广大战士在新公校绝食事件中愤怒而豪迈地喊出了这一革命口号，顿时，武汉三镇就传开了。

当然，二司某些战士在为工总翻案中，难免带上私心杂念和对旧山头主义的依念，但是，他们的主流是正确的，他们把住了当时运动的关键问题。

而且，二司战士与战斗队员那种苦难同当的坚定不移的深厚阶级感情是尤其可贵的，"只要工总翻了案，死了也心甘，"二司许多中学小将的这种富于自我牺牲的精神将永远铭刻在江城人们心中。

红五月里，社会上又杀出了一个没有组织的组织——钢八司，这是在陈再道之流高压下造反派为工总翻案的一个畸形产物，早期的钢八司几乎全部都是战斗队员，他们为武汉的历史作出了特殊的贡献。在一个时期内，他们的社会地位与威风几乎可以与一月份时的工总比美。

新华工这时则搞了一个三新[13]，这是由于在二·八声明和工总这一系列原则问题上与二司闹分裂的结果。

"工人总部不是反革命组织""工人总部是群众组织"，这就是新华工叫出的多么低沉的暧昧口号。它是新华工内右倾机会主义思潮的一个最典型的暴露。

工人总部是对武老谭威胁最大也是受武老谭打击最深的革命造

---

局派江汉分局大批民警到公安学校殴打该校造反派，13日下午，该校造反派到市公安局门前绝食，全市大批造反派加入绝食队伍，在阅马场等地设立绝食分点，到17日，有36个单位、1200多人参加绝食，历时140个小时，参加声援人数达十几万人。公安学校绝食事件后，武汉"反逆流"的声势越来越大。

13 三新，即"新华工""新湖大""新华农"。

反派组织，陈再道之流该多么害怕工总起来，然而新华工的某些机会主义头头却没有意识到这些。

在工总这个问题上，是与陈再道之流作针锋相对的斗争，还是采取实际上适合陈再道之流的主张和态度，必将考验每一个革命同志。

新湖大较早地改变了态度，受到人们一致的欢迎。

新华工不仅直接地避开了对工总性质的表态，而且不切实际的大量鼓吹联司、革司、工代会，这种政治态度和主张，恰好迎合了陈再道之流的需要，后来的所谓武汉部队的"六·四公告"[14]就完全证实了这一点。

被陈再道之流誉为真正左派的康老三也支持新华工的这种态度，单凭这一点就可以看出其态度的错误。这种错误的主张和态度在客观上（说严重点）就是和康老三一道帮助陈再道当了工人运动的绊脚石。

为什么新华工会这样呢？

这并不是什么表态含糊、表态迟了一点。

也根本不是"单单在工总问题上犯了错误"。

这是有其历史根源和社会根源、思想根源的。

以造反早而自居的风头主义就是历史根源。

其社会根源是：对群众而言，主要是不能正确认识工人运动及工人总部，而且还有不少私心杂念（丢不下面子）。对领导而言，则是由于右倾机会主义占了主导地位和统治地位。

共同的思想根源是万恶的私字，这是刘邓司令部至今未彻底垮台的一种社会思想基础。

当然，工总前段没有起来的直接原因当然是陈再道之流，但是，革命阵线内部的错误思潮确也给革命事业带来了损失。这种教训是必须为每个革命派同志牢牢吸取的。

工人总部的问题深深地告诉了我们，每到革命的一个紧要时刻，革命阵营内的机会主义思潮就要出来阻止革命事业前进，他们的带有美丽词藻的论调往往迎合敌人的需要而对人民起着欺骗作用，一

---

14 六·四公告，1967年6月4日，武汉军区发布《公告》，肯定支左大方向是正确的，重申不得为"工总"翻案。

切革命的同志必须严肃地批判这种错误想（思）潮。

### 五、惊天动地的抗暴自卫斗争

革命群众运动的滚滚洪流吓破了陈再道之流的狗胆，陈再道这个杀人魔王凶神恶煞的露出了吃人的牙齿，向革命造反派开刀了。

"六·四公告"就是血腥大屠杀的白色恐怖信号弹，正如毛主席教导我们说的："在人类历史上，凡属将要灭亡的反动势力，总是要向革命势力进行最后挣扎的"。[15]

陈再道之流将"百万雄师"从头到脚武装起来，推上了武斗场。

"六·一七"[16]、居仁门中学[17]、汉轧[18]、工造总司[19]、新水运[20]……多少革命造反派倒在血泊中，多少群众无辜地牺牲。

对这种形势怎么办？

一些同志悲观失望地采取了逃避的方针，这是右倾投降思潮。

另一些同志则采取抬石，高楼设防，单纯采取了死守城池以示抵抗的方针，这是右倾冒险的军事路线。

毛主席教导又一次清醒地启发了我们：真正的铜墙铁壁是什么？是群众，是千百万真正（心）实意地拥护革命的群众。[21]

唯一正确的态度是：到工人群众中去，到革命人民中去，宣传、动员、组织起一支浩浩荡荡的革命大军，让陈再道之流淹没在人民战争的汪洋大海之中，其方针就是实行最广泛的"文攻武卫"。

在这场抗暴自卫斗争中，钢八司的战斗队员、九·一三[22]是很出

---

15 引自《第二次世界大战的转折点》（1942年10月12日），《毛泽东选集》第3卷，人民出版社，1966年7月，第840页。
16 六·一七，又称"六·一七血案"，1967年6月17日，武汉两大派群众组织在汉口六渡桥一带发生数百人大规模武斗，武斗双方均有死伤。
17 1967年6月9日，"百万雄师"围攻居仁门中学。
18 汉轧，即汉阳轧钢厂。1967年6月24日，"钢工总"与"百万雄师"在汉阳轧钢厂、武汉水运工程学院和汉口友谊街等处，连续发生大规模武斗。
19 工造总司，全称"红色造反者武汉地区工人造反总司令部"。
20 新水运，全称"钢二司武汉水运工程学院总部"，武汉水运工程学院的红卫兵组织。
21 引自《关心群众生活，注意工作方法》（1934年1月27日），《毛泽东选集》第1卷，人民出版社，1966年7月，第124页。
22 九·一三，全称"毛泽东思想九·一三战斗兵团"，成立于1966年12月12

色的，在一段时期内，"百万雄师"的一听见"九·一三来了"这句话，便闻风丧胆，逃之不得。

无名英雄新一冶[23]和工造总司，铁军[24]，也是江城人民不能忘记的硬汉子。

二司中学、中学红联[25]许多革命小将不怕牺牲威武不屈的勇敢精神将永远记在武汉的英雄史册上。

新华工这个有着独特位置的红色根据地，成了抗暴自卫的大后方。

初看起来，工人总部在这场斗争中没有多少贡献。

姑且先不谈有没有贡献，我们应该看到，被陈再道之流直接压了四个多月的工人总部连气还没喘过一口，又遭到了大规模逮捕、屠杀，狠心的敌人用残酷的手段搞散了工总的领导核心，并使其领导班子与基础组织脱了节，使得工总在整体指挥上起的作用不大。

然而，工总作了贡献没有呢？当然有！工总最大贡献就是在敌人那样屠杀下，仍然屹立在江城！敌人如此处心积虑地疯狂叫嚣"踏平工总、镇压反革命"，而工总却"人还在，心更坚"，这是对敌人的最大威胁，敌人的企图可耻地失败了。这就是工人总部在抗暴自卫中作出的伟大贡献，尤其可贵的是，许多战斗队员有组织地、自发地参加抗暴自卫第一线的英雄战斗。

在最艰难的日子里，革命造反派并没有失去斗争胜利的信念，我们一点也没有间断对敌斗争。

---

日，1967年6月下旬又称"钢九·一三"。原为武汉钢铁公司所属各厂造反组织，后发展为全市性组织，所属22个战斗兵团，成员约五万，一号勤务员是李想玉。总部设在武钢一冶招待所。取名"九·一三"是为了纪念毛泽东1958年9月13日视察武钢。

23 新一冶，全称"毛泽东思想一冶革命造反司令部"，冶金部第一冶金建筑公司的造反组织，成立于1967年3月底。

24 铁军，"工造总司"的下属组织，属半专业性的武装力量，以青年人为主，头头是熊官清。

25 中学红联，全称"武汉地区中等学校红色造反联络站"，由武汉地区六十多所中等学校学生组织参加的造反组织，人数约八万人，与"钢工总"观点一致。成立于1967年4月24日，设在华师一附中。1967年8月30日更名为"武汉地区中等学校红色造反联合指挥部"。

迎着一片"踏平工总、镇压反革命"的狂叫声,革命造反派疾呼出"工总好"来!革命工人与革命小将用血肉组成了一支阶级队伍。

就是在这样的暴风骤雨中三钢[26]形成了。

透过这黑沉沉的武汉,人们看到了黎明,革命派用自己的双手迎来了曙光。

武汉的天,终于天亮了。

江城人民永远难忘那悲壮的诗篇——抗暴自卫的日日夜夜。革命造反派的英雄业绩将永垂青史,陈再道之流则必将遗臭万年。

## 六、新华工司令部两条路线的斗争

在同陈再道及反革命保皇势力百万雄师激烈斗争的同时,红司司令部内两条路线的斗争一刻不停地激烈地进行着。这种斗争表现在一系列重大问题上都存在着看法上和做法上的原则分歧。这条错误路线就是红司内某些机会主义者(尤其是司令部的某些头头)在执行的机会主义路线,这条机会主义路线的来源,在于这些人的资产阶级个人主义,小资产阶级的动摇和革命不彻底性。他们私欲极强,而革命造反劲头却很弱。

我们可以回溯一下我们几个月来的斗争功史:

在广大新华工毛泽东思想红卫兵刚刚向湖北省委开炮的时候,这些人,他们就是畏首畏尾,怕这怕那,表现出严重右倾机会主义。

以新华工红色造反团[27]为首的坚定的无产阶级革命派,坚决地对这条机会主义路线进行了抵制、斗争。他们无私无畏,大胆泼辣,发扬了高度的革命造反精神,为武汉文化大革命建立了不朽的功勋,坚决捍卫了毛主席的革命路线。

于是乎,那些机会主义者恼羞成怒,把一系列莫须有的罪名强加在造反团的头上,大骂别人形左实右,什么搞分裂啰,个人英雄主义

---

26 三钢,即"钢工总""钢九·一三""钢二司"。"钢"即打不垮、战斗到底之意。
27 红色造反团,全称"新华工毛泽东思想红卫兵红色造反团",简称"红反团",华中工学院的红卫兵组织,武汉地区高校较早成立的红卫兵组织之一,在学生中威信较高,其头头是华中工学院四年级学生聂昌生,后与该校郭保安的造反队伍联合成立"毛泽东思想红卫兵新华工红色造反司令部"("红司")。

啰，真有欲置造反团于死地而后快之势。

这些人外战外行，内战干劲冲天，二·八声明期间，又一反常态，大搞形左实右，拉山头，搞分裂，千方百计把1·26夺权打成反革命夺权，把工总打成反革命组织，而且对持有不同意见的同志打击迫害，专横跋扈，指使一些跳梁小丑大整革命同志材料，甚至把红色造反团打成反革命组织，打成黑工总、黑二司的帮凶，"穿一条裤子"，手段何等阴毒。

这些人，他们坚持错误，一错再错，他们由于政治上的投降主义，而往往导致军事上的冒险主义，饱含改良主义色彩的夏邦银[28]事件就是一个很好的例子。他们拒不给工总平反，胡说什么工总只是个"群众组织"，当二司广大战士提出要为"工总翻案"时，他们又假惺惺地亮出"为工总平反"的幌子，从而，拒绝工总翻案。他们人为地在"平反"和"翻案"中制造一道鸿沟，妄图制造政治上的混乱。他们胡说什么"工总过不了半个月就要垮"，他们打出的是贵阳棉纺厂[29]的金字招牌，来营私舞弊。他们不管武汉形势怎么样，胡乱鼓吹他们的"联司"道路。

在揪谭斗争半途而废，所谓他们胡思乱想地把暗礁曲解为"揪谭大方向错了……（原文如此——本书编者注）照他们这样做，革命就会半途而废，革命造反派、工人阶级的利益就会（被）出卖！可幸的是，在这个时候新华工敢死队许许多多的真正要革命的同志杀出来，坚决抵制这个错误路线，堵塞了这条错误路线实行的许多渠道，使得这条机会主义路线未能得到系统的贯彻，……而使得新华工能勉强跟上历史前进的步伐！前一段新华工前进，完全是广大战士推着前进。前一段的这些历史，我们可以看到什么呢？我们可以看到在司令部内一直存在着一条以×××为首的右倾机会主义路线，这些人，他们一直存在着与这条错误路线激烈的搏斗的政治路线的斗争。错误

---

28 夏邦银，1935年1月出生，湖北新洲人。中共党员。汉阳轧钢厂工人，"工人总部"主要负责人之一，湖北省革委会常委，中共第九届、十届中央委员。1967年3月被陈再道下令逮捕，两个月后被造反派救出狱。文革后被定为"'四人帮'在湖北的黑干将"，于1976年12月再次被捕，1982年被判刑13年。1989年获释，出狱后在武钢当工人。2001年12月在武汉去世。
29 当时贵阳棉纺厂按部门大联合的经验在全国推广。

决不是偶然的，而是有它的历史根源和社会根源的，他们好事未干，败事有余，每当关键时刻，他们不是表现出可怜的右倾，便是表现可笑的左倾，他们的这一条路线，当前是红司新华工最大的危机，最危险的敌人，这条机会主义必须彻底批判，必须摧毁它的一切市场！

### 七、历史的教训

回顾，是为了前进。为了前进，又必须牢牢记住历史的教训。

一年阶级斗争事实告诉了我们：要把无产阶级文化大革命进行到底，在当前必须让革命造反派介入军队！这就是无产阶级必须牢牢掌握枪杆的最好典型之一！

一年的阶级斗争的事实告诉了我们：对陈再道之流不能抱有任何幻想，造反派在受压时要坚持斗争，造反派在得势时更要坚持斗争！任何松劲麻痹思想都是对敌人的宽大，对人民的叛卖！

一年的阶级斗争的事实告诉了我们：在任何革命事业中革命阵营内部，总是存在着两条路线，两种思潮的斗争，革命阵营内部形形色色的机会主义思潮是很危险的。它比敌人在某种程度上具有更大的欺骗性。如果让这种思潮得势，会给革命事业带来巨大的损失，一切革命的同志必须坚决、彻底、无情地批判机会主义思潮！那些坚持不懈地与机会主义路线作斗争的革命同志终将取得完全地胜利。

一年的阶级斗争事实告诉了我们：武汉必须走武汉的道路！必须把"工总好"作为武汉，乃至全国运动的一种代表，对工总只能补台，绝不能拆台。那些从改良主义出发鼓吹革司、联司的人必将四处碰壁！

1967.8.11

根据新华工敢死队1967年9月7日出版的《扬子江》杂志创刊号刊印。

# 论武汉工运道路

(《扬子江》版)
(一九六七年八月十五日)

新华工敢死队

走北京道路,还是走上海道路,这是人们普遍(关心)的问题。

根据我们过去的全部历史,从七·二〇武汉事件之后武汉在全国的地位,摆在我们面前的只有一条道路——武汉道路,这是不同于北京道路也不同于上海道路的我们自己的道路。

树工总,使之成为左右武汉运动的权威,将各革命造反组织中的优秀工人阶级代表选拔到工总各级领导,形成以左派为核心的革命大联合,这就是我们的道路。

"树工总大旗,是武汉运动的关键。"这个曾经被人讥为"极左"的理论,已为铁的事实所证实。正如毛主席所说:"万恶的殖民主义、帝国主义制度是随着奴役和贩卖黑人而兴盛起来的,它也必将随着黑色人种的彻底解放而告终。"[2] 同样,武汉地区的资本主义复辟是随着残酷镇压工人总部而完成的,它也正是随着工人总部的彻底翻案而完蛋。

马克思主义要求我们对每个历史关头的阶级对比关系和具体特点,做出经得起客观检验的最确切的分析,我们从武汉工人运动,乃致(至)全国工人运动的角度出发,对工人总部的地位进行了详尽的分析,得出今天必须立工总权威的结论。

恩格斯在他的《论权威》一文中很好地阐述了权威在革命中的

---

1 这篇文章是鲁礼安撰写、以"红司(新华工)敢死队"名义发表的,最早发表于 1967 年 8 月 18 日《长江日报》第 4 版,一个月后发表于新华工敢死队 9 月 7 日出版的《扬子江》杂志创刊号。这两个版本在文字上略有不同。
2 引自《支持美国黑人反对种族歧视的斗争的声明》(1963 年 8 月 8 日),1963 年 8 月 9 日《人民日报》。

巨大作用。

无论是北京的工代会，还是上海的工总司，都具有其权威性。

在革命群众中间有了权威才能指挥得动，调动得来，才能有效地迎接全国性反革命统一战线的猖狂进攻。

不管是在北京、上海还是武汉本身，没有任何一个组织曾经遭受过武汉地区工人总部那样巨大的苦难。党内、军内一小撮走资本主义道路的当权派企图将她扼杀，反革命的海洋的浪涛在她旁边呼啸，"2·18""3·21"到"6·4"公告，象一道枷锁卡在广大战斗队员脖子上，解散组织，逮捕领导，陈再道必欲置其死地而后快。然而，工人总部战旗毕竟没有倒下，他们高呼出："工总好！"勇敢地喊出"工总翻案、武老谭完蛋！"他们揩干了身上的血迹，掩埋同志的尸体，他们又继续战斗了。

这就是工人总部，这就是今日之钢工总。

聚集了大量产业工人的战斗队员并不比其他人更熟悉革命历史，这些普通的工人经历的是他们从未经历过的空前伟大的革命。但是他们却负有破坏旧制度和建立新制度的使命。陈再道之流看到了这一点，看到了工人总部的兴起和强大将导致其最后的灭亡。从这一点出发，陈再道集中了全部反革命精力镇压工人总部，而工人总部必将以十倍的顽强进行反抗。这就是问题的焦点和实质，这就是工人总部的问题决不仅仅限于一个组织，而是联系到武汉地区整个工人运动的原因。也就是我们为什么在过去要为工总彻底翻案而今天要大树特树工总权威的原因。

"压迫愈深，反抗（动）愈大，蓄之已（既）久，其发必速。"[3]经受了空前压迫的工人战斗队必然有空前的反抗，长期堆积下来的愤怒的火焰正在形成火山般的爆发，人们从工总苦难的过去看到了武汉革命造反派的过去，人们也从工总的翻案、兴起和强大而看到了武汉工人造反派的今天。

可以这样说，工人总部是武汉地区无产阶级文化大革命运动的一面镜子。

---

3　引自《民众的大联合》（三）（1919年8月4日），《战无不胜的毛泽东思想万岁》第1册，新湖大革命造反临时委员会宣传部，1967年8月，第6页。

那么，如果一些人仍然将工人总部狭隘地理解为一个单纯的组织关系，而不能将他们的痛苦看作自己的痛苦，将他们的反抗看作自己的反抗，将他们的胜利看作自己的胜利，将他们的将来看作自己的将来，他就大错特错了，他不是十足的庸人，便是政治上的近视。

明白了这些，我们就知道为什么对工总只能补台，不能拆台，为什么要大树特树工总的权威了。必须把工总看作我们每个革命造反派的工总，看作武汉革命人民的工总，看作全国人民的工总，急其所急，想其所想，而决不能在革司、联司的幌子下大拆其墙角[脚]，谁这样作，就是对工人运动的叛卖。

分散的，多个组织的并存，不利于工人运动中权威的集中。各个组织在一些非原则问题上的争论，往往会成为点燃内战的星火。而权威不能集中，就是意味着无法组织浩浩荡荡的铁军般整齐的阶级队伍的，就是意味着无法有效地粉碎全国性反革命统一阵线的进攻，就是意味着断送革命，但是如果武汉地区唯一存在的是钢工总权威性组织，那请想一想，武汉工人运动将是怎样一个惊人的局面吧。

有人担心，工总权威的树立，会将其他组织的优秀工人阶级代表排斥于领导机构之外。

这是多余的烦恼。在钢工总正确对待自己和对待别人的基础上，完全可以将各组织中的杰出的领导同志推选到工总的各领导岗位上，掌握革命的政权。工总中某些人或许会有"唯我独尊"的错误思想，但这是完全可以在毛泽东思想的光焰照耀下得到克服的。对于那些一意排斥其他优秀同志掌权的小团体主义者，工人总部广大战斗队员是会把他们抛弃到阶级队伍以外的，历史决不会容忍这些阻拦她前进的先生。

革司、联司的狂热鼓吹者，在过去破坏了工人总部的树旗和翻案，在今天则破坏了树立工人总部的权威。无数的事实曾经说明了，无视客观的条件具体的地点、时间，而被某些时髦的空想家所鼓吹的按单位、按系统所结成的一块一块的联司、革司，在全市反革命阵线面前是无能为力的。今后的事实还将说明，这种革司、联司的形式更无法抵挡全国性反革命统一阵线的反扑。那些不肯接受历史教训的人，必将在现实面前碰得头破血流。

武汉地区工人总部集中了武汉地区工人阶级的中坚力量，聚集了优秀的工人造反大军。武汉地区的革命工人集合于工总之下，就是形成钢铁般坚强的革命阵营，就是树立武汉地区革命造反派的权威，铸成毁灭反动势力的铁拳。

　　无产阶级革命派在毛泽东思想的伟大旗帜下联合起来，为树立工总权威而努力奋斗。我们坚信以钢工总为核心的革命营垒能够承担起历史所赋予他们的伟大任务——将无产阶级文化大革命进行到底。让党内军内一小撮走资本主义道路的当权派及其顽固保守势力在他们面前发抖去吧，在资产阶级司令部土崩瓦解的背景上，正在展开革命人民翻天复（覆）地的英勇斗争。无论流血和牺牲怎样惨重，决战的胜利都把握在我们的手中，把握在以钢工总为核心的革命造反派手中。

1967 年 8 月 15 日

　　根据新华工敢死队 1967 年 9 月 7 日出版的《扬子江》杂志创刊号刊印。

# 论武汉工运道路

(《长江日报》版)
(一九六七年八月十八日)

红司(新华工)敢死队

　　武汉的工人运动走什么道路,这是人们普遍关心的问题。
　　回顾武汉文化大革命的全部历史,特别是"七·二〇"事件之后,摆在我们面前的只有一条道路——毛泽东思想的道路。
　　树工总大旗,使之成为领导武汉工人运动的权威,将各革命造反组织中的优秀工人阶级代表选拔到工总各级领导,形成以左派为核心的革命大联合,这就是我们的道路。
　　"树工总大旗,是武汉运动的关键。"这个曾经被人讥为"极左"的理论,已为铁的事实证明它是正确的。正如毛主席所说:"……万恶的殖民主义、帝国主义制度是随着奴役和贩卖黑人而兴盛起来的,它也必将随着黑色人种的彻底解放而告终。"武汉地区的资本主义复辟是随着残酷镇压工人总部而完成的,它也正是随着工人总部的彻底翻案而告蛋。
　　马克思主义要求我们对每个历史关头的阶级对比关系和具体特点,做出经得起客观检验的最确切的分析。我们从武汉工人运动的实际出发,对工人总部的地位进行了详尽的分析,得出今天必须"立工总权威"的结论。
　　全国的许多革命组织,都具有其权威性。
　　在革命群众中间,有了权威性组织,才能指挥得动,调动得来,才能有效地,有领导、有步骤地开展革命斗争,夺取斗争胜利。
　　不管是在北京、上海还是武汉,曾经遭受过武汉地区工人总部那样巨大的打击和压制的革命组织是很少的。党内、军内一小撮走资本主义道路当权派企图将她扼杀,反革命的逆流向她拼命冲击,从"二·一八""三·二一"到"六·四"公告,象一道道枷锁卡在广大战斗队员脖子上。解散组织,逮捕领导,陈再道必欲置工总于死地而后快。然而,工人总部战旗毕竟没有倒下,他们高呼出"工总翻案,陈再道完蛋!"他们揩干净身上的血迹,掩埋好同志的尸体,又继续战斗了。

这就是工人总部,这就是今日之钢工总。

聚集了大量产业工人的战斗队员,负有破坏旧制度和建立新制度的使命,成为革命运动的中流砥柱。陈再道之流看到了这一点,看到了工人总部的兴起和强大将导致王陈[1]死党最后的灭亡。从这一点出发,陈再道集中了全部反革命力量镇压工人总部,而工人总部也以十倍的顽强进行反抗。这就是问题的焦点和实质,这就是,工人总部的问题决不仅仅限于组织,而是关系到武汉地区整个工人运动的重大问题。

压迫愈深,反抗愈大;受压迫最深,革命最彻底。这也就是我们为什么在过去要为工总彻底翻案而今天要大树特树工总权威的原因。

那么,如果一些人仍然将工人总部狭隘地理解为只是一个组织的问题,而不能将他们的痛苦看作自己的痛苦,将他们的反抗看作自己的反抗,将他们的胜利看作自己的胜利,将他们的将来看作自己的将来,他就大错特错了。他不是十足的庸人,便是一个政治上的近视。

明白了这些,我们就知道为什么对工总只能补台,不能拆台,为什么要大树特树工总的权威了。必须把工总看作我们每个革命造反派的工总,看作武汉革命人民的工总,看作全国革命人民的工总,急其所急,想其所想,而决不能在某些幌子下大挖工总的墙脚。谁这样作,就是对工人运动的叛卖。

分散的、多个组织的并存,不利于工人运动中权威的集中。各个组织在一些非原则问题上的争论,往往会成为点燃内战的星火。而权威的不能集中,就是意味着无法组织成浩浩荡荡的整齐的阶级队伍,就是意味着无法有效地粉碎资产阶级司令部,就是意味着断送革命。

---

[1] 王陈,指王任重、陈再道。

但是，如果武汉地区唯一存在的是钢工总这个权威性组织，那请想一想武汉工人运动将是怎样一个可喜的惊人的局面吧！

有人担心工总权威的树立，会将其他革命组织的优秀工人阶级代表排斥于领导机构之外。

这是多余的烦恼。在钢工总正确对待自己和对待别人的基础上，完全可以将各组织中的杰出领导同志推选到工总的各级领导岗位上，掌握革命的政权。这是符合以左派为核心掌权的原则的。工总中某些人或许会有"唯我独尊"的错误思想，但这是完全可以在毛泽东思想的光辉照耀下得到克服的。对于那些一意排斥其他优秀同志掌权的小团体主义者，工人总部广大战斗队员是会加以纠正，必定能够纠正的，历史决不会容忍这些阻拦工人运动前进的绊脚石。

武汉地区工人总部集中了武汉地区工人阶级的中坚力量，聚集了优秀的工人造反大军。武汉没有任何一个组织能够取代她的地位。树工总权威，就是最广泛地将武汉地区的革命工人集合于工总大旗之下，就是形成钢铁般坚强的革命阵营，就是树立武汉地区革命造反派的权威，铸成毁灭反动势力的铁拳。

无产阶级革命派在毛泽东思想的伟大旗帜下联合起来，为树立工总权威而努力奋斗。我们坚信以钢工总为核心的革命营垒能够承担起历史所赋予他们的伟大任务——将无产阶级文化大革命进行到底。让党内军内一小撮走资本主义道路当权派以及顽固保守势力在我们面前发抖吧！在资产阶级司令部土崩瓦解的大好形势下，正在展开革命人民翻天覆地的英勇斗争。无论流血和牺牲怎样惨重，决战的胜利都把握在我们的手中，把握在以钢工总为核心的革命造反派手中。

根据 1967 年 8 月 18 日出版的《长江日报》刊印。

# 从陈再道的垮台谈起
## ——再致武汉部队全体指战员

（一九六七年八月十八日）

武汉地区的一个"庞然大物"，几十年来谁也不敢触犯的前武汉部队司令员陈再道这次硬是被革命小将活活的揪出来了，还遭到了举国上下的一致谴责和声讨。

这就是既成的现实。

曾几何时，许多人们还在拚命叫喊：

"陈司令员是毛主席司令部的人！"

"陈司令员好！"

"保陈再道就是保定了！"

"你们攻击中国人民解放军没有好下场！"

"你们揪得出来么？要是你们揪得出来，老子就不干了！"

（甚至有人还辟谣似的媚叫"陈再道没有麻子！"）

……

可是，铁的事实在这里，陈再道就是要打倒！

陈再道的垮台，告诉了我们：军内就是有派，就是有两条路线的斗争。穿黄军装的并不全体都是好人。在我们时代，企图复辟资本主义的敌人懂得自己要有合法的地位，红色的外衣，要伪装起来。虽则这只是一小撮人，但是若不注意，就会出大乱子。那些认为入了党，掌了军权的上了红色保险箱的人，往往会被敌人利用而最不保险。7·20反叛事件就是最典型的例子。

陈再道的垮台，告诉了我们：历史的辩证法是无情的。革命造反派经过艰难曲折的斗争，终将彻底战胜资产阶级及其在军内外的代理人，那些打击、伤害革命小将的人，那些坚持与革命小将为敌的人，他们企图扼杀革命的新生力量，阻止历史车轮的前进，是决没有好下场的。到头来，只落得几声凄厉，几声抽泣。

陈再道的垮台，告诉了我们：无产阶级的敌人在历史转变的关键时刻，总要跳出来演几出丑剧，这是不以人的意志为转移的，他们错看形势还自以为得计，他们总是过高地估计自己，过低的估计人民，可见，搬起石头砸自己的脚，在他们的丑剧进入最高潮时刻，也就是他们垮台的转折点，不管他们是些什么大人物，革命的小人物必将一次又一次地把他们从历史舞台上赶下来。

　　从陈再道垮台的事件中，我军指战员有必要检查一下自己的立场和态度。

　　在这场史无前例的无产阶级文化大革命中，我究竟站在哪条路线上！我为毛主席革命路线贡献了多少力量？是什么原因，阻碍了我们一些同志对毛主席革命路线的理解。

　　一年前，党内"走资派"企图用党纪国法来束缚革命群众，但是他们可耻地失败了，那些军内"走资派"也企图用军纪来威胁革命指战员，但他们也失败了。当然，仍然有部分人自觉或不自觉的上了当。

　　什么是党纪、军纪？忠于毛主席是最大的党纪，保卫毛主席是最大的军纪。

　　那些被军内"走资派"恶意打成"反革命"的指战员，是忠于毛主席的光荣战士。

　　那些从虎口中救出王力同志的指战员，是保卫毛主席的优秀战士。

　　反过来，直到现在还念念不忘保陈再道的人，不能说他是忠于毛主席；主动参加了7·20反叛事件，殴打王力同志的，不能说他是保卫毛主席。

　　脱离了路线斗争去谈党纪、军纪，只会自觉或不自觉的变成刘氏黑修养的牺牲品，试验物。

　　陈再道的垮台，雄辩地说明：无产阶级必须牢牢掌握枪杆子。

　　问题在于，枪杆子全部掌握在无产阶级手中吗？

　　当然，从长远的、全面的观点来看，枪杆子是掌握在无产阶级手中的。

但是，在某个时期，某个部分上来说，被敌人篡军的情况是存在的。陈再道在武汉制造的72小时匈牙利事件充分说明了这一点。

应当看到在某些地区、某些部队中，敌人从思想、组织、行动上篡了军权的情况还是较严重的，这是他们在中国复辟资本主义的主要组成部分之一。武汉的历史生动地说明，谁有枪杆子，谁就坐江山。

当前，在全国起来的对党内军内最大的一小撮走资派的大批判运动就是要使[把]被篡夺了的军权再夺回来，并且牢牢地掌握在无产阶级手中，在军内树立毛泽东思想的绝对威信。

是揭发陈再道之流的时候了！

是控诉陈再道的时候了，是与陈再道之流划清界限作殊死斗争的时候了！

是为人民立新功的时候了！

是忠于毛主席、保卫毛主席作出新贡献的时候了！

我们热切希望、完全相信广大指战员决不会辜负党和毛主席的期望，决不会辜负全省人民的期望的！

我们将与广大指战员团结在一起、战斗在一起、胜利在一起！

革命小将永远热爱忠于毛主席的解放军！为了毛主席，冲啊！

1967.8.18

根据新华工敢死队1967年9月7日出版的《扬子江》杂志创刊号刊印。

# 联合，还是分裂？
## ——一评"新武汉"[1]

（一九六七年八月二十六日）

新华工敢死队

"新武汉"的出现在武汉地区引起了极大的反响，伴随着它的出现在武汉市掀起了一场激烈的辩论。

"新武汉"在革命派内部究竟是促进联合，还是制造分裂？工人总部是不是首先分裂了革命派？究竟谁是真正的分裂主义者？这些问题常常成为街头巷尾人们争论的中心。

列宁说："**机会主义者就其最无耻地违背大多数工人意志来说，恰恰就是分裂主义。**"在这里，列宁给分裂主义者下了一个最确切的定义：危害无产阶级根本利益的机会主义者，就是最大的分裂主义者。

机会主义者违背马克思列宁主义毛泽东思想，危害无产阶级的根本利益，破坏无产阶级团结的基础，在根本路线和根本方针上首先和无产阶级革命派制造了分裂。

机会主义者在革命处于低潮时屈服于阶级敌人的反革命两手、迎合阶级敌人的需要，在革命队伍内部散布改良主义，实行阶级投降；当革命处于高潮时，机会主义者为了满足其个人野心，不惜利用

---

[1] 新武汉，全称"新武汉无产阶级革命派联合总司令部"，为夺取武汉市革委会的大权成立的一个群众组织联合体，由"工总""钢九·一三""工造总司""新一冶""长办联司"等57个组织组成。1967年4月8日在"新湖大"召开第一次筹备会议，4月中旬召开第二次筹备会议，5月16日在汉口体育馆正式成立。"新武汉"的主要任务是为"工总"翻案。"七·二〇"事件后，新派抵制"钢工总"主张的"加入钢工总，实现大联合"，中央首长点名批评"新武汉"后，"工总""钢九·一三"退出"新武汉"，"新武汉"随即流产。后又成立"新武汉"的翻版"新湖北捍三红指挥部"（简称"新湖北"）。

种种卑鄙手段在革命派内部拉山头,搞宗派,向真正的无产阶级革命派争夺领导权,分裂革命队伍。

机会主义和修正主义就是分裂主义的政治根源和思想根源,而分裂主义则是机会主义、修正主义在组织路线上的表现。因此可以说,机会主义、修正主义就是分裂主义。

那么,究竟谁是机会主义呢?是工人总部吗?不。几个月来,许多事实充分证明了以"新华工"个别头头为首的某些人在整个反逆流斗争中贯彻执行了一条机会主义、改良主义路线。目前出笼的"新武汉"就是这批人贯彻执行这条机会主义、改良主义路线的必然产物。

就在为工总翻案的群众运动在全市蓬勃掀起的时候,就是这批人,因为他们头脑中追名求利等私心杂念作祟,也因为陈再道对革命派大施高压政策和收买政策,所以,他们四处散布"工总不宜恢复""战斗队员应成立其他组织或参加其他组织起来革命""工总的领导班子要换"等等谬论,对抗和削弱当时为工总翻案的热潮。在实际行动中,这批人也自觉或不自觉地不让工人总部恢复组织,恢复战斗力。一方面,他们大树特树"工造""八·一七""新一冶"等组织的威信,并为"八·一七""二·一三"等组织退出工人总部另立山头的分裂行动大声叫好,而且,他们一直操纵"工造"等组织与工人总部争夺文化大革命的领导权。例如在"联合指挥部"成立时,他们竭力主张"工造"当领导,而当绝大多数造反派一致决定让工人总部当领导时,他们竟不承认"联合指挥部"!在"六·一"大会上,他们坚决不同意朱洪霞同志担任名誉主席,一再不让坚决彻底为工总翻案的北航红旗代表发言。为此,他们公然与二司等造反派大动干戈;在另一方面,这批人又大力地鼓吹和扶植起许许多多的革司、联司,把广大战斗队员拆得七另(零)八落,使工人总部面对陈再道的血腥镇压根本无法组织起自己的力量进行反击,当然也更谈不上使工人总部迅速地翻案,重新真正地屹立在江城。陈再道之流在"六·四"公告里说:工总不能平反,但"支持战斗队员成立其他组织起来革命"。

这实际上也就给这批人所经营的革、联司以合法地位。随着革司、联司在陈再道眼底下日益兴旺繁荣,这批人也就愈来愈得到陈再道的青睐与尝（赏）识。毛主席说："**降低党的立场，模糊党的面目，牺牲工农利益去适合资产改良主义的要求，将必然引导革命趋入失败**"。这就是对于改良主义者最严厉的谴责！

"新武汉"里的一些人说："制造分裂的不是我们，而是工总。因为工总原来是'新武汉'的头头，但后来它不辞而别"。不，同志，你们在这里仅仅摆出了一个表面的事实。是的，工人总部原来是参加了"新武汉"，还担任了领导。但是必须指出的是：当时工人总部并没有领导权。领导权实际上掌握在某些机会主义者手里。当时的"新武汉"是一种资产阶级议会性质的机构。各组织选派的代表人数相同权力相等，没有一个左派核心，并由投票来决定政策方针，实质上也就是用小山头来包围大山头。即使工人总部的意见完全正确，但一开动投票机器，工人总部的正确意见就会因少数服从多数而被否决。实际上，工人总部的领导地位就是徒有虚名。工人总部在"新武汉"里就成了某些机会主义者来掩饰其个人野心的一块招牌，而"新武汉"也就是个不折不扣的被抽去了左派权威的机会主义大杂烩。在这种情况下，工人总部退出"新武汉"，这是百分之百的革命行动！对于机会主义，不仅需要分裂，而且需要果敢彻底的决裂！尽管当时工人总部还来不及从理论上批驳这种机会主义思潮，但正如列宁所说："**工人阶极的革命本能不愿错误理论为自己开拓着道路**"。工人总部凭着自己的革命本能，抛开那些企图左右工人运动的小资产阶级革命家贩卖的漂亮词藻和错误理论，毅然决然地抛开了"新武汉"，这是多么可贵的革命行动！这不仅不是分裂革命派，而且是真正地捍卫了无产阶级革命派大联合的基础，是真正地维护了无产阶级派大团结的根本原则。

还有那么一些道貌岸然的人们说："我们支持'新武汉'是为了反独裁，反吞并"。的确，分裂主义者往往把自己打扮成貌似公正的正人君子，助弱为强的"绿林好汉"。但是，这种伪善的假面具是骗不了人的。稍微动脑筋，我们就不难看出这些人到底要在"反独裁，反吞并"的旗帜下干些什么。他们果真是为了让"真正的左派掌权"么？他们果真是要"树立毛泽东思想的绝对权威"么？不！看看他们的标语："加入新武汉，实现大联合"。"新武汉是大联合的产物，是武汉工运的希望"等等,我们就可以看出:他们之所以反对以工总为核心的大联合,是为了实现以"新武汉"为核心的大联合,他们之所以叫嚷"要真正的左派掌权",是他们要争夺领导权;他们之所以要"树立毛泽东思想的绝对权威",是为了否定工人总部这个革命的权威,树立"新武汉"和自己的权威。司马昭之心,路人皆知。这些,他们何必隐瞒呢?独裁和吞并是针对真正的革命派而言的。如果机会主义者想方设法要把所有的革命派纳入他的山头之下,那么,独裁和吞并的罪名应当扣到他的头上。因为这样必将断送革命派,断送革命事业。如果真正的革命派为着无产阶级的根本利益采取最果决最有效的方法把所有的革命派团结在他的旗帜之下,那么,这不仅不是独裁和吞并,而且是真正维护革命派利益的最大联合,是捍卫革命派根本原则的最大团结!

　　长江波涛,汹涌澎湃,历史洪流,滚滚向前。背叛无产阶级的机会主义者必将在日益蓬勃的群众斗争中逐渐暴露出他分裂革命队伍的嘴脸。历史将无情地证实"新武汉"中的某些头头及幕后支持者就是危害革命派根本利益的改良主义者,就是背叛革命的分裂派!

武汉新华工敢死队<br>八月二十六日

　　根据 1967 年 9 月 5 日钢工总武昌印刷厂《东方红》战团、武汉新华工敢死队联合主办的《激扬文字》创刊号刊印。

# 论"新武汉"的阶级实质
## ——二评"新武汉"

(一九六七年八月二十日)

新华工敢死队

八月十七日,"新武汉"举行誓师大会,以武汉地区无产阶级革命派大联合的名义,作为一种权力机构,正式出现在武汉市。

一些人说:"新武汉"就是武汉地区无产阶级革命派大联合的产物,是武汉工人运动的必由之路。他们为之欢呼,为之叫好。

我们说:否。

"新武汉"根本不是革命派的大联合,而恰恰是导致革命派毁灭的大分裂;它根本不是什么工运的必由之路,而恰恰是企图把无产阶级的革命运动纳入小资产阶级轨道而使工运失败的一条邪道。

"新武汉"的出现决不是偶然的。它是武汉地区文化大革命以来一直存在的右倾机会主义思潮的一次集中表现,它集中地反映了小资产阶级的要求,代表了这个阶级的利益。"新武汉"在政治路线上表现为机会主义,在组织路线上表现为宗派主义。而它所鼓吹的革司、联司则最完美地体现了这种政治路线和组织路线。

"新武汉"的出现也反映了机会主义在工人运动内部的影响,反映了革命派身上的各种个人主义、小团体主义等非无产阶级思想。

"新武汉"的要害,是小资产阶级向无产阶级争夺文化大革命运动的领导权,企图把无产阶级的革命运动纳入小资产阶级的轨道。

在无产阶级同小资产阶级的联合中,必须尖锐地提出谁领导谁的问题,必须坚决反对阶级投降主义。是小资产阶级领导无产阶级呢?还是无产阶级领导小资产阶级呢?这个领导权的问题,乃是运动成败的关键。

马克思列宁主义毛泽东思想告诉我们：工业无产阶级是我们革命的领导力量，而小资产阶级则是被领导力量，当然也是一支革命取得胜利的必不可少的力量。

工人总部这个集中了最广泛的革命产业工人和大量优秀工人领袖的革命造反派组织，这个最早从白色恐怖中冲杀出来并坚定地挺立在白色恐怖中的革命造反派组织，生活本身从许多幼芽中选中了这株最茁壮最富有生命力的幼芽。无论是过去还是现在，事实最生动地说明，她已不是一个普通的革命群众组织了，她已成为武汉地区无产阶级革命派的代名词，她代表了武汉无产阶级革命派的利益，代表了武汉无产阶级革命派的命运。这是不以人们意志为转移的客观存在，它决不因为对工总的捧场和对工总的诽谤而有所改变。不管人们是怎样的愿意或是怎样的不愿意，工人总部都是大联合的核心。否认工人总部是大联合的左派核心，取消工人总部在大联合中的领导地位，大联合就失去了它的全部意义。

武汉的学生运动，尤其是以"三新"为代表的学生运动，在很大程度上带有浓厚的小资产阶级色彩。以"新华工"某些负责人为代表的一些同志，由于长期没有和工农相结合，没有在群众斗争中努力改造自己，世界观还没有根本转变过来，所以他们并没有脱离小资产阶级革命家的范畴。在无产阶级文化大革命中，他们也可以干出一些成绩，作出一些贡献，但他们的小资产阶级尾巴仍然常常显露出来，而给运动带来损失。这些尚未转到无产阶级方面来的小资产阶级革命家们，一直在自觉或不自觉地和无产阶级争夺文化革命的领导权，企图使学生运动左右工人运动，实质上也就是使小资产阶级领导工人运动，从而把无产阶级的革命运动纳入小资产阶级的轨道，而把无产阶级文化大革命引入歧途。

当前"新武汉"的出笼，就是这种小资产阶级思潮的一次集中的顽强表现。而围绕"新武汉"问题展开的大论战，实质上就是无产阶级和小资产阶级之间关于文化革命运动的领导权的一场尖锐的斗争，这是一场极其严肃的政治斗争。

这一场以工人总部为代表的无产阶级革命派和以"三新"某些同志为代表的小资产阶级思潮之间的斗争是通过工人队伍中工总和

"新武汉"中的一些组织之间的斗争体现出来的。

"新武汉"里的某些组织例如"工造总司"和一些革司、联司之所以成了小资产阶级思潮在工人队伍中的代言人,是由这些组织本身的情况所决定了的。

就一般情况来说,无产阶级,特别是工业无产阶级,并不是工造总司里的主要力量,而以半无产阶级居多。这就使得小资产阶级的思想容易得到泛滥。尤其是这个组织不是从白色恐怖中冲杀出来的,其中的成员又有不少是从职工联合会中出来而又未真正站到无产阶级革命路线上来的,这就决定了这个组织的政治路线必然带上机会主义的色彩。

至于大部分工厂的革司、联司,应当看作是以"三新"某些同志为代表的右倾机会主义思潮影响和干预工人运动的结果,是一种基本被纳入了小资产阶级轨道的工人运动。

正是这些原因,工造总司等组织很出色地扮演了小资产阶级在工人运动中的代言人的角色。

以"三新"某些同志为代表的右倾机会主义思潮,通过工人队伍中的"工造总司"等组织拼凑"新武汉"来夺取文化革命运动的领导权,这就是"新武汉"问题的全部实质,这就是任何人也掩盖不了的"新武汉"问题的全部阶级实质。

毛主席说:"必须善于把我们队伍中的小资产阶级思想引导到无产阶级革命的轨道,这是无产阶级文化大革命取得胜利的一个关键问题。"[1]

在这场严肃的政治斗争中,工人总部应该采取什么立场呢?

我们坚定不移地认为,工人总部应该为着自己整个阶级的利益,而不是为着自己工人总部的私利,当仁不让地走上领导岗位,勇敢地担起领导文化革命运动的重担,把我们队伍中的小资产阶级思想引导到无产阶级革命的轨道。

在当前小资产阶级同无产阶级争夺领导权的关键时刻,工人总部提出"以我为核心"的口号是完全正确的,它表现了产业无产阶级

---

[1] 转引自1967年6月25日《人民日报》编者按。

要获得全世界的伟大气魄和最大公无私的精神。

我们必须高举革命的批判大旗,彻底地批判我们队伍的中形形色色的机会主义思潮,使武汉的文化大革命沿着毛泽东思想的阳光大道胜利前进。

武汉新华工敢死队<br>八月二十日

根据 1967 年 9 月 5 日钢工总武昌印刷厂《东方红》战团、武汉新华工敢死队联合主办的《激扬文字》创刊号刊印。

# 新华工敢死队、红色造反团代表发言

（一九六七年八月二十八日）

新湖大红八月公社的战友们，革命的同志们：

首先，敬祝我们心中最红最红的红太阳，我们敬爱的伟大领袖毛主席万寿无疆！万寿无疆！敬祝毛主席的亲密战友林副主席身体健康，永远健康！

新湖大红八月公社的成立是毛泽东思想的伟大胜利！红八月公社的广大战友们，你们过去不愧为无产阶级文化大革命的先锋，不愧为抗暴反潮流的勇士，不愧为揪军内的一撮走资本主义道路当权派的闯将。如今，你们又是革命大联合的模范。我新华工红反团、新华工敢死队向你们学习！向你们致敬！

在今天这个庄严的大会上，我代表新华工红反团，新华工敢死队全体战士，对新湖大红八月公社的成立，表示最热烈的祝贺！向新湖大红八月公社的全体战士致以无产阶级文化大革命的崇高的战斗敬礼！在伟大领袖毛主席和他的亲密战友林副统帅的亲切关怀下，在党中央、国务院、中央军委、中央文革和全国无产阶级革命派的大支持下，武汉地区的无产阶级革命派粉碎了一小撮走资本主义道路的当权派的疯狂反扑，用鲜血和生命保卫了毛主席的无产阶级革命路线，取得了文化大革命的伟大胜利！

但是，我们决不能忘记这个胜利是怎样得来的，决不能辜负党中央毛主席、林副主席和全国无产阶级革命派对我们的希望。毛主席为我们撑腰，我们要为毛主席争气！我们新华工红反团，敢死队同我们的亲密战友——新湖大红八月公社一起誓做江城英雄人民的小学生，誓为革命大联合立新功！

---

1 这是新华工敢死队、红色造反团代表在 1967 年 8 月 28 日庆祝"新湖大红八月造反队"（简称"新湖大红八月"）诞生一周年暨"新湖大红八月公社"成立大会上的发言。

武汉地区必须树立工总大旗，立工总权威，这是革命事业的需要，是毛主席的革命路线对我们最严格的要求。将各革命组织中优秀的工人阶级的代表，选拔到工总的各级领导岗位，形成以左派为核心的大联合，继而形成产业工人队伍钢工总为核心的最广泛的大联合，这是武汉的工运道路，是历史赋予我们的使命！

　　我们重申，"新武汉"是分裂主义的产物，"新武汉"的成立有其历史根源，可以追随（溯）到1·26夺权前后的历史。我们认为，无论是对于"钢工总"中，还是对于其他革命群众组织中，存在的形形色色的小资产阶级思想，都必须按照毛主席的教导，引导到无产阶级革命轨道上来。"新武汉"的策动者却反其道而行之，企图将无产阶级革命队伍纳入小资产阶级轨道，所以是极其错误的。"新武汉"必将自行解散。同志们，战友们：我们新华工红反团、敢死队与你们团结在一起，战斗在一起！胜利在一起！在这个庄严的大会上，我们献给你们的不是什么鲜艳的花朵，而是一种永远忠于毛主席革命路线的忠心！最后让我们振臂高呼：

　　热烈祝贺红八月公社成立！

　　无产阶级革命派大联合万岁！

　　我们的伟大领袖毛主席万岁！万岁！万万岁！

　　根据武汉新湖大红八月公社编辑部1967年9月7日出版的《红八月公社》（专刊）刊印。

# 在革命的大批判中大树钢工总权威
## ——献给钢工总首届政治工作会议

（一九六七年九月二日）

新华工敢死队

"虎踞龙盘今胜昔，天翻地复（覆）慨而慷。"[1]

震撼江城的一声春雷：钢工总首届政治工作会议召开了！

这是武汉运动史上的一件大喜事，我们为之欢呼，我们为之大喊大叫！

曾几何时，"2·18""3·21"及"6·4"公告象一道道精神枷锁，沉重地压在工人总部身上，工总，被打入了人间地狱。陈再道之流及其走卒们狂叫出"百万雄师过大江，牛鬼蛇神一扫光"，"踏平黑工总，镇压反革命"，企图将工总置于死地而后快。

那些以老造反自居的保险牌左派先生，也站在一旁，假惺惺地说什么"工人总部不是反革命组织""工人总部不应该恢复活动，战斗队员可以起来，去走革司、联司的道路。"

可是，历史无情地嘲笑了陈再道之流及其某些现代"假洋鬼子"。

下了鸭蛋的公鸡雄姿勃勃地高叫出："天亮了！解放了！工总的案翻过来了！"

"从来就没有什么救世主，也不靠神仙皇帝，要创造人类的幸福，全靠我们自己！"翻了案的工总，那些工人大老粗们豪迈地走上了政治舞台，自己召开政治工作会议了。抚今忆昔，这难道不是翻天复（覆）地的变化么？这难道不值得我们大加庆贺么？

庆贺之时，我们问道：

历史需要钢工总首届政治工作会议解决什么主要问题呢？

---

1 毛泽东《七律·人民解放军占领南京》。

回答是：在革命的大批判中坚定不移地大树钢工总权威，逐步地实现全市工人革命大联合。

革命的大批判是当前最大的政治。"**政治工作是一切经济工作的生命线。**"[2] "**没有正确的政治观点，就等于没有灵魂。**"[3] 只有抓住大批判这条纲，才能正确解决武汉工运道路——以钢工总为核心，实现革命派工人大联合——的问题。

必须知道，破就是批判，破字当头，立也就在其中了。只有通过大批判，才可能真正地、牢固地树立起钢工总的权威。

批判什么？批判刘少奇及其在武汉军区代理人陈再道之流的不带枪与带枪的资产阶级反动路线。

批判革命阵营中形形色色的机会主义思潮。

批判我们自己头脑中的"私"字，及其由这个"私"字引起的各种错误思想。

毛主席说："乡村中一向苦战奋斗的主要力量是贫农"。"没有贫农，便没有革命。若否认他们，便是否认革命。若打击他们，便是打击革命。他们的革命大方向始终没有错。"[4]

工人总部从他成立的一天起，就成为了武汉历史舞台上的主角。只要是稍稍关心一点革命的人，几乎没有一天不提到工人总部这几个字。

最早从白色恐怖中冲杀出来的，集中了最多数产业工人的工人总部，在这场殊死的、决定人类命运的阶级大搏斗中，受打击最重，受迫害最深；在武汉，没有一个组织经得住工人总部所经受了的压迫，也没有一个组织有工人总部那样的反抗精神。完全可以说，武汉运动中一向苦战奋斗的主要力量是工总，没有工总，便没有革命。若否认工总，便是否认革命。若打击工总，便是打击革命。工总的革命大方向始终是正确的。

---

2 《中国农村的社会主义高潮》上册，人民出版社，1956年1月，第123页。
3 《毛泽东著作选读》（甲种本·下），人民出版社，1964年6月，第472页。
4 引自《湖南农民运动考察报告》（1927年3月），《毛泽东选集》第1卷，人民出版社，1966年7月，第20页。

历史的辩证法是无情的，那些坚持与工总为敌的人，如陈再道、8201部队中一小撮反动军人，"百万雄师"和"公检法"[5]中一小撮反动打手，康三司中一小撮坏文人，等等，已经或正在变为历史的渣滓而被抛弃，那些顽固地坚持把工总视为八国联军的一小撮坏蛋也必将为历史所淘汰！

只有了解陈再道之流残酷迫害工人总部的企图和实际情况，以及工总英勇反抗的全部历史，我们才更能真心实意地拥护工总，热爱工总。

只有彻底批判刘邓及陈再道之流在工总问题上执行的资产阶级反动路线，才更能明白工人总部所代表的毛主席革命路线，才更清楚为什么要树工总的权威。

今天的工总，已经远非一月革命时期的工总了，历史赋予这个最集中、最完全、最鲜明地代表着武汉革命造反派和革命群众利益的工人总部以当仁不让的新使命：必须以工人总部为核心实现大联合。

我们可以这样来解释新使命：

首先，全市的产业工人和一般工人都统一于工人总部的战旗（以及九·一三）之下，将各革命组织中的优秀代表选拔到工人总部各级领导岗位上，实现左派掌权。

其次，某些按较特殊的系统、部门成立起来并已实现左派掌权的革命组织，如公安联司[6]、省直红司[7]、长办联司[8]等，他们必将打着战旗而团结在工人总部的周围，这是毫无疑义的。

这样，工人总部就在大联合中成为了核心。

有人想把大联合搞成梁山好汉排坐（座）次，这是封建农民私有观念的表现。

---

5 公检法，全称"武汉市公检法联络站"，武汉市公检法系统的保守组织。
6 公安联司，全称"毛泽东思想武汉地区公安联合造反司令部"，武汉地区公安系统的造反组织，人数约1千人，成立于1967年6月1日。
7 省直红司，全称"毛泽东思想湖北省直属机关红色造反司令部"，湖北省直机关的造反组织，人数约3万人，占省直机关人数的50%以上，成立于1967年6月1日。下属9个战线司令部，战线司令部下又分各总部，各总部下再分战斗队。
8 长办联司，全称"毛泽东思想革命阵线长江流域规划办公室联合司令部"，属造反派组织，成立于1966年12月26日。一号勤务员为顾建棠。

有人想把大联合搞成议会斗争抢席位，这是资产阶级思潮的表现。

"新武汉"这个分裂主义也是无政府主义的产物，正是对机会主义罪过的一种最好的惩罚。客观斗争表明，这种组织形式必将产生也必定失败。

那些借口"大树毛泽东思想绝对权威"而反对树工总权威的先生们，只不过又一次扮演了他们曾经出了丑的可怜角色。

在今天，这个全国注视着的武汉，通过革命大批判来大树钢工总权威，是最真实、最具体、最优秀地做到了大树毛泽东思想的绝对权威，那些把我们树工总权威污蔑为凌驾于树毛泽东思想绝对权威之上的谬论，必将被抛在工人运动后院的垃圾堆里。

古代叶公只不过怕真龙，今天郭公之流不仅怕工总，而且恨工总，将其视为八国联军，岂不比叶公更可悲吗！

对于工人阶级来说，只有统一于一个旗号之下，革命才可能彻底，否则，便一定会将无产阶级革命引导到小资产阶级思想的轨道。武汉的工人阶级及革命群众，最需要的组织旗号就是工人总部。一切违背大多数革命人民意愿的五花八门式的想法，都必将象肥皂泡一样破灭。

残酷的阶级斗争也必定会在工总内部引起反映。工总今天的地位，必定引来无数真正的革命者，也一定会钻进各种个人野心家、投机商；此外，各种非无产阶级思想也会反映出来。我们期望，钢工总首届政治工作会议高举起毛泽东思想伟大红旗，认真地、严肃地努力清除自己队伍中的"私"字，使钢工总更加革命化、战斗化。

"天若有情天亦老，人间正道是沧桑。"[9]我们相信，在钢工总首届政治工作会议后，钢工总将出现一个新的局面；通过这次会议，要掀起革命大批判的高潮，千千万万战斗队员都将成为大批判的急先锋；通过这次会议，将能更好的促进革命大联合；通过这次会议，更多的战斗队员将明白树工总权威的必然性和重要性，就会更正确地对待自己和对待别人。

---

9　毛泽东《七律·人民解放军占领南京》。

钢工总首届政治工作会议必将以光辉的篇章而载入史册！

"**宜将剩勇追穷寇，不可沽名学霸王**"[10]。钢工总的战友们，为了毛主席的革命路线，拿出钢工总的气魄，战斗！前进！

67.9.2 于武印

根据钢工总武昌印刷厂《东方红》战团、新华工敢死队 1967 年 9 月 5 日联合出版的《激扬文字》创刊号和新华工敢死队 1967 年 9 月 7 日出版的《扬子江》杂志创刊号刊印。

---

10 同上。

# 《扬子江》杂志创刊词

（一九六七年九月七日）

我们红司新华工《专揪武汉谭震林敢死队》在粉碎武汉地区资本主义复辟反革命逆流中，以鲜血和生命保卫了毛主席和中央文革小组。

早在今年四月六日，我们敢死队在向武汉部队支左办公室中一小撮混蛋的挑战书中就勇敢地喊出："今日雄文四卷在手，何日缚住老混蛋陈再道游街示威"。这一天终于来到了。

《扬子江评论》[2]诞生在这胜利的凯歌声中。她为我们的每一点进步摇旗呐喊，她将使得陈再道及其余党胆颤心寒。

在我们《扬子江》的怒吼中，决不会听见饮泣的衷诉，伪善的辞令，怯懦的嗫嚅；这里只有革命的灵魂，造反的呼声，前进的号音。

《扬子江》将高举"造反有理"的大旗，无限忠于以毛主席为代表的无产阶级革命路线。她将大呼猛进，以冲决罗网的战斗精神，最热烈地主张所是，最热烈地攻击所非，向陈再道及其余党展开英勇的进攻。

《扬子江》将象我们的战士一样，单纯、质朴、威严、勇敢、大胆而坚定！从她的身上，将让人们闻到浓郁的革命气息，战斗的硝烟味。

她将最热忱、最勇敢地为工人阶级所代表的事业辩护，为钢工总、钢九·一三等钢铁般的革命队伍大喊大叫，她将和革命阵营内部的一切机会主义思潮作永远不倦的斗争。

让她成为匕首和投枪，给战友以鼓舞、给苍蝇以毁灭、给叛徒以揭露。

---

1 《扬子江》杂志，是以鲁礼安为首的新华工敢死队于1967年9月7日创办的评论性刊物，只出版了一期。
2 应为《扬子江》。

《扬子江》将为无产阶级文化大革命决战胜利的一天的到来,献出自己的全部力量。

刘、邓、陶、王不投降,就叫他灭亡!

陈再道,陈再道的狐群狗们,休逃,《扬子江》杀将出来了!敢死队迎着严峻的阶级斗争的暴风雨杀将出来了!

敢死队,冲啊!

根据新华工敢死队 1967 年 9 月 7 日出版的《扬子江》杂志创刊号刊印。

# 新华工敢死队鲁礼安的发言[1]

(一九六七年九月七日)

什么是路？就是从没路的地方践踏出来的，从只有荆棘的地方开辟出来的。

我们记得鲁迅先生曾经说过，地上本没有路，走的人多了，也便成了路。

中学红联就是这样走出来了，顶着三月黑风，迎着四月恶浪，走出来了，汇成了一股滚滚的铁流。

正当某些先生们沿着胡适的文质彬彬的步伐，蹩（憋）着改良主义的温雅的声调唱着"工总只能平反，不能翻案""工总既非反革命组织，又非革命组织"的靡靡之音在政治舞台上扮演着康有为的角色时，中学红联和钢二司等坚强革命组织一起，勇敢地喊出了"工总好""下定决心，为工总翻案，工总起来，陈再道完蛋"，这种气壮山河的口号，给了某些先生们当头一棒。

某些人高筑城垒，被白色恐怖吓破了胆，而另一些人逃之夭夭、远走高飞之时，中学红联始终战斗在革命的抗暴斗争的最前列，用鲜血和生命在武汉革命斗争史上写下了可歌可泣的篇章，武汉每一条染血的街道可以证明，中学红联无愧为英雄的战士，中学红联无愧为毛主席最忠实的红小兵，武汉人民将永远记住中学红联的不朽功绩，记住中学红联对武汉的再次解放所作出的巨大贡献。

孩子初学步，尽管幼雅（稚），危险，不成样子甚至简直是可笑的，但这总是扎扎实实的迈出步子了，只要顽强地走下去，则无论怎样幼（雅）稚，怎样被人讥笑，都可以，而且一定会生长，成熟，而最后长大起来。中学红联的战友们，勇敢地走下去罢，自己掌握自己的命运，掌握自己的斗争，掌握自己的将来，谁最勇敢，谁就将获得最后的胜利。

---

[1] 这是鲁礼安在武汉中学红联首届代表大会上的发言。

我们坚信,在过去为工总翻案大喊大叫,无情地抨击了各种机会主义和改良主义思潮的中学红联,在今天从革命事业,党的事业,阶级的事业出发,将会为树立钢工总的权威,促进武汉地区无产阶级革命派大联合,而作出新的杰出贡献。

中学红联在过去曾经和钢二司等革命战友风雨同舟,患难在一起、战斗在一起,今天也必将团结在一起,胜利在一起,武汉无产阶级文化大革命向何处去?中学运动向何处去?历史,正沿着毛泽东思想所指引的方向,选择自己应该选择的道路。

根据武汉中学红联 1967 年 9 月 7 日出版的《中学红联》第 4 期刊印。

# 赞"第一炮手"*

## 为纪念毛主席《炮打司令部》大字报

（一九六七年九月七日）

"各就各位、预备——放！"

轰、轰、轰，万炮怒吼，硝烟漫天。

一炮手、二炮手、三炮手、四炮手，英恣（姿）勃勃屹立在各自的炮位。

你愿意作第几炮手？

二炮手搬起炮弹，为大炮发言准备材料，这是十分重要的工作。

三炮手调整炮位，将炮口始终对准敌沿阵地。

四炮手……

然而我应当怎样回答呢？我说，我斩钉截铁的回答："第一炮手。"

第一炮手，何等骄傲的名字。

无论是在硝烟弥漫的前沿，还是在海风刮面的海岸，你永远睁大双眼，搜索敌人，发现目标，那怕是蛛丝的移动也逃不脱你警惕的眼睛。

你安静地坐在炮位上，冷静地移动，然后念出一声：东27度、5000米……，于是，大炮转动了，炮口抬起了，炮弹上膛了，"预备——放！"

任何敌人都在炮声中灭亡。

我们伟大的统帅毛主席，是人类历史上最勇敢、最杰出、最优秀的第一炮手。

在阶级斗争的惊涛骇浪中，在隐藏在无产阶级专政机构内的资产阶级司令部放肆向以毛主席为首的党中央猖狂进攻的关键时刻，毛主席在具有伟大划时代的意义的党的八届十一中全会上勇敢地发出了大炮般惊天动地的声音：炮打司令部！

"……可是在五十多天里,从中央到地方的某些领导同志,却反其道而行之,站在反动的资产阶级立场[上],实行资产阶级专政,……联系到一九六二年的右倾和一九六四年形'左'而实右的错误倾向,岂不是可以发人深醒的吗?"[1]

炮打司令部,炮打以中国的赫鲁晓夫为首的资产阶级司令部,何等伟大的魄力,何等锐利的眼光。当代最杰出的第一炮手毛主席为无产阶级革命派和广大革命群众指出了斗争的主攻方向。

在我国资产阶级复辟和无产阶级反复辟的斗争的极其关键的时刻,毛主席尖锐、深刻而远见地洞察了埋伏在党内的资产阶级司令的全部颠复(覆)阴谋,准确而及时地调转了各种口径的大炮,给予了这个资产阶级司令部以毁灭性的打击。天才的统帅,第一炮手毛主席为人类历史建立了不朽的功勋。

伟大统帅的红小兵中,涌现出大批英勇的第一炮手。

他们有魄力、有智慧、有胆略。

鹰一般的眼睛,跟随着最高统帅,搜索着中国的天空和大地,发现着资产阶级司令部散布在中国的每一个阵地。

北京大学,陆平,炮打陆平,预备——放,轰,陆平垮台了。

北京市委,彭真,炮打彭真,预备——放,轰,彭真倒了。

大西南方向,炮打李井泉,轰,李井泉身败名裂。

西北方位,赵永夫,轰,赵永夫完蛋。

中南局,陶铸,轰,王任重,轰,张平化,轰,轰,轰,统统被轰进了历史的垃圾堆。

"向武汉部队支左办公室一小撮混蛋挑战!"轰,轰,轰,"向陈再道宣战!"轰,轰,轰。只有第一炮手,才看得出那怕是最隐蔽的敌人。只有第一炮手,才能凭着自己敏锐的洞察力勇敢地发出炮打的方位!

敌人在第一炮手面前发抖。因为他们无论如何也逃不脱第一炮手的两眼。

党内、军内一小撮反革命修正主义在第一炮手面前胆战心惊,他

---

[1] 引自毛泽东《炮打司令部——我的一张大字报》(1966年8月5日)。

们于是歇斯底里的叫出"枪打出头鸟",幻想消灭第一炮手。

冷枪在呼叫,枪弹在飞舞,硝烟在弥漫。

可是我们勇敢的第一炮手,仍然镇静地站在自己的炮位上,眯起一眼,瞪大另一眼,在了(瞭)望镜上沉着地搜索着,寻找着,判断着,然后坚定地断言:

前面,……你逃不了……嘿……

第一炮手微笑了。

即使在炮位上牺牲了,我也永远是幸福的。只要我在咽气之前能够说一声:我曾经是第一炮手!


*文中"第一炮手"系指政治上的意义而言,不同于军事上的炮位。


根据新华工敢死队 1967 年 9 月 7 日出版的《扬子江》杂志创刊号刊印。

# 论无产阶级权威

(一九六七年十月一日)

鲁礼安

"权威"二字在相当一部分人的头脑中成了相当神秘的东西。只要你说到树某某革命组织为无产阶级权威时,便马上遭来一阵系统的八国联军征讨:"你这是凌驾于毛泽东思想之上""你唯我独左""你以我为核心",所有胆敢提出某革命组织为权威的"大逆不道"者都足以被他们定罪。

当着无产阶级革命派正在迎接革命大联合的高潮到来时,一种绝对平等的风潮趁机而起。这种风潮的代表者否定马克思列宁主义毛泽东思想的权威原则,把权威原则描写成绝对坏的东西,他们不承认在任何社会中的任何组织的联合活动都必须有一定的权威和一定的服从,而把自治的原则描写成绝对好的东西,主张解散一切革命组织,铲平一切大小山头。然后梁山之上排席位,会议桌上争名次。

但是,即便是在"否认任何权威组织"的呼声叫得最响,"解散一切组织的调子唱得最优美的时候,我们的主张仍然是坚定不移的,我们的声音仍然是雄有力的:树钢工总权威……

我们过去,现在,将来都决定了要冒天下之大不韪,树工人总部的权威。不过以前是提着脑袋冒陈再道之流之大不韪,而如今是顶着"极左"的罪名冒某些"左派"之大不韪。

从我们为工人总部翻案的第一天起,我们就是在维护这个在阶级斗争的烈火中锻炼出来的革命权威,我们从广大工人战斗队员在狱中的磨炼,在压迫下反抗,在小巷里聚会,就早已预感到工人总部有重新顶天立地的一天。为工总翻案实际上就是在铸造工总的权威

---

1 鲁礼安这篇文章发表在 1967 年 10 月 1 日出版的《激扬文字》国庆特刊上,发表时未署名。

的模型，工总权威的树立是和工总彻底翻案同样不可避免的。

由于某些满腹经文的读书人对群众的愚弄，"权威"二字在很多人中间形成了一种神秘感。还"权威"的本来面目，打消"权威"的神秘性，现在十分必要了。

权威者，权力与威望之谓，这就是说，谁具有权力与威望，谁也就成为了权威。谁在革命群众，无产阶级中见（具）有权力与威望，谁也就成为了革命的无产阶级权威。

无产阶级权威，在武汉地区就革命群众组织而言，无疑只有工人总部能够担当这一角色。残酷的阶级斗争的实践已经证明了，而且将继续证明下去，其他任何组织，都没有资格成为革命运动中的这种权威。

无产阶级权威，决不是代表某一个派别的利益，而是要代表整个无产阶级的革命利益，要坚持无产阶级的党性。

无产阶级权威，决不可能是自封的，必须经过革命斗争的考验，在革命斗争的过程中树立起来。它的权力、是对革命群众而言的，它的威望，也是对革命群众而言的。失去了群众，权力是空话，尽管暴力也可能暂时地征服群众，但必然是暂时的，必将被粉碎；失去了群众，威望也是空的，尽管某些人可以威风一阵，但威风必（毕）竟是威风，风平也就浪静，威望却是不可磨灭的。

产业工人最集中地代表了工人阶级，代表了劳动人民。历史证明了，谁在工业无产者中间争取了群众，谁就在革命人民里面树立了权威。

毛主席对工业无产者早就作过极高度的评价，盛赞中国近代产业工人虽然人数不多，却代表了革命的先进力量。

在武汉地区谁能代表这样的阶级呢，回答显然是唯一的：钢工总。

无论某些人怎样以九牛二虎之力鼓吹着革司、联司，无论钢工总遭到怎样的咒骂和酷残的摧残，钢工总必（毕）竟是掌握了七十万以工业无产者为主体的革命工人。工造总司可以宣布在布满大量轻工业系统、民办工业和手工工业的汉口有它的市场，但它永远不可能象钢工总那样向人们宣布：我们在青山、武昌和汉阳等重工业所在地占有绝对优势。

这种绝对优势是不可抗拒的。除非否认工业无产者在革命中的突出地位，我们才可能否认钢工总在无产阶级文化大革命运动的权威。

仅仅这样认为显然还是不够的。更重要的是，钢工总用自己的行动，表明了自己在革命中的权威作用。

武汉地区无产阶级文化大革命运动的低潮时期是随着工总的被镇压而到来的。为工总翻案的提出标志着革命开始涨潮了，而武汉地区的资本主义反革命复辟逆流正是败退在这股强大的潮流面前。工总彻底翻案之时，也就同时宣布了陈再道彻底的垮台之日，这难道不是历史的真实吗？尽管工造、红工、八·一七、或者"新武汉""联指"都相继出来表演过，但是它们中间的任何一个都无法取代钢工总的地位，革命不可避免地还是搬出了钢工总这尊金刚力士，才使得历史舞台上演出的话剧威武雄壮起来，足以显示了钢工总的革命权威。

这种权威应该，也必定要在目前的大联合中体现出来。

"联合活动就是组织起来，而组织起来是否可能不要权威呢？"恩格斯在他的《论权威》一书中对这个问题作了肯定的答复。而上海，北京现在的大联合也在实践上给我们作了肯定的答复。上海的工人阶级实现了大联合，工总司是这个联合中的权威组织，那些否认革命群众组织权威的学究们，你们怎样正视这一无情的事实呢？

"我们并不否认树工总的威信，树工总的权威，但是你们所说的权威是为以工总为核心服务的"。某这（些）人退了一步说。

非常荒唐的是这些人竟将权威与核心如此割断开来。稍微用一点精神就可以看出：权威是偏重于政治上的意义而言的，而核心则是偏重于组织上的意义。这两者应该是同一事物的两个方面。大联合的核心必须是具有权威的，无权威者绝不可能成为大联合的核心。"领导我们事业的核心力量是中国共产党"，那么中国共产党也就是我们事业的权威了，这一点难道还有什么可怀疑吗？承认工总的权威而又同时否认工总的核心地位的人，不是无知，便是在拉树工总权威作虎皮，贩卖自己的私货。

"只能树毛泽东思想的绝对权威！"一些勇士们气势汹汹地跳将

出来，似乎找到了一张王牌，可以打掉"树工总的权威了"。

是的，只能树立毛泽东思想的绝对权威。这个结论无论是在中国还是在世界，一概都是对的。但是，这与"树工总权威"有哪一点矛盾呢？

绝对权威，这就是说：在人们心目中享有绝对的权力与威信。对于我们的伟大领袖毛主席所发布的每一个号令，理解得执行，不理解也得执行，符合局部利益的得执行，不符合局部利益的也得执行，这就是绝对权威的体现。我们并不曾提出过树立任何革命群众组织的绝对权威，一些先生为什么要硬栽到我们身上来呢？有意混淆视听、偷换概念，来达到自己的卑鄙目的，这就是某些"君子"们的特点，他们企图用"树毛泽东思想的绝对权威"来否定树钢工总权威，用散布"我们要树工总的绝对权威"的手段来给工总定罪。

其实，所谓否定革命群众组织权威只不过是为了否定钢工总的权威，而否定钢工总的权威，正是为着树立另一些组织的权威。在工总遭到最残酷镇压而社会上已经响起了"为工总翻案"的呼声时，某些革司、联司的竭力鼓吹者却在大骂工总的"牛"字号头头，而大肆鼓吹红工的道路，八·一七的成长，难道不是在拆工总的台脚，而树从工总中分裂出来的红工，八·一七的权威，当着钢工总顽强地站立了起来，重新成为历史舞台的主角时，某些人又拾起被历史所抛弃了的"新武汉"并为之大喊大叫，"加入新武汉，实现大联合"，不是很有些意思吗？一方面在大骂钢工总为八国联军，一方面又高唱"钢工总好，新武汉好，联合起来更加好"，难道不是一面在竭力贬低钢工总而一面在大树"新武汉"的权威吗？以前外国有个老混蛋叔本华有句名言："不要让自己的思想被任何人的马践踏"，但是鲁迅先生问到："如果别人相信了叔本华这句话，岂不又让叔本华的马在自己思想上践踏了一通吗？这一针真是刺中了这个反动的帝国主义御用文人的要害，原来他的这套理论无非是要青年不要听信马列主义，而去信仰这个混蛋，投靠帝国主义。那些高喊反对树叔（权）威革命群众组织的人，应该好好想一想自己怀里怀着个什么鬼胎。

我们是权威的鼓吹者，是革命权威，无产阶级权威的狂热鼓吹者，我们在任何情况下都可以毫不掩饰自己的观点：树钢工总权威。

恩格斯曾经指责巴黎公社运用自己的权威太少了一点，这一点也应成为工总的借签（鉴），一月风暴中工总显示了自己的权威，结果党内一小撮走资本主义道路当权派和保守势力联合会闻风丧胆，屁滚尿流。二月黑风以后一段长时间内工总失去了自己的权威地位，便使得保守阵营中的渣滓们趁机飘浮在一起形成了反革命的凑合，向无产阶级革命派进行了疯狂的反革命反扑。"踏平黑工总，镇压反革命"的狂吠完全是为着制（置）工总于死地而后快，完全是为着永远打下工总这个革命权威，而革命阵营中某些先生们在革司、联司的幌子下大拆工总的墙脚，同样是破坏了工总这个革命权威。那些坚持反对树工总权威的先生们曾经想到过没有，一八七一年法国工人阶级拜马克思主义的无比权威，同时就树起了巴黎公社的神圣的旗帜，作为自己的权威，这一点该不会引起先生们的仇视罢。请记住历史的教训，凡是反对、破坏钢工总革命权威的小丑都将和过去的一切机会主义者一样，败下阵去。因为革命本身决定（对）地需要无产阶级权威，而抛弁（弃）一切胆敢反对这种权威的"英雄"。

根据钢工总武昌印刷厂《东方红》战团、武汉新华工敢死队 1967 年 10 月 1 日合编的《激扬文字》国庆特刊刊印。

# 钢工总是大联合的当然核心
## ——三论树工总大旗，是武汉运动的关键

（一九六七年十月一日）

新华工敢死队

毛主席教导我们：在工人阶级内部，没有根本的利害冲突。在无产阶级专政下的工人阶级内部，更没有理由一定要分裂成为势不两立的两大派组织。

毛主席的这个最新指示，传遍了大江南北，长城内外。革命人联合的洪流奔腾起来了。

革命的大联合，是一股不可抗拒的伟大的历史潮流。它考验着每一个组织，每一个人。顺之者存，逆之者亡。

武汉地区工人大联合的条件是成熟的，它较之其他地区有其独特的优越性。钢工总、钢九·一三这两支经历过千锤百炼的钢铁产业大军，几乎掌握了全市所有重工业工厂的大权，而武汉市的保守势力已基本上土崩瓦解，经历过伟大的七月革命风暴洗礼的广大战斗队员和钢铁的九·一三战士，正以最彻底、最旺盛的革命斗志，夺取武汉地区文化大革命的决定性的胜利。

钢工总是武汉工人大联合的当然核心，这种核心是在群众斗争中形成的，是一年来文化大革命所决定的，是毛主席的无产阶级革命路线对武汉工人运动的最严格的要求，是毛主席伟大战略部署的需要。

钢工总是武汉政治舞台上的主角，这是任何人都否认不了的客观事实。当着陈再道之流尽其全力残酷地将工总打下去的时候，武汉的政治舞台，给人们以一种沉闷窒息的空虚感，而现在当着钢工总蓬勃发展壮大，稳步垮（跨）上政治舞台时，武汉地区的政治空气骤然变得生气勃勃，富于强大的生命力。

当着白色恐怖笼罩着江城三镇的时候,"下定决心,为工总翻案;工总起来,陈再道完蛋!"的响亮口号传遍武汉城。这深深表明了江城英勇的人民对工总的怀念,表明了江城英勇人民与工总血肉深情。从这一定义出发,工总已不是四十(万人)战斗队的工总,而是江城人民的工总,是全国革命人民的工总了。

"钢工总大旗,是武汉运动的关键"。这个被一年来武汉文化大革命运动历史证实的结论,对于目前大联合来说,更有其现实的意义。

钢工总是大联合的当然核心,这一点是确定无疑的。然而,在大联合的伟大历史潮流中,沉闷了两月之久时(的)新华工某些人,又跳将出来。他们拿着"以我为核心"的大棒,企图将工总赶下政治舞台。新华工的广播台不是在强叫:"文汇报的社论给那些响当当、硬邦邦的一记响亮的耳光"吗?一些所谓的铁杆的"新华工人"不是在得意忘形地说:"这下我们新华工又出名了"吗?新华工的某些人口喊"工总好",实际上心里对工总已形成根深蒂固的对立情绪;口头上喊"与工总在一起",实际上在否认工总的核心地位,在挖钢工总的墙脚!恩格斯说得多好啊:"不要让'团结'的叫喊把自己弄糊涂了。那些口头上喊这个口号喊得最多的人,恰好是煽动分裂的罪魁。"恩格斯的这句话,给新华工的某些人是一个多么逼真的写照啊!

其实,那些高舞反对"以我为中心"的棍棒的人,从文汇报的《评"以我为中心"》一文中,根本就捞不到半根稻草。文章中着重指出:在一个地区或一个单位里,实行革命的大联合必须有核心。这个领导核心,决不是代表某一个特别利益,而要代表整个无产阶级的革命利益,要坚持无产阶级的党性。钢工总的核心地位并非她自己自封的,而是在革命斗争中形成的,是武汉广大军民所公认的。钢工总就是在群众斗争(中)形成的联合核心。

钢九·一三战士集体参加钢工总,这是毛主席革命路线在武汉工人运动中的伟大胜利。钢九·一三的战士,在抗暴中不愧为英勇的闯将,在大联合中不愧为光荣的模范。钢九·一三人是毛主席革命路线的忠实战士,是全市造反派学习的榜样!

革命大联合必须有核心,没有核心就没有大联合。

有人说:"解散全市性组织,实现大联合"。这种口号看起来冠冕堂皇,实际上是极左思潮的反映。试问:难道把全市性的组织统统解散,大联合就形成了么?不!答案恰恰相反。铲去了大山头,小山头便[令]纷纷林立,从而制造了大混乱、大分裂。北京的大联合,是在市革会、工代会、农代会、红代会之下的大联合;上海的大联合,是在市革会、工总司、红代会之下的大联合,这种大联合是有其先决条件的。而在武汉这个特定的条件下,鼓吹"解散全市性组织,实现大联合",就是意味着大混乱、大分裂的开始,鼓吹这种"无核心论"的大联合,其实质就是"以我为核心"。大联合决非大解散。必须彻底批判这种资产阶级的"无核心论"。

有人说:"革司、联司好!""按系统、按单位大联合好!"这种三个月没喊的机会主义老调又拿出来害人了!革司、联司的疯狂鼓吹者,在工总被迫解散时,破坏了工总的翻案;如今,它又想破坏钢工总在大联合中的核心领导地位。革司、联司的道路,只有在全市革命统一体形成并且稳固以后,才能行得通,否则便是一句空话。在如今以钢工总为核心实现大联合的革命潮流中,革司、联司的兜售者,有意或无意地在拆钢工总的台,有意或无意地在阻挡革命大联合的潮流。毛主席教导我们说:"**想要阻挡潮流的机会主义者虽然几乎到处都有,潮流总是阻挡不住的,社会主义到处都在胜利地前进,把一切绊脚石抛在自己的后头。**"[1]其实,革司、联司的疯狂鼓吹者是在(为)分裂主义的产物——"新武汉"招魂,他们将被大联合的洪流无情地抛在一起,而大联合的伟大历史潮流正沿着毛主席的伟大战略部署浩浩荡荡、势不可挡地奔腾前进!

全市革命派紧急行动起来,为实现钢工总为核心的大联合而奋斗!

根据钢工总武昌印刷厂《东方红》战团、武汉新华工敢死队1967年10月1日合编的《激扬文字》国庆特刊刊印。

---

[1] 引自《中国农村的社会主义高潮》中册,人民出版社,1956年1月,第748页。

# 武汉新华工红色造反团、敢死队
## 关于当前大联合的严正声明

(一九六七年十月一日)

"唤起工农千百万,同心干。"[1]

在伟大领袖毛主席最新指示的号召下,革命大联合这一股伟大的历史潮流如同滚滚的长江水,奔流向东方!亿万革命群众组成浩浩荡荡的大军,沿着毛主席的无产阶级革命路线迅跑,全国无产阶级文化大革命的形势空前大好!

武汉的形势同样大好,大好典型的标志就是:钢工总、钢九·一三联合起来了!有人又要说:钢工总、钢九·一三的联合是"托派"式的小联合。我们回答:钢工总、钢九·一三的联合是革命大联合的光辉典范!这是毛泽东思想的伟大胜利!是江城百万革命群众从反逆流起就盼望已久的大好喜事!

"二十万军重入赣,风烟滚滚来天半"[2]。一支拥有数十万以产业工人为主体的革命工人大军将永远屹立在江城!"百川归海",我们深信,将有更多的工人阶级队伍,迅速地汇集于钢工总的旗号之下,这是历史的必然!

目前社会上的现象都很正常吗!

否!

出现了一些极不正常的现象!机会主义思潮大为泛滥,一些五花八门式的人物扯起乱七八糟的旗号,大赶潮流,大赶时髦,在那里迷惑革命群众,反而美其名曰:大联合。

一些阶级敌人趁机出笼,制造谣言、暗施毒计、混水摸鱼,既伪装自己,又进行反攻倒算。

---

1 毛泽东《渔家傲·反第一次大"围剿"》。
2 同上。

某些从二月份以来一直右倾的先生，不仅顽固地坚持历史的错误，而且借口反"五·一六"，反极"左"，打击谩骂大方向一直正确的革命派；

还有某些人借口反"以我为核心"贩卖"无核心联合"论，说什么"群众就是核心""核心就是群众"等等，其根本原因是自己想成为核心，可又成不了核心；某些人借口大联合，大搞拆台单干风；某些人借口铲除一切山头，搞大解散，弄更多的小山头；对工总怀有不同程度错误看法的少数人物纷纷四处活动，在客观上又一次打击工总，否认工总。

凡此等等，集中到一个焦点：仍然是工人总部问题。工总问题曾经导演了武汉地区大半年来的运动历史，它在今天也仍然是焦点！

完全可以说：武汉文化大革命运动中一向苦战奋斗的主要力量是工总，没有工总，便没有革命。若否认工总，便是否认革命。若打击工总，便是打击革命。工总的大方向始终是正确的。

我们必须严肃地指出：当初王任重、陈再道之流抛出的"六·四"公告所没有实现的计划，今天就有人企图借联合之名行搞垮工总之实来实现"六·四"公告。如果让他们的阴谋得逞，武汉的历史将要出现一个大倒退！武汉无产阶级革命派和革命群众从三月反逆流以来所作的一切斗争、所付出的一切代价，都将毁于一旦！这难道对得起无数"为工总翻案"而流尽最后一滴血的战士吗？被王陈之流镇压下去的武汉工人运动的代表，其它任何组织都取代不了的工人总部起来不到两个月，就要被解散，这在客观上就是没有"六·四"公告的"六·四"公告！

什么人爱工总，什么人恨工总；工总好，还是工总坏，这就是革命大联合中的根本思想问题，也就是革命大联合中两条路线斗争的集中反映。我们说：六·四公告休想借尸还魂！那些企图再次出卖以产业工人为代表的工人阶级利益的人物势必没有好下场！

无核心可以实现大联合吗？

否！

大联合必须有核心！

大联合的关键问题就是领导权的问题，即核心问题，人民日报

"8·19社论"[3]指出:"最广泛的革命大联合,要有一个核心""革命大联合的核心不是自封的,而是在阶级斗争中自然而然地形成的"。文汇报《评"以我为核心"》一文中也指出:"一个地区和一个单位里,实行革命大联合也必须有核心。"借反对"以我为核心"而贩卖"无核心联合"论的论调,是十足的机会主义。"无核心联合"这一最大的无政府主义是对机会主义罪过的一种最好惩罚。"无核心联合"论必须随着群众斗争中所形成核心的革命大联合的实现而破产!那些因为自己成不了(也无法成为)核心的先生跳出来顽固地反对核心,这势必弄到十分可笑的地步。

大联合必须走武汉道路!

上海有革委会、工总司;北京有革委会、工代会,这都是权威,都是核心,上海北京的革命群众实现大联合,都是针对已有的权威与核心而联合的,是补台式的联合。

对于既没有成立革委会,又才解放了二个月的武汉来说,大联合走什么道路呢?难道是把现有的各组织统统解散,搞出一个一个山头、一条一条山脉、一块一块高原,再来进行议会选举式的"联合"吗?

我们重申:树工总大旗,是武汉工人阶级革命大联合的关键!

首先,全市的产业工人和一般工人都统一于工人总部的战旗之下,将各革命组织中的优秀代表选拔到工总各级领导岗位上,实现左派夺权。

其次,某些按较特殊的系统、部门成立起来并已实现左派掌权的革命组织,如公安联司、省直红司、长办联司等,必将打着战旗团结在工总周围。

这就是武汉的工运道路!这就是以工总为核心的含义。

对于工人阶级来说,只有统一于一个旗号之下,革命才可能彻底,否则,便必定会将无产阶级革命引导到小资产阶级革命轨道。武汉的工人阶级和广大革命群众,最需要的组织旗号就是工人总部,一切违背大多数革命人民意愿的五花八门式的做法,如新武汉之类,必

---

[3] 8·19社论,指1967年8月19日《人民日报》社论《革命大联合的核心是在群众斗争中形成的》。

将象肥皂泡一样破灭。

"如果弄得不好，资本主义复辟将是随时可能的！"[4]武汉的革命大联合已处在一个紧急关头！

湖北省委市委内最大的一小撮党内走资派人还在，心不死，他们必定会勾结社会上的地富反坏右、牛鬼蛇神打进去、拉出来，利用革命阵营中的各种小资产阶级思潮、机会主义思潮，在那里大干小资产阶级向无产阶级夺权的罪恶勾当，一切革命的同志，不可掉以轻心，书生气十足，将复杂的阶级斗争看得太简单了。

在滚滚东去的长江里，倘（尚）且出现回流，在伟大的历史潮流中也必定会出现逆流，各革命组织负责同志，无产阶级革命派的同志们，迅速行动起来，让我们**"到中流击水"**，推波助澜，促进革命大联合的历史潮流奔腾向前！

根据钢工总武昌印刷厂《东方红》战团、武汉新华工敢死队 1967 年 10 月 1 日出版的《激扬文字》国庆特刊刊印。

---

4　转引自《伟大的历史文件》，1967 年 5 月 18 日《人民日报》。

# 决派联络站组织条例[1]

(一九六七年十一月三日)

一、同意我联络站一切纲领。

二、本人必须是坚定的无产阶级革命造反派。

凭本单位造反派的介绍函件在我站联系,再经组织调查批准。(发给证明函件,有证明函件者始为我站正式成员。证明由组织统一领(颁)发)

必须是完全自己自愿的。并且允许保留在大方向相同的分歧,但要遵守必要的纪律。

联络站成员内部开的会议非公开的一律不公开。站的决议一经确定便坚决服从。

违反我组织条例的任何一条者作自动退出论。重者通报开除。

不同我站或又不愿在保留自己观点基础上(原文如此——本书编者注),可声明退出。

在规定时间内三次不与本站工作,又不明理由,作自动退出论。

各单位成员发展到一定程度(超过15人至25人)要派工作人员,各单位组织可据你处情况并不与本站条例发生冲突订出组织条例。

各级负责人,不称职的随时可以调换。

本条例自本联络站成立起即生效,以后情况有了新的变化另外再发新的条例。

决心把无产阶级文化大革命进行到底的无产阶级革命派联络站

1967·11·3[2]

根据湖北大学革命委员会政宣部1969年9月编印的《把反动刊物<扬子江评论>拿出来示众》刊印。

---

1 这个条例是鲁礼安委托武汉六中学生陈瑞文写的。
2 这里的落款日期"67.11.3"与收录此文的《把反动刊物<扬子江评论>拿出来示众》一书目录标注的日期不一致,该书目录标注的日期是"67.11.30"。

# 北斗星学会宣言

（一九六七年十一月七日）

鲁礼安

我们试看矿岩的分布，铁矿、煤矿和云母各自云集在一起，这是千百年自然界运动的结果，是大自然的威力。但是我们的队伍，也时时有人退却，有人落荒，有人颓唐，有人叛变，更有人结集在一起，奋勇地前进，这是一年多来运动的结果，是大革命的威力，这种威力是任何人无法抗拒的。

学者们写史，十有八九无血无肉，不是历史创造者的呼声，为什么？就因为他们是名家，是黄鹤楼的秀才，不象长江水里的弄潮儿，懂得波澜是如何汹涌，浪潮是怎样澎湃，回流是何等险恶，一个普通的工人，巴黎公社社员笔下的一八七一年公社史就远远胜过了好多历史学家关于公社的论述，震撼世界的我国无产阶级文化大革命如何总结它，如何承受它，难道还需要等着那些黄鹤楼上看翻（帆）船的大人先生去进行，而不是由我们这些多少在运动的泥巴里滚了半天的毛小子和工人同志一道来完成吗？这群不见经传的小人物冲到了一起。在无产阶级文化大革命的海洋向新的领域奔腾的时候，让世界，让人类，让那些在文化大革命的海岸边徘徊了年把的肖涧秋[2]和那些在海水里吃（呛）得昏头昏脑的惊魂未定的先生们听文化大革命的大海曾经是怎样奔腾，怎样呼啸，是我们的责任。

敢于打破僧侣的塔顶去探求无际天空秘密的勇敢者，就成了哥白尼，或者布鲁诺，勇于大胆地闯进人间这所大学里面去，就成了高尔基。尽管传统的阻力是巨大的，但是，有那么一些亡命之徒要冲破

---

1 据鲁礼安在他的回忆录《仰天长啸——一个单监十一年的红卫兵狱中吁天录》中说，这个宣言是他本人写的，最初是用传单形式发表的，未署名。
2 肖涧秋，根据柔石小说《二月》改编的电影《早春二月》中的人物。其形象表现了小资产阶级知识分子走上革命道路之前的迷茫和苦闷，软弱和动摇。

历史的惰力，不顾十字架的威胁，开拓新的道路。小学中学到大学漫长的三部曲不知是哪位大人先生定的，我们都听厌了，可是还有人想把这个三部曲继续照样弹下去，把我们催眠得昏昏然，好送进修正主义的棺材。主席说得好，教育革命，有可能只能触动皮毛，有可能彻底翻过来，我们依了前者，又将作凯洛夫的奴隶，唯有在毛泽东思想的光辉照耀下，继续发扬革命的首创精神，高喊造反有理而大呼猛进，才有我们的未来和希望，为中国革命计，为将来用自己的双手亲自埋葬帝国主义制度计，我们万万不可放松了自己。

要当官的就让他争席位去罢，要保命的就让他搞什么鸡血疗养法[3]罢，自有一大批自强不息的革命小人物永远联系在一起，为未来的斗争准备弹药和武器，君子坦荡荡，小人常戚戚，我们从来都把这场空前伟大的中国无产阶级文化大革命看作是更为空前伟大的世界革命风暴的引子和序幕，那些不读书，不看报，不接触群众，什么学问也没有，而又专好以势压人，进入官场的人，管他司令也好，佛爷也好，在历史的长河中，终于混不了多久，大浪淘沙，决少不了他一份，"真正有希望的人是那些善于思考问题的人"。历史证明了，未来不是属于陈独秀、瞿秋白这些"五四"时期曾经大喊大叫的一时风云人物，历史还将证明下去，只有那些永远善于思考，善于学习，紧跟毛主席的伟大战略部署的，方是将来历史舞台上的主将。

至于北斗，乃宇宙间七颗排列的似斗的星星，在奴隶的歌中的象征，只有全人类最伟大最天才的舵手毛主席诞生到世上，人间唱着"抬头望见北斗星，心中想念毛泽东"，北斗才被赋于（予）最新最美的时代内容，我们的学会取名于此，就是要求永远紧跟毛主席，在大风大浪中把紧舵向，北斗、北斗，未来的几十年的中国，世界将是谁主沉浮！

根据湖北大学革命委员会政宣部1969年9月编印的《把反动刊物〈扬子江评论〉拿出来示众》刊印。

---

3 鸡血疗养法，又称"鸡血疗法"，文革中流行的一种伪科学保健疗方法。

# "北斗星学会"记者招待会

(一九六七年十一月)

(地点:新湖大三号楼)

问:你们对曾刘首长[1]关于《学会》的表态有何看法?

目前社会上敌情比较严重,正如曾刘首长所说,出现了这党那党,这军那军,因此曾刘首长出于对革命小将的关心爱护,耽心被坏人利用而谈起"北斗星学会"是完全可以理解的。

"北斗星学会"没有及时向曾刘首长汇报学会情况,是我们的不足之处。我们仅在 12 月×日向警司[2]进行汇报,可能是警司疏忽,未及时传达给曾刘首长。

学会宣言第一稿有缺点,有错误,完全可以通过人民内部的批评解决问题,在 11 月 7 日的成立会上工人同志们的批评就给我们上了生动的一课。而那些不知从什么地方偷到我们宣言的跳梁小丑们,根据我们的记忆,宣言没有发给临委会[3],至于什么前进兵团,我们好象听都没有听说,把这篇未曾发表的宣言拿出来大加批判,且不说他批评水平太差,其实连学会他就根本一无所知,就从转移斗争大方向

---

1 曾刘首长,指曾思玉和刘丰。曾思玉,1911 年 2 月出生,江西信丰人。原沈阳军区副司令,1967 年"七·二〇"事件后调任武汉军区司令员,1968 年 2 月又任湖北省革委会主任,1973 年 12 月调任济南军区司令员。2012 年 12 月去世。刘丰,1915 年出生。原武汉空军副司令员,"七·二〇"事件后破格升任武汉军区政委,1968 年 2 月又任湖北省革委会副主任。1970 年 3 月又任湖北省革委会党的核心小组副组长(至 1971 年 3 月),1971 年 3 月又任湖北省委第二书记。"九·一三"事件后,被定为"林彪反党集团死党",1971 年 11 月被撤职,在隔离审查期间自杀未遂。1973 年被开除党籍。

2 警司,即武汉警备区司令部,武汉警备区的下属机构。1967 年 8 月 15 日,中央军委电令武汉军区并武汉空军,决定成立武汉警备区。20 日,武汉警备区成立,由空降兵第 15 军军部兼该警备区机构,军长方铭兼武汉警备区司令员,军政委张纯青兼武汉警备区政委。

3 临委会,即"新湖大革命造反临时委员会",1966 年 11 月开始筹建,于 12 月 22 日推翻校文革后正式成立。

这一点来说,就够定罪了,项庄舞剑,意在沛公,"前进兵团"的教师爷们批判宣言的目的,其实是路人皆知的。

问:白桦[4]与学会有何关系?
正是新华工见各大革命组织争着为白桦翻印书籍诗集[5]的时候,我们邀请白桦参加了我们的成立会,此时(外)无任何联系,如果说这就叫做被白桦操纵的话,岂非新华工的后台也是白桦吗?简直是猾(滑)天下之大稽,任何人休想在这个问题上捞到半根稻草。

问:学会成立的目的是什么?
北斗星,按宣言所喻,毛主席及其伟大思想的意思。学会学习班学习小组的意思,全称为毛泽东思想学习小组的意思。

稍稍关心中国革命的人就会明白,我们所说的问题就是指的农民运动。

从形势大好、群众发动起来了这方面来看。

从接班人和农民运动的角度来看。

从中国革命的特点来看,从中国的国情来看。

从农村的现状来看。

从经济基础,上层建筑、生产力、生产关系这个联系来看,今冬明春,农民运动将大规模发动起来。

问:你们对"前进兵团"四评有何看法?
"前进兵团"的四评洋洋万言,也无非是下面几个意思:
①说我们在革命组织中很狂妄,要总结,殊不知人民日报提出大

---

4 白桦,原名陈佑华,1930年11月出生,河南信阳人。剧作家、诗人。1947年参加中原野战军,1956年任总政治部专业作家,1957年被打成右派,受到开除党籍、军籍处分,"摘帽"后调上海海燕电影制片厂任编辑、编剧,1964年重返军队,在武汉军区胜利文工团话剧团任编剧。文革初因支持造反派又遭批判。1976年后大量出版作品。1981年因电影剧本《苦恋》又引起一场大的批判风波。1985年7月离开军队,定居上海。2019年去世。
5 指白桦当时所写支持造反派的诗集《迎着铁矛散发的传单》,是文革中有名的造反派"自印书",由当时的中学生胡发云主持编印,风行一时。

学习、大总结、大提高的。又说我们把"前进兵团"这样以批判我们的宣言而自命为坚持革命大方向的同志比做是秀才,是肖涧秋,是惊魂未定的先生,使我想起鲁迅先生的一段话:(空)

②抓住"北斗,北斗,未来的几十年,中国、世界将谁主沉浮?"大做文章。彭勋[6]在向曾刘首长汇报时,胡说什么这句话极其反动,什么大学生,连这个问题还搞不清楚。

反正,彭勋这个人是什么角色,是那一系的,是助教、讲师,还是教授,我是一无所知,因为我对这个人从来不感兴趣,但就凭他认为……这句话反动这一点而言,彭勋这个人肯定和刘炳炎是差不多的糊涂虫。

我们知道,出现修正主义是一个规律,在革命没有胜利以前,马列主义的斗争就是工人运动内部阶级斗争的规律,在革命没有胜利以前,马列主义的斗争就是工人内部阶级斗争的规律。工人运动内部的阶级斗争主要是采取马克思主义和修正主义斗争的形式。革命胜利以后工人阶级有了政权,修正主义和马克思主义的斗争更是成为主要的形式。所以我们要肯定修正主义的出现,和平演变的出现是个规律,只有认识到这一点,我们才能有更大的决心对修正主义的和平演变进行斗争。

毛主席则经常教导我们:现在的文化大革命,仅仅是第一次,以后还要进行多次,革命的谁胜谁负要在一个很长的历史时期内才能解决,如果弄得不好,资本主义复辟将是随时可能的。

说彭勋这伙人不读书、不看报、不接触群众、什么学问也没有。难道还嫌重了吗?毛主席说:"在思想意识形态这个问题上谁胜谁负还没有解决。"我们提"毛主席呀!毛主席!这未来的几十年中国会不会变颜色啊!"而来激励自己,努力成为无产阶级事业的接班人,何罪之有啊?说句实在话,湖北多有几个象彭勋这样以为有一二次、三四次文化大革命就可以太平无事了的糊涂虫,湖大将来不出林山[7]

---

6 彭勋,1935年出生。中共党员。文革前卫湖北大学教师,文革中为新湖大革命造反临委会常委、湖北大学革委会常委、武汉市革委会委员。文革后被开除党籍。由于能言善辩,有"彭油嘴"绰号。

7 林山,湖北大学党委副书记兼副校长,文革初期被打倒。

第二才是怪事。当然，彭勋只不过说了几句，而"前进兵团"则大做文章，必欲置我们这些区区小卒于死地而后快，不禁使我们又想起鲁迅先生的一句话：叭儿狗往往比它的主人更严厉。

其三，"前进兵团"的先生们给我们安上罪名就是：北斗星学会的一伙人另立山头，迷失了斗争的大方向，错误地估计了当前无产阶级伟大革命的大好形势，不管你们这些人的动机如何，不管你们愿意不愿意，在客观上就是干扰了斗争大方向，破坏革命大联合，干扰了毛主席的伟大战略部署，反对毛泽东思想。这个实在是欲加之罪何患无词，先生们胡扯什么总结经验难道还成立一个组织吗？殊不知"北斗星"根本不是一个群众组织，甚至还没有开展什么活动，发表什么文章，哪里扯得上什么大方向？破坏大联合、干扰毛主席的战略部署、反对毛泽东思想呢？说来这些其实正是"前进兵团"的一伙先生心里想了好久而不敢干，这次正好借题发挥，以达到上述目的。

至于想在"冲破历史阻力，不顾火刑与十字架的威胁，开拓新的道路"上捞稻草就可笑了。什么读得令人发指，我其实怀疑文章的泡制者是个秃头。

什么架起一辆三轮车，毅然到农村去开辟根据地，什么学会成立偏偏要选在一九六七年十一月七日来发表，岂是无意的偶合？什么我们准备来一次学习、总结、提高是"要凌驾于毛主席和林副主席之上"，我们怀疑这伙先生的种种胡言乱语是不是高烧四十多度的情况下写出来的，这种混蛋老师，不赶到农村去，留他干什么？

正象辛亥革命之后"一群臭架子的绅士们便立刻惶惶然若丧家之狗，将小辫子盘在头顶上"，现在一些大保小保的教师爷们，也挂起了造反派的头衔，专门干着打击中伤造反派的勾当。我们严正警告这群丧家狗，不要欺人太甚了。

我们认为，这一次关于北斗星学会的争论实质上是一次新生事物与守旧事物的斗争。

我们伟大领袖毛主席最充分信任群众的力量，信任群众的正确，信任群众的将来。掌握了这种革命方向论的人，对于群众的自我革命创造，决不惊慌失措，也不是站在他们后头指手划脚的批评他们，而是站在他们的前头领导他们。正象一年多前北京出现了一个七八个人的"红卫兵小组"的时候,有人说他们无法无天,有人说他们是反革命组织,只有毛主席看到了这个新生事物,给予了肯定和支持,结果人人争当红卫兵,毛主席又因势利导,发动了红卫兵运动。我们相信在群众运动进行到一定的时候,出现了各种形式红卫兵小组的学习小组是完全正常的现象,决不是什么稀奇古怪。

历史上的任何新生事物,在开始的时候,总是被人认为稀奇古怪,被人们所不能理解,这种新生事物的代表者,总是被加上狂妄的名字,我们伟大领袖毛主席年轻时就说过:"老先生最不喜欢的是狂妄,岂知古今真确的学理,伟大的事业,均系被人加上狂妄名号的狂妄者所发明出来的。"

对"北斗,北斗,未来的几十年,中国、世界谁主沉浮?"大加议论的人,实质是散布阶级斗争熄灭论。

发起并不等于参加,宣言的发表也是针对学生而言的,这一点不是很明显吗?

我们学会有没有右派?有,我就是去年的极右分子,"前进兵团"的畜生要不要来抓呀。

(1967 年 11 月)

根据 1968 年 7 月 16 日出版的《扬子江评论》第 12 期和湖北大学革命委员会政宣部 1969 年 9 月编《把反动刊物〈扬子江评论〉拿出来示众》刊印。

## 大人先生们！你们要"逼死"她吗？！

（一九六七年十一月）

鲁礼安

鲁迅先生曾对我们说，孩子初学步的时候，"大人们"决不会因为孩子们的走法幼稚、怕妨碍了阔人们的路线且（而）逼死"她"。我想，真正的革命者，也决不会因为红八月公社在前进的道路上有这样或那样的缺点和错误，而将其诬蔑为"极左"的产物，怕妨碍了大人先生们的向上爬而"逼死"她。

当着某些利欲熏心的先生们在飘飘然中爬着别人的肩，搞起什么委员会的时候，红八月公社在这里召开了庄严的"将无产阶级文化大革命进行到底"的誓师大会，表明了公社将继续高举革命的大批判大旗，与党内一小撮走资本主义道路当权派血战到底的英雄气概，使一切工人运动后院里的野鸡们不敢狂吠。

历史的天平，早已称出了红八月公社与什么委员会的重量。

历史的潮流，终将淘汰那些投机于革命的跳梁小丑。彻底的无产阶级革命派，即便是暂时受压制的小人物罢，终将得到未来。

这是历史的弁（辩）证法。历史的弁（辩）证法是无情的。

马克思曾经是怎样评价巴黎公社啊："公社即使失丧了，斗争也不过是延期而已。公社的原则是永存的，是消灭不了的……。"

我们则说，红八月公社的彻底革命精神是永存的，这种精神将永远鼓舞着成千上万的革命战士，奋然地前行。

各种各样的代表人物各种各样的思潮都企图上台表演，这有他自己的自由。但是，历史，永远只会按照马列主义毛泽东思想所指示的必然规律，走他自己的路。

1967·11

根据湖北大学革命委员会政宣部 1969 年 9 月编印的《把反动刊物〈扬子江评论〉拿出来示众》刊印。

# 决派宣言[1]

(第一稿)
(一九六七年十二月十日)

鲁礼安

　　五四时代的英雄好汉都到哪里去了？任是彪炳一时的陈独秀、威风一阵的张国焘，风云一场的瞿秋白，统统被革命的狂风暴雨扫进了历史的垃圾堆。以编辑《新青年》而出名的陈独秀叛变了革命，在革命队伍中混过若干日子的张国焘投入了敌营，瞿秋白在历史的考验面前，也实行了卑鄙的变节，小资产阶级的劣根性未断，给其最后的堕落埋下了祸患。"知识分子不与工农民众相结合，则将一事无成"，甚至走向自己的反面。只有投身到工农运动的泥巴里滚上千百万遍的革命知识分子，取得了工人阶级代表的资格。我们的伟大领袖毛主席则是其中最杰出、最光辉的典范。

　　今日无产阶级文化大革命中的先锋闯将又将向何处去？未来的历史也将作出严肃的回答。那些觉得马列主义、毛泽东思想行时了一阵子再也不行时了，以为革命已经进行到底了的人必将为历史所淘汰；那些不读书、不看报、不接触群众，什么学问也没有，又偏要学着以势压人的人必将变成抬车屁股向后的可怜虫，唯有那些永远把自己和工农大众，和全世界三十几亿受压迫，受剥削的劳动人民的命运紧紧连系在一起的人才是中国和世界的栋梁和希望。

　　在一些徘徊消沉的气氛中，一个口号一天胜似一天地响亮起来：做决心把无产阶级文化大革命进行到底的无产阶级革命派。

　　我国的无产阶级文化大革命，就是在无产阶级专政的条件下彻

---

[1] 这个宣言最早发表在1967年12月25日出版的《扬子江评论》创刊号上，1968年7月16日出版第12期时，重新发表了这个宣言，重新发表时，文字未作改动，只删去了标题中的"(第一稿)"三个字，均未署名。据鲁礼安在他的回忆录《仰天长啸——一个单监十一年的红卫兵狱中吁天录》中说，这个宣言的第一稿和1968年1月25日发表的第二稿都是鲁礼安起草的。

底摧毁一切剥削阶级的意识形态的大革命。崭新的社会主义的教育制度，必须取代腐朽的、没落的资本主义教育制度，过去的一套阻挡破坏了我们今天的"教育为无产阶级政治服务，教育与生产劳动相结合"[2]方针的实行，就一定要摧毁它、消灭它。恩格斯指出：传统是巨大的阻力，是历史的惰力，但是，它是消极的，因此，一定要被摧毁。"这重担落在我们一代的肩上。然而青年又何能一概而论，"有醒着的，有睡着的，有昏着的，有玩着的，此外还多，自然，也有要前进的。毛主席最近指出："进行无产阶级教育革命，要依靠学校中[的]广大革命的学生，革命的教员，革命的工人，要依靠他们中间的积极分子，即决心把无产阶级文化大革命进行到底的无产阶级革命派。"[3] 做决心把无产阶级文化大革命进行到底的无产阶级革命派，还是做半途而废的革命同路人，严肃也（地）摆在我们每个人的面前。

什么这派那派的，只有决心把无产阶级文化大革命进行到底的人才是无产阶级革命派。象山间的溪水，岩上的瀑布，草原上的小河，冲坏了派性之争，飞溅着，奔流着，左绕右转，将汇成决派的滚滚的江河。

决派，这是革命派通过"斗私批修"，从造反的"必然王国"走向"自由王国"的产物。决派，这是一个牢记着毛主席所说的"革命的、或不革命的，或反革命的知识分子之最后的分界，看其是否愿意并且实行结合工农民众，他们的最后分界仅仅在这一点"[4]的教导的勇敢的大军。在这最后的分界线上，一切犹豫的，徘徊的，被小资产阶级个人主义拖累得精疲力竭了的人决不能与决派同伍而分道扬镳。决派，这是要同剥削阶级传统观念实行最彻底的决裂的一代新人。革命，这是大海的怒涛，一切妖魔鬼怪统统被那冲走了，让遗老

---

2　这条语录与原文有出入，原文是："教育必须为无产阶级政治服务，必须同生产劳动相结合。"见《关于赫鲁晓夫的假共产主义及其在世界历史上的教训》，1964年7月14日《人民日报》。
3　转引自1967年11月3日《人民日报》第1版编者按语。
4　这段语录与原文有出入，原文是："革命的或不革命的或反革命的知识分子的最后的分界，看其是否愿意并且实行和工农民众相结合。他们的最后分界仅仅在这一点"。见《五四运动》（1939年5月），《毛泽东选集》第2卷，人民出版社，1966年7月，第523-524页。

遗少们在不断革命的浪潮面前发抖去吧,从来都没有书斋里的闯将,起来!起来!起来!!决派要到伟大的三大革命运动中去,对几千年的剥削阶级传统意识来一次空前的扫荡。决派是革命小人物的队伍,是永远要求上进的力量。自身失去的只是利己主义,小团体主义,宗派主义,无政府主义的枷锁,而得到的必然是整个世界。

决派以最大的热忱准备迎接中国农民运动高潮的到来。

中国最大的战争,无不是农民的战争,中国最大的运动,无不是农民的运动。震撼世界的我国无产阶级文化大革命运动,倘离开了五亿农民,岂非大半成了空话?从学生运动,到工人运动,最后发展到轰轰烈烈的农民运动,这是中国近代革命的一般规律,是历史的必然。"在很短时间内,将有几万万农民从中国中部、南部和北部各省起来,其势如暴风骤雨,迅猛异常,无论什么大的力量都将压抑不住"。站在农民运动的前头领道(导)他们,还是站在他们的后头指手划脚地批评他们,还是站在他们的对面反对他们,将区分决心把无产阶级文化大革命进行到底的无产阶级革命(派)和小资产阶级革命派。无产阶级文化大革命进行到今天最彻底地荡涤旧社会遗留下来的一切污泥浊水,清洗中国农村几千年堆积起来的垃圾赃物,在我国农村大树特树起毛主席和毛泽东思想的绝对权威,已经成为一项重要的历史使命摆在我们每一个人的面前。伟大的中国农民运动,已经有狂风在为他开道了,决派将在这暴风骤雨中受到农民运动的洗礼。与工人阶级相结合,而又与农民大众相结合,将使得决派获得空前巨大的力量。巴黎公社社员喊得多好啊:"快把那炉火烧得通红,趁热打铁才能成功"。炉火,你燃烧吧,铁锤,举起来吧,决心把无产阶级文化大革命进行到底的无产阶级革命派,高唱起国际歌,决然地抛掉派性、私心的束缚,到伟大的战无不胜的毛泽东思想的旗帜下集合,向旧世界发动狂飙般的进攻。

决心把无产阶级文化大革命进行到底的无产阶级革命派,联合起来!

决派联络站<br>一九六七年十二月十日

根据 1967 年 12 月 25 日出版的《扬子江评论》创刊号刊印。

# 决派宣言

（第二稿，草案，供大家讨论）
（一九六八年一月二十五日）

鲁礼安

无论是冷笑的、嘲讽的，还是反对的、咒骂的，现在都不得不承认决派已经成为社会上舆论的一种势力了。

污蔑决派为极左，已经成为所有正统左派们嘴里最时髦的话题。再也不肯前进了的左派顿时变成了挥舞"决派是极左思潮的产物"的大棒子的英雄。那些早已满足于现状，不肯继续奋斗下去了的大人先生，无不将一切决心把无产阶级文化大革命进行到底的小人物代（戴）上极左的罪名，仿佛他们就是左派的最后分界线，于是决派从她诞生的第一天开始，就不断遭到系统的围剿。

是决派向全体人们公开说明自己的观点，自己的目的，自己的企图，并且用自己的宣言来粉碎一切关于决派的神话的时候了。

## 一、革命委员会和决派

可以毫不掩饰地说，现在的造反派队伍中有相当数量的不属于无产阶级革命派。毛主席在论无产阶级教育革命（时说），要依靠学校中的工人教师和学生，要依靠他们中的积极分子，即决心将无产阶级文化大革命进行到底的革命派。毛主席在这段最新指示中，给无产阶级革命派下了最新的定义：只有决心把无产阶级文化大革命进行到底的人，才是无产阶级革命派。

运动初期来自资产阶级反动路线的压迫，把一大批被迫害者赶进了造反派的队伍，那里有压迫，那里就有反抗，这时候的造反派大多数停留在从必然王国造反的水平上，打倒党内一小撮走资本主义道路的当权派的造反派都在这一时期获得无产阶级革命派的称号。

但是正象《人民日报》《红旗》杂志《解放军报》一九六八年元

且社论中所指出的那样：我们必须清楚地认识到无产阶级文化大革命，不仅要斗倒党内走资本主义道路的当权派，而且要解决人们的世界观问题。革命越向前发展，就越深刻地触及人们的灵魂，无产阶级的"公"字和资产阶级的私字的冲突就越厉害，只有在轰轰烈烈的阶级斗争中大学老五篇，狠斗资产阶级的私字，大立无产阶级的"公"字，改造世界观，并且学会用团结——批评和自我批评——团结的方法，正确处理人民内部矛盾，才能真正紧跟毛主席，真正成为"决心把无产阶级文化大革命进行到底的无产阶级革命派。"

在这里，决派的意义已经从教育革命这一方面的意义扩充到了一般的意义。质言之，只有从必然王国造反走向了自由王国造反的人，才是决心把无产阶级文化大革命进行到底的革命派。

而那些在党内一小撮走资派面前不愧为英雄好汉的造反派之中某些人，毕竟过不了触及自己灵魂的一关，红代会、工代会和省市革命委员会的权威几乎被一些鬼迷心窍的官迷们为席位争来吵去损失得差不多了。

革命委员会的成立并没有消灭两大派的对立，它只不过是用新的两大派别压完全不同于过去钢新之争的崭新的矛盾，用新的斗争形式代替了旧的。

统一是相对的，斗争是绝对（的），联合是相对的，分裂是绝对的，或说一分为二是永远存在的。

工作组执行资产阶级反动路线的时候，群众则迅速因对工作组不同的两种看法，而分成两大派，以后毛主席指示，全国百分之九十五的工作组犯了方向路线性错误，群众于是统一了认识。统一又随着对待旧走资派两种绝然不同的认识而重新分为两派，形成明显的革与保，这个对立又随着红旗杂志吹响彻底批判资产阶级反动路线的号角而趋向统一，而后一股资本主义复辟逆流又再一次把这个统一破裂，武汉的红三司[1]曾在打倒王任重这个问题上和武汉的革命造反派取得过一致，却终于在二月反革命逆流面前，实行了卑鄙的变节，投向了陈再道的怀抱。

---

1 红三司：全称"武汉地区东方红红卫兵司令部"，属武汉大中学校偏保守派的组织。成立于1966年11月4日。

革命的对象现在已经没有过去那样明显具体了,那么,我们的革命造反大军中的分化是否仍然存在呢?

以把矛头指向王任重和陈再道为目的而聚集的一支造反队伍,已经失去了继续按原组织形式存在下去的政治基础,王任重也好,陈再道也好,统统都倒下了历史舞台,为工总翻案的问题已经不复存在了,"一切组织形式服从于政治任务"。但是各大革命组织的政治任务既然转向无休止的无原则的内战内,这些组织形式,也就注定了不再具有生命力,而成为走向死亡的东西。

由此可见,在王任重和陈再道被推翻以前的各革命组织共同生存的政治基础,是在造反派受压迫,受迫害的情况下形成的,而当着革命造反派获得自身的解放,其组织演变成了某些人争权夺利的工具以后,这种组织形式,就再也不能适应日益发展的革命形势需要了。它变成了束缚革命的桎梏,它必须被打破,而且果然被打破了。

取而代之的是革命委员会。

但是,与其说是这种革命委员会,不如说取而代之的是以革命委员会中某些人为代表的强势力,与另一支崛起的新军的斗争。

过去一年多来残酷的阶级斗争不仅给我们代(带)来了一个临时的权力机构——革命委员会,更给我们锻炼了一支钢铁般的队伍——决心把无产阶级文化大革命进行到底的无产阶级革命派。

革命委员会在无产阶级无产阶级文化大革命的历史上无疑起着一定时期的非常革命的作用。

在恢复工业生产,恢复交通运输,领导群众进行本单位的斗批改等方面都必须有一个临时的权力机构,这个临时权力机构必须按三结合的形式,有代表性的,有权威的机构,这个机构叫什么好呢?毛主席说:"叫革命委员会好"。

是叫革命委员会好,而并非是象社会上到处标榜的"革命委员会好",倘若这种权力机构真是理想的话,它就不必成为临时的了。

《人民日报》《红旗》杂志《解放军报》一九六八年元旦社论说要大力促进各级革命委员会的建立和巩固,维护他的革命权威,帮助他的完善和发展,使他代(带)领广大革命群众夺取无产阶级文化大革命的全面胜利的战斗中发挥强大的威力。

所以各级革命委员会的最重要的职能在于带领广大群众夺取无产阶级文化大革命的全面胜利的战斗中发挥强大的威力,不难想一旦这威力不能够发挥出来的时候,革命委员会便将失去生命力,而被更新的东西所代替。

革命委员会这个由革命群众自己创造出来的事物,也必将由革命群众自己来把他消灭掉。

这个任务,毫无疑问地被放到了决派肩上。

《元旦社论》指出:"能不能自觉地克服派性,是在新形势下愿不愿意做真正的无产阶级革命派的重要标志。"亦即愿不愿意成为决派的标志,反过来说,那些不肯自觉地克服派性的人,决不是新形势下的真正的无产阶级革命派。

现在来看看我们湖北和武汉的省、市革命委员会[以]下属工代会和红代会是怎样最后形成的罢:

从总的意义上来说,无论是省、市革命委员会,还是下属的工代会和红代会都是无产阶级革命路线(此处字迹不清,大意可能如此)在湖北地区胜利的产物,因此,它是积极的,新生的,革命的。我们必须维护它的革命权威,帮助它的完善和发展,难道现在革命造反派的革命委员会比较起过去任何一个伪文革不都是朝气蓬勃,极富于生命力的吗?

但是,用新形势来看问题,这种革命委员会又不过是一个各派派性大力被压的一个暂时统一体,更何况即使是这样一个暂时统一体也是极不稳固的,我们仅从一向高唱:坚决维护曾、刘首长的革命权威的新华工,居然因席位分配不均而扬言要敲敲曾思玉的天灵盖,那么样?一事;(原文如此——本书编者注)便可以知道这一点了。

怀着各种不同的目的,抱着各种不同的企图的各派力量,凭着反抗党内走资本主义道路当权派这一共同点走到一起的,终于在革命不断深入发展,无产阶级公字和资产阶级的私字的冲突摆到突出的地位上以后,而开始各自顽强地表(现)起自己来。

小资产阶级革命派在顽强地表现自己,机会主义分子在顽强地表现自己,自然,真正的无产阶级革命派也顽强地表现自己,因而可以断言,由这样的各派政治势力组成的临时权力机构,决不可能长久地维持下去,而必须由一派通过斗争取得统制地位,这一派必将是同历史发展的力量相适应的一方。

从历史上来看,苏联共产党之所以从一九〇三年开始直到一个很长的历史时期,能够成为一个坚强的战斗的政党,是因为党内布尔什维克派在第三次党代表会上的胜利和孟什维克派的失败,即列宁派的胜利和马尔托夫派的失败。

而中国共产党之所以从党内的遵义会议以后,能够认(成)为全世界最伟大、最坚强、最正确的无产阶级政党,也正是由于党内确立了毛主席的领导地位而排斥了王明路线的错误统制。

而无产阶级文化大革命以后的中国共产党,将变得更加纯洁,更加朝气蓬勃,更加坚强,同样是因为经过无产阶级文化大革命的伟大风暴,彻底清算了党内的走资本主义道路的当权派而空前地树立了当代最伟大的马克思列宁主义者毛主席,及其天才思想的权威。

同样,完全可以预料到,未来取代革命委员会这种临时权力机构的真正国家机构,一定是由最能紧跟毛主席的一派掌握。毫无疑问,这一派只能是决心把无产阶级文化大革命进行到底的无产阶级革命派。

## 二、决派和群众运动

"你们自封为决派",不,决派联络站决不自封它们战士为决派,事实上,决派是任何人也自封不了的。正好象核心是自封不了一样。历史上的王明曾经自封为中国共产党内百分之百的核心!结果历史宣布了他是百分之百的垮台。

决派只能由伟大的群众运动检验出来。

决派深刻地认识到,无产阶级文化大革命,从根本上来讲,是要解决挖掉修正主义根子的大问题。只有在轰轰烈烈的阶级斗争中"斗私、批修",才能真正成为"决心把无产阶级文化大革命进行到底的无产阶级革命派"。

马克思说:无产阶级不但要解放自己,而且要解放全人类。如果不能解放全人类,无产阶级自己就不能最后得到解放。

这句话是决派的座右铭:

林彪同志说："不懂得什么是阶级、不懂得什么是剥削，就不懂得革命。"同样，谁不再感到压迫了，谁就不会把革命进行到底。

　　从来的马克思列宁主义，都是把群众的痛苦当成是自己的痛苦，把群众的欢喜当成自己的欢喜，把阶级的被压迫者看成自己的被压迫。你说毛主席不感到压迫了吗？除非全人类得到解放。

　　以天下为己任，以解放全人类为自己的最终目的的决派，只能把伟大的革命群众运动作为自己斗争的唯一依赖。决派以无限信任群众的旋转乾坤的创造力，确认"革命的群众运动，它天然是合理的，尽管群众中有个别的部份，个别的人，有'左'有右的偏差，但是群众运动的主流总是适合社会的发展的，总是合理的。"确认马克思列宁主义者依靠这种群众的创造力，集中革命群众的经验是能够指导群众在合乎历史规律的轨道上前进的。

　　那么，这样的决心把无产阶级文化大革命进行到底的无产阶级革命派在群众运动的大风暴面前，对于革命群众的自我发动和自我创造，决不会惊慌失措，也不会"站在他们的后头指手划脚批评他们。""更不会站在他们的对面反对他们。"决派把群众运动的暴风骤雨看作是最大节日的来临，而以满腔热情和百倍的信心投入到里面。

　　而在这种伟大的群众运动中，在这种轰轰烈烈的阶级斗争中，在与广大工农群众相结合之中，也就改造了我们自身，逐步克服自己的资产阶级世界观，树立起无产阶级世界观，使我们得到从未有过的力量和智慧，成为真正决心把无产阶级文化大革命进行到底的无产阶级革命派。

　　在当前同党内一小撮走资本主义道路当权派对立的一切派别中，只有决心把无产阶级文化大革命进行到底的无产阶级革命派是真正的无产阶级革命派。其它的一切派别，无论是原先被群众运动的大浪潮卷进革命的激流，激烈过一阵子的，还是在席位上争论得精疲力尽了的，都随着运动的更深入、更广阔的发展日趋没落和灭亡，决派却是运动更深入发展的产物。

　　鲁迅先生说得好："倘若不和实际的社会斗争接触，单关在玻璃窗内做文章，研究问题，那是无论怎样的激（烈）、'左'都是容易办得到的；然而一碰到实际，便即刻撞碎了。"我们从来都不认为脱离阶级斗争现实单关在什么招待所里搞"斗私、批修"会搞出什么结果。为席位问题难道历史不是已经证明了,那些在招待所里搞"斗私、批修"体会的某些"群众运动领袖"一出客厅便充当了镇压以巴河一司[2]为代表的农民运动打手的可耻角色吗?

小资产阶级革命派和保守派同是"私"字的宠儿,只不过前者的劣根性是在被压迫的地位改变了以后才肯显著地表现出来的罢了。

恩格斯早就指出:"无产阶级的运动必然要经过各种发展阶段;在每一个阶段上都有一部分人们停流(留)下来,不再前进。"

首先是以知识分子为主体的小资产阶级革命派的队伍要在内部发生[的]分化,其中有一部分人,经过激烈痛苦的思想斗争,而走上与工农相结合的道路,投身到当前伟大的农民运动中去,成为决心把无产阶级文化大革命进行到底的无产阶级革命派。

以赤总工二司[3]民办工人等为代表的临时工、合同工,他们同党内走资本主义道路当权派的英勇斗争,很大程度是从他们的社会地位出发,为维护并且巩固他们的经济地位的奋斗,这一大阶层被空前浩大的无产阶级文化大革命卷进了运动。他们最希望革命愈彻底愈好,尤其留恋他们在运动中结成的团体。必须善于引导他们,使他们真正站到无产阶级立场上来,懂得"无产阶级只有解放全人类,才能最后解放自己"[4]的伟大教导,这中间有相当一批人会参加决派的队伍。

而决派的主力军,毫无疑问的,是由最广大的工人阶级组成。

毛主席说:"社会的发展到了今天的时代,正确地认识世界和改造世界的责任,已经历史地落在无产阶级及其政党的肩上。这种根据

---

2 巴河一司,全称"捍卫毛泽东思想红色造反浠水巴河地区第一司令部",原为"浠水革联"在巴河地区的分部"钢总指"下属基层组织,1967年8月15日,因思想问题被北京外语学院开除回乡的王仁舟当上"巴河一司"头头后,"巴河一司"从"钢总指"分裂出去,后成为浠水县巴河地区势力最大的农民造反组织,形成"巴河一司"与"浠水革联"两个观点相互对立的两大派组织。
3 赤总工二司,全称"毛泽东思想赤卫军总部工人造反第二司令部"。
4 转引自《姚文元同志在首都欢迎中国红卫兵代表团访问阿尔巴尼亚胜利回国大会上讲话,中国红卫兵永远忠于无产阶级国际主义》,1967年8月3日《人民日报》。

科学认识而定下来的改造世界的实践过程，在世界、在中国均已达到（到达）了一个历史时节——自有历史以来未曾有过的重大时节，这就是整个儿地推翻世界和中国的黑暗面，把他（它）们转变过来成为前所未有的光明世界。"[5]

工人阶级最能意识到自己肩上的重担，这仅仅从工人同志一旦接受了决派的观点，便坚定不移地走下去这一点，就可以看出来了。

"民主革命的五四运动，是革命知识分子先觉，而首先发起的，但很快北伐，而后又长征，这些革命风暴全是工农为主力军。"毛主席曾经这样说过："民主革命是如此的，无产阶级文化大革命也是如此。"我们如果分析工人中造反最早的，也多是其中的知识分子，现在他们多半掌了权，在他们面前也有一个改造自己，使自己真正取得工人阶级的代表的资格的过程。否则一定会成为昙花一现的人物。而那些曾经一时受过蒙蔽的工农群众一经改正，可以很快的成为决心把无产阶级文化大革命进行到底的无产阶级革命派。

也许有人会指责我们，说我们在宣扬"左派转化论"，我们承认这条罪状。

但是必须首先要弄清楚[的]这里"左派"的概念究竟是什么，如果要一切造过资产阶级反动路线反的造反派就是你们所说的"左派"的话，那我们之间在大前（题）上就已经发生了分歧。

马克思和恩格斯说得好："共产主义革命就是同传统的所有制关系实行最彻底的决裂，毫不奇怪，它在自己的发展进程中要同传统的观念实行最彻底的决裂。"

没有勇气同传统的观念实行最彻底的决裂的人，无论过去有多么巨大的造反功绩，都决成不了左派，成不了决心把无产阶级文化大革命进行到底的无产阶级革命派。

决派，这应该是整党建党的基本力量。

## 三、其他的激进派和决派

当着决派的洪流不断地在汇合、壮大、斗争的同时，社会上出现

---

[5] 引自《实践论》（1937年7月），《毛泽东选集》第1卷，人民出版社，1966年7月，第272页。

了各种类型的激进派。

在武汉地区工人总部中出现的所谓"左翼联盟"和"反到底"就是这种派别的一种。

他们也发布过宣言通告或答"记者问"之类的东西，他们甚至会拥有相当数量的相当资格的老造反派。

这些老造反派的工人因为各方面的原因，聚集在一起来了，他们中间有"打天下的项羽"，却落得了个本单位的"刘邦坐天下"的结局。自然他们中间也有少数的个人野心家。他们起了"反到底"的名称来作为自己反抗的旗帜。他们用来泄愤的手段是：揭揭某些头头的老底，在小报上用对资产阶级政客们的诅咒来表示自己的感情。

但是他们的斗争方式显然是被动而且落后的，并且往往容易被个人野心家所利用。这种情况出现的主要的原因是因为他们对无产阶级文化大革命运动的整个历史进程还没有深刻的认识，找不到解决矛盾的其它方式而必然采取的办法和手段。

因此，他们的斗争随着运动的发展而逐步失去了意义，他们的寄托也随着各级临时权力机构的产生而感到渺茫。

这部分老造反派只有在他们开始跳出[来]以上斗争的范围，把眼光转移到无产阶级文化大革命运动的整个战场上，转移到运动中不断出现的新动向、新事物、新问题的时候，把群众着眼点放在群众身上，才会找到解决各种矛盾的出路。

"反到底"之类的激进组织随着各级临时权力机构的建立而剩下□□（此处漏字——本书编者注）的命运，而"决派"的队伍却是在各级临时权力机构的建立以后而日益壮大起来。

属于"反到底"思潮的激进分子所作的一切，客观上阻碍了历史车轮的前进，如果说这批老造反派是能够革命到底的话，那是指他们行将转入决派的队伍，站在新事物的面前，带动广大革命群众，把革命进行推向前进的时候。

文艺界的"狂妄派"[6]。

文艺界最近突起了一支激进的力量，即所谓"狂妄派"。

---

6 狂妄派，指"湖北省市文艺界狂妄师"，1968年1月18日成立，是从"湖北省直文艺总部"分裂出去的保守组织。

但是这支"狂妄派"仅出在文艺革司一方,"狂妄"的矛头又是专指向钢工总文艺分团中的所谓"老朽",这就不能不使人们对"狂妄派"产生宗派主义的怀疑。

毛主席在《延安文艺座谈会上的讲话》中说:"比如说文艺界的宗派主义吧!这也是原则问题,但是要去掉宗派主义,也只有把为工农,为八路军、新四军,到群众中去的口号提出来,并加以切实的实行,才能达到目的,否则宗派主义问题是断然不能解决的。"

因此我们认为,目前的斗争水平还仅仅只停留在触及"老朽"们的皮肉上的"狂妄派",倘不能把触及自身的灵魂放在首要地位,不把和工农兵相结合放在首要地位,不用自己的实际行动来对旧的文艺界来一次空前的扫荡,则必然是"老爷下台,少爷上台",而"狂妄派"也至多是个"狂热派"而成为鲁迅先生曾经描写的"激烈得快的,也平和得快甚至于也颓废得快"的那种"翻着筋斗的小资产阶级"的狂热分子。

文艺界面临一个重新组织阶级队伍的重大任务。

鲁迅曾说:"联合战线是以有共同目的为首要条件的。……而我们战线不能统一,就证明我们的目的不能一致,或者只为了小团体,或者还其实只为了个人,如果目的都在工农大众,那当然战线也就统一了。"

### 四、伟大的农民运动对决派的意义

在我们伟大领袖毛主席的天才领导下,人类历史上第一次无产阶级文化大革命在过去的一年中取得了决定性的胜利。

但是,我们的国家,是小资产阶级成份极其广大的国家。正象列宁曾经形容俄国过的:"汹涌的小资产阶级的浪潮浸没了一切,它非但在数量上,而且在思想上也压倒了觉悟的无产阶级,就是说,用小资产阶级的政治观点感染了和笼罩了很广大的工人阶级"。无产阶级文化大革命不断的受到小资产阶级思潮的干扰和影响。

而这个小资产阶级自发势力的浪潮,便把一部分小资产阶级革命派得(冲)到表面上来了。

为了夺取无产阶级文化大革命的全面胜利,革命就必须继续向前发展，就必须使政权全部归决心把无产阶级文化大革命进行到底的革命派手上。

一部分最先觉悟到这一点的先进分子，面对头头们无休止的派性而感到厌卷（倦）。但是他们只是把希望寄托在下一次无产阶级文化大革命上面，而错误地理解了毛主席的"现在的文化大革命仅仅是第一次，以后还必然要进行多次"这段最高指示。

教育、文艺机关工作和行政管理，乃至一切不适应社会主义经济基础的上层建筑都需要一个更猛烈的革命风暴进行冲击。

这种更强大更持久的动力存在什么地方呢？

存在于正在狂飙般兴起的农民运动之中。

毛主席早就[指出]在评价合作化运动时说："这是大海的怒涛，农民——这是中国工人的前身。一切妖魔鬼怪都被冲走了，社会上一切农民的面目，都被区分得清清楚楚，"[7]人们不是耽心革命政权可能落到某些机会主义手里吗？那么，就让伟大农民运动把这群众运动的后院里的野鸡检验出来吧。无产阶级文化大革命的农民运动是伟大的革命怒涛，将冲垮一切阻拦它前进的妖魔鬼怪，他们的右倾机会主义嘴脸在这大浪潮中统统被照得一清二楚，"在很短的时期内，将有几万万农民从中国的中部、南部和北部各省起来，其势如暴风骤雨，迅猛异常，无论什么大的力量都将压抑不住。"站在农民运动的前头领导他们，还是站在他们后头指手划脚地批评他们，将区分决心把无产阶级文化大革命进行到底的无产阶级革命派，小资产阶级革命派和反革命派。在中国，对于农民革命的态度，乃是革命与反革命的最后分界线。机会主义者在农民运动面前失魂落魄，他们永远不可能理解这涤荡整个世界的狂风暴雨。

决派则把农民运动的兴起看作是盛大节日到来。

只有广大的贫下中农以积极的革命者的资格来同无产阶级一起奋斗，无产阶级文化大革命的真正广大、深入的发展规模才会开始起来，只有这股最强大的运动力量，才能最后地迫使一切小资产阶级革命派和机会主义者退出历史舞台。

---

7　引自《中国农村的社会主义高潮》中册，人民出版社，1956年1月，第730页。

12月22日所谓"武汉地区革命派关于巴河一司无理封闭湖北日报的联合声明"[8]这株镇压农民运动的黑色信号弹，就已经把那些机会主义分子推向了历史舞台的边缘。

而12月24日某些"左派"领袖就亲自赤膊上阵，对贫下中农大开杀战（戒），更宣布了这伙混蛋们早已接近垮台，在农民运动的史册上已经记下了他们镇压农民运动的一笔罪恶。

巴河一司问题成为了小资产阶级革命派劣根性的大暴露的（明）镜了。

巴河一司问题却成了决派正式英姿勃勃地登上历史舞台的起点。

难道历史不是已经证明出来了吗？

农民运动赋于（予）决派强大的生命力。

可以认为，在过去一年中的整个无产阶级文化大革命运动，整个反对党内一小撮走资本主义道路当权派的斗争，其着重点就是为着引导农民的发动，我们只要从湖北农村的运动恰恰在"七·二〇"以后轰轰烈烈的大发动起来这一事实，便可以知道这一点了。而革命的领导权，也就必须是对农民运动的领导权，否则决不能成就无产阶级文化大革命的伟大事业，决不能将无产阶级文化大革命进行到底。小资产阶级革命派的和一切右倾机会主义者都是永远不能理解这一点的，他们决不会赞助农民运动，更不会投身到农民运动中去，最后，也就一定会从革命的队伍中滚出去。

林彪同志在《人民战争胜利万岁》中所指出的："农村，只有农村，才是革命者纵横驰骋的广阔天地。农村，只有农村，才是革命者向最后胜利进军的革命基地。"在今天仍然实用于决派。

《中国农村两条道路的斗争》[9]一文中开宗明义地指出："中国是一个有着五亿多农民的大国，能不能正确地解决农民问题，是关系

---

8 由"三钢""工造总司""三新"等群众组织联合发表的这个声明要点是：一、我们强烈要求新生的湖北日报必须立即复刊。二、"巴河一司"无理强占红旗大楼，封闭湖北日报，是十分错误的。三、"巴河一司"的坏头头王仁舟、张新民必须滚出武汉。

9 该文是1967年11月23日发表的《人民日报》《红旗》杂志《解放军报》编辑部文章。

[到]我(国)民主革命成败的[问题]关键,又是关系我国社会主义革命成败的关键。在全国胜利以后,把中国农民引向社会主义,还是引向资本主义,决定着无产阶级专政的命运,决定着社会主义制度的命运。"

毛主席早就指出:"农民——这是中国工人的前身。……

"农民——这是中国工业市场的主体。……

"农民——这是中国军队的来源。……

"农民——这是现阶段民主政治的主要力量。中国的民主主义者如不依靠三亿六千万农民群众的援助,他们就将一事无成。"[10]

民主主义革命时期是这样,社会主义革命时期仍然是这样。

如果说,毛主席最新指示全面落实,就是无产阶级文化大革命的全面胜利,那么,这个落实如果离开了中国的五亿农民,就大半成了空话。

因此,我国农村中的两条路线的斗争一定要进行到底,广大农村中的文化大革命,一定要按照毛主席指出的方向,进行到底。

或许有人会责难说:"一年多的无产阶级文化大革命运动,已经搞得工业减产了,再搞什么农民运动,简直不可能。"但是这些聪明的先生忘记了一点,单纯从价值规律看问题,以得不偿失的结论来抵制革命的群众运动,历来是一切右倾机会主义分子的共同特征。58年右倾机会主义者,以大办钢铁为无效劳动为理由,大反大跃进是这样,一九五九年冬,右倾机会主义者以搞水利花费劳动力多了,使得暂时的几年粮食单位产品的价值增高了为借口,大反水利建设,也是这样,但是历史必须最后的占了上风(原文如此——本书编者注),大办钢铁的运动把我国整个国民经济建设局面打开了。在全国建立了许多新的钢铁基地和其他工业基地,大大加快了我国工业发展的基地速度,水利建设在最近几年中发挥了巨大的作用,一九六七年我国农业生产获得空前的未有的特大丰收这一事实已雄辩地证明了这一点。

物质变精神,精神变物质这一马列主义的基本原理,决定了无产

---

10 引自《论联合政府》(1945年4月24日),《毛泽东选集》第3卷,人民出版社,1966年7月,第978-979页。

阶级文化大革命的必然硕果是在中国的土地上一次巨大的工业革命和农业革命。因此毛主席在亲自主持和制定"十六条"中就指出:"无产阶级文化大革命是使我国社会生产力发展的一个强大的推动力。把无产阶级文化大革命同发展生产对立起来,这种看法是不对的。"一切用生产来抵制农民运动的右派先生,终会和过去所有反动的生产力论者一样,在现实面前碰得头破血流的。在农村中不把无产阶级文化大革命进行到底,在农村中放松无产阶级的领导,放弃毛主席革命路线统治地位,让劳动群众自发的去做,结果必然出现资本主义。那些妄图阻挡历史潮流的机会主义,完全是"站在资产阶级、富农、或者具有资本主义自发倾向的富裕中农的立场上替少数人打主意。"他们决不能是决心把无产阶级文化大革命进行到底的无产阶级革命派。

### 五、决派的历史使命

辩证唯物主义和历史唯物主义告诉我们,最重要的,不是现时似乎坚固,但已经开始衰亡的东西,而是正在产生,正在发展的东西,哪怕它现时似乎还不坚固,因为只有正在产生,正在发展的东西,才是不可战胜的。

中国和世界革命的历史,证明了这一点,无产阶级文化大革命的历史,也证明了这一点,而且在继续证明这一点。

红卫兵,刚刚露苗便遭到了残酷的推(摧)残,但是,星星之火,可以燎原。掌握了"造反有理"这一马克思主义道理的红卫兵,在短短的几个月内,便在全国发展成为惊天动地的革命青少年群众运动,而那些代表旧势力的人物,看起来似乎庞然的大物,不可一世,但终究逃脱不了革命辩证法的惩罚。

革命委员会这一群众创造出来的东西,无疑也曾经、而且正在起着非常革命的作用。但是,运动总是在不断地前进发展,又有新的东西在它的前头,革命委员会毕竟只是一个"临时权力机构",那么取代这个"临时权力机构"的正式国家机构存在在什么地方呢?

存在于群众运动的伟大创造之中。

而且,这种伟大创造必定存在于决心把无产阶级文化大革命进行到底的无产阶级革命派之中。

这是因为决派比其他任何派别都更愿意使革命获得彻底胜利，愿意为创造出崭新的无产阶级国家机器而站在最前列进行斗争。

这是因为决派，也只有决派，才能最深刻地领会毛主席的伟大战略思想，而是为完成主席的伟大战略部署的最后阶段而奋斗到底。

当前聂元梓等七人革命大字报问世之后，我们伟大领袖毛主席就英明地预见到我们国家机器有一个崭新的形式，而将这张大字报誉为"二十世纪六十年代北京公社的第一张马克思列宁主义宣言"。

一八七一年的巴黎公社失败了，但是，"公社的原则是存在的，是消灭不了的，在工人阶级得到解放以前，这些原则将一再地表现出来"。震撼世界的中国无产阶级文化大革命，将把这一原则推进到实际行动表现出来的阶段。这就是说，一百多年后的中国人民，将会完成巴黎公社的先烈未尽的事业。

社会生产力高度发展和无产阶级在思想上、政治上的准备成熟，是无产阶级文化大革命的必然结果，也就同时为"公社"的创造奠定了最必要的基础。

现在的关键问题在于：从临时权力机构——革命委员会过渡到正式的国家机器，将采取什么样的道路。

一种人的主张是"和平过渡"，这就是说，革命委员会的建立、巩固和完善之时，便是革命委员会过渡成为正式权力机构之日，在这时期至多只会发生革命委员会中个别领导人的成员的变动或撤换。

我们的看法完全和上述相反，而认为崭新的国家机器诞生之日，是临时权力机构被群众运动推翻之时。我们公开地宣布，真正的权力机器只有通过对临时权力机构的严重斗争才能坠到地上。

决派则将在这场残酷地斗争中得到锻炼，上升为统治集团。

临时权力机构中的一部分小资产阶级革命派和机会主义者在这场斗争中必然被抛进历史的垃圾堆。毫无疑问，这部分人害怕这种斗争，而且，必然会拿出最卑鄙的手段，给"决派"加上"极左派""分裂主义"之类的恶毒罪名，以挽救其被淘汰的命运。

毫无疑问，决派将面临的考验是比以前任何一次都要严重得多的。历史向决派提出的任务，是比以前任何一次都要严重得多的。历史向决派提出的任务是比任何一次斗争任务都要更革命的任务。这一任务的最终目的，是要同传统的所有制关系实行彻底的决裂，夺取思想上、政治上、经济上、组织上的全面、彻底的胜利，而建立崭新的国家机器。

国际共产主义运动史和中国的革命历史都已经证明了，在无产阶级夺得政权以后，要彻底摧毁资产阶级国家机器还要一段相当长的历史时期。

我国无产阶级文化大革命已经摆在先进的东方人民面前。

为着实现这一任务，决派将选择革命到底，而不是改良的道路，将选择能够发动工人和农民的最大革命主动性和创造性的道路，将选择坚决扫除一切旧制度残余，不保留任何污浊的道路。

决派在实现这一任务的同时，也就必须顽强地和自身一切非无产阶级思想意识进行斗争。

因此，决派的产生和发展，实际上是一个建立无产阶级的阶级队伍的过程。

实现决派的历史任务，就可以使得决派成为无产阶级的先锋队。

全中国的无产阶级革命派中的优秀分子，都在沿着伟大领袖毛主席"五·七批示"中所指出的方向，探索完成决派历史任务的途径。

无论是哈尔滨的"炮轰派"，还是贵州"四·一一"，他们对临时权力机构的斗争，不管是否意识到了，都是在为完成决派的历史使命[在]进行英勇的尝试。

虽然这种尝试，多半还停留在与临时权力机构中某些分子的斗争上面，还没有上升到带领广大革命群众创建崭新的国家机器来取代临时权力机构的阶段。事实上，上升到这种阶段的革命时机，无论是在哈尔滨、贵州，还是在上海，都还远远没有成熟。

而湖北却正处在这一伟大革命的前夜。

尽管湖北地区的省、市级临时权力机构迟至今日才成立，但这块地方的革命形势却较之任何其他地区都要先进得多。这不仅是由于经过七·二〇的武汉，问题解决得最彻底，革命群众受的锻炼最大，更是由于湖北农村地区真正成为了把无产阶级和农民运动包括进来的人民革命。

湖北农民进城封闭湖北日报这一中国几千年来未曾有过的行动，实际上揭开了决派登上历史舞台的直接序幕。

　　在这张序幕的后面，一场冲破旧的习惯势力的抵抗，对一切不适应社会主义经济基础的上层建筑来一次伟大的改变的斗争开始了。

　　直到今天仍在套用的资产阶级国家体制，将在这场斗争中被决派所摧毁。

　　"公社已经不是原来意义上的国家了"，这句[话]恩格斯在理论上最重要的论断将从巴黎公社应用到我们中国。

　　无论是巴黎公社，还是十月革命在这场斗争面前大为逊色。

　　因此，这样的斗争必将震撼整个世界！

　　根据湖北大学革命委员会政宣部1969年9月编印的《把反动刊物〈扬子江评论〉拿出来示众》刊印。

# 《扬子江评论》创刊词[1]

（一九六七年十二月二十五日）

我们试看矿岩的分布，铁矿，煤矿和云母，各自云集在一起，这是千百年自然界运动的结果，是大自然的威力。且看我们的队伍，也时时有人退隐，有人落荒，有人颓唐，有人叛变，更有人继续结集在一起，勇然地前行，这是一年多来运动的结果，是大革命的威力，《扬子江评论》为继续奋发前行者而生。

学者们的东西，十有八九无血无肉，不是历史的创造者的呼声。为什么？就因为他们是名家，是黄鹤楼上的秀才，不象长江水里的弄潮儿，懂得江涛是如何汹涌，浪潮是怎样澎湃，回流是何等险恶。一个普通的工人，巴黎公社社员笔下的一八七一年公社史，就远远胜过了好多所谓历史学家关于公社的论述。震撼世界的我国无产阶级文化大革命，如何总结它，如何承受它，难道还需要等着那些躲在黄鹤楼上看翻（帆）船的大人先生们去进行，而不是由我们这些多少在运动的泥巴里滚了个半天的毛小子和工农大众一起来完成吗？文化大革命的浪潮，把我们一群名不见经传的小人物冲到了一起。在无产阶级文化大革命的海洋向新的领域奔腾的时候，让世界，让人类，让那些在大革命的海岸边徘徊了年把的肖涧秋们和那些在海水里呛得头昏脑涨的惊魂未定的先生们，听听大革命的大海曾经是怎样奔腾，怎样呼啸，是《扬子江评论》所应做到的。

历来的革命，都是不断的新事物战胜不断的旧事物的过程，是先进的力量不断第战胜保守势力的过程。如同毛主席教导我们的："永远不会停止在一个水平上。"武汉的钢新之争，已经愈来愈暴露其派

---

[1] 这是决派联络站1967年12月25日创办的小报《扬子江评论》的创刊词，这个创刊词与《北斗星学会宣言》中的部分文字相同。决派的文章大多是通过《扬子江评论》发表的，由于观点过于激进，支持他们的人很少，钢、新两派都不支持，还大张旗鼓地批判他们的极左思潮。1968年8月，《扬子江评论》被迫停刊。次年9月20日，其撰稿、编辑人员悉被逮捕。

性劣根大发作。什么钢派,什么新派[2],一个极其严肃的政治斗争被这些派呀派的蒙光了实质。毛主席最近提出"决心将无产阶级文化大革命进行到底的无产阶级革命派,"何等语重而心长。明明是无产阶级革命派与小资产阶级革命派的斗争,却偏偏被派性所掩盖。管他钢也好,新也好,只要是决心将无产阶级文化大革命进行到底的就冲杀出来罢。运动早该达到一个崭新的水准。派性高于一切的,就让他喋喋不休地吵将去,自有一大批自强不息的革命小人物永远联系在一起,为今天的大联合推波逐流(助澜),为未来的斗争准备弹药和武器。君子坦荡荡,小人常戚戚,我们从来都只把这场空前伟大的中国无产阶级文化大革命,看作是更为空前伟大的世界革命风暴的引子或序幕。无论是过去,现在,还是将来,以天下为己任,永远是我们的格言。

世界的未来取决于中国,中国的未来取决于青年。鲁迅先生早就说过:"我们应当造出大群的新战士。我们急于要造出大群的新的战士。"然而小学,中学到大学,这不知是那位大人先生定的漫长三部曲,我们都听得厌了,可是还有人想把这个三部曲继续照老样弹下去,我们都被催眠得昏昏然,如何成得了新的战士。砸烂这旧的教育制度,毁掉这锁人手脚的铁练(链),是决心将无产阶级文化大革命进行到底的革命派的使命。

《扬子江评论》为这使命的完成而大呼猛进。教育革命最广阔的战场在哪里?工厂,农村,倘不结合工人、农民的实际去搞什么玻璃窗子里的教改,则必然回到老路上去的,我们还得作修正主义教育鼻祖凯洛夫的奴隶。"什么是路,就是从没有路的地方践踏出来的,从只有荆棘的地方开辟出来的"。《扬子江评论》要做开路的先锋。任他满纸的禁令也好,任他重重封锁也好,《扬子江评论》生就一付(副)

---

[2] 钢派,新派,武汉造反派自 1966 年下半年起,逐渐形成激进与温和两种思潮及行为模式。1967 年 2 月因"二·八声明"而产生的"香花派"和"毒草派",是这两种思潮和行为模式的明朗化。"七·二〇"事件后又发展为剧烈冲突的钢、新两派,观点激进的钢派以"三钢"("钢工总""钢九·一三""钢二司")为代表,观点温和的新派以"三新"("新华工""新湖大""新华农")为代表,从摇摆不定的"三司"中分裂出来的造反组织"三司革联",大体处于钢、新两派之间。

"说大人则藐之"的脾气,对一些号称"权威"的硬是要勿视其巍巍然,敢摸老虎屁股。搞教改缩进玻璃窗子里面去搞,不是改良、复旧又是什么?早应有一批冲破一切传统思想罗网的闯将,否则教改断无成就。毛主席早就教导过我们:"要认清工农是自己的朋友,向光明的前途进军。"[3] "革命的或不革命的或反革命的知识分子的最后(的)分界,看其是否愿意并且实行和工农民众相结合。"[4] 走历史的必由之路,这就是结论。

扬子江在奔腾,泥沙随江河俱下,但终于在东海之口被淘汰,沉淀下来,因为它们本来就不属于扬子江汹涌潮流本身的一部分。《扬子江评论》为凯歌进行的决心把无产阶级文化大革命进行到底的无产阶级革命大军摇旗呐喊,即将急风暴雨般兴起的中国农民运动将给其写上最壮丽篇章。让《扬子江评论》在这急风暴雨的洗礼中得到崭新的生命。

根据1967年12月25日出版的《扬子江评论》创刊号刊印。

---

3 引自《青年运动的方向》(1939年5月4日),《毛泽东选集》第2卷,人民出版社,1966年7月,第531页。
4 引自《青年运动的方向》(1939年5月4日),《毛泽东选集》第2卷,人民出版社,1966年7月,第530页。

# 超越过去中国知识界千百年的成就

(一九六七年十二月二十五日)

我们看看今日之学生界,有那么一些消极者仿佛积极了,彷徨者仿佛坚定了,颓唐者仿佛振奋了。然而是积极在啃专业书本本中,坚定在按老一套走路之上,振奋在改良,复旧似乎也大有可为,天经地义了。有某文科大学学生则宣称,我们的理论太缺少了,现在该重新走进书斋。

有一说认为"任何脱离实际的空想,消极地等待一切都改得彻底了再复课,而不愿意做深入的批判,做认真的实践和研究,付出艰辛的劳动,那将是一事无成。"

这是一种关于所谓一事无成与否的政治标准。

但是世界上还有一种政治标准:"**知识分子如果不与(和)工农民众相结合,则将一事无成。**"[1]这就是我们伟大导师毛主席所提出的。

在历史的教训中,曾经有过陈独秀、张国焘的例子,历史是那样无情地嘲笑了他们的一事无成,其实又岂止一事无成呢?简直是历史的罪人。而最能说明问题的是那班受胡适"多谈问题,少谈主义"影响的遗少们,他们的一事无成,究竟是因为"不愿意做深入的批判,做认真的实践和研究",还是因为脱离了工农民众呢?

"革命的或不革命的或反革命的知识分子之(的)最后(的)分界,看其是否愿意并且实行[结合](和)工农民众(相结合)。他们的最后分界仅仅在这一点。"

是仅仅在这一点上形成了最后的分界线啊。

五四时代的多少年轻人在毛主席所提出的这道最后分界线上犹豫了、停住了,甚至"与敌人妥协,站在反动方面了"。陈独秀的学问,不可谓不多,张国焘的本领,不可谓不大,但是,他们脱离工农

---

[1] 引自《五四运动》(1939年5月),《毛泽东选集》第2卷,人民出版社,1966年7月,第523页。

大众，结果也就被历史的创造者们丢进了历史的垃圾堆。

要超越过去的中国知识界千百年的成就吗？必须走与工农相结合的道路。

《人民日报》《红旗》杂志一九六七年的元旦社论指出：只有工厂、农村彻底实现了无产阶级文化大革命，属于上层建筑的学校和文化界的革命才能彻底完成。只有了解工厂、农村的实际，听取工人和农民的声音，才能切合实际地改革教育制度，教育内容，教学方法，才能有效地改革我们的文化团体和文化工作，真正地完全地做到为工农兵服务。

不可能设想，那些关在玻璃窗子里面高喊砸烂师范的学生，能够想得出师范究竟向何处去？也不可能设想，那些整天浮于诸如教育革命串连会上串来串去的人物，能够在教育革命的道路上迈开创造性的一步。这道理很简单，就因为这些人还不甚了解工人，尤其还根本不了解农民和农村的实际。他们还很少听到工人和农民的声音。他们高超的理论，帮助不了人民革命的胜利，岂有超越过去中国千百年来成就的道理。

恩格斯说得好："书斋里的学者只是例外，他们不是第二流或第三流的人物，便是生怕烧坏了自己手指的小心翼翼的庸人。"走进学斋，复旧改良的人自然一头便栽进了故纸堆。他们决不是中国的未来和希望。历史在耐心地等待着，等待着一批狂飙式的人物来冲决一切旧势力的罗网，等待着知识界中的先进分子，即决心把无产阶级文化大革命进行到底的无产阶级革命派杀将出来。

现在的知识分子中，大多世界观基本还是属于资产阶级范畴的。一切真正要求革命到底的知识分子，应该明白自身的致命弱点，应该懂得克服这一弱点的唯一办法就是到群众运动中的泥巴里滚上千百万遍，了解工农，亲近工农，熟悉工农而最后成为无产阶级的代表。革命的知识分子一旦下定了决心取得这种资格，那么这种决心是一纸禁令锁不住的，任何人也休想把他们从与工人农民相结合的轨道上拉转回来。

学生界中，尤其以文科学生和正准备选择自己生活道路的中学毕业生，正面临一场暴风雨的考验。你是无产阶级革命派吗？你就必然毫不犹豫地走上工农相结合的道路,你是小资产阶级革命派吗?你就必然消极彷徨、退伍、落荒。文科学生不到自己最广阔的程(课)堂农村里去,不去拜贫下中农为自己的老师,还叫什么学生,中学毕业生不到群众运动的泥巴里去滚上千百万遍,取得贫下中农的批准,还叫什么毕业生,狂风暴雨般的农民运动的到来,正是检验无产阶级革命派与小资产阶级革命派的时候。

陈伯达同志在一九四九年回顾五四运动以来的三十年代说过:"三十年来许多革命知识分子的用尽气力与牺牲生命,其所得的代价是在中国历史上空前未有的。可以不算夸大地说:他们在三十年中的成就,就其帮助人民革命胜利这一点来说,超越了过去中国知识界千百年的成就。"

世界进入了人类历史的第三个里程碑,毛泽东时代。无产阶级文化大革命运动的伟大意义远远超过了五四运动,乃至世界上的任何一次伟大革命运动。今天的革命知识分子,投身于三大实践,结合于工农群众之中以后,所应得到的代价将是中国历史、世界历史所空前未有的。中国是一个有着五亿农民的大国。农民问题,关系我国民主革命成败的关键。质言之,关系到这场无产阶级文化大革命成败的关键。"严重的问题是教育农民"。"没有农业社会化,就没有全部的巩固的社会主义"。放在革命知识分子肩上的担子不轻啊。我们总要努力,我们总要拚命向前,我们今后的成就,一定大大超越过去中国知识界几千年的成就,而将五四运动以后四十余年来中国知识界的成就继承下来。

根据1967年12月25日出版的《扬子江评论》创刊号刊印。

# 浠水农民运动考察报告

(一九六七年十二月三十日)

鲁礼安

## 左右中国革命全局的问题

浠水农民来城里造反,颇搅动了一些大人先生们的酣梦,各种指谪、咒骂的声音铺天盖地的压了下来。为了答复人们对巴河一司的责难,我们到乡下走了一趟,实地考察了巴河、兰溪、十月和浠水县城几个地方。在县城听到的东西,和在汉口所听到(的)就不同,在附近公社所听到的革联方面贫下中农的谈话,又和县里的干部说的不同,而在巴河所听到、所看到的东西,和前面所述的又不大一样。但是不管是得到的材料、听到的道理,还是看到的景象,都给人一种强烈的暴风雨将来临的预感。伟大领袖毛主席教导我们:"**革命时期情况的变化是很急剧(速)的,如果革命党人的认识不能随之而急速变化,就不能引导革命走向胜利。**"[2]过去时期的整个无产阶级文化大革命运动,可以说,都是对农民运动的一个发动。左右中国革命全局的问题是农民运动。在无产阶级领导下的农民运动,正以无限的生命力磅礴于全中国。不仅是浠水,而且在麻城、广济、当阳,更远一点,湖南、江西、福建、延边、广西都在蓬蓬勃勃地开展。《人民日报》社论说:群众运动的动向,决定事物的本质,各地农民运动的兴起,决定了一场更大规模的狂风暴雨不可避免地到来。从学生运动开始,发展为工人运动,最后走向波澜壮阔的农民运动,我国现代史上的革命运动的这一段规律,毕竟全部地在我们面前展开了。我国是如此伟

---

1 鲁礼安这篇文章在《扬子江评论》第 12 期发表时未署名。浠水,即浠水县,位于湖北省东部,文革时隶属黄冈专区。
2 引自《实践论》(1937 年 7 月),《毛泽东选集》第 1 卷,人民出版社,1966 年 7 月,第 271 页。

大的农业国家，"严重的问题是教育农民"，农村中两条道路、两条路线的斗争尚（倘）不进行到底，广大农村的无产阶级文化大革命，尚（倘）不按照毛主席所指出的方向进行到底，社会主义革命决无最后胜利的可能。农民运动起来了，正象毛主席四十年前讲的："**一切革命的党派、革命的同志，都将在他们面前受他们的检验而决定弃取。站在他们的前头领导他们呢？还是站在他们的后头指手划（画）脚地批评他们呢？还是站在他们的对面反对他们呢？每个中国人对于这三项都有选择的自由，不过时局将强迫你迅速的（地）选择罢了。**"[3]毛主席在一九二七年革命时代所提出的这三项选择并未过时，四十年后的今天，不是有人在责骂革命的巴河一司进城造了《湖北日报》的反是"进城闹事"，是"不抓生产"吗？不是有人竟充当了血腥镇压巴河一司贫下中农的刽子手的角色吗？也好，就让农民运动的暴风雨，洗刷每一个人的真正面目来罢。

### 农运形势大好的标志

在一些人眼里看来，各地农民运动的兴起不是"好得很"，而是"糟得很"，简直是漆黑一团。巴河一司进了省城，游了行，这还不算，竟住进了红旗大楼，办了毛泽东思想学习班，更有甚者是不愿（顾）省城里这么多响响当当、硬梆梆的造反派意见，一举封了压制巴河地区农民运动的新生《湖北日报》，哎呀呀，这还了得，反天了。实在呢？巴河一司的革命行动好得很，农民千里迢迢，不顾一切艰难险阻，进城了，这就了不起，敢封堂堂报社，这就更了不起了。农民进城封报，在中国还是破天荒第一次，贫下中农如此大胆地登上政治舞台，何等的气魄和能干。毛主席最近教导我们："**整个形势比以往任何时候都好。形势大好的重要标志，是人民群众充分发动起来了。从来的群众运动都没有象这次发动得这么广泛，这么深入。**"[4]这里的人民群众，最重要、最广泛的意义，应该是指占中国人口百分之八十以上的农民群众。我们用"人民群众充分发动起来了"这个标准衡量

---

3　引自《湖南农民运动考察报告》（1927 年 3 月），《毛泽东选集》第 1 卷，人民出版社，1966 年 7 月，第 13 页。
4　引自《毛主席视察华北、中南和华东地区时的重要指示》（1967 年）。

浠水各地的农民运动,只能是巴河地区的形势最好。浠水还没有第二个地方的群众运动,象巴河地区发动得这样广泛,这样深入,凡是到浠水县各地认认真真地作过一点调查工作的,大致上都不会否认这个结论。进到巴镇,看到的都是打倒刘邓陶王陈,打倒侯丹贵(县委书记,走资派)和人武部政委邵坤的标语和大字报。巴河一司的广大贫下中农,牢牢掌握住了"这次运动的重点,是整党内那些走资本主义道路的当权派"原则,轰轰烈烈地批判着浠水人武部在巴河问题上所执行的一条资产阶级反动路线。给我们留下最深刻印象的是一个傍晚时分,一群小到两岁半,大至五、六岁的伢们一个牵一个衣角,杂以长杆小旗和毛主席画象,列[成人](队)游行的场面,一路上他们呼着"毛主席万岁!""打倒刘少奇!""打倒邓小平!""打倒邵欠子[5]!"政治宣传普及到这种程度,还是第一次看到过。我们也到过县城,看到的标语也不少,却尽是"打倒王仁舟[6],枪毙王仁舟"。正街上是这个标语,小巷里是这个标语,镇头铺里还是这个标语,甚至厕所里也不能幸免。十二月份县里革联还召开了声讨王仁舟的万人大会,十六条中说:"有些有严重错误思想的人们,甚至有些反党反社会主义的右派分子,利用群众运动中的某些缺点和错误,散布流言蜚语,进行煽动,故意把一些群众打成'反革命'。要谨防扒手,及时揭穿他们耍弄的这套把戏"。这套把戏看来是在浠水被一些玩把戏的人大耍特耍起来,而且很有些传到我们省城来的危险。我到县城附近的十月区去,向浠水革联[7]的贫下中农问起侯丹贵(县委书记走资派),王仁舟和巴河的情况。农民们说:"侯丹贵么,我没有听说过。我只晓得有个反革命叫王仁舟的,不过巴河的农民运动是搞得蛮好的。"巴河

---

5  邵欠子,对浠水县人武部政委邵坤(一作"邵堃")的蔑称。
6  王仁舟,1937年出生,湖北浠水人。1957年加入共青团,1960年考入北京外语学院西班牙语系,1965年5月因"思想反动"被开除学籍,回到老家湖北浠水县巴河区当农民。1967年5月,北外撤销对他的处分决定,为他平了反,并按1965年毕业生补发毕业证书,分配了工作,但他拒绝学校分配的工作,在巴河组织农民造反组织"巴河一司"从事造反活动。1968年3月,北外收回1967年5月对他的平反决定。1968年9月被武汉军区定为"坏头头"遭逮捕,在狱中病故。
7  浠水革联,又称"革联总部",全称"浠水革命造反联络总部",与"巴河一司"对立的保守组织,成立于1966年11月。

农民运动好,农民头头是个反革命,这种议论,在浠水颇盛行。其实,这种论调,和四十年前绅士们所说的"农民协会可以办,但是现在办事的人不行,要换人啦!"有什么两样!

浠水革联方面拚命向下灌王仁舟是反革命,革联的贫下中农却也不太相信。他们对我们说:"总说王仁舟反动,怎么到现在还不垮台呢?巴河人怎么都说他好?而且上次脚镣手铐的捉到县里去了,前些时又为什么把他放了出来,说他是革命闯将呢?未必过了个把月,就又是反革命了?浠水革联的农民,特别是下乡知识青年更希望看到巴河方面的传单,他们对我讲:"光听革联的晓得搞么鬼事?"

"晓得搞么鬼事?"一句话,的确说出了开始发动了的贫下中农不再那么容易迷信了。毛主席说:"**再有几个月的时间,整个形势(将)会变得更好。**"[8] 几个月后,浠水农民运动必将大大发动起来。那里的贫下中农终会以巴河一司为榜样,冲决一切束缚他们的罗网,朝着解放的路上迅跑。拿一些老实农民的话来说,就是:"虽然上面说王仁舟是反革命,巴河一司的路我们还是要走的。"可以断言,现在被人歧视、咒骂、侮辱和攻击的巴河一司,将随着农民运动的进一步深入发展,随着贫下中农的大发动,随着形势的愈来愈好,而显示出其旺盛的生命力,那些不可一世的君子们终有一天会拜倒在她的脚下。

### 暴风骤雨的大发动

早从去年十二月开始了的巴河地区农民运动,随着腥风血雨的镇压即将到来而在二月底达到了高潮。三月一日上午,也就是巴河"三·一大逮捕"的前夕,由五州总部等革命组织组成的巴河一司八千农民抬着毛主席光辉著作《湖南农民运动考察报告》,举行了浩浩荡荡的大游行,第一次检阅了巴河农民运动的伟大力量。我们这次有人先到巴河,看到《人民日报》《红旗》杂志、《解放军报》三家报纸的文章《中国农村两条道路的斗争》和《中共中央关于今冬明春农村基层无产阶级文化大革命的指示》草稿颁发后,巴河农民运动新的高潮的到来情况,就在《中国农村两条道路的斗争》发表的第二天,贫

---

8 引自《毛主席视察华北、中南和华东地区时的重要指示》(1967年)。

下中农聚集巴镇，冒雨举行了盛大游行。两次大游行时隔几个多月，巴河农民运动经受了空前的考验。而今已是拥（有）十万之众的大军，除巴河一司外，已经发展了团陂、竹瓦三司、十月四司、兰溪五司。如果说二月初期还仅仅是由五州总部给予了周围宾江、七铺、望天、桃园等地区农民运动以巨大[大]影响的话，那么现在巴河地区农民运动的烈火已经在整个浠水农民运动造成了燎原之势。

### 所谓"进城闹事"的问题

原先一些左得可爱的先生们，这次却对巴河一司贫下中农进城造反大喊起来，什么"联合声明"，什么"发言人严正声明"，通通是巴河一司的不是。农民造反，就是"丑化无产阶级专政"，就是"受蒙蔽农民被煽动进城为非作歹"，就是"目无党纪国法"，无视湖北、武汉广大革命群众的强烈要求的"反革命政治事件"。真是城里人不下乡，满嘴的胡说八道。

过去的农民，总把报纸当成了旨（圣）经。"上了报的东西，那是不得了的。"这是农民从来的落后心理。现在不同了，农民也懂得大道理了，革联方面每每拿出《湖北日报》的"九·六"社论作法宝来压巴河一司，巴河一司的贫下中农，这些坚定的无产阶级革命派战士，懂得《湖北日报》不真正为农民运动说话，该造它的反了。贫下中农敢于进城造"省报"的反，这是天大了不得的好事情。没有这样一大批有作有为的人民群众，毛主席一再提倡的**群众办报，全党办报**如何能够实现。没有这样一股翻江倒海的力量的冲击，资产阶级和小资产阶级知识分子统治我们报社的现象几时才能结束。毛主席指出："**一张省报，对于全省工作，全体人民，有极大的组织、鼓舞、激励、批判、推动的作用。**"[9]尚不能起到这些作用的"省报"，要它干什么？被《湖北日报》吹得天花乱坠的浠水十月区鲁迅总司的贫下中农对我们说："记者们来不少，和贫下中农谈话的一个都冒[10]有碰到过。""听报纸照干部讲的吹，我们自己都感到好笑。"巴河一司造了

---

9 引自《就报纸工作问题给刘建勋、韦国清同志的信》（1958年1月12日），1958年11月27日《今日新闻》第4页。
10 冒，即"冇"，武汉方言，"没有"之意。

《湖北日报》的反,就连革联的贫下中农也有很多高兴的。

他们说:"封就封了,这种报纸冒得看头",其实又何止冒得看头呢?一篇九·六社论,造成巴河一司在巴河被革联进攻死亡六人,如今一则"重要启事",公然在"省报"上把巴河一司这样坚定而久经考验的革命组织打成被一小撮坏头(头)操纵的反动组织,又不知要给巴河一司带来多么严重的灾难了。

那些谴责巴河一司抬尸进城是"丑化无产阶级专政"的人,想过这究竟是丑化了资产阶级反动路线,丑化了阶级敌人,还是丑化了无产阶级专政没有?那些污蔑"农民受蒙蔽进城为非作歹"的先生,看到巴河一司的贫下中农已经在红旗大楼办了好几期毛泽东思想学习班没有?农民为了哪些非,作了哪些歹,先生们回答得出来一丝一点吗?实在呢?浠水巴河一司贫下中农进城造反,决不是什么"进城闹事",更不是什么"为非作歹",这就是农村无产阶级文化大革命运动的浪潮,已经不可遏制了而波及到城里来的一个信号,这是有如我们去年八、九月份上京同等意义,或具有更甚意义的革命举动。去年十一月攻取红旗大楼,揭开了武汉地区工人运动的序幕,今年四月再攻克红旗大楼,重新燃起了工人运动的熊熊烈火,这一次的农民进驻红旗大楼,吹响了湖北农民运动高潮即将到来的号角,12·24红旗大楼血案的发生,加速了这个高潮的到来。一切阻拦农民运动兴起的论调都必须粉碎,一切镇压农民运动的必须制止,现在巴河一司红旗大楼成为武汉人民谈论中的主题,这一事实表明正在兴起的农民运动将在湖北地区无产阶级文化大革命中起左右全局的作用了。

### 所谓"惰农运动"

武汉毕竟是经过了一年半轰轰烈烈的无产阶级文化大革命的地方,很少有人敢责难"痞子"们的革命行动了。"痞子要掌权""痞子运动好得很",这种运动初期的豪言壮语而今成了现实,谁还敢说那些曾经被骂为痞子的革命造反派半个不字。于是有一个新的法宝来对付风起云涌的农民运动:"放下生产不管,将来吃么事[11]?棉花都烂

---

11 么事,武汉方言,即"什么"之意。

在地里了"。这种议论貌似有理，其实和四十年前的国民党右派说农民运动是"惰农运动"是一个意思。

我们到巴河，倒是很想看看当地的农民究竟是怎么个惰法，棉花怎么个烂法，生产怎么个丢下不管法，结果是"大失所望"，因为我们看到的是棉花早已在九月底十月初就收了，现在地里好好地长着麦子，粮管所的账本上明明记着今年又是增产，公粮也明明都交齐了，哪来什么丰产不丰收，什么抗租抗税的道理。贫下中农对我们说：白莲河的水闸被革联卡住了，我们自己挑水抗旱，还不是夺得了丰收。我可以夸个海口，你到地里去走一趟，麦子长得好的保管是我们一司的，长得差的多半是雄鹰总部的（保守组织，现属革联）。尤其使贫下中农愤怒的是他们却说城里有人十一月底了，还在闭着眼睛讲他们城里的棉花没有人收了，都烂了。"官做大了，来乡里走马观花一趟也是好的呀！"贫下中农说。什么"惰农运动"，在铁一般的事实面前被敲得粉碎。一切真正的无产阶级革命派，对于农民运动的冲天行动，不应责备他们"胡闹"，不应该责备他们"过分"，更不允许去镇压他们。请看四十年前我们伟大领袖毛主席是怎样歌颂当时的湖南农民革命的："……这是四十年仍（乃）至几千年未曾成就过的功绩（奇勋）。这是好得很，完全没有什么'糟'，完全不是什么'糟得很'。'糟得很'，明明是站在地主利益方面打击农民起来的理论，明明是反革命的理论。每个革命的同志，都不应该跟着瞎说，你若是一个确定了革命观点的人，而且是跑到乡村里（去）看过一遍的，你必定觉到一种从来未有的痛快。"[12]你若是一个确定了革命观点的无产阶级革命派，而且是跑到（浠）水去过一趟的，你必然会为巴河地区的农民叫好。只有那些不接触贫下中农，不和他们一道同吃同住同劳动，而只是浮在上层，在县城里欢迎的炮声中昏了脑壳，在招待所的飘飘然了的少爷们才会不肯赞助巴河农民的自我革命行动，不肯向革命的贫下中农学习，最后，也就一定会从无产阶级革命派的队伍中滚出去。毛主席教导我们说："**农民以农为主，兼作别样……农民**

---

12 引自《湖南农民运动考察报告》（1927年3月），《毛泽东选集》第1卷，人民出版社，1966年7月，第17页。

**也要批判资产阶级**[13]。《中国农村两条道路的斗争》中指出:"农村中两条道路、两条路线的斗争,一定要进行到底。广大农村的无产阶级文化大革命,一定要按照毛主席指示的方向进行到底。"现在农民运动刚刚发动起来,就用生产去压他们,就骂他们为"惰农运动",完全是适合了反革命派的需要。

是仍然按照第三个五年计划那样按"调整政策"去慢慢推动农业的发展,还是随着生产力的提高,造成一个五八年似的大的革命热潮向二级甚至一级所有制进军,贫下中农迫切地希望着后者,为着这一点,必须依靠群众的大力量,从事破坏旧制度,发动群众起来,向他们的世袭的压迫者和一小撮党内走资派发泄其郁积的怨愤,"冲决一切束缚他们的罗网,朝着解放的路上迅跑"。在巴河五州地区,使匠人集中,办合作社,搞综合厂,是群众早有(的)愿望。历来因为公社党委内一小撮走资派的阻拦而不能成为(功)。五州总部成立后,立即拨款八百多元,加上匠人自动筹款共一千多元,连(建)成了一栋房子,匠人集中劳动管理,深受当地贫下中农欢迎。他们说:造起反来,一切问题都好解决了。

### "文攻武卫"的现实意义

湖北和湖南、江西等地一样,自太平天国以来,就是革命和反革命、维新与守旧斗争焦点所在地。革命人民在长期的、残酷的阶级斗争中,深深懂得了枪杆子的重要性。林彪同志说:枪杆子、笔杆子,夺权掌权靠两杆子。巴河地区贫下中农从血淋淋的教训中掌握了这个真理。远在今年二月份,英雄的五州人民就对一小撮走资派的武装进行[枪捕而——](拒)缴枪支,大长贫下中农志气,大灭资产阶级保皇派的威风,而后因经验不足被骗走枪支。五州贫下中农便遭到了血腥的镇压,贫下中农终于得出"左派不武装,革命人民要遭殃"的结论,组成了"文攻武卫团"。但是从来的右倾机会主义分子,都是一方面害怕反革命的恐怖,而且害怕革命的恐怖,比起害怕反革命的

---

13 这段语录与原文有出入,原文是:"农民以农为主(包括林、牧、副、渔),也要兼学军事、政治、文化。在有条件的时候,也要由集体办些小工厂,也要批判资产阶级。"见《给林彪同志的信》(1966年5月7日)。

恐怖，是要更加厉害得多。他们在反革命势力面前，在一小撮走资派面前，从来是何等谦恭、谨慎、亲爱而有礼貌，而对于人民的武装，又是何等的恐怖和仇恨啊，我们到兰溪，到县城，耳朵里面听到的都是巴河的"文攻武卫团"是怎样一个个青面獠牙，到巴河要经过怎样的三道关卡。呆在县招待所里闲得无聊的几个三司革联[14]和中学红联的人劝我们说："要了解巴河从侧面了解就可以了，千万不要拿性命去开玩笑啊！"我们听了哈哈大笑起来，这一些恐怖的奇谈怪论哄得了别个，哄不了我们，我们是刚刚从巴河来啊。谁要知道什么是革命民众的专政吗？请看巴河地区。巴河一司五州总部的一张布告中说："当此决战紧张阶段，凡是在巴河五州境内从事阴谋破坏，肆意捣乱，勾引煽动，武斗暗杀等破坏中共中央六·六通令的行为，经当地人民告发，就地查处，一经证实，严惩不贷。"你嫌这样的专政太粗暴了吗？对不起，这正是合理的专政，是最正常的革命秩序。这种"专政"或许是"粗暴"的，但是比起一小撮走资派所施行的资产阶级专政来，就不知道要文明多少万倍了。

巴河一司砸了汤药全不换的地地道道保守组织红色搬运工总部，曾经引起革联方面大哗，其实有什么了不起？在巴河，就是要象巴河一司说得出，做得到，就是要象四十年前"一切权力归农会"一样，一切权力归巴河一司，就是要只许左派造反，不许老保翻天。"文攻武卫"这个从群众中来，又到群众中去的真理，是保障贫下中农红色政权的有效措施。到农民运动低潮一旦到来的时候，"文攻武卫"便将显出其巨大的威力来。巴河地区现在已经传来消息，由《湖北日报》十二月二十六日重要启示所引起的一场血腥大屠杀，大围剿，已经开始进行了。巴河一司业已死亡四人，那些反对贫下中农有自己的常备武装组织"文攻武卫"团的角色，现在为何不出来（吭）一声呢？

随着农村无产阶级文化大革命的一步步的深入，"文攻武卫"应

---

14 三司革联，全称"武汉地区红卫兵第三司令部革命造反联络委员会"，是1967年4月18日从保守派组织"武汉地区红卫兵第三司令部"（三司）中分裂出来的学生造反组织，大体处于钢新两派之间，在为"工总"翻案问题上起了较大作用。主要负责人是谢华之（武汉大学）、雪湘明（武汉师范学院）、徐筱芳（武汉医学院）等。

该作为一条重要的原则提出来。历史将证明，离开了"文攻武卫"，农村无产阶级文化大革命只不过是一句空话，离开了"文攻武卫"，农村运动决无彻底胜利的可能。在中国，历来都是用革命的两手对付反革命的两手，这个结论，用在今天，一般也是不错的。

### 革命先锋

毛主席早就说过，对于一件事或一种人，有相反的两种看法，便出来相反的两种结论。[15]浠水巴河一司五洲总部大搞（都）受到"好得很"和"好个屁"这两种截然不同的评价。

"新农村"拆除了原有的房屋，集中地盖起了平房，便于管理，便于生产，而且首先照顾了最困难的贫下中农，深受贫下中农欢迎。那么富农呢？我见到这（样）一个富农，他无可奈何地说："我原先的房子又大又宽，如今搬到这里，好，好个屁"。公社的一个干部的家属则向我们诉苦："我们去年才建的新砖瓦房子，就保不住了，他们折合再多钱我也不走。"我们看了这家既得利益者的瓦房，实在阔气得与众不同，如今坛坛罐罐就要打破了，他们怎么会不痛心呢？当地的贫下中农则高兴地对我们说："社会主义道路人人都要走的，不过我们先走了一步。"

"先走了一步"，五州总部成立之后搞起耕牛集中，牲猪集中，匠中（人）集中等强化集体经济的工作便是一个明证。牲猪集中时，社员利用农闲时间，捡石头，买少量水泥，大修猪拱。贫下中农交猪，生产队集中喂养，立即付钱，而对地富则是分批付给。少数比较宽裕的落后群众和干部害怕家庭副业受影响而反对。后来的保守组织"雄鹰"总部和五州总部的分裂，最后就是在三集中这个问题上开始的。

"新农村"，小队并大队，实行三集中等，农民们的反映是不一样的。他们说："贫下中农拥护，中农跟着跑，富裕农民反对，干部都跑光了"。何等分明的阶级阵线。

革命先锋，这就是我们对巴河一司贫下中农得出的唯一结论。从

---

15 这段语录中"便出来相反的两种结论"的原文是："便出来相反的两种议论"。见《湖南农民运动考察报告》（1927年3月），《毛泽东选集》第1卷，人民出版社，1966年7月，第18页。

浠水回到武汉看到了十七个革命群众的所谓"联合声明",粗暴无理地对巴河一司大加指责,丢尽了武汉地区无产阶级革命派的脸。这种损害贫下中农威信,压制农民运动兴起的作法是非常错误的。那些由于"联合声明"挑起而在十二月二十四日围攻了红旗大楼的人,终会感到这件事是他一生中最大的憾事。

1967 年 12 月 30 日

（武汉地区决心把无产阶级文化大革命进行到底的无产阶级革命派联络站）

根据 1968 年 7 月 16 日出版的《扬子江评论》第 12 期刊印。

# 为浠水农民发言
## ——展望中国农民运动的兴起

（一九六八年一月五日）

鲁礼安

浠水农民来城里造反，很拢（振）动了一些大人物、先生们的甜梦，于是乎骂声纷纷而起，什么"巴河一司一小撮坏头头挑动受蒙蔽农民进城闹事啰"……实在呢？农民革命造反派的行动好得很！他们以大无畏的革命造反精神，宣布自身迈上了无产阶级文化大革命的历史舞台，根本不是什么"糟"。正如四十年前毛主席所说："**很短的时间，将有几万万农民从中国的中部、南部和北部各省起来，其势如暴风骤雨，迅猛异常，无论什么大的力量都将压抑不住。他们将冲决一切束缚他们的罗网，朝着解放的路上迅跑，一切政治派别，都将在他们面前受到他们的检验而决定弃取。**"[1] 质言之，站在这股革命潮流面前的才是决心将无产阶级文化大革命进行到底的无产阶级革命派。

从来的近代革命运动，都是从学生运动开始，发展到工人运动，最后走向波澜壮阔的农民运动。无产阶级文化大革命运动，也必将而且正在按照这一规律展开。走社会主义（道路）还是走资本主义道路的决战，将在广大的农村更全面展开，党内最大的一小撮走资本主义道路当权派及其在农村各地的代理人，各种宗法制度和思想，恶劣习

---

1 这段语录与原文有出入，原文是"很短的时间内，将有几万万农民从中国中部、南部和北部各省起来，其势如暴风骤雨，迅猛异常，无论什么大的力量都将压抑不住。他们将冲决一切束缚他们的罗网，朝着解放的路上迅跑，一切帝国主义、军阀、贪官污吏、土豪劣绅，都将被他们葬入坟墓。一切革命的党派、革命的同志，都将在他们面前受他们的检验而决定弃取。"见《湖南农民运动考察报告》（1927年3月），《毛泽东选集》第1卷，人民出版社，1966年7月，第13页。

惯,都将被农民造反派打得落花流水,一败涂地。这场顺之者存,逆之者亡的急风暴雨是任何力量也遏制不住的。

农民对我们说:"说实在话,我们讨厌臭知识分子,但是搞起革命来,我们又感到需要知识分子"。何等朴素的真理,那些对农民一窍不通而又专好嘲笑农民妄动的先生们,有什么资格在农民面前哼一声呢,试看农民的标语:"牢记巴黎公社血的教训,工人阶级要找到自己最可靠的同盟军。农民要积极争取工人阶级的领导。"难道不能说明着农民已有了相当的毛泽东思想水平。敢不敢支持已经起来和正在起来的伟大的农民运动,能不能取得这支可靠的同盟军,历来就是区别真马克思列宁主义和假马克思列宁主义的分水岭。一九二七年夏季国民党之所以敢于叛变,发动"清党运动"和反人民的战争,主要就是乘了共产党中以陈独秀为代表的右倾机会主义者放弃农民这支同盟军,而处于孤立无援的弱点,这种深刻而惨痛的历史教训,难道不应该引起我们今天足够重视吗?现在浠水农民的革命造反精神,硬是好得很。我们只能站在他们前头引导他们,决不能站在他们旁边指手划脚地批评他们,更不能跟着一些别有用心的人瞎叫:"农民受坏头头的操纵。"你对他们的头头果真了解么?如果不了解,就请迈开你的双脚到农民中去了解一下,等你完完全全了解清楚了,你一定不会相信这种荒唐的结论。总而言之,我们的一言一行都不可挫伤了农民造反派的精神,都不可打击了他们。没有他们,便没有革命,若否认他们,便是否认革命,若打击他们,便是打击革命。他们的革命大方向始终没有错,我们那些对浠水农民革命造反派不感冒的同志把毛主席的这些教导丢到那里去了呢?

去年十一月十六日的首次攻占红旗大楼的壮举,揭开了工人运动的序幕,发起了向湖北省委内以王任重为首的一小撮走资本主义道路的当权派的全面进攻。今年的四月十五日再次攻占红旗大楼,重新燃起了武汉地区工人运动的烈火。如今农民革命造反派造了《湖北日报》的反,进驻了红旗大楼,象征农民运动高潮的到来已经不远了。一向以为愚昧无知、落后的中国农民,如今竟采取如此大胆而果断的行动,一切井井有条,每日米粉度日,而毫无怨言,还准备就地办起毛泽东思想学习班,这本身就是十分了不起的事情。你高兴也好，不高兴也好，农民运动总是要做起来了。鲁迅先生说得极好："老先生的赞成，总是在变革成功了之后。"我们的左派先生们什么时候才会从浠水巴河一司的咒骂声中变到赞同支持他呢？难道农民对《湖北日报》的行动仅仅只限于解决浠水人武部支左问题，而不是在进行迎接农民运动的高潮到来的演习吗？

以浠水巴河一司为代表的革命农民运动正是在全国农民运动的前面。这个运动已经不是批判资产阶级反动路线的问题了，也不是罢了几个官的问题了，这是在改革整个旧的农业制度在英勇地尝试了。革命的工人们，革命的学生们，应该伸出自己的双手，最热烈地为中国农民运动高潮的到来而欢呼！真正的革命者，看得见婴儿在母腹中的跳动，看得见朝日欲出前东方的霞光，伟大的中国农民运动的暴雨，已经有狂风在为它开道了。

一九六八年

根据湖北大学革命委员会政宣部 1969 年 9 月编印的《把反动刊物〈扬子江评论〉拿出来示众》刊印。

# 决心把无产阶级文化大革命进行到底的无产阶级革命派（决派）章程总纲

（一九六八年二月六日）

武汉决派联络站

在无产阶级文化大革命取得决定性胜利的今天，夺取全国胜利的战斗在人们的面前。

光明的前途，曲折的道路，任重而道远。

激战之后是暂时的平静，而革命低潮的出现正预示着更大风暴的来临，因为这，就必须而又必然要有一批开路先锋，来为新高潮的到来鸣锣开道。

有人茫然不知所向，有人满足于现状，有人颓唐退伍。这时，从暂时停滞的造反大军中冲杀出来一伙小人物，他们自强不息，在旧秩序被破坏，新秩序未完全建立之时，他们要冲锋，要开辟新的道路。在这关键的时刻，伟大领袖毛主席发出了新的伟大战斗号召，作决心把无产阶级文化大革命进行到底的无产阶级革命派。于是，这伙小人物便在这面旗帜下集结起来，形成了一支独立的政治力量，以战斗的姿态，雄姿勃勃地登上了历史舞台。

决派在革命大风暴的前夜应立而生了！

决派无限地忠于伟大的无产阶级革命家，当代的马克思、列宁——我们伟大的导师、伟大领袖、伟大统帅、伟大舵手毛泽东同志，无限忠于以他为首的无产阶级司令部，无限忠于以他为代表的无产阶级革命路线，无限忠于由他亲自缔造，亲自培育，用马克思列宁主义和以他的思想武装起来的伟大、光荣、正确的中国共产党，并在其绝对领导下进行战斗！

决派，将成为整党建党的基本力量。

因此，决派队伍的领导核心，必须由工人阶级中的先进分子以及取得了工人阶级代表资格的贫下中农和革命的知识分子组成。

决派的主力军，无疑将是广大的工农兵和革命群众。

因此，决派必须是一支革命队伍，必须是一支按照马克思列宁主义毛泽东思想的革命理论和革命风格建立起来的队伍。

必须是善于把马克思列宁主义、毛泽东思想的普遍真理同本地区革命具体实践相结合的革命队伍。

必须是一支善于把领导同广大人民群众密切联系起来的革命队伍。

必须是一支敢于坚持真理，修正错误，进行批评和自我批评的革命的队伍。

决派的旗帜，是金光闪闪的毛泽东思想伟大红旗。

决派的战歌是震撼旧世界的国际歌。

决派的最终目的，就是要在全中国，全世界建立一个没有帝国主义，没有资本主义，没有剥削制度的共产主义世界。

决派当前的奋斗目标，就是要实践我们伟大领袖毛主席提出的一整套关于无产阶级专政下继续进行革命，防止资本主义复辟，路线、方针、政策，即实践马克思、列宁主义发展史上第三个里程碑。

决派当前的奋斗目标，就是要实践伟大领袖毛主席在文化大革命前和文化大革命中一系列指示、精神，尤其是最新指示，如五七指示，群众专政，文攻武卫，武装左派，无产阶级专政下的大民主，三结合，斗私，批修，党的建设以及58年提出的人民公社，一大二公，为逐步消灭工农差别，城乡差别，体力劳动和脑力劳动的差别而奋斗。

实际上，当被我们伟大领袖毛主席英明的、天才地称为二十世纪六十年代的"北京人民公社宣言"的全国第一张马列主义大字报之时，这场史无前例的伟大斗争已经开始了。

决派当前的奋斗目标，就是为了巩固在摧毁旧省市委斗争中诞生的，在革命群众运动中诞生的年轻红色政权，临时权力机构——革命委员会而斗争，并使之过渡到巴黎公社式的崭新的国家机器——真正地有代表性的，有无产阶级权威的正式权力机构——武汉人民公社而奋斗！

决派当前的奋斗目标,就是要改革文艺,改革教育,要改革厂矿企业,机关的行政管理,改革农村人民公社及工厂里阻碍生产力发展的生产关系,要改革一切不适应社会主义经济基础的上层建筑。

因此,决派的工人、农民,在工厂和农村就应该成为抓革命促生产的先锋,成为改革生产关系的闯将,决派的文艺工作者和学校师生,就应该成为改革文艺,改革教育的先锋。

在这里,决派运动既是前段运动中夺党内一小撮走资派的权的继续,而又赋予这场斗争以更新更艰难然而又更光荣而伟大的历史使命。

毫无疑问,这场斗争必然表现得空前的激烈,复杂和残酷!

曾经经受过学生运动和工人运动洗礼的决派,将以工人阶级代表的资格投身到占我国人口80%以上农民中去,使农民运动脱离原始的宗法运动形态而成为在无产阶级领导之下崭新的运动,并通过波澜壮阔的农民运动,相反地把城里工人运动和学生运动推向一个崭新的阶段,一个更大的高潮,决派将在这场风暴中完成着它的历史使命,这就是实现决派奋斗目标的途径。

在这场斗争中,工人运动,学生运动和农民运动如同向旧省市委旧军区斗争一样,再一次结成了以工人阶级为领导,以工农联盟为基础,包括小资产阶级以及其他一切愿意革命的统一战线。当然,这次统一战线的建立,较之上次更为牢固,更加强大,因为工人阶级最广大的同盟军已经真正投入了战斗,而且部分地掌握了武装,建立了一些根据地。

无疑地,无产阶级因此而更紧紧地抓住了统一战线的领导权,因为他所领导的农民阶级力量已经大大加强了。

在这场斗争中,全省农民运动将连成一片,工人运动,学生运动,农民运动将融为一体,工农联盟更加巩固,知识分子和工农也大(打)成一片,这是大海的怒涛,一切妖魔鬼怪都被冲走了,一切人的面目都将区别得清清楚楚。

无论是因原来地位受压而被卷入群众大浪中激烈过一阵子的人,还是为席位吵得晕头转向的人,如果不努力改造自己的世界观,即使(无论)现在处于什么地位,资格多老,都会在这场斗争中和决派分道扬镳，随着运动更深入更广阔的发展日趋没落和灭亡。

而那些曾经站错了队的同志，一旦立场转过来，就将奋力投入这股洪流，败军最善于学习，这些同志将在斗争中重新取得革命群众的信任，真正地回到毛主席的革命路线上来。

而决派，将在自己发展进程中同传统的观念实行最彻底的决裂，通过斗私批修，在这场风暴中百炼成钢，成为无产阶级的先进分子。

在这场斗争中，统一战线的核心，实际上已经起了无产阶级政党的领导作用，其队伍中不少成员实际上起了无产阶级先锋分子的作用，整党和建党的工作，从决派进行第一次政治斗争时，实际上已经开始了。

在火热的阶级斗争中建党将大大避免[了]在静止中建党所不可避免的弱点，这才是真正地整党和建党。

决派是根本的战斗武器，决派革命的望远镜和显微镜就是当代最高水平的马克思列宁主义毛泽东思想。

决派必须用对立统一规律即一分为二这个宇宙的根本规律来观察世界上的一切，观察社会主义时期的阶级斗争，必须懂得主要矛盾的主要方面，就是事物的本质，高屋建筑（瓴），势如破竹地解决问题。

决派必须用伟大领袖毛主席关于无产阶级文化大革命的光辉文件，《关于正确处理人民内部矛盾的问题》、二十三条、5·16通知、十六条来同前进中的阻力作斗争，解决无产阶级专政下继续革命所碰到的问题。

决派必须用"关于国际共产主义运动总路线的建议""九评"等光辉文献武装自己头脑，关心世界被压迫民族被压迫人民的斗争，为将来埋葬帝国主义，实现全人类的解放而作好各种准备，作出自己的贡献。

决派战士比较懂得，从他参加政治运动的第一天，就以一个共产党员的标准来要求自己，必须把全世界三十亿人口，把我国七亿人口，尤其是五亿农民放在自己肩上，只要全人类还没有解放，就不会有决派自身的解放。

决派战士庄严宣告，谁反对毛泽东同志，谁反对毛泽东思想，谁就是反对革命，不论他的地位多高，资格多老，就要造他的反，罢他的官，拉他下马，打翻在地，再踏上一只脚。

决派战士必须懂得，一旦中央出了修正主义，就造中央的反，地方出了修正主义，就造地方的反，决派就是孙悟空大闹天宫，造反有理。

决派必须把思想革命化放在一切工作的首位，以斗私批修为纲，以老五篇为座右铭，大学解放军，大兴三八作风，大搞四个第一。以毛主席提出的接班人五条和林彪付（副）主席提出的干部三条来要求自己，一辈子作人民的好儿子，作人民的勤务员。

决派战士要有更高的觉悟，即能有预见性，决派战士要有首创精神，要善于发现群众运动中的新事物、新动向、新问题，并毅然抓住，给予彻底地答复，决派战上要遵（尊）重群众的首创精神，懂得群众运动，决定事物的本质这一科学原理，永远站在群众运动的前面，紧跟毛主席把革命推向前进。

决派必须懂得，决派的干部就是战士，既能当官又能当老百姓，要防止决派干部利用职权享受任何特权，决派战士就是干部，要以干部的身分来严格要求自己，既反对无政府主义，又反对奴隶主义，不称职的干部可以随时撤换。

决派战士必须懂得参加集体生产劳动的伟大意义，至少要有三分之一（一年要有四个月）深入基层，和工人、贫下中农实行三同，同劳动人民保持最广泛、经常的密切的联系，克服官僚主义，防止修正主义和教条主义。

决派战士必须懂得，如果决派领导核心采取不革命路线，使之变成改良主义，那么决派队伍内和队伍外的马克思列宁主义者就会代替他们在革命中的地位，起来领导人民革命。在另一种情况下，资产阶级革命派就会篡夺革命的领导权，当反动的资产阶级叛变革命，镇压人民的时候，机会主义路线就会使革命者和革命群众遭到不应有的牺牲。

决派战士必须懂得，在战略上藐视敌人，藐视困难，这是一个革命者起码的要求，在战术上重视困难，这对一个革命者也是很重要的，必须正确处理好这一辩证的关系。

决派战士必须懂得，毫不遗漏地掌握社会活动的一切形式或方面，并在情况急剧发生变化时，准备最迅速和突然地用一种形式代替另一种形式。

决派战士必须懂得，在革命斗争中，必须坚持革命的原则性；又必须懂得革命的灵活性，并且在不丧失原则情况下作某些妥协，即有原则的妥协，但坚决反对实际变节，即无原则的妥协。

决派战士必须努力学习马克思列宁主义，并要99%地学习毛泽东思想，要懂得这是学习马克思列宁主义的捷径，要懂得马克思列宁主义毛泽东思想不是教条，而是行动的指南，并且他们本身每时都在不断发展。

决派战士要注意研究和学习历史，尤其是学习我党两条路线斗争史，同时也注意学习马克思列宁主义的发展史。

决派战士要注意作社会调查，要了解现状，要克服教条主义和经验主义！

决派的组织原则是民主集中制，要实现民主基础上的集中，在集中指导下的民主，这是一个问题的两方面。充分发扬决派内部民主，是巩固发展和壮大决派的必要步骤，是决派在伟大斗争中朝气蓬勃，战胜前进路上困难的重要武器。

决派队伍必须懂得内部斗争，要明确斗争是绝对的，统一是相对的，通过斗争来清除资产阶级思想对决派队伍的侵蚀。清除不符合决派战士标准的人和混入决派队伍的赫鲁晓夫式的个人野心家和坏分子，通过内部斗争，及时批判来自"左"和右的方面机会主义思潮的干扰。

斗争的方法是采用"团结——批评和自我批评——团结""惩前毖后，治病救人""一看，二帮"的传统方针，一方面要积极开展坚决的批判斗争，另方面又必须给犯错误同志以改正错误的机会，只要不是反党反社会主义而又坚持不改和屡教不改的，就要允许他们改造，允许他们继续革命。

决派队伍，是一个大熔炉，钢是怎样炼成的？钢就是在火热的阶级斗争中炼成的！决派的课堂就在工厂，就在农村，哪里有斗争，哪里有工人、贫下中农，哪里就是课堂，革命事业的接班人，就在这里炼就，就在这里成长！

决心把无产阶级文化大革命进行到底的无产阶级革命派联合起来！

无产阶级文化大革命全面、彻底胜利万岁！

伟大的中国共产党万岁！

战无不胜的、光焰无际的毛泽东思想万岁！

伟大导师、伟大领袖、伟大统帅、伟大舵手毛主席万岁！万岁！万万岁！

武汉决派联络站<br>1969（8）年2月6日

根据湖北大学革命委员会政宣部 1969 年 9 月编印的《把反动刊物〈扬子江评论〉拿出来示众》刊印。

# 论将无产阶级文化大革命进行到底的策略问题

(一九六八年二月)

鲁礼安

## 一、目前的政治形势

目前社会上的政治形势已经发生了很大的变化,这种变化就是全国各地各级文化革命委员会的迅速的相继成立,这雄辩地表明着毛主席的无产阶级路线的伟大力量,已经在革命群众围剿派性、巩固和实现革命的大联合的人民战争中发挥了巨大的作用。

这种政治形势的基本特点,就是毛泽东思想真正掌握了广大革命群众,无产阶级革命派已经锻造成了一支自为阶级的队伍,而用毛泽东思想这一理论将自觉地指导自身在无产阶级专政下继续革命。

各种毛泽东思想学习小组的雨后春笋般地涌现,是人民群众革命的积极性空前高涨的最新体现。

正象任何一次伟大的革命运动发展到一定阶段时候,各种各样的革命的积极分子会自动地开始集结起来一样,无产阶级文化大革命发展到今天,革命的先进分子开始各自集合在一起来了。过去,各种集合是以学会、学社的形式出现,以各自的信仰不同而结成的社会出现。而现在的这种集合,普遍地是以毛泽东思想学习小组的形式出现的,这有力地说明了一点,毛泽东思想已经成为了我们国家全体革命人民的最高信仰了。

世界是在向前发展的,反映世界规律的理论也在不断向前发展,当代最高水平的马克思列宁主义,毛泽东思想代表了这一理论发展的时代顶峰。

毛泽东思想同全世界人民的革命实践相结合,就可以把整个旧世界打得落花流水。毛泽东思想和我们各地革命实践相结合,各地的无产阶级文化大革命就可以突飞猛进。

毛泽东思想伟大地指导了革命的群众运动,反过来,群众运动的伟大创造,又证明了毛泽东思想的普遍真理,一经结合地方的实际,将显示出如何强大的威力。

　　因此,我们不可不将武汉地区的客观形势,按毛泽东思想来作一具体的分析。

　　毛主席教导我们说:"分析的方法就是辩证的方法。所谓分析,就是分析事物的矛盾。"[1]

　　因此我们不可不将武汉地区各种事物的矛盾作一具体的分析。

　　在分析这些矛盾之前,我们首先从全国着眼,分析国内尚存的各种矛盾。

　　无产阶级文化大革命的伟大纲领"十六条"中指出:"这次运动的重点,是整党内那些走资本主义道路的当权派。"这即是说,无产阶级专政条件下革命的主要对象是混入无产阶级专政机构内部的资产阶级代表人物,是党内一小撮走资本主义道路当权派,他们和革命群众之间的矛盾,是这次运动的主要矛盾的主要方面。

　　从毛主席发出"炮打司令部"的伟大战斗动员令始,亿万革命人民就在向党内一小撮走资派作斗争的道路上英勇地前进。

　　随着运动的不断深入发展,由革命群众与党内一小撮走资派这一主要矛盾而引起的各种非主要矛盾开始突出起来。

　　首先是在革命群众内部形成了一(个)庞大的保守派别,和革命造反派相对抗。

　　接着军队介入地方无产阶级文化大革命运动以后,又在相当多的地方形成了军队与地方造反派的对抗。

　　还有因为"怀疑一切"思潮所导致的大批干部被拉下马这一事实普遍,严重地影响了运动的发展。

　　毛主席说:"情况不是固定的,矛盾的主要和非主要的方面互相转化着,事物的性质也就随着起变化。"[2]

---

1　引自《在中国共产党全国宣传工作会议上的讲话》(1957年3月12日),《毛泽东著作选读》(甲种本·下),人民出版社,1964年6月,第510页。
2　引自《矛盾论》(1937年8月),《毛泽东选集》第1卷,人民出版社,1966年7月,第297页。

从去年的二月逆流开始，运动就显然进入了一种自我矛盾状态。群众之间，军民之间，干群之间的关系空前地恶化。这种恶化所引起的后果便是全国各地武斗迅速升级。

仅仅在几个月内，武斗的武器就从几千年前最原始的大刀长矛上升到了现代的机枪、坦克和大炮，人类历史上几千年的武器演变过程，几个月内在我们面前竟展现了一遍。

与党内一小撮走资派的矛盾以外的矛盾竟突出到这样的地步：局部地区国内战争发生了，如江西就是这样。

必须解决这些矛盾，扫清前进道路上的障碍。

为着解决群众之间的矛盾，毛主席提出："在工人阶级内部，没有根本的利害冲突，在无产阶级专政条件下的工人阶级内部，更没有理由一定要分裂成为势不两立的两大派组织。"[3]等一系列指示。

为着解决军民之间的矛盾，在军队和地方上普遍宣传着"拥军爱民"[4]的伟大号召。

而干部政策的反复提出，则是为着解决干群之间的矛盾。

因此，多为"毛主席最新指示的全面落实，就是无产阶级文化大革命的全面胜利"，实质上是指上述三大矛盾的全面解决的时候。

全国范围内，相当的地方仍然严重地存在着上述几对矛盾，解决这些矛盾，仍然现实地摆在那些地方人们的面前。

那么，武汉地区的形势的特点是什么呢？武汉地区现存的主要矛盾又是些什么呢？

是群众之间在革与保方面的矛盾吗？不是。发生在武汉的震惊全国的"七·二〇"事件，极大地教育了武汉的革命人民。王任重、陈再道之流，成为革命人民的公敌。是革命造反派内部派性的矛盾吗？也不是。尽管派性仍在或多或少地作怪，但是象湖南"湘江风雷"[5]和长沙工联那样的对立情绪在我们中间是远远不存在的事。是

---

3　这是毛泽东视察华北、中南和华东地区地区时，于1967年7月18日在武汉首次讲的，《人民日报》在1967年9月14日发表的社论《在革命的大批判中大力促进革命的大联合》中公布了这条语录。

4　转引自1967年5月12日《人民日报》社论《进一步加强军民团结》。

5　湘江风雷，全称"毛泽东主义红卫兵湘江风雷挺进纵队"，湖南全省性群众造反组织，1966年10月14日在"首都三司"帮助下成立于北京。

军民之间的矛盾吗？是干群之间的矛盾吗？统统不是。

因此，在武汉上述三大矛盾解决得比较最彻底这一事实，使得一些更新的矛盾被提到武汉人民的议事日程上来。

这种矛盾的实质就是广大革命人民要将无产阶级文化大革命进行到底和资产阶级、小资产阶级革命派要将无产阶级文化大革命半途而废的斗争。

对于湖北省内空前兴起的农民运动的态度，对教育革命的认识，对整党建党还是复党等一系列重大问题上的思想分野，实则都是这一深刻矛盾的外部反映。

当着这种反映还没有接触到矛盾的最深刻的方面，最本质的方面的时候，当着解决这种矛盾的理论还没有成熟的时候，当着"文化大革命就只能搞到这个样子了，余下的问题留到下次文化大革命解决"的反动论和诸如"看穿了"的思潮还能够统治着相当一部分人的头脑的时候，无政府主义思想极大地泛滥起来。诚然象《文汇报》所指出的那样，《文汇报》也好，《湖北日报》也好，都能够提出了问题，并且指出了无政府主义产生的根本原因，"无政府主义是对机会主义罪过的一种惩罚"这一著名的论点使得任何对机会主义罪过含情脉脉的庸人永远不可能找到根除无政府主义的药方。

事情摆得很明白，在过去，谁能领导革命群众推翻党内一小撮走资本主义道路的当权派，谁就能取得革命的领导权。在今天，谁能够领导革命群众把无产阶级文化大革命进行到底，谁就能够取得革命人民的信任。历史已经证明而且必将更加雄辩地证明："小资产阶级革命派是不能尽此责任的，这个责任不能不落在决心把无产阶级文化大革命进行到底的无产阶级革命派的肩上。"

工人阶级和农民阶级是要把无产阶级文化大革命进行到底的，过去和现在无产阶级文化大革命的历史，都已经证明了工农是革命的最坚决的力量。在城市问题解决之后，农民的斗争就从来没有停止过。刘少奇在农村的代理人对于农民的压迫，激起了农民大规模地反抗，以湖北、湖南、江西为中心的农民运动，正在向着纵深方向迅速地发展。

革命的知识分子也是希望把无产阶级文化大革命进行到底的，

但是，学生运动要得到持久性，要冲破机会主义、无政府主义和小资产阶级狂热性、动摇性和软弱性的束缚，只有和……

（下文缺）

根据湖北大学革命委员会政宣部 1969 年 9 月编印的《把反动刊物〈扬子江评论〉拿出来示众》刊印。

# 我回答你们之一

（一九六八年四月）

鲁礼安

由新华工中某些人一手操纵，由我所在班几个十分蹩脚的小爬虫盗用"五——六五五六班"名义而编印的所谓《关于反革命跳梁小丑鲁礼安的初步材料》总算出笼了，尽管笨蛋们企图保守住这份《初步材料》的秘密，《材料》总算巧妙地落到了我的手中，使得我有机会针对这些《材料》对你们作一番开导。无论是跳起二丈，火冒三尺，还是向"盗走材料"的附中革命小将表示"强烈抗议"，都没有丝毫用处，我们之间的战斗就此打响！

而且，有什么值得向附中小将"强烈抗议"的呢？还是对你们自己进行强烈的抗议罢！抗议你们于三月二十九日凌晨一点，用欺骗手段对我进行非法绑架，囚禁四天之久，直到我于四月二日中午逃出虎口；抗议你们在我与外界突然断绝一切往来，连大、小便和睡眠都被严格监视的情况下，对我进行卑鄙无耻的"逼""供""信""诈"；抗议你们于三月三十一日深夜，手持凶器闯入我父母住宅，强行非法抄家，还威胁我父母要"严守秘密"以"支持革命的秘密行动"，否则"后果自负"；抗议你们无理地在我失去人身自由期间，查抄并没收了我的笔记、书籍及仅有的几块零用钱。

这个抗议我已经在监禁期间委托军区第三办公室[1]转达给曾刘首长，转达给了无产阶级司令部。

现在，全省无产阶级革命派的战友，一切革命的同志们也知道了你们这种无视中央命令的强盗行为。

我是以被一小撮控告为"反革命分子"的无产阶级革命派的资格

---

1 即武汉军区第三办公室，简称"三办"，又称"曾刘办"，成立于"七·二〇"后，武汉军区与群众组织联络的部门，后专事负责清查"北决扬"工作。

来辩护的。

我是为着自己对毛泽东思想的无限信仰来辩护的。

我是为着反击在你们身上所反映出来的右倾、翻案、复辟、分裂的逆流来辩护的。

《材料》任意地辱骂、诽谤了我——这对于我是不关紧要的,我从前年七月份开始就习惯了这种恶毒的攻击,可是因为要把我整成"反革命",而把我在无产阶级文化大革命中每一个关键的时刻的大无畏的革命行动诬蔑成为"象一个十分蹩脚的政治丑角,合着阶级敌人的节拍,从文化大革命开始的那天起就跳了出来,淋漓尽致地作了一番'精采'的表演",把我与工作组、与旧湖北省委、与陈再道之流的顽强斗争诬蔑为"把自己打扮成'狂飙'式的勇士,赤膊上阵,猛打猛冲",把我在运动中为捍卫马列主义、毛泽东思想而发表的革命的文章(其中也有极少数是错误的),统统诬蔑成"有很深的流毒的反革命理论",那我是绝对不能容忍的。因为这已远远超出了个人的范围,而涉及到否定与捍卫无产阶级文化大革命,否定与捍卫革命的群众运动,否定与捍卫第三个里程碑——"五•一六"通知,否定与捍卫马列主义、毛泽东思想的基本原则问题,也就是说,涉及到一系列重大的根本问题。

确实,"蹩脚的政治角色"是有的,而且岂止"十分蹩脚"呢!"合着阶级敌人的节拍,从文化大革命开始的那天起,就跳了出来,淋漓尽致地作了一番'精采'的表演"的人也是有的,但这决不象你们所狂吠的那样是"反革命鲁礼安"!而恰好是你们中间的某些人自己。

如果不健忘的话,你们总还应该记得:

当着我的一九六六年八月二十六日清晨贴在(出)震动华工的革命大字报《湖北省委右倾机会主义大暴露——评×××[2]省长八月二十五日在华中工学院万人集会上的讲话》时,是谁在大喝大捧"×××省长的讲话好极了,为华工运动指明了方向"?我想请问"六五六班"的现在时髦的很的几位"闯将"们,难道你们竟忘记了八月二

---

2 指张体学。

十五日夜我们以前的激烈的争论吗？什么"热烈拥护，坚决照办"那篇右倾机会主义讲话的声音，难道还不足以说明你们这几个"政治丑角""十分蹩脚"吗？

当着我八月三十一日写出《为南下革命师生呼吁——揭穿湖北大学"紧急呼吁"的骗局》一文向旧湖北省委的资产阶级反动路线进行猛烈的进攻而被打成"反革命急先锋"的时候，你们不是还在划着狐圈步子，合着一片《湖北省委就是好》的歌曲扭扭捏捏地偶或写上篇把不痛不痒的东西吗？

当着我去年三月底发表《三司在十字街头》，指出在空前残酷复杂艰巨的阶级斗争风暴面前，三司将发生剧烈分化时，你们中间的一些康们[3]不是大发雷霆，扬言要对我进行"全线反击"吗？而铁的事实竟如何呢？

当着某些人放弃革命的原则，在八二〇一军训团的"关怀"下，干着与"春雷""红总"同桌办公的勾当时，究竟是谁在"合着阶级敌人的节拍"呢？新华工广大真正无产阶级革命派坚决地抵制了这种"联合"，而我在当时写出的《三论巴黎公社的启示》文章中，和真正的新华工人一样，响亮地提出并论述了"一切权力归红司"，这句话后来成为新华工政权不至丧失于保守派之手的强有力的保证。

"敢死队向武汉军区支左办公室中一小撮挑战书"的革命大字报发表了，象一颗重磅炸弹震动了敌营，鼓午（舞）了战友。我还清楚地记得当天，四月六日，"新华工的天是明朗的天""新华工的人民好喜欢"的巨幅标语是怎样的在南二舍和南三舍的屋顶伸出，对称悬起。

难道向王任重开火、向陈再道宣战，这就是"合着阶级敌人的节拍""赤膊上阵、硬打硬冲"吗？可爱的先生们，你们的逻辑实在太混乱了，只有铁杆老保们才有这样的论调，在他们眼里，无产阶级革命派的每一次遵照无产阶级司令部的命令、向党内一小撮走资派的猛烈的进攻，都是"合着阶级敌人的节拍，赤膊上阵、硬打硬冲"，都是"反革命"的行动。

---

3　康们，指"康三司"。

因此难怪你们在前不久三月六日的一次辩论中狂吠什么"除武汉因为出了七·二〇以外，全国都没有二月逆流"了。

叶群同志最近指出：二月逆流是搞资本主义复辟、推翻无产阶级专政、推翻中央文革小组，对待二月逆流的问题是个大事（是）大非的问题。

叫喊全国都没有二月逆流的先生们，你们的政治立场究竟在那一边呢？你们有没有想到过，你们在说这句话的时候，就已经成为了反革命修正主义分子谭震林的辩护士，就已经充当了向以毛主席为首的无产阶级司令部，向无产阶级文化大革命，向无产阶级专政，向高举毛泽东思想伟大红旗的中央文革反扑的跟屁虫。因为江青同志说的好："二月逆流是什么东西？是想推翻以毛主席为首的无产阶级司令部、是想推翻无产阶级文化大革命、是想推翻无产阶级专政。"谢富治同志说："二月逆流是想推翻高举毛泽东思想伟大红旗的中央文革小组。"

当然，你们对反动二月逆流依依不舍、连连断断、吞吞吐吐，也绝不是偶然的。只要你们稍一转身，我们就可以看见你们的屁股上分明早就打上了"右倾机会主义"的印记！

从最老牌的谈起罢。我想首先问一问如今身居常委要职的赵文成[4]先生，前年九、十月的时候，华工毛泽东思想红卫兵的每一次对旧湖北省委的重大政治行动，却由你这位当时的主要领导人之一在事前的一天电话告王任重的狗婆肖慧纳[5]，并由他们把情报刊载到省委内部刊物《文化革命动态》[6]上面，那么，这种行为应该算着什么行动？通敌、告密还是奸细呢？赵文成自己心里明白。

你们不是通过武装部长刘玉满[7]常委大人要我"交待"与大大小小的走资派的关系吗？我可以坦然地告诉你们，你们打错了主意、算

---

4　赵文成，原是华工团干部，省委工作组进驻华工后，被选为华工文化革命领导小组成员。1966年7月1日，因反对工作组被赶出领导小组。华工成立革委会后，任革委会常委。

5　肖慧纳，女，1917年出生，河北威县人。王任重的妻子。文革中湖北省委宣传部副部长。1998年11月去世。

6　这个刊物是中共湖北省委文化革命小组办公室编的。

7　刘玉满，1944年出生。华中工学院机电系学生，该院革委会常委。

错了算盘,党内一小撮走资派是我不共戴天的敌人,我和他们之间只有殊死的战斗,绝没有无耻的勾当!我倒是想问一问赵文成先生是怎样在北京和我院的铁杆保皇干将、红卫战斗团团长××一起和王任重共进晚餐,而得出"王任重真有风度"的感叹;我倒是想问一问李守宪[8]在做梦登上省长交椅的当儿,你赵文成在和李守宪在怎样勾勾搭搭,我倒是想问一问直到抗暴以后红司每一次最秘密的党委会决定是怎样迅速地落到了八二〇一手里?

我还要问:

当着敢死队在新华工园内大书疾草《一论为工总翻案》《二论为工总翻案》《三论为工总翻案》的时候,是谁在五月三十号了,还在和牛怀龙[9]进行肮脏的政治交易:"我们是不为工总翻案的,敢死队为工总翻案,你们可以处理。"这是谁说了?难道不是堂堂郭保安司令!

就在那个时候——已经六月了,当司令部工作人员田勇电告八二〇一"我们不揪武老谭了,我们也不为工总翻案了"的时候,"蹩脚的政治丑角""肮脏的苍蝇""阻止历史车轮前进的反革命分子""党内一小撮顽固不化的走资派、叛徒、特务、大大小小的牛鬼蛇神,复辟资本主义的急先锋和马前卒"的鲁礼安和他所在的敢死队正以排炮似的革命檄文,向以陈再道为首的武汉谭氏集团开炮!开炮!开炮!

是谁最仇视我们,痛恨我们,而不惜以世界上最恶毒的语言来咒骂我们呢?是陈再道、是王任重、是党内一小撮顽固不化的走资派及其帮凶。君不见"向武汉部队'支左'办公室一小撮挑战"的大字报炸开了武汉三镇的时候,陈再道是怎样咬牙切齿的吼叫,而八二〇一又是怎样准备好了逮捕证准备对敢死队下手吗?

"你飞扬跋扈!"说对了,在陈再道面前、在走资派面前、在百万雄师面前,我们就是要"飞扬跋扈""**要压倒一切敌人,而决不被**

---

8　李守宪,1907年出生,湖北沔阳人。文革前任中南民族事务委员会副主任、中南民族学院院长兼党委书记。文革中支持造反派。文革后任湖北省科委副主任。

9　牛怀龙,1923年出生,山西定襄人。武汉驻军独立师(8201部队)师长。1975年5月去世。

**敌人所屈服**！"我不习惯于向王任重献眉（媚），更不习惯于向陈再道卖乖，这一点赵文成懂吗？郭保安懂吗？

你们根本不懂。

"你具有一切大大小小的赫鲁晓夫式的人物所共有的狼子野心"。"野心"是有的，这就是把中国革命进行到底，把世界革命进行到底，把毛泽东思想伟大红旗插遍全球！"那些具有一切大大小小的赫鲁晓夫式的人物所共有的狼子野心""政客手腕"的暴发户也确实有的，是谁在敢死队和红反团之间挑拨离间？是谁在选举前夕对敢死队、红反团拉拉扯扯而后翻脸不认人？是谁在不久前还高唱着"我同意朱九思[10]做第一把手"的高调而现在却比谁都卖力地抡起"朱九思是道道地地的走资派"的大棒？是谁到处"上窜下跳""东奔西忙"的竭尽造谣诬蔑之能事，"大放厥词"，散布"鲁礼安准备上京整江青、陈伯达的材料""鲁礼安遥控鄂东局势、指挥三省七县武斗"的流言蜚语？是谁狂吠"不整垮鲁礼安我不姓张"而用一切最卑鄙的手段在深更半夜对我进行秘密绑架，大搞"逼""供""信"？是谁？是谁？是谁？

"不整垮鲁礼安我就不姓张了！"好个伟哉一世的英雄！我就是没有听到这位英雄在七·二〇前喊过"不打倒陈再道我就不姓张了！"我听到的倒是不为工总翻案、不揪武老谭了的哼哼声！

够了，够了，我的审判官们的面目无须说得更多了。而我，我可以大言不愧地说，我和我的战友们，用全付（副）力量和一切顽强性为反对党内一小撮顽固不化的走资派而战斗到今天。因此，我抗议你们对我所进行的疯狂的攻击和谩骂。我没有理由因为我与党内一小撮走资派的斗争而以为耻辱，我以我为工人阶级的事业作了努力的奋斗而感到问心无愧。

诚然，正如《十六条》所说："一大批本来不出名的革命青少年成了勇敢的闯将。他们有魄力、有智慧。他们用大字报、大辩论的形式，大鸣大放、大揭露、大批判，坚决地向那些公开的、隐蔽的资产阶级代表人物举行了进攻。在这样大的革命运动中，他们难免有这样

---

10 朱九思，1916年2月出生，江苏扬州人。华中工学院院长、党委书记，文革初受到批判，文革后恢复工作。2015年6月去世。

那样的缺点[和错误]……"

在伟大的无产阶级文化大革命中我也犯过很多错误，有些甚至是很严重的错误，我说过一些错话，也写过一些错误的文章，但这些言（论充）其量不过占我斗争中的极小的一部分，决不是什么"一套反革命理论，有很深的流毒"，我倒是知道我们的文章常常是因为急迫地表达了广大无产阶级革命派的呼声而受到热烈欢迎，如果这也是"流毒"的话那就让它"流毒"去罢！

但是使我绝对不容忍的是那些无端的罪名，这种罪名就是对我的莫大的侮辱。在我被绑架时（期）间刘玉满煞有介事地威胁说："你要老实交待你和那些走资派的关系，交待和那些嘴上长着胡子、脑后长着白毛的老家伙的关系。这先不说，我们知道你和我们院里的走资派就有联系，还有那些钻进了权力机构的走资派就有联系，你要老实交待出来。""这主要是看你的态度，给你一（个）悔过自新的机会。"其实，刘玉满装腔作势地声称："这些我们早就掌握了！"

现在我要严肃地向对我进行卑鄙的讹诈的刘玉满大人提出质问：

你有哪怕任何一点事实来证明我和任何一个走资派或者什么花白胡子的联系吗？

你有哪些（怕）任何一点事实来证明"院里最近发生的一系列事件"和我有关系吗？

你如果有种的话，就把你"早就掌握了"的这些联系抛出来吧！

还有人不是在三月二十八日下午的广播讲话中声称"有人在院内遥控鄂东局势，指挥七县联防"吗？你不是在南二舍前大肆散布过"鲁礼安整江青、陈伯达的材料"吗？

那么现在就请你把我"身在院内，遥控鄂东"的证据拿出来吧！把我整理的"江青、陈伯达的材料"抛出来吧！你们不是已经对我父母进行了"革命的秘密抄家"了吗？不是已经抄空了我寝室中的一切了吗？想必已经抄到了你们需要的一切"材料"了。

但是你们的"材料"所包含的范围也太广泛了，难道我奶奶十年前去世火葬的收据（每年交存放骨灰的收据）和我家里所有的房租电水费收据也都属于"材料"之列？难道我自己的《毛主席语录》《马恩列斯语录》《林彪语录》《鲁迅语录》也都属于"材料"之列？难道我的那本《毛主席关于文学艺术的五个批示》及其夹在里面的伙食费也都属于"材料"之列？难道我仅有的一个敢死队队证也属"材料"之列？荒唐、真是荒天下之大唐，我怀疑你们究竟是搜查"材料"还是偷鸡摸狗，而显然是后者的可能性要比前者的可能性大的多。

如果你们拿不出以上材料的话（我量你们拿不出来），那么根据六七年八月十六日中共中央办公厅等处关于平反问题的解答所规定："运动前与运动中发生多起政治陷害事件，有的是捏造事实，大搞逼、供、信，制造假的证据，把无辜革命群众打成反革命集团，打成反革命分子，这样的问题要搞清楚，对有意陷害革命群众者，可以追查政治责任"的政策，我向刘玉满、张立国等人提出控诉，并向你们追查政治责任。我知道，在熟识我的战友里面，在广大革命工人同志里面，谁也不会相信我曾经和什么走资派有过往来，也不会相信我会整江青、伯达的材料，也不会相信我可能遥控什么鄂东的局势。可是在新华工是另外的条件，在这里居然能够传出这样怪诞的断言，甚至是从堂堂革委会主任嘴里传出来的。很明显，由于新华工内部以革委会中某些人所操纵的"一八二串连会"为一方和以广大革命师生所组成的"二八一串连会"为一方，在原党委第一书记朱九思问题上的严重对立，已经使得某些人的地位处于不稳固的状态。而地下黑省委头面人物李守宪的被揪出便使新华工中某些人陷入狼狈的境地。因此，这某些人急于需要一个圈套为着解决自身内部的困难，和为着分裂二八一的阵线，而这个圈套中所假定的结合便是鲁礼安，倘能从我身上得到与朱儿思、与他们所认为的一切走资派和黑手之间的关系，又得到我遥控鄂东武斗的证据，则这某些人的局面大可改观，从而逃过这一次声势浩大的"反右倾、反复辟、反分裂、反翻案"运动对他们历来的右倾机会主义的惩罚。这种惩罚的日子是要到来的。那时候，你们对我们所施行的种种迫害将要带些利息加以偿还，时间愈长，利息愈大！

根据 1968 年 6 月 24 日出版的《扬子江评论》第 11 期刊印。

# 愚蠢的诽谤
## ——我回答你们之二

(一九六八年四月)

鲁礼安

　　暗探们想尽一切办法收集了关于我的五十六条罪状。这使我想起了中世纪的学者布鲁诺,当他的思想在无限的宇宙间翱翔的时候,有锐利的眼睛在监视他。不仅有人听他的话,而且还偷听他的思想。拿不勒斯修道院里的僧侣们收集了总共一百三十条罪状来反对他。我们二十世纪六十年代的大学里的可爱的密探们哟,看来你们收集罪状的本领还远远赶不上中世纪的教士们哩。

　　当一九五七年资产阶级右派向我们猖狂进攻的时候,我们伟大的领袖毛主席就这样指出过:"修正主义和右倾机会主义,是一种资产阶级思潮,它比教条主义有更大的危险性。修正主义、右倾机会主义者,口头上也挂着马克思主义,他们也在那里攻击教条主义,但是他们反对的正是马克思主义的根本的东西。"[1]

　　我的跳来跳去的对手就是这样一批蠢人。

　　除了那些肆意歪曲、删节和断章取义的可怜的几条之外,这五十六条究竟有几条当真算得上"罪状"呢?

　　不读书,不看报,不接触群众,什么学问也没有,专靠"武断和以势压人",却还要窃取革命的名义的"虫阀"们,总以为自己不懂的东西就是谬误,就必须拚命地加以诽谤和攻击。顽固的愚蠢症,本

---

[1] 这段语录与原文有出入,原文是:"修正主义,或者右倾机会主义,是一种资产阶级思潮,它比教条主义有更大的危险性。修正主义者,右倾机会主义者,口头上也挂着马克思主义,他们也在那里攻击'教条主义'。但是他们所攻击的正是马克思主义的最根本的东西。"见《关于正确处理人民内部矛盾的问题》(1957年2月27日),《毛泽东选集》第5卷,第392页。

来是无药可医的，但是真理的原则，却是不能不捍卫的。因此我决定不惜篇幅，来回答你们愚蠢的诽谤！

"鲁礼安说：'从来就是革命出书本，而不是书本出革命'，是赤裸裸地反对学习毛主席革命宝书，反对用毛泽东思想来指导革命。"罪状之一。

我得首先声明两点：一、"从来就是革命出书本，而不是书本出革命。"永远是一条颠扑不破的真理，是完全符合**"人的正确思想，只能从三大革命实践中来"**[2]的毛泽东思想原则。二、这句话并非我的创造，而是来自陈伯达同志《读〈湖南农民运动考察报告〉》一文。

既然按你们所说"从来就是革命出书本，而不是书本出革命"是"反革命的理论"，那么就当然应该是"从来就是书本出革命，而不是革命出书本"啰，而我们知道，这恰恰是中国的右倾机会主义分子的老祖宗陈独秀在四十多年前拚命贩卖的货色。毛主席曾经指出：**"如果说，法国资产阶级的国民议会里至今还有保皇党的代表人物的话，那么，在地球上全部剥削阶级彻底消灭之后多少年内，很可能还会有蒋介石王朝的代表人物在各地活动着。"**[3]我们没有想到，在陈独秀的尸骨早已发烂的今天，居然还会有人捧起"书本出革命，而不是革命出书本"的反动信条。如果说你们在毛泽东思想的基本理论上面是一窍不通的话，那你们在歪曲、诋毁方面倒是很有一套，你们不懂得"革命出书本，而不是书本出革命"也倒罢了，却还要自作聪明地由这一真理引出"是赤裸裸地反对学习毛主席革命宝书，反对用毛泽东思想来指导革命"的荒唐结论。我们知道，所谓"革命，什么革命，都是从书本上凭空制造出来的"历来是一切反动势力对人民革命的诽谤和诬蔑。用马列主义、毛泽东思想来指导革命，完全不是说革命是从书本上制造出来的。而可爱的先生们居然硬将这两者等同起来，请看你们将伟大的毛泽东思想玷污到了何等的地步。毛主席说：**"中国有许多专门从书本上讨生活的从事科学研究的共产党员，不**

---

2　这段语录与原文有出入，原文是："人的正确思想，只能从社会实践中来，只能从社会的生产斗争、阶级斗争和科学实验这三项实践中来。"见《毛主席语录》，总政编，1966年，第176-177页。
3　引自《关于胡风反革命集团的材料》，人民出版社，1955年6月，第122页。

是一批一批地成了反革命吗？"[4]就是对于你们敲起了警钟。何况你们是真在努力学习毛主席著作吗？我表示非常怀疑，因为在你们轮班看守我的那几天里，我发现你们毫不例外地几乎全部看守时间都浪费在"无线电"等杂志上面，而没有学习哪怕一分钟的毛主席著作。

正因为你们从反动的"从来都不是革命出书本，而是书本出革命"的哲学出发，因此你们从来都不可能用毛泽东思想来正确地解释无产阶级文化大革命中的哪怕任何一次微小的变动，而开口闭口地写着"拿本本来"。你们可以无视眼前的铁的事实，而将我文章中如"人类历史上从最古老最原始的武器到现代的武器，都通过战争形式在我们面前迅速地演现了一遍""局部地区的国内战争发生了，江西就是这样"的论述，诬蔑成"恶毒丑化伟大的无产阶级文化大革命"的罪状，何其可笑啊。

陈伯达同志传达说：**毛主席说无产阶级文化大革命是国共两党战争的继续**。康生同志也指出：同志们要深刻地理解，什么叫文化大革命。文化大革命是无产阶级政治革命，也是国内战争的继续，国民党与共产党阶级斗争的继续。我想这一系列指示总可以粉碎小丑们对我的进攻了。

如果说六五五六班（我所在班级）的几位小丑们，是太幼稚而可以原谅的话，我倒是想提醒郭保安司令还应多多学习。你想必不会健忘，应该记得三月二十六日晚自习时间（即我被你们绑架的前三天）在我班寝室里，你和我激烈地辩论了关于国内战争的问题，你矢口否认无产阶级文化大革命中的武斗包含有国内战争的因素，而荒唐地举出什么"流氓打架算不上战争"来证明自己的理由，在你嚅嚅诺诺的时候，我发现你对于无产阶级文化大革命的深刻政治意义和马列主义、毛泽东思想的一般原理，都暴露出极端的愚昧无知。

基于这种愚昧无知，所以你把"用陈腐的生产力论来抵制革命，

---

[4] 这段语录与原文有出入，其中"中国有许多专门从书本上讨生活的从事科学研究的共产党员"的原文是："中国有许多专门从书本上讨生活的从事社会科学研究的共产党员"。见《反对本本主义》（1930年5月），《毛泽东选集》第1卷，人民出版社，1991年6月第2版，第111页。

是古典和现代的一切右倾机会主义者、修正主义的惯技（伎）。如果现在有人企图检（捡）起这些破烂货阻碍方兴未艾的农民运动，那他们必将在铁的事实面前碰得头破血流。"把"过去时期的整个文化大革命运动，可以说，都是对农民运动的一个发动"，把"×××、×××调往上海、沈阳不见得都是无产阶级司令部的人，不见得都是走资派，调是给他一个立功赎罪的机会"等统统诬蔑为"反革命理论"也丝毫不奇怪了。

我曾经在不久前的一篇文章中写过"有些人大肆宣扬现在的主要矛盾不是革与保而是公与私了。这种将革与保和公与私的矛盾绝然分开的说法是极其荒谬的。持有这种论点的人不是糊涂虫或马大哈，就一定是别有用心。"这段话居然构成我"恶毒攻击以毛主席为首的，以林副主席为副的无产阶级司令部"的"罪状"。我无必驳斥你们，我只想引出中央首长三月十一日接见首都大专院校负责人时的讲话就足以教训你们一顿：

江青：（对大庆公社）"你们一点都不批余秋里，主席对余秋里是一批二保，你们是一贯地保，你们倒是一贯正确的。"

"你们一直保，倒成了一贯正确的了，你们就是拥护二月逆流的，你们是反对我们的！你们口头上讲拥护毛主席、林副主席，实际上炮轰我了！二月逆流是什么东西？是想推翻以毛主席为首的无产阶级司令部，是想推翻无产阶级文化大革命，是想推翻无产阶级专政。"

叶群："没有革与保了吗？……对待二月逆流的问题是大是大非的问题。"

来自无产阶级司令部的声音你们听到没有？而且可以告诉你们中间的某几个小爬虫，当着你们在狂吠"除武汉因为出了个七·二〇以外，全国都没有二月逆流"的时候，你们就是地地道道的"保"，保二月逆流、保右倾、保翻案、保复辟、保分裂的跳梁小丑。

"你说中央正在搞宗派斗争，也不知道那些人和那些人是一派，看来九大一时很难开起来。"首先你们歪曲我的原话，我曾经说过"地方上反派性实质上也是中央内部在反宗派主义，也不知道哪些人是一派。"这个想法现在实际上已经得到了证实，这就是杨成武、余立金和付（傅）崇碧宗派主义反党集团的被揪出，林副统帅三月二十日的重要讲话对这一问题作了极其精辟的分析：

"杨的错误主要是山头主义、两面派和歪曲马列主义。山头主义、个人主义、宗派主义、派性这些东西属于同类的东西，虽不完全相同，但性质相同，名词虽不同，但都是同类，本质是相同的……我们要坚决反对宗派主义、山头主义这种思想。"

可怜而无知的先生们哟，你们的思想还要硬化到怎样的地步呢？

从古以来，敢于闹革命、敢于创新的，大都是"幼稚"的青年人，他们一抓到真理，都藐视老古董，向老古董宣战，而有"学问"的老古董，总是压迫他们，但是胜利的总是那些原来名不见经传的青年。

一百多年前，两位青年人——马克思、恩格斯，写了划时代的辉煌巨著《共产党宣言》，他们宣布要向旧世界开战，"**要同传统的观念实行最彻底的决裂**"，让统治阶级"**在共产主义革命面前发抖。**"

我们最伟大的领袖毛主席，当他还是一位二十多岁的青年时，就主编《湘江评论》，发表许多标（彪）炳显赫的革命雄文，提出打倒旧世界，让贵族、资本家在我们面前发抖的彻底革命的战斗口号。

革命的辩证法是无情的。那些代表旧势力的人物，看起来似乎是庞然大物，不可一世，但是他们逃脱不了革命辩证法的惩罚。那些代表新生力量的小人物，不管在斗争中将遭到怎样的艰难曲折，遇到多么大的阻力，他们最后必将战胜旧势力。

历史应该由他们来写。

因此我们提出了："震撼世界的无产阶级文化大革命，如何总结它，如何承受它，难道还需要等着那些坐在黄鹤楼上看翻（帆）船的大人先生们去进行，而不是由我们这些多少在运动的泥巴里滚了半天的毛小子和工农大众一起来完成吗？"

想不到这些话竟也成了我的一大罪状。那些从运动以来就躲在黄鹤楼上看翻（帆）船的大人先生们被刺痛了，他们一起从黄鹤楼上跑了下来，从湖北大学的一伙什么教汉文、卖古董的教授先生到毛里毛糙的小爬虫们迅速地结成了罪恶的神圣同盟，必欲置革命小人物与（于）死地。

那么就请声嘶力竭地骂吧、跳吧，扳着指头来数我们的罪状吧。

那么就让不可一世的先生们横蛮地喊叫："见到了鲁礼安就把他抓回来！"这使我想起了纳粹德国的第二号巨头戈林一九三三年在莱比锡法庭上对差（着）季米特洛夫喊的："你是骗棍，我不怕你。小心吧！离开了这个法庭时，你就会落在我的手上"这种疯狂的叫声。

然而历史的车轮决不会被这种声音镇压，它总将压倒一切大大小小的噪音而向前飞驰！

一九六八年四月

根据 1968 年 6 月 24 日出版的《扬子江评论》第 11 期刊印。

# 历史在说话
## ——我回答你们之三

（一九六八年四月十八日）

鲁礼安

  我们伟大领袖最近发出最新指示说："无产阶级文化大革命，实质上是在社会主义条件下，无产阶级反对资产阶级和一切剥削阶级的政治大革命，是中国共产党及其领导下（的）广大革命人民群众和国民党反动派长期斗争的继续，是无产阶级和资产阶级阶级斗争的继续。"[1]

  康生同志还转达了毛主席关于无产阶级文化大革命是国内战争的继续的最新指示。

  毛主席的最新指示最深刻地阐明了文化大革命的伟大意义，最精辟地揭示了文化大革命的阶级内容。凭着这一强大的思想武器，许多仅仅因为我谈及到"政治革命""国内战争"而被扣上的"恶毒丑化无产阶级文化大革命"的"罪名"，就象春天的冰山一样地消溶了。

  任何一次真正的政治革命，都不可避免地涉及到社会上的各个领域，其中自然地包括军队。

  "由于军队的特殊地位，夺军权的斗争将以不公开的形式在军队中由无产阶级革命派进行。带枪的刘邓路线一日不投降、一月不完蛋，'夺军权'与'反夺军权'的斗争就一天不会停息……"十一个月以前写出来的文章《政权的根本问题是军权》，现在谈起来是多么幼稚啊，然而也被你们今天端了出来，作为我"矛头指向中国人民解放军"的一大"罪状"。恩格斯曾经在谈到空想社会主义时说过："**让著作界的小贩们去一本正经地挑剔这些现在只能使人发笑的幻想**

---

[1] 转引自1968年4月10日《人民日报》社论《芙蓉国里尽朝晖》。

吧，让他们以自己严谨的思维方式优越于这种'疯狂的念头'而自我陶醉吧……。"你们从我六七年五月写的文章中拚命地挑剔，你们岂止是小贩，简直就是奸商，照鲁迅先生的说法，不过是上海滩上的青皮而已。

历史是最公正的裁判，它无情地宣布了无产阶级文化大革命中"夺军权"与"反夺军权"的斗争确实是在一直激烈地进行着。

不久前才揭发出来的杨成武串通余立金夺空军的权，杨成武勾结付（傅）崇碧反对谢富治，夺北京市革委会的大权这一阴谋和毛主席、党中央决定撤消（销）杨成武代总长的职务，逮捕余立金，撤消（销）付（傅）崇碧北京卫戍区司令的职务，就是在军队内部"夺权"与"反夺权"斗争的一个再明显不过的例证。

如果说，我在半年甚至一年以前提出"军队中存在夺权斗争"就是"把矛头指向中国人民解放军"的话，那末你们在"七·二〇"以后以司令部的名义派遣大批人员到全国各地"协助"揪出"军内一小撮"的行动又应该算作什么？

由于"七·二〇"以后错误思潮的全国性冲击，我们提出了"揪军内一小撮"的有害口号，甚至在短时间里产生了"无产阶级文化大革命的最高形式是武装夺取政权"的荒谬想法，这些错误后来在无产阶级司令部的指示下都得到改正了。

只有奸商们才抓住这些无产阶级革命派在学习游泳时所犯的错误，把它装在篓子里，等着在做黑市生意时把它抛出来。

看行情说话，买空买（卖）空，这便是奸商的哲学。

从这个哲学出发，你们就可以在去年二月逆流猖狂的时候，拚命向陈再道作"深刻"的"沉痛"的检查，就因为《新华工报》曾经登载过一幅"陈再道窝藏省委走资派"的漫画。

从这个哲学出发，你们就可以在抗暴斗争最艰苦也即接近胜利的时候，拚命向陈再道献媚"我们不揪武老谭了，我们不为工总翻案。"

从这个哲学出发，你们就可以在胜利的日子里，成为"杀向全国"大揪"军内一小撮"的"英雄"。

就是从这个哲学出发，你们就可以把我十一个目（月）前写出的关于"夺军权"的文章端出来,作为攻击我"把矛头指向中国人民解放军"的资本。

……

够了,够了,难怪你们总是"从不犯错误的"了。

蛆虫们无耻地在我被非法绑架期间,撬开了我的书桌,偷出我日记本上这样一段文字:"八月的抢枪运动开始了人民武装的英勇尝试,而'只要在全国规模内,**着手组织这种武装的人民,就可以根绝常备军……**'这段马克思的论述已经在今天由毛主席在他的'五·七'指示中得到了解决。"于是你们欣喜若狂了,以为捞到了什么稻草,给我安上了"恶毒歪曲马克思的话,打着'红旗'反红旗,别有用心地把马克思的话作为取消中国人民解放军,搞'全民国家'的依据"的罪状。

偏见比无知离真理更远,你们是偏见与无知的混血种。

在日记上我这段话是学习毛主席光辉的"五·七"指示的体会。毛主席在这一指示中创造性地发展了马列主义关于人民武装的理论。提出了各行各业办成毛泽东思想的大学校,实现亦兵、亦工、亦农的伟大方针,而解决了马列主义曾经希望解决的"**在全国规模内着手组织这种人民的武装……。**"

这是什么打着"红旗"反红旗呢?

这是什么把矛头指向中国人民解放军呢?

这是什么要搞"全民国家"呢?

不懂,何必装懂呢?

"八月的抢枪运动开始了人民武装的英勇的尝试是反革命言论"。你们气势汹汹地跳了出来:"八月抢枪运动是一次由反革命分子操纵的反革命运动。"

住口!我要对你们说,不许借口造反派被迫抢了枪而把造反派诬为反革命。你们可以对我进行诽谤,但决不能对无产阶级革命派英勇的进行"**武装左派**"的尝试进行恶毒的谩骂,这种谩骂和攻击一般只会出自走资派和一切右倾机会主义者之口。

马克思主义者总是以欢欣鼓舞的心情来迎接无产阶级革命,从来不用学究似的言论来非难"不合时宜"的运动,象臭名昭彰俄国马克思主义叛徒普列汉诺夫那样。

无产阶级革命派为**武装左派**的号召所鼓舞,出现了自发的八月抢枪运动,虽然这种做法是错误的,(这种错误已经通过"九·五"命令[2]解决了)尤其是容易给阶级敌人钻空子,我们也没有丝毫理由摆出一付(副)绅士的架子,教训"被反革命操纵"的抢枪的"愚民"。

如果八月抢枪果真是"反革命分子所操纵的反革命运动"的话,那么请问:

红司新华工进行了大规模的抢枪,又是哪一个反革命分子在幕后操纵呢?

你们敢回答吗?可敬的先生们。

先生们还有最后几根稻草。

这就是关于革命委员会和公社的问题。

近来,一些近视的先生们一听到"公社"就吓得大喊救命。中国将向"中华人民公社",这还了得?!革命委员会这个临时权力机构还将被公社所取代。似乎是不可思议的奇谈怪论了,早该打进十八层地狱。

不读书,不看报,不接触群众,什么学问也没有的"虫阀"们怎么会懂得:

前年六月一日,"毛主席就把北京大学的全国第一张马列主义的大字报称为二十世纪六十年代的北京人民公社宣言。这时,毛主席就英明地天才地预见到我们的国家机构,将出现崭新的形式。"(一九六七年《红旗》杂志第三期社论:《论无产阶级革命派的夺权斗争》)

最近有一个外国通讯社,在分析了毛主席的最新指示"**革命委员会的基本经验有三条……革命委员会要实行一元化领导,打破重叠的行政机构,精兵简政,组织起一个革命化的领导班子**"[3]以后,得出结论说:这更加证实了毛主席在进行公社运动。外国人的观察高度

---

2　1967年9月5日,中共中央、国务院、中央军委、中央文革小组发出《关于不准抢夺人民解放军武器、装备和各种军用物资的命令》,时称"九·五"命令。

3　转引自1968年3月30日《人民日报》《红旗》杂志、《解放军报》社论《革命委员会好》。

比我们的一些不懂事的学究们还要清楚得多。

"你说要彻底砸烂旧的国家机器。"不错，我们是指的那些被党内一小撮走资派盘踞的那一部分国家机器。

"马克思在总结巴黎公社的经验时指出，无产阶级决不能接受资产阶级的现成的国家机器，而必须把它彻底的打碎。国际共产主义运动的实践，证明这是一个伟大的真理。既然被党内一小撮走资派盘踞的一些单位，变成了资产阶级专政的机构，我们当然不能把它现成地接受过来，不能采取改良主义，不能合二而一，不能和平过渡，而是必须把它彻底打碎。"（引自《红旗》六七年第三期社论）

你们自己去对照一下罢，由于你们的无知和偏见，或者是因为脑瓜子本来就是阴沉木做的，许多革命的道理都被你们打成了"罪证"，你们当然可以固执地继续高喊"就是罪证！"反正嘴长在你们身上，就好象中世纪的教士们高喊"眼睛就是证人，眼睛看见太阳在二十四小时里绕着地球旋转！"而不顾科学的事实一样。

历史总是无情地嘲笑了一切蠢蛋。

（一九六八年四月十八日于武汉）

根据 1968 年 6 月 24 日出版的《扬子江评论》第 11 期刊印。

# 无产阶级文化大革命与叛徒考茨基派

## ——为捍卫五·一六通知的原则性与纯洁性而作[1]

(一九六八年五月十一日)

鲁礼安

无产阶级文化大革命运动在东方兴起，到现在早已是雷霆惊万里，风雨贯长空，震撼了整个世界。

一年以前，我们伟大的领袖毛主席亲自主持制定的历史文件——中共中央一九六六年五月十六日的《通知》在全国人民面前公开发表了，这个伟大的马克思列宁主义文件，提出了无产阶级文化大革命的理论、方针和政策，筑起了无产阶级革命派对党内走资派进攻的思想阵地。五·一六通知以前的各种机会主义的"提纲"被击溃了。"**它已不是站在自己独立的基地上而是站在马克思主义的一般基地上，以修正主义资格来继续斗争了。**"而在这场斗争中所谓"中派"充当了其最好的助手。

曾经是中派的第二国际主义的理论家，颇有威望的考茨基，在大战中堕落成为了右派。我们且把那些在无产阶级文化大革命初期，以中派的面目出现，而终于在革命进入了第五个回合时沦为了右派的先生们，称为考茨基派罢。

无产阶级文化大革命中，从中央到地方，都的的确确存在着这样一批考茨基派，近两年的运动里面，他们表演得够充分了。因为他们很善于花言巧语，又极精通检讨这项专门技术，平素装着既爱造反派又能正确对待保守派，颇迷惑了一般群众；他们到处演讲，到处指手划脚，成了非常风流的人物。**但是他们既要反革命，就不可能将其真**

---

[1] 这篇文章在《扬子江评论》第 8 期发表时署名"本报编辑部"，发表前则用"鲁礼安"个人的名字抄于街头。

相隐（荫）藏得十分彻底"。在无产阶级文化大革命向全面胜利英勇进军的时候，这伙衣冠楚楚的君子，诸如什么谭震林、徐向前、叶剑英、余秋里之流竟完全戳破了戴在面上的假（面）具，一齐跳将出来，赤裸裸地和刘、邓、陶、彭、罗、陆、杨结成了反革命的神圣同盟，向以毛主席为首的无产阶级司令部，向毛主席的无产阶级革命路线进行了极端狂妄的进攻。又是什么"上书"啰，又是什么"九十一人大字报"[3]啰，一个好端端的早春二月，竟一时黑云乱翻，大有遮天盖日之势，然而天还是照样在行，日头还是照样在转，革命人民却受到一次极其深刻的教训。过去总说这伙人马马虎虎还可得[4]，还勉强算得上是无产阶级司令部的人，现在看来不对了，他们原来直到今天为止，还是对毛主席亲自领导和发动的无产阶级文化大革命，对我们敬爱的中央文革和江青同志，对无产阶级革命派，怀有刻骨的仇恨。过去总说这伙人就那么几个，而且多是认识有点落后，现在看来不对了，他们那里是什么寥寥几个，而是一个不大不小，仅次于刘、邓、陶那套班子的宗派集团，他们的任务就是为以刘邓为代表的中国最大的一小撮走资本主义道路当权派翻案，要扶他们重新上台，要使无产阶级文化大革命就此夭折，半途而废。对这种家伙**"看他们的过去，就知道他们的现在，看他的过去和现在，就知道他的将来。"**[5]人们要审查这群考茨基派了，发现他们从来就不是革命的拥护者而是革命的反对者，只不过是毛泽东思想在理论上的胜利，逼使他们不得不也装扮成马列主义者，以便破坏无产阶级文化大革命。欠债是要还的，让我们先看看考茨基派是怎样在拥护无产阶级文化大革命外壳里面阉割五一六通知的革命原则，而**"工人阶级若不无情反对这种叛**

---

2　引自《关于胡风反革命集团的材料》，人民出版社，1955年6月，第2页。

3　1968年2月13日，外交部九十一名司局长以上的干部贴出大字报《揭露敌人，战而胜之——批判"打倒陈毅"的反动口号》，反对打倒陈毅，要求陈毅回外交部工作。这张大字报是外交部对文革的一次抵制，轰动全国。后被批判为"为'二月逆流'翻案的代表作"。

4　可得，武汉方言，即"不错""可以"之意。

5　这段语录与原文有出入，原文是"看它的过去，就可以知道它的现在；看它的过去和现在，就可以知道它的将来。"见《抗日战争胜利后的时局和我们的方针》（1945年8月13日），《毛泽东选集》第4卷，人民出版社，1966年7月，第1070页。

徒立场，无气节性，对机会主义献媚以及在理论上空前俗化马克思主义的行为"，便不能实现其将无产阶级文化大革命进行到底的目的。

## （一）什么立场

五一六通知在批判所谓"五人小组"的汇报提纲时在第（一）条中便指出："这个纲领站在资产阶级的立场上，用资产阶级世界观来看待当前学术批判的形势和性质，根本颠倒了敌我关系。"显然，立场问题，是一个根本问题，立场错了，就必然弄得颠倒是非、混淆黑白的地步。我们正面临一个空前伟大的反对右倾机会主义的高潮。这个高潮有力地冲击着党内最大的一小撮走资派得以负隅顽抗的腐朽的社会基础，一切革命的同志都应该站在这个高潮之前，以满腔的热情迎接它的到来。但是站在资产阶级立场上的考茨基派，是看不到这点的。他们对于反对右倾机会主义是很不感冒的，有时甚至闹到一听到反右倾就头昏脑涨的地步，在中央报刊尚未提出反对右倾分裂主义、右倾投降主义、右倾保守主义的时候，他们以为还有一根稻草可作救生用，他们象小媳妇一样提心吊胆地捏着指头过日子："报上没提反右倾，还是等等吧！"江青同志早就提出的"目前全国的右倾翻案是主要的危险！"伟大战斗警号对他们似乎并不发生作用。什么"三整一清"啰，什么"大抓学生中的右派"啰，他们力图把运动引向歧途。然而不中，《人民日报》正式向全国人民发出了反对右倾分裂主义、反对右倾投降主义、反对右倾保守主义的进军令以后，他们的日子就不太容易混下去了，于是有人出来发言了，而所发之言，大都象《通知》批判提纲所说："不是鼓舞全党放手发动广大工农兵群众和无产阶级的文化战士继续冲锋前进，而是力图把这个运动拉向右转"。并且"用混乱的，自相矛盾的，虚伪的词句，模糊了当前文化思想上的尖锐的阶级斗争。特别是模糊了这场大斗争的目的……。"他们无视从中央到地方所存在的右倾分裂的严重实质，而荒唐地提出什么观点不同，都是人民内部矛盾嘛，他们还将右倾投降主义笼统地解释成为"只保不批"，而首先给人一个对走资派立足于保的概念。他们当中有一员大将，四月四日跳出来说："批判极'左'思潮不力，也是右倾保守主义。"更是将反对右倾机会主义歪曲到了登峰造极的地步。总之，无产阶级文化大革命中的可爱的考先生们，正在竭力回避这场反对右倾机会主义的要害问题，企图"掩盖这场斗争的严重的政治性质。"既然对这班先生们来说，"**最不愉快，最不乐意和最不能接受的莫过于弄清理论上，纲领上，策略上和组织上的主要意见分歧了。**"我们当然就应该凭借五·一六通知这一强大的理论武器把这些主要意见分歧弄个一清二楚。

### （二）考茨基派怎样早就出卖了革命

考茨基派们说："当前，在有些单位，有些部门，右的苗头已经出现了。"中央已经明确地提出反击右倾机会主义，公开对抗显然是最笨拙不过的办法。因此考茨基派们迅速地改变了策略，一方面，承认右倾逆流，一方面，右倾逆流才刚刚开始，才是苗头而已，他们就是用这种折中的手法来直接对抗江青同志所说的右倾翻案逆流从去年冬天就开始了的英明论断。

才出现右的苗头吗？弥天之大谎也！什么右的苗头，考茨基派们早在去年冬天开始，就进行了疯狂的叛卖革命的活动，这中间的一个重要步骤便是打着反"左"的旗号拚命地推销资产阶级的东西，"**蒙蔽一切和掩盖一切，想用诡辩和似乎是博学的废话来平息工人的已经觉悟了的心。**"他们抡起了几根大棒，没头没脑地向无产阶级革命派乎（呼）了过来。

大棒之一曰：论派性的反动性。抡大棒者对派性不作任何阶级分析，而进行了空前规模的围剿。东家报纸反派性跳起六尺，西家报纸则非跳起一丈不可；你说"围剿派性"吗？我则说"追歼派性，全歼派性。"调子一个比一个高，原则一个比一个少，而上海有家"权威"报纸[6]，则在这场反派性的比赛中成为了伟哉一世的英雄。他们根本否认政党和政治派别是阶级斗争的工具；根本否认无产阶级派性和资产阶级派性的斗争，就是否认无产阶级党性和资产阶级党性的斗争；根本否认各个派别，各种派性，其实都是代表着不同阶级，不同阶层的利益、观点和要求，它们之间的斗争实质上是阶级斗争的表

---

6  指《文汇报》。

现。相反，他们却竭力鼓吹派性均是超阶级性、无原则性的，抹杀无产阶级革命派和资产阶级反动性的区别，充当资产阶级的忠实走狗，为反对无产阶级革命派，否定无产阶级文化大革命效尽尤（犬）马之劳。

大棒之二曰：无条件实现大联合。毛主席指示说："**只要两派都是革命的群众组织，就应该在革命的原则下实现革命大联合。**"可是上海有家报纸却公然删去了"**在革命的原则下**"这个根本的前提，而代之以"**无条件**"三字，其胆何其大也，其意何其毒也。马克思在《哥达纲领批判》中所提出的马克思主义者"**决不会拿原则作交易**"的著名原则在这里被"忘却了"，被出卖了，被阉割了。什么无条件联合，就是向资产阶级保皇派投降，就是要无产阶级革命派无条件倒旗[7]散伙，就是只许资产阶级队伍进攻，不许无产阶级组织反击，"无条件联合"完全适应了资产阶级需要。可是今天居然还有人出来为这句不折不扣的资产阶级口号涂脂抹粉，说什么这种无条件联合基本上还是符合毛泽东思想的，完全暴露出了一付（副）背叛马列主义的嘴脸。

大棒之三曰："现在的斗争只有公与私的斗争，没有什么革与保的斗争了。"这种陈词滥调完全适合了资产阶级的口味，而违背了五·一六通知的基本精神。

毛主席在《通知》这一伟大的历史文件中指出："中央和中央各机关，各省、市、自治区都有这样一批资产阶级代表人物。"[8]

全党必须"高举无产阶级文化革命的大旗，彻底揭露那批反党反社会主义的所谓'学术权威'的资产阶级反动路线……必须同时批判混进党里、政府里、军队里和文化领域的各界里的资产阶级代表人物……。"[9]

根据马克思主义的基本斗争武器辩证唯物主义，有揭露就必然

---

7　倒旗，即群众组织自行解散。
8　转引自中国共产党中央委员会《通知》（1966年5月16日），1967年5月17日《人民日报》。
9　转引自1967年5月18日《人民日报》《红旗》杂志编辑部文章《伟大的历史文件》。

有反揭露，有批判就必然有反批判，有革就必然有保。毛主席曾在庐山会议上指出："……这一场斗争，是一场阶级斗争，是过去十年社会主义革命过程中资产阶级与无产阶级两大对抗阶级的生死斗争的继续。在中国，在我党，这一类斗争，看来还得斗下去，至少还要斗二十年，可能要斗半个世纪，总之要到阶级完全灭亡，斗争才能（会）止息。"[10]这种斗争一天不停息，革与保的对立存在就一天不会消除，一天不会调和。最近这么一个要为刘邓翻案，要为二月逆流申辨（辩）的不大不小的反党集团跳了出来，不是给"革和保不存在"论者一记响亮的耳光了吗？事实上，宣扬"革与保没有了"正是为了向资产阶级投降而进行的一种舆论准备，这种舆论准备是麻痹无产阶级而有利于无产阶级。因此列宁有一个很好的公式：

所谓"中派"＝机会主义者的奴仆。

### （三）"错误言论人人有份"的再版

在我们开始反击右倾机会主义猖狂进攻的时候，却有人提出右倾机会主义那个人没有？那派没有？那个组织没有？这明显地是资产阶级口号"错误言论人人有份"的一个翻版。

正象通知第（八）条所说："提纲的作者们别有用心，故意把水搅浑，混淆阶级阵线，转移斗争目标……。"这种手法历来是资产阶级用来保护自己过关，打击革命左派的一大法宝。持有这种右倾错误人人有份的论点的人，必然是对各派各打五十大板，而放过主攻的方向。毛主席教导我们：**派别是阶级的一翼**。[11]代表着无产阶级左翼的决心把无产阶级文化大革命进行到底的无产阶级革命派，"**在革命斗争中，比任何别的阶级来得坚决和彻底。**"而无产阶级革命派的同路人，各种小资产阶级派别，按列宁的说法："**最不能领会无产阶级的思想和策略，最不能在崩溃的时候坚持下去，最倾向于把机会主义坚持到底。**"这样我们在反对右倾机会主义，右倾分裂主义，右倾投降

---

10 引自《机关枪、迫击炮的来历及其他》（1959年8月16日），《资料选编》，1967年2月，第251页。
11 转引自1968年5月1日《人民日报》《解放军报》《红旗》杂志社论《乘胜前进——庆祝"五一"国际劳动节》。

主义的时候,难道能够把那些在前年反工作组,反省委时坚定不移的战士和那些在工作组面前卑恭(躬)屈膝,在王任重面前寻乖献媚的资产阶级走狗奴才,诸如新华工中的败类赵文成之流混为一谈;难道能够把那些在白色恐怖最严重的时期坚决彻底为工总翻案的广大无产阶级革命派和那些直到五月三十日了还在和牛怀龙密谈什么"我们不打倒陈再道,我们也不为工总翻案"的左派"精华"们混为一谈;难道能够把那些与陈再道一直血战到底的无产阶级革命派和那些和陈司令员不断眉来眼去,暗送秋波的"会议迷"们混为一谈,不能,绝对不能。考茨基派散布这种右倾机会主义人人有份,暴露出了十足的叛徒立场。

通知在第(四)条中说:"无产阶级同资产阶级的斗争,马克思主义的真理同资产阶级以及一切剥削阶级的谬论的斗争,不是东风压倒西风,就是西风压倒东风,根本谈不上什么平等。"臭名昭著的康三司要把右倾机会主义坚持到底,结果是落得个身败名裂的下场,有人要继续死抱住过去的右倾机会主义路线不放的话,将一定被这场空前强大的反对右倾机会主义的伟大历史潮流所埋葬。

### (四)论"左右开弓"的反动实质

正当无产阶级对右倾机会主义发动一场猛烈的进攻还刚刚开始时,甚至很多地方还没有真正开始斗争时,或者虽然已经开始了斗争,而大多数人对这场斗争的性质、规模、前途还很不理解,因此斗争还很不得力的时候,考茨基派却大声叫嚷要继续批判左了。江青同志明明指出:"现在主要的危险是右倾保守主义,右倾分裂主义,右倾投降主义……,现在主要不是形'左'实右了。""左右开弓"的先生们,不是在明目张胆地和江青同志唱反腔是什么?

在这种左右开弓的虎皮之下,有这样几种奇谈怪论:

批右可以,批极左也可以;

批右时,如果"左"的又跑出来了,"左"的也一起除;

批右时,不要忘记了反左;

批右要大胆谨慎,要对证(症),要系统批判,允许核实,领导批判。

啊呀呀，清规戒律何其多也。正用得上《通知》第（九）段中对提纲的批判："斗争刚刚开始……提纲却反复强调斗争中要所谓'有领导'，要'谨慎'，要'慎重'，要'经过有关领导机构批准'，这些都是要给无产阶级左派划许多框框，提出许多清规戒律，束缚无产阶级左派的手脚，要给无产阶级文化革命设置重重障碍。一句话，迫不及待地要刹车，来一个反攻倒算。"

什么批极左也可以，无产阶级革命派才刚刚对早已泛滥开来的右倾逆流反击，就散布惊慌情绪，要把运动拉向右转，又是"如果左的又跑出来了，左的也一起除"啰，又是"批判极左还很不彻底"啰，又是"谨慎"，"对证（症）"，"系统"，"核实"，"领导"，简直是无穷的忧虑，数不尽的框框，尽量想压住反右倾的盖子。

无产阶级文化大革命和历史上的任何一次真正的无产阶级革命一样，会遇到来自右的方面和"左"的方面的阻力，毛主席历来认为："有一部分人有教条主义错误思想。这些人大都是忠心耿耿，为党为国的，就是看问题的方法有'左'的片面性。克服了这种片面性，他们就会大进一步。……教条主义走向反面，或者是马克思主义，或者是修正主义。就我党的经验来说（说来），前者为多，后者指示个别的，因为他们是无产阶级的一个派别，沾染了小资产阶级的狂热观点。……真正的教条主义分子觉得'左'比右好是有原因的，因为他们要革命。但是对于革命事业的损失说来，'左'比右并没有什么好，因此应当坚决改正。"[12] 毛主席在无产阶级文化大革命中更指出：左派不教育，变成极左。

按照毛主席的教导，对极左派主要是教育引导的问题，教育得法，他们可以成为很好的无产阶级革命派。

但是某些大人物对右倾机会主义难舍难分，不疼不痛（痒），却对一些受左倾思潮影响的革命小将拚命进行无情打击，必欲置其死地而后快。直到今天反对右倾机会主义高潮到来之前，他们仍然念念不忘反"左"，每一个反右倾口号后面必须强调两声反"左"为补充，他们长期以来，面对右倾机会主义思潮的泛滥而不闻不问，纵其占领

---

12 这两段语录引自《事情正在起变化》（1957年5月15日），《毛泽东选集》第5卷，第423-424页。

市场。他们还借批判极左为名，进一步打击革命左派，妄图瓦解左派的队伍。《通知》批判纲领的作者说："他们公然抗拒毛主席明确提出要保护左派，支持左派，强调建立和扩大左派队伍的方针。……他们用这种手法，企图长资产阶级右派的志气，灭无产阶级左派的威风。"这段话用在"左右开弓"的先生们身上，不是再好不过了吗？

林彪同志曾经指出："历史的经验告诉了我们，当我们党纠正了右的错误以后，容易产生'左'的错误。"这是关于"左"右问题的正确的论述。而那些在右倾机会主义尚未遭到打击，我们的阵地尚未巩固的时候就大喊反"左"的考派先生们，是与马克思主义者反对右倾和左倾的看法格格不入的。

### （五）驳地方特殊论

为了对抗全国性右倾逆流的反击，一种所谓地方特殊论出笼了。据说，为了避免在某地引起误会，《北京日报》一篇"打倒右倾保守主义"的社论万万不能在当地报纸上转载，有人转载了，便是典型的"右倾分裂主义"。

为什么某地如此害怕这篇他们自己不得不承认"本身没有问题"的社论呢？原来社论中指出了"有些人打着批判极'左'思潮的旗号跳出来为二月反革命逆流翻案"，而此地正是批判极"左"在全国首屈一指的，且牢牢"掌握"了斗争的大方向，仅仅在一所大学里就抓了具有极"左"思潮的"右派学生"两百余名，因此这种提法会在当地引起不必要的误会。

而且还有一说，去年二月有些群众被整，现在已纠正了，目前再提是否好，是否不利于军民团结。

简直是一派胡说八道。

什么"引起不必要的误会"，难道全国都在去年出现了一股自上而下的"二月逆流"，独独某地没有？难道各地都有人借批判极"左"思潮为二月逆流翻案，偏偏某地没有？难道这块地方真是世外桃源、真空地带？

什么"目前再提二月逆流是否好，是否不利于军民团结"，难道只许资产阶级进攻，不许无产阶级反击，无产阶级革命派稍一反击，便是"不利于军民团结",便是"反军逆流",这是几号逻辑?《通知》第(八)条批判提纲作者说:"他们对无产阶级充满了恨,对资产阶级充满了爱。这就是提纲作者们的资产阶级的博爱观。"正是对"某地特殊论"的鼓吹者们真实写照。

显然,这种竭力鼓吹"地方特殊论"的地区,就是企图大搞独立王国,大搞右倾分裂主义。凡是在这种地区"以×××为核心"的调子就唱得特别高,"誓死捍卫×××"的声音也就特别响。这是绝对不能容许的。我们在反击右倾机会主义的同时,要特别警惕象赫鲁晓夫那样的反革命两面派。

### (六)庸夫俗子不懂得国内战争是政治的继续

和任何一次大革命中的机会主义分子一样,无产阶级文化大革命中的考茨基派们的叛徒立场鲜明地表现在战争问题上。

《通知》曾在第(二)条中斥责提纲说:"这个提纲违背了一切阶级斗争都是政治斗争这一个马克思主义的基本论点。"

我们从一切阶级斗争都是政治斗争这一马克思主义的基本论点继续引深:战争是政治的特殊手段的继续。"政治发展到一定的阶段,再也不能照旧前进,于是爆发了战争,用以扫除政治道路上的障碍。……障碍既除,政治的目的达到,战争结束。障碍没有扫除得干净,战争仍须继续进行,以求贯彻。……因此可以说,政治是不流血的战争,战争是流血的政治。"[13]这是当代最伟大的马列主义者毛主席的战争观。

毛主席最近又告诉我们说:"无产阶级文化大革命,实质上是在社会主义条件下,无产阶级反对资产阶级的一切剥削阶级的政治大革命,是共产党和国民党国内战争的继续。"[14]

---

13 引自《论持久战》(1938年5月),《毛泽东选集》第2卷,人民出版社,1966年7月,第447页。
14 这段语录与原文有出入,原文是:"无产阶级文化大革命,实质上是在社会主义条件下,无产阶级反对资产阶级和一切剥削阶级的政治大革命,是中国共产党及其领导下的广大革命人民群众和国民党反动派长期斗争的继续,是无产阶级和资产阶级斗争的继续。"见1968年4月10日《人民日报》社论《芙蓉国里尽朝晖》。

无产阶级文化大革命发展到今天,血的事实已经而且正在继续证明着**"战争是政治的特殊手段的继续"**这一铁的法则。

革命人民是从太惨痛的教训中才认识到这个真理的。

庸夫俗子们不懂得这一点,或者是不愿意懂得这一点,他们只知道喊叫:文斗,文斗……而不知道**"要用文斗,不用武斗"**[15]是指我们大权在手时批判和斗争党内走资派时应取的方法,一旦资产阶级首先把刺刀提到议事日程上来,情况就完全不同了。

这时候就是革命暴力来对付反革命的暴力,革命的战争来对付反革命的战争。

这时候宣扬"放下武器",就是对革命人民犯罪,否定国内战争并不能欺骗资产阶级,只能麻痹无产阶级,使他们遭受突入(如)其来的牺牲。对于我们认识考茨基派的面目,党内走资派这个反面教员是帮了忙的,他们用大棒、匕首、刺刀和枪弹给我们多次上了课。武汉从陈再道那里,四川人民从李井泉那里,都早已锻炼出一付(副)清醒的头脑了。

因此伟大的无产阶级革命导师列宁告诫我们说:国内战争也是一种战争。谁承认阶级斗争,谁就不能不承认国内战争,因为国内战争在任何阶级社会里都是阶级斗争的继续、发展和尖锐化的自然表现,而且在一定情况下是它的必然表现。所有的大革命都证实了这一点。否认或忘记国内战争,就是陷入极端的机会主义的背弃社会主义革命。

在社会主义条件下,任何一次真正的、深刻的、人民性的大革命,就象无产阶级文化大革命这样,都必不避免地引起国内战争或局部国内战争。因为和过去的一切阶级斗争的历史一样,篡夺了政权的,那怕是部分政权也好的资产阶级,绝不会自动交出权力,他们能够顽抗到几时,他们就会顽抗到几时,不仅在意识形态上进行顽抗,而且会最后地借助于他们尚能掌握的一部分军事力量。

毛主席在《通知》中指出:党内一小撮走资派,"他们是一群反共反人民的反革命分子,他们同我们的斗争是你死我活的斗

---

15 转引自《林彪同志在接见外地来京革命师生大会上的讲话》,1966 年 9 月 1 日《人民日报》。

争……"。

这场你死我活的斗争一定要进行到底。

丢掉幻想,准备斗争!

### (七) 彻底清算考茨基派

一场反对右倾机会主义的战役正在打响。

一切右倾机会主义者已经预感到自己倒台的命运。

从中央到地方,从党内到军内,从上层到下层,包括走资派,新老机会主义分子和考茨基派们在内的反动势力完全结集在一起了,准备作一次最后的垂死挣扎,他们不惜用怠工、破坏、造谣、叛国和分裂党中央的一切卑劣的手法来向以毛主席为首的无产阶级司令部进行疯狂的反扑。

在这场生死决战中,机会主义、考茨基派别无疑是我们主要的敌人。列宁说得好:"**事实证明:由工人运动内部的机会主义派别活动家来维持资产阶级,比资产阶级亲自出马还好。工人要不是由他们来领导,资产阶级的统治就无法维持了。**"对于那些装出一付(副)伪善面孔来欺骗工人阶级,维护刘、邓、陶的实际利益的考茨基派,必须毫不客气地揭露他们。目前在革命中没有比这群考茨基派先生的装腔作势和欺骗群众更为有害和更为可耻的东西了。

各种烟幕从考茨基派的后窍(窗)里放了出来,他们想逃脱这场革命的惩罚。

湖北大学有位政治教师的号称彭油嘴的彭勋先生,五月九号溜到新华工来作了一个内部报告,除极尽挑拨无产阶级革命派之间关系之能事外,还为自己同伙们开溜献了几点计策:

一曰武汉批极左不力,留下了后遗症,现在应该补补火了。

二曰立即行动起来,掀起一个斗争王任重、陈再道、钟汉华[16]的高潮。

这第一点大概是无所指望,现在批"左",总太不合潮流,彭先生及其同伙只好面壁空叹。

---

16 钟汉华,1909 年 1 月出生,江西万安人。武汉军区第二政治委员。1987 年 1 月去世。

这第二点却是一上策。矛头对准走资派，在"理论上"是说得过去的，就此逃避对右倾机会主义的批判，在"策略上"更是妥当得很。但是彭先生忘了一点，这就是在事实上是行不通的。因为这种金蝉脱壳计无产阶级革命派领教过已经不是一次了。

当着我们奋起批判本单位走资派，有人偏偏要我们批判三家村，当我们批判工作组时，有人偏偏要我们斗争院党委，当我们向省委开火时，向陈再道宣战时，有人偏偏要我们只指向刘少奇。现在，当我们正准备系统清算右倾机会主义的时候，也就有人偏偏跳出来要我们用全付（副）精力来对付王任重。

然而右倾机会主义者无论如何也混不过去的。

无可奈何花落去，似曾相识燕归来。

既是和过去许多大人物使用过的手法同样笨拙，失败的命运当然也就是同样悲惨。

王任重是要批判的，我们同时也不会忘记批判那些和王任重勾勾搭搭的"左派"，例如赵文成先生；陈再道是要批判的，我们同时也不会忘记批判那些在革命低潮时和"陈司令员"拉拉扯扯的"左派"精华；刘少奇我们是要批判的，我们同时也不会忘记批判工人运动内部的维护资产阶级的派别活动家，无论他是中央的还是地方的，也无论他们的职位多高，权力多大。

反对右倾机会主义，右倾分裂主义和右倾投降主义的潮流，冲破了小资产阶级热心散布的一种革命收场了的幻想。去年九月至十月的联合高潮，在我们看来，不是革命运动的终点，而是这个运动的起点。革命人民在自己的斗争过程中日益成熟，发展起来，逐步觉察到了无产阶级文化大革命深刻的政治意义和阶级内容，以及它必将产生的不可估量的深远影响。与此同时，运动中的一些政治派别也会激（急）剧而尖锐地分化开来。"**直至它们跟各个大阶级即资产阶级、小资产阶级和无产阶级完全相吻合，而无产阶级会在一系列搏斗中相继搏得各个阵地为止。**"（马克思语）在这中间保守派将迅速地倒向机会主义派别或者带有浓厚的机会主义色彩的政治派别里面，来向决心把无产阶级文化大革命进行到底的无产阶级革命派作战，我们几乎用不着担心他们会愚蠢地独自树旗。

在这个各种政治派别激烈而尖锐地分化开来的过程中,考茨基派必将空前活跃地作一番最后的表演,因而也就将彻底地暴露出其叛徒嘴脸,考茨基派所代表的思想,是彻头彻尾的修正主义,正如《通知》所指出的:"同这条修正主义路线作斗争,绝对不是一件小事,而是关系我们党和国家命运,关系我们党和国家的前途,关系我们党和国家将来的面貌,也是关系世界革命的一(件)头等大事。"那样,我们一定要把反对无产阶级文化大革命的叛徒考茨基派的斗争进行到底。

沉舟侧畔千帆过,病树前头万木春。冒充革命的机会主义派别死去了,无产阶级革命派却将迎来无限美好的决战胜利的春光。

冬天过去了,春天还会远吗?逆流过去了,决胜就将到来!

春天是我们的!

五·一六通知的原则万岁!

完稿于五月十一日凌晨零点二十分

根据 1968 年 5 月 16 日出版的《扬子江评论》第 8 期刊印。

# 论派别和派性[1]

(一九六八年五月十六日)

《扬子江评论》评论员

## 一

被造反派在斗争中一致公认为最能够指导运动的"红旗"杂志,自从六七年九月六日第十五期上独立发表两篇社论,停刊近二个季度,经过六个月另(零)二十天,终于又在新战斗前独立发表文章了。

"不鸣则已,一鸣惊人"。

"对派性要进行阶级分析"——四月二十六日"红旗"杂志评论员的文章将毛主席的最新指示阐述得何等深刻啊!

这篇文章,使那些被右倾机会主义压了半年之久的所谓极"左"派、造反派获得了极大的鼓午(舞);

这篇文章,向那些大喊特喊"论派性的反动性",洋洋得意地对造反派"围剿派性"的混蛋们敲了当头一棒;

这篇文章,吹响了向无产阶级文化大革命中最大的右倾机会主义者进攻的号角。

文章分析了资产阶级美国和工人运动内部(第一、二、三国际)的各种派别,这是有所指、有所启发的。

我们认为,将中国社会、特别是这次大革命中的各种派别、派性进行一番剖析,对于新的战斗,是有益的。

解放被压在反派性深渊中的造反派的时候来临了!

## 二

在民主革命时期,共产党是代表无产阶级的革命力量领导(领导

---

[1] 据鲁礼安在他的回忆录《仰天长啸——一个单监十一年的红卫兵狱中吁天录》中说,这篇文章的作者是冯天艾,发表时署"评论员"。

力量），国民党是代表资产阶级的反动统治势力。在共产党内部，以毛主席为代表的左派同以陈独秀、张国焘、王明、立三为代表的右倾或"左"的机会主义进行了不断的、坚决的斗争。陈独秀在创办"新青年"时曾经号召过革命，可是，一旦革命找到他头上，他却害怕革命，并一步一步地从他的右倾社（机会）主义立场变成反对革命的右派。在国民党内部，以孙中山为代表的左翼是民主革命的先行者，而以蒋介石为代表的右翼变成了一代独夫的民贼。

在社会主义革命时期，共产党成了当权的革命领导力量，社会上还有资产阶级反动派的残余势力，在执政的共产党内部，以毛主席、林副主席为代表的是左派，右派代表刘少奇、邓小平则实际上成了国民党反动派的代理人。中派里有相当一部分干部由于十几年当官做老爷而成了政治糊涂虫，他们只希望舒舒服服地、步步高升地"革命"，这些人经过大革命冲击，多数还是会跟着毛主席走的，中派里另一部分人则是机会主义者，尽管他们装模作样地穿了十几年大红袍，最后还是会自己投身到国民党反动派营垒中去的。陶铸就是这样一个货色。

无产阶级文化大革命中的中央文革，及与其有关的人物，也是分了派别的。

以江青同志为代表的是左派。早期的王任重、刘志坚、张平化是右派，后来的王、关、戚实际上成了形"左"实右派。中派里，杨成武是机会主义公开投奔国民党反动派的反革命两面派的马前卒。某些人的机会主义嘴脸越来越暴露出来了，他们是这次右倾机会主义、右倾分裂主义、右倾投降主义的根源。

无产阶级文化大革命把群众也分成了各种派别。

捍卫毛主席革命路线、代表无产阶级的是造反派。受资产阶级反动路线驱使、为资产阶级效劳的是保守派。保守派中的左翼通过斗争是可以反戈一击回到毛主席革命路线上来的，其右翼则是铁杆老保。

## 三

群众的动向决定事物的本质，在群众动向中，占主要矛盾的主要方面是造反派。应当分析造反派队伍。

两年多无产阶级文化大革命的风浪锻炼出了一批造反派的左翼（实际上是无产阶级的左翼），他们[真在]代表了无产阶级和广大劳动群众的利益。他们用自己的鲜血和生命向历史证明了只有他们是最忠于毛主席革命路线的，他们牢牢记住毛主席提出的伟大号召："把无产阶级文化大革命进行到底"，不管自身地位变不变化，始终高举造反有理的大旗向主要敌人党内走资派、叛徒、特务、右倾机会主义分子等不停顿地开火；他们身上没有丝毫的奴颜和媚骨，没有那付（副）盲从的奴隶相，他们浑身上下闪烁着孙大圣式的造反精神，他们最善于用毛泽东思想分析一切。任何人，只要他不按照毛泽东思想办事，反对毛泽东思想，那就不管他打什么招牌，都要同他的错误主张坚决斗争到底；他们最敢冲敢打，最讲原则，自己不会耍小手腕，也决不会被反革命两面派、变色龙所收买；他们在斗争中有时也会喝几口水，然而比起这些鸡们（老机、新机之类），他们永远是高飞的雄鹰。

造反派的左翼人数不会很多，但他们是革命的中流砥柱。那些被称为"老粗"的以产业工人为主体的造反派中间，那些被称为"毛小子""打砸抢起家"的革命小将中间，可以见到他们在埋头苦干。还有一部分冲杀了两年多的闯将，到现在不仅没有尝到革命果实，反而被扣上一顶"极左派"的帽子；可贵的是这些同志仍然在战斗，他们坚信，他们一定会成为造反派左翼的强大力量。

造反派的中翼有三种情况。

一种是被迫的逍遥派。他们在六七年夏天以前一直敢冲敢打，奋不顾身；然而后来出现的几个月的右倾势力的抬头逐渐地迫使他们暂时退却了，他们的生活是逍遥的，思想却没有停止活动，他们心中深处埋藏着战斗的激情。（总有一天，他们又会象一堆干柴燃烧起烈火来。）

另一种是求稳派。他们在受压制时也曾举起"造反有理"的大旗冲锋陷阵；然而一旦自身地位起了变化之后，思想松了劲，他们只希望天下太平，唯恐把自己那一摊子乱掉了，他们期望革命就此止步。（哪怕原地踏步也好）

第三种是自由的逍遥派。他们只有几个月的造反历史，而且被大革命洪流带进来的。当他们"看穿了","看破红尘"之时,就主动地"急流湧(勇)退",一头钻进了"老子不管人,也不受人管"的我字第一号自由王国。

在知识分子、学生、非产业工人中间,常常可以找到造反派的中翼,这是小资产阶级革命不彻底性决定的。

当着革命高潮来临时,这个中翼会发生剧变,那被迫的逍遥派会迅速跑向造反派的左翼,那求稳派和自由逍遥派,有一部分也会慢慢地跑向造反派的左翼,有一部分则会跑向机会主义,当然也会有人就此脱离革命队伍。

比较复杂的是造反派的右翼。

"同意你的观点,不同意你的做法"——那一批从另一个门里进入革命阵营的人,一开始就带上了机会主义的色彩,他们也或曾做过一件两件事,然而那付(副)"你不倒,我就不打"的投机商嘴脸,使他们很快地被革命抛弃,当了立牌坊的政治娼妓。

有一种纯粹是为了个人私利而来"造反"的人,一旦革命给了他一点东西,他就会阻止革命向前,如果他没有捞到什么,那就会反过来破坏革命。

有一种在造反派得势时被时局所迫而从中间营垒甚至保守派营垒中过来的人,他们还不懂得造反派的感情,一遇风浪,就表现出很大的动摇性,往往会变成拖造反派后腿的势力。

还有一种被阶级敌人派进造反派营垒里的人。在造反派得势后,打着革命旗帜干反革命勾当,是多么"妙"啊!

造反派的右翼主要代表是右倾机会主义及其思潮。这种人虽然身在革命营垒中,可他们何曾真心地干过革命呢!他们害怕反革命,更害怕革命。对于向反革命的进攻,他们那样软弱无力;一旦反革命发动进攻,他们就举手投降;如果反革命给点诱饵,他们就会高兴得转过来出卖工人运动、学生运动;他们千方百计地阻止革命群众运动,甚至向那些敢于违抗他们意志的革命群众大开杀戒,寻找机会大整这些同志。他们的典型特点是对革命同志耍两面三刀。他们有时也装点左,可是一左就左到群众头上,结果呢,是形"左"实右。

综上所述,可以知道,共产党内部的左派和造反派的左翼,是无产阶级的左翼，其派性是无产阶级党性，钻进共产党的右派——国民党反动派（即一小撮叛徒、特务、顽固不化的走资派、反革命两面派、变色龙等）和铁杆保皇派是代表资产阶级利益的，其派性是资产阶级党性与保守派派性。共产党中派里的机会主义和造反派右翼的右倾机会主义及思潮实际上也是代表资产阶级利益的，其派性是右倾机会主义的派性。造反派中翼则较多的代表了小资产阶级革命派的利益，其派性是小资产阶级派性、口头"革命派"派性。

在每一个革命组织内，都不同程度地存在着左、中、右。

要正确、全面地评价一个革命组织，必须一方面分析该组织内部占统治力量和主导力量的势力在历次关键时刻的政治路线，另一方面也要分析该组织内部不占统治力量和非主导力量的势力在历次关键时刻的政治路线。

## 四

既然不同的派别和派性，这样不以人的意志为转移的存在着，那么，应该采取什么态度呢？

毛主席在六七年初提出了"支左"的号召。

在整个反击资本主义复辟逆流的过程中，衡量支左的唯一标志是在实际斗争中坚定不移地支持革命造反派。

到了大联合、三结合的时候，"支左"的号召被"发展"成了"支左不支派"。

从上到下，顿时出了这些论调：

"划分革与保过时了"；

"水平接近了，两派都是革命组织"；

"两派都是资产阶级、小资产阶级派性作怪""派性反动"；

"造反派革命十八个月，掌不了权"……

"支左不支派"的口号被某些人接过去以后，变成了这副模样：一方面宣布都是革命组织（这就是支左），另一方面宣布都搞派性（这就是不支派），毛主席关于"支左"的何等旗帜鲜明的口号，被某些人践踏成这样一个骑墙、公允、折衷、调和的东西。

难道我们没有看见硬把保守派拉到造反派的凳子上，让造反派去斗自己的"私",让保守派去批造反派的"修"么?

难道我们没有看见许多老造反派被反派性反得抬不起头,有的甚至被迫丢了权,当逍遥派么?

难道我们没有看见那些坚持资产阶级反动路线的走资派被塞进三结合机构,而另一些在最艰难时刻都坚决支持造反派的干部却一一被打成黑手么?

难道我们没有看见无产阶级革命派被迫向小资产阶级革命派妥协么?

应当明白,左外有派(即保守派、中间派),左内亦有派(即造反派的左、中、右三翼)。

造反派与保守派的斗争是两条路线斗争。

造反派左翼(即无产阶级左翼)与其中翼、右翼的斗争是无产阶级革命派与小资产阶级革命派、右倾机会主义派的斗争。

在"对派性要进行阶级分析"的前提下,我们知道,"支左"实际上是指支持造反派的左翼。而对于造反派的中翼,则要团结、教育,对于造反派的右翼,则要批判。

这样,"支左不支派"的口号也就越来越显得模糊而失去意义了。

而那个什么"论派性的反动性",倒真成了抽调派性阶级内容,推行右倾机会主义,否定造反派的反动口号了。

必须大发无产阶级左翼的派性!——这就是结论。

无产阶级左翼的派性大发之日,就是小资产阶级派性、资产阶级派性、保守派派性以及右倾机会主义派性大灭之时。就是革命新高潮到来之时!

根据1968年5月16日出版的《扬子江评论》第8期刊印。

# 历史该下怎样的结论

（一九六八年五月十六日）

鲁礼安

写在《历史该下怎样的结论》前面的几句话：

思想一旦离开利益，它就一定会使自己出丑。

——列宁

下面是还没有来得及写完的鲁氏"杰"作《历史该下怎样的结论》。

鲁礼安，这个新时代的"狂飙"，将主沉浮的"北斗"，敢于冲破巨大的"传统的阻力""冲破历史的惰力"，不顾火刑与十字架的威胁，开拓新道路的"亡命之徒"，善于"总结""承受"无产阶级文化大革命"在运动中的泥巴里滚了半天的""毛小子"，又恬不知耻地要阐述起"五·一六通知"来了，正如他"英明"的叛（判）定或者破产或者分裂，这是新华工"革委会"未来的命运一样，又在本文中毒骂"正统左派先（生）贩卖修正主义的货色"。历史正在证明，正统左派先生，不但要指责你——"极左的东西"，而且要批判你，清算你，决不容允你带着反动阶级的利益，装出马列主义毛泽东思想的灵魂。

伟大的历史文件五·一六通知，已经发表整整两周年了。

毛主席亲自主持制定的这一伟大历史文件，创造性地发展了马克思列宁主义，解决了无产阶级专政条件下的革命问题，树立了马克思主义发展史上的第三个里程碑。

无论历史的长河怎样奔腾，也无论历史的风雨怎样洗刷，五·一六通知这块历史的丰碑都不会失去任何光彩，相反的是，这个伟大的日子离我们愈远，无产阶级文化大革命的意义愈明显，我们对从五·一六通知中所发挥出来的伟大思想也就了解得愈加深刻。

当着五·一六通知还未曾出世的时候，混进党里、政府里、军队里和文化领域的各界里的资产阶级代表人物，结成反革命的"神圣同盟"疯狂地反对五·一六通知中的革命原则，而一旦五·一六通知以其灿烂的光辉磅礴于全世界之后，他们又千方百计地贬低通知的伟大的现实意义，抹杀革命的原则，阉割革命的内容，或者也在口头上承认五·一六通知，甚至给其冠上最神圣的称号，而目的只是为了愚弄群众，推行一条与通知完全背道而驰的反革命路线。因此革命发展到今天，最危险的不是敌人对通知的围剿（这种围剿已经证明被粉碎了，被击溃了），而是那些站在毛泽东思想的一般基地上，以修正主义资格来和我们进行斗争的资产阶级代表人物，他们和我们的斗争，是一场你死我活的阶级斗争，是一场诋毁和捍卫第三个里程碑的斗争。这本身就是一场更为激烈的搏斗，是一场更为深刻的革命。常常有着一些被称为极左的东西，实际上却正是革命的原则，而常常有着某些动辄便指责别人为极左的正统左派先生，正是贩卖修正主义货色的好手。（按：为自己的"极左"反动思想开脱，反对别人对这种资产阶级反动思潮的批判。）毛主席曾经指出："有一部分人有教条主义错误思想。这些人大都是忠心耿耿，为党为国的，就是看问题的方法有'左'的片面性。克服了这种片面性，他们就会大进一步。又有一部分人有修正主义或右倾机会主义错误思想。这些人比较危险，因为他们的思想是资产阶级思想在党内的反映……教条主义走向反面，或者是马克思主义，或者是修正主义。就我党的经验来说，前者为多，后者只是个别的，因为他们是无产阶级的一个思想派别，沾染了小资产阶级的狂热观点。有些被攻击的'教条主义'，实际上是马克思主义，被一些人误认作'教条主义'而加以攻击。真正的教条主义分子觉得'左'比右好是有原因的，因为他们要革命。但是对于革命事业的损失来说，'左'比右并没有什么好，因此应当坚决改正。"（按：鲁打着红旗反红旗，用毛主席的语录替自己"极左"反动思潮辩护，这是对毛泽东思想的极大污蔑，真是反动透顶。）几个月以来，人们注意了对极左思潮的批判，这无疑是正当的，但同时却放过了对修正主义或者说对右倾机会主义的批判，以致这种东西在社会上很有了些市场。无政府主义是对机会主义罪过的一种惩罚。因此，无政府主义在革命群众中间，尤其在青年学生中间泛滥，也就并不十分奇怪。要反对无政府主义，就必须同时反对右倾机会主义，反对一切直接或间接对抗五•一六通知的谬论，给那些"文化革命收尾论""革命已经不分革与保了论"等以迎头痛击，打下各种的妥协、改良与投降的空气，而给历史以公正的结论。

一切阶级斗争都是政治斗争。

一切阶级斗争都是政治斗争永远是马克思主义的一条真理。二年前，彭真搞的所谓"五人小组"的汇报提纲公然违背这一马克思主义的基本论点，而企图将运动纳入资产阶级经常宣扬的所谓"纯学术"讨论，提纲的作者们在各种场合宣称，对吴晗的批判不准谈要害问题，不准涉及一九五九年庐山会议对右倾机会主义分子罢官问题，不准谈路线斗争。

而这种不准谈要害问题，不准谈路线斗争的反动论调居然在今天又重新占有了市场，社会上一股"革与保已经不存在了"的空气甚嚣日（尘）上，直接危害革命人民健康的思想，有些人大肆宣扬现在的主要矛盾已经不是革与保，而是公与私了。这种将革与保与公与私的矛盾绝然分开的说法是极其荒谬的。持有这种论点的人不是糊涂虫或是马大哈，就一定是别有用心。（按：随着无产阶级文化大革命的纵深发展，革与保的矛盾是具体地体现在公与私的斗争中，如元旦社论中所概括的，我们必须清楚地认识到无产阶级文化大革命，不仅要斗到（倒）斗臭党内走资本主义道路的当权派，而且要解决人们的世界观问题，解决挖掉修正主义根子的问题，革命越向前发展，就越深刻地触及人们的灵魂，无产阶级的"公"字和资产阶级的"私"字的冲突就越突出。）那些指望"乱世出英雄"（的）好汉，唯恐天下不乱的英雄，那些不读书不看报，"秀才不出门，能知天下事"的黑文豪臭理论家，怎么愿意解决挖掉修正主义根子的问题呢？

68年5月16日

根据一份刻印传单和湖北大学革命委员会政宣部1969年9月编《把反动刊物〈扬子江评论〉拿出来示众》刊印。

# 评新华工内右翼朋友的机会主义路线

（一九六八年五月十七日）

鲁礼安

编者按：

本报今天刊载了鲁礼安同志被捕前一天写的另一篇文章。

光是看一看文章的标题，那些右翼朋友就要气得发昏章第十二了（原文如此——本书编者注）。

他们满以为捉了鲁礼安，反对右倾机会主义的斗争就会流产，蠢人们哪里料得到，这就是他们在政治上彻底完蛋的开始吧！

新华工有位赵文成，赵文成有个小集团，小集团里有个号称参谋长的李宗华先生。此人乃大名鼎鼎的《新华工报》总编辑。正当新华工园内广大无产阶级革命派对革命的叛卖者、革委会常委赵文成口诛笔伐之际，一向围着赵文成摇头摆尾的李总编于五月七日在院编辑部内发表了一篇讲话。这个据说"不得外传"的讲话在现在这个时候发表，不是偶然的，它反映了新华工内左翼力量在四反运动中的初步胜利和右翼势力的一次失败。它反映了某些右倾机会主义分子的开始衰落。我们的右翼朋友的内部的矛盾重重，无法克服，正象他们自己所说的："思想不统一、内部混乱"，使其陷入了极大的苦闷之中。

李总编谈到了新华工院内四反运动的大方向问题，将我院运动分成了两个阶段：四月一日到四月二十一日为第一阶段，据李所说，这一阶段"运动的大方向完全正确，运动发展得十分健康"。二十一号以后即为第二阶段，据说，这一阶段某些人"利用了群众的情绪，用来搞赵文成"，因此"大方向完全错了"。

对于新华工内正在进行的反对右倾机会主义的运动，历来有着两种完全对立的看法。一夜之间在全院抄了一百多家的所谓四·一行动，被新华工内某些"权威"人士吹嘘揭开了新华工四反运动的序幕；而以二八一为代表的广大无产阶级革命派则认为，四月二十一日电机系一张揭露革委会常委赵文成叛徒嘴脸的声明，才是真正吹响了向右倾机会主义进攻的号角。

由院革委会中的某些常委们亲自出马督阵，一夜之间抄了"牛鬼蛇神"一百多户，比较起前年工作组仅仅抄了六十多家来说，成绩的确是要丰伟得多的。抄出的两把削水果小刀也据说是准备杀人的匕首，自然首先吓倒了衰弱的胆小鬼。然后把所有对原党委书记问题上有与"官方"不同看法的广大二八一战士，统统打成"团结在"走资派白旗之下的"小爬虫"，于是新华工大局稳定，反右战果辉煌，可以高奏颂歌凯旋了。这个算盘打得何等如意啊，难怪李宗华要发出"运动的大方向完全正确，运动发展得十分健康"的悲叹。

可是，或者说可惜，运动并不照着"钦定"的方向"健康"的发展，就有那么一些不太安分的小百姓，居然挑起堂堂革委会常委、党员（的）核心小组成员赵文成大人来了，而赵文成又涉及到革委会中由几个要人凑合在一起的一个小集团，所以就有点麻烦了。按这些不懂事务的小百姓这么一来，算盘上打的（错）了的步骤岂非大半成了泡影？因此，为了教训"搞错了方向"的愚民，李参谋长的讲话选择在现在发表，是非常必要的。

"搞赵文成，是利用了群众的情绪"。在这里李宗华忘记了说明这种"情绪"究竟是什么东西。据我们知道，新华工内"群众的情绪"是很痛恨资产阶级的叭儿狗赵文成的。说赵文成叛卖新华工广大毛泽东思想红卫兵的革命利益，这实在是丝毫不假，有根有据的，人们只要读一读赵文成在前年九、十、十一月份给王任重的狗婆肖慧纳的几封密电就大致不会怀疑赵文成确确实实乃一革命的叛徒。赵文成及其同伙在无产阶级文化大革命中的历史，就是一部不折不扣的右倾保守主义，右倾投降主义，右倾分裂主义的历史，赵文成及其同伙，就是党内一小撮顽固不化的走资派复辟资本主义的社会基础。这场空前伟大的反对右倾机会主义的怒潮，当然应该埋葬这伙小爬虫了，说"搞赵文成是利用了群众情绪"的，其实是强奸了群众的民意。

据李宗华说，群众的民意"是要对革委会中某些人，对清理阶级队伍办公室，对院刊的官僚主义进行批评"，错了，这"某些人"过去与党内一小撮顽固不化走资派眉来眼去，藕断丝连，出卖工人运动，背叛革命原则，今天仍在大甩政客手腕，造谣惑众，欺上瞒下，企图把反右运动拉向歧途，靠一点点官僚主义行吗？什么官僚主义，应该改成地地道道的右倾机会主义才好。

据说《新华工报》堂堂总编辑李宗华是很懂得些马列主义的，因此李宗总编辑接着"从理论上来论述了"他们的论点：

"毛主席讲这次运动的重点是整党内走资派，而有些人却创造出个两面派来"。

精通理论的李总编辑，在这里一语道破了他在政治上极端的愚昧无知，两面派难道是为谁个人创造出来的吗？两面派难道不是无产阶级内的蛆虫向我们进攻的一种策略手段吗？李总编辑怎么糊涂起来了呢？大概自己早就被这种两面派型的人物蒙蔽住了，久入鲍鱼之市而不闻其臭。

"这次运动的重点是整党内走资派"。这固然是不错的。而无产阶级队伍中混进来的两面派人物，也同样是需要高度警惕的。毛主席早就指出："在反右倾的斗争中，反对两面派的行为，是值得严重地注意的。因为两面派行为的最大的危险性，就在他（它）可能发展到小组织行动；张国焘的历史就是证据。阳奉阴违，口是心非，当面说得好听，背后又在捣鬼，这就是两面派行为的表现。"[1] 人们在揪出彭、罗、陆、杨的同时，不也揪出了反革命两面派周扬吗？人们在打倒党内最大的一小撮走资派刘、邓的同时，不也一脚踢出了反革命两面派陶铸吗？两面派赵文成和他的同伙及走卒是知道这些历史的，为了在这次反对右倾机会主义的风暴中开溜过去，当然要拉起"运动的重点是整党内走资派"这张虎皮来保护自己。

彻底的唯物主义者是无所畏惧的。很奇怪，一向自称"坚定的老造反"的赵文成却很是害怕有人提出反对两面派来。这就给善良的人

---

[1] 这段语录中"在反右倾的斗争中"的原文是："在反倾向的斗争中"。见《中国共产党在民族战争中的地位》（1938 年 10 月），《毛泽东选集》第 2 卷，人民出版社，1966 年 7 月，第 498 页。

们上了一课，原来赵文成及其张文成之流从来就不是什么"老造反"，更不是什么"坚定地老造反"，而是一个将真相隐藏得不十分彻底的两面派。

战斗的唯物主义者，是大无畏的。很奇怪，一向自称"革命干部""革命教师"而终于到今天成了"革命小将"的年近三十的赵文成及其同伙，却很害怕有人提出警防赫鲁晓夫式的人物。这就给人们又上了一课，原来赵文成及其赵文成之流从来就不是什么"革命干部""革命教师"，更谈不上什么"革命小将"，而是一个道道地地的不太高明的赫鲁晓夫式的人物。

当着前年赵文成上书省委揭发原院党委问题时，当着赵文成率领李宗华等贴出对工作组的大方向表示怀疑的第一张大字报时，在人们心目中赵文成真是伟哉一世的英雄。可是，一旦工作组恐吓了赵及其同伙几句话后，赵文成马上"瘫了条"："我搞党委书记是因为私人成见"啰，"工作组是高举毛泽东思想红旗的"啰，李总编倘不健忘的话，也应该记得你当时是怎样痛哭流涕，屁滚尿流痛恨自己"上了赵文成的当"。直到十六条公布后，赵文成仍然惊魂未定，在辩论中胡说什么"工作组犯了方向性、路线性错误，但大方向正确"。而这期间赵文成最卑鄙的一着便是出卖了张汉卿同志。

至此以后，人们再也看不到赵文成"敏锐的政治嗅觉"了，人们看到的只是赵文成得到王任重亲手恩典他的"左派"头衔以后的飘飘然，只是赵文成和肖纳慧狼狈为奸，出卖广大毛泽东思想红卫兵的无耻勾当，只是赵文成从林杰的晚餐桌旁讨来的"二·八声明大毒草"的牙筷而返汉后的手舞足蹈，只是赵文成勾结李守宪准备篡夺省市大权，只是赵文成在胜利后与郭司令争当党员（的）核心组长，……如此而已，岂有他哉。

姚文元同志在《评反革命两面派周扬》一文中指出：识别两面派，"要看他在重大关键时刻的政治立场，特别是资产阶级向无产阶级猖狂进攻时刻的政治立场，不能相信那些顺风转向的表面文章。揭露这种两面派，要靠群众运动。"

新华工院内蓬蓬勃勃的革命群众运动，象大海的怒涛，一切妖魔鬼怪都被冲走了，社会上一切人的面目，都被照得清清楚楚，赵文成终于在人们面前暴露了两面派破产的嘴脸。李宗华的这次讲话,就是一部冷漠破产的记录,还远远不是一部完整的记录,虽然这也至少给我们提供了一篇绝妙的反面教材,使我们可以比较方便地通过对这篇反面教材的批判,得出些有益的教训,挖出新华工内长期存在的一条右倾机会主义路线的根子来。

赵文成挂起来了,李宗华的内部讲话公开了,很好,很好,这两件事都是值得庆祝的。

根据 1968 年 6 月 12 日出版的《扬子江评论》第 10 期刊印。

# 我们需要怎样的团结

## ——兼与梅子惠[1]、贾培培[2]同志商榷

（一九六八年五月十七日）

鲁礼安

编者按：保安司令有办法让保安团把鲁礼安囚禁起来，然而，任何人也休想遏止造反派战士的声音！

思想的火花冲破了深深的矿井，黑暗的铁窗，艰难地、顽强地飞到了江城人民身边。

本报[3]刊载出鲁礼安被捕前一天在江城写的一篇文章。

鲁礼安在战斗！

鲁礼安永远属于江城的英雄人民！

让保安司令之流呆若木鸡吧！

梅子惠与贾培培同志在五月八日的"论武汉地区四反运动"一文中，强调了造反派内部的团结。确实，"在可能团结一致的时候，团结一致是很好的。"不过恩格斯更指出："但还有高于团结一致的东西。谁要是象马克思和我那样。一生中对冒牌机会主义者所作的斗争比对任何人所作的斗争都多，那它（他）对不可避免的斗争的暴发也就不会感到十分烦脑（恼）了。"为了迎接这次空前伟大的反对右倾机会主义的高潮的到来，我们有必要弄清楚我们阵营内部究竟需要怎样的团结，我们究竟需要怎样的团结，我们究竟怎样认识这场

---

1　梅子惠，1946年出生。湖北大学经济系学生，湖北大学"红八月公社"一号勤务员、"新湖大"常委、湖北大学革委会副主任。
2　贾培培，1946年出生。湖北大学学生，湖北大学"红八月公社"二号勤务员。
3　指《扬子江评论》报。

斗争的特点。

梅子惠等同志说："这场四反斗争的对象就是以中国赫鲁晓夫为首的最大的一小撮顽固不化的走资派，混进党内的叛徒、特务、反革命分子。"而"最近武汉地区阶级斗争的事实，已经一再说明，敌人的翻案生活（活动），从表面上看似乎不见了，看到的只是取而代之的革命造反派内部的一场大混战，这是一个极其危险的动向。……唯一的办法就是团结起来，揭穿阶级敌人卑鄙阴谋，粉碎之。"

"四反斗争的矛头对准以中国赫鲁晓夫为首的最大的一小撮顽固不化的走资派，混进党内的叛徒、特务、反革命分子"，这自然是不错的，可是在当前为什么不能把我们反对的对象提得更加明确一些呢？而每到历史的急剧转变的关头，斗争目标，斗争口号能（愈）是提出得鲜明、坚定，则愈是能够争取群众，带领群众前进。既然是反右倾机会主义，右倾分裂主义，右倾投降主义，那么我们在这场斗争中的主攻对象显然应该是各种右倾机会主义，右倾分裂主义和右倾投降主义的代表人物以及他们所赖以生存的社会基础。无产阶级的左翼，即决心把无产阶级文化大革命进行到底的无产阶级革命派及其带领下的革命人民，和革命队伍中的各种机会主义派别，例如曾经是中派而终于最后堕落为右派的考茨基派别的斗争，是这次战役中的主要矛盾的主要方面。想一下，我们反对右倾分裂主义，难道会是反对刘少奇、邓小平或者那些叛徒、特务和反革命分子和我们分裂吗？我们反对右倾投降主义，难道会反对上面这伙不齿于人类的狗屎堆向什么人的"右倾投降"吗？显然不会是的。毛主席曾经指出："**一九二七年中国大资产阶级战败了无产阶级，是通过中国无产阶级内部的（中国共产党内部的）机会主义而起作用的。**"[4] 已经取得决定性胜利的中国无产阶级文化大革命运动，如果竟会在有朝一日被断送的话，那么也一定是通过无产阶级内部的机会主义起作用的。代表大资产阶级和国民党利益的以中国赫鲁晓夫为首的最大的一小撮顽固不化的走资派，混进党内的叛徒、特务、反革命分子在今天真要想战败无产阶级，依靠他们自身的翻案，进攻是不太可能了，必然会

---

[4] 引自《矛盾论》（1937年8月），《毛泽东选集》第1卷，人民出版社，1966年7月，第278页。

求助于那些准备向他们投降，已经向他们投降或者正在向他们投降的右派朋友，诸如徐向前、叶剑英、余秋里之流。各种"之流"的人物又是"十八人上书"，又是"九十一人大字报"，又是怠工，又是叛国，企图闹得个昏天黑地，以期天下大乱，好请出中国的赫鲁晓夫来挽救危局或者收拾残局，这就是右倾机会主义者的如意算盘。因此，不预先战胜这伙右倾机会主义分子，右倾分裂主义分子，右倾投降主义分子，就根本谈不上最后地战胜中国赫鲁晓夫及其同党。如果我们在这场伟大的反右斗争中竟忘记了这一点，那就必然把运动引向歧途，我们就会犯极大的错误。

新湖大最近到处刷出大标语："我们要斗王任重、陈再道"，这真是准备掀起四反运动的高潮么？否，这其实是在实行你们校内臭名昭著的彭油嘴勋[5]前不久在我们新华工内作的一个"内部报告"的一个步骤："即通过所谓掀起斗争王任重、陈再道、钟汉华的高潮，来掩护武汉地区一切大大小小的右倾机会主义分子过关，以图时机，再反攻倒算。"这种借大批判为名，行保护自身身（之）实，历来是一切右倾机会主义者惯用的伎俩。武汉大学有一个什么"虎"派在一篇洋洋万言的"宣言"中扬言"对已经暴露的走资派每天斗一百遍，就能够达到反右倾的目的"，也是和彭勋唱的一个调子。尽管这种手法每一次总是破产了，他们总还是要一脉相传地使用下去。"**这是因为他们不但需要欺骗别人，也需要欺骗他们自己，不然他们就不能过日子。**"[6]

下面，梅子惠同志看到了一个现实的前提，"敌人的翻案活动，从表面上看似乎不见了，看到的只是取而代之的革命造反派内部的一场大混战。"但是梅子惠同志却得出了错误结论："这是一个极其危险的动向。"敌人的翻案活动表面上看不到了，取而代之的只是革命造反派内部的一场大混战，这能够说明什么呢？只能够说明阶级敌人，党内一小撮顽固不化的走资派已经认识到：由工人运动内部的机会主义派别活动家来维护资产阶级，比资产者亲自出马好。他们改变了策略，不再扯起百匪的破旗翻案，而是采取了打进来，拉出去的办

---

5　彭油嘴勋，即彭勋。
6　引自《关于胡风反革命集团的材料》，人民出版社，1955年6月，第122页。

法，在无产阶级革命派内部寻找和培养右倾机会主义分子作为他们的代理人。由于阶级敌人的这种策略，已经部分实现，这就造成了一种"革命造反派内部的大混战"的假象，人们不久就会发现，就是在这种所谓"内部的混战"中间，各种政治派别正在尖锐而迅速地分化，直到跟各个大阶级即资产阶级、小资产阶级和无产阶级完全相吻和（合）为止。"**矛盾绝不能长期掩饰起来，它们是以斗争来解决的。**"因此，各种"混战"绝不是什么"极其危险的动向"，而是达到结成反对右倾机会主义的统一战线的唯一途径。诸如新华工中二八一和一八二之间的"混战"，武汉大学里"龙"派和"虎"之间的"混战"，武钢九·一三总团和原武钢分团部分机会主义领导人之间的斗争……，难道不都是无产阶级革命派和右倾机会主义派别的斗争，难道不都是毛主席的无产阶级革命路线和资产阶级反动路线的斗争。

当然，我们也坚决反对那种无原则的无产阶级革命派内部的名符其实的混战。

梅子惠同志在文章中还说："造反派队伍中的资产阶级、小资产阶级派性是他们（变色龙、小爬虫）的社会基础。事情就是这样严重地摆在我们每一个革命者面前，想要回避是回避不了的。唯一办法就是团结起来，揭露阶级敌人的卑鄙阴谋并粉碎之。"

梅子惠同志提到了变色龙、小爬虫的社会基础是革命队伍内部的资产阶级、小资产阶级派性，这是非常正确的。可是梅子惠同志却忘记了不仅要承认这个社会基础，更重要的是要在这次四反斗争中摧毁这个社会基础，因为正如马克思说："**哲学家们只是用不同的方式说明过世界，而问题却在于要改造世界。**"资产阶级、小资产阶级派性目前实质上就是机会主义的派性，派别是阶级的一翼，这种机会主义的派性绝不能够加在整个无产阶级的头上，而只能为革命队伍中的右倾机会主义分子所有，我们必须毫不迟疑地向他们进行不停顿的进攻，而绝不是什么和他们"唯一的办法就是团结起来"。和他们的团结，就是和资产阶级派性的猪狗奴才的团结而和无产阶级的分裂，就是和右倾机会主义路线的团结而和无产阶级革命路线的分裂。比如说，我们能够和那些与王任重、肖慧纳眉来眼去、勾勾搭搭，出卖新华工毛泽东思想红卫兵利益的叛徒赵文成及其后面的某人之流"团结起来"吗?我们能够和那个前不久在新华工作"内部报告"时诬蔑工总的战略计划是"排挤九·一三,团结钢二司,独霸全湖北",极尽挑拨、诽谤之能事的湖大政客彭勋之流"团结起来"?不能,绝对不能,马克思主义者**"决不拿原则作交易"**。团结团结,投降派有一套团结论,要我们团结于投降右倾机会主义,分裂派有一套团结论,要我们右倾机会主义,分裂派有一套团结论,要我们团结于和革命原则的分裂。我们能够相信这些道理么?不以反对右倾机会主义、右倾分裂主义、右倾投降主义做基础的团结,永远算不得真正的团结。

这便是我们的团结论。

党内一小撮顽固不化的走资派在过去赤膊上阵、疯狂镇压无产阶级革命派的时候,需要寻找他们的社会基础,这个社会基础是保守派,诸如武汉的百万雄师和向走资派实行了全面投降的康三司,今天的变色龙甚至通过软硬兼施,打进来,拉出去的手法整垮造反派,也同样必须寻找他们的社会基础,毫无疑问,这个社会基础存在于机会主义派别之中,而在适合的气候下,这种机会主义派别首领将迅速地投入资产阶级怀抱。历史证明过这一点,历史仍将继续证明这一点。今天的武汉,两种根本对立的阵线不是愈来愈分明了么?对于混进省市革委会的一小撮死不改悔的反革命修正主义分子,诸如姜一[7]、孙德枢[8]、薛朴若[9]之流,谁要坚定不移地把他们清除出去,谁要丧心病狂地死保他们,难道不是清楚而又清楚了吗?你们新湖大中有一名政客唤做彭勋的,五月十五日跳到新华工来狂吠道:"和钢工总的斗争,就是共产党和国民党之间的斗争",气焰何等嚣张,难道我们还能够听而不闻,视而不见吗?很明显,机会主义派别中的某些决策人,正在策动所谓新的反钢高潮,企图为投降肃清道路。和钢工总的

---

[7] 姜一,1919年出生,山西武乡人。文革前任湖北省委候补书记,文革中任省革委会常委,1970年3月至1977年7月任省委书记。1998年3月去世。

[8] 孙德枢,1919年出生。黄石市市委第一书记,后任黄石市革委会副主任、湖北省革委会常委。2003年去世。

[9] 薛朴若,1919年出生,河南淮阳人。文革前任武汉市委常委、副市长,1968年1月任武汉市革委会常委,1974年4月至1976年10月任武汉市革委会副主任。

斗争"是共产党和国民党的斗争",这句话包含有严重的政治意义。彭勋之流敢于公开发此反革命动员令,冒天下之大不韪,表明这伙东西已经下定了全面破裂和彻底向资产阶级投降的决心。丢掉幻想、准备战斗!这是我们唯一的结论。

根据1968年5月31日出版的《扬子江评论》第9期刊印。

# 别了，右翼朋友保安司令

## ——二论英雄与戏子

（一九六八年五月三十一日）

《扬子江评论》编辑部

本报今天公布了红司司令郭保安与前 8201 蔡炳臣[1]政委等人在一九六七年五月三十一日的会谈纪（记）录摘录[2]。

这次会谈迄今正好"一周年"了。

回顾一年前后的历史，本报选择这个日子公布不是没有作用的。

谁都记得，六七年五月三十一日前的江城，已经燃起了反逆流的熊熊烈火。5月10日在新华路体育场举行了记（纪）念工人总部成立半周年大会，被陈再道之流血腥镇压下去的战斗队员愤怒地吼出了"揪出武汉谭震林"的战斗口号；5月中旬发生了震惊江城的新公校绝食事件，"坚决支持新公校，打倒麻子陈再道"——那是一曲何等悲壮的颂歌！就在这次事件前，钢二司小将勇敢地喊出了"下定决心，为工总翻案，工总起来，老保完蛋"的革命口号。

红五月的江城，阵线是很清楚了，可是，又有谁知道，头戴左派桂冠的红司司令郭保安竟与前8201蔡炳臣等人躲在工人运动后院的垃圾箱里进行着无耻的肮脏的政治交易呢？事实是，这位大人偏偏做了。

一年后的今天，情况又怎样呢？

正当毛主席司令部发出了反对右倾机会主义、右倾投降主义、右倾分裂主义、粉碎右倾翻案妖风的战斗号令之时，保安司令奉旨于5

---

1 蔡炳臣，1915年出生，河南商城人。武汉驻军独立师（8201部队）政委。
2 指《扬子江评论》第9期公布的《郭保安背叛了工学运动何止一年？——独立师（8201）与新华工代表座谈会议记录（摘录）》。

月20日赴铁山[3]一游,一面设法派人逮捕、欧(殴)打、囚禁了梦寐以求的死对头鲁礼安;一面妖言惑众,视察铁山2000米防线、观看爆炸演习、带头扩大武斗。也就在保安司令回华工后的第二天,沉寂了好久的新华工某些人,终于硬着头皮广播了洋洋洒洒一万八千字的十点声明,把矛头指向三钢、把功劳全捞到自己身上……。

请那些曾被投进号子里的战斗队(员)们,请那些曾经有家不能归,有厂不能回的钢八司战友们,更请那些至今仍然糊里糊涂什么真相也不知道的红司战友们,请你们认真结合江城历史分析一下这份会谈记录吧,机会主义人物的嘴脸难道还不清楚吗?

广大红司战士用自己的行动赶走了要瓦解红司的8201军训团,早已"杀向社会"反逆流,决心揪出武老谭。可是郭保安等人却在"会谈"中向阶级敌人蔡炳臣之流许下山盟海誓:"我们对你们是不保密的,你们来参加我们的常委会都可以",甚至还在五月二十七日宣传:"陈再道是犯错误的好干部"。

如果说新华工园里的小爬虫赵文成向王任重之流出卖华工毛泽东思想红卫兵的行为是叛变行为的话,那么,郭保安之流这样无耻地把广大红司战士的政治原则拿去作交易的行为,又算什么呢?可是,天底下也会有这样的政治娼妓,在一年后的十点声明中还公然把揪陈抗暴的功劳作为脂粉涂到自己脸上,这难道不是对广大红司战士的最大侮辱么?大家对这种叛徒行径难道不感到愤慨么!

人们还要质问,为什么抗暴时敌人那么快的就知道红司的内部会议和决定呢?是谁做了间谍呢?

"工人总部我们是有独立看法的,你们什么时候看见我们为工总翻案""我们敢保险没有提",3·21"事先我们是知道的。交换过意见"。

当着陈再道之流给这位保安司令代(戴)上一顶香喷喷的左派帽子后,郭公就这样感恩不尽地叛卖了整个反逆流的革命事业,他不仅出卖了以敢死队为代表的为工总翻案的许多红司战友的革命行动,而且赤裸裸地在充当二月逆流的黑打手。郭保安,难道你的身上没有

---

3 铁山,位于湖北省黄石市西部,武汉与黄石之间。

沾着工人造反派的鲜血吗？

确实也是的，在揪陈抗暴的战斗中，在江城天亮了的时候，红司勤务组没有喊过一句"工总好"，直到最近的十点声明，仍然处处表现出"对工总有看法"的那个立场。曾经坐过一次牢的战斗队员要气愤地质问郭保安之流："你们还想把我们再次打成黑工总吗？""你们还打算和谁再写个3·21呢？"

8201的说："你们敢死队搞打砸抢""敢死队要为工总翻案"，郭保安连连答应"负责处理"。

郭保安之流为了表现他对陈再道的一片忠心，竟卑鄙到了拿敢死队来作妥协出卖的牺牲品的地步！

历史，完全证明了郭保安之流（在）这个问题上是死心塌地的为陈再道效劳的。

在工总成立半周年大会上，敢死队为了表示为工总翻案的决心，毅然宣布申请加入工人总部，这个革命行动在郭公之流心目中，是何等大逆不道的举动啊！他们终于5月21日发个006号内部通令，将敢死队一脚踢出了红司。（现在他们倒要说敢死队是分裂主义者）

当着江城天亮了，工总案翻过来后，敢死队决定返回学校，这时，那个什么"答读者问"第二期上面公然也假惺惺地说了几句"我们向大家报告一个好消息，敢死队、红反团已经回校复课闹革命""我们相信敢死队的战友们会立新功"。人们可以透过这几句虚心（情）假意的话语，看出那些妄图将敢死队置于死地而后快的家伙们，是怎样的掩饰不住那付（副）洋洋得意的神情来。

果然，在右倾势力猛涨的时候，郭保安之流于今年3月底第一次非法在华工园内逮捕了鲁礼安，谁知关了四天半后被鲁逃脱。一计失败，再设一计。终于发生了5.18铁山非法捕打、关押鲁礼安的政治事件。郭保安之流就是这样残忍执行了没有陈再道的陈再道政策。

如果说郭保安在去年是一贯站在右倾机会主义立场的话，那么，他今天已经开始转到了直接向革命群众实行资产阶级专政的反动立场了。倘若他不悬崖勒马，势必有一天会彻底被历史所淘汰的！

"七评苏共中央公开信"中说得好："在共产主义运动中，谁要是适应资产阶级的需要，向革命的无产阶极和广大的劳动人民闹分裂，那么，即使他们处于暂时的多数地位，甚至占据了领导地位，他们也还是分裂主义者。"

事实不正是这样吗？郭保安之流尽管暂时还能统治新华工园，然而他们在1·26夺权前搞的1·18汉口会议，在为工总翻案时搞的联司、革司道路，在"工总好"的响声中搞的"新武汉"，甚至在今天搞的"新湖北"等等，都无可辩驳地证明了他们是真正的右倾分裂主义者。

人们这样考虑过：武汉市最大的工科学校的造反派学生，应当和最大的工人造反派的关系最好，为什么、又是谁使这两支队伍对立呢？（若不是前一段有红反团作代表、后一（段）没有敢死队作代表，那还不知道是什么样子呢！）长此以往，华工的学生怎么到武汉的工厂实习、怎么留在武汉工作呢？总不能一生不出华工啊！外面有几个工厂没有工总、九·一三的人呢！

残酷的斗争告诉了我们："机会主义是我们的主要敌人""事实证明，由工人运动内部的机会主义派别活动家来维护资产阶级，比资产者亲自出马还好。"从某种意义上来讲，郭保安之流起的破坏作用，要比陈再道起的更危险、更毒辣。

当着毛主席提出了"派别是阶级的一翼"和"无产阶级左翼"的思想时，我们通过这份会谈记录和江城斗争史，岂不是对这位右翼朋友了解得更深刻么！我们深信，当我们有机会"记（纪）念"这份会谈记录二周年的时候，只能到工人运动后院的垃圾箱里找到这位当年一时的"英雄"人物了。

"党是靠清除自身中间的机会主义分子而巩固起来的"。

在新战斗打响的时候，我们完全可以高兴地说一声：

别了，右翼朋友保安司令！

根据1968年5月31日出版的《扬子江评论》第9期刊印。

# 还我战友鲁礼安,血债要用血来还

## ——记 5·18 铁山政治事件[1]

(一九六八年五月三十一日)

告诉我,鲁礼安怎么样了?

——鲁礼安被绑架、被殴打、被割伤耳朵,被囚禁了。

告诉我,鲁礼安现在哪里?

——我们知道的最近情况,他是被关押在铁山矿井下面的火药库旁,至今生死不明。

告诉我,这究竟是怎么一回事?

——同志,在三反一粉碎[2]斗争开始时发生的这一严重政治事件,是蓄谋已久的。让我们往下面看吧……

## 一、从"喻家山夜话"到新园毒计

保安司令之流在华工园里搞了个"喻家山夜话"其中,有一个专门的集子,就最(是)用来从舆论上搞臭鲁礼安的。我们有幸看到了一本内部少量发行的夜话集,是由鲁礼安所在的一五六班出面编订的"蚍蜉撼树谈何易——反革命政治小丑鲁礼安罪行录"。这本集子把鲁礼安说成在文化大革命每一个关键时刻合着反革命节拍而跳动,说鲁礼安分裂党中央(天知道他会有这般武艺!)等等,我们还有幸听到了暂时还没汇编入夜话集的夜话,一会儿又是鲁礼安坐镇华工,遥控鄂东三省七县联防,一会(儿)又是鲁礼安和花白胡子的

---

1 5·18 政治事件,指 1968 年 5 月 18 日晚鲁礼安在去黄石联系《扬子江评论》纸张的路上,被"新派"组织"铁山联防"扣押一事。两个月后,鲁礼安被移交湖北省第一监狱拘押,直至 1979 年无罪释放。

2 三反一粉碎,指 1968 年 3 月自上而下发动的一场反右倾运动,运动的口号是"反右倾机会主义,反右倾分裂主义,反右倾投降主义,粉碎右倾翻案风"。其目的是巩固各地刚建立不久的各级政权机构,但实际上加剧了群众组织中各对立派别之间的争斗。

人有联系，还有什么整江青、伯达材料，等等，鲁礼安不仅反动，而且可怕，以至于张立国主任甚至说出了"不整倒鲁礼安不姓张"的"誓言"。

透过右倾势力抬头时出笼的"喻家山夜话"，感觉他们要采取行动了。

果然，三月二十九日凌晨，革委会某些要员借口"张立国要找鲁谈话"之名，把鲁礼安从床上叫醒，诱编（骗）到私设的公堂里进行逼供信。

然而，他们万万料不到，这个"不守本分"的家伙竟也会在四天半后设法逃出樊笼，等到鲁礼安向江城人民揭露了他们的卑鄙行径时，这一帮人简直是又气又怕又恨。

一计不成，又生一计，在精心策划于新园之后，终于制定出了一个极其恶毒的方案。

保安司令部的先遗（遣）队——156班小丑马大卫、孙振清（这个叫嚷"要敲敲曾思玉天灵盖"的货色）奉命先到铁山去了。

保安司令也筹集了20人的"报告团"准备奔赴铁山；

他们事先就探得了鲁礼安要去黄石搞纸的消息；

一切都按照计划在行动……

## 二、枪林弹雨逼吉普

五月十八日，是《扬子江评论》总第八期开印的日子。

初夏的阳光照在身上，仿佛是主席最新指示照亮了造反派眼睛一样。鲁礼安和战友们正精神抖擞，气宇轩昂，准备在三反一粉碎的战斗中大干一场，你看，被迫一度停办的敢死队的报纸又出来了！

已经支援了敢死队一次的黄石造反派，又伸出了援助的手。怎么办？鲁礼安决定找几个人一起去把纸运回来。

傍晚，车也弄到了，是一带（辆）辆（带）有钢板的中型吉普（后来的事实证明，若不是这一辆车，不知道要死多少人！）人也找齐了，武汉钢工总、钢二司、新华工所属三大组织七个单位共19人，其中有钢工总中南电力设计院兵团勤务员、武昌区群众专政指挥部负责人。这一群战士顾不上休息，连夜直奔黄石。

吉普刚出华工园一公里左右，后面就跟上了一辆大卡车，它象幽灵似的不紧不慢地跟着吉普，好象预兆着有什么事情要发生……。然而，十九位战士又怎么想得到这些呢！

吉普车在通往铁山的大路上顺利地奔驰。随着车辆的轻微振荡，十九位战士的心情也那样激动着，都以为这次不会出什么事故。

进入铁山地界了。后面的那辆大卡车也就"不见了"。这难道不是很奇怪么？

正犹豫着，突然，枪声响了！

手枪声、步枪声、机枪声先后一齐划破沉寂的夜空出现了；子弹，呼啸着，雨点般地向吉普飞去。车前车后，顿时遭受了突如其来的袭击，打在吉普旁边的钢板上，火花直冒。

勇敢的司机（战斗队员）冒着枪林弹雨加速行驰。六十码、七十、八十……

子弹与车轮在长夜里进行着无情的竞赛。

突然，一位战斗队员头部中弹负伤，血流满面；

又一位战斗队员的太阳穴被子弹擦过，留下了一道鲜红的血痕。

重机枪也用上了。幸好打第一发就卡了壳；

手榴弹也扔出来了，可是没有拉弦。

车辆不顾子弹的威胁，冲越了四道关卡，眼看就要向第五道防线冲驰过去……

就在这时，铁山的一辆卡车以九十码的速度赶上了吉普，吉普终于被迫停了下来……。

车停了，一小撮暴徒又放了十几枪，威逼着十九位战士下车，他们高（喊）着："狗日的，是不是江城前哨[3]的！婊子养的，还想跑！"

十九位战士一下来，就遭到一阵猛烈的毒打。他们最痛恨那位勇敢的司机，用驳壳枪枪头重重的擂进了司机的太阳穴（后来缝了几针）。

他们看见带（戴）眼镜的人（就是鲁礼安），一边骂着："还带（戴）眼镜！"一边就伸手抢下眼镜朝地上一摔，不到一秒钟，十几元的眼

---

[3] 江城前哨，1968年4月"钢工总"保卫组成立的"群众专政"组织，是"钢工总"的半专业性武装力量，主要头头是朱启胜。存在了八个月。

镜就报销了,旁边一位战斗队员从地下拾起了镜框,还没来得及递给鲁礼安,就遭到了拳打脚踢。

他们逼着大家报身份(这时他们还不知道这一群人就是自己等了两天两夜的"肥着"),有的同志理直气壮的说出了自己是钢工总、钢二司的,于是,这几个同志又被饱打一顿。他们听到有人报出新华工(还没说出是敢死队)的牌子时,就连忙拉到一边,高兴的说道"哦,新华工,我们和它是一边的,张立国支持我们,我们热爱张立国;张立国现在在哪里?你们拥不拥护张立国?"等等。小将们严肃地说:"我们热爱毛主席!我们拥护毛主席!"被惊呆了的一小撮暴徒清醒了过来:"啊!敢死队!红反团的!"

就这样十九位战士在一顿毒打之后,又被逼上了车,这时的车子,已经不再开向黄石,而是转向了铁山联防[4]违抗省革委会十条通令所私设的监狱——铁山电影院后面的一排牢房。

天亮了的江城,造反派的车子竟然无法安全自由地通行;一群江城造反派的战士,被非法地剥夺了人身自由。

车声没有了,枪声也没有了,一切,又都归还于长夜的沉寂,黑暗,吞噬了大地,似乎这里从来没发生什么似的,然而,鲁礼安等十九位战士,就象六六年三月十七日前后许许多多战斗队员一样,被投进了牢房。

看啊,血流铁山染矿石,人囚牢里念北京。

### 三、铁窗锁人难锁心

车子再也不往前开了,十九位战士被赶了下来,向牢房走去,天哪!四百多米的距离今天怎么这样难走!两步一岗、四步一哨,一个个杀气腾腾,活象走进了阎王殿。

进门了,关上门来可以大开杀戒了!躲在阴暗角落里的新华工156班两个坏蛋,早已赶到这里,暴徒们从他们口中知道了这就是等了两天两夜的"肥着",那还有什么话可讲呢!打吧!

穿着翻毛皮鞋的脚和拳头一起向战士们身上飞来,枪托、枪头又

---

4 铁山联防,黄石关押鲁礼安的群众组织。

是左右乱戳;钢鞭在空中发出刺人的呼啸声,向战士身上抽过来。往哪里退呢?除了打人的人就是挡人的墙!

"打我们的只有百万雄师!"——一个战斗队员愤怒地控诉。

坚定的话语,换来了更猛烈的毒打,一个暴徒竟拿起手榴弹向夏××胸部、背部猛击过来,夏××当场昏死过去了。

钢二司一战士被弹簧鞭抽得血肉模糊,支撑不住。

在毒打声中响起了战友们的声音:"你们口口声声要按毛泽东思想办事,这种毒打算什么行为?你们一句又一句说捍三红[5],为什么竟然违反省革委会十条通令而私设公堂?!"

脑羞成怒的暴徒们用匕首刺开了战斗队员郝××的面部(后缝了四针)。

看着这一群战友被打得躺在地上动都动不了,156班的家伙还帮腔似的叫嚷"首恶必犯、胁从不问",那一付(副)得意的帮凶相,真象保安团的马弁。

开始提审了。战士们一个个地被拖了出去逼供信。

鲁礼安,由于156班两个家伙的"功劳",进牢房时就受到了特殊的待遇——被拖到了一边,单独受了"招待"。

在审问战斗队员、武昌区群众专政指挥部负责人吴××时,鲁礼安也被带了出来。

手被反绑着,人已经站不住了,只好靠在椅子上,浑身上下流着斑斑血迹,看来,对于鲁礼安,他们是狠下了点功夫的呢。

一个暴徒倖倖地说道:"这个狗日的骨头还蛮硬呐!"

饱受创伤的鲁礼安挣扎着,凛然然地回答:"在百匪面前,我的骨头是硬的!"

棍棒刀枪,可以摧残一个战士的肉体,怎么能够征服一个坚强革命造反派的精神呢?鲁礼安的这一回答,不仅使那些打人打得手脚发麻的暴徒们"前功尽弃",而且反过来给了他们一记响亮的耳光。

仿佛被刺了鸡眼,一个暴徒气得跳起来咆哮:"给老子把他的耳朵割掉!"

---

5 捍三红,即捍卫三红,三红指红色司令部(以毛主席为首的无产阶级司令部)、红色军队(中国人民解放军)、红色政权(新生的革命委员会)。

登时，一个可恶的刽子手拿着一把雪亮的匕首向鲁礼安扑过去……

刀刃沿着耳根，向下，再向下……；血滴着，心口阵阵痛……

狠心的暴徒就这样无情的将鲁礼安的耳朵割开了三分之一。

啊！我们见过百万雄师的大刀、长矛，我们也见过产匪的机枪大炮，可是，谁听说，竟（竟）有人使用这种酷刑呢！

秦始皇时代镇压农民的刑法，却在史无前例的无产阶级文化大革命中又重现出来；匕首啊匕首，是谁让你干出这种历史倒退的罪恶？匕首啊匕首，你知道不知道你杀的不是叛徒、特务、阶级敌人，你是沾满了造反派战友的鲜血。

带着新的创伤，鲁礼安终于又被捉走了，我们的战友们，自此就再也没有见到他。

审讯了一次又一次。在后来一次审讯中，156班的走狗也登场表演了。

暴徒们审问的仍旧是些老问题："你们拥不拥护张立国？""你们怎么看鲁礼安？""你们这次坐车的目的和任务是什么？""你们和鲁礼安有什么联系？""你们知道鲁礼安干了哪些反革命勾当？"

战友们义正严辞，——作出了坚定的回答，弄的暴徒们束手无策。

有的同志谈到了鲁礼安对武汉地区文化大革命作出的贡献时，铁山的许多战士听得不知所问，他们又何尝知道鲁礼安犯了什么罪呢？

审讯的头子愈看愈觉不对，连忙说："好了，好了，我要你讲的是七·二〇以后的情况，鲁礼安的问题嘛，不是一天、两天的问题啰，是半年以来的问题……"。至于到底有些什么问题，他连半个字也吐不出来。

就在十九位战士被囚禁的第二天，5月20日，保安司令率领他的20人的报告团，亲临铁山作了"工总的动向、策略和我们的任务"的报告。还视察了铁山联防军的2000米火力防线，并观看了二枚烈性炸药的爆破表演。啊嗬，真有些威风凛凛，不可一世的司令模样呢！可是，你何曾想过，破坏黄石与武汉交通往来，挑起武斗的"功劳"自然也该你享受了呢!

在铁山,保安司令遇上了去黄石调查的新华工战士(原红反团的),他那一付(副)哭笑不得的样子就不消(屑)提了,当战士问他鲁礼安怎么办时,保安司令神气得意地说:"黄石埋人(诬指炮派)的事我都管不了,还管得了鲁礼安!"

他果真不管吗?不!他做梦也在挖空心思整鲁礼安!

156 班的走狗马大卫、孙振清早已供认不讳,是奉革委会(是哪几个人?)的命令去黄石处理鲁礼安的事的。

郭保安 20 日赶到铁山就真的没有过问鲁礼安吗?

偏偏是,23 日他一回华工,在战斗队长会上就表态鲁礼安等人在铁山受到宽大,没有挨打,鲁本人已作检查等等;

偏偏是,23 日晚上——保安司令回华工之后,——广播了一次鲁礼安的什么"请罪书"。

"可爱又可敬"的郭司令,也许你得了健忘症,就在杨余付(傅)事件前一天晚上,你亲自登门拜访鲁礼安,当着 156 班许多同学大大赞扬鲁礼安:"你有政治远见,我在每一关键时刻都来请教你,从你这里我得到了不少好处,你的马列主义水平真高,我是你的忠实信徒。"并一再表示要"改日再访"。

果然再访了,这位郭司令把鲁礼安"访"进了牢房,"访"开了耳朵,然而,也被广大造反派"访"清了保安司令的恶腥脸(脸)面。

"墨写的谎说,决掩不住血写的事实。

血债必须用同物偿还。拖久愈久,就要付更大的利息!"

高兴得太早的保安司令,鲁迅先生早就给你安排了出路。

## 四、还我战友鲁礼安

一位同情我们的铁山工人,悄悄的找了个机会告诉我们的战友,说鲁礼安被隔离后,他们就放出谣言,说钢工总一千人打铁山,于是,便把鲁礼安藏到了矿井下面,旁边,就是火药库,随时都有可能让矿井连人共毁灭!

亲密的战友,如今你在哪里?他们有办法囚禁你的身体,他们无法遏止造反派战士的声音!你可曾知道,我们的"扬子江评论",在社会上受到了如此热烈的欢迎!

还记得,运动初期你就勇敢的站出来反工作组,反省委,"湖北省委右倾机会主义大暴露"的文章还留在人们的印象里。

还记得,8201军训团在华工要瓦解红司时,你写出了"震撼世界的日日夜夜""一切权力归红司""三司在十字街头";

还记得,你和敢死队的战友们,第一个贴出了"揪出武汉谭震林"的革命大字报,炸开了沉闷的江城,那一天的华工园,同学们甚至爬到树上看着抄着。多少支持的大字报、标语一轰而起,江城的大街小巷,贴满了"敢死队向武汉支左办公室中一小撮混蛋挑战"的战斗檄文……。

还记得,你和敢死队的战友们,大闹洪山宾馆支左指挥部,那些昔日的庞然大人物孔庆德、韩东山,在我们面前,是怎样连一条语录也念不清楚……

还记得,你和敢死队的战友们,同新一中、新东中的小将,是怎样机智地杀进了红旗大楼,"二·八"声明后冷清了一个多月的地方,又那么沸腾起来,那天晚上,战斗队员们高兴得举行火把游行的场面,又是怎样叫人难以忘怀……

还记得,你和敢死队的战友们,从新华工园里首先喊出了"为工总翻案"的口号,在工总成立半周年大会上,当你代表敢死队表示决心和战斗队员同生死而申请集体加入工人总部时,整个会场是一个怎样热情的镜头:无数面鲜艳的战旗摇动着,仿佛是向我们致意,无数个锣鼓震天地响着,仿佛是表示战斗队员的决心。这些受压制、被迫害的工人阶级造反派兄弟,是多么渴望获得自由与解放啊!望着战斗队员的这种革命激情。我们的眼眶都湿润了……

还记得,在抗暴的火热斗争中,你和敢死队的战友,是怎样努力举办"工人运动讲习所",尽管当时不允许办起来,然而我们冒着生命危险,写大字报、刷标语,铅印了一本本"讲稿汇编,"当我们的小宣传品运到六渡桥、司门口时,造反派和江城人民是怎样的欢迎啊!一位老大爷挤在车边说:"快点给我一本,我挤不得!"一位双目失明的同志也拿出一角钱说道:"我要一本、我要一本!"还有一个同志,丢下一元钱,只拿了两本就走了。小册子被抢光后,人们又是埋怨我们带少了,又是催促我们赶快走,这是一幅何等血肉相连的热烈场面啊!

还记得,在新湖艺[6]的日子里,我们是怎样亲眼目睹了7·20事件的全部经过,就在那一片黑云压城的时候,我们从未停止过战斗,愤怒的火焰从笔尖底下化成了炮弹似的檄文,向武老谭陈再道讨伐过去!

………

啊!战斗的场面,一幕又一幕地出现着,是怎样的使人想往啊!可是,亲密的战友,你却不能和我们一同回忆那火热的岁月、飞舞的战旗……

江城天亮了,工总翻案了,公鸡下蛋了,大联合的道路已定了,你和敢死队的战友们决定什么条件也不提,什么要求也不讲,自动地站到一旁,欢欣的看着工总、九·一三战友们翻身得解放、起来掌大印。

然而,又怎能想到,到头来,你和敢死队,却遭到了这般待遇!这是公平合理的吗?是谁把历史又颠倒过来呢?!

毛里毛燥(躁)的鲁礼安和人数不多的敢死队,尽管也或曾犯过这样那样的错误,可见,那一群鸡们、小爬虫们、苍蝇们,又有什么资格在我们面前哼一声呢?

然而,他们毕竟下手了!

闯了两年的小将被打成反革命,坚定的造反派被割伤耳朵关押起来,这不是右倾翻案是什么?这难道是可以容忍的么!这哪里还有一点点党纪国法!

不!江城造反派不答应,江城人民不答应!

警告你保安司令之流,假若鲁礼安有个三长二短,江城人民不会轻放你,你纵然逃得了一时,你必定躲不过历史的惩罚!

怒火满腔吼声:还我战友鲁礼安、血债当用血来还!

根据1968年5月31日出版的《扬子江评论》第9期刊印。

---

6  湖艺,即湖北艺术学院(现武汉音乐学院),位于武昌解放路。

# 喝令保安司令住手，不许迫害鲁礼安！

（一九六八年五月三十一日）

*《扬子江评论》评论员*

江城造反派的闯将鲁礼安终于遭到了残酷的迫害，被囚禁起来了。

保安司令之流一手制造了这一政治迫害事件，进一步实现了他们在一年以前向陈再道许下的诺言："敢死队要为工总翻案""由我们处理"。

鲁礼安何罪之有？为什么一而再、再而三地受到迫害？

在冲破资产阶级反动路线、反工作组、反省委的战斗中，鲁礼安被华工园里的铁杆老保们猖狂地整了一次。

在反击二月逆流、反对8201军训团企图解散红司的斗争中，鲁礼安却被红司司令部某些向8201军训团妥协的人们寻找借口打成反革命，并开除了红司。在抗暴斗争时我们还获悉：8201早已准备好了捉拿鲁礼安的逮捕证。

正当三反一粉碎的斗争刚刚打响时，鲁礼安却被保安司令等人在3月29日捉进了华工园里私设的公堂，他们对鲁礼安的逃脱是何等恐惧和仇恨啊！终于窥测了机会，制造了5月18日迫害鲁礼安的反动事件。

难道鲁礼安反工作组，大方向错了？

难道鲁礼安在66年8月25日就向旧省委开火大方向错了？

难道鲁礼安在67年3月为保卫华工园里年轻的红色政权而写的"一切权力归红司"大方向错了？

难道鲁礼安在67年4月6日贴出"向武汉支左办公室中一小撮混蛋挑战""揪出武汉谭氏人物"的大方向错了？

难道鲁礼安在67年4月份写的三论必须为工总翻案的大方向错了？

难道鲁礼安在 67 年 8 月江城天亮了，一片"工总好"的战斗声中写的"论武汉工运道路"的大方向错了？

不！这一切恰恰证明了紧紧和江城造反派战斗在一起的鲁礼安，两年来的运动大方向是正确的！

为了把鲁礼安整倒，保安司令之流在全国右倾势力拚命抬头的"良好"时候，也就煞费苦心地泡制了许许多多的"喻家山夜话"。

"鲁礼安操纵鄂东地区三省七县联防"。想来这句话未免太光怪陆离了，于是又加上个"遥控"。似乎这下可以哄人了，可是过不了几天，连他们自己也悄悄收起这个"秘密武器"，又换了个"鲁礼安制造黄石炸电厂事件"的新说，哪知道群众也变的不那么容易欺骗了。人们倒是知道，保安司令于 5 月 20 日亲赴铁山，视察了 2000 米保安防区，还欣尝（赏）了二枚烈性炸药的爆炸表演，这一点连保安司令本人也否认不了，难道谣言世家的弟子们不是在表演贼喊捉贼的伎俩！

"鲁礼安整江青、伯达的材料"，请问你们拿得出一点点事实来吗？我们知道的，倒是你们整了工人总部一本又一本的材料。

"鲁礼安反对新生的革命委员会""妄图颠覆新生的红色政权"。啊呀呀！好大的帽子，对保安司令不满就是反革委会，不赞成"拥护张立国"的口号就是反对三红。你们岂不又捡起当年工作组、旧省委[的破烂流丢了]（之流丢了的破烂）么！你们这种把个人凌驾于毛主席、革委会之上的行为，到底算什么呢！

"鲁礼安鼓吹武装夺取政权，国内战争。"姑且先把你们列入政治庸人之类，你们没有看见 67 年发生的国内革命战争么？解决武汉事件难道不是有着无数忠于毛主席的解放军指战员已作好了各种部署？你们没有听见康生同志今年三月份传达毛主席最新指示中的：**"文化大革命是国内革命战争的继续"** 这一句话么？也许你们是"酷爱文斗"的，然而你们为什么近来每到一处，就鼓吹大打呢？为什么保安司令要出面视察铁山联防呢？为什么竟然敢于做出用匕首割伤鲁礼安的耳朵这种残忍的酷刑呢？揭穿了，原来你们不过是政治上的伪君子！

谣言是腿短的，然而"喻家山夜活"的主编们却不曾因为谣言的破产而悔过。在"不把鲁礼安整倒不姓张"的"豪言壮语"中，鲁礼安毕竟还是被迫害了。

在这伟大的风浪中，鲁礼安也犯了这样或那样的错误，但他始终是一只鹰，可是，在工人运动后院粪堆里的保安司令之流这群鸡，带着十二倍放大镜在这只鹰身上找寻缺点。我们说，鹰有时飞得比鸡低，鸡永远飞不到鹰那么高！

工总的案翻了，可是为工总翻案的鲁礼安却被投进了牢房，这就是右倾机会主义在武汉推行新的二月逆流的一个重要组成部分。

三反一粉碎的战斗号令敲响了一切右倾机会主义的丧钟，保安司令之流向坚定的"对头"鲁礼安施加了迫害，以为这就可以挽回自己快要破产的命运。但是，"想要阻挡潮流的机会主义者虽然几乎到处都有，潮流总是阻挡不住的，社会主义到处都在胜利地前进，把一切绊脚石抛在自己的后头。"

让大大小小的鸡们在反击右倾机会主义的高潮声中去向隅哭泣吧！

凡是出卖、镇压工人运动和学生运动的人都没有好下场！

根据 1968 年 5 月 31 日出版的《扬子江评论》第 9 期刊印。

# 鲁妈妈访问记[1]

(一九六八年六月五日)

《扬子江评论》记者

当落日的余晖在天际融入扬子江，我带着几十万战斗队员的深切关怀和江城人民的诚挚慰问走访了鲁礼安的母亲——马老师。

一见到马老师，我就迫不及待地问起鲁礼安的近况。

等我坐定后，马老师激动地谈到："在一号8206部队一位首长通知我去看望黄毛（鲁礼安的小名），钢工总交通兵团朱同志不顾阻拦，陪我同去。到铁山后，他只说是黄毛父亲的同事，因为铁山联防一旦知道他是钢工总的，那绝不会轻易放过。

"我们在礼堂外边等了两个多小时，铁山联防的人才出来，把我们带到旅社，一时这个房间坐一阵，二时那个房间坐一阵。催了又催，他们总算把黄毛带来了。"讲到这里，马老师的眼睛红了起来。很快，她抑制住自己的感情，继续说下去："仅仅几天功夫，黄毛瘦多了，人被折磨的不成样子。他和我坐在一条凳上，那么热，还把厚厚的兰（蓝）布褂子扣得紧紧的，连袖子都扣上了。后来我才想到，恐怕他是怕我看到伤痕，怕我心疼。

"我叫黄毛跟我一块回去。他抬起头望我，笑了笑：'如果这里的工人允许的话……'

"'不行！'一直在旁边虎视眈眈地盯着我们的铁山联防的头头粗暴地打断他：'哼！想走？没那么便宜！'接着，他便结结巴巴地列举黄毛的'罪行'，什么整伯达、江青同志的黑材料啰，什么指挥黄石的反革命暴乱啰，一听就知道还是新华工某些人编的那一套。

"我忍无可忍，气愤地和他们争起来。我说：'你们拿不出一丝

---

[1] 鲁妈妈，即鲁礼安的妈妈。据鲁礼安在他的回忆录《仰天长啸——一个单监十一年的红卫兵狱中吁天录》中说，这篇访问记的作者是杨秀林。《扬子江评论》发表时署名"本报记者"。

一毫的证据!鲁礼安在文化大革命的所作所为,江城人民心里是一清二楚的!'"马老师越说越激动,我仿佛看到她在铁山与那一小撮暴徒斗争的情景:"《十六条》写得清清楚楚,尽管会犯这样那样的错误,但他们的大方向始终是正确的。毛主席号召革命小将要在游泳中学会游泳,不要怕喝水。退一万步说,即使鲁礼安是反革命,也有军区、警司处理,你们铁山有什么权利(力)破坏《六·六通令》,私设公堂随便捉人?

"那家伙被我驳得哑口无言,恼羞成怒地一摆手,闯进来上十个杀气腾腾的汉子要把黄毛押走。

"黄毛一直没吱声。象沉默的火山样,冷冷地盯在列举他'罪行'的铁山联防的头头,既可怜他的愚蠢,又蔑视他的淫威。这时,黄毛站起来,对我说了句:'妈,你放心'。就准备出去。他炯炯发光的眼睛,放射出当年敢死队的英雄气概。

"那个头头还在说:'如果鲁礼安写出检讨,我们可以把他交给新华工。'但黄毛象根本没有听到,头也不回地走出房间。

"儿子走了,我真后悔没有来得及看清儿子。

"整整一夜,我都没合眼。

"第二天他们就撵我走。我说无论如何还要见我儿子一面。直到离开车只有一个钟头了,我还在跟他们扯。他们说:'把鲁礼安提到这里来,起码也得一两个钟头。'我这才知道:关黄毛的地方离这里还很远很远……"

马老师伤心地抽泣起来。我低声安慰她:"鲁妈妈,别难过,钢工总广大战斗队员会积极营救鲁礼安的。江城人民会主持正义。"

"不,我并不为儿子的生命担忧。我只后悔没有把革命群众的援助和外面大好形势转告给他。"马老师甚至微笑了:"他们以为我去了会哀求,会痛苦流涕,那晓得我态度才硬呢。

"文化革命一开始,黄毛问我:'妈,一个人为人民利益而死,尽管只活二十一岁,不是比那种吃的好、玩的好,到了七、八十岁还是要死的人有意义的多吗!'

"我说:'对,应该象刘胡兰、董存瑞那样,死的重于泰山。'

"他说:'妈,明天我就贴湖北省委的大字报!'

"我只有这一个儿子。即使死了,只要是为捍卫毛主席的革命路线而死,我一点也不悲哀。如果我还有儿子,也一定献给文化大革命!"

马老师的话深深感动了我。我问:"他们为什么对鲁礼安下这样的毒手呢?"

"鲁礼安一贯反对新华工几个头头右倾机会主义。前次郭保安秘密绑架了他,他逃出来后,写了"给江城人民的三封信",刺痛了张立国、郭保安。'四反'一开始,张立国、郭保安晓得他掌握有他们一些见不得人的材料,又怕他写文章批判他们的右倾,总是千方百计陷害他。"

马老师摊开桌上的《人民日报》,指着给我看:"这里有段最高指示:'对广大人民群众是保护还是镇压,是共产党同国民党的根本区别,是无产阶级同资产阶级的根本区别,是无产阶级专政同资产阶级专政的根本区别。'2张立国、郭保安再这样倒行逆施下去,不会有好下场!"

辞别马老师,我久久在大道上徘徊。

"新华工敢死队"的鲜红大旗,曾经呼啦啦地飘扬在这儿的上空;鲁礼安的一篇篇锋利的大字报在这儿发出过战斗的呐喊;在这里,鲁礼安曾合着武汉地区钢铁的造反派队伍的步伐游行示威;而现在,也是在这里,一张张《扬子江评论》将炽热的思想,播在一颗颗革命者的心。

暴行只能摧残肉体,绝对扼杀不了坚贞的信念。镣铐只能禁锢人身,绝对阻塞不住磊落的真理。听吧,永不停息的扬子江在吟诵着普希金的铿锵诗句:

……阴暗的牢门会倒塌,

沉重的枷锁会脱落,而自由会在门口迎接你们,

兄弟们会把利剑交给你的手。

1968.6.5

根据 1968 年 6 月 12 日出版的《扬子江评论》第 10 期刊印。

---

2 转引自 1968 年 6 月 2 日《人民日报》《解放军报》社论《七千万四川人民在前进》。

# 怎样认识无产阶级政治革命

(一九六八年六月十二日)

《扬子江评论》编辑部

**一、政治革命在社会主义条件下是无产阶级和广大革命人民推翻新的官僚资产阶级的阶级斗争。**

马克思早在一百多年前就指出:"只有在没有阶级和阶级对抗的情况下,社会进化将不再是政治革命。而在这以前,在每一次社会全盘改造的前夜,社会科学的结论总是:

'不是战斗,就是死亡;不是血战,就是毁灭。问题的提法必然如此。'(乔治·桑)"

无产阶级革命导师毛主席最近明确的提出:"无产阶级文化大革命,实质上是在社会主义条件下,无产阶级反对资产阶级及(和)一切剥削阶级的政治大革命,是中国共产党及其领导下的广大革命人民群众和国民党反动派长期斗争的继续,是无产阶级和资产阶级阶级斗争的继续。"

政治革命就是一个阶级推翻一个阶级的革命。在社会主义条件下,革命的一个很鲜明的特点就是由无产阶级革命派进行轰轰烈烈的自下而上的群众性的夺权运动,并向被推翻的阶级施以群众专政。

二十年来,中国社会形成了新的官僚资产阶级。混入无产阶级专政机构的一小撮走资本主义道路当权派是这个阶级在共产党时代的政治代理人;新的特权阶层则是这个阶级的重要部分;那旧社会来的形形色色的资本家、军阀买办、汉奸文人、特务走狗、没有改好造(造好)的地主富农,又成了这个阶级的社会基础。

无产阶级和广大革命人民与这个阶级之间(间)的斗争是你死我活的阶级斗争,与党内一小撮走资本主义道路当权派的矛盾是对抗性的主要矛盾。解决这个矛盾的斗争,是整个社会主义时期的阶级斗争的集中表现。如果弄得不好,资本主义复辟将是随时可能的。苏联全面的资本主义复辟和我国局部的资本主义复辟,应当作为借鉴。

要真正彻底让工人阶级获得解放,就必须号召无产阶级革命派联合起来,推翻这个阶级。目前,这个阶级及其赖以生存的社会基础受到了革命风暴的极大冲击,但是还没有完全崩溃。必须将革命进行到底。

## 二、政治革命在目前和今后一个历史时期内是捍卫马克思主义第三个里程碑——毛泽东思想。

十九世纪中叶,革命从法国转到了德国,无产阶级走上了政治午(舞)台,产生了马克思主义,这个时代里最伟大的革命是巴黎公社。怎样对待马克思主义的科学社会主义学说,怎样对待巴黎工人的革命群众运动,成为当时区分真革命和假革命,革命和反革命的试金石。伯恩斯坦之流在《共产党宣言》发表五十年后,以修正主义的姿态向马克思主义作了猖狂的进攻。(尤其是在恩格斯逝世后,他们准备了三年,从收敛的活动转为公开的攻击。)

列宁站了出来。

列宁捍卫了马克思主义学说,并发展了它。革命中心在二十世纪初叶转到了俄国,产生了列宁主义,这个时代最伟大的革命是十月革命。怎样对待马列主义,怎样对待苏维埃的十月革命,又成为近代区分马列主义和修正主义的试金石。考茨基早期是一个社会主义者,随着革命的前进而落伍,最后成为投降帝国主义的走狗,列宁揭露并击退了考茨基,斯大林揭露并击退了托洛茨基。然而,后来又钻出来一个赫鲁晓夫,在第一个社会主义国家实行了全面的复辟,甚至连斯大林的尸体也不曾放过。

毛泽东同志以无比的气魄屹立在世界的东方。

当代,革命中心转到了中国,产生了马列主义第三个里程碑——毛泽东思想,当代最伟大的革命是正在进行着的中国无产阶级文化大革命。怎样对待毛泽东思想,怎样对待史无前例的无产阶级文化大革命,是目前乃至今后一个历史时期内,区分中国、世界各国真假革命的唯一分水岭。捍卫第三个里程碑——毛泽东思想,将是全世界一切革命者毕生最崇高的斗争。

根据对立统一的规律,既然我们今天的时代,是过去任何一个时代所不能比拟的,既然在这个时代里产生了比马克思、列宁更为伟大的毛泽东,那么,这个时代,也同样会产生出比伯恩斯坦、考茨基、托洛茨基、赫鲁晓夫都要"伟大"的机会主义者和中派。

这些更"伟大"的中派先生,在无产阶级文化大革命中是有所表演的。还在六七年,他们就准备葬送一月革命的果实,导致了二月资本主义复辟逆流。紧跟毛主席的无产阶级革命派,用了巨大的代价,捍卫了革命。可是,他们竟然在去冬今初(春)大搞右倾机会主义、右倾投降主义、右倾分裂主义,煽起右倾翻案妖风。又是什么"九十一人大字报",又是什么"十八人上书",至今有增无减。总有一天,他们当中有那么几个人要公开同革命闹对立的。

毛泽东思想受到巨大的考验,她也将在斗争中得到发展。

### 三、政治革命是革命人民的盛大节日。大革命的秩序是最正常秩序。

广大的革命人民是何等地盼望着自己的盛大节日——革命的到来啊!

人民在任何时候都不能够象在革命时期这样以新社会的秩序的积极创造者的身份走上政治午(舞)台。

群众运动天然是合理的。

神圣的职责鼓午(舞)一切革命者,举起"造反有理"的大旗,从党内一小撮走资派手中把权夺过来,要把无产阶级专政的命运,把无产阶级革命的命运,掌握在自己手里。

对待群众运动采取什么态度,什么立场,始终是两条路线斗争的焦点。

1871年马克思对于巴黎公社的态度,1905年列宁对于俄国武装的工人阶级的态度,1966年毛泽东同志对于革命小将的态度,这些无产阶级的革命巨匠,对于群众的"冲天"行动,不是责备他们"幼稚",不是责备他们"过份",而是给以满腔热情的欢呼;不是隔岸观火,不是自吹博学,而是和斗争的群众在一起,分析和总结他们的斗争经验,作为他们继续斗争的胜利指南针。

一切反动阶级的人,都会用不同的办法,来镇压学生运动、工人运动。然而,革命的滚滚洪流,将把他们统统(抛)掉。

所有的机会主义者、中派先生,都在群众运动面前黯然失色,他们中间的一部分顽固派、势必由迫害革命到叛卖革命,最后,会被抛进工人运动后院的垃圾堆。

革命不是一直上升的运动,它要走着曲折的道路而前进。它在一些地区里进攻和破坏了旧制度,而在另一些地区里却遭到了局部失败。

对于曲折的历史转变,列宁有一段很好的解释:"是已经没有足够的力量完全否定新事物的旧事物同还没有足够力量完全推翻旧事物的新事物之间的妥协。"

总有一天,革命高潮还会到来的。

一切革命者在准备迎接新的风暴。

## 四、在无产阶级政治革命中,无产阶级革命派要有战斗的、朝气蓬勃的革命的党。

要革命么?必须要有革命党。

从"共产党宣言"至今的一百多年斗争中,有过许多革命党。

随着革命的推移,党也必然要发生变化。

第二国际在大战中变成了社会民主党,列宁同第二国际决裂了。

列宁缔造了新的党——布尔什维克。

苏联出现的全面复辟资本主义,又使社会主义阵营大多数共产党变成了社会民主党。

中国的这一场空前的阶级斗争中,同样也暴露了许多问题。从中央到地方,几乎没有一个单位不分裂。有的站过来了,有的变成社会民主党,有的则更成为法西斯党。

在革命的关键时刻,中国和世界各国的共产党都面临着重新改造、重新建设、重新组织党的队伍的严重任务。

在今天,检验真假共产党的唯一标准,就是马克思列宁主义、毛泽东思想。一切违背马克思列宁主义、毛泽东思想的"共产党",都是冒牌货,都是社会民主党、甚至法西斯党。

从第五个回合中形成的无产阶级左翼队伍,将是整顿后的中国共产党的基本队伍。随着这样一支队伍的形成,中国革命和世界革命才有可能获得最后胜利。

## 五、政治革命在党内是反对机会主义的斗争。

"机会主义是我们党的主要敌人。"

"我们党的全部斗争都应当针对机会主义。它不是一种派别,它现在已是资产阶级在工人运动内部的有组织的工具。"

——列宁同志就是这样同形形色色的机会主义战斗了一生。

中国革命的胜利,也是在反对"左"倾和右倾机会主义路线的情况下,才获得的。

无产阶级文化大革命一开始,党内就出现了反对右倾机会主义的斗争。

以毛主席、林副主席为代表的共产党,以刘少奇、邓小平为代表(的)实际上就是国民党,同时,还有一种"中派",即机会主义派。

机会主义一旦被批判、被抵制,革命就向前进一步,六六年反工作组、"一月革命"等就是例子。倘若机会主义抬头,就出现右倾翻案、甚至资本主义复辟。六七年的二月逆流,和去冬至今的右倾翻案风,也是铁证。

从中央到地方,都有这样一批"中派"。经过批判,他们中间一部分人可以站过来,另一部人,必定会最后走上向党闹分裂而自绝于人民的道路。

革命阵营中的右倾机会主义思潮是中央内部"中派"的社会基础。

在向党内中派先生作斗争的同时,也要批判革命队伍中的右倾机会主义思潮。

只有反对右倾机会主义的斗争取得绝对胜利,只有最后撕下那些顽固至死的中派先生的画皮,第五个回合斗争才可能获取胜利。

## 六、政治革命必然地不可避免地要采取国内战争的形式。

毛主席在"学习《政治经济学教科书》"笔记中写道:"(大)革命不能不经过国内战争,这是一个法则。只看到战争的坏处,不看到战争的好处,这是战争问题上的片面性。片面的(地)讲战争的毁灭性,对于人民革命是不利的。"[1]

列宁也说过:"因为国内战争在任何阶级社会里都是阶级斗争的继续、发展和尖锐化的自然表现,而且在一定情况下是它的必然表现。所有的大革命都证实了这一点,否认和忘记国内战争,就是陷入极端的机会主义和背弃社会主义革命。"

我们亲眼看到了战争。

人民是善良的,而敌人是凶恶的,当他们在要命的时候,就丢下伪装,露出了吃人的毒牙。

要生存,就反抗。

当革命者也拿起武器的时候,战争就不以人的意志为转移地爆发了。

谁敢否认六七年出现了的国内战争的事实呢?

谁敢断言一旦"中派"里的顽固分子与党最后分裂时,他们不会挑起战争呢?

希望和平平稳取得全面胜利的思想,实在是有点靠不住的。

不应当否认一切战争。

要从混入无产阶级专政机构内部的资产阶级代表人物的手上把权夺过来并巩固下去,没有武力和武力作后盾是不可能的。

政治革命必然伴随以社会革命。公社的原则是永存的。

历史上任何一次政治革命中,必须地要出现社会革命。

巨大的社会变革也只有在政治革命中产生。

反动的统治阶级被推翻,他们赖以统治的旧的国家机器也必须彻底砸烂。社会生产力就会得到极大的解放。

---

[1] 引自《关于政治经济学问题——〈政治经济学教科书〉(社会主义部分、第三版)读书笔记》(1961-1962 年),《学习文选》(二),1967 年 11 月·武汉,第 636 页。

公社的原则是永存的。

无产阶级和劳动人民深深地渴望着,要把社会主义革命的命运,把无产阶级专政的命运,把社会主义经济的命运牢牢地掌握在自己手里。

通过临时权力机构——革命委员会——的过渡,会有这一天到来的。

这就是二十世纪六十年代,在中国大地上发生的史无前例的无产阶级文化大革命将要向世界和历史宣布的一个划时代的社会产物——北京人民公社。

根据 1968 年 6 月 12 日出版的《扬子江评论》第 10 期刊印。

# 严正声明

(一九六八年六月十二日)

### 江城人民营救鲁礼安联合代表团

最近,新华工一小撮右翼机会主义头目指挥铁山联防一小撮武装暴徒,非法绑架,殴打了新华工敢死队队长、革命闯将鲁礼安,并且惨无人道地割了鲁礼安的耳朵。这是明目张胆对抗中央"六•六"通令的现行反革命行为;这是新华工右翼机会主义头目在校内打击与自己意见不同的革命组织,镇压与自己意见不同的革命群众,实行资产阶级专政的铁证,正在第五个回合的严重关头,正当阶级敌人力图扰乱江城阶级阵线,分裂无产阶级革命派队伍,妄图将第五个回合的斗争引入死胡同的时候,发生绑架革命闯将鲁礼安的严重事件决不是偶然的。联系最近一小撮阶级敌人炮打三红,把矛头对准无产阶级司令部的阴谋活动;联系到一小撮混账王八蛋把钢工总打成"百万雄师的变种",妄想把钢工总重新打成"反革命"的反动逆流;联系到有人在武汉摆开武斗的架子,妄图用武力颠复(覆)七月革命风暴伟大胜利果实的反革命野心;我们高度重视这一极端严重的反革命事件,我们密切注视着王、陈死党在迫害革命闯将鲁礼安这一极为严重的反革命事件上的表演。我们严正警告郭保安之流:必须立即悬崖勒马,迅速释放革命闯将鲁礼安,交出幕后指挥者及打人凶手,对江城人民认真作出深刻检查。

鲁礼安在文化大革命中的历史,江城人民清清楚楚。在文化大革命的每一个回合中,在斗争的任何一个艰难困苦的时刻,他总是冲杀在最前列,从来也没有丝毫胆怯,从来也没有动摇,从来也没有背叛,他的骨头是最硬的。他是阶级斗争的急风暴雨中展翅高飞的雄鹰,他完全不愧为江城人民的优秀儿子。

但是,在这三反一粉碎的高潮即临之际,在郭保安之流手下,鲁礼安却被打成了"反革命"。这奇怪吗?一点也不奇怪。郭保安之流是可以在揪陈斗争快要取得胜利的关键时刻,一面唱着打倒陈再道的调子,另一面和蔡炳臣谈判,叛卖揪陈抗暴斗争的价钱的那种人(原文如此——本书编者注);这些"两面三刀"的机会主义分子有什么事情干不出来呢?这一次新华工右倾机会主义分裂小集团把鲁礼安打成"在文化大革命的每一关键时刻,合着阶级敌人的节拍跳舞的跳梁小丑",使江城人民感到无比的愤怒。

新华工右倾机会主义头目把鲁礼安打成"在文化大革命的每一关键时刻,合着阶级敌人的节拍跳舞的跳梁小丑",正是阶级敌人妄图否认江城无产阶级文化大革命历史的重要部分,是江城右倾翻案妖风的重要组成部分,谁企图否定鲁礼安就是否定革命小将在文化大革命中的卓越功勋;谁打击鲁礼安就是打击江城无产阶级革命派;谁迫害鲁礼安谁就是为王任重、陈再道翻案。谁这样做,我们就坚决打倒谁!

要把红的说成黑的,要把革命闯将鲁礼安变成"反革命跳梁小丑鲁礼安"确实须要非凡的本领。在这种颠倒黑白的武艺中,造谣是他们最得意的手段;他们编造了无数离奇古怪的谣言,作为迫害鲁礼安的舆论准备,竟不知道天下有羞耻二字!

难道鲁礼安反工作组,大方向错了?

难道鲁礼安在66年8月25日就向旧省委开火大方向错了?

难道鲁礼安在67年3月为保卫华工园里年轻的红色政权而写的"一切权力归红司"大方向错了?

难道鲁礼安在67年4月6日贴出"向武汉支左办公室中一小撮混蛋挑战""揪出武汉谭氏人物"的大方向错了?

难道鲁礼安在67年4月份写的三论必须为工总翻案的大方向错了?

难道鲁礼安在67年8月江城天亮了,一片"工总好"的战斗声中写的"论武汉工运道路"的大方向错了?

不!这一切恰恰证明了紧紧和江城造反派战斗在一起的鲁礼安,两年来的运动大方向是正确的!

新华工一小撮右倾机会主义头目,用尽最卑劣的手段迫害革命闯将鲁礼安的严重反革命事件,说明新华工右翼集团中的某些人在政治上完全投降了资产阶级，堕落为资产阶级反革命的附庸。这些不知怎么到革命队伍里来，很不光彩的角色，爬上了当权的位置后，把好端端的新华工糟蹋得不成样子，"机"瘟大发。他们在新华工实行资产阶级专政，把坚定的革命造反组织《新华工敢死队》排挤在校革委会之外，对敢死队战士残酷迫害、无情打击；他们执行"以我为核心"的资产阶级反动路线，排除异己，将新华工红反团的战士，一个一个地全部从他们所掌权的机构中排挤出去；他们实行一言堂，压制与他们意见不同的"2·81串联会"；他们实行阶级投降政策，依靠王任重特务分子赵文成，打击附中革委会主任委员周有生，他们所做的一切，都是灭无产阶级志气，长资产阶级威风，又何其毒也！绑架鲁礼安事件，不过是新华工园内资产阶级专政的一次大暴露；又一次雄辩地证明了新华工一小撮右倾机会主义分子附庸于反动资产阶级的丑恶面目的再现！

毛主席最近指出：对广大人民群众是保护还是镇压，是共产党同国民党的根本区别，是无产阶级同资产阶级的根本区别，是无产阶级专政同资产阶级专政的根本区别。

资产阶级为了维护其反动统治，总是把敢于反抗与斗争的革命群众打成"反革命"。可笑的是自称革命派的新华工右翼机会主义领导集团中的几条汉子，却偏偏要用资产阶级对人民群众专政的那一套，动不动拿"反革命"的帽子压人，对于这一点，江城人民早就从王任重与陈再道之流那里领教了。今天，对革命闯将鲁礼安，华工一小撮资产阶级政客又祭起了"反革命"帽子这顶破烂法宝，他们绝对得不到任何好下场，只会迎来群众运动的暴风骤雨，一顶机会主义的破草帽岂能抵挡！

我们怀着无比愤怒的心情对新华工一小撮右倾机会主义头目和铁山联防一小撮匪徒提出强烈抗议，并勒令：

一、必须立即释放革命闯将鲁礼安，并赔偿其政治上、精神上、物质上的一切损失；

二、必须立即交出绑架鲁礼安这一严重反革命事件的幕前幕后的指挥者；

三、必须交出对鲁礼安同志用刑的凶手；

四、必须对江城人民作出深刻的公开检查，并切实保证不再发生任何类似事件。

以上四条如不立即实行，一切严重后果均由新华工一小撮右倾机会主义分子及铁山联防一小撮匪徒承担责任。

勿谓言之不预。

江城人民营救鲁礼安联合代表团：
钢工总钢武重兵团
钢工总新武锅兵团
钢工总钢汉轧兵团等八十余个单位
钢工总市电信兵团
钢工总无线电兵团

根据 1968 年 6 月 12 日出版的《扬子江评论》第 10 期刊印。

# 强硬声明·口号报[1]

(一九六八年六月十二日)

钢工总武昌办事处 等

## 强硬声明

我钢工总武昌办事处、钢武船红色民兵师、钢省柴红色民兵团,就新华工中一小撮右倾机会主义头子在铁山勾结铁山联防,非法绑架、殴打并惨无人道的割掉革命闯将鲁礼安的耳朵[2]的反革命政治事件,特发出最强硬声明如下:

一、革命闯将鲁礼安是我钢工总武昌办事处、钢武船红色民兵师、钢省柴红色民兵团亲密的战友,是江城人民最优秀的儿子,是勇敢捍卫毛主席革命路线最坚强战士。两年来文化大革命的历史已雄辩地证明了鲁礼安是坚定的革命闯将,任何企图杀害或阴谋把革命闯将鲁礼安重新打成反革命,都是反革命行动;就是否定革命小将在两年来文化大革命中建立的功勋;就是否定毛主席革命路线在武汉、湖北地区取得的伟大胜利。我钢工总武昌办事处、钢武船红色民兵师、钢省柴红色民兵团人是坚决不答应的。

二、在江城人民奋起迎接第五回合的大决战中,在"三反一粉碎"的关键时刻,阴谋陷害革命闯将鲁礼安是王、陈死党以及一切叛徒、特务和死不改悔的走资派企图破坏毛主席伟大战略部署;有意扰乱阶级阵线的阴谋的大暴露,是新华工中郭保安之流勾结孙德枢为王、陈死党翻案的阴谋的大暴露,是郭保安之流在新华工园内推行"以我为核心"排挤异己的资产阶级反动路线和对无产阶级实行资产阶级

---

1 口号报,将同样主题的若干口号写在一两张纸上,贴在墙上或散发,是文革时期流行的一种宣传方式。
2 当时传说鲁礼安的耳朵被"铁山联防"割掉,实际是割伤。

专政的阴谋的大暴露。我钢工总武昌办事处、钢武船红色民兵师、钢省柴红色民兵团严阵以待，不吃老本，在无产阶级文化大革命的第五个回合中，再立新功！

三、我钢工总武昌办事处、钢武船红色民兵师、钢省柴红色民兵团为营救革命闯将鲁礼安，愿意不惜一切代价，准备承担最大牺牲，将同全市革命人民一道全力以赴，不救出鲁礼安誓不罢休！不彻底砸烂右倾机会主义的老巢誓不罢休！！！

四、新华工机派头目郭保安之流及铁山联匪必须立即释放革命闯将鲁礼安；必须赔偿一切损失；必须公开向全省人民作出深刻检查，否则你们小心在我钢工总武昌办事处、钢武船红色民兵师、钢省柴红色民兵团手下失去的将不只是一只耳朵，而是你们的狗头！我钢工总、钢二司人说得到做得到的。不是好惹的！

五、新华工红司广大战士和铁山联防广大战士，必须悬崖勒马，并积极检举、揭发，交出迫害革命闯将鲁礼安的幕前幕后指挥，交出对鲁礼安用过刑的凶手。

以上五点声明，如不立即执行，由此而引起的一切严重后果均由郭保安之流负完全责任。

口号报

1. 还我战友鲁礼安，血债要用血来还！
2. 强烈抗议铁山联匪非法绑架革命小将鲁礼安！
3. 郭保安迫害鲁礼安绝没有好下场！
4. 鲁礼安若有三长两短，郭保安狗命难逃！
5. 强烈要求武汉军区、湖北军区立即释放鲁礼安！
6. 打倒孙德枢！
7. 孙德枢操纵的铁山一小撮暴徒必须保障鲁礼安的人身安全！
8. 强烈要求8206部队立即营救鲁礼安！
9. 严惩绑架鲁礼安的肇事者！
10. 我"钢"派人决不是好惹的！

11. 我钢工总武昌办事处、钢武船、钢省柴，全力以赴营救鲁礼安，决心把无产阶级文化大革命进行到底！

钢工总武昌办事处
钢工总钢武船红色民兵师
红学院钢武船钢军敢死队
钢二司钢武船技校总部
钢省柴红色民兵团
钢技校

1968.6.12

根据一份 8 开铅印传单刊印。

# 右翼朋友是右倾翻案的吹鼓手

(一九六八年六月十二日)

《扬子江评论》评论员

我们最敬爱的江青同志指出:"目前在全国,右倾翻案是主要危险","我就不信你们那里没有。"

同去年谭震林跳出来煽动二月逆流一样,右倾翻案风是机会主义者刮起的。

让我们看一看不久前举行的新湖北会议,听一听那几位十分"辛劳"的右翼朋友的四处游说,右倾翻案的吹鼓手们吹的满脸涨红了呢!

"三钢是流氓组织。"——一位只会跟着别人屁股后面叫的吹鼓手说道,仿佛余意未尽,又加上了"是极左分子,是右倾保守组织、机会主义组织"这样一些帽子。

我们想起了二·一八、三·二一和六·四公告,在陈再道、百万雄师眼中,三钢首先被说成是专搞"打、砸、抢"的流氓组织,随后,工总、九·一三都成了"黑的",二司"比工总还坏",甚至连红教工[1]也被打成黑鸡公……。然而,历史也就这样无情,到头来,工总的案翻了过来,工人起来掌大印了,看着眼前这种历史,今天有谁不高兴呢?有的,那就是陈、王死党、百匪坏头头,可是他们是实在不好公开反抗了,当他们看到我们的右翼朋友也检(捡)起一年前他们自己的那套货色时,简直欢喜若狂极了!

"我们不承认他们是老造反派。"

在一年以前,王、陈之流不是也这样讲吗?百万雄师、康三司、

---

[1] 红教工,全称"毛泽东思想红教工武汉地区革命造反司令部",武汉全市唯一一个教工造反派组织,是"二·八声明"的签字单位,武汉军区视之为"二司"的"黑参谋"。

三字兵、乌拉西之类,不是也都同狂吠这个曲子吗?曾几何时,毛主席、党中央、中央文革为三钢战士说了话,撑了腰,工总、二司、九·一三是中央公开点名的革命组织,真想不到,今天竟也有人又这样叫嚣了,难道非要你们几个人承认不可吗?未免太不自量力了!老实说,我们倒想看看,极个别顽固下去的右翼朋友,会不会得到比康三司更好的下场!

"三钢在武汉做了什么事?"

我们的右翼朋友这样不服气地喊了起来。他们可曾想到,这明明是在为王、陈之流鸣冤,替百万雄师中顽固分子叫屈呢!

历史的天平,早已评出了各个政治集团的份量,我们那几个右翼朋友[及]对武汉运动作出的贡献,江城人民人人心中都有一本帐,请你们不要着急,人们不会忘记你们演的好戏的!

"七·二〇是王力制造的,武汉的历史是王力颠倒过去的,我们一定要把颠倒的历史颠倒过来。"

好家伙!几个右翼朋友实在按捺不住了,终于说出了王、陈之流,百匪坏头头梦寐以求的心里话!他们简直就要拜倒在你们脚下了!

一年以前的六·一七六渡桥大血案,永远铭刻在江城人民心中,你们却要把历史再颠倒过来,是不是还要再来个六·一七呢?去问问英雄的江城人,看他们答不答应!

一年前的七·二〇反革命暴乱,至今记忆犹新,你们却"要把历史再颠倒过来",是不是要七·二〇重演一遍呢?去问问英雄的江城人民,看他们情不情愿!

几个小资产阶级革命者,由于自身的利益未得到满足,竟然要把胜利果实送给被推翻的阶级敌人,这难道还不卑鄙吗?

我们可以提醒一下右翼朋友,如果你们一定要颠倒的话,那就试试吧!康三司在向你们这几个人招手呢!

"我们现在与三钢的斗争是复辟与反复辟的夺权与反夺权的斗争,是国民党与共产党的斗争。"

这句话,是吹鼓手们为右倾翻案的全部要害!

把三钢视为国民党,把工总翻案视为复辟,这难道不是新的三·二一的前奏,这难道不是把工总再次打成反革命的舆论?

只有王、陈之流才把三钢骂成杀人不眨眼的国民党，只有百万雄师才把工总翻案当作复辟，如今我们的右倾朋友也这样不遗余力地推行没有陈再道的陈再道政策，你们究竟站到什么立场上去了？

如果说去年二月逆流中，我们的右翼朋友还有点扭扭捏捏的话，那么在新的二月逆流中，他们却这样主动地毫不羞耻地充当了代言人的角色。

第五个回合的战斗刚刚打响，右翼朋友就这样表演了一番，实在是极不光彩的。

右翼翻案妖风是随着右倾机会主义势力抬头时刻刮起来的，它也还将随着右倾机会主义的破产告终。

吹鼓手们，吹吧，你们的最后一点点资本，也是要吹掉的。

根据 1968 年 6 月 12 日出版的《扬子江评论》第 10 期刊印。

# 妖为鬼蜮必成灾
## ——关于鲁礼安的一批材料[1]

（一九六八年六月十五日）

## 前 言

大江东去，浪淘沙尽。

无产阶级文化大革命的滚滚洪流，象大海的怒涛，荡涤着社会上的一切残渣余孽，冲刷着那些毒蛇的巢穴。

在毛泽东思想的指引下，威力无比的革命群众把鲁礼安这个反革命政治小丑揪了出来，押上了历史的审判台。

"各式各样的代表人物，各式各样的思潮，总是想表演一番。"反革命分子鲁礼安，出自于他的反革命阶级本能，按奈（捺）不住从心底里发出的反动情感，向我们心中最红最红的红太阳毛主席，向以毛主席为首的无产阶级司令部，向伟大的钢铁长城——中国人民解放军，向新生的红色政权——革命委员会，射出了一支又一支毒箭。他象一个十分蹩脚的政治丑角，合着刘邓司令部的节拍，从文化大革命一开始就跳了出来，淋漓尽致地作了将近两年的精采表演。时而，他把自己打扮成冲决罗网的"狂飙式的勇士"，硬打硬冲；时而，他又装着一个道貌岸然的"正派人物"，把自己打扮成"决心把无产阶级文化大革命进行到底的无产阶级革命派"，俨然一个"大理论家"，翻箱倒柜，引经据典，打着"红旗"反红旗。他整天奔波忙碌，上窜下跳，发宣言，制纲领，交朋友，拉队伍，散布流言蜚语，大放厥词，

---

[1] 这批材料刊登在1968年6月15日《新华工》报第95期上，刊登时采取将"无产阶级司令部的论述"与"鲁礼安的黑话"对照的方式，摘录毛泽东、林彪和中央两报一刊的有关论述，与鲁礼安的有关"黑话"相对照。本书为节省篇幅，省略了"无产阶级司令部的论述"部分，只收入"鲁礼安的黑话"部分。

活象一个肮脏的绿头苍蝇,又吐又拉。他飞扬跋扈,不可一世,有时"左"得肉麻,有时右得刻骨,但是斗争的锋芒一直是指向毛主席,指向"三红"。他恶毒咒骂和诽谤史无前例的无产阶级文化大革命,他无视战无不胜的毛泽东思想和毛主席的一系列最新指示,制订出一套反革命理论,对抗毛主席的革命路线,破坏毛主席的伟大战略部署,妄图阻止历史车轮的前进。鲁礼安,这个跳梁小丑,以他的反革命实践充当了党内一小撮顽固不化的走资派、叛徒、特务、自首变节分子、大大小小的牛鬼蛇神复辟资本主义的急先锋、黑打手、马前卒。

鲁礼安的表演已经够充分了,革命群众不想再看下去了,于是,在一片愤怒的声讨中,这条小爬虫从政治舞台上跌了下来,被人们抛进了历史的垃圾堆。

鲁礼安本人是一个不足称道的小爬虫,可是他代表着一个反动的流派,他有着赫鲁晓夫式的狼子野心,他有自己的一套反革命理论。由于有社会上旧的习惯势力和革命队伍内部的一些资产阶级、小资产阶级派性帮忙,鲁礼安之流的能量大于他的数量。一切革命的同志必须清楚地认识到,我们和鲁礼安的斗争决不是和一、两个人的斗争,而是一场彻底粉碎阶级敌人掀起的右倾翻案妖风的斗争,是揪出武汉的变色龙、捍卫"三红"、捍卫毛主席的伟大战略部署、夺取无产阶级文化大革命全面胜利的战斗的一个组成部分。

毛主席说:"轻视反面教员的作用,就不是一个彻底的(辩证)唯物主义者。"[2]前不久,有两位贵妇人不是请教鲁礼安"什么是反毛泽东思想的流派"吗?那还是看看鲁礼安为我们提供的以下材料吧!

那些至今还一口咬定鲁礼安是"坚定的革命左派",是"革命小将",说什么"打击鲁礼安就是右倾机会主义在武汉推行新的二月逆流的一个重要组成部分",并决心营救鲁礼安的人们听着:鲁礼安的所作所为都实实在在地摆着,他并不为你们争气,你们为鲁礼安鸣冤叫屈的活动还是收敛一些为好。

那些为鲁礼安的一些"杰作""功劳"遮住了眼睛,或者被资产

---

2 转引自《〈赫鲁晓夫言论〉第三集的出版者说明》,1965年2月26日《人民日报》。

阶级、小资产阶级派性掩盖了，聪明的人们则应该是猛省的时候了！

## 鲁礼安的黑话

### 一、恶毒攻击毛主席，疯狂反对毛泽东思想

北斗、北斗，未来的几十年，中国、世界将是谁主沉浮？

——《北斗星学会创立宣言》

毛主席像章，我不感兴趣。

——鲁礼安言论

从来就是革命出书本，而不是书本出革命。

——鲁礼安言论

真理的军舰是我的旗舰。我一生的根本任务是制造这艘旗舰。

人们在匆匆忙忙地制造自己的划子[3]，我的同学在一心一意地准备着制造钢铁的船舶，我，和我的同伴们，都在制造征服思想海洋的军舰。

——鲁礼安日记《站在最前线的序言》68.2.22

现在看来这里"左"了。现在看来这里右了。

——鲁礼安在《毛泽东著作选读》甲种本《关于农业合作化问题》上的批字

代之而起的思想统治将是决派思潮。

——《决派宣言》

是叫革命委员会好，而决不是象社会上到处标榜的"革命委员会好"，倘若这种权力机构真是理想的（话），它就不必成为临时的了。

——《决派宣言》

用陈腐的生产论来抵制革命，是古典的和现代的一切右倾机会主义者，修正主义者的惯技。如果现在有人企图拣起这些破烂货阻碍方兴未艾的农民运动，他们必将同样在铁的事实面前碰得头破血流。

——《决派宣言》

（按：鲁礼安所指的"陈腐的生产论"即毛主席"**抓革命、促生**

---

3 划子，即小划子，小船。

产"⁴的伟大方针和中央"不许挑动农民进城"的指示。)

矛头对准走资派,在"理论上"是说得过去的,就此逃避对右倾机会主义的批判,在"策略上"更是妥当得很。……在事实上是行不通的。

——《无产阶级文化大革命与叛徒考茨基》

随着党内走资本主义道路当权派的倒台,革命造反派赖以组织起来的政治基础逐步消失以后,群众就必须在新的基础上重新组合。……

以把矛头指向党内一小撮走资本主义道路当权派为目的而聚集的一支造反队伍,他们原来的组织形式既然已经因为其目标的实现而开始不再具有生命力。……

——《决派宣言》

天津延安中学的体会是假的,是用来欺骗毛主席的,是一小撮党内走资本主义道路当权派和一些隐蔽(藏)的、尚未揭露出来的黑线人物及其爪牙用以夭折无产阶级文化大革命的一支毒箭。

……这篇体会也就不是一篇毛泽东思想的体会,而是一分(份)糊涂虫的体会。

——鲁礼安《〈天津延安中学以教学班为基础实现全校大联合和整顿、巩固、发展红卫兵的体会〉是一株抽掉两条路线斗争实质的大毒草》

《天津延安中学体会》一出现,便迎合了阶级敌人和机会主义分子的需要。……

……同样,我深信,天津延安中学所谓的联合甚至连一个月也保持不了,除非天津已经没有了两条路线的斗争。

——同上

《天津延安中学体会》就是这样一件披着革命大联合的外衣实行自下而上资本主义复辟阴谋的反革命总结。我们必须把总结的泡制者揪出来,看一看是刘家店的哪号货色。

——同上

---

4 转引自 1967 年 5 月 22 日《人民日报》社论《立即制止武斗》。

一些人对毛主席批为"参照执行"的《天津延安中学体会》十分感兴趣，大量铅印……这又说明了什么问题呢？

——同上

三·七批示早发表了一周年。三·七指示实际上迎合了二月逆流的需要，三·七指示为二月逆流推波助澜，乌拉稀、陈再道才需要。

——鲁礼安言论。68.3.6

现在就象一九六六年六月一日一样，新的历史关头正在到来。北京会不会给我们一个新的人物把无产阶级新时代的宣言拟定出来呢？不会。这种宣言只能诞生在两湖地区，而湖南则是给湖北提供了历史教训。

因此，可以大言不惭地说，《中华人民公社宣言》将由湖北地区产生出来。湖北地区的决心把无产阶级文化大革命进行到底的无产阶级革命派将是这一宣言的起草者和制定者。

——鲁礼安日记68.2.22

空前的中国无产阶级文化大革命运动，我们最有发言权。如何总结它，如何承受它，是我们当仁不让的责任。这部历史，难道还需要等着将来的大人物先生们来写，而不是由我们这一代乳臭未干的毛小子来完成吗？总结武汉运动，乃至全国，是我们一群不当官，又不发财的小人物结社的最低纲领。

——《北斗星学会创立宣言》

震撼世界的我国无产阶级文化大革命，如何总结它，如何承受它，难道还需要等着那些躲在黄鹤楼上看翻（帆）船大人先生去进行，而不是由我们这些多少在运动中在泥巴里滚了半天的毛小子来完成吗？

——《北斗星学会创立宣言》

尽管传统的阻力是巨大的，但是总有那一些亡命之徒，要冲决历史的隋（惰）力，不顾火刑和十字架的威胁，要开拓出新的道路来。

——《北斗星学会创立宣言》

## 二、恶毒攻击中央首长

中央正在搞宗派斗争,也不知道哪些人和哪些人是一派,看来九大一时很难开起来。

——鲁礼安言论

周××在军队威信很高,将军们见到周××点头哈腰,见到××同志则很随便,老帅们还给××同志拍桌子。

——鲁礼安言论

在我们开始反击右倾机会主义猖狂进攻的时候,却有人(按:指周总理4·7讲话)提出右倾机会主义哪个人没有,哪派没有,哪个组织没有。这明显地是资产阶级(口)号"错误言论人人有份"的一个翻版。……考茨基派散布这种右倾机会主义人人有份,暴露出十足的叛徒立场。

——《无产阶级革命与叛徒考茨基派》

我还在各种场合散布过流言蜚语,如:
湘江风雷被镇压总理是有一份功劳的。
解散工总是有总理指示的。
姜一、王树成、孙德枢还不都是总理提上去的。
谭震林、李先念、余秋里都是总理手下的,就没有一点关系?
总理在干部中威信是愈来愈高了,在老造反派中间威信降低了。
总理的话总是折中,从工农业、国民经济上考虑得多,从革命方面考虑得少,老造反派总不太对总理的话感兴趣,有些康味的特别感兴趣。

——《鲁礼安的检查》1968.5.29

"一切归统一战线"这是周总理提出来的。

(按:明明是王明提出来的!)

《红旗》三个月没有出了,如果只是王关戚问题,陈伯达就可以写文章嘛!

——鲁礼安言论

戚本禹之所以被揪出来,是因为没有军权;张××之所以没有被揪出来就是因为他掌握了上海的军权,要不然也被揪出来了。

——鲁礼安言论

## 三、否定我国的社会主义性质恶毒攻击无产阶级专政丑化无产阶级文化大革命

要彻底砸烂旧的国家机器,……

——鲁礼安言论 68.3.6 上午

直到今天仍在袭用的资产阶级国家体制,将在这场斗争中被决派所摧毁。

——《决派宣言》

历史向决派提出的任务是比任何一项斗争任务都需(要)更革命的任务。这一任务的最终目的,是要同传统的所有制关系实行最彻底的决裂,夺取思想上、政治上、经济上、组织上的全面、彻底的胜利,而建立起崭新的国家机器。

——《决派宣言》

(按:这一切谬论和湖南《省无联》[5]反动纲领完全是同出一辙。所谓"直至今天仍在袭用的资产阶级国家体制",就是否定我国社会主义性质;所谓"被决派所摧毁""建立崭新的国家机器"就是要"重新建国"！鲁礼安之流妄图推翻我强大的无产阶级专政,乃是痴心妄想！)

以巴河一司为代表的革命农民运动正是在全国农民运动的前面。这个运动已经不是批判资产阶级反动路线的问题了,也不是罢了几个官的问题了,这是在改革整个旧的农业制度的英勇的尝试了。

——鲁礼安《为浠水农民发言》

(按:所谓"改革整个旧的农业制度",实质上是和"彻底砸烂旧的国家机器"一样,就是要推翻现存的人民公社制度。)

---

[5] 省无联,全称"湖南省无产阶级革命派大联合委员会",湖南的群众组织,成立于 1967 年 10 月 12 日,由"湘江风雷""湘江战团""红旗军"、一中"夺军权""省直联"等二十多个组织联合组成,头头是杨曦光、周国辉、张家政等。其观点比"北决扬"更激进。

我们的看法完全相反，而坚信崭新的国家机器只有通过决派的严重斗争才能实现。

决派则将在这场残酷的斗争中得到锻炼，而成为政治上的统治力量。

——《决派宣言》

中国向何处去？中国将向中华人民公社去。

——鲁礼安日记68.2.22

浠水的农民以及中国的亿万农民群众，因为他们的信仰，牺牲别（的）一切，用骨肉碰钝锋刃，用鲜红的血液浇灭了烟焰。在刀光火色的缀影之中，我们隐约看得见一种薄明天色，那便是新世纪的曙光。

——《新世界的曙光——论中国农民运动》

（按：我国五亿农民紧跟伟大的舵手毛主席，绕过暗礁险滩，战胜妖风迷雾，沿着社会主义的航道走过了十八年光辉的战斗历程。而鲁礼安呢，他今天才从浠水巴河一司封湖北日报的"刀光火色的辍缀影之中"才看到了农民运动的"薄明天色"，才看见了鲁礼安的"新世界的曙光"。这是对我国社会主义革命和整个农民运动的彻头彻尾的污蔑！鲁礼安就是从这里打着支持"农民运动"的幌子，企图开拓一条背离马列主义、毛泽东思想路线的修正主义路线来。）

……由于湖北农村的矛盾已经突出到必须解决的地步，而使得无产阶级文化大革命在湖北地区真正成了把无产阶级和农民都包括进来的人民革命。

湖北农民进城封湖北日报这一中国几千年来未曾有过的行动，实际上拉开了决派登上历史舞台的直接序幕。

——《决派宣言》

（按：在鲁礼安看来，湖北农村的无产阶级文化大革命是巴河一司进城封湖北日报解决"湖北农村的矛盾"才"真正"开始的，这是对农村无产阶级文化大革命极大的污蔑。而什么是"湖北农村的矛盾已经突出到必须解决的地步"呢？鲁礼安说"因为他们（包括湖北日报在内的全国报纸）都不为农民说话"，而从根本上否认中国农村两个阶级，两条道路，两条路线的斗争。）

对浠水巴河一司采取保留支持，湖北日报封得好，对全国农民运动是引导。以后全国大小报纸都要被封，因为他们都不为农民说话，湖北农民运动必定走在全国农民运动的最前方，因为全国还没有哪个地方的农民敢封报纸。

——鲁礼安 1967.12.14 在新湖大 3 号楼的发言

（按："全国的报纸都不为农民说话"，在这个反革命分子看来，《人民日报》《解放军报》《文汇报》等等都是"不为农民说话"的，只有他的决派报纸是"为农民说话"的，真是反动已极！）

从去年的二月逆流开始，运动就显然进入了一种自我矛盾的状态。群众之间，军民之间，干群之间的关系空前的恶化，这种恶化所引起的后果便是全国各地武斗迅速升级。

——鲁礼安《论将无产阶级文化大革命进行到底的策略问题》68.2

目前，工人运动仿佛失了当年叱咤风云的声势，而教育革命更是碰到一连串棘手的麻烦，推动继续向前的更强大、更持久的动力到什么地方去寻觅呢？答案只有一个：更强大、更持久的动力存在于狂飙般兴起的农民运动之中。

——《决派宣言》

激战之后是暂时的平静，而革命低潮的出现正预示着巨大风暴的来临，因此，这就必须而又必然要有一批开路先锋，来为新高潮的到来鸣锣开道。

然而并不是所有的人都能看到这一点。

有人茫然不知所向，有人满足于现状，有人颓唐退伍，这时，从暂时停滞的造反大军中冲杀出来一伙小人物，他们自强不息，在旧秩序被破坏，新秩序未完全建立时，他们要冲锋，要开辟新的道路。

——决派章程《总纲》

（按：面对无产阶级文化大革命的大好形势，鲁礼安之流却发出了反革命叫嚣，攻击无产阶级文化大革命运动是"自我矛盾"，出现了"革命低潮"，造反大军"停滞不前"。真是"战马悲鸣"！）

## 四、妄图以"决派"取代中国共产党

决派的产生和发展，实际上是一个建立无产阶级队伍的过程。实现决派的历史任务，就可以使得决派成（为）无产阶级的先锋队。

——《决派宣言》

在这场斗争中统一战线的核心，实际上已经起了无产阶级政党的领导作用，其队伍中不少成员实际上起了无产阶级先锋分子的作用，整党和建党的工作，从决派进行第一次政治斗争时，实际上已经开始了。

——《决派宣言》

决派则将在这场残酷的斗争中得到锻炼，而成为政治上的统治力量。

——《决派宣言》

（按：这里可见鲁礼安是"不想当官""不争席位"、也不想当革委会主任的。为什么呢？就是这位"从暂时停滞的造反大军中冲杀出来的""自强不息"的鲁先生是堂堂的"决派"之首，若干年后"决派"将"成为政治上的统治力量"，到那时候，中华人民公社的社长不就是我姓鲁的了吗？）

## 五、叫嚣夺取军权，妄图毁我长城

现在的人民解放军是脱离群众的，应当根绝，代之以民兵武装。

——鲁礼安言论68.3.9

"夺权"的问题归根结底是一个"夺军权"的问题。无产阶级文化大革命的整个历史必将证明这一点。

——鲁礼安《政权的根本问题是军权》

革命人民等待十七年，准备了十七年，由伟大导师毛主席所发起的无产阶级文化大革命运动终于宣布这"一天等于二十年"的时候业已到来，八月的抢枪运动开始了。……

——鲁礼安日记

八月的抢枪运动开始了人民武装的英勇尝试。而"只要在全国规模内着手组织这种武装的人民，就可以根绝常备军。这是一切社会必不可少的第一个经济条件……也杜绝了阶级统治篡夺政府的经常危险，人民的武装组织也可（是）防御外国侵略者的最可靠的保证，而这在其它各国是办不到的。因为他们须有一个糜费的军事机器。取消常备军可以使农民免纳苛税，而农民从此不再成为一切国家捐税和一切公债最丰富的源泉了。"马克思这一论述已经在今天由毛主席在他的"五·七"指示中得到了解决。

——鲁礼安日记

（按：鲁礼安打着"红旗"反红旗！经我们反复查对，马克思所要取消的常备军即资产阶级的军队，可是鲁礼安把马克思的话斩头去尾，引到这里来，炮打中国人民解放军，用心何其毒也。）

无产阶级文化大革命的最高形式仍然是武装夺取政权。

——《扬子江》第一期

"武装夺取政权""战争解决问题"，这些已经被人讽为"极左"的理论，必将被未来的历史所证明，事实上已经在开始被证实了，而且继续证实下去。

——《扬子江》第一期

（按：鲁礼安是去年"大抓军内一小撮"和"八月的抢枪运动"的积极鼓吹者，在今天的第五个回合中，他又竭力煽动某些人抗拒交枪，并继续向人民解放军抢枪。联系到他的其他反动言论，我们就不难看出，他妄图毁我长城，是他妄图推翻以毛主席为首、林副主席为副的无产阶级司令部，推翻新生的各级革命委员会，从而复辟资本主义的整个反革命蓝图的重要组成部分了！鲁礼安妄图毁我长城，罪该万死！我们誓死捍卫伟大的长城！)

### 六、竭力诋毁革委会，妄图推翻红色政权

是叫革命委员会好，而并不是象社会上到处标榜的"革命委员会好"，倘若这种权力机构真是理想的话，它就不必成为临时的了。

——《决派宣言》（草案）

现在中央批准成立的一系列革委会都是折衷主义的产物，基本上都是没有无产阶级权威的，例如山西、山东。武汉市革委会是小资产阶级革命派掌权，革命委员会中大部分是小资产阶级革命派掌权，必须（来）第二次群众运动把它摧毁。

——鲁礼安学习《元旦社论》时的发言

但是，用新形势来看问题，这种革委会又不过是一个各派派性大力被压的一个暂时统一体，更何况即便是这样一个暂时统一体也是极不稳固的。

——《决派宣言》（草案）

革命委员会这个由革命群众自己创造出来的事物，也必将由革命群众自己来把它消灭掉。

这个任务，毫无疑问地被放到了决派肩上。

——《决派宣言》（草案）

全国许多地区在各级革命委员会成立后，部分老造反派组织成了"炮轰派"，他们已经开始觉察到临时权力机构一些致命弱点，但是他们的斗争还是停留在反对临时权力机构中某些个别人物的斗争的阶段上，而且他们还没有进行争取广大的工农群众，特别是农民群众这一重要工作。

——《决派宣言》（草案）

新的国家机器诞生之日，正是临时权力机构被群众推翻之时。他们公开地宣布：真正的权力机构只有通过对临时权力机构的严重斗争才能坠到地上。

决派则将在这场残酷的斗争中得到锻炼，上升为统治力量。

——《决派宣言》（草案）

或者破产，或者分裂，这就是新华工"革委会"未来的命运。

——鲁礼安《新华工应当干什么》

（按：反革命跳梁小丑鲁礼安污蔑"中央批准成立的一系列革委会都是折中主义的产物""是一个各派派性大力被压的一个暂时统一体"，叫嚣"必须来第二次群众运动把它摧毁"，并且"这个任务，毫无疑问地放到决派肩上。"

在这里，鲁礼安和他的那么几个"决派"朋友为中国赫鲁晓夫刘少奇等党内一小撮走资派向无产阶级革命派进行反夺权鸣锣开道摇旗呐喊的反革命面目，不是暴露得够充分了吗？

可以肯定，真正决心把无产阶级文化大革命进行到底的无产阶级革命派和广大革命群众决不会摧毁用自己的鲜血和死难战友的生命换取的红色政权；相反，一定会用新的英勇战斗来保卫她。

让那些蹩脚的算命先生继续象替"新华工革委会未来的命运"占卜那样，去胡说全国范围内联翩出现的各级革命委员会"或者破产，或者分裂"吧！

革命的新生事物是不可战胜的！）

### 七、竭力替叛徒辩护开脱

也有这样一些变节自首份子，他们是刘某人《修养》的中毒者，也是革命队伍中的意志薄弱者。在刘某人盗用党中央的名义让他们在狱中自首出狱时，……他们终于放弃了原则，按刘某人的意图在自首书上签下了名字。

……也有另一些人，出狱后在党中央和毛主席以及周围革命同志热情耐心帮助下，正视了自己的错误，痛改前非，而终于在今后残酷的阶级斗争的考验中改造了自己，彻底摆脱了黑《修养》的束缚，清除了黑《修养》对自己的毒害，成了一个自觉的无产阶级革命战士。我们必须把这些人与"叛徒"严格地区分开来，这部分同志中间不就有最后为中国人民解放事业而英勇牺牲的吗？

……经过长期革命战争的考验，现在又能够坚定地站在以毛主席为代表的无产阶级革命路线上的，即使曾经有过那么一段历史，基本上仍应属于毛主席司令部的人。我们没有理由在今天把他们仍称为变节自首分子，硬将他们塞进"叛徒"之列，这样做，实际上就是为了打击革命干部，就是挑拨干部与无产阶级司令部的关系，把革命干部推向资产阶级司令部中去。这是一个大阴谋，必须彻底揭穿。

——鲁礼安：《"大抓叛徒网，保护一小撮"是资产阶级反动路线的一个新的组成部分》

"大抓叛徒网"突然在全国风行起来。

这是资产阶级反动路线的一个新的组成部分，是披着合法外衣的"打击一大片，保护一小撮"。这同样是干部问题上的资产阶级反动路线。

——同上

一个真正站在以毛主席为代表的无产阶级革命路线上而又被人列入"叛徒网"的干部应该牢记毛主席的教导，正视自己历史上的错误，在两条路线的斗争中继续改造自己，彻底批判刘氏《修养》，站在群众运动的前列，而不要背上历史的包袱，上了"大抓叛徒网，保护一小撮"提出者的当。

——同上

（按：鲁礼安不是很"左"吗？这要看对谁。对无产阶级司令部、对人民解放军、对新生的革命委员会，他确实很"左"，架起他那门小钢炮炮打之。对于叛徒、特务、顽固不化的走资派，那他可是另眼相待了，他和新华工附中的头号走资派、历史反革命周岳森[6]密谈至深夜，他为形形色色的叛徒辩护开脱，岂但是右，简直肉麻。"**'左'倾是右倾的影子。**"如果说鲁礼安只是一个极"左"分子，那简直是冤枉了他。）

根据1968年6月15日出版的《新华工》第95期刊印。

---

6 周岳森，1924年出生，湖南岳阳楼区人。1948年1月加入中共。1949年后，曾任华中工学院附属中学的党支部书记。1969年9月，以"特务"和"反革命"罪被捕入狱。1973年获释，任华中工学院附属中学革委会主任。1984年去世。

# 我对无产阶级文化大革命各回合的认识[1]
## ——鲁礼安的自供

（一九六八年六月十六日）

无产阶级文化大革命以前一向不关心政治的我，怎么在文化大革命中突然一反常态，关心起政治来了呢？我父母一九三八年均加入过汪记国民党，追随日寇，干了许多反共反人民的罪恶勾当，骑在人民头上，作威作福，成了可耻的民族败类。而朱九思仍将我录入华工念书，塞进保密系学习，我对此自然感激不尽，在业务上埋头用功，苦钻外文，以便将来成为高级知识分子，高人一等，如能混个一官半职，更是光荣（宗）耀祖，依然故我。文化大革命一来，美梦成了泡影，十分教（叫）我泄气，所以在第一个回合中我便拚命保朱九思，回到班上大肆鼓吹，朱九思了不起，是个二类干部。"朱九思这个人业务能力强，有水平。"田径队《告全院同学书》虽不是出之我手，提浆糊四处张贴，还是很积极的。工作组进院以后，朱九思靠边站了，文体大队这个修正主义的温室解散了，我是不满意的。反工作组开展后，我便抓住工作组错误四处弁（辩）论，对走资派却恨不起来。我听了半截张体学的报告，对张体学要我们抓紧批判朱九思大为不满，便拚命批判张的"右倾机会主义"，尤有甚者是在湖大贴出大字报，将湖北省委定为"右倾机会主义反革命集团"，并竭力鼓吹反动的"怀疑一切"，企图把水搅昏（浑），走资派也好，革命干部也好，一概怀疑，一概打倒，一概推翻。我还并无根据地说："张体学是湖北省黑帮总头子，总后台。"而当时毛泽东思想红卫兵的正确看法是"张体学回头是岸"。到九月十五日我在报上头版地位看到林彪讲话，指出"不准炮打无产阶级司令部"，心虚手慌，不敢动了，到十一月分（份）便借长征为名，逃避革命去了，这是我在头两个回合的

---

[1] 这是鲁礼安在被拘押期间写的自供材料。

思想活动情况。

六七年三月，《天津延安中学经验》发表了，而我却打着红旗反红旗，出于反动的阶级立场，大肆诋毁这一光辉的历史文件，借口"天津延安中学经验抽掉了两条路线斗争"，极尽攻击、诽谤之能事，企图干扰毛主席的伟大战略部署，把矛头指向伟大领袖毛主席。当即遭到广大无产阶级革命派的批判，受到红司司令部的严励（厉）处分。可是我毫无认识，根本没有好好挖自己的思想根源和阶级根源，反而大为不满，十分不服，决定另树旗帜，搞个人奋斗。趁群众情绪高涨时，以敢死队名义发表了挑战书，并以此为政治资本，和红司分裂，抗暴中实则躲在一旁，坐观胜利，根本就未有过任何损伤，而处处以"左"的面目出现，当时也认为既然已经拚出来了，也只好反到底，背水一战。

七·二〇以后，自以为有了本钱，可以向人民讨价还价了，到处散布极"左"思潮，鼓吹"以我为核心"，和院里则搞分裂，企图搞垮新生的红色政权革委会，破坏我院大联合。后周总理来武汉，带来了无产阶级司令部的英明决定。我的企图破产了。对总理开始产生不满情绪，对院革命委员会完全站在对立的立场上，并且大肆攻击。在舆论上则大造"无产阶级文化大革命的最高形式仍然是武装夺取政权""是战争解决问题"，配合王力、关锋、戚本禹一伙，借七·二〇事件，疯狂毁坏钢铁长城，矛头指（向）中国人民解放军，主张不论什么地方都抓"老谭"，以期全国大乱，好继续混水摸鱼。

但是很显然，在我国无产阶级专政条件下，按照资产阶级世界观来改造社会是不可能的。因此我的企图一一破灭后，就搞什么"学会"，办成裴多菲俱乐部，待以后东山再起，后曾思玉揭了"学会"的天灵盖，我们才收敛了。

这时各种不三不四的人看中了我，人以群分，他们给我指指点点，一起搞了决联站[2]，公开与革委会唱对台戏了。这时文化大革命正进入了第四个回合，革委会普遍成立了，想篡夺其领导权已是不可能，只能另搞一套与之对抗，并通过一系列颠复（覆）革委会理论的

---

2　决联站，全称"决心把无产阶级文化大革命进行到底的无产阶级革命派联络站"。

宣传来达到组织上的目的，这就反映在我们的《决派宣言》中，我们这时对反极"左"是不满的，认为反极"左"就是反对无产阶级革命派。因此对戚本禹、省无联都是同情的，而且极反动地认为反极"左"就是军方（叶、徐[3]）势力抬头、得势，我们则偏要自搞一套于主席路线、步（部）署之外，正路不走走邪路。

但是我们要自搞一套，按资产阶级世界观来改造世界，强大无产阶级专政机构，革委会，无产阶级专政的强大柱石中国人民解放军显然都是不容许我们这样做的，因此要达到我们的目的，就必须把矛头指向三红，这样我们便一步步沦进了反对革委会，反对中国人民解放军，反对无产阶级司令部的罪恶泥坑。

如果说在前三个回合中我们还是勉强趁着潮流兴风作浪的话，在第四个回合中便完全是赤膊上阵，对抗潮流，彻底走上了革命的对立面。

第四个回合中自然是碰得个头破血流，第五个回合到了，我们利令智昏，错误地估计了形势，以为国内战争倾刻就要暴发，那时是枪杆子解决问题，并四处鼓吹，八面游说，唯恐天下不乱，好让我们来篡权篡党，我们原以为革命总是后来有些折中的，这次看来果然要进行到底了，主席最近还提出90%以上干部是好的和比较好的，明明较应团结95%以上干部（包括三类）更扩大了教育面，我却利令智昏，理解成又可增加5%的干部要打倒了，因而准备大干一场，例如跑到黄石就不问青红皂白，大肆鼓吹打倒孙德枢，就是这样。

当然，这一回合我还未来得及活动，便在这里受教育了，使得我能够不再往泥坑里陷下去，我要接受改造，重新做人。

鲁礼安 68.6.16

根据湖北大学革命委员会政宣部1969年9月编印的《把反动刊物〈扬子江评论〉拿出来示众》刊印。

---

3 叶、徐，指叶剑英、徐向前。

# 鲁礼安在黄石所犯罪行的自供

(一九六八年)

我先后四次到过黄石市,第一次是去年 5 月底,陪同黄石"专揪韩东山敢死队"来黄石,湖北军区撕毁了协议,又带了几个黄石学生返汉了。第二次是去年十二月二十三日,从浠水搭汽车到鄂城,乘船到黄石的。在二中吃了饭,睡了个午觉,是独立营××招待的。他送我们乘当天下午三点钟的火车返汉了。第三次到黄石是今年四月二十五日。和我一起来的还有武大历史系四年级学生杨秀林[1](三司革联的)以及武汉七中廖童焕[2](钢二司的),我们是坐火车来的。第四次是今年五月七日,新华工红反团几个附中学生想到黄石搞枪,要我帮忙,当天搭火车来到黄石,住在六中。我一共来黄石四次,干了很多坏事,现将我的罪恶活动初步交待如下:

## 一、反对毛主席,反对无产阶级司令部

去年十二月二十三日,我来黄石后,主要在二中和×××谈了一下农民运动和巴河一司的问题。我对他们讲今冬明春农民运动可能要大搞,武汉最近关于巴河一司进驻红旗大楼一事争论很大,我们决联站是支持巴河一司的。我们认为所有的人在今冬明春的农民问题接受严酷的考验。农民运动是真革命,假革命和反革命的分水岭。还谈到巴河一司纪律好,群众发动很充分,是农民运动的一个典型。

今年四月二十五日,电厂发生武斗,我亲临现场。学生红司头头×××叫我晚上到三中,他召集一些红司头头,一共大约有三十人,

---

[1] 杨秀林,武汉大学 62 级历史系学生,武汉大学"三司革联"成员,"北斗星学会"发起人之一,《扬子江评论》编辑部负责人之一。1969 年被捕后长期监禁。

[2] 廖童焕,武汉七中学生,"钢二司"成员,"决联站"发起人之一,《扬子江评论》编辑部组织联络员。湖北省话剧团王延绪在不同时间写的几个交待中,将"廖童焕"写作"廖章焕""廖焕章"。

座谈了一下形势。我在会上主要讲了以下内容:

中央有十八人上书给主席,提出无产阶级文化大革命中的群众运动是乱搞,打击老干部太多,刘、邓打不倒,应该让他们迅速回去工作,中央文革出坏人,中央文革有问题,江青权力太大,要限制等等。

我接着分析了毛主席提出的无产阶级文化大革命实质上是在社会主义条件下的一场大革命,又指出了是国共两党、国内战争的继续。我说政治的特殊手段是战争,因此政治革命可能导致国内战争的。事实上重庆柳州和以前的江西就都是经历了局部国内战争。我们湖北要准备国内战争局面出现。

**二、大肆煽动抢枪妖风**

我在 4 月 25 日晚的黑会上,向学生红司头头 30 人作了"不上交枪和准备国内战争"的黑指示,从此以后黄石便出现了大规模的抢夺武器和军用物资的反革命事件,出现了殴打和游斗解放军指战员的反革命事件。在这个黑会上我最后说,为了准备国内战争的局面,枪不应该交,现在武汉各派都在大量搜集枪支,就是准备打仗的。

黄石炮(轰)派[3]抢枪是反动事件,我明明知道这一点。5 月 7 日还带人到黄石运枪,这完全是知法犯法,助长了反革命气焰,我是大错特错了。

黄石炮轰派学生最近不断冲击人民解放军,抢劫军火库、游斗别单位的革委会负责人,甚至游斗解放军指战员,这是不能容忍的反革命行为,这样下去肯定走向反面,我和他们搞在一起,甚至对他们作"不上交枪支"的反革命动员工作,罪行是很大的。

4·25 以后,黄石发生的一系列反革命事件,均是在我的总的黑指示下进行的。我向学生红司发出"不上交枪支"的黑指示,红司学生不仅仅不交枪,而且变本加厉地抢夺军用枪支和军用物资。在我"准备国内战争"的黑指示下,红司学生全部武装自己,冲击解放军,游斗解放军指战员。

---

3 黄石造反派因对黄石市委书记孙德枢持不同态度,分为"炮轰派"和"保孙派"。鲁礼安支持"炮轰派"。

## 三、冲击各级革命委员会，妄图用武力颠复（覆）新生红色政权

我们搞枪，是准备将来武斗用的。我们又一直是和院革委会唱对台戏的，这次搞枪就是将来对付革委会。

我指示揪孙德枢没错，揪不出来也不要紧，对孙德枢的看法是黄石新"革"与"保"的标志。因此黄石便出现了与炮轰派观点不同的革委会实行砸、对革委会负责人实行游斗、殴打和颠复（覆）"三红"的反革命事件。

## 四、关于爆炸黄石发电厂事件

事情经过是这样的。4月25日，我和武大的杨秀林、武汉七中的廖童焕搭火车来黄石，下车后，杨、廖二人到杨的二姐（在黄石的一家医院工作）家里吃饭。我到六中后，碰见×××的弟弟，还认识了一个外号叫"土匪"的。这时黄石人武部李参谋还带领几个解放军同志在六中收缴枪和炸药包。我在六中休息了一会，那个外号叫"土匪"的对我说："电厂要发生武斗了"，因此我在事前就参加了武斗准备工作，帮助整理了炸药包。

下午两点多钟我乘六中嘎斯[4]到三中找学生红司头头×××，途中碰上了七中的卡车，双方停车，七中学生看见了我，要我上了卡车，车直往电厂而去。我坐在车头，旁边还有一女生，是原"专揪韩东山敢死队"的。

到电厂附近下车，双方正在用石头交战，后学生要冲进电厂了，工人为了护厂，向天鸣枪，鸣一次，学生就后退一次，随后又冲。

后来六中有人对我说："回去拿炸药包去了"。过了不久，就看人群四散逃开，接着"轰"的一声巨响，一个多小时内共炸了三包。电厂的围墙炸了一个大洞。随后工读学校一学生后来还拿了一支步枪，往厂门挤去了。

爆炸电厂之前、之中、之后我均参加了这一事件，与这一事件有

---

4 即前苏联产的"嘎斯"汽车。

直接关系,六中回去取炸药包时也先向我讲了的,因此,我是这一严重反革命事件的直接指挥。

下午六点钟左右,学生红司头头×××乘摩托车到电厂现场,和我碰了一面,叫我晚上参加三中的一个黑会。

### 五、关于武汉钢派和新派之争的问题

我在四月二十六日晚上的黑会上,讲了武汉单凭钢新之争,新派是打不过钢派的。但是钢派里面的两大主力钢工总和钢九·一三又发生了很大矛盾,工总在武钢发展势力,九·一三想在市里发展势力,矛盾就出现了。武钢目前几乎全面停产,武钢里面又闹出了九·一三老武钢分团和总团作对,这样新派很团结,而又想争取九·一三的情况下,钢派一旦分裂,互相打,武汉形势比较复杂。

我又讲到钢二司司令部分几派,有丁家显[5]为首的激进派,方保林[6]的中间派,杨道远[7]的后进派……

(68年)

根据湖北大学革命委员会政宣部1969年9月编印的《把反动刊物〈扬子江评论〉拿出来示众》刊印。

---

5 丁家显,1945年出生。文革前为武汉水利电力学院学生,文革中为"钢二司"勤务组二号勤务员、武汉市革委会常委、武汉水利电力学院革委会主任。1976年底被逮捕,1983年被判刑10年。

6 方保林,1944年出生。文革前为武汉机械学院学生,文革中为"钢二司"勤务组成员、武汉机械学院革委会主任、湖北省革委会常委。文革中被关押三年,后被分配到河南。

7 杨道远,1941年出生。文革前为武汉测绘学院学生,中共党员,文革中为"钢二司"勤务组一号勤务员、湖北省革委会副主任。1970年5月,在北京毛泽东思想学习班上,与胡厚民一起被定为"五·一六""北决扬"在武汉地区的总头目,遭逮捕押回武汉。1983年被判刑13年,出狱不久又以"贪污"罪被判刑15年。

# 无产阶级文化大革命中各种派别的分析[1]

（一九六八年六月二十日）

《扬子江评论》编辑部

北京的"联动"，武汉的"特动"，广州的"主义兵"等，他们是资产阶级司令部在社会上的反映，是他们父母的畸形的病态的再现。

人们曾简单的用"受蒙蔽"来解释保守派的出现，其实……保守派的存在自有其深刻的社会根源。

有一个发人深省的现象，许多（当然不是一切）共产党员，劳动模范，积极分子都一次再次地落进保守行动。他们不可能都是党内走资派招降纳叛拉进革命阵营的异己分子，不可能都是走资派盗名窃誉树起来的假标兵。社会主义阶级斗争对我们党的组织建设的影响是他们站错队的根本原因。一旦对社会主义建设中模范劳动的奖励变成了不同于普通劳动者的特殊政治待遇，一旦作为一个共产党员不是增加了为无产阶级革命事业献出一切的义务，而是取得了从入学，提级，升任领导到安排小家庭的机会，则资产阶级糖衣炮弹和几千年的私有观念必然会腐蚀这批同志，使他们与劳动群众日渐疏远，日渐脱离。难怪毛主席在 1959 年就语重心长地指出"（总支）书记，厂矿党委书记，城市区委书记，市委市府所属各机关负责人和党组书记，中央一级的司局长同志们（我们对于这些人的话，切不可过分相信）中的很多人几乎完全脱离群众，独断专行……他们在许多问题上，仅仅相信他们自己，不相信群众，根本无所谓群众路线。"[2]党内走资派对劳动人民的剥削压迫，他们不闻不问；两者之间的尖锐的阶

---

1 据鲁礼安在他的回忆录《仰天长啸——一个单监十一年的红卫兵狱中吁天录》中说，这篇文章的作者是杨秀林。
2 这段语录有遗漏，遗漏的文字已在括号内补齐。见《党内通讯》（四）（1959 年 3 月 29 日），《战无不胜的毛泽东思想万岁》第 1 册，新湖大革命造反临时委员会宣传部，1967 年 8 月，第 255 页。

级对立,他们毫无切肤之感,怎么会无缘无故地生出对党内走资派的憎恨和反抗呢?他们政治上的保守情绪正迎合走资派的需要,他们不那么正当的入党、进步等要求,非常容易被走资派利用来镇压革命群众。

保守派中的工人以年龄论,老工人居多;以行业论,铁道、金融、重工业、军事工业工人居多;以企业论,大型厂矿工人居多,……他们安于现在的地步,对无产阶级革命派不满现状,继续造反的举动非常不满,总认为无产阶级革命派打乱现有秩序的目的是想复辟以前那种劳动人民陷于饥寒交迫的旧秩序,而不是争取一个更美好的新秩序。

毛主席说过"社会主义……在发展过程中也会有某种'既得利益集团'的问题,他们安于[已](现)有[的]制度,不愿意改变这种制度。"[3]

保守组织的表征是保党内走资派。实质上,它保的不单是个别人物,更重要的是保旧秩序,更确切些说,是保旧秩序中的资产阶级法权残余,是保一条可以由不同的资产阶级代表人物推行的反动路线。保守派是历史发展的阻力,是党内走资派复辟资本主义的社会基础,是它进行反革命政变时可以调动的力量,是资产阶级颠覆无产阶级的统治的武装,无产阶级文化大革命要取得全面胜利,必须彻底瓦解,压垮,吃掉保守组织。保守组织维持原来形态也能扭转大方向的论调,是完全错误的,没有也不可能出现这种事例。……保守组织成员大部分仍然是工人,是劳动人民,这一点,并不影响保守组织是为资产阶级服务的实质。列宁写过"从来没有而且永远不可能有哪一种阶级斗争是先进阶级的一部分不站在反动派方面的……部分落后工人必然会在比较不长的时间内帮助资产阶级。"

### 革命造反派

相当一段时期,革命造反派的斗争还停留在自发阶段,他们中的

---

[3] 引自《苏联〈政治经济学教科书〉(下册)读书笔记》,《战无不胜的毛泽东思想万岁》第1册,新湖大革命造反临时委员会宣传部,1967年8月,第253页。

许多人,是"五十多天"的白色恐怖逼上梁山的。党内走资派的镇压,不啻是为渊驱鱼。

……任何一次革命,都不可能等待每一个战士全认清了革命的终极目的和全部进程后再爆发,更何况文革所要完成的任务,自马克思诞生以来任何一个国家的工人阶级都未曾提供过成功的经验,毛主席近几年的一系列重要指示又被走资派严加封锁。在这种情况下要求革命造反派一开始就具有高度的阶级觉悟,无异于要求无产阶级在无所作为中束手待毙。

有两个现象使革命造反派成员复杂化:一批民主革命时期仅仅是团结对象的半无产阶级,小资产阶级分子,解放后政治经济地位,思想意识和政治态度逐渐与工人阶级一致,他们投入了革命造反派的行列在自发阶段上聚集,组织和发展起来的革命造反派,虽然按其实质来说,是无产阶级的先进的一翼,但它的组织与其说是单纯的阶级组织,毋宁说是以工人阶级左派为领导的各革命阶级、阶层、个人的联盟。另方面任何一个造反派都很难杜绝狡猾的阶级敌人、变色龙及小爬虫混进来。

革命造反派没有自觉地按用马克思列宁主义,毛泽东思想和铁的纪律武装起来的革命政党的标准建立、发展自己的队伍,这给后来的整党工作带来了极大的困难。同时,旧的党组织瘫痪了,毛主席和党中央的指导,政策,方针只能具体地由在组织的严密、步伐的整齐等方面都较革命政党相形见绌的群众组织来贯彻实施,这就大大延缓了革命群众提高觉悟的过程,而且任何一次革命都必然出现的革命队伍的分化,落伍者的被抛弃,与机会主义派别的决裂等现象,在无产阶级文化大革命中来得更加频繁和明显。

[湘江风雷、首都三司[4]、武汉三钢是造反派代表]

## 中派——考茨基派

武汉的新派,北京以聂元梓为首的"天派"右翼,湖南"高司",

---

4 首都三司,全称"首都大专院校红卫兵革命造反总司令部",北京以学生为主体的红卫兵组织。

河南"河造总",四川"红成""八一五"。

中派——考茨基派在中央的代表人物就是那个不大不小的集团。它惯用的手法是,借口在实行毛主席的革命路线的过程中有过火行动,就来取消这条唯一正确的路线,并用右倾机会主义路线代替之。……目前他们成了革命事业最重要的危险,在今后很长一段时期内,和他们的斗争成了革命的中心任务。

### 形左实右派

鼓吹"揪军内一小撮""三个司令部"的516。

受极"左"思潮影响和俘虏过的造反派,多是劣根性远未涤尽,要革命而不会革命的青年。他们不能象工人阶级那样忍受住"二月逆流"带来的暂时挫折,残酷镇压和血腥屠杀激起了他们小资产阶级革命者的急躁情绪和报复心理。事实上,他们发烧的头脑已经失去了对工人阶级的信任,对人民群众的信任,将严肃的阶级斗争变成一场丧失理智的赌博。

### 决心把无产阶级文化大革命进行到底的无产阶级革命派

大字报把革命隐藏着的各种矛盾清晰地暴露出来了:从走资派的腐化淫逸到旧公检法的黑材料,从资产阶级知识分子统治我们学校的现象到扼杀无产阶级大民主的奴隶主义……所有这些,不可辩驳地证明了这场巨大的革命震动是有强烈的社会要求为其背景的。矛盾没有解决之前,革命绝不可能人为地煞(刹)车。

如果说他们开始还不完全理解毛主席把全国第一张马列主义大字报誉为"二十世纪六十年代的北京人民公社宣言"的重大意义,那么在付出巨大代价积累了无数经验后,他们开始懂得了"被党内一小撮走资本主义道路当权派控制的这一部分国家机器,实际上是资产阶级的国家机器"(林彪)的真理。因此如同《红旗》杂志1967年第三期社论"论无产阶级革命派的夺权斗争"正确地指出的那样"这些系统的夺权斗争,必须实行马克思主义的打碎旧的国家机器的原则"。这些单位,"变成了资产阶级专政的机构,我们当然不能把它现成地接受过来,不能采取改良主义,不能合二而一,不能和平过渡,而是必须把它彻底打碎"。

  无产阶级专政的形式，必然有一个由低级到高级的发展过程，在向共产主义过渡的进程中，它必然经过一级级的阶梯。决心把无产阶级文化大革命进行到底的无产阶级革命派向党内一小撮走资派手里夺来了政权，迎来了新生的革命委员会。但是无产阶级夺取政权并不意味着革命的终结，而是意味着革命的真正开始。这个"必须的，非常重要的"临时权力机构，还必须"经过一个过渡，充分发挥广大群众的智慧，创造更适合社会主义经济基础的崭新的政权组织形式"。（红旗67年第三期社论）这是时代的任务。

  最近毛主席精辟地总结了革命委员会的基本经验，指出"革命委员会要实行一元化领导，打破重叠的行政机构，精兵简政，组织起一个革命化的领导班子。"[5]这就为由临时权力机构——革委会——过渡到公社指明了具体途径。毛主席光辉的五·七指示，展现了革命人民将用自己的双手创造出的崭新的国家机器的宏伟蓝图，公社必将是无产阶级文化大革命涌现出的最最惊人而又合乎规律的奇迹。

根据宋永毅主编《中国文化大革命文库》光盘（2022年版）刊印。

---

[5] 这段语录与原文有出入，"组织起一个革命化的领导班子"的原文是："组织起一个革命化的联系群众的领导班子"。见1968年3月30日《人民日报》《解放军报》《红旗》杂志社论《革命委员会好》。

# 《扬子江评论》第11期编者按[1]

（一九六八年六月二十四日）

《扬子江评论》编辑部

编者按：

在江城一片"救鲁批郭[2]揪黑手"的声浪中，我们的右翼朋友终于顾不得再讲什么策略，撕掉还剩下的那么一点点遮羞布而跳出来了。

"海字156部队"的油印小本不见了，新华工四反串连会"缚苍龙"的油印小报也不见了，"武汉三新中总"的转抄也不用了，最后扛出了正统的堂堂《新华工》编辑部大名。他们呕尽心血，惨淡经营三个月，终于还是抛出了洋洋八版[3]实在不象样的新货，这些我们早已等得不耐烦的货色竟然比前不久新华工的"评武汉局势"还多上四版，看来，连红司战士都不是的鲁礼安倒比一个右翼朋友的声明还要值钱，岂不是很好笑的事么？

如果说右翼朋友在去年替陈再道搞出镇压工总的"3·21"公告还是有点扭扭捏捏的话，那么，他们今年这样不遗余力的整鲁礼安却是迫不及待的为陈王[4]死党卖命了。

---

1 这是《扬子江评论》编者为发表鲁礼安的三篇文章《我回答你们之一》《愚蠢的诽谤——我回答你们之二》和《历史在说话——我回答你们之三》写的编者按，编者按和鲁礼安的三篇文章同时发表在1968年出版的《扬子江评论》第11期。本篇题名是本书编者拟的。
2 救鲁批郭，即营救鲁礼安，批判郭保安。
3 八版，指新华工革委会、红代会红司（新华工）主办的《新华工》报1968年6月15日第95期上，用八版篇幅发表批判鲁礼安的两篇文章《评反革命跳梁小丑鲁礼安》《妖为鬼蜮必成灾——关于鲁礼安的一批材料》。这批材料发表前，鲁礼安看过样稿，针锋相对撰写了《我回答你们》之一、之二、之三。
4 陈王，指陈再道、王任重二人。

如果说去年许多战斗队员被投进监狱是在3·21前后几天的话，那么，鲁礼安今年却是在抛出材料的二十多天前就被非法扣押了。我们的右翼朋友实在是"青出于兰（蓝）而胜于兰（蓝）"了啊！

"喻家山夜话"上不是把鲁礼安说成是"现行反革命分子"吗？那些专门善于整材料的叭儿狗们，为什么不奉主子之意，把那些"现行反革命"罪状也整上去呢？难道你们不知道没有这份材料，这洋洋几万字的八版报纸，也没有能够说明要"逮捕鲁礼安是合法的"这一句话啊？也许你们太心虚，白天拿出来见不得人，那就晚上公布喻家山夜话吧！

张立国主任前两天说："鲁礼安是我们新华工的事，现在有人要插手，真不要脸"。那么，你们唆使铁山联防逮捕鲁礼安，究竟要不要脸呢？真是自己打自己的耳光！

右翼朋友对鲁礼安这样无情打击，这样残酷迫害，难道仅仅是为了他一个人而肯花这么大的代价吗？

不！项庄午（舞）剑，意在沛公。

他们妄图从鲁礼安身上打开一个缺口，把斗争矛头指向三钢、指向曾刘方张[5]，以实现其"将七·二〇所颠倒过去的历史再颠倒过来"的狼子野心。

他们说什么"荷枪实弹的万名核心"，不就是指三钢战士吗？

他们说什么"两位贵妇人"，不就是指朱××[6]、胡××[7]吗？

他们说阶级敌人搞"黄石事件"，不就是指黄石英勇的炮轰派吗？

他们否认新华工敢死队，不就是企图否认"揪武老谭"和"为工总翻案"的历史吗？

他们说鲁礼安一伙子及其幕前幕后人物，不就是指三钢战士及领导三钢等造反派的曾刘方张吗？难道他们不知道曾刘方张是毛主席林副主席亲自点将来的？

---

5　曾刘方张，指武汉军区司令员曾思玉、政委刘丰、武汉警备区司令员方铭和湖北省省长张体学。
6　朱××，指朱洪霞。
7　胡××，指胡厚民。

我们想看看,他们究竟会闹到什么地步呢?

透过打击鲁礼安的部署,我们不是已经看清楚他们企图实现"新湖北"黑会全盘计划的野心了么?

也许他们认为扣押鲁礼安,人们就弄不清真相了,可是,他们何曾想到,鲁礼安早就认真"学习"了这份材料,也早在四月份第一次从你们手中逃脱时就写下了回答的文章。

今天我们特地将鲁礼安的三篇"我回答你们"刊登出来,这难道不是对右翼朋友的又一响亮耳光么!

仅仅出了两期的《扬子江评论》就被你们打成"反动刊物",也许是刊物象一根根钢针,刺痛了右翼朋友们的鸡眼,没关系,再刺几下右翼朋友是该痛一痛的!

至于你们那些不象样的东西,我们以后再酌情处理,反正是后会有期。

根据 1968 年 6 月 24 日出版的《扬子江评论》第 11 期刊印。

# 千秋功罪，历史当与评说
## ——兼评《评反革命跳梁小丑鲁礼安》

（一九六八年七月八日）

新华工敢死队

一

当代最伟大的革命导师毛主席亲自发动的史无前例的无产阶级文化大革命象一阵阵春雷，激发了千百万工农兵和青少年的革命热情，他们跟着毛主席在阶级斗争的风浪中不断地前进。

革命小将鲁礼安正是千千万万个革命青少年中的一员。

可是，闯了两年多的鲁礼安却在新的二月逆流中受到了残酷的迫害，右翼朋友抛出了数万言的八版"材料"，妄图将其置于死地而后快。

面对着《评反革命跳梁小丑》的材料，我们记起了3·21公告，王陈之流从害怕革命到抵制革命，从反对革命到绞杀革命，逮捕了大批英雄的战斗队员，抛出了所谓的工人总部十条罪状，这真是欲加之罪，何患无词？

"下定决心，为工总翻案，工总起来，武老谭完蛋"——当时的革命口号，首先是从斗争大方向的原则下提出的。

难道我们能因为工总48万战斗队员中确有极个别坏分子而不坚决为工总翻案吗？

难道我们能因为工总在斗争中确实出现的这样或那样的错误而不坚决为工总翻案吗？

3·21的时代过去了，阶级敌人也改变了反革命策略，他们不会再把一整个组织都打下去。迫害鲁礼安就是他们反革命策略变化的具体表现。

在八版材料面前,出现了几种不同的反映。

有些同志从大方向出发,回忆起了3·21时代,他们就断然地批驳了所谓的材料。尽管他们对鲁礼安的详细活动不是那么熟悉,仍然坚信鲁礼安的大方向是正确的。

有些同志本来就犹豫不决,见了材料,闭起眼睛说:鲁礼安嘛,算不了什么。

更有些同志被材料吓昏了头,在那里摇头说着:鲁礼安确实是有问题。

见此种种,都使人想起了在"工人总部十大罪状"面前,不是也出现了这几种情况吗?

岁月的灰尘,掩盖不住历史的真实。

我们客观地分析年仅二十一岁的鲁礼安同志在这场大革命中的表现,将是对于一切阶级敌人的最有力的回击,将是对于一切出卖同志的右翼朋友的最愤怒的控诉。

## 二

最初的革命风暴是同旧党委[1]的斗争,当时还是华工文体大队田径队优秀短跑选手的鲁礼安对这场斗争并不是那么理解,因此,他的斗争不是很坚决的,甚至还有些保。因此,他后来成了院里第一批三字兵中的一员。

现在不是有许多人还在说鲁礼安出身于资本家之类的话吗?这些人不看看,堂堂的八版材料上怎么压根儿也不敢提这一句呢?这些人不想想,最早参加三字兵的会是出身不好的吗?

最鲜明、最尖锐的革与保的斗争是从工作组问题开始的。在华工园里围绕工作组的大方向的问题进行最激烈的斗争时刻,鲁礼安坚定地站到了毛主席革命路线一边,同刘、邓工作组的资产阶级反动路线进行了无情的斗争。

六七年的初夏的一个晚上,在华工园斗争最激烈的三角地带举行了第一次关于工作组方向问题的大辩论,鲁礼安勇敢地登上了讲

---

[1] 即华中工学院党委。

台，一次又一次地批判了工作组的方向路线错误，名不见经传的小人物向堂堂的工作组大员挑战了，这是何等痛快的事啊！

因为鲁礼安等人反对了工作组，工作组及华工园里的保守势力向造反派进行了猖狂的围剿，156班的老保们伙同华工机关土堡垒整了鲁礼安一份数万字的材料，不仅把他从"红卫兵"的名列中清除出去，而且把他打成了"狗崽子""右派"，鲁礼安的家，第一次被抄。

六七年八月八日，这一天是造反派最难忘的一天，毛主席亲自主持制定的"十六条"象雨露一样，滋润着每一个革命工人，革命青少年。工作组垮台了！被工作组打下去的所谓的小右派，小牛鬼蛇神，获得了极大的政治解放。鲁礼安和成千上万的革命小将一样，满含着热泪，捧着"十六条"，一遍又一遍地向毛主席宣誓：坚决把无产阶级文化大革命进行到底！

"炮打司令部！！"——毛主席亲自写的一张划时代的大字报，给造反派战士以无比的力量。革命，又到了一个新的阶段。造反派将斗争锋芒，对准了王任重之流的旧省委，而旧省委，又拚命四处灭火，面对着一股强大的反动压力，华工园里的革命派受到了又一次巨大的考验。

8月23日选举院文革，数千名学生反对选举而弃权，700多名同学举行了第一次省委游行。8月24日旧省委书记王任重亲自上阵，控制院体育馆大辩论，鲁礼安又一次冲杀出来，上台批判工作组的资产阶级反动路线。

8月25日，旧省长×大人来华工调停，扑火。

第二天一清晨，鲁礼安在华工园里贴出了《湖北省委右倾机会主义大暴露——评×××省长八月二十五日在华中工学院万人集会上的讲话》这一份革命的大字报，轰动了全华工，对造反派是一次很大的鼓舞。

一炮既出，又发一炮。8月31日鲁礼安又贴出了《为南下革命师生呼吁——揭穿湖北大学"紧急呼吁"的骗局》这一张革命的大字报。在一片"湖北省委就是好"的调子中，鲁礼安最坚定的支持了南下革命小将，再一次向旧省委的资产阶级反动路线猛烈开火。

战斗的八月，英雄的八月，火一样红的日子里，鲁礼安和一大批本来不出名的革命青少年,冲杀到了最前线。一次次的辩论,一席又一席的座谈;串连,发动,战斗……那是多么使人难忘的日子啊!

新华工园里张立国、郭保安、赵文成之流翻翻历史,当时,你们在哪里?有的只见赵大人稍一受压,就向工作组痛哭流涕,承认自己错了而工作组大方向完全正确;有的只见赵大人最早就出卖毛泽东思想红卫兵的革命事业的罪状;有的只见张大人在批判资产阶级反动路线高潮时才向一位红反团战士申请加入"思想兵"的历史,谁还想到,这几个人掌了华工的这一点点权,就反过来向鲁礼安等同志大开杀戒。这难道不是连起码的一点点良心也没有吗!

"红旗"杂志第十三期社论揭开了向资产阶级反动路线全面进攻的斗争,在这场的革命中,青少年们开始了革命大串连。革命者成长的道路,也就象长征的曲折路程一样,当时,和鲁礼安一起的造反派学生,天真地以为资产阶级反动路线马上就要垮台了,也就积极地走上了长征的道路。在那时,鲁礼安被打成狗崽子右派学生的痕迹还留了下来,要参加什么红五类的长征队伍并不容易,鲁礼安最后写了血书,表示了坚决参加长征的决心,感动了同学们,他终于走进了45个人的二万五千里长征队伍的行列。

长征开始不久,队里就开始了思想分裂,包括鲁礼安在内的一部分被认为是调皮不守纪律不服从指挥的同志坚持着要参加运动,而另一部分"正经的"同志却非要把二万五千里走到底。参加运动还是逃避斗争,在阶级斗争的风浪中考验自己还是打算用"长征"来镀金,我们的队伍里一直没有停止过激烈的两种思想的辩论。

在江西瑞金饭店[的]进行了最后一次通宵辩论,队委会领导人为代表的长征梦受到了极大的抵制,小人物们决心第二天不顾一切阻拦地要去南昌参加无产阶级文化大革命。

我们到了江西南昌棉纺织印染厂,万余人的工厂当时还只有五、六十个造反派,我们进厂后,小人物们很快地在厂里闹开了。尽管鲁礼安出身于劳动人民家庭,然而运动初期的那一套反动血统论和右派学生的精神枷锁,依然还留在长征队里,队委会头头们虽然不反对鲁礼安等人搞革命,但是却生怕他们要越过自己思想的界限。尽管鲁礼安等人的行动受到了限制,然而就在这个工厂里,革命小将与革命工人建立了一次深厚的阶级感情。我们离开厂时（一个多月的时间）造反派工人的队伍已有几千人了。不可否认，这里面有着鲁礼安等人的功劳。

长征队被红司连哄带骗地调回了。我们到汉的那一天，正好是1·26夺权的时候，这时，内战的气氛一天天地浓厚，长征队尽管不了解内战的实际情况，然而，小资产阶级的地位，使长征队一下子就站到了红司一边。

历史的误会，把鲁礼安等人推向了当时的毒草派一边。

资本主义复辟逆流，活生生的阶级斗争事实，使鲁礼安等同志很快地清醒过来：不！这哪里是批判二·八声明呢？分明是借口声明中的支（枝）节问题，企图把武汉地区方兴未艾的工人运动打下去。

在三月逆流的日子里，鲁礼安写下了《震撼世界的日日夜夜》。

毛泽东思想的雨露阳光，滋润了包括鲁礼安在内的革命造反派，澎拜的思潮从笔尖下化为一篇篇革命的大字报，向混入无产阶级专政机构内的敌人猛烈抨击过去！

二月逆流的黑干将谭震林跳出来否定中央文革指导的史无前例的大革命，鲁礼安就以无比的激情写下了《英雄的八月》，热情地歌颂了毛主席亲自领导的无产阶级文化大革命；3·21后，武汉的资本主义复辟逆流大有黑云压城之势；鲁礼安勇敢地写出了《敢死队向武汉支左办公室中一小撮混蛋挑战》的大字报，炸开了沉闷已久的武汉地区，这份大字报象电波一样迅速地贴在大街小巷里，给受压的造反派以巨大的鼓舞。

当着武老谭把工人总部打下去时，鲁礼安写出了《义和团运动和二十世纪无产阶级文化大革命中的工人运动》，向武老谭作了最强烈的抗议。

当武老谭把二司打成"黑二司""比工总还坏"时，鲁礼安写出了《二司的功与过》，坚定地支持了二司的斗争大方向。

当着武老谭软硬兼施的政治手段对准了以策略派自居的三司时，鲁礼安贴出了《三司在十字街头》，尽管当时华工园内的康三司们号叫着要向鲁礼安全线反击，然而，三司革联的出现，就以铁的事实，代替鲁礼安向那些要反击的康三司们猛烈地铲了一记耳光。

香花派被打下去了，毒草派的日子又何尝好过一些呢？年轻的红司在8201军训团的"政策"下，眼看就要与臭遍武汉三镇的乌拉稀"联合"了，鲁礼安在学习了《湖南农民运动考察报告》后，响亮地写出了《一切权力归红司》，有力地捍卫了新生的红色政权。郭保安之流诬蔑鲁礼安反对三红，难道不正是你们在同乌拉稀之流坐在一个板凳上谈联合吗？退一步说，反对你们这几个老机，就是反对三红吗？你们也未免太恬不知耻了！

　　反击资本主义复辟逆流的烈火从学校开始，很快地就杀向了社会，4月13日，造反派学生在洪山宾馆支左指挥部同孔××主任作了坚决的斗争。还记得，那天夜里，新华工敢死队数十人打着战旗，高唱队歌，徒步从新华工走到洪山宾馆，在声援了宾馆前的斗争后，又连夜徒步赶到市委声援新一中革命小将的斗争。夜慢慢（漫漫），路慢慢（漫漫），就是有几千颗保卫毛主席的红心，在长夜中闪耀着革命的光彩。

　　四月十五日，鲁礼安带领敢死队，以及新东中、新一中的一部分小将杀进了红旗大楼，他们是那样的机智，以至于队伍走到大楼附近时，谁也看不出这支队伍与大楼会有什么关系；他们是那样的迅速，一接近门口，首先就撤（撒）出传单，然后乘人群混乱，一下子就进了门，等到守门战士清醒过来，战旗已经进了大楼里面。当晚，红旗大楼又恢复了二•八声明时代的火热场面，出了一口大气，杀向社会的局面，完完全全的打开了。

　　江城反逆流的斗争更加激烈了，革与保的斗争到了新的阶段，鲁礼安认清了形势，看准了方向，热情地、坚决地、勇敢地在华工园内首先贴出了《三论必须坚决为工总翻案》的革命檄文，真正起到了"唤醒工农千百万，同心干，不周山下红旗乱"的作用。一个知识青年，不顾被打成右派的风险，不管逮捕杀头的威胁，这样热情地为受压制的工人阶级的解放事业而呐喊，这样勇敢地把自己的命运同广大工人阶级的命运联系在一起，难道不正是响应了毛主席关于青年学生要同工农结合的伟大号召吗？这种血肉的阶级感情难道是鸡们会有的吗？

　　五月十日，工总在新华路体育场举行半周年成立大会，红司司令部在几天前就知道敢死队准备参加大会,并要加入工人总部;红司的几个老机们被工人总部战斗队员的阶级革命热情以及敢死队的豪迈气魄惊呆了,三天内几次把鲁礼安——被红司开遵(除)出去的战士——我(找)来参加红司常委会(鲁礼安也很"幸运"呢!),一忽儿表态同意工总是造反派组织,一会儿又反对,老机们在鲁礼安参加的红司常委会上,表演的多么有趣啊!

敢死队冲破了阻力参加了大会,鲁礼安在会上代表敢死队表示了为工总翻案的决心,以及要求参加工人总部的意见。广大战斗队员用喧天的锣鼓声表示欢迎,用战旗的飞午(舞)表示批准。火热的心连结在一起,火红的旗,火样的鼓声,火一般的场面……,世界上还有什么事业,比得上为工人阶级的解放而奋斗更高尚呢!鲁礼安,就是投身于工人运动的一只傲健的雄鹰!计那些鸡们去吠叫吧,鲁礼安为武汉地区工人运动所作的贡献,江城人民永远会铭记在心目中的!

六、七月的江城,揪陈抗暴的斗争到了白热化的程度。人数不多的敢死队,一把锋利的匕首,始终战斗在最前列,鲁礼安和他的战友们,用一篇又一篇炮弹似的文章,给战友以鼓午(舞),给敌人以沉重的打击。我们怎么能够忘记,我们是怎样最早地创办了毛泽东思想学习班——工人运动讲习所,为工人运动而呐喊,尽管历史条件限制了我们,但我们仍然热情地印发了"讲稿汇编",老机们也在华工办了一个,尽吹什么"革司""联司",实在是很可笑的。

不是有人讥笑敢死队为什么不死几个人吗?不是有人污蔑敢死队不见了吗?我们倒是知道,在新湖艺里住过的新华工驻武昌联络站的人员,不到七·二〇就跑的一干二净了,而七·二〇前的新华工园,已经凄凉得只剩下少数学生,七·二一晚上,张立国大人不是在向红司战士发遣散费吗?(据说,今天还要收回每一人仅有的五元的费用呢!)……而我们的敢死队,就是战斗在抗暴的前沿阵地——新湖艺,亲眼目睹了七·二〇事件的全部经过,在那黑云翻滚的日子里,我们始终没有动摇揪武老谭的决心,我们始终和被打成黑工总的战斗队员同呼吸、共命运,鲁礼安去拍摄百匪暴乱的罪恶镜头,百匪被发觉(应为"被百匪发觉"——本书编者注),追捕,肋骨摔断了,可是,这位坚定的革命闯将,却仍然在坚持斗争,那一群新华工内的老机们及其手下的臭文人,七·二〇你们躲到哪里去了?你们有什么资格在我们面前指手画脚呢?

七月二十三日,中央人民广播电台向全世界播送了毛主席司令部对武汉造反派支持的消息,陈再道及其百匪开始全线崩溃了,肋骨摔断了的鲁礼安正在一位战友的家里养伤,早晨在毛主席的声音从广播里传到了他的耳(朵)里时,他再也抑制不住内心激动的心情。这时我们的鲁礼安爬到窗边,一轮红日光耀着他那双聆(噙)满泪花的眼里,一股暖流传遍了他的全身,他和⋯⋯,和千万个武汉造反派一样,一遍又一遍地从心中迸发出无比热烈的呼声:毛主席万岁!万万岁!

七·二〇后的一段时间,江城人民完全沉浸在欢呼毛主席革命路线胜利的喜悦声中,天亮了,武汉第二次解放了,工总的案也翻过来了,谁个不高兴呢?敢死队和鲁礼安,为工总翻案和揪陈抗暴中是有贡献的,完全有资格享受胜利的果实。可是,鲁礼安和战友们一道,让在一边,欢欣地看着工总和九·一三的工人起来掌权,而自己什么也没有要,又在考虑新的问题了。

首先摆在面前的,就是华工园里成立革委会的问题。我们敢死队最先的态度,还是明确的,一方面,尽管我们敢死队已被"清除"出红司,尽管我们对红司某些人有意见,但认为整个红司仍然是红色政权,况且早已掌了权,再要成立革委会也没有什么。另一方面,对我们来说,只要有一个能独立发表政治观点的集体就行了。还记得当时,华工园里老三老四张立国是怎样"热情"地找到红反团、敢死队,又是南一楼平台会议,又是图书馆会议,甜言蜜语,"鼓励"我们杀向军内,去揪陈再道一伙,谁又知道,他一方面踏着我们的肩膀爬了起来,一方面把我们支出了华工。就是这个当初为了争夺华工园里大印而大拍鲁礼安肩膀的张老,在爬到了主任宝座后竟反过来叫嚣,"不把鲁礼安整倒我不姓张!"还有什么手法,能比资产阶级政客的手腕更为卑鄙的吗?

鲁礼安和敢死队的战友们,根本没有考虑什么名和利,扛起旗子又去冲锋陷阵了,那些只知道为个人争权夺利的小资产阶级革命家,有什么脸对得起江城人民呢?

随着工总翻案，武老谭完蛋的历史事实，工人总部也就不以人的意志为转移的成了江城造反派的政治代表，八月十五日，鲁礼安写出了《论武汉工运道路》（这一文章，为各家小报转载，最后为"长江日报"刊登），提出了在武汉必须以工总为大联合的核心（在青山是九·一三）。不管后来是工代会，还是别的什么，都没有改变这一个历史规律，怎么可以设想，把工总和九·一三丢开去谈联合呢？鲁礼安在武汉的大联合的问题，又一次作出了自己的贡献。

华工园里不是从未写过一条"工总好"的标语吗？红司头头口头上不是也喊了几句"向钢工总学习"吗？我们要树立工总的权威，要教育那些口头革命派，就和红反团一起，召开了八·二三树工总权威大旗的大会。八月二（十）三日的那天，工人总部的战斗队员第一次以主人的身份来到了华工园。我们这一边是真心相连，而那几个红司的头头们，是怎样害怕战斗队员来华工啊！甚至于有些口头革命派们，竟跳到窗口，把百匪骂的"黑工总"升级为"八国联军"，看一看同是华工学生，竟有如此绝然不同的两种阶级感情，那些始终站在工人运动对立面的鸡们，又有什么资格来指责一直与革命同甘共苦共命运的鲁礼安和敢死队呢？

借口反对"以我为核心"而企图分裂的一伙人，搞出了"新武汉"，"新武汉"无疑是破坏大联合的产物，鲁礼安在敢死队和工总所属兵团合办的小报"激扬文字"上，又发表了"革命和议会——三评新武汉""论无产阶级权威"的文章，有力地打击了各种小资产阶级的错误思潮。

在"红旗"杂志彻底摧毁资产阶级司令部的社论号召下，武汉的造反派热烈地行动起来，积极地开展了革命的大批判，并成立了"摧资总指挥部"，鲁礼安写了"摧资宣言"，为这个革命的事业作了努力，摧资的大方向始终是正确的！

敢死队受到郭保安之流右倾机会主义的一次又一次的打击，这就决定了敢死队最有资格反对右倾机会主义。鲁礼安，是老机们不可调和的死敌。还在我们的杂志"扬子江"[2]上，就无情地打击了老机

---

2 指武汉新华工敢死队主办的《扬子江》杂志，创刊于1967年9月7日。该刊只出了一期。

们的错误思潮。老机们那样痛恨鲁礼安，确实是由来已久的。如果鲁礼安要为他们说话，那他们真的要喜昏了头呢！偏偏是鲁礼安没那那份"福气"，从来不讨好，也不会卖乖。敢死队和鲁礼安在那些十分有名的"英雄"人物面前，是毫无愧色的！

斗争的历史是那样曲折，六七年下半年，右倾势力一下子又抬头了，鲁礼安和敢死队完成了为工总翻案、揪武老谭的历史使命，一方面也受到了自上而下的右倾势力的压力，我们终于被迫决定：内部解散敢死队，动员战士们回校复课闹革命。我们没有公开向江城人民宣布，主要是生怕广大战斗队员不高兴。

在那反极"左"、反派极无条件联合（原文如此——本书编者注），原班干部大上马……的右倾势力嚣张的时候，许多造反派战士越看越有意思，被迫逍遥起来，我们怎么办？是不是要革命到底？运动还会怎样发展？……一系列的问题放在面前，我们这一群自强不息的小人物，自发地串连起来，成立了"北斗星学会"，我们忘不了造反派最喜欢的歌曲"抬头望见北斗星，心中想念毛泽东。"毛主席就是我们前进的指线（路）明星。我们办学会的主要目的就是为了学习、研究毛泽东思想。在十一日七日成立会上，鲁礼安代表学会读了宣言。工人同志们热情洋溢地支持我们继续革命，更是严肃认真地指出了我们身上的小资产阶级思想，最后，鲁礼安断然撕了宣言，表示要重新写一个更好的出来。

北斗星学会成立一共也只有一个多月，而且什么事情也没有干出来，仅仅只写了一个被自己撕毁了的宣言。而且，自始自（至）终，一共也只有七个大学生和一个中学生。完全可以说，北斗星学会是造反派向右倾势力进攻的一个英勇的尝试，右倾势力扼杀了造反派学生的小小事业，但是，他们永远阻止不了跟着毛主席前进的决心！最可笑的那些踱惯了政治方步的先生们，硬是生怕学生们要干点事情，殊不知自古以来的历史，都是那些默默无闻的小人物们一代又一代出来的么！

鲁礼安满怀革命热情，坚决支持了按照中央部署开展的去冬今[明]春的农村文化大革命，却遭到了你们这群跳梁小丑的拚命攻击。鲁礼安有什么错呢？无非是鲁礼安支持的农民运动，打破了你们"新湖北"的迷梦,打破了王、陈死党退守农村,以便伺机反扑的阴谋。

你们攻击鲁礼安介入农村文化大革命,难道你们自己就没有介入吗?你们在全省范围内拉起的一个什么"新派",难道可以藏在裤裆里不让人知道吗?在城市运动没有取得胜利以前,为了防止走资派挑动农民进城,是保护运动的措施。但是在城市运动取得胜利的地方,就不可避免地要将这个胜利发展到农村去,不介入是不可能的。胜利的城市如果不挑起领导农村的担子,简直是对革命犯罪,问题是介入的路线问题,问题是介入的方式问题。

你们这群蠢驴,根本没有对农村文化大革命情况作过任何调查研究,因此,你们根本就没有看到农村文化大革命极大的不平衡这个特点。当然,任何运动过程都有个不平衡规律,农村文化大革命形势这样大的不平衡则主要是运动长期处于自流状态而产生的,由于长期的自流状态,使得农村的运动有许多奇特的地方,有许多奇(畸)形的东西。这一切,你们都不懂。你们这些洋大人,生硬地将城里的东西,生搬硬套到农村地区,极大的搅乱了农村地区的阶级阵线,给农村地区的运动种下了恶果。你们在全省范围内拉起的那个"新派",就是一个阶级阵线含混不清的大杂烩,你们将农村文化大革命引入了歧途。这个账,我们要跟你们算清楚。

鲁礼安许多次深入农村调查,清楚地把握了农村运动的现状,鲁礼安看到了城市经验不能生硬搬到农村,看到了城市取得了胜利,农村还处于发动阶段。因此按照中央的精神,坚持了两个原则,第一个原则是坚决支持贫下中农,这是一个阶级原则,第二个原则是坚决支持走集体化的道路,反对一切形式的倒退,这是一个路线原则。

从坚决支持贫下中农出发,鲁礼安和他的"决派"战友,支持了被人诬为"老保"的黄梅[3]钢农总,揪出了将黄梅地区贫下中农分成势不两立的两大派组织的大黑手梅白[4],揭露了王、陈死党分子在鄂东地区复辟资本主义的阴谋。从坚决支持走集体化的道路出发,鲁礼安和他的"决派"战友坚决支持了"巴河一司",巴河的农民运动跑

---

3 黄梅,即黄梅县,隶属黄冈地区。
4 梅白,1922年出生,湖北黄梅人。文革初任《湖北日报》驻黄冈地区主任记者,后任湖北省委办公厅主任、副秘书长。1992年去世。

在全省最前面,"巴河一司"是农民运动的急先锋,"巴河一司"的战斗口号"革命的农民怀念一九五八年""还我一大二公"振奋人心,"巴河一司"试建"新农村"的计划振奋人心,不管巴河一司有什么样的缺点,大方向完全是正确的。

新生事物从来就是在反动派围攻下战斗成长的。

反动势力对"巴河一司",对黄梅贫下中农发动了残酷镇压,"巴河一司"被打成"反革命",黄梅数千贫下中农被投入集中营。鲁礼安和他的"决派"战友们,因为支持"巴河一司",支持黄梅贫下中农也遭到了围攻。你们这些老机们,也卷进了这个反动逆流,这个账,我们同样是要一笔一笔的细算清楚的。

过去,有些人们对与(于)鲁礼安和他的"决派"战友支持"巴河一司"不大了解。现在,当省革委的负责同志表态支持"巴河一司",三钢表态支持"巴河一司"后,了解了。

过去,有些人们对于鲁礼安和他的"决派"战友们支持黄梅钢工、农总不大了解。现在在周总理点了"鄂梅三司"的名后,王任重死党分子梅白正式点名后,了解了。

过去,有些人们对于鲁礼安和他的"决派"战友们多次封闭湖北日报,一贯坚决批判湖北日报,不大了解。现在,曾刘首长点了湖北日报的名,指出了湖北日报被几个反动文人操纵后,了解了。

历史,已经在作出公道的判决。人们现在已经看清楚,鲁礼安,这只江城的雄鹰,又飞在最前列,英勇地搏击在暴风雨之中。

现在,当谣言和诽谤织罗成的迷雾,已经被事实的真相大白时放射出来的光辉驱散的时候,我们要用一个胜利的英雄的姿态,大声告诉那些躲在阴沟里和我们较量的角色们:你们既然伸出了自己的爪子,我们就看见了你们躲在什么地方。我们要抓住你们的爪子,把你们拖出来,看看你们到底是些什么东西。

十六条说:"一大批本来不出名的革命青少年成了敢(勇)勇(敢)的闯将……在这样大的革命运动中,他们难免有这样那样的缺点,但是,他们的革命大方向始终是正确的"。

这句话用在鲁礼安身上是多么恰当啊!

在这样大的革命风暴中,对于冲杀在最前列的战士来说,怎么会不喝一两口水呢？怎么会不受一两次创伤呢？

对于鲁礼安来说，两条命运中，他为江城的运动作了卓越的贡献，也犯过这样或那样的缺点、错误。

斯大林虽然在晚年犯了不小的错误，但他仍然是一个伟大的马克思主义者，全世界革命者都那样深深地怀念着这个杰出的马克思主义者，只有赫鲁晓夫之流才那样仇恨斯大林。

"德国工人运动领袖卢森堡虽然犯了错误，但他始终是一只鹰。可是，在工人运动后院粪堆里的列稚（维）·谢德曼、考茨基及其同伙这群鸡，自然会因为这位伟大的共产党人的错误而欢喜若狂。让他们去高兴吧。"

——列宁在反对修正主义中的这一段话具有何等深刻的现实意义啊！那些鸡们，当然是多么盼望鲁礼安喝一口水啊！让他们去得意吧，完美的苍蝇，毕竟不过是一只苍蝇，受伤的战士，终究是一个战士！

鲁礼安这只鹰，尽管有时飞得比鸡低，然而，那一群鸡们，怎么可能飞得鲁礼安那么高呢！

华工园内的老机们用尽了心机，拚命地整了鲁礼安的八版材料。有的纯属造谣，无中生有，有的是断章取义，无限上纲；有的是肆意歪曲，恶毒攻击，更有的是颠倒黑白，反其道而行之。只有极少极少的一部分，才是鲁礼安说得不妥当的话，就是这一部分也是被他们首先给鲁礼安戴上反革命帽子后再来批判的"反动言论"。这种对广大革命群众采取镇压的态度，是不可以容耐（忍）的。

本报于第十一期上刊登了鲁礼安在四月中旬看了材料后写的"我回答你们"三篇文章已经足以抨击那些专靠整人过日子的先生们了，在这里，我们便只对一些还有必要回击的地方，说上几句。

老机们为了把鲁礼安加上一项"对毛主席对毛泽东思想充满了刻骨仇恨"的大罪名，千方百计地对鲁礼安进行了种种"革命行动"，终于好不容易找到了极可怜的两条：“就是他……"”就是他……"，这就构成了对毛主席进行一系列最恶毒攻击的罪状，真是使人感到莫不惊心。

学习毛主席著作，在书上写下自己的心得体会，这本是无可非

[主]义（议）的事情。鲁礼安在"关于农村合作化问题"一文上的眉批，是针对农业合作社数字的变化而言的。据我们了解，毛主席在"农村社会主义高潮按语"中也谈到对合作社数字化的体会，鲁礼安的眉批，恰恰符合主席的体会的。这难道算得上反对毛主席吗？退一步讲，即使鲁礼安这句话说错了，难道就可以不看整个历史而打成反革命吗？如果要这样做，那么，张立国大人前不久在华工电影场上广庭大众面前说的："我们高高兴兴上北京会谈，你们痛痛快快在学校里搞右倾翻案"又算什么性质呢？岂不是也足够算上个鼓吹右倾翻案的反革命小丑么？更不必用这个道理去冲击彭油嘴、郭保安之流的讲话，因为他们早就该杀头了！

整材料的叭儿狗们不知道从哪里找到了这样一句话："毛主席象章我不感兴趣"，也把他（它）加在鲁礼安头上，作为他"一系列反毛主席"的第二条罪状。

我们"学习"到这里，真忍不住笑上几声，如果要说这些人是蠢才，那简直要委曲天下的蠢才了！

明明在交换象章的时候，对着质量不同的象章，人们很自然地会说："那个象章高级""这个太差劲了，不感兴趣"。就是这样普通的（日）常对话，竟被那些不仅善于整材料，而且惯于做"裁缝"的先生们拚（拼）成为"毛主席象章是不感兴趣！"这难道不是欲加之罪，何患无辞，可惜的是你们拚（拼）凑的也太不高明了一点，一转身，反而让我们清清楚楚地看到印在你们屁股上的火记——老机二字。

就是这样十分可笑的一条东西，竟被老机们拿来作为鲁礼安对毛主席一系列最恶毒的攻击的全部家当，我们真有点替你们担心，你们那一个鸡蛋的家当，是不是眼看就要输光了？

你们把反对毛主席的罪名加在鲁礼安的头上，确实是搞错了，如果要反带（戴）在你们头上那再也恰当不过了。

你们不是口口声声把"哪里有压迫，哪里就有反抗"这句话作为鲁礼安的反动透顶的地地道道的牛鬼蛇神的反革命混蛋逻辑么？我们必须无比愤恨地正告你们这群不读书、不看报、什么知识也没有、专好以势压人的家伙们："哪里有压迫，哪里就有反抗"这一句话，根本不是鲁礼安说的，而已（是）当代最伟大领袖毛主席的名（言），伟大的永恒的革命真理！你们这样迫不及待地、猖狂地恶毒攻击这一伟大革命真理，难道不[己]是你们赤裸裸地疯狂地反对我们最伟大的毛主席吗？白纸黑字，几万份报纸，你们还能否认吗？你们知不知罪？对于这一明目张胆地反对毛主席的反动行为，我们强烈要求省市革委会严肃处理！

几千年来的革命历史，从来都是受压迫的广大人民起来反抗压迫剥削阶级，而你们大口否认"哪里有压迫，哪里就有反抗"的真理性，难道不正是在为皇帝老子之流的统治者鸣冤叫屈吗？他们做梦也没有想到，会有这种帮闲去为这些死人歌功颂德呢！革命人民决不会答应你们的！

无产阶级文化大革命的斗争史也再一次体现了"哪里有压迫，哪里就有反抗"的真理性，广大的无产阶级革命派在资产阶级反动路线的压迫下，起来反抗，这难道是可以指责的吗？你们否认了无产阶级文化大革命，一切造反派都不会答应你们的！

目前正在欧洲、北美洲兴起的革命学生运动，不也是再一次体现了"哪里有压迫，哪里就有反抗"的真理性么！你们否认了主席的这句革命真理，也就全盘否定了方兴未艾的国际革命学生运动，一切对同（原文如此——本书编者注）的革命学生都不会答应你们的！

你们又不知道费了多少心机，又弄到了一条鲁礼安"恶毒攻击毛主席，疯狂反对毛泽东思想"的罪状："从来就是革命出书本，而不是书（本）出革命"。

我们必须再一次满腔怒火地正告那些不读书、不看报、什么学问也没有、专好以势压人的家伙们："从来就是革命出书本，而不是书本出革命"这句话，根本不是鲁礼安（讲）的，而是我们的中央文革小组组长伯达同志讲的，你们不是口口声声讲鲁礼安整伯达同志材料（尽管到现在你们也拿不出一点点事实来），我们倒是亲眼看到了你们猖狂反对伯达同志的活生生事实。

革命出书本，已是毛主席"人的正确思想是从三大运动实践中来"的论述的另一种，你们这样反对革命出书本，不[过]就是疯狂反对毛泽东思想，反对毛主席的又一铁证么？你们何以解释这种反动言行呢？

古今中外的一切机会主义者,都反对革命出书本,他们一口咬定什么书本出革命,中国赫鲁晓夫的"本本主义",不就是一个典型么!你们这样反对伯达同志革命论述,正好和老牌的机会主义走上了同一条路!你们又在为你们的鸡祖宗烧香了呢!一切革命同志都不会轻易放过你们这种公开地反伯达同志的反革命行为的!

你们为了把鲁礼安打成反革命,甚至说鲁礼安之流"准备了十七年"。

幸好我们还有一点点数字头脑,我们总还算得出来,现在也只二十一岁的鲁礼安,十七年前不过只是四岁的人物,四岁的人物就要"重新建党""重新建军""重新建国",天底下有这样的反革命吗?四岁的小孩,连说话也说不连贯,难道就熟知重新建党的理论吗?四岁的小孩,连走路也才学会几天,难道就知道重新建军了吗?四岁的小孩,连家[庭]人也勉强认识,难道就有了重新建国的打算了吗?笑话,奇谈,还有什么比喻家山夜话可笑的东西呢?

你们口口声声说鲁礼安指挥爆炸黄石电厂,至今却拿不出半点确凿的证据来,我们倒亲眼看到,你们前不久烧掉了钢汽发的礼堂、部分宿舍,这究竟算什么行为吗?

你们口口声声地把挑起武斗的罪状抛在鲁礼安身上,不同(用)说又是一点点事实也没有,而且就明明你们前几天还试制新式武器,如果说去年抗暴、制造武器还可以的话,那么今天你们试制新武器又打算对准谁呢?

你们口口声声说鲁礼安遥控操纵鄂东三省七县联防,不用说,这又没有一点点事实,我们倒是亲眼看到,郭保安之流在"革命圣地"——铁山视察二千米联防、爆炸表演,这究竟算不算操纵武斗呢?这根本早已越过了"遥控"的范围,而是"亲临现场"了!

你们攻击鲁礼安将要用以取代人民解放军的"民兵武装"(是指六七年八月抢枪的"人民武装"),实质上是"法西斯武装"。这哪里在攻击鲁礼安呢?这分明是代替一小撮顽固不化的走资派和死心塌地铁杆老保在向造反派猖狂进攻!谁都知道,去年八月抢枪的基本上都是造反派,他们完全是被迫而抢的枪,难道能因为造反派抢了枪而把他们都打成法西斯武装吗?只有老保们才说得出这种话!如今你们这样做，完完全全充当了右倾翻案的吹鼓手！

而且，我们都知道，八月抢枪的不仅有工人，还有那么多学生，就连堂堂的新华工，不也去抢了的么？难道我们可以因为这一点，就把新华工的武装说成是法西斯武装吗？更何况到了今天，华工的武卫队及其不知从何处何人运来的武装，就远远地超过了当初，难道能因为这一点，就把华工的武卫队打成法西斯武装么？那些否认一切的先生们，到头来岂不是连自己也要否认了么？可怜的臭文人们，你们怎么连一点点后路也不愿留呢？

老机的御用文人们，甚至因鲁礼安说了句"革命委员会这个由革命群众自己创造出来的事物也必将由群众自己把他消灭。"而企图给他代（戴）上炮打三红的罪名。照这样说来，岂不是马克思也要被加上反共产党员的罪名么？因为，就在"共产党宣言"上，马克思不仅提出共产党必然出现的问题，而且也提到共产党必定也会消灭的问题。那些一点点起码的辩证法都不懂得的臭文人，你们何苦还要那样卖弄文墨呢？

不必再去驳斥你们的陈词烂（滥）调了，再写下去我们都要呕吐！

## 四[5]

整鲁礼安，把江城革命小将的一种代表打下去，不是偶然的，也不是没有原因的。

去年深秋开始的右倾翻案风，首先就使鲁礼安和敢死队受到打击。今年春天，毛主席司令部发出了三反一粉碎的号召，鲁礼安还准备站出来坚决地响应毛主席的伟大进军令，就因一下遭到了迫害。右倾势力是多么害怕鲁礼安这样的小将起来战斗啊！

新华工园内的老机们，把鲁礼安说成"象一个十分蹩脚的政治丑角，合作（着）刘邓司部令（令部）的节拍，从文化大革命一开始就跳了出来，淋离（漓）尽致地作了将近两年的精采表演。"这是多么恶毒的右倾翻案的语言！

按照他们的意思说，鲁礼安在新华工园里的反工作组，竟然是合

---

[5] 本篇全文共分三部分，此处的"四"似应为"三"；或分四部分，而未将"三"标出。

着刘邓司令部的节拍,这岂不是连当初新华工园里反工作组的一、两千名造反派的大方向也要否定了么?华工园里的老造反派决不会同意这种用否定个别来否定一切的卑鄙伎俩的!

按照他们的意思说,鲁礼安最坚定地站出来炮轰湖北省委,竟然是合着刘邓司令部的节拍,这岂不是要将武汉市成千上万个造反派炮轰湖北省委的大方向也要否了么?武汉市的老造反派决不会同意这种用否定个别来否定一切的卑鄙伎俩的!

按照他们的意思说,鲁礼安在8201的军训团要搞垮红司的时候贴出的"一切权力归红司",竟然是合着刘邓司令部的节拍,这岂不是连那些站出来捍卫年轻红色政权的毛泽东思想红卫兵的大方向也要否定了么?华工园里的毛泽东思想红卫兵决不会同意这种用否定个别来否定一切的卑鄙伎俩的!

按照他们的意思说,鲁礼安在武汉出现资本主义复辟逆流最猖狂的时候贴出了"向武汉支左办公室中一小撮混蛋挑战"的大字报,竟然是合着刘邓司令部的节拍,这岂不是连武汉地区揪武老谭的大方向也要否(定)了么?江城造反派决不会同意这种用否定个别来否定一切的卑鄙伎俩的!

按照他们的意思说,鲁礼安在无数战斗队员被投进牢房、工人总部被打成反革命组织时贴出的"三论必须为工总翻案",竟然是合作(着)刘邓司令部的节拍,这岂不是连整个六七年反逆流为中心任务——为工总翻案的大方向也要否定了么?江城造反派决不会同意这种用否定个别来否定一切的卑鄙伎俩的!

无产阶级文化大革命最激烈的斗争,一个一个地被老机们借口鲁礼安的问题而加以否定,这难道不正是新的二月逆流的重要表现吗?这是不能容忍的右倾翻案言论!

他们这样起劲地整鲁礼安,难道是真的对鲁礼安那么感兴趣吗?不!他们最主要的,倒是"鲁礼安流一伙子及其幕后人物""鲁礼安之流和他的黑后台武汉变色龙"。那个什么"一伙子""之流",不就是指"敢死队""红反团"、三钢战友吗?那个"幕后人物""武汉变色龙",不就是他们梦寐以求的武老杨吗?这真是司马机(昭)之心,尽人皆知了!现在,林付(副)主席一次(再)指示要稳定军内，难道老机们还有什么可以抵赖的吗？认错是可以的，要溜是不行的，还往哪里溜呢？

鲁礼安受到了迫害，然而受迫害的又何止鲁礼安一个人呢？

难道社会上不是流行"造反派不香，保守派不臭，逍遥派最兴旺"的情形吗？

难道不是有许多老造反派仍然在受压吗？广西的 4·22[6]有什么罪？广州旗派[7]有什么罪？贵州的 4·11[8]有什么罪？湖南的湘江风雷有什么罪？这是为什么？

难道不是有许多三钢战士，又一次尝到了受压的滋味么？

如果说老机们在六七年二月逆流中充当的角色还有些扭扭捏捏的话，这一次却是赤膊上阵了。他们已经沿着机会主义立场等到了向革命群众实行资产阶级专政的地步了。

鲁礼安是随着右倾翻案风的大刮而被迫害的，他也必将随着右倾翻案风的垮台而获得解放！

让他们去嘲笑鲁礼安吧，鸡总是鸡！再过一天，江城人民对鲁礼安的印象就加深一天，那些蠢人们高兴的太为时过早了！

江城人们永远记住鲁礼安及其对武汉地区运动所作的贡献！老机们的政治目的休想达到！

历史，决不是老机们编写的，那些篡改历史的老机们，总有一天要被历史所嘲笑的！

革命闯将鲁礼安永远和我们战斗在一起！

68．7．6．晚12时半

根据 1968 年 7 月 16 日出版的《扬子江评论》第 12 期刊印。

---

6　4·22，广西支持伍晋南等领导干部的造反组织，成立于对军管的《广西日报》采取"革命行动"的 1967 年 4 月 22 日，成立之初叫"4·22 火线指挥部"，后来发展成为广西两大派群众组织之一的"广西'4·22'革命行动指挥部"。

7　旗派，又称红旗派，以最初的中山大学红旗、广州医学院红旗、华南工学院红旗等为代表（周恩来曾称之为"三面红旗"）的造反派。

8　4·11，全称"毛泽东思想贵州省四·一一无产阶级革命派"，贵州的群众造反组织。

# "极左派"的自白

（一九六八年）

冯天艾[1]

目录
序
一、从破题谈起
二、导致革命的矛盾
三、群众运动与中央内部斗争
四、农民推倒自己树的菩萨
五、不可放过陈独秀式的人物
六、奇事与怪论
七、革命委员会及第三次大高潮
八、"极左派"眼睛所看得见的将来

## 序

六七年"武汉事件"发生以后，全国的革命造反派有一种欢欢（欣欣）向荣的气象，革命群众以为有了出路，愁眉锁眼的姿态为之一扫。但是近几个月来的右倾投降空气，反对造反派的翻案逆流又甚嚣尘上，又把革命造反派和革命群众打入闷葫芦里了。特别是所谓的"极左派"分子和青年学生的造反派，感觉敏锐，首当其冲。于是怎

---

[1] 冯天艾，诨名"天猴子"，1944年出生，原籍江苏宜兴。华中工学院无线电工程系6243班学生，共青团员。文革初参加"新华工"，"新华工敢死队"副队长，"北斗星学会"和"决联站"的主要发起人之一，《扬子江评论》编辑部主要负责人之一。1968年8月23日被新华工革委会开除学籍和团籍，后被监禁。罪名之一是"攻击周恩来"，周得知后多次叫释放回校，但湖北省仍将其关押不放。在十年关押中一度精神失常。1979年12月获释。后因脑溢血导致偏瘫。

么办，无产阶级文化大革命向何处去，又成为问题了。

"久晴逢甘露"。正当无数"极左派"和造反派战士在迷惑、徘徊、思考、准备的时候，毛主席关于无产阶级文化大革命的几条最新指示象雨露一样滋润了造反派的心田，江青同志关于目前形势的讲话又使造反派顿开茅塞，心明眼亮，"极左派"和造反派的心情从来也没有今天这样清爽，迎接新战斗的意志从来也没有今天这样旺盛了。

因此，趁着毛主席最新指示的发表谈谈无产阶级文化大革命的动向问题，或者也是有益的。这一分（份）东西只当作引玉之砖，千虑之一得，希望共同讨论，得出正确的结论，来适应我们造反派和革命群众斗争的需要。

## 一、从破题谈起

史无前例的中国无产阶级文化大革命从姚文元同志发表的《评新编历史剧海瑞罢官》一文算起，迄今已进入第三个年头了。

49年解放战争取得决定性胜利后20年来最大一次革命为什么要叫文化大革命？

在65年底不少人甚至还认为又是一场学术式讨论。

然而，67年夏天发生的事件都使人们开始清楚了一点，在"文化"二字后面另有文章。

是的，68年"三月事件"中，传出了毛主席对文化大革命的深刻解释，"这是一场政治革命，是国内战争的继续，是国共两党斗争的继续。""越是接近全面胜利，两个阶级、两条道路、两条路线的斗争就越是尖锐、越是激烈。"

这场二十年来最大的一次阶级搏斗的性质程度，表现形式就被伟大导师毛主席揭示出来了。

面纱被拉开了，终于出现了真貌。

革命人民从主席的这一最新教导中，该要获得多少益处啊！

## 二、导致革命的矛盾

列宁说过："在革命时期中，几百万，几千万人每星期所学得的东西,要比平时梦寐生活的一年还要多些。"

革命风雷震醒了,还在震醒着许多曾经蒙蒙(懵懵)懂懂的革命者。

再也找不到一个更好的机会,能象这次无产阶级文化大革命一样,深刻地、毫无保留地暴露出中国社会的各种阶级,多种政治力量之间的矛盾了。

在枪林弹雨中经受了严重的战斗洗礼的革命造反派懂得了这样一个道理:这场大搏斗的暴发是由中国社会的矛盾所决定的,解决了现存的矛盾,斗争才会告一段落,社会就达到一个新的水平。

必须剖析中国社会。

历史的扉页还处在1850年,当马克思、恩格斯在欧罗巴洲的土地上知道了太平天国起义时,他们曾为这个"世界上最古老最坚定的帝国"所发生的"农业社会主义"感到欢欣。

而短短的一个多世纪后,中国却已成为世界革命的中心了。

这是历史的巨大飞跃。

因为它反映了广大工农群众谋求解放与自由的愿望,它的主流是前进的。

另一方面,对于被迫成为历史潮流卷到这个现状面前的少数人来说,这种飞跃是违反他们的意志的。他们并未就此甘休,而在千方百计地企图夺回失去的天堂。

这少数人有代表封建主义的地主、富农,有代表殖民主义的买办阶级,有代表资本主义的官僚资本主义以及他们的军事代表军阀,他们伙在一起,构成了旧势力的剥削阶级。

睡不着的这少数敌人,居然也发现,不必自己赤膊上阵,在当政的共产党机构中,也还有不愿意跟毛主席走,甚至反对毛主席的人,也还有他们的保护人,代言人。他们就把复辟的希望,寄托在混进无产阶级专政机构内部的资产阶级代表人物身上。中央到地方都有这样一批资产阶级代表人物。

这批代表人物与旧势力的剥削阶级利益是一致的。他们互相包庇,互相利用,互相勾结。

二十年的时间,中国社会形成了一个新的官僚资产阶级(即官僚主义者阶级），他们有不少人身穿"大红袍"，在共产党各种各级政府里合法地当官做老爷，迎接或干脆实行资本主义复辟，而旧社会来的形形色色的资本家、军阀、买办、汉奸文人、特务走狗、不愿意接受改造的地主、富农，又是他们的社会基础。

难道为这个新官僚资产阶级服务的东西还少吗？

文艺界不是为他们服务了十多年么！

资产阶级知识分子统治学校的现象不是存在么？

共产党中央的总书记、组织部长、宣传部长不都是国民党的人么？

甚至连中华人民共和国主席也是他们的全权首席代理人哩！

甚至还有穿着解放军服装而实际上是军阀、土匪之流的人在为他们效劳卖命。

毛主席早就指出："官僚主义者阶级与工人阶级和贫下中农是两个尖锐对立的阶级。这些人是已经变成或者已（正）在变成吸工人血的资产阶级分子……这些人是斗争对象，革命对象。"[2]

中国社会的复杂矛盾到了社会主义时代，工农大众与新的官僚资产阶级之间的阶级矛盾成了突出的主要矛盾。也正是在社会主义时代，革命的主要对象就由民主革命时期的帝、官、封转化为官僚资产阶级在执政的共产党内·的代理人。

说无产阶级文化大革命是一个阶级推翻另一个阶级的革命么？

那就是工农大众推翻以党内一小撮走资本主义道路的当权派为政治代表的新的官僚资产阶级。

如果说在四十年前国民党蒋介石统治时期，毛主席的革命星火向旧世界宣布：中国并不是一团漆黑！中华民族有希望！

那么，反过来也可以说，在今天共产党当政时期，又是毛主席亲自发动的无产阶级文化大革命的熊熊烈火向中国人民揭示出：中国

---

[2] 引自《对陈正人同志蹲点报告的批语》（1965 年 1 月 29 日），《战无不胜的毛泽东思想万岁》第 1 册，新湖大革命造反临时委员会宣传部，1967 年 8 月，第 332 页。《战无不胜的毛泽东思想万岁》第 1 册标注的批语日期有误，正式出版物中的出处见《建国以来毛泽东文稿》第 11 卷 265-269 页，《对陈正人关于社教蹲点情况报告的批语和批注》（一九六四年十二月十二日、一九六五年一月十五日）。

并不是一切都是红色的，中国还有一批假共产党真国民党，"如果弄得不好，资本主义复辟（将）是随时可能的。"

由中国社会基本矛盾决定的这场大革命，有它自己的规律，这个基本矛盾若没有一个历史性的解决，则革命是不会告一段落的。谁要半途中止，谁就会被丢到一边，谁要宣布投降，谁就是叛徒，谁要出卖革命，谁就是历史的罪人。

### 三、群众运动与中央内部斗争

这是无产阶级专政条件下阶级斗争在上层下层的两种表现形式。

中央内部斗争必然要反映到社会上来。

群众运动的动向也必然要反映到中央内部。

65年11月，毛主席通过内部斗争，在上海，而不是在北京发表了姚文元的文章，掀起了第一次群众大批判热潮，揭开了运动的序幕。

66年5月毛主席通过内部斗争，制订了"五·一六通知"，接着又下令点播全国第一张马列主义大字报，一时间，群众运动达到高度发动。

"十六条"后，运动出现了第一次高潮，这就是反工作组到粉碎资产阶级反动路线，最后形成伟大的夺权运动。上海的"一月风暴"成了代表。

67年初，谭震林在中央工作会上跳将出来，运动又出现了第二次高潮。这就是从反二月逆流到反对支保的带枪的资产阶级反动路线，最后形成了全国许多省、市的地区性国内革命战争，武汉的"七月革命"震动了世界。

决定性的胜利是通过局部战争获得的，要获得全面胜利呢？比六七年夏天更激烈的斗争是指什么呢？

也许有人认为运动结束了，没有群众运动了，不对！

敌人是不会自动缴械的。

67年底至今出现的新二月逆流，中国历史上最高级军事法庭——"3·25杨、余、付（傅）事件"都说明了一切并未平静，中央内部的新斗争，在社会上必然会以一个共同性的问题，而出现波澜壮阔的群众运动。这才符合"越是接近全国胜利……斗争就越是尖锐，越激烈"的思想。

**四、农民推倒自己树的菩萨**

以陈胜、吴广为代表的中国历史上第一次农民革命战争，推翻了第一个封建专制皇帝秦始皇。

农民们用鲜血迎来了新的皇帝，他们多么希望新皇帝要比旧皇帝好一些，何况新皇帝曾经还和他们一道打过旧皇帝呢。

然而农民一次又一次的失望了，可他们也明白了没有一个皇帝是好的。

大革命时代，蒋介石是工农用血肉捧上台的，可是"蒋委员长"非但不感谢人民，还把人民一个巴掌打了下去。于是，工农又抛弃了这位"委员长"。

历史的剧目在这个年头又何尝没有呢？

文化大革命初，革命群众是那样满心喜悦地迎来了工作组，对工作组曾经那样迷信，可是结果呢？仍然是革命群众（除了保宝）赶走了工作组，因为几乎所有的工作组都执行了资产阶级反动路线而压制群众运动。

斗争的深入，群众发现他们是那样地需要解放军的帮助，毛主席又发出了"支左"的号召。革命群众象对待亲人一样地迎接"支左"部队，造反派满心以为来了强大的后盾，然而，复杂的阶级斗争，活生生的事实，人们发现，什么支左？分明是吃左，大部分支左单位成了支保干将，实际上站到了走资派一边。怒不可遏的造反派终于吼出了"向支左办公室中一小撮混蛋挑战"的斗争口号，纸船明烛，在反逆流的高潮中旧"支左"办公室终于照天烧了。（大多数而不是全部）

旧时代的菩萨有它的合法外衣，皇帝老子身上的大红袍就是代表。

旧社会的菩萨也有它的合法外衣，中国赫鲁晓夫之流及为他们服务的"工作组"，旧"支左指挥部"，不都是穿上了大红袍的么？

革命人民一旦发现了树的原来是个菩萨，必然会自己起来推倒它，从它的遗迹上越过而前进。

妄图从群众运动中捞取私利的，为小集团利益服务的各种人，也不可能成为率领群众向阶级敌人战斗的指挥部，最后必然成为群众运动的绊脚石，尽管群众运动也或曾抬出它来，然而终究会将其抛到"工人运动后院"的垃圾堆里去。

### 五、不可放过陈独秀式的人物

（陈独秀式的人物是右倾思潮的根据）

陈独秀的问题，是人们经过认识后提出来的，他那一付（副）投降的叛卖革命的面目也是逐步暴露的。

既然文化大革命是国共两党斗争的继续，今天存不存在陈独秀式的人物呢？

阶级斗争的规律告诉我们：陈独秀之流大有人在。

江青同志指出"右倾翻案是当前全国的主要危险""右倾有几个月了"，这就撕开了当今陈独秀的面貌。

陈独秀式的人物就是这次右倾翻案的主要根源，他们是迄今还站在共产党队伍中，但是却又向国民党反动派缴械投降的变色龙。

为了更好地认清当今的陈独秀，先让我们翻开历史的篇章，看一看大革命时代的陈独秀是付（副）什么模样。

一九二六年农民运动开始发动，刚刚活跃的有利时机，反革命则在设法抵抗，陈独秀却叫了起来"农民运动在各地均发生左倾的毛病，或提出口号过高，或行动过左，往往敌人尚未打着而自己受很大的损失。"一家伙给群众运动戴上"过左"的大圈（帽）子，反过来从（以）"自己受很大的损失"为借口来限制农民运动。

陈独秀害怕反革命的恐怖，但更害怕革命的恐怖。

他说："当地主贫农有冲突时，应设法使农会（革命以前土豪劣绅所操纵的合法机关）居调停地位。"陈独秀在革命和反革命之间就这样高姿态的充当"调停"人。这是什么调停？完全是地主利益的保护人，贫农利益的叛卖者。

马日反革命事件后出现的革命农民向长沙进军，本是可以获取胜利的，然而陈独秀之流却可耻的灭了群众的革命威风，助长了敌人的反革命气焰,颁令各种禁止农民的[各种]通告,甚至自动地解散了汉口工人纠察队,解散劳动童子团。

正当革命群众要起来获得政权,要"一切权力归农会"的时候,陈独秀却说:"民团固然是地主、土豪劣绅利用以压榨平民,拥护他们自身利益的一个机器,但现时就望要根本消灭这种组织是不可能的。我们的政策是一面对团丁宣传,使不助土豪劣绅作恶,一面对团总人选主张由乡民大会选举,或用其他适当政策,以正绅代替劣绅为团总,使民团的权力第一步移到开明的小资产阶级手上,而不为农民运动之障碍。"他根本不要农民掌权,却在那里鼓吹什么"正绅代替劣绅"这种典型的改良主张,他不仅丝毫不敢认识当时需要消灭旧统治的机器,却为反革命大开绿灯。

当着农民要求"武装自卫"的时候,陈独秀竟然大做(喊)"不要超出自卫的范围(如干涉行政,收缴民团枪械等),是防御的自卫而不是进攻的自卫""有了武装之后很容易发生超出于客观限度以外的行动,甚至于为军阀或首领所利用。"陈独秀害怕农民用枪杆子来推翻地主阶级,来夺取政权,甚至到了包庇地主利益不许农民造反的地步。他在27年和上海工人三次武装起义之后的做法,完全证实了他是出卖革命的叛徒。

陈独秀跳梁的时代已经过去四十余年了,今天的革命也更深刻了,现在的陈独秀比当年那一位都更有"独秀"的地方呢!

正当无产阶级要自己发动这场文化大革命时,陈独秀之流深恐革命会革到国民党头上,便抬出了"革命与生产相对立"的谬论,企图以抓生产为名,行压革命之实。

眼看革命群众运动刚刚开始发动了,陈独秀之流便乘毛主席离开北京的"天良时机",在谈判桌上与国民党反动派达成了出卖革命的协议,向全国派出了执行资产阶级反动路线的工作组,亲手参与了压制、扼杀革命群众运动的罪恶勾当。

面对着"一月革命"的伟大的群众性自下而上地夺权斗争,死不甘心的国民党反动派策动了反攻,谭震林这家伙就充当了二月逆流的急先锋。陈独秀之流是个什么角色呢?他们不仅不去反对剥削阶级,反而幸灾乐祸地向群众运动大开杀戒,以至于发展到和国民党一道疯狂地镇压群众运动。湖南的"湘江风雷",武汉的"工人总部"等革命造反派队伍被瓦解了,被打下去了。许多革命造反派被投进了牢房,就象二七年大革命失败后一样,"抬头望见北斗星,心中想念毛泽东"——这首大革命时代流行的歌曲在社会主义时期的新情况下如此为造反派痛爱,实在是对陈独秀之流的最悲愤的控诉。

等到革命群众从反逆流的斗争中冲杀出来,要向反动派算账的时候,陈独秀之流不是帮助群众积蓄力量,研究策略,跟随主席伟大战略部署,而是从掩护国民党反动派的立场出发,抓住群众运动的左派幼稚病大作文章,大骂群众过左了,把帐算到群众身上,用以限制群众运动。

眼看要搞联合,要成立权力机构了,这位陈独秀之流却又千方百计地为国民党反动派谋权取利,他们以"调停"要员的身分出来"调停"造反派与走资派的矛盾,"调停"革与保的矛盾,反对"一切权力归农会",竭力实行"以正绅代替劣绅"的改良办法。

毛主席早就指出"胜利果实究竟落到谁手,能不能归于人民,这是(另一)个问题,不要以为胜利的果实都靠得住落在人民的手里。"[3] 不是么,有的地方造反派只得到了中小桃子,而大桃子,却让陈独秀之流奴颜婢膝地送到了国民党反动派手中。

就是这陈独秀式的人物,在无产阶级革命派要夺取全面胜利的时候,公然对抗毛主席关于越是接近全面胜利,两个阶级、两条道路、两条路线的斗争就越是尖锐越是激烈的指示。

大肆散布"三年结束运动""68年扫尾"的反革命谬论,企图用以麻痹造反派的斗志,消蚀革命力量,把运动拉向倒退。

就是这陈独秀式的人物,迎合国民党蒋介石(即中国赫鲁晓夫)的"阶级斗争熄灭论"的需要,迫不及待地叫嚷"至今还争论革与保……是过时的问题了",分革与保的"这个标志已经过时了""一月夺权后,阵线就改变了……无论那派都没有去保过……应该说现在两派都是革命群众组织,……现在水平也接近起来了。"

就是这陈独秀式的人物,叫嚣造反派"革命十八个月,掌不了

---

3 引自《抗日战争胜利后的时局和我们的方针》(1945年8月13日),《毛泽东选集》第4卷,人民出版社,1966年7月,第1075页。

权"，无耻地散布"造反派只能打江山，不能坐江山"的谬论，公开号召国民党反动派向已经掌了权的造反派夺权，实行资本主义复辟，当前出现的新二月逆流就是这样产生的。

就是这陈独秀式的人物，抓住去年夏天出现的破坏毛主席伟大战略部署的党内左倾冒险主义大做文章，把矛头转向革命群众尤其是造反派，他们是那样得意，那样疯狂地把自毁长城的帐推到造反派身上，分明是路线斗争，他们却用派性斗争掩护起来，大整特整造反派的派性，甚至戴上造反派的袖章，打起战旗也被说成是"派性"。分明无政府主义是对机会主义罪过的惩罚，他们却把无政府主义的过失全部都推到革命群众身上，似乎机会主义反倒是革命群众哩！把群众弄得昏昏然，整得敢怒不敢言，他们却打着革命英雄的旗号，倒过来大骂群众在逍遥，真是混账透顶！

在无产阶级革命派行将夺取全面胜利的时候，陈独秀式的人物就实行了全面的向国民党反动派右倾投降的政策，甚至企图实行全面分裂来向毛主席为首、林付（副）主席为付（副）的司令部施加压力，从而导致了迄今已有几个月的右倾翻案，复辟，分裂的新二月逆流。

这陈独秀式的人物当着人面不止一次地说过"我是犯过错误的，错了就改"，骗取了革命人民对这个遇到"新问题"的"老革命"一次又一次的同情。

然而，墨写的谎言，决掩盖不了血的事实，造反派在血泊与尸堆中逐渐看清楚了，这早已不是什么认识不清，也不是什么无意的立场问题，他们原先就与国民党反动派订下了叛卖革命的合同！他们是什么共产党，分明是国民党！他们是什么老革命？分明是老反革命！他们是什么开国元勋？分明是历史的罪人！他们是什么党的左派，分明是右倾叛徒！他们是地地道道的变色龙。

自中国共产党成立以来，党内反对右倾机会主义有过二次大的战斗，一次是一九二七年大革命失败后同陈独秀的右倾投降主义的斗争，一次是一九五九年大跃进后同彭德怀（实际上是中国赫鲁晓夫）的右倾机会主义的斗争，现在又是毛主席亲自发动了第三次反对陈独秀式的人物的右倾投降、右倾分裂主义的斗争。由于这些比陈独秀更"独秀"的人物向国民党反动派采取了全面右倾投降，企图全面分裂的无耻政策，这一次反右倾的斗争也就会更加深刻，更加激烈，不打退这股右倾机会主义，不挖出陈独秀式的人物，文化大革命不可能取得全面胜利，革命造反派仍然会回到受压的地步，复辟资本主义就大有可能。

不是有很多难以回答的问题么？造反派将在反陈独秀式的人物的右倾机会主义斗争中得到解释。

毛主席以最大的耐心，期望陈独秀式的人物，能够正视错误，接受批判，痛改前非，如果他们要自绝于人民，那么杨成武和×××就是他们的下场。老实说没有他们，地球会转得更好。

## 六、奇事与怪论

毛主席在视察华中、华南等地区时，对于学生的联合作了这样的指示："革命的红卫兵和革命的学生组织要实现革命的大联合，只要两派都是革命的群众组织，就要在革命的原则下实现革命的大联合。"[4]

然而，这样一段最高指示到了很有权威的××报[5]编辑部一篇"从一月革命到九月高潮"（1967 年 9 月 26 日）的文章上时，却一下子变成了"革命的红卫兵和革命的学生组织要实现革命的大联合，两派是革命的群众组织要无条件的实现革命大联合。"

请看，主席原文中的"只要两派都是"变成了"两派是"，"在革命的原则下"变成了"无条件"，整个指示中两处最关键的地方，就这样悄悄地但又是公开地被抹掉了。

试问××报编辑部，你们公然把最高指示象变戏法一样地变成没有路线斗争的真理面前人人平等的东西，是什么用意？是什么人又为什么要做出这种奇事？

还是这家很有权威的报纸曾经以那样一付（副）百分之百的标准左派的姿态，在反击极"左"思潮的舞台上，争当了一个反极"左"

---

[4] 转引自《无产阶级专政下的文化大革命胜利万岁》，1967 年 10 月 1 日《人民日报》。
[5] 指文汇报。

的先锋,给广大造反派的脑海中留下了很深的印象,直到前不久,还在那里大抓极"左"的典型,大抓右派学生。而当反右倾的号角刚刚吹响时,这家报纸又立刻成了依然一付(副)大反右倾的英雄(无奈文章竟是那样干巴巴的乏味)。请将这家报纸去年夏天到现在的几篇很有影响的文章对比一下吧,不久前大骂"极左派",总喜欢抛给对方以老保的帽子,宣布"革与保势不两立,血战到底。"一下子却又大叫别人"用派性斗争掩盖阶级斗争""不分革与保",人们对这种"飞跃"只能摇头曰:"想不通"。怪哉?有一个大胆的傻瓜会说:"这岂不会以子之矛戳子之盾乎!"也还是这位傻瓜要问道:"为什么会出现这种奇事呢?"

在陈独秀式的人物大搞右倾投降及以××报为代表的大反极左的形势下社会就出现了许多怪论:

"你们造反派一时一事,有什么了不起。"

"还分什么革与保,大家都是革命派。"

果真要分么,有人就说:"你是50天的造反派,我是十七年的造反派,算你50天碰对了,这今后的斗批改么,还得靠我来。"

更有诱人猖狂的叫嚣:"你们造反派太不纯了!""你们造反派只会搞派性,我们才是党性。"……

如此等等。

造反派不香,保守派不臭,逍遥派是最兴旺——这种反常的局面是谁造成的呢?

上述的论调在大联合在三结合甚至在六八年征兵工作中都是屡见不鲜的。这不是右倾翻案是什么?

老实说,要想否认造反派,除非否认二十世纪六十年代在中国曾经进行过史无前例的无产阶级文化大革命,除非否认第三个里程碑!

造反派那样奋不顾身地积极创造崭新世界历史的行动正好说明了造反派最有资格坐新的江山。

叫那些在黑氏修养中泡了一、二十年的大人先生们来同我们造反派的十岁小学生比比吧,不把他们一个个弁(辩)得汗流浃背、鼠窜才怪呢?

尽管反极左曾经那样流行,然而各地方都有一部分造反派(决不可能使老保们)学生开始筹备或探索学会式的组织,谁知道这种事情却偏偏使某些大人物和一些地位已经变化了的人们那样坐卧不安,他们不去找找这些学生问问他们为什么要搞,他们却惊奇得象看到了两个头的麻雀一样,在大会、小会上煞有其(介)事地点名指责,甚至想方设法来搞垮这些学生造反派的小小事业。

这些很有水平的人们从来不曾对九三学社、民盟之类的东西表示任何不满,却对一些造反派的学生从模仿主席当年革命活动出发所出的一些哪怕是十分幼稚的尝试这样反感,这样不耐烦,这是什么感情?如果说毛主席当年办"新民学会""自修大学"是有历史意义的话,那么到了几十年后显出它的现实意义来。造反派学生以主席为榜样办几个学会又有什么不可以呢?当然不否认其中会有坏的,可是因为有坏的就连好的也砍掉么?更何况好与坏否要让群众在斗争中识别呢?

其实,某些人对造反派的举动就是横看不是眼,竖看不是鼻,如果造反派驯驯服服地按他们的一套去做,他们会十分高兴的,然而要知道,造反派若是没有孙大圣那种造反精神,这个江山打得出来吗?还叫造反派。

有人也会批判什么"造反派只能打江山,不能坐江山",果真造反派学生办几个月学会了,他们就又急急忙忙地开杀戒了,造反派连个学会都办不成,还叫坐江山吗?某些人言行很不一致呢!我们要警告他们一声:你们到底对造反派有没有感情?你们的屁股坐在那家的板凳上?

由于陈独秀式的人物一方面把同党内左倾冒险主义的斗争别有用心地转到造反派头上大做文章,由于另一方面又实行右倾全面投降,右倾全面分裂,因此,在造反派之中,相当广泛地流传着"二次革命论",据说第一次革命要收了,只有等到第二次文化大革命再来解决军队问题。

这种"二次革命论"正好迎合了国民党反动派的需要。

既然引起第一次无产阶级文化大革命的基本矛盾——广大工农群众与新官僚资产阶级的斗争并没有得到历史性的解决,既然政治革命并未完结,社会革命更没有成功,怎么收得了呢?

第一次都未能进行到底还等得到无产阶级自己发动第二次革命呢?

"这是收起不得的,一收起,中国就会亡国。"

"二次革命论"实际上是使革命半途而废的反动论调。

"如果要使革命半途而废,那就是违背人民的意志,接受外国侵略者和中国反动派的意志,使国民党赢得养好创伤的机会,然而在一个早上猛扑过来,将革命扼杀,使中国回到黑暗世界。"

收也收不得,二次革命也要不得,怎么办呢?

回答是:紧跟毛主席,将革命进行到底!不获全胜,决不收兵!

听,毛主席发出了最新指示,这是夺取全面胜利的进军号令。

让我们迅速武装起来,迎接第三次大高潮!

## 七、革命委员会及第三次大高潮

毛主席在"一月风暴"后指出:"在需要夺权的那些地方和单位,必须实行革命的'三结合'的方针,建立一个革命的、有代表性的、有无产阶级权威的临时权力机构。这个权力机构的名称,叫革命委员会好。"[6]

六七年第五期"红旗"社论《论革命的"三结合"》一文,就根据主席的这一教导,对三结合的革委会作了正确的理论阐述,处在反逆流初期的造反派是多么向往不久的将来能够建立一个革命的,有代表性的,有无产阶级权威的权力机构啊!

大批的革命委员会的建立,是处于这样一个客观形势下:

一方面,无产阶级文化大革命在毛主席的领导下已取得了决定性的胜利,从来的群众运动都没有象六七年夏天那样充分地得到发动。

另一方面,陈独秀式的人物的右倾保守,右倾投降,右倾分裂开始抬头,而且越来越势利,国民党反动派就在陈独秀式的人物的包庇下,策动了新的二月逆流。

整个革命委员会的建立过程,围绕着"权"字进行了空前激烈的

---

[6] 转引自 1967 年 3 月 10 日《人民日报》。

斗争。造反派誓死要为毛主席夺权，掌权，国民党反动派死命要保权或反夺权，而陈独秀式的人物却公开大叫造反派"革命十八个月，掌不了权"，企图送权或卖权。

根据毛主席关于一分为二的观点，根据这样复杂的阶级斗争，对革命委员会采取"否定一切"和"肯定一切"的态度都是错误的。

一般来说，现今的"革命委员会"有三种情况。

第一种，是名符其实的革命委员会。她和广大革命造反派是心连心的，真正称得上革命委员会好，她代表了建立革命委员会的大方向，即使混进了个别坏人，群众也会很快清除这种坏人的，以造反派占绝对优势的基层单位（尤其是学校）的革命委员会属这一种。

第二种，是几种势力并存的名为"革命委员会"实为"临时联合会"。造成这种局面的原因是：一方面[造反派]坚决支持造反派的党内干部的势力还不是那样十分强大；另一方面是国民党反动派人物有的还没完全认清，有的认清了又没有完全打倒；第三方面则是陈独秀式的人物卖权未能全部卖掉。（三方面中往往后者起较大作用）

这种假革命委员会的一个典型特点就是把真正代表广大革命造反派负责人（绝不是那些由于历史的误会而钻上台的所谓革命领袖）作倍（陪）衬，不承认这些群众代表的作用，口里也说几句"只要你们不动，就不要紧"的迷魂话，实际呢？你是工人造反派的头头么？交出你的队伍来，把个付（副）官你当；你要搞工代会么？也可以，工代会就成了代"工会"，你是学生造反派的头头么？也交出你的人马，也把个官你当，回去上课吧！少出来闹了。轰轰烈烈的革命群众运动，史无前例的无产阶级文化大革命，一点一点地被否定了，造反派的政治权利也就一点一点地被吃掉。

这种假革命委员会的第二个典型特点是把既坚持资产阶级反动路线的又不与走资派划清界限的人，甚至是走资派本人强加在群众头上，硬拉到"三结合"的权力机构中来，还要为他们挣朵鲜花，"这是革命领导干部"。殊不知这势必造成新的反复。

这种革命委员会是假革命的，没有代表性的，不可能有无产阶级权威的机构，要这样的机构，去带领革命造反派和广大革命群众去向国民党反动派打几场硬仗，那是不可能的事。

第三种，不能称为革命委员会，实际上是反革命委员会。

陈独秀式的人物完全站到国民党反动派一派，完全出卖了造反派的权力。这样的地方和单位，已经实现了资本主义复辟，陈独秀式的人物伙同国民党反动派一道对无产阶级革命派实行资产阶级专政。

要想识别一个革命委员会么？那就认真分析她的产生、内部机构、成立后的斗争大方向。

每一个革命委员会都会在我党进行的第三次反对右倾机会主义的斗争中表现自己。

必须在这场斗争中考察和识别每一个革命委员会。

如果她基本上是好的，那就要千方百计地来维持她的无产阶级权威，同时也要洗涤她身上可能有的污点，让新生的红色政权更加巩固。

如果她是假的，那就剥去她的伪装，撕下陈独秀式的人物的假面具，赶走所谓的革命干部，建立真正的革命权力机构。

如果它是反革命的，那就必须由造反派重新夺权！

阶级斗争的客观规律，毛主席的最新教导，都生动的，无可置疑的说明六八年将出现文化大革命以来的第三次群众运动的大高潮。

第三次大高潮的内容之一是党内第三次反对右倾机会主义，这必然要揪出陈独秀式的人物。

第三次大高潮的另一个内容就是把由于陈独秀式的人物的右倾保守、右倾投降、右倾分裂所造成的假革命委员会，反革命委员会冲垮，建立起真正的革命权力机构。

忠于毛主席的人民解放军，一定会配合革命造反派的第三次大高潮采取应有的各种措施。

只有经过第三次高潮，才可能胜利举行九大。

只有经过第三次高潮，才可能取得无产阶级文化大革命的全面胜利。

那些被诬为极左派的革命造反派是怎样眼巴巴地渴望第三次高潮的到来啊！

革命造反派的伟大的节日就要来临了！

透过第三次高潮的热雾,人们已看得见东方地平线上行将出现一个从未有过的壮观——二十世纪六十年代北京人民公社就要在斗争中由毛主席亲手缔造出来了!

跟着毛主席前进!

### 八、"极左派"眼睛看得见的将来

六七年"武汉事件"后,全国各地都先后出现了[有]许多新思想,但同时也有左派幼稚病(政治上不成熟引起的)的同志,他们之中大多数是坚决的老造反派。

然而,六七年秋天开始的[反]党内破坏主席战略部署的左倾冒险主义,却被陈独秀式的人物一下子转到了大整上面的那一种造反派,他们被打成了"极左派"。

被敲了一大棒子的"极左派"变得更加清醒了,主席的教导,客观斗争的经验和教训,使"极左派"受到了考验,变得更聪明,更坚定了。

"极左派"的思想在飞奔,"极左派"们用笔写下了他们的眼睛看得见的将来。

正当陈独秀式的人物大肆贩卖"三年结束运动""六八年扫尾"的反动投降言论时,正当迎合陈式人物需要的"二次革命论"盛行一时时,是"极左派"们勇敢地站在毛主席一边大声疾呼:誓将革命进行到底!

毛主席的最新指示极大地鼓舞了"极左派"(也只有"极左派"最能理解)。

"极左派"坚信,共同的政治命运,激烈的阶级搏斗必定会使全国各地最坚定,最优秀,最勇敢的革命造反派在第三次高潮中联合起来。"组织能使力量增大十倍",这是一支何等伟大的主力军啊!

"极左派"们高兴地看到,几个月内史无前例的无产阶级文化大革命将出现第三次伟大的群众运动高潮。弄潮儿们大显身手的时候又将来临。

第三次高潮的一个伟大内容是我党史上第三次反对右倾机会主义。"极左派"们决心揪向国民党反动派全面投降的陈独秀式的人物。

"极左派"们欣喜地看到,贫下中农将在第三次大高潮中更好的表现出十年前他们在公社化运动中所体现的那样一种改天换地的气壮山河精神。

"揪军内一小撮"曾是"极左派"的一条罪状。

军内没有一小撮吗?谁到今天还这样说,那他起码是个别有用心的人。

杨、余、付(傅)不就是"军内的""一小撮"吗?

那些有意当瞎子的人看见了没有?他们那一个的官不比武老谭陈再道大?

既然文化大革命是一场政治革命,那么它必然要涉及到国家的柱石——军队。

谁说军队没有开展文化大革命呢?六七年支左,六八年参加临时权力机构,都是军队文化大革命的一部分。

"极左派"们坚信军队文化大革命一定能进行到底,在第三次高潮中,将看到忠于毛主席的解放军会起着何等伟大的作用。我们会高兴的看到在未来的大风浪中,解放军的路线斗争觉悟会大大提高。

不是有人扯着嗓子向"极左派"吼道:"你们要武装夺取政权"么?

那么请这些先生解释一下,康生同志今年二月分(份)传达主席指示中说:"文化大革命……是国内革命战争的继续"这是指什么?

而且,还请解释一下,这段指示是旨在总结运动,还是旨在指导运动?

"极左派"们坚信,毛主席的"全民皆兵"[7]"群众专政"的想法经过第三次高潮(一定会)实现。有人心惊肉跳地大骂"极左派":你们唯恐天下不乱?

有些好心的人担心地说:"不要再乱了,再乱,怎么得了。千万不要打内战。"

毛主席指出:"还有许多人怕打内战。怕,是有理由的,因为过去打了十年,抗战又打[了]八年,再打,怎么得了。产生怕的情绪是

---

7　转引自《中国共产党第八届中央委员会第十一次全体会议公报》,1966年8月14日《人民日报》。

很自然的。对于蒋介石发动内战的阴谋,我党所采取的方针是明确的和一贯的,这就是坚决反对内战,不赞成内战,要阻止内战。今后我们还要以极大的努力和耐心领导着人民来制止内战。但是,必须清醒地看到,内战危险是十分严重的,因为蒋介石的方针已经定了。按照蒋介石的方针,是要打内战的"。[8]

同志们难道没有看出,在国民党反动派最后的反扑时,一旦陈独秀式的人物实行全面右倾投降,右倾分裂的政策而最后投入国民党的怀抱后,会出现什么情况么?

先生们,根本无须我们"唯恐"不"唯恐",当今的天明明是不太平的,是的不是的罗?你们说得出来世界上那个角落是太平的?你没有听到地球上每一天都响着枪炮?

事实在眼前,我们只不过是勇敢的承认了,并打算因势利导的来实现共产主义的治(原文如此——本书编者注)。

偏偏有些踱惯了政治方步的人们不仅要颠三倒四,而且喜欢作出我发号令,你们听我的这样一付(副)架式,谁个稍有异议,不分青红皂白地打上乱的罪名,这种人岂不很象鲁迅笔下的假洋鬼子吗?

可不可以提这样一个建议,把那些怕乱实在象怕树叶落下来会打破头的人们送到别的星球上去"避乱",等到地球转到了共产主义时代,再用飞船把他们接回来过日子呢?

还有人认为成立了临时权力机构后,一切就结束了,一切都好了,他们不是引导人民把革命进行到底,却在那里设立各种"规章""制度",旨在以"□革(此处不清)革命(就是不准革命)这种"极力使革命就此止步,如果再要前进,则应带上温和的色采(彩),务必不要太多地侵犯帝国主义及其走狗的利益"的政策,恰恰是右倾思潮的反映。"这种情形现在许多人还没有看清楚,但是大约不要很久,人们就可以看得清楚了。"

有人更是跳将起来,怒骂"极左派"要"砸烂旧的国家机器"。

"极左派"明白,从来的政治革命必然会伴随以社会革命。

---

[8] 引自《抗日战争胜利后的时局和我们的方针》(1945年8月13日),《毛泽东选集》第4卷,人民出版社,1966年7月,第1071-1072页。

"极左派"深深地回忆起那火热的五八年，那是一个怎样沸腾的年代啊！经过五七年反右斗争后，中国农村出现了一场划时代的社会革命——人民公社以无比的生命力活跃于东方的地平线上。我们伟大的导师毛主席以极大的革命气魄，打退了形形色色右倾机会主义的进攻，亲自缔造了中国农村的人民公社。

　　"极左派"们还记得我们伟大舵手毛主席在一九五八年说过的："我们的方向，应该逐步地有次序地把'工（工业）、农（农业）、商（交换）、学（文化教育）、兵（民兵、即全民武装）'组成为一个大公社，而从（从而）构成为我国社会的基本单位。"[9]

　　"极左派"们更加记得"红旗"杂志六七年三期社论中的二段话，"去年六月一日，毛主席就把北京大学的全国第一张马列主义的大字报成为二十世纪六十年代的北京人民公社宣言。这是毛主席就英明地，天才地预见到我们国家机构，将出现崭新的形式"，"马克思在总结巴黎公社的经验时指出，无产阶级不能接受资产阶级的现成的国家机器，而必须把它彻底打碎。国际共产主义的实践，证明这是一个伟大的真理。既然被党内一小撮走资本主义道路的当权派盘踞的一些单位，变成了资产阶级专政的机构，我们当然不能把它现成的接受过来，不能采取改良主义，不能合二而一，不能和平过渡，而是必须把它彻底打碎。"

　　那些骂得很起劲的人们，你们还记得六七年二月分（份），上海市委的牌子被革命造反派火葬了的事实？这里已不仅是彻底打碎，而完完全全烧成灰了呢！难道你们还要为旧市委惋惜吗？说老实话，我们确实怀疑你们有人在为走资派招魂呢！

　　"公社的原则是永存的"。现今的临时权力机构——革命委员会将在斗争中被公社所取代。

　　"极左派"坚信未来的社会革命的中心内容是建立二十世纪六十年代北京人民公社。而新的官僚资产阶级的彻底摧毁，将为建立公社扫清根本障碍。

　　广大工农群众难道需要官僚阶级及其官僚机构吗？曾经那样神

---

9　转引自1958年第4期《红旗》杂志发表的陈伯达的文章《在毛泽东同志的旗帜下》。

圣的不可侵犯的两尊菩萨——省委、市委不都被工农大众推倒了么！事实教育了大家，没有它们，钢铁照样炼，农业照样丰收，车轮照样歌唱，不仅如此，而且最主要的是毛泽东思想得到了普及！

革命群众从这件事中尝到了甜头，他们深深地渴望着把无产阶级的命运，把社会主义经济的命运，紧紧掌握在自己的手里，是有一天会出现工农大众管理国家机器，而不是国家机器管理工农大众的时代。

社会生产力将得到一次极大的解放，让我们为这一次历史性的事件大喊大叫吧！

[在]"极左派"明白，由于中国社会出现的划时代的革命，将会导致世界各种矛盾的急剧变化。

"极左派"们看到了未来的世界。

文明史几千年以来最伟大的革命家——毛主席手提世界的兰（蓝）图在向我们说："从现在起，五十年内外到一百年内外，是世界上社会制度彻底变化的伟大时代，是一个翻天复（覆）地的时代，是过去任何一个历史时代都不能比拟的。"[10] "今后的几十年，对祖国的前途和人类的命运是多么宝贵而重要的时间啊！现在二十（多）岁的青年，再过二、三十年是四、五十岁的人。我们这一代青年人，将亲手把我们一穷二白的祖国建设成（为）伟大的社会主义强国，将亲手参加埋葬帝国主义的战斗。"[11]

"可以肯定，殖民主义，帝国主义和一切剥削制度的彻底崩溃，世界上一切被压迫人民、被压迫民族的彻底翻身，已经为期不远了。"[12]

最伟大的导师关于世界形势的英明预见牢牢地铭刻在"极左派"的心上，深深地、深深地激励着"极左派"的心弦。

---

10 引自《在扩大的中央工作会议上的讲话》（1962年1月30日），《战无不胜的毛泽东思想万岁》第1册，新湖大革命造反临时委员会宣传部，1967年8月，第288页。

11 引自《对〈北京师范学院一个班学生生活过度紧张，健康状况下降〉材料的批示》（1965年7月3日），《学习文选》（二），1967年11月武汉，第761页。

12 引自《支持美国黑人抗暴斗争的声明》（1968年4月16日），1968年4月17日《人民日报》。

"自信人生二百年，会当击水三千里。"[13]

"极左派"们在准备着杀向全球！

"埋葬帝国主义"——这是世界无产阶级和被剥削被压迫人民最盛大的历史性话剧就要公演了！

阿芙乐尔巡洋舰的炮声又响了，看，列宁故乡的真正代表布尔什维克勇敢地起来战斗了，克里姆林宫顶上的红星将重新放射光华，列宁和毛泽东的光芒照亮俄罗斯大地！

古罗马的城堡上将出现两千年前古代无产阶级的真正代表斯巴达克所预言过的社会："我希望能看到自由的太阳在辉煌地照耀，可耻的奴隶制度在地面上消灭……我要求对那种对一切人，一切民族不论大小强弱都一律看待的自由。只有获得了这样的自由，和平、幸福和正义才会来到人间。"

巴黎公社社员的后来人将会无比豪迈地在法兰西共和国的巴黎铁塔上写出火一样的巨幅标语："公社的原则是永存的，是消灭不了的"，"无产阶级的节日到处都是三月十八日"。

在马克思、恩格斯诞生的地方，我们特为这两位伟大的无产阶级革命导师换上新的墓志铭，其中会有这样的字句："中国的毛泽东同志以其独特的匠心实现了你们的理想，你们将永远生活在我们中间。"

古老的尼罗河在沉默中咆哮起来，金字塔顶上将飘扬着造反的黑奴解放与自由的红旗。

当着革命的烈火吞没了帝国主义的巢穴——白宫的时候，高举着毛泽东思想旗帜的无产阶级将昂首于摩天大楼顶上，第一次，悲壮的国际歌里唱出了雄伟、自豪与胜利的音节："这是最后的斗争，团结起来到明天，因特纳雄耐尔就一定要实现！"（随着）尾声，站在毛主席身边的"极左派"幸福的微笑了，他们最后解放了自己。

根据湖北大学革命委员会政宣部1969年9月编印的《把反动刊物〈扬子江评论〉拿出来示众》刊印。

---

13 毛泽东青年时期写的两句诗。

# 关于"北斗星学会"的情况简介

（一九六八年七月十六日）

《扬子江评论》编辑部

"北斗星学会"是新华工敢死队、新华工红反团以及钢二司大专院校的一部分同志发起的，"北斗星学会"就是"毛泽东思想学习班"的意思，"北斗星"是从"抬头望见北斗星，心中想念毛泽东"这首歌颂伟大领袖毛主席的歌词里取出来，是象征伟大领袖毛泽东思想的意思，学会就是学习班的意思，那么，为什么不干脆叫"毛泽东思想学习班"呢？因为那时候毛泽东思想学习班这个名字还不象现在这样普及，不象现在这样深入人心，如果"北斗星学会"稍微晚一点成立的话，就一定会用"毛泽东思想学习班"这个名字了。

"北斗星学会"成立的目的主要是学习毛泽东思想，用毛泽东思想来探索教育革命的道路。"北斗星学会"成立后发表了一宣言，在参加"北斗星学会"成立的大会（上），许多工人同志对宣言提了许多意见，主要是要"北斗星学会"不要脱离现实的阶级斗争去探索教育革命的道路，鲁礼安同志代表"北斗星学会"接受大家的意见，当场撕毁了宣言，并表示一定要写出一个令人满意的宣言来。

"北斗星学会"成立后，还没有开始活动，就遭受到了各方面的围攻，新湖大著名的彭油嘴编造了无数离奇古怪的谣言，恶毒中伤"北斗星学会"。面对这样卑鄙无耻的攻击，"北斗星学会"有意在新湖大举行记者招待会，正面回答，点名要彭油嘴上台辩论，彭油嘴不敢露面。从此以后，关于"北斗星学会"的种种流言蜚语就消（销）声匿迹了。直到现在，新华工一小撮右倾机会主义右翼头目为了迫害鲁礼安，才又一次检（捡）起了彭油嘴编造的那些关于"北斗星学会"的早已破产了的谣言。本刊现在将"北斗星学会"答记者问重（新）发表，就是为了回答新华工的攻击。

在中央发出复课闹革命的号召后,参加"北斗星学会"的各校的同学,就回本校复课闹革命了,"北斗星学会"就自动解散了。

"扬子江评论"编辑部

根据 1968 年 7 月 16 日出版的《扬子江评论》第 12 期刊印。

# 口号报

（一九六八年八月一日）

《扬子江评论》编辑部

誓死保卫毛主席、林付（副）主席、誓死保卫江青、中央文革

1. 7·3布告是毛主席的伟大战略部署！
2. 7·3布告是"三反一粉碎"的重要步骤！
3. 7·3布告撕开了镇压群众运动的国民党的画皮！
4. 7·3布告是对无产阶级革命派的考验！
5. 7·3布告好！不忘农民《红十条》[1]！
6. 抬头望见北斗星，心中想念毛主席！
7. 耳听钢琴伴唱，想念旗手江青！
8. "红八月"永远是造反派盛大的节日！
9. 革命尚未成功，八·一渡江烈士[2]死不瞑目！
10. 不许把"三反一粉碎"运动引入歧路！
11. 冷眼看全国翻案风甚嚣，江城造反派支持外地受压造反派责无旁贷！

扬子江评论
六八. 八. 一

根据湖北大学革命委员会政宣部1969年9月编印的《把反动刊物〈扬子江评论〉拿出来示众》刊印。

---

1 《红十条》，即中共中央《关于农村无产阶级文化大革命的指示（草案）》（1966年12月15日）。
2 1967年8月1日，武汉地区造反派举行大规模"拥军爱民"横渡长江活动，因秩序混乱，下水时发生拥挤踩踏，造成重大伤亡事故，第二天从江底捞起170多具尸体。

# 《扬子江评论》编辑部纪念8·5、8·8战斗口号报

（一九六八年八月）

《扬子江评论》编辑部

1. 炮打司令部万岁！
2. 那些继续站在反动的资产阶级立场上实行资产阶级专政，将无产阶级轰轰烈烈的文化大革命运动打下去的"考派"们必将为历史所淘汰！
3. 革命群众运动是大海的怒涛，一切妖魔鬼怪都被冲走了，社会上各种人物的嘴脸，被区别得清清楚楚了！
4. 国际共产主义运动史上永远闪耀着二十世纪六十年代中国革命造反派战斗的光辉！
5. 自己解放自己，自己教育自己的无产阶级大民主精神万岁！
6. 革命造反派所建立的伟大历史功勋灿烂辉煌，不可磨灭！
7. 英勇不屈的硬汉子钢九·一三封闭长江日报[1]的大方向全然没错！
8. 钢九·一三在奔腾的扬子江水中揪出武汉变色龙！
9. 毛主席交给钢工总四十八万战斗队员的历史使命并未完成！
10. 革命人民渴望着把无产阶级专政的命运，把无产阶级文化大革命的命运，把社会主义经济的命运牢牢掌握在自己手中！
11. 一切权力归左派！考派滚下台！！右派脚下踩！！！
12. 谁排斥江青谁就是反革命！谁打击江青同志谁就是反革命！
13. 海内存知己，天涯若比邻，全国各地老造反派的心永远和毛主席在一起！
14. 扬子江畔的弄潮儿一如既往地支持全国各地老造反派——

---

[1] 封闭长江日报，1968年5月，"钢九·一三武钢分团"等造反组织因不满《长江日报》4月26日发表的一篇关于武钢大联合的报道，封闭了该报。

湖南湘江风雷、广州旗派、广西四·二二、河南二七公社、上海红革会、新疆红二司、哈尔滨炮轰派、重庆反到底、贵州四·一一、黄石炮轰派。

15.拥护以毛主席、林付（副）主席、旗手江青为代表的中心，解散另一个中心。

16.英特纳雄耐尔就一定要实现！

17.咆哮的扬子江，呼吁湘江、松花江、珠江、黄浦江携起手来，汇成天安门前的护城河！

18.全国各地的老造反派紧紧团结在以毛主席、林付（副）主席、旗手江青为代表的中心周围，向×氏人物的第二个中心猛烈开火！

19.千载不忘"7·20"，紧跟主席闹革命；舍得男儿七尺驱，造反到底不变心！

20.中国无产阶级革命用无产阶级文化大革命全面胜利果实，献给全世界无产者！

根据湖北大学革命委员会政宣部1969年9月编《把反动刊物＜扬子江评论＞拿出来示众》和1968年8月25日出版的《狂妄报》《新一中》《新湖大》联合版（批判《扬子江评论》专号）刊印。

# 评×氏人物第二个中心
## ——一评反动的"多中心论"

(一九六八年八月八日)

冯天艾

在右倾机会主义、右倾分裂主义、右倾保守主义、右倾翻案妖风猖狂向无产阶级进攻的关键时刻,毛主席司令部发出了粉碎反动的多中心论的号召,这是第五个回合的伟大战役。

什么是第二中心?不少同志认为是去年大联合时反对"以我为核心"的问题。也有不少同志认为又是指那一派群众组织。

让我们重读纪念《炮打司令部》一文的社论[1]中说的一段话:"以毛主席为首、林副主席为副的无产阶级司令部,是全党、全军、全国和广大革命群众唯一的领导中心。全党、全军、全国只能有这样一个中心,不能有第二个中心。"有那个地方的群众组织会成为第二个中心吗?有那一个省市的革命委员会会成为第二个中心?

回答显然是否定的。

毛主席说:"除了沙漠,凡有人群的地方,都有左、中、右。"[2]党中央是领导群众的"群众"所在地方,便有左、中、右。

毛主席、林副主席、旗手江青所代表的是左派势力,以刘邓所代表的右派势力已被击溃。

那么人们就会清楚地知道,所谓第二个中心即是中间势力打算脱离,并且准备对抗无产阶级司令部的顽固分子组成。直到目前还在

---

[1] 指 1968 年 8 月 5 日《人民日报》发表的《在以毛主席为首的无产阶级司令部的领导下团结起来——纪念毛主席〈炮打司令部(我的一张大字报)〉发表两周年》。

[2] 引自《事情正在起变化》(1957 年 7 月),《红旗》杂志评论员文章《对派性要进行阶级分析》,1968 年 4 月 27 日《人民日报》。

群众面前装老革命的×氏人物就是第二个中心的政治代表。六八年初的一个什么"上书"的人物就是第二个中心的成员和拉拢对象，在前不久被免去地方要员上京利用的先生，也就（是）第二个中心的得力干将。那被最高军事法庭——林副主席亲自处理的杨傅余就是第二个中心的小丑，第二个中心的人员肯定是考派（考茨基派），对考派人物也必定要把第二个中心作为自己依附的政治后台。也许不少同志对于提起第二个中心以及他们反动的"多中心论"，还是一下子理解不过来。那么我们可分析一下，摧毁党内右倾势力（实为国民党反动派的政治势力）——刘邓资产阶级司令部是作为无产阶级文化大革命取得决定性胜利的标志。那么，为什么在六七年下半年就开始刮起一股右倾翻案风呢？为什么三右一风至今有增无减呢？为什么全国老造反派普遍受压制呢？为什么三反一粉碎的战斗刚刚打响就被纳入歧途呢？为什么第五个回合的战役受到如此大的阻力呢？

这一切都在使人们在考虑着存在着一个反革命的什么力量？现在问题总算得到了答案，原来是第二个中心在向毛主席为首、林副主席、旗手江青同志为代表的中心争夺左右运动的领导权，争夺左右中国第一次文化革命结局的大权，争夺中国向何处去的大权。

在无产阶级革命派跟着毛主席夺取文化大革命全面胜利的时刻，第二个中心以及他们反动的"多中心论"便成为刘邓司令部破产的主要阻力，要把毛主席革命路线获得彻底胜利，必须击退"第二个中心"，必须批透反动的"多中心论"。

难道"第二个中心"干的坏事还少了吗？

×氏人物的第二个中心的拿手好戏就是歪曲最高指示，以达到破坏无产阶级文化大革命的目的。在大联合问题上，毛主席明明指出："只要两派都是革命的群众组织，就要在革命的原则下实现革命的大联合。"可是充当第二个中心喉舌的《文汇报》却在六七年九月二十六日的文章里说什么"……两派都是群众组织，要无条件的实现革命的大联合"，公然把"只要两派都是"篡改为"两派都是"；把"就要在革命的原则下"篡改为"要无条件"。毛主席明明指出要支持左派广大群众，可是到了第二个中心那里就变成了支左不支派。

毛主席明明指出派别是阶级的一翼，"对派性要进行阶级分析"，到了第二个中心那里就变成了"派性反动"，曾几何时，《文汇报》又成了大反派性的吹鼓手。

毛主席明明指出革命委员会要"一元化""三结合"，可是到了第二个中心那就变成为"多元化""两结合"，甚至"单结合"。

毛主席明明指出"要把无产阶级文化大革命进行到底"，可是到第二个中心那里又变成了"运动搞三年，六八年收场"，再也没有革与保了。

如果（说）×氏人物的第二个中心只是口头上反对革命的话，那么确实太小看他们了。难道我们没有看到全国那么多造反派被各种借口打下去了的事实吗？谁又是镇压革命群众运动的刽子手呢？

在一个地方搞什么"全面肃反"，借口捉反革命，逮捕十万余名老造反派的历史罪恶又是谁干的呢？

难道我们没有看到广西4·22战士被打得背井离乡，流落于街头靠募捐过日子吗？毛主席的保护广大人民群众的指示对他们不适用吗？谁造成广西4·22今天这么悲惨的局面呢？是谁要出卖光广大人民群众利益呢？六七年武汉事件前夕，武汉造反派逃到上海，为什么会受到冷遇？是什么人今年又同样对待广西4·22战士呢？

究竟是谁说刘邓打不倒，要他们回来工作？

究竟是谁说江青的权力太大，要控制点呢？

究竟是谁说接班人要重选呢？

究竟是谁要否认谭震林出头煽动的二月逆流呢？

究竟是谁说不许九大在中国召开呢？

究竟是谁作好了与毛主席司令部闹分裂的阴谋呢？

不是要揪出杨傅余的后台吗？第二个中心的×氏人物就是他们这个不大不小的集团的主子。

不是要搞三反一粉碎吗？第二个中心就是三右一风的策源地。

他们实在也是够猖狂了。近几个月来不是表演了几次了吗？！他们那样仇恨革命小将，甚至要革命小将回乡种田，然而毛主席偏偏最近亲自接见了革命小将，并且还那样耐心地等待了一个多小时，这对他们是一记何等响亮的耳光啊！他们借口批判群众组织为名，大叫不能一派掌权，公然与毛主席、林副主席分庭抗礼，然而毛主席司令部又发出了指示:"所谓'多中心论'是一种资产阶级山头主义、个人主义的反动理论""倘若各个部门、各个单位都要'以我为中心',全国有许多个'中心',仍旧是无中心""必须粉碎反动的多中心论",这对于他们又是一记何等响亮的耳光!

他们成天念念不忘解散××组织,命令××倒旗,这个是跨行业,那个是障碍,要借机再下手,然而偏偏毛主席司令部发出了最坚决的声音,"不能有第二个中心",那些想解散别人的人,还是让我们来解散你们这样的第二个中心吧!我们憋足了一肚子气,在红八月——造反派的日子里,大可以出气了!×氏的第二个中心,我们之间的战斗就此打响了。

扬子江评论 68.8.8

(一评及四评均用大字报的形式,张贴在汉口工艺大楼和水塔一带——编者注)

根据 1968 年 8 月 29 日出版的《三新中总》第 3 期和湖北大学革命委员会政宣部 1969 年 9 月编印的《把反动刊物〈扬子江评论〉拿出来示众》刊印。

# 评《文汇报》
## ——二评反动"多中心论"

（一九六八年八月十一日）

冯天艾

编者按：

本编辑部在前几个月里写了一篇批判《文汇报》在一个时期内的右倾机会主义方向的文章。

这样一篇毛里毛糙的文章却遇到了阻力，被扣了下来。

现在，当毛主席司令部发出了粉碎反动的"多中心论"的伟大号召的时候，我们决定仍然要把这篇文章拿出来。

我们过去说《文汇报》在一个时期内，"充当了中派的喉舌"，现在看来，又何止是中派呢？正确的说法，应当是成为了第二个中心主要的喉舌。

要批判第二个中心以及他们那种反动的"多中心论"么？那我们切切不可放过充当了喉舌的《文汇报》。

我们深信《文汇报》内部的老造反派和全国各地的老造反派以实际行动摧垮第二个中心在上海搞起独立王国，紧紧地团结在以毛主席、林付（副）主席、旗手江青为代表的中心的周围，把上海地区的无产阶级文化大革命进行到底！

## （一）

"一月革命"后，《文汇报》逐渐为"中派"先生控制，改弦易辙，专项右倾机会主义方向，充当先生们的喉舌，有好几个月了。

令人奇怪的是，三反一粉碎的号召提出也有三个月了，中派先生的手下的《文汇报》的右倾机会主义方向却至今未得到批判，可见阻力不小，大有老虎屁股摸不得之意。

沉默沉默，不在沉默中死亡，就在沉默中爆发。

今天,扬子江畔的几个名不见经传的小人物,向堂堂中派先生手下的《文汇报》的右倾机会主义方向公开宣战了。

## (二)

我们先来看看,在中派先生借口反极"左"而大肆推行右倾机会主义的几个月里,《文汇报》贩卖了一些什么样的货色,不妨列举部分文章的题目:

67.9.11 《评极"左"思潮》
67.9.14 《评"以我为核心"》
67.9.21 《从思想上彻底铲除"两大派"》
67.9.26 《从"一月革命"到"九月高潮"》
67.9.27 《革命群众组织要无条件联合》
68.1.12 《论派性的反动性》
68.1.17 《亲者严,疏者宽》
68.1.21 《路线斗争和派性斗争》
68.1.24 《派性最突出的症状是排他性》
68.1.25 《打倒派性,解放干部》
68.1.29 《论派性的顽固性》
68.2.3  《不做春风的挡风牌(派)》
68.2.4  《把卫生战线上两条路线(的)斗争进行到底》
68.2.9  《派性与机会主义》(解放日报)
68.2.17 《一根黑线两只[黑]瓜》
68.2(3).23 《应当重视对资产阶级反动思潮的批判》

同时《文汇报》还大登什么《支左不支派》的文章,大力报导名为揪小爬虫的实为把矛头指向革命群众的文章。

通过标题看文章,通过舆论看实况,《文汇报》在中派先生的反极"左"的活报剧中确实扮演了极不光彩的角色,全国的老造反派既感到痛心,又感到可恨。

## (三)

对于学生的大联合,毛主席视察华中等地区时,作了这样的指示:"革命的红卫兵和革命的学生组织,要实现革命的大联合,只要两派都是革命的群众组织,就要在革命的原则下,实现革命的大联合。"可是这样的一条指示,到了[在]《文汇报》手中,都(却)有了极大地改变。67.9.26 的《从"一月革命"到"九月高潮"》和九月二十九(七)日的《革命群众组织要无条件联合》的文章里说,什么"革命的红卫兵和革命的学生组织,要实现革命的大联合,两派都是革命群众组织,要无条件实现革命大联合。"

请同志们注意一下,《文汇报》竟然悄悄地但又是公开地篡改了毛主席这一段指示中最关键的两处。

毛主席这样一段极有革命原则的指示,被《文汇报》弄成"在真理面前人人平等"的翻版货,为右倾机会主义势力的抬头提供了合法的"理论依据",替去冬至今的右倾翻案风充当了急先锋,必须向《文汇报》追查这一极其严重肇事者,那些惯喊贼喊捉贼伎俩的中派先生们,天天扯着嗓子骂别人炮打毛主席,那么你们究竟怎样处理《文汇报》这样明目张胆地篡改毛主席最高指示的现行的行为呢?

在去年二月逆流中,中派先生一直为这股逆流喝采,对于奋力起来抗击二月逆流的造反派大谈斗争,绝口不谈什么联合不联合。

可是,当造反派用鲜血和生命夺得反逆流胜利时,中派先生们生怕保守派阵营彻底崩溃,便拚命贩卖"无条件联合论""都是革命群众组织论",企图稳住阵脚,养精蓄锐,卷土重来。

《文汇报》竟然还要在一旁帮腔,说什么"搞无条件大联合我们被组织吃掉了,权力削弱了,吃亏了"是"条件论者"的遁词,说什么"搞无条件大联合,我们怕老保翻天",这种议论是"貌似有理",其实也是站不住脚的。

不必从废纸堆里寻找"考茨基的叛徒"事例,也不必回忆陈独秀出卖工人三次武装起义的可耻行为,只看看当今中派的嘴脸那是一付(副)何等生动的资产阶级的奴才相!就连武训也要逊色三分呢!

篡改毛主席最新指示该当何罪?《文汇报》心中有数,他们我们早晚要你们还债的。

## (四)

无产阶级文化大革命自始至终，一直存在着"革"与"保"的斗争，承不承认"革"与"保"，对"革"与"保"采取什么态度，什么立场，是一个基本的原则问题。

可是中派手下的《文汇报》是什么态度呢？

请看一看《文汇报》的文章说什么呢？

"他们把一月革命后革命群众组织之间的某些分歧至今还说成'革'与'保'的斗争，把派性斗争看成是；路线斗争"。(见《文汇报》68年2月24日《把卫生战线上两条路线斗争进行到底》)

"他们口头上表示反对派性斗争，但是行动上又不肯真正放弃派性斗争，并且为这种行为作辩解，还找出一个冠冕堂皇的理由，硬把对方说成是'老保'，硬把与对方的矛盾说成是'革'与'保'的斗争。"(见《文汇报》68.1.21《路线斗争和派性斗争》)

"这种人总是挖空心思说明对方是老保，指责别人的缺点，错误，犹如长江流水，滔滔不绝。"(见《文汇报》68.1.17文章《亲者严，疏者宽》)

而在《文汇报》一篇十分有名的文章[里]《评极"左"思潮》中，极"左"思潮的第一条罪状就是：在革命大联合中，它总是喜欢地加对方以"老保"的帽子，宣布"革"与"保"势不两立，血战到底。

照《文汇报》看来，一月革命后没有"革"与"保"的斗争，都是革命组织，那么请《文汇报》解释一下，怎样认识从去年二月开始的资本主义复辟逆流的斗争？怎样认识革命造反派在几个月里用鲜血和生命所进行的战斗历程？

照《文汇报》看来，既然由毛主席司令部同刘、邓司令部激烈搏斗而产生的"革"与"保"的斗争不是势不两立，而是可以调和的话，那么，毛主席司令部同刘、邓司令部的斗争岂不也是由中派先生出面充当调停的人么？

"硬把对方说成是'老保'，硬把与对方的矛盾说成是'革'与'保'的斗争"，请同志们听一听《文汇报》为铁杆老保们鸣冤叫屈！他们对刘、邓司令部的叭儿狗们是何其可怜，何等关怀备至啊！

如果说法国多列士是殖民主义的辩护士,那么,当今的中派先生们却是充当了资产阶级和国民党反动派的可耻的调停的委员。

中派手中的《文汇报》这样要掩盖、回避、抹煞"革"与"保"的斗争不是没有目的的,如果让"革"与"保"的斗争进行到底,中派先生的最后一点点资本,岂不是也要破产吗?

## (五)

革命造反派都清楚的记得,在中派先生反极"左"的日子里,《文汇报》在围剿派性上变得多么起劲啊!他们不惜笔墨的一论再论,不厌其烦地历数派性的十大罪状。

让我们回过头来欣尝(赏)一下《文汇报》的杰作吧!

《(论)派性的反动性》中说道:"资产阶级、小资产阶级的派性是一条大毒蛇,被它缠上了身就不得了"。"必须历数派性的十大罪状"。"资产阶级、小资产阶级派性,是一种反动性。逆革命潮流而动,[就]叫做反动,(无产阶级)文化大革命的(革命)洪流滚滚向前,(而资产阶级、小资产阶级派性这种反动思潮,却妄图阻碍革命洪流前进,)这不是反动吗?""落花流水春去也,资产阶级、小资产阶级派性耀武扬威的日子不长了,在革命阵营内部一时存在分歧现象,即将成为历史的陈迹。"

在《路线斗争和派性斗争》中说:"我们看到了派性的反动性,正是看到阶级斗争的存在。"

历史并未过去,眼前的一切都还历历在目,可是在毛主席司令部发出了"三反一粉碎"的战斗号召时,中派手中的《文汇报》也感到日子不好过了,他们连忙摇身一变,扮起反右的"英雄"来了,尽管此时的文章都是一些干巴巴的蹩脚货,我们也还可以找到这样几句话:

"不要笼统地不作阶级分析地反对派性,不要在反对资产阶级派性的时候把无产阶级革命派的派性也一并反掉了,值得注意的是,有些人用反'派性'这个抽掉阶级内容的口号,来大反我们无产阶级革命派派性,向无产阶级猖狂进攻,这是阶级斗争的一种新形式。"

"如果忘了阶级和阶级斗争,只在那里笼统地谈反对派性斗争,甚至掩盖和抹煞了阶级斗争，……那样，我们就要犯大错误。"

请拿这两段话去对照一下《文汇报》在两个多月前大反派性时的文章，究竟是什么人犯了"向无产阶级猖狂进攻的大错误"呢？《文汇报》这种自相矛盾的立场正好是自己打了自己一记响亮的耳光！

唱惯黑脸的，唱红脸总是不像。

大反极"左"的中派手下的《文汇报》，怎么当得了反右的英雄？

"还你庐山真面目！"

## （六）

要想开展"三反一粉碎"的斗争，有一个基本前提，这就是承认还是否认67年出现的"二月逆流"和反逆流的斗争。

谭震林在67年初的中央工作会议上跳出来否认"二月逆流"，并充当了"二月逆流"的急先锋。

前不久一位最近从中央政治局常委降为委员的李××带头搞了什么"上书"，其中有一条是否认"二月逆流"，要对"二月逆流"提出申辩。

那么中派手下的《文汇报》是什么态度呢？

有他的一篇也是很有名的文章《从"一月革命"到"九月高潮"》中有这样一句（段）代表性的话："在一月革命风暴中，上海无产阶级革命派在向上海市委内最大一小撮走资派的夺权斗争中，初步联合起来了，但是无产阶级革命派掌权以后，随着斗争的深入，阶级敌人策略上的变化，随着资产阶级、小资产阶级思想对革命队伍的侵蚀，在不少单位革命队伍内部出现分裂现象，越来越严重的影响着文化大革命深入开展，弄得不好，文化大革命就有半途而废的危险，这次革命大联合的'九月高潮'使许多单位结束了'势不两立'的两大派组织互相对立的历史现象，巩固了一月革命的伟大成果，保证了无产阶级革命派集中火力，集中目标向党内最大的一小撮走资本主义道路的当权派开展大批判斗争，豪迈跨进本单位斗批改的新阶段。"

请同志们在这段概述半年多历史的三百余字之中，耐烦的找一找有没有"二月逆流"和反逆流的字眼？

如果说他们在去年九月份还比较回避这个问题的话，那么在今年初的文章中就不公开反对把一月革命的分歧说成是革与保的斗争。

联想起武汉造反派揪武老谭最艰难的时候，上海有位显赫要人在那里满肚子不高兴地批评武汉造反派。

联想起去年7·20武汉事件前到上海避难的武汉造反派，受到什么样的待遇，而7·20后中央表态，上海某些人也就忽然笑脸相迎了。

如果说有几个月反逆流的腥风血雨的战斗，造反派还能迎来九月高潮吗？能取得决定性的胜利吗？

中派手里《文汇报》的立场不是慢慢看得清楚些了么？

为什么中派手里的《文汇报》这样反对承认"二月逆流"和反逆流的斗争，除了说他们至少在客观上是和谭震林同流合污之外还能说明什么呢？《文汇报》心中有数。

谁否认二月逆流，谁也不免要逐渐成为"二月逆流"的黑打手，《文汇报》否认"二月逆流"正好为去冬至今的右倾翻案妖风作了得力的帮凶。

## （七）

在反极"左"的最后几分钟，在"三反一粉碎"的前夕——3月22日，《文汇报》在一篇题为《应当重视对资产阶级反动思潮的批判》文章里，把砸烂旧的国家机器，作为反动思潮大加批判。

如果《文汇报》某些大人们的脑袋还长在自己的肩膀上的话，你们总不会否认，在"一月革命"高潮中，曾经出现二十多天的上海人民公社，上海市一千万人民也绝不会忘记它，67年2月5日那天，工人们是怎样火葬了旧上海市委的木板，又怎样亲手挂上了"上海人民公社"的巨大牌子。

还请看一看67年2月6日《文汇报》的长篇文章《伟大的历史性的革命创举——欢呼上海人民公社的诞生》，那里面是闪耀着何等火一样的语言啊！

"上海人民公社的诞生，重新创举（造）了无产阶级专政的地方国家机构的一种新的组织形式，创造了无产阶级专政的新形式，去年六月一日，毛主席就把北京大学的全国第一张马列主义（的）大字报称为二十世纪六十年代北京人民公社宣言。今天，毛主席[的]这个天才的予（预）见，又在上海地区实现了。上海人民公社的出现告诉我们：无产阶级革命派在重新夺权以后，必须把旧世界打个落花流水，把旧的资产阶级专政（的）机构彻底打碎。"

马克思曾经对法国巴黎公社的革命经验作过这样的评价："工人们的巴黎及其公社将永远作为新公社光辉的先驱，使人敬仰，巴黎公社的革命精神永存。"九十六年后的上海，上海的工人阶级高举起上海人民公社这面伟大红旗，推动着轰鸣的历史火车头，飞速前进。

……

一切权力归上海人民公社。

每一个革命的上海人民，将以上海人民公社的社员而自豪！

未来的世界还将是公社的新世界！

毛主席英明地看到了成立人民公社的条件尚不成熟，及时地提出了建立一个临时权力机构的指示。

现在，当着在斗争中经受考验的造反派，从内心发出了渴望公社，希望自己能真正掌握自己的命运时，中派手中的《文汇报》却把造反派的这种新思潮打成反动思潮，这是什么道理？我们要反问一问，你们敢不敢正视去年二月出现的上海人民公社？

如果你们要把破坏三红的罪名加在我们头上，自己戴起来更合适。正是你们这种挂羊头卖狗肉的家伙们，表面上批判我们，实际上公开否认"一月革命"的产物——上海人民公社，后来的上海市革命委员会，难道不就是你们这帮家伙在吞噬"一月革命"的果实吗？

正告你中派先生，一旦官僚主义阶级被彻底推翻时，你们赖以生存的旧的国家机构必然要被打碎，到那时，你们再来做七七四十九天的道场叫丧吧！

## （八）

如果《文汇报》在《从〈文汇报〉两次资本主义复辟中引出教训》中说道："此时的文汇报等把斗争矛头指向群众，而不是指向一小撮走资派，专为上海市委内一小撮走资派涂脂抹粉，制造市委是'革命'的假象，专为保守派撑腰，把革命派打成反革命。"

那么，今天的中派手里的《文汇报》又何尝变得好了些呢？

我们且不必说《文汇报》在全国的流毒，只要看一看上海的情况，就够叫人寒心的了。

为什么在一个小小的大字报里竟会揪出比工作组时期还要多得出奇的"右派学生""反革命"呢？

为什么有人要在上海大搞独立王国，大树以×××为首的市革委会权威呢？

《文汇报》在这里面充当了什么样的角色呢？

《文汇报》在去年八月份曾经保证过："这次我们一定要引出教训，再不能大权旁落，出现第三次资本主义复辟。"

中派手里的《文汇报》若是继续沿着右倾机会主义路线走下去，势必有一天会出现第三次资本主义复辟的，难道我们不是看见复辟的压制已经掌了权呢（吗）？《文汇报》已经开始充当向广大人民群众实行镇压的资产阶级专政的工具了。

《文汇报》向何处去？

## （九）

想不到《文汇报》也厚起脸皮来批判"多中心论"了。

分明自己是第二个中心的主要喉舌，却反过来要批判什么"多中心论"，这是贼喊捉贼的伎俩。

每每火要烧近身上来的时候，《文汇报》就立刻把矛头指向下面，指向群众，从而扭转运动方向，这次又不例外。

难道第二中心是指哪派群众组织吗？

有什么群众组织可以同毛主席为首、林付（副）主席为付（副）的司令部相提并论，称第二中心？

只要稍稍有点头脑，而不是不动脑筋的人，都会心中有数的。

第二中心的喉舌《文汇报》之所以这样做，无非又是为了开溜。

难道能够老开溜吗？那是不行的。

以毛主席、林付（副）主席为首的司令部决不会答应第二个中心在上海大搞独立王国。

为毛主席掌握一部分国家机器的敬爱的周总理是决不答应的。

为毛主席主办《红旗》杂志的中央文革组长陈伯达同志是决不答应的。

我们敬爱的旗手江青同志是决不会答应的。

让我们无产阶级革命派紧紧团结在以毛主席、林付（副）主席为代表的无产阶级司令部的周围，彻底粉碎反动的"多中心论"，击溃第二个中心。

尽管毛里毛糙的小人物只会写出毛里毛糙的文章，可是有一点，我们对于右倾机会主义是深恶痛绝的。

今天，我们几个小人物向庞然大物第二个中心的主要喉舌《文汇报》开了一炮，你们究竟作何打算呢？——

公开回答？暗地报复？还是设法镇压？

如果你们有胆量的话，就把我们的文章登在你们官方的大报上。倘若你们对我们进行专政的话，我们翻案之时，是《文汇报》二次夺权之日，是全国右倾机会主义全面崩溃之日。

来吧，暂时还有点神气的中派先生！

来吧，已够臭了的中派手中的《文汇报》！

《扬子江评论》编辑部
一九六八年八月十一日

根据湖北大学革命委员会政宣部 1969 年 9 月编印的《把反动刊物〈扬子江评论〉拿出来示众》刊印。

# 炮打×氏有何罪，造反当学红革会
## ——三评反动的"多中心论"

（一九六八年八月十三日）

《扬子江评论》编辑部

第二个中心的×氏先生，终于离开上海上京留用了。

尽管他盗用中央名义，又一次残酷地镇压了上海地区第五个回合的革命群众运动，然而他自己毕竟无法逃脱历史的惩罚。

拂去岁月的灰尘，翻开历史的篇章，×氏先生的表演足够有意思的了。

他得了天时，在处理"安亭事件"上以中央大员的身份，为自己捞到了一笔不小的政治资本，而"一月革命"的果实，又被他独吞下肚里，作为向毛主席司令部，向全国人民炫耀的法宝。

"假的就是假的，伪装应当剥去"。[1]

无情的历史剥开了×氏先生那一付（副）假革命领导者的面具，他完全背叛了毛主席，辜负了上海市、全国革命人民原来对他的希望，滑到了自危的泥坑。

人们清楚的记得，六七年初红革会小将第一次向×氏先生提意见时，×氏先生怎样又痛又气，恼羞成怒，那样"精通"《十六条》的×氏先生，竟然也不顾《十六条》上所说的"有些学校、有些单位、有些工作组的负责人，对给他们贴大字报的群众，组织反击，甚至提出（所谓）反对本单位或工作组领导人就是反对党中央，就是反对党反对社会主义，就是反革命等类口号。"赤裸裸冲上阵来把红革会小将打下去。这正如《十六条》所说的——"他们这样做，必须（然）

---

[1] 引自《一九五五年五月十三日"人民日报"的编者按语》，见《关于胡风反革命集团的材料》，人民出版社，1955年6月，第5页。

要打击到一些真正革命的积极分子，这是方向的错误，路线的错误，决不允许这样做。"

这是×氏先生登上造反派鲜血换来的宝座后第一次犯的错误，他何曾又认了帐呢？

在反击二月逆流的时候，武汉地区的造反派一致提出"揪出武汉谭震林"的战斗口号，可是这位×氏先生却蹲在上海连声指责武汉造反派要揪什么"武老谭"。在反革命大肆向革命派进攻的时候，×氏先生不是大长革命派的志气，而是竭力主张取消斗争。这难道不是陈独秀式的机会主义嘴脸吗？

在武汉造反派处境最困难的时候，一部分造反派被迫到了上海，满以为"一月革命"后的上海，会以无比的同情支持武汉造反派，却又谁知道受到了那样的冷遇呢？难道×氏先生不是在里面干了很卑鄙的勾当吗？

只要去过上海柴油机厂的造反派，都很清楚上柴联司和上柴东方红之间的斗争，分明是"革"与"保"的斗争，凡是在上海的外地造反派，十分鲜明的表示支持上柴联司。六七年七月底几乎组成了全上海的"支联站"。

×氏先生在轰轰烈烈的工人运动面前现了刽子手的原形，八月四日，他竟盗用手中的大权出动陆海空三军，打着工总司的旗帜，以空前的手段极其残忍地攻打了上柴联司。

"联司""支联站"都被镇压下去了，生气蓬勃的革命运动被扼杀了，然而，×氏先生的面目也就够清楚了。还要到那里去找出卖上海工人运动的陈独秀呢？只要看一看他这一出戏就够了。

×氏先生的第二中心在上海大搞独立王国，大树个人威信，是人所共知的了。可是，他搞独立王国竟然搞到这种地步，甚至在67年12月，竟不惜出动什么"文攻武卫"大军，一夜之间，把外地驻沪机构全部查封，外地人员要全部赶光。他又拿出了工作组当年"先打成反革命，后找材料"的法宝，把外地驻沪机构全部说成是"牛鬼蛇神"的防空洞，居然还说这是斗争的大方向，不抓这就是不抓斗争大方向。真是岂有此理！把伟大的文化大革命的群众运动搞成"排外地人运动"，这算不算犯罪！

《人民日报》在纪念毛主席《炮打司令部》一文发表两周年的文章指出："有极少数以我为中心的人不认真学习毛泽东思想，不认真执行毛主席最新指示，头脑膨胀，离开毛主席的伟大战略部署，甚至歪曲最高指示。"

难道×氏先生不就是这样的人吗？

在《文汇报》上刊登的被歪曲的毛主席最高指示，没有×氏先生的"功劳"吗？

×氏先生更为毒辣的是，借清理阶级队伍为名，又一次把群众打成反革命，他哪里是清理阶级队伍啊，明明是向革命群众进行反攻倒算！

只要是去上海学习了"清理阶级队伍"的造反派，几乎没有不摇头的，难道一个小小的学校里，会有比工作组时期还要多的右派吗？是谁把上海的政治空气搞得这样沉闷闷呢？

×氏先生也算够狠的了，正当上海地区革命造反派奋起参加第五个回合的伟大战斗时，他又一次镇压了革命群众运动。×氏先生那样害怕在《文汇报》上刊登《北京日报》四月九日的社论，那样竭力地要把坚持原则刊登社论的朱锡琪[2]同志打下去，又何其毒也！

×氏先生纵能逃脱一时，逃脱不了历史！

在毛主席司令部发出彻底批判反动的资产阶级的"多中心论"的时候，我们扬子江畔的弄潮儿要大吼一声：

炮打×氏有何罪？造反当学红革会！

×氏先生，你究竟打不打算向全上海、全中国革命人民低头认罪呢？

我们奉劝你不要顽固到底，那是没有好下场的。

我们认为：上海地区运动的实践是怎样正确评价以红革会为代表的红卫兵运动和以上柴联司、支联站为代表的工人运动，×氏先生在这两个问题上犯的罪是必须清算的。

让我们扬子江畔的造反派同黄浦江畔的战友同声呼喊：

活着干，死了算

---

2　朱锡琪，上海市革委会成员。

老子要翻联司案
联司、支联起来日
造反派昂首黄浦滩

        《扬子江评论》编辑部
        一九六八年八月十三日

根据湖北大学革命委员会政宣部 1969 年 9 月编印的《把反动刊物〈扬子江评论〉拿出来示众》刊印。

# 群众运动与考派

## ——纪念十六条颁发两周年暨四评反动的"多中心论"

（一九六八年八月十三日）

《扬子江评论》编辑部

风雷激，波涛澎湃。

全国各地的老造反派在纪念毛主席为我们亲自制定的光辉的《十六条》发表两周年的时候，是怎样的向往啊！向往北京城！

在毛主席的无产阶级革命路线同资产阶级反动路线搏斗关键时刻产生的《十六条》，象一个无比巨大的思想武器，把全国几万造反派和革命人民，紧紧地团结在以毛主席、林付（副）主席、旗手江青同志为代表的领导中心的周围，同刘、邓司令部展开了多次的，反复的较量。经过两年时间，刘、邓司令部企图在中国全面复辟资本主义的阴谋遭到了可耻的失败。

毛泽东思想，在惊心动魄的阶级斗争大风浪中，以无比威武的姿态，进入了国际共产主义运动的第二个里程碑。

作为第三个里程碑的主要组成部分——十六条，这一无产阶级文化大革命纲领的文件，为无产阶级文化大革命轰轰烈烈的群众运动指明了方向，起了何等推波助澜的作用啊！

的发表，像雨露阳光一样温暖了处在白色恐怖中的千万革命青少年，让群众在运动中"自己教育自己，自己解放自己"，使千万革命青少年得到了多么巨大的鼓舞力量。

造反派在战斗的红八月中以无限的深情纪念了十六条发表一周年，六七年夏天的祖国大地，人间沧桑的景象又是何等火热啊！

今天，处在全国右倾翻案风中的造反派，该是以怎样的战斗来捍卫十六条的革命原则，该是以怎样的激情，渴望着群众运动的热潮，该是以怎样的愤怒,痛斥着站在群众运动旁边的考派们的贩(叛)卖行径。

对待群众运动采取什么态度、什么立场,从来都是革命与反革命(原件此处空缺三行字)第二个中心在群众运动面前的假革命手段。

三右一风是第二个中心里个别人物看到了无产阶级文化大革命取得了决定性的胜利,预感到自己穷途末日快要来临而刮起来的,这股反革命恶风,在(至)今有增无减。

我们今天来纪念光辉的十六条,就是要捍卫十六条的革命原则,而要捍卫这个原则,就必须痛斥第二个中心里的考茨基派是怎样恶毒地践踏十六条的革命原则,怎样可耻地同国民党反动派出卖十六条的革命原则,一句话,必须无情地揭露第二个中心怎样在革命群众运动面前由怕龙的叶公而变成杀人的刽子手蒋介石、汪精卫之流。

光辉的十六条指出:"一大批本来不出名的革命青少年成了勇敢的闯将。他们有魄力、有智慧。他们用大字报、大辩论的形式,大鸣大放、大揭露、大批判,坚决地向那些公开的、隐蔽的资产阶级代表人物进(举)行了进攻。(在)这样大的革命运动中,他们难免有这样那样的缺点,但是,他们的革命大方向始终是正确的。这是无产阶级文化大革命的主流。"

但是在无产阶级文化大革命群众运动的滚滚洪流面前吓得惊慌失措的第二中心,尽管他们的肩膀上也有着一颗平常的人一样的脑袋,可是,他们那很硬的脑袋却无论如何也不愿意理解革命的新秩序,尽管他们那很硬的脑袋上也着一双平常人一样的眼睛,可是,他们那很昏的眼睛却无论如何也不愿意看到群众运动的主流,尽管他们那很硬的脑袋两边也竖着一对平常人一样的耳朵,可是,他们那很聋的耳朵却无论如何也不愿意听到造反派的正义声。

要他们始终保持中派立场是不可能的,考派的鼻祖考茨基第二国际时代曾一度是中派,大战中变成了右派。

第二个中心——考派中心的先生们,已经有人走向右派营垒了,他们拣起群众运动支流当作鸡毛令箭,向群众头上挥杀过来,企图把运动拉向右转。

革命小将在大风浪中难免喝几口水,为了保护革命小将,十六条不仅肯定了革命小将大方向，而且还作了这样的规定："在运动中，除了确有证据的杀人、放火、放毒、破坏、盗窃国家机密等现行反革命分子，应当依法处理外，大学、专科学校、中学和小学学生中的问题，一律不整。为了防止转移斗争的主要目标，不许用任何借口，去挑动群众斗争群众，挑动学生斗争学生，即使是真正的右派分子，也要（放）到运动（的）后期（酌情）处理。"

可是，第二个中心的先生们发现了小将的不可避免的错误，站在黄鹤楼上简直高兴得几乎要忍不住跳起摇摆舞来了！他们抓住革命小将这样那样的缺点，无限上纲，等不得"秋后算账"，急急忙忙把一顶顶"极左派""反革命""右派学生"的帽子，向革命小将头上盖将下来，更有甚者，企图将革命小将送去"劳动"。

革命群众运动从自发到自觉的过程，总会有些偏差，十六条那样明确地规定："有些有严重错误思想的人们，甚至有些反党反社会主义的右派分子，利用群众运动中的某些缺点和错误，散布流言蜚语，进行煽动，故意把一些群众打成'反革命'。要谨防扒手，及时揭穿他们耍弄的这套把戏。"

第二个中心里的先生们不就是很文明很高级的扒手吗？

六七年夏天，处在火热战斗中的造反派群众，受了党内左倾冒险主义破坏毛主席伟大战略部署的一些影响，不恰当的在全国各地到处"揪军内一小撮"，考派以为又捞到了一根闪闪的鸡毛，马上迫不及待地把乱军的账推到造反派头上，借反极"左"为名，行右倾翻案之实，和六四年刘少奇的形"左"实右又有什么区别？

他们对造反派那样横看不是眼，竖看不是鼻，他们这样死揪住群众运动的支流，就是担心革命那一天早上要敲掉他们的官梦，便千方百计设法把运动向右转。

在他们猖狂地向革命派反攻倒算的时候，什么不分"革"与"保"啰，什么都是"革命派"啰，什么"无条件联合"啰，什么"支左不支派"啰，什么"派性反动"啰……一套又一套，简直就象《西游记》上的皇帝老子效劳的十八罗汉那样，向造反派孙大圣进行围攻。

当造反派还处在少数派受压制的地位时，他们在一旁冷眼相看，连屁也不放一个，可是，一旦造反派跟着主席起来闹革命，杀出队伍要夺权时,他们急得连忙跑出来大叫:不能一派掌权!

第二个中心的个别先生,就这样一步一步地把轰轰烈烈的无产阶级文化大革命的群众运动引向右转,造成迄今为止还在继续的右倾翻案妖风。

光辉的十六条对阶级斗争具有何等深刻的洞察力啊!

——"文化大革命既然是革命,就不可避免地会有阻力。"这种阻力目前还是相当大的、顽强的,"由于阻力比较大,斗争会有反复,甚至可能有多次的反复。"

难道现状不正是这样么?

被毛主席关于"你们要关心国家大事,要把无产阶级文化大革命进行到底"[1]的伟大号召鼓午(舞)起来的千万革命造反派,在激烈的战斗中形成了毛主席革命路线的产物——一支又一支坚定的造反派队伍。在那叱咤风云的日子里出现了名扬四海、威震五湖的一面又一面熟悉的战旗"湖南湘江风雷""哈军工红色造反团""北航红旗""西军电(临)""上海红革会""青海八·一八""新疆红二司""广西4·22""广州三面红旗""首都三司""河南二七公社"……

毛主席亲自领导的、无产阶级自己发动的大革命并未结束,然而那些熟悉的战旗又怎么样了呢?

战旗,一面面地倒下倒下……

考茨基派中极个别人物窥测到了革命小将在政治上的不成熟,阶级斗争经验不丰富,故意设下这样或那样的圈套,引诱革命小将犯错误,然后呲开牙齿,向犯错误的革命小将扑上来。

考派中(极)个别人物揪住一个造反派队伍里极个别人的错误(甚至极个别坏人),一家伙把一个队伍全给打下去。有的地方竟然捕捉了十多万老造反派,还说要"全面肃反"。

考派中极个别人物那样仇恨鲜艳的造反派战旗,他们对全国极大的跨行业组织不说一句别的话,却偏偏要另外几个(也许是最使他们头疼的)造反派队伍"按单位、按系统",甚至竭力鼓吹"倒旗光荣论"。

---

[1] 转引自《在党中央关于无产阶级文化大革命的决定公布后毛主席会见首都革命群众》,1966年8月12日《人民日报》。

他们哪里是反对什么"一派掌权"呢？当着造反派被千方百计压下去的时候，考派们就把大权拱手于国民党反动派手中，交给康老三式的人物，再不就搞个"联合"掌权，实际上剥夺造反派的权。

毛主席在六七年"七月革命"高潮时指出："全国的无产阶级文化大革命形势大好，不是小好。形势大好的重要标志，是（人民）群众充分地发动起来了。"[2]

广大的人民群众以主人翁的姿态，在运动中深深地考虑着国家的命运，人类的命运，"中国向何处去？"的问题逐渐为越来越多的人民所思考。

然而，第二个中心却打着"宣传""形势大好"的旗号，实际上干着麻痹群众斗志、准备随时复辟的勾当。

他们拚命向群众灌输"革委会成立后，一切都该收场了"的论调，企图抹煞作为过渡性的临时权力机构的革委会成立前后存在的两条路线斗争。

他们"在革命阵营内部组织反对派，极力使革命就此止步，如果再要前进，则应带上温和的色彩，务必不要太多地侵犯帝国主义及其走狗的利益。"在考派这种政策下面，许多原来很革命的同志越来越感到右倾空气的压力，最后不得不一批批采取了逍遥的对策，难道他们内心里真的愿意逍遥吗？这种政策是对考派们的一种消极的抗议，可以说，逍遥派是考派阻止革命群众运动的畸形产物。

有一部分造反派看出了考派们的鬼把戏，站出来讲了几句话，写了几张大字报，考派人物就气急败坏地把他们打成极"左"派，形"左"实右派，"右派"学生等。

当有的造反派真要起来反抗时，考派人物就张开血盆大口，镇压了广大革命群众。

在刘邓司令部被[炮]打垮以后，第二个中心的人物又横在群众运动的面前，他们利用手中还拥有的一部分权，同毛主席司令部分庭抗礼，拚命打击革命。正如十六条指出的，他们"极端害怕群众揭露他们，因而找各种借口压制群众运动，他们采用转移目标、颠倒黑白

---

[2] 引自《视察华北、中南和华东地区时的重要指示》（1967年）。

的手段，企图把运动引向邪路。当他们感到非常孤立，真混不下去的时候，还进一步要阴谋，放暗箭，造谣言，极力混淆革命和反革命的界限，打击革命派。"十六条把他们阳奉阴违的反革命两面派的脸谱勾划得多末逼真啊！

我们的《一评反动的"多中心论"》贴出，就使得某些人物那样惊慌失措，半夜里出来照相，大白天还要拍摄，一下子又是反动流派，一下子又是极"左"分子，什么炮打周总理，什么分裂无产阶级司令部……无奇不有。他们谣也造了，像也拍了，可是却仍然生怕更多的群众看到了大字报。大批判栏上我们辛辛苦苦搞出来的标语口号和大字报，只保存了两天，就很巧妙地被巨幅标语代替了。既然要说我们的文章是毒草，为什么又不敢让群众多看看呢？无产阶级大民主到那里去了呢？

十六条的最主要部分指出："无产阶级文化大革命，只能是群众自己解放自己，不能用任何包办代替的办法。""要信任群众，依靠群众，尊重群众的首创精神，要去掉'怕'字。不要怕出乱子。""要让群众在这个大革命运动中，自己教育自己，去识别那些是对的，那些是错的，那些做法是正确的，那些做法是不正确的。"

考派们最怕群众自己教育自己，最怕毛泽东思想为群众所掌握，他们或者摆出工作组的一套，或者装出教师爷的架式，千方百计把群众和毛泽东思想[和群众]分割开来，或者把阉割了的毛泽东思想拿来愚弄群众。陶铸那一套红海洋的手法被他们学到手后，又"创新"了。

运动搞了两年，为什么许多地方的政治空气反而更沉闷了？为什么许多地方的大民主少了？这种历史的罪孽难道不是第二个中心干出来的吗？

考派们在群众运动面前很好地暴露了一番，人民群众从来没有像今天这样渴望闪耀着毛泽东思想光芒的"自己教育自己，自己解放自己。"

——"要革命，就必要长群众的志气，灭敌人的威风。没有群众的狂风暴雨，决不能有大革命，也决不能完成革命。毛泽东同志就是挺身起来歌唱群众大风雨、并且是对群众进行了呼风唤雨工作的无产阶级革命家,你说群众的狂风暴雨太粗暴了吗?对不起!你要懂得革命吗?这就是真正的革命!我们就是歌唱这样的革命!"

狂风暴雨的群众运动必将继续验证这一条真理——一切权力归左派,考派滚下台,右派脚下踩!

《扬子江评论》编辑部 8·13 定稿
（68.8.28 公布于工艺大楼——本刊注）

根据湖北大学革命委员会政宣部 1969 年 9 月编印的《把反动刊物〈扬子江评论〉拿出来示众》刊印。

# 《扬子江评论》答读者问

(一九六八年八月二十三)

《扬子江评论》编辑部

自本编辑部于 8 月 8 日连续发表三篇评反动的资产阶级"多中心论"的文章后,在江城引起了一些反映。连日来,本部收集了许多情况,同志们认为,既然《扬子江评论》这份小报是属于江城广大革命人民的,我们就必须对江城广大人民负责。因此,本报编辑部打算就有关问题,作出必要的答复,谬误之处,望江城人民予以批评提出。

问:你们是如何写出那几张大字报的?

答:这有两方面原因。一方面是眼前活生生的阶级斗争事实。综合我们所了解到的,所接触到的,所感觉到的大量的现状,可以用江青同志所指出的一句话归纳,那就是:"全国出现的右倾翻案妖风。"

可是,为什么第五个回合的阻力那末大呢?我们认为,既然作为党内右派势力的刘、邓司令部已被摧毁,那末,唯有党内中派里死心继承刘、邓事业的人物,才能制造出自上而下的这样大的阻力。

因而在《扬子江评论》第八期报上面刊登了一篇《无产阶级文化大革命与叛徒考茨基》的文章。

把矛头指向考派,这就是结论。

另一方面,纪念毛主席"炮打司令部"两周年《人民日报》的社论又给了我们深深的启示。

社论不仅指出刘、邓司令部在两年轰轰烈烈的文化大革命运动中被摧毁,而且还指出:全党、全军、全国只能有以毛主席为首、林副主席为副的唯一的领导中心,不能有第二个中心。(这充分说明存在第二个中心)

这就是说，刘、邓倒了，然而两条路线、两个司令部的斗争却并未结束。

以毛主席、林副主席为代表的唯一领导核心，同第二个中心的斗争，构成当前阶级斗争的新形势、新特点、新动向。

必须从"第二个中心"的反动舆论入手，于是批判反动的资产阶级的"多中心论"的任务就提出来了。

我们认为八·五社论[1]说出了造反派的心里话，为了紧跟毛主席的伟大战略部署，为了与毛主席司令部统一认识、统一意志、统一步伐，我们便写出了一批口号报及三篇大字报。

也许有人指责我们分裂无产阶级司令部。

说这话的人不是老保就是老机，他们不是把刘、邓从中央到地方的人物，当作无产阶级司令部的人保了两年还不死心吗？

如果他们手中有《红旗》杂志评论员的《对派性要进行阶级分析》的文章，学习而不知道怎么用的话，我们倒愿意请江城人民给他们洗洗脑袋。

问：有人说，你们把矛头指向周总理，这究竟是怎么一回事？

答：对于战友们的误会及其他心情，我们是完全可以理解的，至于有的想把炮打周总理的罪名，强加在我们头上，妄图捞稻草，那也由他们去吧！

和江城广大人民认识一样，对于周总理这样的领导者掌握国家机器，我们也认为毛主席司令部需要周总理管理国家内外大事。

其次，几十年来，敬爱的周总理以自己对革命事业一片忠心和非凡的才能向全国全世界证明了他完全能够胜任毛主席给他的重任，很难设想，我们的国家能够缺少周总理这样的领导者。

第三，正如总理自己说的："要是把我说过的错话收集起来，可以整一大本。"然而，这毕竟不能否定总理几十年的主流和大节。我们旗手江青说过："要向总理学习。"正是要我们学习总理几十年来勤勤恳恳为毛主席管理国家机器的主流。

---

[1] 指1968年8月5日《人民日报》发表的社论《在以毛主席为首的无产阶级司令部下团结起来——纪念毛主席《炮打司令部（我的一张大字报）发表两周年》。

我们的文章中也举出了一些错误的观点,那是将他们作为第二个中心的谬论来批判的,不能说凡是讲过类似话的人都是第二个中心的,账要算到×氏人物身上。

"不做亏心事,哪怕鬼敲门?"

那些揪武老谭揪得无法下台的老机们,在把责任全推给九•一三后,开溜得不能再快了。

然而,他们毕竟是老机,在开溜的时候,看了我们的大字报,满以为可以捞到根金稻草,不顾一切地搬出残旗破鼓,摆开架式,把一顶顶破帽子向我们头上扔过来,什么"炮打周总理",什么"分裂无产阶级司令部",什么"自立第二个中心"啰,简直不能再狂了。

如果要我们把他们当作论敌对象,甚至连大桥旁边的石柱也要发言反对了呢!

问:那末你们的×氏人物到底指谁?

答:请大家再看一遍我们的一句话——"直到目前为止,还想在群众面前装老革命家的×氏人物就是第二个中心的政治总代表。"

同志们,一定注意到了"在群众面前装老革命家的"几个字。

一切反革命两面派都是如此。

最早的陈独秀,后来的王明、张国焘,现在的刘、邓、陶,不都是这号人吗?

为什么《人民日报》上最近又指出,要反对阳奉阴违的反革命两面派的作风呢?难道这不是有所指的吗?

同志们,还必须注意我们话中的"政治"二字。

要想同毛主席司令部对抗,要想同毛泽东思想对抗,从而搞第二个中心,那必须要自成一套理论、方针、政策。

"多中心论",就是他们代表性论点。

提出"多中心论",要成为第二个中心的主要人物,首先是个政治人物。

的确,我们提出×氏人物是有自己看法的。

我们坚信,时候一到,毛主席司令部就会让群众识别出这个人物的。

很可喜的是以湖南、广州为代表的造反派心中是有底的,越来越多的同志在血与命的阶级斗争中识别了这个人物。

如果他能悬崖勒马，还不至于滑到危险的臭泥坑中去。

问：你们那条标语"毛主席交给钢工总 48 万战斗队员的伟大历史使命并未完成"，究竟是什么意思？

答：两年严重的阶级斗争，使我们与钢工总战斗队员，结下了深厚的阶级感情，工总问题，导演了江城几乎两年的运动史，工总翻案后的江城，该是多么火热啊！我们站在一旁，革命是不是到了头呢？

陈大麻子倒了，革委会成立了，革命是不是到头了呢？

1957 年《共产党、工人党宣言》中一段话说得很好——"对于工人阶级说来，取得政权只是革命的开始，而不是革命的终结。"

工总是毛主席革命路线的产物，它不是某一两个人头脑发热搞起来的，她也决不会因为一两个人想解散就解散得了的。

毛主席最近指出："我国有七亿人口，工人阶级是领导阶级。要充分发挥工人阶级在文化大革命中和一切工作中的领导作用，工人阶级也应当在[阶级]斗争中不断提高自己的政治觉悟。"[2]

作为武汉工人运动的代表，工人总部、九·一三，两支产业工人大军，在运动还没有结束就解散了，就受压。难道这能说是符合最新指示的吗？

六七年夏天里，那一副威武雄壮的工人运动到哪里去了呢？

请四十八万战斗队员扪心自问，工人阶级在目前究竟起了多少领导作用呢？

一句话，我们认为，在目前，一方面解散工总，一方面压制九·一三，这是不符合最新指示的。

问：有关单位讲你们的大字报拍了照，有人要把你们打成反动流派，你们准备怎么办？

答：我们的大字报是八月八日贴的，那是《十六条》发表两周年的纪念日。《十六条》上说得很清楚："要充分运用大字报、大辩论这些形式，进行大鸣大放，以便群众阐明正确的观点，批判错误的意见，揭露一切牛鬼蛇神。"我们按照《十六条》贴了大字报，既然敢

---

[2] 转引自 1968 年 8 月 15 日《人民日报》《解放军报》社论《热烈欢呼云南省革命委员会成立》。

贴，就不怕别人反对，谁高兴拍照，只要他有精力，他要拍多少就拍多少，只是有一条，任何人没权利破坏四大，毛主席的大民主！

我们欢迎反对我们观点的人，也运用四大同我们进行辩论，如果有谁能从理论上、实际上把我们驳得体无完肤，我们情愿戴任何帽子，假如有谁用强制办法，用武斗办法，威胁别人表态，把我们强行压下去，那末，即使我们在一个短的时期内抬不起头来，而那些镇压学生运动的人，到头来注定是要失败的。

想把《扬子江评论》打成反动流派吗？江城人民从内心是不会答应的！民办的《扬子江评论》尽管条件差得不能再差，然而江城却很少有什么报像《扬子江评论》这样受到江城广大人民的欢迎和爱护。

如果要把《扬子江评论》打成反动流派，那末江城人民岂止是只知道乘凉的人物呢？而且是接受反动流派的毒害，这不是有污英雄的江城人民吗？

属于江城人民的《扬子江评论》编辑部，作好了一切准备，除非有一天我们被迫失去四大自由，我们将一如既往地为毛主席革命路线战斗下去。

我们坚信，我们的对手——×氏人物必败！

六八年八月

（张贴于汉口工艺大楼一带——编者注）

根据湖北大学革命委员会政宣部1969年9月编印的《把反动刊物〈扬子江评论〉拿出来示众》刊印。

# 《扬子江评论》呼吁报

（一九六八年八月二十六日）

《扬子江评论》编辑部

一、强烈要求武汉军区公审"现行反革命分子"鲁礼安、冯天艾以及居仁门中学钢二司六·二四抗暴的两位女英雄！

二、强烈要求警司严惩八·二四狂妄师私设公堂毒打我部四名老钢二司战士的幕后指挥者和凶手！

三、新华工敢死队≠国民党（因为敢死队-国民党，故钢工总×钢九·一三=国民党$^2$）

四、工人阶级领导一切万岁！

五、钢工总、钢九·一三是毛主席、林副主席肯定了的武汉钢铁大军，工人阶级的优秀队伍！湖北武汉的一切大权你们掌定了！

六、一定要把反动的"多中心论"即"无中心论"批倒批臭！

七、彻底批判全国以414为代表的资产阶级反动思潮！

八、我们最最强烈要求曾刘方张首长接见《扬子江评论》战士！我们要亲自交材料给首长！

九、《扬子江评论》战士心目中只有以毛主席为首、林副主席为付（副）的这个唯一的中心，决不能有第二个中心！

十、用鲜血和生命捍卫毛主席的无产阶级革命路线！

十一、伟大的领袖，伟大的导师，伟大的统帅，伟大的舵手毛主席万岁！万岁！万万岁！

《扬子江评论》68.8.26

根据湖北大学革命委员会政宣部1969年9月编印的《把反动刊物〈扬子江评论〉拿出来示众》刊印。

# 反革命跳梁小丑鲁礼安的自供

(一九六八年九月六日)

新华工革委会斗批改串连会

编者的话

反革命跳梁小丑鲁礼安在今年的五、六月份"到全国跑一趟","交一批全国各地的朋友","在全国范围内商讨国家大事"。

这个反革命集团——"决派"的头目,还未实现其反革命狼子野心,就被英雄的铁山工人阶级逮住了,在铁证如山的事实面前,不得不进行了一些交待。

在"交待"中,鲁礼安吞吞吐吐,竭力回避自己的政治目的,虽然被迫交待些现行反革命活动,但是却拚命想把自己打扮成"没有无产阶级化的小资产阶级分子",装出一付(副)被别人"引向更远邪路"的姿态。《反革命跳梁小丑鲁礼安的自供》就是从这些很不像样子的"交待"中抽出来的。这份材料共分五个部分:

一、"决派"——反革命阴谋集团;

二、炮打无产阶级司令部;

三、毁我长城,颠覆红色政权;

四、插手黄石,指使策划4·25爆炸黄石电厂的反革命事件;

五、插手农村,破坏农村文化大革命。

斗批改串连会整理这份材料,是想告诉人们,所谓"决派",这个反革命阴谋集团,是一群绿头苍蝇似的"不得志者"乌合起来的,他们妄想成为一个能"团结几十万工人和几百万农民,成为一支包括工农学"的中心。他们要达到这个目的,就必然疯狂炮打无产阶级司令部,使用历史上一切蹩足(脚)政治丑角所惯用的造谣、诬蔑的伎俩,煽阴风,点鬼火,以天下大乱取而代之。他们要达到这个目的,就必然毁我长城,颠复(覆)我新生的红色政权。鼓吹反动的极"左"思潮;他们要达到这个目的就必然插手专县,破坏专县文化大革命,制造反革命的武斗,组织反革命势力。

"决派"是一个彻头彻尾、有纲领、有组织的反动流派。他们疯狂地破坏毛主席的伟大战略部署,干下了一系列的反革命勾当。

在纪念《炮打司令部》发表两周年的盛大节日里,以毛主席为首、林副主席为付(副)的无产阶级司令部向全国人民发出彻底批判反革命的"多中心即无中心论"的伟大战斗号令。那个要"发明自己的一套所谓'理论'来妄图指导革命与毛泽东思想唱反调"自成反革命中心的"决派",也从阴沟里爬出来,接过批判"多中心论"的革命口号,刮起阵阵炮打无产阶级司令部的妖风。

这是一次有组织、有计划地向无产阶级司令部的猖狂进攻;

这是一场不以人们意志为转移的严重的阶级斗争。

"树欲静而风不止"。既然,"决派"中的反革命跳梁小丑们宣布"战斗从此打响了",那么,我们就坚决奉陪到底,毫不手软地进行反击,奋起毛泽东思想千钧棒,捣毁"决派"这个反动思潮,把反革命阴谋集团——"决派"中一小撮反革命跳梁小丑及幕后指挥者统统揪出来,实行无产阶级专政!

党的政策历来是:坦白从宽,抗拒从严,首恶必办,胁从不问,受蒙蔽无罪,反戈一击有功。我们希望受蒙蔽参加"决派"的要革命的群众,我们希望与"决派"有过千丝万缕联系的要革命的群众,迅速猛醒、反戈一击,彻底揭发鲁礼安、冯天艾等"决派"中一小撮反革命分子的反革命罪行,与他们划清界限,尽快回到毛主席革命路线上来。

### 一、"决派"——反革命的阴谋集团

△决联站究竟怎么搞呢?我们认为,省革委会是不会有什么权威的,只能是个高级联络站,是一个各派政治力量的集合体,且不稳固。有无产阶级革命派,小资产阶级革命派,甚至还有资产阶级革命派,我们当时认为姜一、王树成就是属于后者。既然我们站在资产阶级立场上,完全错误地估计了形势,认为革委会无权威,就异想天开

地希望决联站能以自己思想的"先进"吸引和带动群众前进，使它能团结几十万工人和几百万农民，成为一支强大的包括工农学的政治力量，以实现什么公社。我们当时还认为湖北工人运动和农民运动都轰轰烈烈地开展起来了，为公社建（创）造了条件。

1968 年 5 月 29 日的交待材料

△五、六月份想法到全国跑一趟，带着我们报纸去结交一批全国各地的朋友，将来有所方便。

1968 年 5 月 29 日的交待材料

△北斗星学会散了，决联站亦形若虚设，我不但不吸取教训，反而愈发异想天开，什么"如果今年九大仍然开不起来的话，那么全国各地的'先进'分子很可能将象过去毛主席、李大钊等那样进行全国性集会，在全国范围内来商讨国家大事。"……而我与×××却还打算今年五、六月周游全国，结交朋友。

1968 年 6 月 4 日《我的自我检查》

## 二、炮打无产阶级司令部

1. 炮打我们心中最红最红的红太阳毛主席

△我认为无产阶级文化大革命是林彪与刘少奇争夺继承领导权的一场斗争。

运动前我就曾在毛主席光辉著作《关于农业合作化问题》上胡批什么"现在看来这个估计右了"，并认为毛主席估计也不一定就准，这是我不承认毛泽东思想是当代最高最活的马列主义，不承认毛泽东思想句句是真理的思想流露。我狂妄地认为毛泽东思想并非结束了真理，而是在实践中不断开辟认识真理的道路罢了，还得"发展"，基于我这种轻视毛泽东思想，否定毛泽东思想是当代马列主义顶峰的反动态度，我就在我写作中随时表露了出来，很明显的一例子就是比如我的文章中大部分甚至绝大部分引用的语录都是马克思恩格斯列宁的语录，甚至对阿基米德这样的外国死人的话都感兴趣而加引用，对毛主席语录则很少甚至不加引用。

我另一方面又用实用主义对待毛泽东思想，属我需要者取，逆我需要者舍，能篡改便篡改，能歪曲的便歪曲，自以为是另搞一套，发明自己的一套所谓"理论"来妄图指示革命，与毛泽东思想唱反调。

1968年6月18日交待材料

2. 炮打敬爱的总理

△我是在各种不同场合散布过流言蜚语，如：

湘江风雷被镇压总理是有一份功劳的。

解散工总是有总理指示的。

姜一、王树成、孙德枢都还不是总理提上去的。

谭震林、李先念、余秋里都是总理手下的，就没有一点关系？

总理在干部中威信是愈来愈高了，在老造反派中的威信降低了。

总理的话总是折衷，从工农业、国民经济上考虑得多，从革命方面考虑得少，老造反派总不大对总理的话感兴趣，有些康味的特别感兴趣。

总理以前说文化大革命三个月结束，以后又说一年，现在又说三年，革命时间怎能预先划定呢？这不象一个无产阶级革命家说的。

我经常在不同场合宣扬总理在中央老是右倾在（的），说什么我从感情上来说是敬仰总理，从原则上来说不满意总理的。

1968年5月29日交待材料

3. 炮打陈伯达同志

△我说：根据小报上总理、江青、伯达、康生接见天津代表的讲话看，伯达可能与天津黑会有关，这就麻烦了。

1968年6月18日交待材料

4. 炮打康生同志

△我说：听说戚本禹是省无联的后台，这回又是总理批判省无联积极，批又批不出名堂。中央首长都说《中国向何处去》这篇文章没有时间看，才怪，主要是不好批。据说，康生曾接见过杨曦光，说他是好接班人，现又批判省无联，杨写了信骂康生，说我今天才看透你是个两面三刀的大党阀。

1968年6月18日交待材料

5. 挑拨离间，阴谋分裂无产阶级司令部

△现在中央已经改变了对省无联的定案，由原来的反革命大杂

烩改成了被少数反革命分子操纵的大杂烩。我说中央首长批判时,都说《中国向何处去》这篇文章没有看,康生、伯达都是专(门)研究中国向何处去的,怎么会没有看这篇文章呢?主要是因为这篇文章不太好批判,只好拿纲领来大加批判。我说江青就只说要把少数坏头头和群众分开,伯达就只说凡是大杂烩都要解散,要搞按单位、按系统的大联合。叶群就更有意思,死也不肯讲话。我说为什么叶群坚决不讲呢?因为在人们眼里叶群讲话基本上就是代表林彪的,叶群不表态就等于林彪没表态。而江青因为一贯以中央文革身份出现,给人们印象就不一定句句代表毛主席,所以江青可以表态。我还说就数周总理讲得多,那批判的么事啥?我说这次省无联翻案肯定是翻不了的,江青、伯达都出面了,因此怎样也不可能翻,不过省无联的人还是一样要动的。

1968年5月29日交待材料

## 三、毁我长城,颠复(覆)红色政权

### 1. 毁我长城

△4·25来就想找二中独立营周衍林(一作"周小林"——本书编者注),但周已参军去了,听说一参军就因捣乱关了禁闭,我听说还赞扬说:"好,有闯劲,军队就是要多这样的兵!"公开煽动搞乱军队的言论。

1968年6月9日交待材料

△在黑会上我分析了中央和地方所谓形势,发出了"不上交枪枝(支)"和"准备国内战争"的黑指示。这以后黄石便出现了大规模的抢夺武器及军用物资的反革命事件,出现了殴打和游斗解放军指战员的反革命事件。

1968年5月22日交代材料

我还曾扬言造反派应积极参军,为将来揪军内一小撮创造条件。

1968年6月9日交待材料

### 2. 颠复(覆)红色政权

△从元月上旬,我主要从事宣言的起草工作,首先搞了一个初稿,比较极"左"一些,主要在革委会问题上谈到以后会通过群众推

翻临时权力机构，建立公社。

1968 年 5 月 29 日交待材料

我们抢枪，是准备将来武斗用的，我们又一直是和院革委会唱对台戏的。这搞枪就是用来对付革委会。

1968 年 5 月 20 日交待材料

## 四、插手黄石，策划指挥爆炸黄石电厂的反革命事件

△我对黄石地区革命人民所犯下的罪行：

（1）孙德枢是中央点名结合的干部，我对孙德枢的情况又不了解，就唯恐天下不乱地支持黄石炮打孙德枢，并胡说什么"将来打不倒也没有什么关系"，凭着自己原来在黄石的影响散布了这种炮打三红的流毒。致使黄石革委会至今不能成立，与我不无关系。

（2）到黄石红司的学生里面大肆宣扬"国内战争"的情绪，使得红司学生到处打砸抢，冲击中国人民解放军。

（3）煽动学生"不应该上交枪枝（支）"，使得红司学生不但不上交枪枝（支），还变本加厉地疯狂抢枪，夺军事物资，直接猖狂地把矛头对准了三红。

（4）我还带人到黄石来运枪，使黄石解放军枪枝（支）外流，后患无穷，这都是我极大的反动行为。

1968 年 5 月 22 日交待材料

△又由于我指示"揪孙德枢没错，揪不出来也不要紧，对孙德枢的看法是黄石地区新'革'与新'保'的标志"，因此黄石便出现了对与炮轰派观点不同的革委会实行砸，对革委会负责人实行游斗、殴打、颠复（覆）三红的反革命事件。

以上事件均是在我的黑指示下面发生的，我是罪魁祸首。

1968 年 5 月 22 日交待材料

△后来一方面因印报纸没有纸，二则想和黄石联系一下，加紧控制一部分黄石的学生势力，4·25 我就到黄石来了一趟。

1968 年 6 月 1 日交待材料

△4·25 爆炸黄石电厂我是亲临指挥策划，他们一系列行动均请示了我。我等于是以 4·25 事件作一示范，以后红司学生就照样行

事。干了一系列反革命勾当。

1968年6月9日交待材料

△（关于爆炸黄石发电厂事件）4·25我乘火车到达黄石。

中午在云（六）中，六中外号"土匪"的对我说：电厂要发生武斗了，因此我是在事前就已参入了武斗的准备工作，帮他们整理了炸药包。……

事件中间六中回去取炸药，工读学生回去取枪都向我请示过，因此，我是这一事件的直接策划者。

1968年5月22日交待材料

## 五、插手农村、破坏无产阶级文化大革命

### 1. 方针

△原打算在农村问题上面控制住工总专县指挥部，并由之掌握钢农总。

1968年6月1日交待材料

△元月又曾有青山热电厂工人请我作过报告，主要讲巴河一司和革委会怎样向公社发展问题：又有东西湖农场一个分场的革委会正副主任到湖大找过我们，要求我们到东西湖去办农运讲习所，我们讨论决定加强对武钢的工作，并由我到东西湖农场扎根。准备决派宣言一发表如果受到批判，决派在市区呆不下去了，就首先到武钢，再不行就到东西湖农场，我们当时还估计省革委会快成立了，成立后可能要对决联站采取措施，因此要想好退路。

1968年5月29日交待材料

### 2. 活动

△一月中旬[1]，一天……访问了王仁舟。王和我们谈了一个多小时，鼓吹了关于"新农村""军事共产主义""武卫割据""货价（币）不外流""农民是现今最先进的阶级"的反动理论，然后提出知识分子要与贫下中农相结合。当时我们听了很佩服，当即我表示支持巴河一司的"革命"行动，并表示准备立即写一篇支持巴河一司的文章，

---

1 应为"一月五日"。

是夜写出"为浠水农民发言"一文,第二天早晨便贴于汉江路了,引起了一些反映。文中主要说了巴河一司进驻红旗大楼拉开了农民运动序幕,一切人要在农民面前受一次检验等等。

从此决联站也就开始在红旗大楼里办起来了。

△元月上旬,有一天×××对我说:"工总各专县兵团在军区二招待所开了几天会了,你是否去一去。"我去了,碰上了工总专县指挥部总负责人×××,和他交谈了一下,他说工总准备解散专县指挥部,许多县不肯,他准备继续把指挥部撑下去,我表示赞同,并认为没有工总这块牌子没有关系,可以自己抱在一起干,刘请我参加他们晚上的一个会议并发言。

……

我主要谈了三点。

一番话引起了很大鼓动作用,后来湖北省钢工总专县指挥部就成立了,在汉口工商联办公,现已并列市工代会领导。

汉口分部也就从交通厅搬到了工商联。

1968 年 5 月 29 日交待材料

根据 1968 年 9 月 6 日出版的《新华工》第 114 期和 1968 年 9 月武汉红代会红司新北中通讯编辑部编《三新中总通讯》刊印。

# "百舸争流"[1]创立宣言

（一九六九年五月二十二日）

　　如果由社会主义向共产主义过渡的整个历史时代是一部史诗，那么，中国无产阶级文化大革命，就是这史诗中最辉煌的序诗，如果这场迄古未有的无产阶级文化大革命是一曲雄伟的交响乐，那么，反复旧反复辟的必然回合，就构成交响乐尾声中最壮丽、深沉的乐章。

　　正象全国自上而下的复旧是一种必然一样，全国自下而上的反复旧群众运动的兴起，同样也是不以任何人的意志为转移的。

　　也许由于军队、经济因素等方面的限制，复旧与反复旧、复辟与反复辟的斗争将延续一个较长的历史年代。然而，在几乎是无望的奋斗之后，人民将积压更多的对于失败的不可忍耐。革命的沉落将为更彻底革命铺平道路。

　　革命人民一定要把斗争进行到底，而机会主义者的罪孽，则是使胜利延期。反对右倾机会主义，这是当前反复旧总战线的重大任务。武汉地区反复旧的领导权，必须经过造反派内部原则性的斗争，才能掌握在真正马列主义者手中。

　　社会历史的前进，总是须要一批不见经传的小人物来开拓道路的，尽管先驱者的悲剧在不断的重演，尽管扼杀革命的屠夫们色励（厉）内荏的在挥午（舞）着宰刀，尽管那些拙笨的批评家及头脑简单的人们肆意在思想苗圃上赛马竞技，但是，生活本身选择有生命力的幼芽，牺牲者的鲜血和严峻的斗争，促使一代有为的青年更加茁壮顽强的成长。

---

[1] "百舸争流"，是"新华工敢死队"队员肖铁人（后改名肖帆）的哥哥肖立人（武汉三十三中学生）于1969年5月22日创办的油印小报。据鲁礼安在他的回忆文章《四十年的友谊——忆鲁萌》（爱思想-https://www.aisixiang.com/data/85960.html）中说："他因为办了一份叫《百舸争流》的小报，宣称要继承'扬评'未竟的事业，竟被迫害致死。"

（经过批评了刘少奇的唯心论、奴隶主义以后，我国思想界将会兴新（欣欣）向荣。与其说鲁礼安及其战友的失败是坏事，不如说是好事，它促使革命者彻底抛弃了一切幻想、忧虑……）

69.5.×疾书

根据一份写在印有"最高指示"信笺上的手抄件刊印。

# 反动刊物《扬子江评论》黑话摘编

(一九六九年九月一日)

## 前 言

最近,中央两报一刊发表了《抓紧革命大批判》的重要社论,极大地鼓舞了全国亿万军民。

深入持久地开展革命大批判,进一步批判修正主义,批判党内和革命队伍内部违反毛主席无产阶级革命路线和政策的错误倾向和错误思想,批判社会上的资本主义倾向,这是毛主席伟大战略部署,是无产阶级专政下继续革命的需要,是提高阶级斗争和两条路线斗争觉悟、搞好思想革命化的需要,是推动斗、批、改,不断巩固和发展无产阶级文化大革命胜利成果的需要。

目前,武汉地区广大军民,高举毛泽东思想伟大红旗,掀起了革命大批判的新高潮。对《扬子江评论》(以下简称《扬评》)反动思潮的批判,就是这次大批判的一个重要组成部分。实践证明:批判《扬评》反动思潮,决不是什么"小题大作",而是一场保卫毛主席,保卫以毛主席为首、林副主席为副的党中央,保卫毛泽东思想,保卫无产阶级文化大革命成果,保卫无产阶级专政的严肃战斗,为了便于广大工农兵革命群众进行批判,我们把《扬评》的一部分反革命黑话摘编出来,加上按语,供大家批判时参考。

《扬评》是以现行反革命分子鲁礼安为首的反动政治流派——"决派"主办的一个反动刊物。这个"决派",决不是"决心把无产阶级文化大革命进行到底的无产阶级革命派",而是一个打着"造反"旗号,以极"左"面目出现的,有反革命政治纲领和行动的反动政治流派。它的核心成员,是一伙对党有刻骨仇恨的反革命分子。它的反动刊物,特别是《扬评》,则是他们大造反革命舆论的喉舌。现已查明,在它背后出谋划策的,是一伙额上有皱纹,嘴上有胡子的老牌反革命分子。

"决派"及其喉舌《扬评》，打着"红旗"反红旗，恶毒歪曲和篡改毛主席关于无产阶级专政下继续革命的伟大学说，提出在无产阶级专政下继续革命仍要"武装夺取政权"，"彻底摧毁"所谓"资产阶级国家机器"，推翻"二十年来……中国社会形成"的所谓"新的官僚资产阶级"，实行"重新建党""重新建军""重新建国"。这是一个疯狂反对伟大领袖毛主席，反对以毛主席为首、以林副主席为副的无产阶级司令部，反对伟大的毛泽东思想，反对伟大的中国共产党，反对伟大的中国人民解放军，妄图颠覆无产阶级专政，复辟资本主义的反革命政治纲领。

无产阶级文化大革命的伟大胜利，粉碎了它们的阴谋，它们便恶毒攻击全国各级革委会是"折衷主义的产物"，竭力破坏全国山河一片红的大好形势，大肆鼓吹反动的"二次革命论"，胡说什么新生红色政权——革命委员会"必将由革命群众自己来把它消灭掉"，并且叫嚣"这个任务，毫无疑问地被放到了决派的肩上。"

鲁礼安之流在其黑后台的策划下，有组织、有计划地开展了一系列反革命罪恶活动。最初他们抛出了《扬子江》杂志，继之又网罗一些自称"亡命之徒"的人，成立了所谓的"北斗星学会""决派联络站"，抛出了《北斗星学会创立宣言》《决派宣言》《决派的宣言》《决派组织条例》《决派章程总纲》等一系列大毒草，出版了《扬评》这个反动刊物。先是四开铅印小报，后因受到无产阶级革命造反派和广大革命群众的坚决反击，就鬼鬼祟祟地以《扬评》编辑部之名，在街头张贴大字报和油印传单。此外，还在一些专县进行了一系列罪恶活动。

从《扬子江》杂志到《扬评》，是鲁礼安为首的"决派"及其黑主子的反革命罪恶史的真实写照。

对于"决派"及《扬评》的反革命罪行，武汉地区革命造反派和广大革命群众曾作了针锋相对的斗争。去年八月二十二日，当《扬评》编辑部抛出四篇所谓《评反动的"多中心论"》的大毒草时，省革委会负责同志就严肃地指出：鲁礼安之流及《扬评》的反革命罪行，必须严厉批判和彻底清算。由于无产阶级专政机关对"决派"头目鲁礼安、冯天艾、王仁舟及其黑主子采取了专政措施,"决派"受到了一次极其严重的打击,这一小撮人便"装死躺下"了。

伟大领袖毛主席教导我们:"**他们老是在研究对付我们的策略,'窥测方向',以求一逞。有时他们会'装死躺下',等待时机,'反攻过去'**"。[1]今年五月,已经冬眠了九个月但还没有冻僵的《扬评》这条毒蛇,趁着社会上极"左"思潮和无政府主义泛滥的时刻,又迫不及待地跳了出来咬人了。所不同的是这回名目更为繁多。"恰如用棍子搅了一下停滞多年的池塘,各种古的沉滓,新的沉滓,就都翻着筋斗漂上来,在水面上转一个身,来趁势显示自己的存在了。……但因为泛起来的是沉滓,沉滓又究竟不过是沉滓,所以因此一泛,他们的本相倒越加分明,而最后的运命,也还是仍旧沉下去"(鲁迅语)。从五月十八日至七月二十三日泛起来的《扬评》《百舸争流》《不争春》《江城评论》和"曹思欣[2]"等"古的沉滓"和"新的沉滓",也必将逃不过"仍旧沉下去"的运命。

"决派"及其《扬评》的又一次精采表演,充分说明阶级斗争并没有结束。一小撮反革命分子总是不甘心自己的失败,"他们对于亡国、共产不甘心的"[3],他们时刻妄图复辟。我们"切不可书生气十足,把复杂的阶级斗争看得太简单了。"[4]

"**不破不立,不塞不流不止不行**"[5],"**扫帚不到,灰尘照例不会自己跑掉**"[6],让我们遵照毛主席"**团结起来,争取更大的胜利**"[7]的伟大教导,高举革命大批判的旗帜,坚决同一小撮妄图复辟的反革命

---

1 引自《关于胡风反革命集团的材料》,人民出版社,1955年6月,第99页。
2 曹思欣,即"新思潮"倒着念的谐音,武汉师范学院附中学生肖帆、鲁萌的笔名,反复旧期间写过大字报《应当表明的观点》《关于工代会监督革委会的口号报》。后被当作"决派"受到批判。
3 转引自《文汇报的资产阶级方向应当批判》,1957年7月1日《人民日报》。
4 引自《关于胡风反革命集团的材料》,人民出版社,1955年6月,第100页。
5 引自《新民主主义论》(1940年1月),《毛泽东选集》第2卷,人民出版社,1966年7月,第655页。
6 引自《抗日战争胜利后的时局和我们的方针》(1945年8月13日),《毛泽东选集》第4卷,人民出版社,1966年7月,第1077页。
7 转引自《人民日报》《红旗》杂志《解放军报》社论《高举"九大"的团结旗帜,争取更大的胜利》,1969年6月9日《人民日报》。

分子作斗争，同一切违反毛主席无产阶级革命路线和政策的"左"的或右的倾向作斗争，同资产阶级世界观的各种表现作斗争，为发展革命和生产的一片大好形势，落实"九大"提出的各项战斗任务而斗争！

湖北大学　卫红章<br>一九六九年九月一日

## 反动刊物《扬子江评论》黑话摘编

**一、猖狂反对毛主席，反对毛泽东思想，恶毒攻击无产阶级司令部**

"决派"是一小撮货真价实的反革命政治狂人。

文化大革命三年来，这伙"亡命之徒"不遗余力地反对毛主席，反对毛泽东思想，污蔑和攻击毛主席为首、林副主席为副的无产阶级司令部。他们接过革命口号，打着"批判多中心论"的幌子，从阴沟里搜集了一大堆破烂，极尽造谣污蔑之能事，恶毒地攻击我们敬爱的周总理等中央首长，其反革命气焰真是甚嚣尘上。

谁反对毛主席就打倒谁！谁反对毛泽东思想就打倒谁！谁反对以毛主席为首、林副主席为副的无产阶级司令部就打倒谁！让我们挥起无产阶级专政的铁拳，把《扬评》一小撮人打翻在地，再踏上一只脚，叫他们永世不得翻身！

总有那么一些亡命之徒，要冲破历史的惰力，不顾火刑与十字架的威胁，开拓新的道路。

（《北斗星学会宣言》67.11.7）

（按："决派"这伙"亡命之徒"叫嚣要"开拓新的道路"，就是要离马列主义之经，叛毛泽东思想之道，开拓复辟资本主义的反革命修正主义道路。）

北斗、北斗，未来的几十年中国，世界将是谁主沉浮？

（《北斗星学会宣言》67.11.7）

代之而起的思想统治是决派思潮。

（《决派的宣言》68.1.25）

（按：这段话，对他们所说的"谁主沉浮"的问题作了再好不过的注释。）

真理的军舰是我的旗舰，我一生的根本任务是制造这艘旗舰。

人们在匆匆忙忙地制造自己的划子，我的同学一心一意地准备着制造钢铁的船舶，我，和我的同伴们，都在制造征服思想海洋的军舰。

（《鲁礼安日记：〈站在最前线的序言〉》68.2.22）

（按：所谓"旗舰""真理的军舰"，统统是鲁礼安企图用"决派的思想旗帜"取代毛泽东思想伟大红旗的一段黑话。）

决派是革命小人物的队伍，是永远要求上进的力量。自身失去的只是……枷锁，而得到的必然是整个世界。

（《决派宣言》1967.12.10）

尽管先驱者的悲剧不断地重演，尽管扼杀革命的屠夫们色厉内荏地挥动着宰刀，尽管那些拙笨的批评家和头脑简单的人们肆意在思想苗圃上赛马竞技，但是，……推动社会前进的新思潮是不可抗拒的。

（《百舸争流创立宣言》69.5.22）

以前我就曾在毛主席光荣（辉）著作《关于农业合作化问题》上胡批什么"现在看来这个估计右了"，并认为毛主席估计也不一定就准，这是反对毛泽东思想是当代最高最活的马列主义，不承认毛泽东思想句句是真理的思想流毒。我狂妄地认为毛泽东思想并非结束了真理，而是在前进中不断开辟认识真理的道路罢了，还得"发展"，基于我这种轻视毛泽东思想，否定毛泽东思想是当代马列主义顶峰的反动态度，我就在写作中随时流露了出来，很明显的一个例子就是比如我的文章中大部分甚至绝大部分引用的语录都是马克思恩格斯列宁的语录，甚至对阿基米德这样的外国死人的话都感兴趣而加引用，对毛主席语录则很少甚至不加引用。

（鲁礼安 68.5.29 交代材料）

（按：尽管这位"鲁克思"的肮脏坦白非常有限，但我们从这段文字中不是可以看出这个反革命跳梁小丑的狰狞面目？）

"三·七"批示（按：指毛主席 67 年 3 月 7 日对天津延安中学按班级实现革命大联合的批示）早发表了一周年。"三·七"指示实际上迎合了二月逆流的需要，"三·七"指示为二月逆流推波助澜。

（鲁礼安言论 68.3.6）

我认为无产阶级文化大革命是……争夺继续革命领导权的一场宗派斗争。

（鲁礼安 68.5.29 交待材料）

（按：无产阶级文化大革命摧毁了以刘少奇为首的资产阶级司令部，挖出了隐藏在党内的叛徒集团，从根本上巩固了我国无产阶级专政，保证我们国家永不变色，而"决派"一撮小丑和美帝、苏修一样，用同一腔调恶毒攻击无产阶级文化大革命，十足证明他们是帝修反的应声虫！）

文章（按：指《红旗》杂志 68 年 4 月 27 日评论员文章《对派性要进行阶级分析》）分析了资产阶级美国和工人运动内部（第一、二、三国际）的各派别，这是有所指、有所启发的。

……在执政的共产党内部，以毛主席、林副主席为代表的是左派，右派代表刘少奇、邓小平则实际上成了国民党反动派的代理人。中派里有相当一部分干部由于十几年当官做老爷而成了政治糊涂虫，……中派里另一部分人则是机会主义者，尽管他们装模作样穿了十几年大红袍，最后是会投身到国民党反动派营垒中去的。

《扬评：论派别和派性》68.5.16）

（按：《扬评》在这里说的所谓"有所启发"，完全是歪曲《红旗》杂志对历史的科学分析，要尽造谣污蔑之伎俩，攻击我们敬爱的周总理、陈伯达、康生同志以及张春桥同志是最后会"投身到国民党反动派营垒"去的所谓"考茨基派"。他们的罪恶行径在同一天抛出的《无产阶级文化大革命与叛徒考茨基派》这篇毒草中，暴露得更为明显。）

无产阶级文化大革命中，从中央到地方，都的的确确存在着这样一批考茨基派，……过去总说这伙人马马虎虎还可以，还免（勉）强算得上是无产阶级司令部的人，现在看来不对了，……过去总说这伙人就那么几个，而且多是认识上有点落后，现在看来不对了，他们那里是几个,而是一个不大不小,仅次于刘、邓、陶那套班子的宗派集团。

他们(按:指周总理68年4月1日对外交部的指示)无视从中央到地方所存在的右倾分裂的严重实际,而荒唐地提出什么观点不同,都是人民内部矛盾,他们将右倾投降主义笼统的解释成为"只保不批"。而首先给人以对走资派立足于保的概念。……

考茨基派们说:(按:指周总理68年2月2日接见北京大专院校红卫兵代表时的讲话)"当前,在有些单位,有些部门,右的苗头已经出现了。"……考茨基派迅速改变了策略,一方面承认右倾逆流,一方面右倾逆流才刚刚开始,才是苗头而已,他们就是用这种折中手法来直接对抗……他们当中的一员大将,四月四日跳出来说:(按:指张春桥同志68年4月4日在上海积代会[8]上的讲话)"批判极左思潮不力,也是右倾保守主义。"更是将反对右倾机会主义歪曲到了登峰造极的地步。总之,无产阶级文化大革命中的可爱的考先生们,正在竭力回避这场反对右倾机会主义的要害问题。

在我们刚刚开始反击右倾机会主义猖狂进攻的时候,却有人(按:指周总理68年4月4日对国家计委军代表和大联委的讲话)提出右倾机会主义那个没有?那派没有?(按:周总理讲话原文是:"右倾保守主义那派没有"。意思是讲各派要多作自我批评,要多看自己缺点,不要动辄就把对方打成"老右""老机"。这个讲话完全符合毛泽东思想)这明显的是资产阶级口号,"错误人人有分(份)"的一个翻版。……考茨基派散布这种右倾机会主义人人有分(份)的论调,暴露出了十足的叛徒立场。

……

正当无产阶级反对右倾机会主义发动一场猛烈的进攻还刚刚开始时,……考茨基派大声叫嚷要继续批极"左"了。……"如果左的又跑出来了,左的也是一起除"啰(按:指周总理68年4月1日对外交部的指示),……那些在右倾机会主义尚未遭到打击,我们的阵地尚未巩固的时候就大喊反"左"的考派先生们,是与马克思主义者

---

8 积代会,即"学习毛主席著作积极分子代表大会"的简称。

反对右倾和左倾的看法格格不入的。

（《扬评：无产阶级文化大革命与叛徒考茨基派》68.5.16）

（按：《扬评》一小撮人，在提出所谓"考茨基派"是一些"过去还免（勉）强称得上无产阶级司令部里的人"，是"仅次于刘、邓、陶那套班子的宗派集团"以后，马上把全篇文章的火力用来集中攻击周总理和张春桥同志的讲话，这便把他们攻击的所谓"考茨基派"的斗争矛头暴露无遗。《扬评》一小撮人恶毒攻击周总理，正是他们攻击毛主席，攻击毛泽东思想的反革命罪行的大暴露。他们是地地道道的反革命派。）

什么是第二个中心？

……有哪些地方的群众组织会成为这样的"第二个中心"？回答显然是否定的。

……党中央是领导群众的"群众"所在地方，更有左、中、右。毛主席、林副主席、旗手江青为代表的是左派，以刘、邓之流为代表的右派势力已被摧毁。

那末，人们就会清楚的知道，所谓第二个中心的是作为中派势力里已经打算脱离，并且准备对抗无产阶级司令部的人顽固分子所组（成）的，直到目前，还想在群众面前装老革命家的×氏人物，就是第二个中心的政治总代表。……而前不久免去某地方要员上京留用的先生，（按：系根据阴沟的消息，对张春桥同志的攻击。）也是第二个中心的干将。

……

他们（按：指周总理、康生同志68年7月25日接见广西代表时的讲话）借批判群众为名，大叫不能一派掌权。

他们那样仇恨革命小将，甚至公开要革命小将回乡种田。（按：指陈伯达同志68年7月25日接见广西代表的讲话。陈伯达同志在谈到广西有人参加"北航黑会"时曾语重心长说："韩爱晶、蒯大富不要狂妄自大，什么叫马列主义，什么叫毛泽东思想，他们懂得多少。蒯大富最好去劳动，韩爱晶最好去劳动。"这是对革命小将的关怀和爱护，是谆谆教导革命小将走与工农相结合的革命化的道路。

《扬评》对此恶毒攻击,可见一切反革命小丑都是仇视劳动,仇视工农群众的。)

(《扬评:评×氏人物第二个中心——一评反动的多中心论》68.8.8)

当着造反派还是处在少数受压地位时,他们在一旁冷眼相待,连屁也不放一个,可是,一旦造反派跟着主席起来闹革命,杀出队伍要夺权时,他们急得连忙跳出来大叫:不能一派掌权。……他们那里是反对什么"一派掌权"呢?当着造反派被千方百计压下去的时候,考派们就把大权拱手于国民党反动派的手中,交给康老三式的人物,再不就搞个"联合"掌权,实际剥夺造反派的权。

(按:仍是针对周总理、康生同志于68年7月25日接见广西代表的讲话所作的攻击。)

(《扬评:群众运动与考派——纪念十六条颁发两周年暨四评反动的"多中心论"》68.8.13)

第二个中心的先生发现了小将的不可避免的错误,站在黄鹤楼上简直高兴得几乎要忍耐不住地跳起摇摆舞来了,……更有甚者,企图将革命小将送去劳动。

(按:如果说,在68年5月16日,《扬评》还只是把攻击所谓"考茨基派"的主要矛头对准周总理,还只是把张春桥同志一人作为所谓"考茨基派"的"一员大将"加以攻击的话,那末到了68年8月,他们在接连抛出来的四篇所谓的《评反动的"多中心论"》的大毒草中,则把陈伯达、康生同志也作为所谓的"考茨基派""第二个中心"人物加以恶毒攻击了。而对张春桥同志的攻击,更是发展到了登峰造极的地步。特别是在他们抛出《一评》,武汉无产阶级革命派奋起痛斥他们攻击周总理的反革命罪行之后,他们为了开脱攻击周总理的反革命罪行,于是便根据从阴沟里捡来的破烂,编造了《评〈文汇报〉——二评反动的"多中心论"》和《炮打×氏有何罪,造反当学红革会——三评反动的"多中心论"》这两篇毒草,把张春桥同志从《一评》中的所谓"考茨基派""第二个中心"的"一员大将",晋升为主帅,进行了最恶毒、最系统的攻击。他们在一篇《答读者问》中,为他们攻击周总理进行了一番辩解之后说:"我们的文章也举出了一些错误观点,那是将它们作为'第二个中心'的谬论来批判的,不能说凡是说过类似话的人都是'第二个中心'的,帐要算到×氏人物身上。"白纸写成黑字,他们曾多次把周总理的讲话当作所谓的"考茨基派""第二个中心"的谬论来批判,这一点连他们自己也无法抵赖了。可是,他们要把周总理说的所谓错误的话,算在张春桥同志的身上,却是十分笨拙的表演,反而露出了他们的狐狸尾巴。)

我说:……又是总理批判省无联积极,批又批(不)出什么名堂。……据说,康生接见过杨曦光,说他是接班人,(按:这是造谣。杨是反革命大杂烩、湖南"省无联"的刀笔手、反动头目)现在又批判省无联,杨写了信骂康生,……

(鲁礼安 68.6.18 交待材料)

(按:真是物以类聚,人以群分。鲁礼安如此尝(赏)识大毒草《中国向何处去》的炮制者杨曦光的反革命才气和胆量,只能说明湖南省无联和武汉"决派"是一丘之貉。)

莫道寒冬江水浅,夏日方知扬子潮。……江城工人阶级团结一致的猛攻象十级大风,推开了考茨基的家门和窗子,噼噼啪啪的响声惊破了这般老爷们的美梦。

(《扬评:夏日方知扬子潮——代复刊词》69.5.22)

我倒想问一问,究竟是什么人躲在毛主席为首的无产阶级司令部内,设法从极"左"或右的方面,否定毛主席亲自领导的无产阶级文化大革命,阻碍毛主席各项无产阶级政策的迅速落实?

(冯天艾:《活哑巴说了话——给曾思玉同志的第一封信》1969.5.26)

(按:《扬评》一小撮人,乘武汉地区极"左"思潮和无政府主义泛起的时刻跳了出来,继续恶毒攻击周总理等中央首长,这表明他们的反革命狼子野心未死,革命的同志们必须同这一小撮妄图复辟的反革命分子作坚决的斗争,把他们的反动思潮批倒批臭!)

**二、疯狂鼓吹重新建党、重新建军、重新建国,鼓吹"武装夺取政权"的反革命口号,妄图颠覆(覆)无产阶级专政**

(一)恶毒污蔑、全面否定伟大、光荣、正确的中国共产党,鼓

## 吹所谓"重新建党论",妄图用"决派"取代中国共产党

四十八年来的历史证明:毛主席亲自缔造和领导的中国共产党是伟大的、光荣的、正确的党。

无产阶级文化大革命,彻底揭露和摧毁了以刘少奇为首的资产阶级司令部及其在各地的代理人。这一事实一方面表明,社会上的阶级斗争不可避免地一定会在党内反映出来,国内外阶级敌人一定会千方百计地在党内寻找他们的代理人;另一方面,无产阶级文化大革命所取得的这一伟大胜利,也表明毛主席亲自缔造和培育的中国共产党是具有强大的战斗力的,是敌人无论从外部或内部都无法攻破的坚强的战斗堡垒。

而所谓"决派"这个反革命阴谋集团,通过它的反动喉舌《扬评》,却乘机对中国共产党大肆攻击,全盘否定,喊着"重新改造、重新建设、重新组织党的队伍"的反革命口号,妄图以"决派"来取代中国共产党,这难道只是"疯人呓语""狂妄天生"吗?不是!这是他们阴谋篡党的舆论准备,阴谋建立修正主义党、法西斯党的黑色信号。对此,革命的同志们切不可等闲视之,掉以轻心。

中国的这一场空前的阶级斗争中,同样也暴露了许多问题。从中央到地方,几乎没有一个单位不分裂。有的站过来了,有的变成社会民主党,有的则变成为法西斯党。

(《扬评:怎样认识无产阶级政治革命》1968.6.12)

(按:在他们看来,中国共产党"从中央到地方"竟变成了这个样子:最坏的成了"法西斯党",中间的(大概就是他们所谓的"中派""考茨基派"吧)变成了"社会民主党",好的也只是在这次文化大革命中才"站过来",从那里"站过来"呢?那当然不外乎是"社会民主党"和"法西斯党"这两方面了,看,这是那个阶级、那一"派"的语言!?)

在革命的关键时刻,中国和世界各国的共产党都面临着重新改造、重新建设、重新组织党的队伍的严重任务。

(同上)

决派，将成为整党和建党的基本力量。

（《决派章程总纲》68.2.6）

决派的产生和发展，实际上是一个建立无产阶级的阶级队伍的过程。

实现决派的历史任务，就可以使得决派成为无产阶级的先锋队。

（《决派的宣言》68.1.25）

（按：错了。应该是实现"决派"的历史任务，就可以使"决派"成为资产阶级的先锋队。）

在这场斗争中，统一战线的核心，实际上已经起了无产阶级政党的领导作用，其队伍中不少成员实际上起了无产阶级先锋分子的作用，整党和建党的工作，从决派进行第一次政治斗争时，实际上已经开始了。

（《决派章程总纲》68.2.6）

从第五个回合中形成的无产阶级左翼队伍，将是整顿后的中国共产党的队伍，随着这样一支队伍的形成，中国革命和世界革命才有可能获得最后胜利。

（《扬评：怎样认识无产阶级政治革命》68.6.12）

（按：不需多加一个字，他们要以"决派"取代共产党的反革命野心昭然若揭。）

## （二）恶毒攻击伟大的中国人民解放军，煽动"夺军权"，疯狂叫喊要"采取国内战争的形式""武装夺取政权"

伟大领袖毛主席亲自缔造、亲自领导，林副主席直接指挥的人民解放军，是一支所向无敌的英雄军队。

决派中一小撮以反革命分子，凭着其反革命嗅觉，深深知道军队的重要性，深深懂得枪杆子的重要作用。他们知道，要颠复（覆）无产阶级专政，就必须摧毁无产阶级专政的坚强柱石——人民解放军。因此他们野心勃勃地要打进去、拉出来，要"夺军权"，极力煽动抢枪歪风，妄图通过他们抢夺的枪支装备一支力量，来"根绝"人民军队，进而"采取国内战争的形式""武装夺取政权"。

1. 狂妄叫嚣"夺军权"

由于军队的特殊地位，夺军权的斗争将以不公开的形式在军队中由无产阶级革命派进行。

（鲁礼安：《我回答你们之三》68.6.24）

"夺权"的问题归根到底是一个"夺军权"的问题。

（鲁礼安：《政权的根本问题是军权》67.5.12）

我还扬言造反派应积极参军，为将来揪军内一小撮创造条件。

（鲁礼安68.6.9交待材料）

八月的抢枪运动开始了人民武装的英勇尝试，而只要在全国规模内，着手组织这种武装的人员，就可以根绝常备军……

（鲁礼安：《我回答你们之三》68.6.24）

（按：所谓"根绝常备军"，据说是来源于马克思、列宁的原话。可是，根据我们的查对，列宁在《国家与革命》中是这样说的："公社（指巴黎公社——编者）所颁布的第一个法令，就是废除常备军而代之以武装的人民。"可见，列宁在这里说的"废除常备军"（"废除"一词别的版本译成"根绝"）是指废除资产阶级常备军而非无产阶级常备军。而鲁礼安却采取"偷梁换柱、张冠李戴"的手法，把列宁这段话用来作为"根绝"伟大的中国人民解放军的混账"理论"根据，这恰好说明鲁礼安才是地地道道的"窃取革命名义的虫豸"，是一贯打着"红旗"反红旗的反共能手。）

"枪杆子里面出政权"。这个真理从某种意义上来说，在无产阶级文化大革命运动中仍有其现实意义。

（《扬子江》杂志创刊号67.9）

在强大的政治攻势的配合下，对于被党内、军内一小撮反革命修正主义分子篡夺的军权，必须用武装夺过来！

（同上）

2. 极力鼓吹在无产阶级专政下，"武装夺取政权"，进行"国内战争"的反革命口号

政治革命必然地不可避免地要采取国内战争的形式。

（《扬评：怎样认识无产阶级政治革命》1968.6.12）

无产阶级文化大革命发展到今天，血的事实已经、而且正在继续证明着"战争是政治的特殊手段的继续"这一铁的法则。

革命人民是从太惨痛的教训中才认识到这个真理的。

庸夫俗子们不懂得这一点，或者是不愿意懂得这一点。他们只知道喊叫："文斗，文斗……"而不知道"要用文斗，不用武斗"是指我们大权在手时批判和斗争党内走资派时应取的方法，一旦资产阶级首先把刺刀提到议事日程上来，情况就完全不同了。

这时候就是革命的暴力对付反革命的暴力，革命的战争来对付反革命的战争。

这时候宣扬"放下武器"就是对革命人民犯罪。

（《扬评：无产阶级文化大革命与叛徒考茨基派》1968.5.16）

（按：毛主席教导我们："**实现这一场大革命，要用文斗，不用武斗**"。这是在无产阶级专政条件下，在有我们伟大的中国人民解放军坚定的支持左派广大革命群众的条件下，实现无产阶级文化大革命的一条重要政策。某些地区，某些单位在坏人挑动下发生了一些武斗，但决不能因此而否定和不执行这一重要政策。而《扬评》却猖狂地污蔑这是"庸夫俗子"们的"喊叫"，是可忍，孰不可忍！）

在社会主义条件下，任何一次真正的，深刻的，人民性的大革命，就象无产阶级文化大革命这样，都必不可避免地引起国内战争或局部国内战争。

（《扬评：无产阶级文化大革命与叛徒考茨基派》1968.5.16）

（按：请注意"在社会主义条件下""都必不可避免"的字样。现在，无产阶级文化大革命已经取得了伟大的胜利，并没有象决派小丑渴望的那样"遍地狼烟""天下大乱"，于是他们就鼓吹"全面复旧论""二次革命论"，妄想推翻无产阶级专政。）

在黑会上我分析了中央和地方所谓形势，发出了"不上交枪枝（支）"和"准备国内战争"的黑指示。这以后黄石便出现了大规模的抢夺武器及军用物资的反革命事件，出现了殴打和游斗解放军指战员的反革命事件。

（鲁礼安1968.5.22交代材料）

（按：看，这就是现行反革命分子鲁礼安绝妙的自供状。某些地区出现的武斗不就是鲁礼安之流煽动和挑起来的吗！鲁礼安们违背广大革命群众的意志，无视党纪国法，一面策划于密室，煽动挑起武斗，一面又大叫文化大革命"不可避免地要采取国内战争的形式"，又是何等阴险，何等可恶！）

### （三）鼓吹反动"重新建国论"，阴谋颠复（覆）无产阶级专政——复辟资产阶级专政

以中国共产党为领导核心的我国无产阶级专政的国家政权，二十年来日益巩固和完善。它正确地执行了它的对内和对外职能，保障了我国社会主义事业的胜利发展。无产阶级文化大革命实质上也就是在无产阶级专政条件下所进行的一场政治大革命：无产阶级文化大革命巩固了无产阶级专政，无产阶级专政保卫了无产阶级文化大革命。

而口口声声自称是"决心把无产阶级文化大革命进行到底的无产阶级革命派"——"决派"这一小撮反动家伙，怀着对无产阶级专政的刻骨仇恨，在他们的《宣言》中，在其反动喉舌《扬评》中，毒沫四溅地颠倒黑白，居心险恶地把我国的无产阶级专政咒骂为新的官僚资产阶级专政，扬言要"彻底砸烂"无产阶级专政的"国家机器"，而代之以由"决派"充当"政治上的统治力量"的"崭新的国家机器"。他们不但在纸上这样写了，而且在行动上也付诸实施了。王仁舟蒙蔽和操纵一批人，武力强占地盘，建立所谓"新农村"，这不正是他们的"决派"王国的雏形吗？这也不正是实现他们的所谓"以农村包围城市"，最后夺取城市的反革命阴谋的第一步吗？

真是疯狂至极！反动至极！

二十年来，中国社会形成了新的官僚资产阶级。混入无产阶级专政机构的一小撮走资本主义道路当权派是这个阶级在共产党时代的政治代理人；新的特权阶层则是这个阶级的重要部分。

（《扬评：怎样认识无产阶级政治革命》68.6）

十七年来的国家机关……在很多情形下做官当老爷的风盛行。高高在上，脱离群众。不是做群众的公仆，而是做群众的主人，结果

产生了很多走资派。

（曹思欣：《关于工代会监督革委会的口号报》69.6.12）

要真正彻底让工人阶级获得解放，就必须号召无产阶级革命派联合起来，推翻这个阶级。

（《扬评：怎样认识无产阶级政治革命》68.6.12）

我们不仅要打倒走资派。而且要消除产生走资派的条件，不断改革国家机构……。

（曹思欣《关于工代会监督革委会的口号报》69.6）

（按：资产阶级和其他剥削阶级及其影响的存在，这才是产生走资派的条件。要消除这个条件，就必须强化无产阶级专政，消灭资产阶级和其他一切剥削阶级及其影响。而"决派"这里所说的所谓"消除产生走资派的条件"实际上就是要推翻我国的无产阶级专政的国家政治制度、国家体制。）

历史向决派提出的任务比任何一次斗争都要更革命。这一任务的最终目的，是要同传统的所有制关系实行最彻底的决裂，夺取思想上、政治上、经济上、组织上的全面、彻底的胜利，而建立崭新的国家机器。

（《决派的宣言》68.1.25）

直到今天仍在袭用的资产阶级国家体制，将在这场斗争中被决派所摧毁。

（同上）

"公社已经不是原来意义的国家了"，这句话是恩格斯在理论上最重要的论断，将从巴黎公社应用到我们中国。

（同上）

（按：中国人民在毛主席和中国共产党领导下，经过二十八年的英勇斗争，早已于一九四九年实现了打碎资产阶级旧的国家机器，建立崭新的无产阶级专政的国家机器巴黎公社这一原则。"决派"歪曲马列主义关于打碎"旧的国家机器"的学说，叫嚷什么"在无产阶级夺得政权之后，要彻底摧毁资产阶级国家机器"。其实，他们所要"砸烂""摧毁"的只不过是在一九四九年建立起来的、经过无产阶级文化大革命日益完善的我国无产阶级专政的国家机器与体制,而且也包括新生的红色政权——革命委员会。)

崭新的国家机器只有通过决派的严重斗争才能出现。

(《决派的宣言》68.1.25)

决派即将在这场残酷的斗争中得到锻炼,而成为政治上的统治力量。

(同上)

**(四)恶毒攻击新生的红色政权,鼓吹反动的"二次革命论",妄图向无产阶级实行反革命夺权**

新生的红色政权——革命委员会是毛主席无产阶级革命路线胜利的产物,是无产阶级文化大革命胜利的产物。《扬评》从它的仇恨无产阶级专政的反动立场出发,从它的"武装夺取政权"、复辟资产阶级专政的反革命政治目的出发,决定了它对新生的红色政权必然要采取一种极端仇视、恶毒攻击、必欲置死地而后快的敌对态度。《扬评》采用了"抽象肯定,具体否定""无中生有,当面造谣""攻其一点,不及其余""借题发挥,无限上纲"等一系列反革命手法,把革命委员会的领导人(主要是解放军代表和革命领导干部代表)咒骂为"资产阶级""考茨基派""一手遮天,独断专行的军阀""复旧派"等等;把革命委员会中的一些群众代表说成是"右倾机会主义者""献媚在走资派膝下"和在"主任宝座上摇头晃脑,大过官瘾"的人、是"叛徒";把革命委员会污蔑为"折衷主义的产物",甚至是"镇压"革命派的"独立王国"和实行"资产阶级专政"的"原班人马"。这一切,决不单是为了发泄一下他们的疯狂的反革命仇恨情绪,而是妄图以此来煽动、蒙蔽革命群众,去和他们一道进行所谓的"第二次政治大革命",把无产阶级革命派夺得的政权夺过去,以完成其由"决派"来"主"天下之"沉浮"的反革命"大业"。在所谓的"反复旧"运动中,这一小撮人错误地估计形势,认为"二次革命"的时机已到,迫不及待地跳了出来,"呼风唤雨,推涛助浪",大造蛊惑人心的反革命舆论,惟恐天下不乱。可是好景不长,无产阶级司令部在解决武汉地区"反复旧"问题的同时,给了这一小撮人当头一棒,使他们也不得不发出"失败了"的哀鸣。但是,他们并不死心,而是要积蓄力量,"总结经验继续干""迎接决战的到来"。

敌人是不会自行消灭的,革命的同志们千万不要丧失警惕啊!

## 1. 极力否定全国大好形势

正如全国自上而下的复旧是一种必然一样,全国各地自下而上的反复旧群众运动兴起同样也是不以任何人的意志为转移的。……

(《百舸争流创立宣言》69.5.22)

(按:请同志们注意"全国自上而下的复旧"的"自上"两字。这篇宣言是在"九大"获得了圆满的成功,选出了以毛主席为首、林副主席为副的九届中央委员会后出笼的,而宣言的炮制者却编造出耸人听闻的"全国自上而下的复旧"的谣言,这岂不是恶毒地指新的中央委员会是全国"复旧"的总根子吗?!他们所梦寐以求的"全国自下而上的反复旧运动"不就是煽动人们去充当炮打新的中央委员会的黑炮手吗?!

如此而已,岂有他哉!)

到现在为止,……无产阶级革命派还普遍地陷于大权旁落的困难境况。

(《扬评:工人阶级现在需要什么?》69.5.22)

在"清队"工作中,又形成了阶级斗争这种大倾向掩盖了混淆两类不同性质矛盾的倾向和否定路线斗争的倾向。……审判官和牢头的形象活灵活现地站在你们的面前。广大革命造反派再度处于受压的地位。

(《不争春:这样办!》69.6.15)

难道我们没有看见那些坚持资产阶级反动路线的走资派被塞进三结合机构,而另一些在最艰难时刻都坚决支持造反派的干部却一一被打成黑手么?

(《扬评:论派别和派性》68.5.16)

(按:这是决派小丑对抗毛主席的干部路线,死保反革命黑手盂夫唐[9]、刘真[10]、张华[11]、王盛荣[12]、杨光华、李守宪之流的一段黑话。他们把一大批犯过错误而已经改正并参加了各级革委会的干部都打成"资产阶级""考氏家族",因此,他们在"反复旧"中叫嚷"不要只局限于打倒张体学",还要打倒一批,就是他们这一阴谋的大暴露。)

**2. 恶毒攻击新生红色政权——革命委员会,颠倒敌我,混淆两类不同性质矛盾,为颠复(覆)革委会大造反革命舆论**

现在中央批准的一系列革命委员会基本上可以说是折衷主义的产物,……必须来第二次群众运动把它摧毁。

(鲁礼安言论,见 68.6.15《新华工》报)

革命委员会这个由革命群众自己创造出来的事物,必将由革命群众自己来把它消灭掉。这个任务,毫无疑问地被放到了决派肩上。

崭新的国家机器诞生之日,是(革命委员会)被群众运动推翻之时。

(《决派的宣言》68.1.25)

革命委员会又是各派政治力量暂时被集中在一起的一个统一体,更何况即使是这样的一个临时统一体也是极不稳固的。

(同上)

促使其(按:指革命委员会)通过内部各派政治力量的剧烈斗争而使得无产阶级革命派取得压倒优势。……

---

9 孟夫唐,1896 年出生,河北永年人。文革前任湖北省副省长,文革中是湖北最早、最坚决支持造反派的老干部,曾加入省直机关造反组织"省直红司"。1980 年 7 月去世。
10 刘真,1913 年 1 月出生,湖北宜都人。文革前任湖北省委副秘书长兼省委办公厅主任,文革中支持造反派,曾加入省直机关造反组织"省直红司"。2009 年 1 月去世。
11 张华,文革前任湖北省委副秘书长,文革中支持造反派。
12 王盛荣,1907 年出生,湖北武汉人。"二十八个半布尔什维克"之一,文革前任中南局工业部副部长,文革时已下台,被打成"北决扬"的后台,于 1969 年 9 月 19 日被逮捕。1978 年 8 月释放。1979 年 10 月恢复工作。2006 年 9 月去世。

(同上)

（按：这种从内部夺取革命委员会领导权，只是他们"取而代之"的道路之一——也可以叫做是"和平道路"吧！此外，他们还准备有另外一手——他们认为重要的一手，那就是"武装夺取政权"。）

是"叫革命委员会好"，而并不是象社会上到处标榜的"革命委员会好"。

《决派的宣言》68.1.25

某些掌握着"反复旧"斗争领导权的群众组织代表人物，对谈判的迷信……他们在资产阶级的软硬兼施的轮流打击下，开始动摇和妥协。

《扬评：沧海横流方显出英雄本色——关于时局的声明》69.5.18

（按：《扬评》把中央首长召见革命造反派听汇报和作指示叫做"国共谈判"，把革命造反派执行无产阶级司令部的指示叫做"迷信""动摇和妥协"，这真是"什么阶级说什么话，什么藤结什么瓜"，充分暴露了他们的反革命立场。）

当前，武汉地区"反复旧"斗争熊熊烈火面临被扑灭的危险，危险来自两方面：资产阶级高压水龙头和革命队伍内部的右倾机会主义的思想泛滥。

(同上)

不坚决打倒那一小撮顽固不化的走资派（按：指一大批已经结合进革委会的干部）革命人民就不能把颠倒的历史重新颠倒过来。所谓新生红色政权，那仍然是被走资派重新颠复（覆）了的资产阶级专政的原班人马。革命人民不久又将沦入资产阶级的白色恐怖之中。

《江城评论：反复旧，反右倾》68.5.7

他们（按：指所谓"复旧派"，也就是省、市革委会负责人）同我们的斗争是两条水火不相容的路线的生死搏斗，是一场你死我活的阶级斗争，对这些人，说服教育、民主协商、自我批评的方法，目前对他们是不适用的。他们同我们的矛盾，早已超出了人民内部矛盾的范围。

(《江城评论：反复旧，反右倾》68.5.22)

……折衷调和、会议谈判，"团结"观望，绝不能解决路线斗争、阶级斗争的对抗矛盾的。

(《扬评：团结与原则》69.5.22)

不是破釜沉舟，背水一战，就是屈膝投降，坐以待毙。

……

我们目前不战斗，便是毁灭！

……

不是和敌人作殊死斗争而死，就是象打得遍体鳞伤的牛马一样死去。

……

必须铁面无情，以牙还牙，以千百倍的力量，还击资产阶级考茨基派给我们的打击。

(《扬评：勇敢前进，绝不后退》69.5.28)

(按：看，《扬评》一小撮人的反革命气焰是何等嚣张！)

### 3. 在所谓"反复旧"运动中赤膊上阵，上窜下跳，认为"第二次政治大革命"的时机已到，疯狂向无产阶级进行反革命夺权

"反复旧"运动……预示了无产阶级专政条件下的第二次政权大革命，预示了第二次政治大革命的改革国家机构的历史任务。

推倒一两个某种社会势力的代表人物并不能代表革命的真正胜利……。难道把全部火力倾泻到张体学一个人身上……"反复旧"的大军就可以凯旋而归了吗？

(《扬评：工人阶级现在需要什么？》)

我们心里明白，张体学在湖北的地位，群众都明白，张体学是几把手，到底能掀几尺浪。我们更明白，任凭推出什么张体学、李体学都不是解决问题的关键，因此，目前只停留在摸张体学屁股的阶段不是太左，而是太右。

向左！向左！向左！

(《扬评：勇敢前进，决不后退》69.5.28)

(按：所谓"预示了第二次政治大革命的改革国家机构的历史任

务",就是他们企图把新生红色政权"消灭掉"的阴谋的再次暴露。难怪他们如此疯狂地叫嚣要向"左"、向"左"了。)

对于那些仍未悔改的复旧派,"唯一的办法是组织力量和他们斗争",通过广泛、深入的群众运动,冲击他们盘踞的阵地,夺回他们镇压革命造反派的权力……

(《江城评论:反复旧,反右倾》68.5.7)

大张旗鼓地干起来吧!……在今天的武汉,……为何不要一股令他们胆战心寒的红色恐怖呢?

(同上)

(按:我们就是要反其道而行之,叫《扬评》一小撮人在无产阶级专政面前"胆战心寒",浑身发抖!)

**4. 布置退却,积蓄力量,妄图伺机再起,卷土重来**

我们得承认……前段"反复旧"运动大体说来是失败了。……大胆地正视现实,不管是多么令人不愉快的现实,是继续革命的必要前提。

(《扬评:怎么办?》69.6.7)

这场……违背了中央意图的群众运动仍然是合理的,是朝气蓬勃的,……

(按:违背了毛主席的战略部署还有什么"合理"可言?《扬评》一小撮反革命分子推卸责任,嫁祸于人,把参加"反复旧"的革命群众推上和中央对抗的邪路,其用心十分险恶歹毒!)

也许历史条件的客观限制会把现阶段人民群众主观愿望上迫切要求解决的问题,遗留到下一次革命或下一次斗争回合的使命中去。

(《江城评论:反复旧,反右倾》68.5.22)

只有这样,才能……完成在两个(已经过去和将要到来的)革命高潮中应该而且也可以完成的任务,组织坚决的队伍,吸引、团结、教育和争取尽可能多的中间群众,尽可能地捍卫已经取得的胜利果实,迎接决战的到来。

我们坚信,……一切妥协、调和、折中、休战,都只能是暂时的,在沉寂中必然孕育着更猛烈的暴发。……通过武汉地区最近出现的平静，可以看到雷鸣前的闪电。

(《扬评：怎么办？》69.6.7)

我们应该清醒地认识，新的革命高潮尚未到来，但它的到来确是不可避免的。当前我们不能消极等待，不能束手无策，不能无所作为。

(同上)

### 三、鼓吹极"左"思潮，煽动无政府主义，破坏毛主席伟大战略部署

#### （一）鼓吹极"左"思潮，煽动无政府主义

在所谓的"反复旧"中，一部分群众，由于受了错误思潮的影响，提出了所谓"工代会监督革委会""工人调查团进驻省、市革委会"，犯了把工代会凌驾于一切之上的错误，对这部分群众来说，大多数人是属于认识问题，改正了就好。可是《扬评》一小撮人却像苍蝇见到污血和腐尸一样，拚命地吮吸起来，他们怀着不可告人的目的，竭力歪曲毛主席"工人阶级必须领导一切"[13]的伟大指示；给这些错误披上一件又一件的漂亮外衣，挖空心思地从理论上加以论证。但是，明眼人一看就知道，他们的这些"理论"不外是从巴枯宁之流那里贩运来的"工联主义""工团主义"的翻版，是彻头彻尾的无政府主义。难怪这些家伙在放了毒之后，作贼心虚地说："问题在于如何在充分发挥工代会作用的同时，防止和克服'工团主义'思潮"。好一个此地无银三百两，真是不打自招！

其实，决派一小撮反革命分子煽动无政府主义远非今日始，从他们"决心"干反革命的那一天起，就把无政府主义作为他们推翻无产阶级的一支毒箭了。革命群众必须坚决与一小撮煽动无政府主义的阶级敌人作斗争，誓死保卫无产阶级专政。

革委会在工代会的正确监督下行使权力，就能保证革委会不变

---

13 转引自周恩来《在北京市革命群众庆祝大会上的讲话》，1968年9月10日《人民日报》。

质(即不被更新),不丧权和少犯错误……。工代会监督革委会,这才应是"反复旧"运动提出的要求,这个要求是完全合理的。

(曹思欣:《关于工代会监督革委会的口号报》69.6)

将革命委员会置于直接代表广大革命群众的三代会,首先是工代会的正确监督之下,是"反复旧"运动的应该目的,是我们的最低要求。革委会在工代会的正确监督下行使权力,是"工人阶级领导一切"的重要表现,是"一元化领导"的必要内容,是现阶段的群众专政。

(曹思欣:《应该表明的观点》69.6)

(按:《扬评》歪曲毛主席"工人阶级必须领导一切"的最新指示,鼓吹所谓监督"革委会",是司马昭之心,路人皆知。其实,"监督"是幌子,妄图夺权才是本质。他们不是自供"监督"只不过是他们的"最低要求"么?!)

"工人调查团"是这场群众运动中出现的一棵新生幼苗,文化大革命的历程将检验出它是工人阶级掌握上层建筑领导权的有力武器。

(《扬评:怎么办?》69.6.7)

六渡桥一带的人群不能稀疏,南洋大楼的广播不能停止,水塔下的大字报不应该冲刷一净!

(同上)

(按:从六渡桥到水塔一带有如上海的南京路,文化大革命以来,一直是两个阶级激烈斗争的战场,是江城政治气候的寒暑表。《扬评》的许多大毒草就是在这个地方出笼的。我们必须用革命的舆论压倒反革命的舆论,把这块阵地永远占领下来。)

生而无点野心,充其量只能是"驯服工具",或者更可悲的只能是任凭鞭笞缓缓死去的畜牲,我们鄙视它。

让我们作只野牛吧,对资产阶级和一切旧的传统势力,我们将用锐角拚命地刺去。

(按:《扬评》鼓吹的所谓"野牛"精神就是煽动无政府主义,

主张无法无天，不受任何纪律的约束限制，反对用毛泽东思想统帅一切，反对加强革命性、科学性和组织纪律性，破坏革委会的革命权威。无政府主义是通向反革命的桥梁。《扬评》鼓吹用"野牛"的"锐角"向"资产阶级"——这是他们惯用的反语，实为无产阶级——"拚命地刺去"，这就暴露了他们煽动无政府主义思潮的反革命嘴脸。让我们燃起革命大批判的熊熊烈火，把《扬评》这头闯入火阵的"野牛"烧死吧！）

### （二）破坏农村无产阶级文化大革命，破坏毛主席伟大战略部署

武汉的"决派"特征之一，就是他们不但纸上写了，嘴上说了，而且实际也干起来了。"决派"头目鲁礼安和王仁舟互相勾结，在浠水巴河搞的"新农村"，就是他们推翻无产阶级专政，建立资本主义国家的一块试验田。

这几个小丑狂叫要打碎"长期禁锢在人们头脑里的枷锁"，去解决毛主席没有解决的六十年代的"左右中国革命全局"的农民问题；他们煽动受蒙蔽的农民抬尸进城，丑化文化大革命，在农村大搞"武卫割据"，破坏抓革命，促生产，妄图"以农村包围城市"，最后"武装夺取政权"，一举颠覆无产阶级专政，实行反革命复辟。

我们切不可把他们的反动影响估计低了！

我们……认为革委会无权威，……希望决联站能以自己思想的"先进"吸引和带动群众前进，使它能团集（结）几十万工人和几百万农民，成为一支强大的包括工农学的政治力量，以实现什么公社。

（鲁礼安 68.6.4 交待材料）

一月中旬，一天……访问了王仁舟。王和我们谈了一个多小时，鼓吹关于"新农村""军事共产主义""武卫割据""货价（币）不外流""农民是现今最先进的阶级"的反动理论。我很佩服。

（鲁礼安 68.5.29 交待材料）

……农村文化大革命形势这样大的不平衡则主要是运动长期处于自流状态，使得农村的运动有许多奇特的地方，有许多畸形的东西。这一切，你们都不懂，你们这些洋大人，生硬地将城里的东西，

生搬硬套到农村地区,极大地搅乱了农村地区的阶级阵线,给农村地区的运动种下了恶果。

(《扬评:千秋功罪,历史当与评说》68.7.16)

(按:他们无视党中央关于农村文化大革命问题的决定,在他们看来,只有他们这些"农运问题专家"才是解决农村问题的"权威"!)

尽管湖北地区的省、市临时权力机构迟至今日才成立,但……湖北农村的矛盾已经突出到必须解决的地步,而使得无产阶级文化大革命在湖北地区真正成了把无产阶级和农民都包括进来的人民革命。

湖北农民进城封闭《湖北日报》这一中国几千年未曾有过的行动,实际上拉开了决派登上历史舞台的直接序幕。

(《决派的宣言》68.1.25)

(按:伟大领袖毛主席在谈到无产阶级文化大革命斗批改几个阶段的任务时,明确指示我们:"**建立三结合的革命委员会,大批判,清理阶级队伍,整党,精简机构、改革不合理的规章制度、下放科室人员,工厂里的斗、批、改,大体经历这么几个阶段。**"[14] 而决派一小撮混蛋却明目张胆地胡诌什么革委会成立后"农村的矛盾已经突出到必须解决的地步",疯狂对抗最高指示,真是罪该万死!)

浠水的农民以及中国的亿万农民群众,因为他们的信仰,牺牲别的一切,用骨肉碰钝锋刃,用鲜红的血液浇灭了烟焰,在刀光火色的缀影之中,我们隐约看得见一种薄明的天色,那便是新世界的曙光。

(鲁礼安:《新世界的曙光——论中国农民运动》)

(按:我国五亿人民紧跟伟大舵手毛主席,沿着社会主义的航道走过了二十年光辉的战斗历程,而鲁礼安今天才从浠水巴河一司封闭《湖北日报》的"刀光火色的缀影之中"看到了农民运动的"薄明天色"和"新世界的曙光",这是对我国社会主义革命和五亿农民的极大污蔑!)

任何人不能否认,革命组织"巴河一司"顶住狂风恶浪,数年如

---

14 转引自《工人阶级必须领导一切》(姚文元),1968年8月26日《人民日报》。

一日坚持办下来的新农村，在贫下中农的心目中的影响逐步扩大。……

（《扬评：历史的宣判》69.5.19）

### （三）极力破坏革命大联合，妄图建立反革命"决派"中心

革命群众组织归口实现革命大联合，是毛主席的伟大战略部署，中央的一系列通知、指示、布告、社论都反复强调这一问题。可是"决派"中一小撮反革命分子对此恨得要命，怕得要死，竭力煽动资产阶级、小资产阶级派性，煽动山头主义、宗派主义、小团体主义，破坏革命大联合，阻挠毛主席各项无产阶级政策及各项战斗号令的贯彻执行。"决派"反动头目鲁礼安甚至猖狂攻击毛主席亲自批示（即"三·七"指示）的天津延安中学按班级实现革命大联合的经验是"一株抽调两条路线斗争实质的大毒草"，是"资本主义复辟阴谋的反革命总结"，是"夭折无产阶级文化大革命的一支暗箭"，扬言要"把总结的炮制者揪出来"，真是胆大包天，反动透顶！

当革命深入发展的时候，一小撮阶级敌人害怕按单位按系统实现革命大联合，我们就是要发展和巩固这种革命大联合，让一小撮阶级敌人无藏身之地，无所施其技！

大革命并未结束，然而那些熟悉的战旗，又怎样了呢？

战旗一面面地在倒，倒下……

（《扬评：群众运动与考派——评反动的多中心论》68.8.13）

考派中极个别人物那样仇恨鲜豔（艳）的造反派战旗，他们……要造反派队伍"按单位，按系统"，甚至竭力鼓吹"倒旗光荣"论。

（同上）

运动搞了两年，为什么许多地方的政治空气反而更沉闷了？为什么许多地方的无产阶级大民主反而少了？

（按：对于阶级敌人不是民主少不少的问题，而是一点都不给，半点也不给！）

像山间的溪水，岩上的瀑布，草原上的小河，冲坏了派性斗争，飞溅着，奔流着，左绕右转，将汇成决派的滚滚的江河。

(《决派宣言》67.12.10)

咆哮的扬子江，呼吁湘江、松花江、珠江、乌江、黄浦江携起手来，汇成天安门的前护城河。

(《扬评：纪念8·5、8·6战斗口号报》)

（按：看！这就是小丑们狂妄叫嚣建立反革命"决派中心"的狼子野心的形象写照！）

六月分（份）想法到全国跑一趟，带着我们的报纸去结交一批全国各地的朋友，将来有所方便。

(鲁礼安68.5.29交待材料)

我与×××还打算今年五、六月分（份）周游全国、结交朋友。……进行全国性集会，在全国范围内来商讨国家大事。

(鲁礼安68.6.4交待材料)

可以大言不惭地说：《中华人民公社宣言》将由湖北地区产生出来，湖北地区的决心把无产阶级文化大革命进行到底的无产阶级革命派将是这一宣言的起草者和制定者。

(鲁礼安日记68.2.22；见68.6.15《新华工》报)

（六八年）七月二十九日我们确实开过一个会……我邀请了当时在汉的广州的两个学生，湖南的三个学生，黄石六中十几个学生，难道造反派学生开个形势座谈会的权力也没有了吗？

(冯天艾：《活哑巴说了话》69.5.26)

（按：当时有些人在北航开了个受到中央严厉批判的黑会，冯天艾之流为了相互呼应，也在武汉召开了一个黑会[15]，妄图串通一气，建立反革命的"决派"中心。对于他们这样的"权力"我们就是要剥夺得一干二净，决不能让他们的阴谋得逞！）

**（四）抵制清理阶级队伍，为反革命分子鲁礼安翻案，为反动流派——决派翻案**

一九六八年八月二十二日，武汉军区司令员、湖北省革命委员会

---

15 指1968年7月29日《扬子江评论》编辑部在湖北省话剧团召集的一次会议。

主任曾思玉同志在省革委会常委扩大会议上严肃指出：《扬评》内容极其反动，必须彻底批判，并正式宣布将现行反革命分子鲁礼安、冯天艾实行无产阶级专政。这一决定大长了无产阶级革命派的志气，给了一小撮阶级敌人以沉重的打击。

今年以来，《扬评》一小撮人乘社会上极"左"思潮和无政府主义泛滥的时候，接连抛出反动文章，为其反革命罪行翻案，甚至明目张胆地继续向无产阶级司令部进攻，反革命气焰十分嚣张。我们一定要发扬痛打落水狗的精神，乘胜追击，不获全胜，决不收兵！

被颠倒了十个月的历史，应当再颠倒过来了。被那些腐朽没落的大人物所诬害的鲁礼安及其伙伴，应当还其本来面目了！

(《百舸争流：由鲁礼安事件所想起的》69.5.28)

九个月来，……虽然我们每一个人都经历了种种难以相信，难以忍受的诬蔑和凌辱，但是，我们一直充满着必胜的信心，鄙视那些"大人物"的精采（彩）表演。

(《扬评：夏日方知扬子潮——代复刊词》69.5.22)

……我们公开声明，某些"大人物"被部署谎报军情所蒙蔽，一时赌气对《扬子江评论》和《决联站》及鲁礼安、冯天艾等同志的专横措施是非法的，错误的，……我们要求改变一手遮天，独断专行的军阀作风，对《决联站》《扬子江评论》和鲁礼安、冯天艾等同志重新作出正确的结论。……我们希望，你们能作出与历史相吻合的结论。

(《扬评：历史在宣判》69.5.19)

*（按：所谓"谎报军情"，所谓"军阀作风"，其腔调和苏修攻击我国无产阶级专政是"军事官僚专政"何其相似乃尔！）*

镇压鲁礼安，取缔《扬子江评论》，只不过是考茨基派攻击、亵渎作为国际共产主义运动史上第三个里程碑的光焰无际的毛泽东思想的噪音中的一个嘶哑的音符。……镇压鲁礼安，取缔《扬子江评论》时，是考茨基派否定武汉地区无产阶级文化大革命的舆论准备和第一阶段。

(《扬评：历史在宣判》69.5.19)

……我们的四大自由可以随意被剥夺，这难道不是违反毛泽东思想的"多中心论"吗？

中外人士知道了这些实际上使亲者痛、仇者快的事，会怎样说呢？难道别人不正是用这些事例来攻击中国的文化大革命吗？

（冯天艾：《活哑巴说了话》69.5.26）

（按：世界各国革命人民热情歌颂我国无产阶级文化大革命，为我国无产阶级专政的空前巩固而欢欣鼓舞。反革命分子冯天艾之流寄托于帝、修、反这些所谓"中外人士"为其鸣冤叫屈，只能证明他们是一丘之貉，丝毫也动摇不了我们强化无产阶级专政的决心。）

我真不明白，某些人打着"清队"旗号，拚命把革命小将打成刘邓司令部那条阵线上的"勇敢分子"究竟是不理解毛主席的政策呢，还是有心为垮台了的刘邓司令部效一点劳？

（同上）

也有这样一些变节自首分子，他们是刘某人《修养》的中毒者，也是革命队伍中的意志薄弱者。在刘某人盗用党中央的名义让他们在狱中自首出狱时，……他们终于放弃了原则，按刘某人的意志在自首书上签下了名字。

……也有另一些人，出狱后在党中央和毛主席以及周围革命同志热情耐心帮助下，正视了自己的错误，痛改前非，而终于在今后残酷的阶级斗争的考验中改造了自己，彻底摆脱了《修养》的束缚，清除了黑《修养》对自己的毒害，成了一个自觉的无产阶级革命战士。我们必须把这些人与"叛徒"严格地区分开来，……

经过长期革命战争的考验，现在又能够坚定地站在以毛主席为代表的无产阶级革命路线上的，即使曾经有过那么一段历史，基本上仍应属于毛主席司令部的人。我们没有理由在今天把他们仍称为变节自首分子，硬将他们塞进"叛徒"之列，这样做，实际上就是为了打击革命干部，就是挑拨干部与无产阶级司令部的关系，把革命干部推向刘邓资产阶级司令部中去，这是一个大阴谋，必须彻底揭穿的。

（鲁礼安：《"大抓叛徒网，保护一小撮"是资产阶级反动路线的一个新的组成部分》）

"大抓叛徒网"突然在全国风行起来。

这是资产阶级反动路线的一个新的组成部分,是披着合法外衣的"打击一大片,保护一小撮"。这同样是干部问题上的资产阶级反动路线。

(按:在文化大革命中,我们清出了一小撮叛徒、特务,而鲁礼安却如丧考妣,极力用刘邓的叛徒哲学、活命哲学为他们开脱罪责,说什么他们的错误仅仅是中了《修养》的毒,是"意志薄弱",是一念之差,甚至为他们涂脂抹粉,说什么他们"正视了自己的错误",成了"毛主席司令部的人"。还为他们鸣冤叫屈,叫嚷什么谁要清理他们,就是"打击革命干部",就是"挑拨干部与无产阶级司令部的关系"。鲁礼安说出了大叛徒彭真、薄一波、安子文、刘澜涛之流想说而没说出的话。到此,鲁礼安对抗清理阶级队伍、为刘少奇叛徒集团充当辩护士的丑恶嘴脸已暴露得再清楚不过了!)

根据1969年铅印传单刊印。

# 今年七月份以前我在"决联站"及《扬子江评论》编辑部的一些情况[1]

（一九六八年十二月二十九日）

郭仲藩

原来，我是不知道武汉有个"决联站"的。只是在去年冬天浠水"巴河一司"封《湖北日报》，被武汉三钢、三新赶出红旗大楼，而唯独"决联站"支持"巴河一司"时，我才知道武汉有个"决联站"。于是我开始关心"巴河一司"和"决联站"的情况。我从我班王应荣同学（他是浠水人，他爱人是"巴河一司"的）那里得知，"巴河一司"是类似武汉钢工总这样的群众组织，大方向始终是正确的。后来，又听说鲁礼安是"决联站"的头头。对于鲁礼安，当时我认为他是一个不错的革命小将，在武汉地区两个阶级、两条路线大搏斗的关键时刻，特别是在反击二月逆流，为钢工总翻案的斗争中，出了很大的力。他写的一些大字报还不错，很受造反派的欢迎，在武汉地区造反派中有较好的影响。因此我就很想见见鲁礼安，并打听一下"决联站"的情况。

今年元月上旬的一天，我同杨秀林一起到湖北大学（当时"决联站"接待室设在湖北大学）去。从接待人员的介绍中，知道"决联站"是根据67年冬天《人民日报》发表的一篇题为《中国农村两条道路的斗争》的文章的精神，搞农民运动的。而当时中央决定在67年冬68年春掀起农民运动新高潮，因此我当时认为"决联站"的活动是紧跟毛主席的伟大战略部署的，大方向没有错，便开始对"决联站"发生好感。后来我又到那里去过几次，每次去里面都有很多人，我只

---

[1] 这是郭仲藩1968年12月29日写的交待材料。郭仲藩，化名"林地"，武汉大学63级学生，武大"三司革联"成员，《扬子江评论》撰稿人员。鲁礼安被拘押后，参加过"营救鲁礼安"活动。

是听听他们讲讲。

　　元月二十号左右，我便回家过年，在家里住了一个多月，后来还是系革委会写信催我回校，我才于三月初到校。

　　到校后不几天，我又到"决联站"去了一次，当时里面人也是很多，鲁礼安也在那里。有人说湖南正在批判"省无联"，并讲了一些"省无联"的情况。后来鲁礼安说现在各校正在强调复课闹革命，斗私批修，反对派性，他自己也准备回校复课闹革命，并建议大家也回校去复课闹革命。但是有些中学生不同意，要继续活动，意见很不统一。以后，我又有一段时间没有到"决联站"去了。

　　四月中旬，"决联站"宣布解散。杨秀林对我说，准备写一个东西送到军区、警司去，说明"决联站"已经解散。以后若有人以"决联站"的名义进行活动，皆由本人负责，与"决联站"无关。

　　五月初，我又回家去了，直到六月初才回校。回来后我在街上看大字报，发现街上贴有《扬子江评论》。从报上我得知鲁礼安5月18号到黄石市的途中在铁山被铁山联防抓去了。当时我很想比较具体地了解事情的真相，但又不知《扬子江评论》编辑部设在何处。6月10号左右，我碰到了杨秀林，他告诉我《扬子江评论》编辑部设在武昌彭刘杨路省话剧团[2]内，由原新华工敢死队冯天艾负责。下午我就同杨到省话去了一下，拿几份报纸就回校了。

　　后来，我又到省话去了几次，每次都是坐坐，听听里面的人谈谈有关鲁礼安的情况，然后拿几份报纸回来。这中间，和他们一起卖了几次报纸。

　　不久，杨秀林到湖南去了，我也离开了学校，同冯天艾一起到黄石市去了。

郭仲藩　29\12

根据郭仲藩写的交待材料原件刊印。

---

2　即湖北省话剧团（现长江人民艺术剧院）。

# 向警司汇报材料

(一九六八年九月)

狂妄师湖北省话剧团革命造反团

九月十号上午"战斗队"²开了一个讨论会,这个会议的召开主要由"狂造"³在九月九号一张战斗口号报影响下召开的,并讨论两个问题,一个是关于《扬子江评论》的问题,第二个是省话是否属于针插不进水泼不入的"独立王国"的问题。

会议开始,首先谈《扬子江评论》问题,当时由甘家鹄⁴提议让曹艮俊⁵介绍一下情况。

曹艮俊介绍情况说:

我们以前与决派没有什么关系,到话剧团主要是通过钢工总房产局的×××(记不清)找到我说,"新华工敢死队"鲁礼安他们没有地方办工(公),想找间房子,你们话剧团能不能借间房子?当时我说要回来商量下再说。回来我找到张德溢⁶、王树海⁷,当时还有几

---

1 这是湖北省话剧团的保守组织"狂妄师湖北省话剧团革命造反团"写给武汉警司驻话剧团宣传队的关于《扬子江评论》问题的汇报材料。武汉警司宣传队于1968年7月21日进驻该团,解决该团两派问题。
2 战斗队,又称"红艺军",全称"毛泽东思想红艺军湖北省直文艺界革命造反总部湖北省话剧团战斗队",是湖北省话剧团的造反组织,属"钢派",成立于1966年12月。
3 狂造,全称"狂妄师湖北省话剧团革命造反团",成立于1967年12月,与"红艺军"观点对立,被"红艺军"撵出该团5个月之久。
4 甘家鹄,湖北省话剧团编导,该团"红艺军"成员。
5 曹艮俊,1932年11月出生。湖北省话剧团舞美队长,湖北省直文艺界革命造反联合总部二号勤务员,1967年2月被湖北省军区逮捕,同年12月平反释放。清理阶级队伍时受到审查。
6 张德溢,湖北省话剧团红艺军战斗队一号勤务员,武汉文艺界"反复旧"的头头。文革中多次受到审查。
7 王树海,1941年出生,山东招远人。湖北省话剧团红艺军战斗队二号勤务员。清理阶级队伍时受到审查。

个人在旁,把这个情况说了。张德溢、王树海说新华工敢死队有介绍信我们可以接待,别的不行。说好后,第二天上午鲁礼安和冯天艾就来了,鲁还戴着副眼镜。不久五月二十几号,鲁见这个地方被人发现,鲁就走了,留下冯天艾继续工作。(大意)

曹艮俊汇报完后,由红艺军第一号勤务员张德溢补充说:

我们和《扬子江评论》没有什么关系,只是招待他们吃、住的问题,有什么事,我们勤务组负责。(大意)当时有几个群众认为张德溢这种态度不对,我们应当相信中国人民解放军,既然警司说我们话剧团的阶级斗争盖子是捂着的,那我们就要重视这个问题,不应该轻视这个问题。结果,提这种意见的人少,被打回去了。

第二个问题,关于话剧团是否"独立王国"问题。

有少数几个人认为话剧团阶级斗争没有揭开,听不见不同观点的意见,是一个针插不进水泼不入的"独立王国"。但这种观点(的)占极少数,矛盾不尖锐,没有争论起来。

据说:[不知]鲁礼安写的那篇文章(好像是"我回答你们"),这篇文章的刊头是由我团一个"特嫌"划(书写)的,吴力修改的。

根据湖北省话剧团清理阶级队伍专案档案刊印。

# 《扬子江评论》编辑部与我接触的始末及我所知情况的报告[1]

(一九六八年九月十四日)

王延绪

六八年七月上旬某天晚上，偶尔我到胡家模[2]同志房间里去闲聊，此时曹艮俊同志、王树海同志等正在房间里打扑克闲谈。谈话中曹艮俊向王树海谈到新华工敢死队最近准备重新杀向社会。曹向王征求同志在我团观点（原文如此——本书编者注），王树海同志当时也未表示可否的态度。当听到这机密的事时，因我是非战斗队员与红艺军的成员，所以自觉应该回避些，因此我就离开了，以后商谈如何，结果我不得而知。

过不几天，突然食堂里增加几个戴眼镜的看来象大知识分子的人来吃饭，因我团在"7·20"抗暴以前和以后，在我食堂吃饭的人总是络绎不绝，我是食堂管理员，也司空见惯了，所以也不在意，因此也没去查问他们是何处来的。后过了几天在我值夜班时，才听到刘君侠[3]同志谈到在我团楼上住着有新华工敢死队的《扬子江评论》编辑部的同志。从这时我才知道近来几个戴眼镜的人的来历。因新华工敢死队与《扬子江评论》在揪陈[4]抗暴前后在武汉人民心中是有点影

---

1 这是王延绪在湖北省话剧团清理阶级队伍期间写的交待材料。王延绪，1932年11月出生，湖北随县（现随州）东关镇人。1950年参加工作，先后任湖北省电影放映队队长、湖北电影院业务组长等职，1960年因经济问题受到行政降一级处分。1962年调湖北省话剧团任前台工作。文革中在湖北省话剧团任食堂管理员。在《扬子江评论》编辑部驻扎湖北省话剧团期间，王与《扬子江评论》编辑部成员过从甚密，深得他们信任。清理阶级队伍时受到审查。
2 胡家模，一作"胡家木"，湖北省话剧团行政人员，该团"红艺军"成员。清理阶级队伍时受到审查。
3 刘君侠，湖北省话剧团行政人员，分管行政、生活、保卫工作，该团"红艺军"成员。清理阶级队伍时受到审查。
4 指陈再道。

响的造反派,所以我以后也就对这些同志刮目相待了,因我从内心里对他们过去造资反路线的反的功绩是崇拜的,尊敬的,所以也想通过这层关系接(结)识他们这几个造反派的朋友,以便从他们那里了解些造反派的动向情况,以好使我的思想、观点更进一步接近造反派,不要使自己再一次站错队。出于这种心情,从此以后只要是他们来吃饭,无论来早或迟来,我就尽量给他们方便,经常饭开罢了他们才来,我还是很好的接待他们,所以他们也很感激,有时(乘)他们吃饭的机会也与他们攀谈。不几天,我们彼此就都熟悉了。经他们自我介绍,知道他们都是一些老"钢二司"的与"三司革联"的老造反派,其中也有个别过去是"工造总司"的而现在是彻底的钢派观点的。现在我将我了解的他们人员情况介绍如下:

冯天艾:新华工敢死队副队长,华工无线电系的应届毕业生,据他说已将他分到辽宁,是《评×氏人物》[5]的(和)二、三、四评[6]的作者。

廖焕章:"钢二司"老战士,七中学生,《扬子江评论》编辑部成员,"决派"的发起人之一,据现查是《扬子江评论》组织联络人员。

袁建疆:(袁大头)钢二司老战士,武汉地质学校[7]毕业生,《扬子江评论》编辑部的成员,"决派"的发起人之一。据他自我介绍,他曾在黄梅县[去]搞所谓的"农民运动"[曾在黄梅]被抓,挨过打,挂过黑牌,游过街,后经他们学校"钢二司"总部保回,一、二、三评的大字报复写人,他为复写一、二、三评的大字报,经常熬夜通宵。

蔡安保:无机盐厂的工人,据他介绍是他(所在)厂"工造总司"最早的头头之一,"决派"的领导成员,与袁建疆一起在黄梅被抓,《扬子江评论》的笔杆子之一,此人善谈。后与编辑部闹分裂,曾一度离开编辑部,与武大"三司革联"的二个人另搞了一个小报《扬子江通讯》、《武汉青年》,该报不知何故未能出刊问世。

---

5 即《评×氏人物第二个中心——一评反动的"多中心论"》一文。
6 二评即《评〈文汇报〉——二评反动的"多中心论"》,三评即《炮打×氏人物有何罪,造反当学红革会——三评反动的"多中心论"》,四评即《群众运动与考派——纪念十六条颁发两周年暨四评反动的"多中心论"》。
7 据杜先荣告诉本书编者,袁建疆所在的学校不是武汉地质学校,而是位于武汉地质学校内的武汉航空路中学。

林地：据说是笔名，武大"三司革联"战士（虎派[8]），《扬子江评论》笔杆子之一，中途与蔡安保一起离开过编辑部，此人戴眼镜，"决派"成员。

杨×林[9]：武大三司革联战士，武大历史系应届毕业生，原是《扬子江评论》的成员之一，后被《扬子江评论》以清理队伍之名清除（出）了编辑部。据他们介绍，杨企图叛国投敌，也因经济手续不清等因，此人被清除后回校了，此人是"鲁妈妈访问记"的作者，"决派"成员。

刘海英：（女）钢二司老战士，居仁门中学的学生，《扬子江评论》的交通员，曾多次去黄石市。

王结、郑贞芬、刘丽华、查天怡[10]，都是女孩子，[据]看来是管钱的、卖报的，也是《扬子江评论》编辑部成员，也是"决派"最早的成员。

以上这些人是自他们来团后几日接触中认识的，以前不认识。

七月中旬[11]，《扬子江评论》编辑部住在我团楼上，因无蚊帐，我送过一盒蚊香给他们，此事曾得保卫组[12]同意，送去时顺便拿了《扬子江评论》第十期的校样来看，这期中有批判"十八人上书"按语，有"十八人上书"的内容摘要及名单，以及"怎样认识无产阶级政治革命"和"鲁妈妈访问记"等文章。这是我第一次与他们正式接触。因生疏不太熟悉，所以也没更多的谈什么，我就走了。过了几天，他们忙于营救鲁礼安，姓杨的晚上回来，他说：现在社会上"钢工总"为了营救鲁礼安，已组成三百多单位的营救鲁礼安代表团，准备明天

---

8　虎派，1967年武汉大学的造反派分为两派，以"农奴戟"战斗兵团为代表的为李达翻案的一派为"龙派"，以"虎山行"战斗兵团为代表的反对为李达翻案的一派为"虎派"，两派在李达问题上针锋相对，互相攻击，时称"龙虎斗"。
9　即杨秀林。
10　查天怡，女，学生，《扬子江评论》编辑部财务人员。
11　王延绪这里记述的时间似记忆有误。王提到他在"7月中旬"看到《扬子江评论》校样上的两篇文章"怎样认识无产阶级政治革命"和"鲁妈妈访问记"，经查《扬子江评论》，这两篇文章均发表在1968年6月12日出版的《扬子江评论》第10期上。故这里记述的时间应为"6月中旬"，不是"7月中旬"。
12　即湖北省话剧团保卫组。

全市大游行。他说:"明天大概有七百辆车子参加游行,路线是从汉口一直游到新华工校内,我们在游行时就在车上把《扬子江评论》编辑部的牌子打着卖《扬子江评论》。"他向刘君侠借[了]一块红布,当时我也在场,刘说问问郑天西[13]保管室里有没有。当时我就找郑天西拿了一块红布送到楼上去了,顺便就又拿了十一、十二期的合刊校样看看。正在这时来了电话,姓杨的去接电话,听到电话中与对方争论着说明天报纸不能卖。听杨说:明天要卖出了问题我负责,不卖就要损失一千多元。我因为好奇,等他挂了电话同房,我就问为什么不能卖。他说:故意刁难,说这一期刊头没印毛主席的最高指示,卖了要负政治上的责任。当时我看校样真的没有最高指示,我说这是大的原则问题,实是太疏忽大意了。杨说:"我们的文章里都引用了最高指示,没有问题。"杨说我已向对方作了保证,以后不出此类错误。正谈话时,又来了电话,杨又去接电话。从杨与对方说话中听到好象是说明天的游行"钢工总"总部不同意似的。当时我听了很意外,心中暗想着他们办事不牢,是在对我们吹牛吧!为什么一下告诉我们明天七百辆车子游行,一下来电话又不游行了呢?等杨(接完电话)回来,我问是什么事,他说:"'钢工总'总部的头头修了,现在只想当官了,怕自己的乌纱帽丢了,总部朱洪霞、夏邦银不同意这样的全市性的大规模的游行活动。"我说:"那不吹了?"杨说:"总部同意不同意照样的要游!"说着就向那个跛脚的人要电讯(信)局的电话号码,接着就忙着去挂电话去了。这时我就带着校样报纸下楼来了。次晨我在(到)前面去,杨正与战斗队的同志谈话,问红艺军参不参加游行,在场的有小沈[14]、吴有才[15],还有很多人。小沈说,我们晚上要演出,不能参加。杨说:"人不参加,把他(你)们的战旗拿去,我们代你们挂在指挥车上就行了。"小沈大概同意了没有(原文如此——本书编者注)。因为是红艺军的事,我就没有插话,走开了。等

---

13 郑天西,湖北省话剧团道具保管员。
14 小沈,指沈虹光。沈虹光,女,1948年8月出生,江苏南通人。湖北省话剧团演员二队演员,共青团员,湖北省话剧团红艺军战斗队三号勤务员。清理阶级队伍时受到审查。文革后曾任湖北省话剧院名誉院长。
15 吴有才,湖北省话剧团职工。清理阶级队伍时受到审查。

下午杨回来吃饭时，谈着卖了两万多份报，我问："今天游行搞成了没有？"这时冯、杨、蔡、廖都在一起吃饭，他们说："游行全天只有一百多辆，'钢工总'各区分部都有一个宣传车，总共有五、六部宣传车，游到新华工，一起都喊战斗口号，好热闹呀！"这时，我把他们今天卖的报顺便拿来看了看，发觉正式出版的只有四版，原校样是六版，就问为什么那篇"评《文汇报》在一个时期内的右倾机会主义方向应当批判"的文章没有了？冯天艾说："印刷厂不敢印。"还说这篇稿子湖北印刷厂（应为"武昌印刷厂"——本书编者注）拿走把[16]雷志茂[17]看了，大概是'二司'的叫他们不印的。还说："他们不印没有关系，我们总要想办法印出来的。"（这篇文章就是以后的二评）冯又说："上海成问题，7·20前武汉造反派受压的时候在（到）上海去避难，上海就冷淡味，等中央7·23表态以后，那就完全不同了，只要是武汉去的，特别表示亲热。我们附中的一个小鬼伢就被他们拉去作报告。"又说："'三反一粉碎'以前《文汇报》为右倾翻案出了不少力，什么打倒派性，围剿派性，全国上海叫得最凶，《文汇报》接连写了好多篇文章都是机会主义的，把造反派反派性反得灰溜溜的，（若）不是《红旗》社论提出对派性要作阶级分析，那不晓得搞成个什么明（名）堂来。"谈到这时，袁建疆来了，以后就谈起袁与蔡在黄梅被斗的情况来了。

过了不几天，他们说这个地方来往的人太多了，已经[被]暴露了，要马上转移到另一个点去，等把这些到编辑部来玩的小鬼摆脱了后，我们再回来。这是蔡安保一次告诉我的，他说："这里现在成了公开的点了，对编辑部不安全，我们暂时转移一下，以后再回来。"我也不便问他转移到什么地方去。从此就不知道他们的去向了。

过了将近十天，一天中午林地突然来团吃饭，我就问他转移到什么地方去了，林说："我们都到黄石市去办报了，我这次回来是运这一期[18]报纸的铅板到黄石市去印，今天下午就走。"我问：'他们呢？'

---

16 把，武汉方言，即"给"之意。
17 雷志茂，文革前为武汉水利电力学院学生，文革中参加二司，"二·八声明"的起草者。
18 指1968年7月16日出版的《扬子江评论》第12期，共有12版。这是改报林说:"都在黄石,等报纸印好了拿到武汉来卖。"还说:"这一期一共十二版。"吃完饭就走了。

  过了将近一个星期,一天中午我到前面去玩,突然看到廖焕章睡在葡萄架下,我就和他打招呼。廖就问我:"添十几个人吃饭可不可以?"我说:"你们是再准备回来吗?你们跟我们勤务组说了吗?"廖说:"没见到张德溢,我先了解一下能不能搭几天伙。"我说:"这事要问勤务组或是刘君侠。"正说话时刘君侠来了,廖对刘说:"我们准备借你们的地方办个学习班,大概有十几个人,早餐晚餐不吃,只搭中午一餐。"刘说等张德溢从总部回来商量一下再说。当晚刘君侠给我说勤务组张德溢同意了,他们要我明天多准备十几人的饭,当即我说增加十几个人(的饭)没有什么问题。

  第二天中午突然来了些人,看来都是些中学生,女孩子多些,吃饭时我听到一个十八九岁的[一个]男孩子和三个女孩是湖南长沙口音,我就问这几个孩子是哪个学校的。那个男孩子说:"我们不是武汉的,我们是湖南来串联的。"我问:"你们是不是'湘江风雷'的?"男孩说:"我们从前是'湘江风雷'的,现在整'省无联'也垮了,现在湖南又成立了个'三·三〇'联络站,是为'湘江风雷'翻案的。"因我不了解"三·三〇"联络站是个什么组织,为什么取名"三·三〇",我就问他们,一个女孩就说:"'三·三〇'是今年三月三十(号)江青同志在湖南省革筹学习班上作了一次重要讲话,为了纪念江青同志的讲话而取的名。"这样一说,我就更糊涂了,因我从未在任何小报上[都没]看到江青同志"三·三〇"讲话,便问她是什么讲话内容。那个女孩说:"这个我不知道全文,只知道大概。因为湖南革委会宣布了,谁把江青同志'三·三〇'讲话透漏出来,就要以反革命论罪。"我说:"那不能说出来为什么要取名"三·三〇"的名呢?"女孩说:"因为这个讲话江青同志很气愤的讲了三个半小时,全是评(批)省革委会的,说革委会是借批判'省无联'压垮造反派'湘江风雷',扶植老保翻天。因为对革委会不利,说了是炮打'三红'。"男孩接着说:"今年湖南省革筹在北京办学习班,写了个报告给中央

---

出版的最后一期。

请求首长接见，报告只写了毛主席、林副主席、周总理，没写中央文革。这次中央首长周总理、康生、陈伯达同志、江青同志及中央文革的全体同志都参加了接见。接见中江青同志宣布退出会场，说湖南省革筹无视中央文革，江青同志退场，中央文革全体一起退出了会场，只有总理一人了。总理看到没办法，就说：'你们不要以这点来挑拨我与中央文革的关系，现在我也宣布退场。'总理退场后，就与江青同志做思想工作后，江青同志、中央文革全体、总理又一起进入了会场。总理请江青同志作指示。江青同志作三个半小时的谈（讲）话。是这样才取名叫'三·三〇'联络站。"从这次谈话中，我才知道他们学习班不单是《扬子江评论》编辑部的成员，还有外地来的人。

这天晚上近七点，突然来了一车人，大概有二十几个人，冯天艾来与我商量说，黄石炮轰派来了二十几个人，来武汉了解情况的，还没吃饭，商量我是否能做点饭（给）他们吃。我看即（既）是勤务组同意了的，又是造反派，当即就同意了。为了照顾炊事员休息，我就自己动手，正开始作准备时，刘君侠来通知我做饭，我说已经[正]在准备。吃饭时冯天艾告诉我"这些都是黄石炮轰派的，有黄石六中和工读[19]的，他们憋了一肚子气来武汉了解形势的。"饭后保卫组已给他们安排好了睡处。

次日上午，我从楼下经过，听到楼上象吵架一样在发言，午饭时才知道是他们在楼上小排演厅开会。当天晚上黄石的这些人就走了，走时与我打招呼说："麻烦[了]你们师傅了。"我说你们就走？那人说："我们急着回去成立红代会。"说着就走了。当晚我到前面去玩，碰到冯天艾正进大门，就把黄石走的事与他说了。冯说他刚才到医院里去看一个病人去了，这个病号是黄石的，是他们一起来的。过了一会，来了三个小女孩，满身都是尘土，冯带着来找我说，她们才从黄石回来，没有吃饭，问我有没有饭吃。我说没有了。听冯与她们开玩笑，叫她"牛打鬼"（后来才知道她叫刘海英，是居仁门中学的学生，在抗暴时百匪攻打居仁门中学时，她是坚持抵抗，最后跳楼下来的二愣子）。据刘说，铁山现在封锁很紧，这一车人一定被劫，叫冯马上

---

19 工读，即"工读学校"。

挂电话给鄂城[20]，把他（们）这车人拦住，不要过铁山。冯叫小廖[21]到电话局挂电话，结果没挂通鄂城，只是与黄石六中挂通了，叫黄石六中明天回电话告诉这边，这一车人是否回黄石。次日中午，得信这一车人果然在铁山被劫没有回黄石。

会后几天，一次冯吃饭时与我谈说："现在武汉的空气太沉闷了，全国造反派被压，'钢工总'也（被）压得不敢说话了，广西'四·二二'（被）压垮了，湖南'湘江风雷'全省失权，哈尔滨炮轰派被抓了三千，上海单一个学校就抓了三百多右派学生，'四·二二'到武汉来避难，和我们'七·二〇'到上海的情况一样，无人支援，还要被赶。省革委会和'九·六'布告对外省来请求援助的老造反派太不任（讲人）情了，逼得'四·二二'没办法，在武汉街头把兵证放在地上告地状，无人管。原来'工总''二司'还管，省革委会的通令一发，压得都不敢管了。我们准备对当前形势在下期报纸上发个声明。"这次谈话过不几天，《扬子江评论》编辑的为纪念八·八决定的战斗口号报就出笼了。紧接着第二天评×氏人物的另一个中心论也出笼。

在这个期间，他们经常外出，因他们住的地方不紧（谨）慎，有时冯天艾、廖焕章、袁建疆的书包就放到我的房里，有时卖报一书包一书包的钱也托我给他们保管一下，我们彼此都熟悉，也就应允了。大字报纸也存放过我处，后来来了一批纸张，冯天艾说这些原来是拉来印报的，因为太薄不能用，就印了稿（纸），说放在我的暗楼上不碍事，我也同意。后来他们转移到湖艺，没有拿走，一直放到现在。在袁建疆被"狂妄师"[被]抓的前一次（个）下午，袁还来过一次，我非常严肃的再三向他提出，话剧团你们以后不要来了，因在这前一个多星期已多次告诉了冯天艾，要他们离开话剧团，同时也要他们所放的纸张也一并搬走。袁说要借我团板车拖走，我没同意，所以就没拖走。以上我（将）情况简要交待，也是与他们接触的始末关系。

王延绪 68.9.14 凌晨 5 点钟

根据湖北省话剧团清理阶级队伍专案档案刊印。

---

20 鄂城，今鄂州市，位于武汉与黄石之间。
21 即廖焕章。

# 继续交待和揭发《扬子江评论》破坏毛主席的伟大战略部署、炮打"三红"的罪行[1]

（一九六八年九月十五日）

王延绪

一、《扬子江评论》七月二十九日在省话剧团召开黑会后我所知的一切情况。

七月二十九日会后，来食堂吃饭的人有将近四十个之多，除黄石炮轰派昨天来的人，《扬子江评论》编辑部我所认识的人外，看样子还有不是学生模样的几个不常来和从没来过这的中年人。当时，我并不在意，现在回忆大概是在这个会的前一天的午饭后，冯来我房里取他寄存的书包时，冯为了对我炫耀他们的报纸在全国造反派中的威信和影响，而谈起来说："现在广西4·22朱仁有个干将来武汉了，他是在北京看到我们的报纸，才知道武汉有个《扬子江评论》是与他们同观点的。这个老兄来武汉后到处打听我们编辑部的人，今天上午打电话到区委[2]（这是《扬子江评论》的公开点），才找到我们。我已约定了陈林（据过去冯介绍我听，此人是新华工红反团的二号头头，当时他在湖艺）和另外几个同学准备跟他交换一些情况，查正（证）一下二十二号中央首长接见广西学习班的讲话是不是这样。"因这几天新派已把中央首长接见广西学习班两派代表的讲话纪要的大字报贴上街头宣传了，《钢工总通讯》刊登发行了。据现在分析，那几个我所不认识的和不常来的人，大概就是这几个了，想来这几个参加了他们这次黑会是（无）疑地（的）了。

七月二十九日开黑会（前后）的一个星期六，听袁建疆告诉我，

---

1 这是湖北省话剧团专案人员根据王延绪写的交待材料转抄的。
2 区委，指武昌区委。

他们在区委开了个《扬子江评论》编辑部的全体人员会议，据他介绍，这次会"决联站"的另一个头头、水果湖中学李××和跟他们闹分裂的准备另搞一个《扬子江通讯》的蔡安保、林地也都参加会议。他说："这次会开的很满意，消除了分歧，解除了隔阂，统一了认识，我们作了一些让步，蔡安保、林地同意回编辑部，我们也同意他们搞的《扬子江通讯》出版，因为他们已写好了三篇很有分量的文章。"并说明了这三篇文章的标题，我忘了名子（字）。（蔡、林这一帮当时不住在话剧团而住在农垦厅）

紧接着这两次会议以后的某天晚上，袁建疆来找我买饭，我说："怎么现在还没吃饭？"袁说："我已吃过了，这是买到晚上（夜晚）吃的，我们今天要搞一通宵，写口号报，纪念八·八、十六条发表两周年。"卖给他饭后，我抱着一种好奇和崇拜的心情跟他到楼上去看看，先睹为快学习学习。到楼上后，看到排演厅摆了几十张全开的报纸在地上。我很惊讶的问到（道）："你们写这大规模的大字报呵！"袁说："我们的口号报明天准备把水塔下面贴满。"当即我就看了口号报的草稿（原稿笔迹是冯天艾的），看后到现在记的我印象中最深刻的有两条，一条是"坚决拥护以毛主席为首、以林副主席为副的无产阶级司令部，解散另一个司令部"。当看到这条口号报，我（用）很惊讶而又惧怕的口吻对袁说："你们真狂妄，简直是把头提着在玩！"袁对我的话抱（报）之一笑，说："这一条要群众读了去思考嘛！有些人看了，一定是理解为解散刘、邓资产阶级司令部。当然我们提出的另一个司令部不是指刘、邓司令部，因为这个司令部在前三个回合的战役中已经摧毁了。我们提出这条口号是引导群众在第五个回合中去观察现在中央成员中的'考斯（茨）基派'。"经袁一谈，我就是敏感的体会到它的针对性了。因他们在这以前曾不只（止）一次的散播所谓的"十三（二）人上书"和"十八人上书"的小道谣言来煽惑人心，欺骗剧团群众来印正（证）他们炮打周总理、分裂无产阶级司令部的分析是正确的。因他们曾经不只（止）一次的恶毒攻击说："周总理是中派（也就是考派）政治势力的总代表。"说"周总理从国民经济上、国际局势上考虑多，而从国家变不变颜色上考虑得少。不过他在理论上不行，不能构成完整系统的理论，而实际上是'十八人上书'政治势力的班主。"而更为甚者是他们更为恶毒地颠倒是非，混淆黑白地造周总理的谣言，说"周总理是对派性不作阶级分析，错误的提出围剿派性的第一人。"说："总理的讲话从客观上助长了全国右倾翻案风，是后来红旗杂志代表毛主席的声音提出对派性要作阶级分析才纠了偏。"当时我其所以说他们提着脑袋在玩，就是我当时（有）一种直感，觉得他们这条口号的危险性是炮打周总理[而说出了]，是我不同意他们这条口号的潜辍词而已。

第二条看得印象最深的是："钢九·一三封《长江日报》的大方向全然没有错"，"钢九·一三在奔腾的扬子江水中揪出武汉变色龙"，看到这条后，我就向袁说："你们原来是不同意揪变色龙的而是同意工总、二司的观点的，为什么现在提出这种口号来？"我（又）说："这条口号的针对性不又要揪军内一小撮吗？"袁说："那是我们原来的观点，通过这次会议我们统一了认识。"我接着以开玩笑的口吻说："你们又抱起九·一三的粗腿来了。"袁说："那是有人从中挑拨的说法，现在武汉最激进的能代表造反派的是钢九·一三了，因工总被压得不敢说话了。"说完这话，袁去忙着写去了。我也就下楼去了。第二天上午也就是八月五日，他们的口号报就在汉口水塔下面出笼问世了。

**二、《扬子江评论》编辑部纪念八·八、八·一六口号报出笼后，他们反映社会各阶层的反响**（原文如此——本书编者注）**及外地与他们如何加速联系的情况，以及大毒草"评×氏人物"是如何泡制出来的。**

八月五日，晚上，我坐在前面乘凉，他们贴了口号报回来，廖焕章告诉我说："我们贴大字报时，街上看大字报的群众把街上站满了，汽车都通不了，在我们贴的时候好多外地的造反派找我们联系，有贵州4·11的，有广西4·22的，有黑龙江炮轰派，哈军工的，都非常感激的谈我们的口号报。广西4·22把他们整理的二十二日中央首长接见的材料给了我们，贵州4·11把他翻印的北航《红旗评论》写的'历史的必然——从第五个回合看两个司令部长期斗争的焦点'的材料给了我们。好多战斗队员问我们毛主席交给四十八万老战斗队员的历史任务还没完成是指什么任务没完成,好热闹!我们简直成了接待站了。"正说着,冯天艾也回来了。冯一进门,真是欢喜若狂的谈这天的盛况后对我说:"老王,今天人民日报的社论你看了吗?"我说:"没看。"冯说:"你赶快看,这才是代表毛主席司令部的声音。"说着就拿出了一张《湖北日报》的喜报给我看。我说:"现在不看,你谈谈内容给我听听。"接着冯就大发议论说:"这篇社论提出了'不能有第二个中心',是写反对'多中心论',社论的提法与我们的口号报解散另一个司令部的提法是吻合的。社论提出以毛主席为首、林副主席为副无产阶级司令部,是全党、全军、全国和广大革命群众唯一的领导中心。全党、全军、全国只能有这个领导中心,不能有第二个中心。社论指出以刘、邓为首的资产阶级司令部已经被胜利的摧毁了,现在提的第二中心决不是刘、邓,也不是指下面地方各群众组织,那个群众组织能是第二个中心呢?当然是指中央中有人与无产阶级司令部相对抗,想另搞一个中心了!我看了接见广西的纪要,就想这不能代表无产阶级司令部的声音,更不能代表毛主席的声音,不然为什么江青同志没出席呢?"他说:"今晚我要写一篇评反动多中心论的文章,明天就乘(趁)热打铁贴出去。"听了他这些话后,我已察觉出他们对中央首长对广西问题的态度不满和对抗情绪,就说:"你们当心五·一六分子的帽子扣到你们头上不得脱啊!"冯说:"不要紧,现在各大军区的总头都被毛主席召到北京办学习班去了,武汉的曾、刘也去了,现在是个空子,无人管,要抓我们也没有人决定。现在我们写些东西发动群众,等他们(指曾、刘首长)回来后,我们就不动了,再看他们的。"谈完冯要忙着写文章,我就回房睡觉了。

次日早晨,袁建疆来食堂吃早餐,说我们昨晚上又搞了一夜,把冯氏(他们内部称呼冯天艾)的"评×氏人物的第二个中心论"的文章抄出来了,吃完饭我们就去水塔贴出来。这时我才知道真写出来了,也更佩服冯的笔头快,挥笔即就,便说:"搞来看看。"袁就搞了一份复写稿给我。当我看完,对袁说:"你们这些二道贩子,这'十八人上书'是小道消息,也不是你们掌握的第一手资料,不知贩了多少道才到你们手里,就当正式材料抛出去,为(未)免太冒险了。"袁说:"文化大革命光靠正式文件,不听小道消息,搞那么多框框就搞不成。"我说:"你们是小将,我们是干部,不能跟你们比,没有正式文件为依据,不能相信。""再说我听人家说,在北京那个把'十八人上书'的材料抛出来,谁就是要以反革命论罪的。你们这篇文章太露骨了,一定要遭到围攻。"袁也不跟我争论,就走了。这就是恶意中伤、恶毒攻击、分裂无产阶级司令部的大毒草一评的泡制出笼我所知的经过。接着二评、三评都是在话剧团泡制出笼的,四评是我再三催促他们,不得以(已——抄者)才搬出话剧团到湖艺后泡制出笼的。

"一评"贴出后的当天晚上,张家柱[3]问我知道不知道"一评"写的什么内容说:"外面反影(映)很大。"我说:"我去搞来给你看看吧。"当即我就去找冯天艾拿来了。当我拿时冯天艾正在写"二评",冯说"一评"张德溢已拿去看过,还要看吗?我说:"别的同志要看。"冯就交给我了,张家柱看后就送(还)给我了。

### 三、《扬子江评论》存放过武器在我房里。

记得在我团红艺军把武器交给七二五二在我团搭伙的解放军[后]前一天晚上,袁建疆带来了四颗手榴弹,大概有几十发长枪子弹,来我房里说:"我们有点火(家伙,即武器——本书编者注)放在前面不安全,放在你这里放一下,第(过)几天我们就拿去交了。"当时我就说:"放一下没关系,不过你们要遵守'七·三''七·二四'布告,要快些上交了吧!"袁说:"现在交给谁?以后再说。"我就说:"昨天我们团里的武器就交给了哨卡解放军,你们就交给他们算了。"袁说:"放在这里一下,以后再说吧!"就这样就把武器放在我房中了。大概过了两天,刘君侠在我房中聊天时,袁进来了,我怕这家伙放存我处今后扯不清,搞成(原稿此处空一格,无字——抄者)疑,就当着刘君侠的面,我将全部武器叫袁拿走了,以后如何不了解。

### 四、郭保安被绑架后,袁建疆告诉我是谁所为?

《扬子江评论》编辑部已搬出话剧团后的某天中午一点多钟,袁

---

3 张家柱,1927年1月出生,湖北宜昌人。湖北省话剧团二队演员,该团"红艺军"成员。清理阶级队伍时受到审查。

来我处非常秘密的告诉了我一个消息说:"郭保安是代表团搞的(指的营救鲁礼安代表团),干得真清爽,事先布置的很周密,战线就(都)研究好了,一过汉水桥,没经过哨卡就运走了。这次就不怕他们不放鲁礼安了。要是不放鲁礼安,想把郭保安搞回来,非得搞大型武斗不可。"并嘱咐我说:"这可事关重大,任何人不得透漏。"我问:"是你们编辑部搞的吗?"袁说:"事先我们一点不知道,这是今天我们到四明大楼,代表团的(人)说的。"这话我在写这份材料以前没有向任何人说过,我帮他们隐瞒了这种破坏"七•三"布告、炮打"三红"的罪行,我有罪!

**五、袁建疆等被"狂妄师"惩法(罚)后,我与他们的勾结。**

大概是八月二十四日睡起床后,我准备去理发,走到门口看到一群众(人)很紧张的在一起议论,我走近听了一下,听人群中说:"吴敏光[4]到医院去看病时,看到《扬子江》的大头[5]被'狂妄师'抓进了湖北剧场。"当听到这话,我吓的一惊,就不敢去理发了,随即就回后面食堂。晚上七点多钟了,我想查正(证)这消息是否可靠,因为《扬子江》既不支"狂"也不反"狂",而且十中支"狂"的都给(跟)他们有联系,为什么'狂妄师'要搞他们呢?我不太相信这消息,都(就)顺便散步到湖艺去看看,因为《扬子江》离开话剧团时,冯天艾告诉了我他们搬到湖艺,住在湖艺七栋头一间房,要我去玩的!当我到这间房时,屋里电灯还亮着。我当时想这是吴敏光乱说,要是真被"狂妄"抓了,他们现在正忙着营救去了,还有人在屋里坐着!随即我就急忙敲门,等门一开是刘海英,她急着说:"老王你来了,我在这里等了几个钟头了,鬼袁大头不知跑到那里去了,到现在还没回来。"这时我才一怔说:"出事了,下午我听说大头被'狂妄师'抓了。"刘急着说:"那这里也暴露了。我刚从黄石赶回来,冯天艾说最重要的是他的一书包材料。"说着就把书架上放的材料和重要的书籍,毛主席的各种版本的语录,以及《毛泽东思想万岁》,还有行李用具,清了两大包。刘说:"老王你帮着拿一包,赶快走。"这时我也

---

4 吴敏光,湖北省话剧团演员二队演员,该团"红艺军"成员。清理阶级队伍时受到审查。

5 大头,袁建疆的诨名。

忙（茫）然无措，心中只是惋惜这些革命小将的遭遇，就听指挥拿着一大包东西，跟着她离开了这间房子。出了湖艺大门就问刘："到什么地方去？"刘说："我打电话到四明大楼找代表团再说。"接着刘就进邮电局去打电话。我就抱着一包东西在邮电局门口坐着等她。刘从邮局出来说："电话打通了，是小廖接的，代表团已经知道他们被抓的事了。"我问："怎么（办）？"刘说："过江到四明大楼去。"我本意不想去，无奈这两包东西一个小女孩一人拿不走，就跟她过江了。爬到四明大楼六楼，小廖、蔡安保和我面熟而叫不上名字的人都在，当即打开两包东西，除了书籍、行李外，有用的材料只有近一百本油印的"一评""二评"材料。廖说："天猴子（冯天艾的诨名）的和陈林的两包手稿都不在了。"廖急着对刘说："你快到郑贞芬家里去，找她一起到查天怡家中，看看是谁被抓了。"刘下楼（前）对我说（让）我也走，再看表已近九点了，船[6]已快收班了。小廖说："就在这里睡，这里有地方。"没有法，只好留下。过了一会刘与郑来了，她们俩说："到查天怡家中去了，她不在，她也一定被抓了。"谈了一会，小廖对郑贞芬说："明天一定要把五百元的存款取出来，这个任务你一定要完成。"交待以后郑就回家了。次晨七点多钟，查天怡、刘丽华已经来了，她们说："昨晚十点'狂妄师'把我们放了，大头脑震荡，昨晚我们送他回家，他哭了一夜，我们三人都在他家睡的。两书包材料全拿去了。"小廖提意（议）到袁建疆家去看看，问我去不去。我问："在那里？"廖说："在武圣路[7]。"我想顺便回家，就一起去了。到袁家后见袁完整无缺。问及昨天的事，袁说："到现在我什么也回忆不起来，怎么去的，我怎么回来的，都不知道。"小廖拿了二十元币给袁，叫袁的姐姐继续到医院去看病。当即我和小廖就走了。我回家，小廖回四明大楼，就此分手了。此后，除袁建疆八月二十八日给我来了一封信外，小廖从此次分手以后没有再见此人了。

现在把袁建疆来信附录如下：

---

6　即武汉过江轮渡的船。
7　武圣路，位于汉口汉正街上首，联通武汉三镇的交通要道，旧时此路有一座武圣庙，故而取名武圣路。上世纪七十年代初，取其同音，更名武胜路。

"老王：您好！近来体虚，内心郁闷，不知您的病是否好些？也望您多多保重。我的病传染给了您，使您也受惊了，您团的同志们可还都好？一想到连累，内心无限惭愧！在家养病，还不能看书，头脑胀疼。您是否能搞点香烟，想法带给我，实在是太需要它了。别无它求了！致礼！大头"

接到这封信的次日中午，接到袁的电话，问我是否有烟。出于友谊，我当天买了两包烟到袁家去了。至此以后，我没与《扬子江》任何人联系。希同志们揭发、检举、批判，我若有隐瞒，一切后果由我承担。

《扬子江评论》炮打和分裂无产阶级司令部有罪！我曾错误地支持过他们的罪恶行动，我也有罪！

我抱着沉痛的心情向我们伟大的领袖毛主席他老人家请罪，向我团同志们同志们检讨。

无产阶级专政万岁！

坚决批判资产阶级反动喉舌《扬子江评论》！

彻底肃清《扬子江评论》在我团散播流毒！

誓死保卫以毛主席为首、林副主席为副无产阶级司令部！

战无不胜的毛泽东思想万岁！

我们最敬爱的伟大领袖毛主席万岁！万万岁！

王延绪

68.9.15

根据湖北省话剧团清理阶级队伍专案档案刊印。

# 继续交待、揭发反革命喉舌
# 《扬子江评论》散布的反革命言论（摘录）[1]

（一九六八年十一月一日）

王延绪

一、杨秀林一次跟蔡安保、廖焕章、林地一起吃饭，极其嚣张恶毒地散播炮打我们敬爱的林副主席的反革命言论说："我们写的文章全国没有人能超得过。"当时蔡安保就反驳说："毛主席文章超不过你？"杨很尴尬地说："毛主席自然超得过。"蔡说："林彪超不过你？"杨说："那我们都差不多。"廖说："你太狂妄了，简直把林副统帅就不放在眼里。"杨说："这是什么狂妄，是实事求是嘛！"当时我和他们的关系还不很熟悉，是在旁边听到的。

二、一次杨秀林、蔡安保来食堂吃饭（当时此二人已搬到农垦厅去了），因很久没见到他们，想跟他们拉拉关系，我就请他们来我房里来坐一下聊聊。先是蔡先来我房里，我答（问）蔡最近有什么消息没有？蔡说，最近刘伯承从越南回国了，到机场去迎接的有周总理，有江青同志，还有中央文革的其他成员。刘伯承一下飞机只跟周总理握了手，江青同志跟刘伯承握手，刘伯承没有跟江青同志握。"十八人上书"也有刘伯承。刘伯承见了毛主席后公开提出邓小平打不倒，还说，这次文化大革命对老干部打击面太大了，还要挟毛主席说：要坚持这种搞法，我再没有心事（思）回越南打仗了。这样来对毛主席施加压力。"十八人上书"在军内很有势力。看来毛主席在这个问题上要作战略让步。这个小道新闻过了几天我在操场上乘凉时也听到[了]曹艮俊[也]谈论了，内容大意是一样的。

蔡、杨这次还[谈]说，"《扬子江评论》现在越办越不行了，这几

---

1 这是编者根据王延绪在湖北省话剧团清理阶级队伍期间写的交待材料摘录的。

期上登鲁氏（这是他们内部对反革命分子鲁礼安的尊称）过去的文章，分析当前形势的政论文章简直没有了，旗帜越来越不鲜明了，要这样搞下去，江城人民对这个刊物会失望的。我们的文章就是要说造反派要说的话，要作全国造反派的代言人。"我说："这期不是有一篇政论文吗？"蔡、杨说："这是天猴子（冯天艾的诨名）写的，要是这样的文章我们不费什么劲，二个晚上我们可以写几篇。现在冯天艾就是不登我们写的文章，光去树他个人的威性（信），所以我们有分歧。"我说："你们的大方向是一致的，不应该在这个时候公开闹分裂不团结，有些问题可以坐下来谈谈，应该共同集中力量办好这个报纸。你们的笔杆子又多，应该集中，不要搞分裂。"蔡说："现在他们光忙于事务，根本坐不下来，找人都碰不到。"我说："要是小冯回来了，我可以把你们的意见跟他谈谈，还是你们回编辑部一起搞。"蔡说："回编辑部我不回来，他们说我们闹分裂，另立山头，我们是看他们太右了，我们是（被）排挤走的。我们不怕'左'，只怕'右'，'左'是要革命，'右'就是投降、妥协嘛！"我说："听说你们搞了一个'武汉青年'，还写了三篇有分量的文章是吗？"蔡说："你怎么知道的？现在名字还没定下来，文章是写了的。纸张印刷我们都有了，纸是广西的支援我们的，他们的报纸不印了让给我们的。"我说："那三篇文章的样稿是不是可以搞来看看？"蔡说："现在还没打样。"蔡问杨文章底稿放在那里了。蔡对我说："我再来的时候带来。"我说："我有时间晚上到农垦厅去看你们。"蔡、杨都表示说："欢迎你来，我们在那里等你。"说到这里林地喊蔡洗澡，蔡说不在这里洗，要林回农垦厅去洗。这样就走了。

三、8月初，《扬子江评论》已搬到湖艺后，袁建疆来团吃夜饭（因他们的饭票还没吃完），事先走时对我说过，他们还要来吃饭，我同意了的。袁问我到不到湖艺去玩，因夜里没事，我就跟袁一起到湖艺去了。在路上袁说："昨天刘丽华在军区看了一场内部电影，是毛主席接见各大军区记录片。刘丽华说影片里没有看到张春桥的镜头，也没有看到康老和陈伯达，跟毛主席在一起的镜头里只有林副统帅、周总理、江青同志，跟毛主席一起没镜头的这些人可能是有问题。我们几评提出的问题看来是没有问题。"我问道："军区里你们有关系？刘丽华怎么搞到军区夜去能看内部电影（原文如此——本书编者注）？"袁说："刘丽华就住在军区附近，她经常跑到军区里去看电影，附近的人都可以去看，也不要票。"到湖艺他们住的房里后，廖焕章、冯卫东两人在，他们就拿出西瓜给我吃。这是我第一次去湖艺。这时冯天艾也来了，冯就把他在学校跟聂年生[2]、陈林和鲁礼安一起照的相片给我们看，并说："陈林在北京被温玉成抓起来了。"我说："陈林是不是参加（了）北航的会议？"冯说："搞不清。温玉成在广州就是支保的嘛，现在发觉了，我们这样的人还不抓！明天我们准备到黄石去。"我说："听说黄石最近打得很凶，你现在去那里不危险？"冯说："现在炮轰派的势力还很强，越是武斗得凶就越是安全，没有人来管我们。"并说："冯卫东、牛打鬼（刘海英的诨名）还有附中敢死队的两个小鬼一起去。"冯卫东就对冯天艾说："南站我已联系好了，已经跟（给）我们盖了免票签证，你明天清早五点钟在车站等我，是坐客车还是爬货车去，由他们安排。"说完我就跟冯卫东一起走了。

我送毛著四卷和肥皂给被关在白求恩护校甄别教育所的两个居仁门中学的女孩到王杰[3]家里去时，廖焕章也在王杰家。廖告诉我说："越南和谈是准备妥协，仗在越南打，看来越南是不愿意打了，越南是跟苏修跑的，在广西的越南留学生都不佩代（戴）毛主席像章，也从不学习毛主席的著作。胡志明这个老头，反美虽然坚定些，可是没有实权，所以最近毛主席决定要把广西和××两个省让出来，要把越南的战争引到我们国家来长期打。所以中央对广西的问题都是亲自在抓。"我当时就反驳廖说："你又在散布谣言，你哪里听来的？"廖说："你不管哪里来的，你可以回去听听，看人家是不是这样谈。"我说："这种谣传不能相信。"廖说："我也不要你向我汇报，你回去听听看人家是不是这样议论。"廖还说："朱鸿霞对鲁礼安是不是反革命

---

2 聂年生，1943年出生，湖南岳阳人。华中工学院学生，"新华工"二号勤务员、华中工学院革委会副主任、武汉市革委会常委。1976年底被关押四年。1993年去世。

3 即王结。

分子有一次谈话说，我老朱不相信鲁礼安是反革命，并说："方铭[4]在作报告时对冯天艾是男的是女的没搞清楚，就宣布是反革命，真是笑话！"我到王杰家是夜8:20多分钟，九点电房就要停机。廖要过江，所以我们就离开了王杰的家。

王延绪<br>68.11.1

根据湖北省话剧团清理阶级队伍专案档案刊印。

---

[4] 方铭，1921年出生，浙江宁波人。文革前任十五军军长，文革中任武汉警备区司令员、武汉市革委会主任。1981年去世。

# 我与"新华工敢死队"、《扬子江评论》以及黑会的关系的交待

(一九六八年十一月十四日)

刘君侠

　　五月[1]中旬的一个晚上约九点,肖惠芳[2]把我从房里叫出来,在楼下走道上一面走一面跟我讲,她说:"有件事告诉你,新华工敢死队来了两个人,借我们这里房子住个时期,是别人介绍来的,是通过了勤务组安排的,就住在会计室对面房里。"接着她又说:"我们这里不也是打打冲冲的吗?"我答:"是呀!我们这里也不安全。"她说:"我带你去见识一下他们,有么情况发生,你就告诉他们一声,好让他们转移。"我答:"那可以。"她又说:"他们在新华工的处境不好,住在这里不要说是敢死队的,别人问时就说是外调的或是外单位借住的。"我说:"那就说是外调的。"她答:"哎,可以。"我跟肖惠芳上楼进房后,肖笑着对鲁等给我介绍说:"这是鲁礼安,这是×××(记不清)。"又指着我道:"这是我们搞保卫的刘同志,有么情况他告诉你们。"我接着说:"我们这里也不安全,如果有么情况我来告诉你们一声。"鲁等都说:"那好!那好!"说完我、肖都出房下楼来。肖说:"我家里还有几床被子要去拿过来他们用,我一人拿不下,你帮我去拿一床。"我随她取了来,放在鲁房里后,就下楼值班去了。
　　第二日,在葡萄架下碰见了曹艮俊,我又提起敢死队鲁等在这里住、肖告诉我的情况时,曹说:"是这个情况。他们在新华工呆不下去,杀出来的,他们主要是找个蔽静的地方写点东西。"以后我又问

---

1　即1968年5月。
2　肖惠芳,女,湖北省话剧团演员二队演员,该团"红艺军"成员,曹艮俊的爱人。

了勤务员张德溢、王树海，他们也说是这样，注意一下不要暴露他们是敢死队的。

大约是6月初，我由武船[3]回来住时，勤务员王志义[4]要我们（小魏）召集一般受审查的人员（参加值班）开个会，我在这个会上也把敢死队住这里不要暴露他们的问题也说了一下。

六月下旬的一个傍晚，我在院中乘凉，王延绪也来了，他说，他听见敢死队的学生讲，新华工在到处捕他们，要来打他们。而在那两天中，敢死队的学生在楼梯口对外打电话时，他们说，新华工也知道他们住在这里，准备要来打他们。有一天曹艮俊也在谈这事，我跟曹说：打来了，连我们一起敲就糟了，叫他们赶快走吧！趁小廖在打电话时，我就提了这意见。他说他们正在准备马上转走。不两天，他们就离开话剧团了，走时没有告诉我们。

关于去武船搞枪的问题，我也是主张借几条枪回来自卫，我也向勤务组提过。在葡萄架下，曹艮俊讲："我跟敢死队冯天艾联系好了，借他们敢死队住我们这里的名义和我们一起去武船搞枪，我看他们一定会给的，冯天艾也同意派一个人去。"又说：小廖、大头他们讲，他们要作这里的主人，准备跟我们一起搞自卫。他还说，要我搞枪，勤务组作了决定，又不派人出面，不好处（理）。这以后曹要我去，我说我又不能代表这个组织。以后又说王树海、王志义去，曹艮俊与武船联系好了时间。因王树海另外有事，王志义未来团而没有去成。（这时曹又提出找敢死队一块去，我说要他们去干什么，因而没有要他们去）曹催去催来，他自己又不出面了，他说：我出身不好，这样的事我不好出面的。结果是王志义和我一块去武船找到黎汉清、徐世海，由王志义打了个借条，借半自动步枪两只，给我们手榴弹10个，子弹300发，同时随演出车去了几个同志，装车代（带）回团的。以后武船来人把两只枪要回去了（听王志义讲的）。

大约七月初，有天下午，王延绪来跟我讲，说敢死队又来了人的（两个），还在这里吃了饭的。他们说在外面说（住）不方便，想又

---

3 武船，即武昌造船厂。
4 王志义，湖北省话剧团演员一队演员，该团"红艺军"成员。

回来住。我说我们文攻武卫要用房子，要住，那恐怕是个问题。这事要找勤务组谈。隔了几天，一个傍晚，我路过葡萄架，小廖找到我向我说：我们想转回来住。我答：这件事你得找勤务组谈，我不能作这个主。小廖一直等到晚上，张德溢回来了，我指给小廖去找他谈，他们谈同意了，才来叫我去安排在美工间住。我当时问小廖：你们那几个同学呢？他回答说：他们都到黄石去了，我们在这里印报纸有困难，还准备把版运到黄石去印报。接着说：最近只我一个人在这里住，以后回来，也只有三、四个人住。我提出：前次你们在楼上住时，进进出出的来的人太多太乱，也影响我们的保卫值班和安全。并且提出：白天不代传电话，外来找你们的一律不接待。他说：那可以，反正我们白天不在这里。第二天傍晚，一男一女来找小廖，我问他们是那里的？他们说是敢死队的。我说小廖晚上才回来，你们在这里等他也行。晚上小廖回来后，我带这两人去美工间，这时小廖才说：这是王杰（指女学生），男的×××（戴眼镜，瘦长的，记不清），并说：他们是由黄石回来。他们叫我坐，我没坐就离开了。

在六月初，我才听同志们议论，说他们办有一个刊物叫《扬子江评论》，经常在下午看见有许多女学生跟冯天艾、大头他们一起进出，我们盘问时，他们说这些都是跟（给）他们卖报纸的。有一天下午，有几个女学生在葡萄架下打电话，他们是跟（给）一个叫杜皮的打电话。当时我问她们是那个中学的，有个女同学说她们三人是居仁门中学的。我又问你们怎么跟《扬子江评论》在一起呢？她们说她们是在67年7·20以后参加敢死队的，还说抗暴时我们三个最后准备从楼上跳下来的。有几个中学每个学校都有几个学生参加敢死队，是钢二司组织的。

也是在六月初，小廖在楼上住时，隔壁小陈（不知名字）来找小廖，他说他知道他们住在这里，认识他们，来找他们玩一下，要我跟他一起上楼。当时小廖和另外一个男学生在房里。小陈散给我们烟时，小廖对小陈讲：他（指我）是支持我们的。接着小陈问小廖：听说鲁礼安在黄石被抓了。他们在谈这方面的事，我就起身离去。

七月中旬，王延绪、曹艮俊向我谈过：《扬子江评论》别人不愿给他们印了，也缺纸，他们提出通过张德溢找总部给他们在新华厂[5]设法印报。我当时说：我估计恐怕办不到，新华厂是印毛主席著作的，那能印小报。接着在一天晚饭后，路过美工间，小廖、大头都叫我坐一下，他们又提起此事，我当时说，这件事可以跟张德溢反映一下，我估计是希望不大的。接着隔壁小陈来了，又来了一个戴眼镜的工人，都在要烟抽。小陈在问鲁礼安的消息。小廖说，外面有人谣传说鲁礼安在警司，我们有人去问过，警司当面辟谣说没有此事。他们在谈话，我要洗澡就走了。当时因张德溢经常在总部，我估计办不到。小廖提出的印报的事，我没有向张反映。

《扬子江评论》四评出来前，有一天下午，因事我在打电话，小廖从外面回来，手里拿着五份《扬子江评论》为工总翻案（重印的一期）递给我，他说这是给你们的（当时我交给小沈了），他并且拿出一卷材料给我翻看，他说：朱鸿霞同志接见了我们，我们要求通过工总把鲁礼安写的一些文章交给中央首长看。他（指朱）支持我们。这是我们收集了准备送去的（指《扬子江评论》和一些油印刊物、稿件等），说完后他就走了。

还有一天下午，武船的黎汉清来找曹艮俊要像章，在葡萄架下玩，而袁大头在打电话，说纸张困难。黎汉清在一旁说，我们跟（给）《扬子江评论》搞了20令纸，我在要车子准备去拖纸。我当场把这件事告诉了袁大头。袁大头说：我们是有人在武船。当时还有团里的几个同志在跟黎汉清闲谈。一会都走了。

四评出来前，冯天艾他找到我，向我要点大红广告粉、墨汁、废报纸。当时我跟张德溢说了一声，给他们搞了半小盒大红粉、两瓶墨汁，拿了一些废报纸。

四评出来后，他们的大字报贴在水塔处，张德溢打电话回来给王志义说他们的大字报有问题，矛头指向周总理，叫王通知他们离开话剧团。我听到这个消息后，在晚上碰见敢死队穿蓝背心的黑瘦长的一个学生在水管处洗笔时，我问了此事，我并说：听说你们的大字报问题很大，看的人都在抄，警司拍了照片。这是把矛头指向周总理呢！

---

5　指湖北新华印刷厂。

他说没有,并给我解释了一翻(番),说是根据八·五社论,谈了一些以往发生的事情和我(他)们的看法等等,他不认为有问题。

也是在他们的四评出来后,一天晚饭后,我在大门外面站(着),碰见隔壁小陈下班回来,他问敢死队还没有走!他说:一定要他们走。我答:我们已经通知他们要他们走的。小陈说,他们这种搞法太不像话,简直是瞎搞,矛头指向周总理,这个问题漫(蛮)严重。正说着,王杰和另外一个女学生从外面回来,他们向小陈打招呼。小陈问她们去那里的?王杰说:我们两人冒充新华工的学生,到警司走访了来的。她说:警司的同志信以为真。我们提问题,(他们)对我们接谈瞒(蛮)热情。说完她们进团来了,小陈也回来了。

听曹艮俊讲,已经通知敢死队叫他们离开话剧团,但隔了两天了还没有走。有的同志向我提出这个问题,我就到王延绪房里问情况,问他们怎么还没有走?王说:听说湖艺要他们去的。今天他们过江去找地方去了。正说着,袁大头吃完晚饭进屋来了。我又问他们怎么还没有走。袁说:人都过江去了,这里还有一些存报纸,一人搞不走。我说:那你们打电话把他们找回来。袁答:不知他们现在在汉口那里。接着我说:我们这个庙太小了,你们搞出这样大的问题,我们受不了。再说7·3、7·14布告公布很久了,也应执行,该回原单位了,最好今天走。他说:一定要今天走吗?我说:白天不安全怕暴露的话,最好今天晚上走,这里有板车可以用。说完,袁向王延绪要过背包,王顺手在书架上拿出了三个手榴弹,交给袁放在背包里。王说今天走了算了。我说你们还有这东西!我们都交了。说罢我就走了。

我与《扬子江评论》7·29黑会的关系:七月下旬,我记得是在黄石市来一车人的那天上午,王延绪在葡萄架下对另外一个同志谈《扬子江评论》要借我们团里(的地方)办学习班的问题。当时王说,就把葡萄架下借给他们用。我在旁插了一句说:这个地方不行,楼上、木工间都空(着),可以给他们用。王接过去说:么不行,是否观点不同?我说:那是一方面,这地方是值班和我们活动的地方。

近天黑时,在院子边石条旁,我见王延绪在向李一山[6]讲,说要

---

6 李一山,一作"李宜山""李宜三",湖北省话剧团行政人员。

增加二十几个人吃饭，要买口锅的问题，在谈论。

　　这一天吃罢晚饭，我在张家柱门口闲聊，乔夫[7]在男厕所门口喊我，我就走到他面前。乔夫告诉我，他说：我找勤务员，他们都不在，我先跟你讲一下，回头勤务组回来你再告诉他们。他说：敢死队要求借我们这个地方办个学习班，三个下午的时间，有二十几个人，都是钢派各单位派来的，准备学习几篇文件，谈谈形势。我回答：等勤务员回来以后，我把这情况向他们反映。八点多钟，我正洗澡穿完了衣服，张德溢、吴有才、沈虹光他们一块由外面回来。张在水管旁洗手，我就将乔夫谈的这个情况告诉了张德溢，我并说请你们研究一下。手洗罢他们都回房去了。不一会，有一个值班的女同志（好像是张凤生，可查一下）来告诉我说，外面来了一车人，说是黄石来参加学习班的。回头在乔夫住房的窗子外，找到张德溢，问他的意见（这时小魏也站在旁边），张说：借地方是可以，没有问题。你们去问清楚，是不是钢派的，最好要介绍信。我说：别人办学习班，我们怎好要介绍信呢？张说：那你们去问清楚是不是钢派组织的！我跟小魏一同去问的。当时，冯天艾、小廖等都在，他们都说，是钢派组织派来的，都是支持他们的。接着我说勤务员说可以借地方给你们，楼上、木工间都可以。大头提出要在这里住、吃。要我们把大排演厅打开他们睡觉。我问了他们人数，男13（人），女3人。我说：你们等一下，我问勤务员再说。找到张德溢后，我说黄石来的学生要在这里吃、住。我的意见是否搞几张幕布给他们在楼上排演厅睡，女学生睡楼下二号房地板和床上。张答：可以，可以！你们去安排。接着我又和小魏一起拿幕布分送到楼上下，并告诉黄石学生睡觉的地方。接着我到伙房，看到王延绪、大头在弄菜饭。我对王讲：你们在搞，我就不必说了。看了一下，我就走了。黄石学生走（晚餐后走的）那天傍晚，我找到小廖等，谈要收幕布的问题，在场的还有三、四个学生，他们讲黄石来的学生中病了一人，现住在医院里，留有人照顾病人，还得住两天。所以当时我就没有收回幕布，隔了几天后才收。

　　　　　　　　　　根据湖北省话剧团清理阶级队伍专案档案刊印。

---

7　乔夫，1930年出生。湖北省话剧团"红艺军"成员。

# 我的揭发、交待材料[1]

(一九六八年十一月十七日)

王延绪

## 一、关于反革命喉舌《扬评》第一次潜入我团后,我所了解我团有关人员与《扬评》的接触的揭发交待

时间:68年5月中旬某天下午。

地点:胡家模原来住的房里。

事件:曹艮俊、王树海、梁家琛[2]、槐仁立[3]在打扑克时,我到那里去玩。听曹对王树海说:"新华工敢死队最近要杀向社会,想要我们借一间房(给)他们写文章,你们勤务组研究一下,看同意不同意……。"我看事关重大,为了避开嫌疑我就离开了。后面王树海怎么说的我没听见,从这时起我知道了华工敢死队和红艺军的关系,至于敢死队什么时间搬来我团的,我当时不了解。

时间:68年5月20日我团两派发生武斗后,5月23、24号我从武船回团参加值夜班时,大概是下半夜一点钟左右。

地点:大操场上。

事件:我和胡家模、李宜三在值班时,当时团内空气非常紧张,稍有动静,我们就以为是"狂妄师"的来了。当时一到晚上七八(点)钟,团内除了我们三人值班以外,就无人流动了,到了下一点,突然听到有人在拍大门。当时我们要开门的话,总是先到大门的缝里看清情况后再去开门。我们三人在门缝[的]看了一下,是两个陌生的学

---

1 这是王延绪在湖北省话剧团清理阶级队伍期间写的交待材料。
2 梁家琛,湖北省话剧团一队演员,该团"红艺军"成员。
3 槐仁立,湖北省话剧团"红艺军"成员。

生,而胡家模也没对我们说什么就去把门打开,让这两个人进团了,这两个人进来后就直接向后面走去了。我当时问胡这来人是哪里的,胡说:"你不要管。"当时胡(是)负责保卫工作的负责人,我知道有些事情是保密的,是我不该知道的事,就没敢继续追问胡了。胡一人到处巡视了一番后,就来对我说:"这两个学生是新华工敢死队的,住在我们楼上的。"我说:"我们的人都怕打来了,搬到武船[的]去了。他们住在这里万一真的'狂妄'冲进来,那他们不危险吗?"胡(用)很藐视的态度对我说:"你跟他们耽那多心,这些小家伙机灵的很,他们楼上住的房里准备的有绳子,一有什么动静,他们就从楼上滑下来了,这附近他们都有点,怕么事?"我是从这时起才正式知道新华工敢死队已经搬来我团了。当时我只听胡说是敢死队的,逐渐了解是《扬子江评论》编辑部,至于胡家模是如何知道新华工敢死队的这些详细情况的,我不了解。当时李宜三是否知道这些情况,我没听他说过。在值班期间,李经常对我说:"有些事情该要你知道的你就知道,不该你晓得的事你就么去打听,你就是爱哢[4],嘴保不住险。"李跟胡的关系在我看来很密切,李经常在值班时一个人钻到胡的屋里去秘谈,当时有一支手枪,也有(由)李、胡手上使用,而这支枪从来我就没拿过。据我看,李宜三一定知道新华工敢死队在我团住的情况,而胡多半是把我当成局外人而保密的。

  时间:68 年 5 月 23 日至 5 日晨期间。("五·二〇"武斗以后)
  地点:我参加值班时在大操场葡萄架下。
  事件:"五·二〇"武斗发生后,我从武船回团参加值夜班时,我看到蔡虹[5]每天下午天黑了就带着她爱人安宁来团里睡觉。听说安宁在《扬评》住的那间房里睡过,因那间房里有个床上有蚊帐,据说这个蚊帐就是蔡虹为安宁挂的。至于蔡虹、安宁在那样紧张的情况下不去武船而在团内留宿,是否他们跟《扬评》有关系,当时我不知道!
  就在这个期间里,一天下午七点钟左右,天还没黑定,我和安宁、

---

4 哢,武汉方言,话多的意思。
5 蔡虹,湖北省话剧团演员一队演员,该团"红艺军"成员。

陶永全[6]、李宜三在操场旁边乘凉聊天时，从团外进来了几个学生。安宁指着其中一个戴眼镜、身材瘦瘦的一个学生对我们说："这个是武汉大学历史系的，他姓杨，叫杨秀林。"因为我只知道是新华工敢死队的学生在这里住，我以为所有来的学生都是华工的。所以我对安宁说："新华工敢死队的武大的也有吗？"安宁说："他不是华工敢死队的，是《扬子江评论》编辑部的，他们编辑部里有华工的，也有武大（的），他们在一起办报。这个姓杨的原来是康三司的，以后杀出来参加三司革联。"从安宁的介绍中我才知道，住在我团的不仅是新华工敢死队的，而是（且）还有《扬子江评论》编辑部的人。

时间：大概是68年5月27、28日左右的晚上八点钟。
地点：葡萄架下围着石橙（凳）子放的电话机旁。
事件：当时我、刘君侠、肖惠芳、李宜三，还有那些人在场我忘记了。肖惠芳说："他们（指《扬评》的一伙混蛋）这些同志的干劲真足，这热的天他们也不下楼来乘凉，楼上蚊子又多，他们还是坐在那用功看书、写文章。他们床上都没有蚊帐。哎，刘君侠能不能把小道具（间）的那床蚊帐借给他们，再向同志们借几床给他们挂上。"刘君侠说："小道具间的钥匙我也不晓得在那个手里，李宜三，在不在你那里？"李宜三说："不在我手里。"刘说："明天白天里我再问一下，看钥匙在那个手里，明天我想办法给他借几床帐子。"我说："在武船时我给公家买的蚊香，还有一盒没用完的，在我房里放着的，是不是能给他们一点，在没借到蚊帐以前，临时解决一下。"肖说："那太好了，把点他们。"刘说："你去拿来给他们送到楼上去，我们再去办给他们借帐子。"我听到刘作了主，我就回房拿了一盒蚊香，给送到楼上《扬评》住的房里去了。我去后房里有蔡安保、杨秀林和那个跛子三个人在（蔡安保的姓名是以后知道的，当时我还不知道他的姓名）。这是我第一次单独和《扬评》人员接触，也是我第一次到《扬评》住的房里去。

---

6　陶永全，湖北省话剧团行政人员。

时间：大概是 68 年 5 月底的某天中午吃饭时。

地点：露天走廊放的餐桌旁。

事件：杨秀林、林地和跛子大学生在吃饭时，我因听安宁曾经介绍说，杨秀林是武大的，我为了攀交我认为了不起的造反派，就揍拢去给（跟）杨等谈话，一方面是想巴结他们，一方面想看一下他们办的小报，当时我对小道消息非常热衷。我喜欢看小报就是我反动思想的暴露，我总想在小报上收集伟大社会主义的阴暗的东西。杨说："我们的报纸已经付印了，出来了一定给一份你看。"谈了一会我就走了（详细情况已作过交待）。

时间：大概是 68 年 6 月初。

地点：我在厨房窗口卖饭。

杨秀林中午在食堂买饭时，我向杨秀林要他们的小报看。杨说："还没印出来，你急着要，满足你先睹为快，我那里还有一份这期的校样稿，等下午我吃饭时给你带来。"我说："太好了！下午一定给我带来啊！"这样杨买完了饭就离开了窗口。

时间：同上次隔一天的下午。

地点：我在厨房窗口卖饭时。

昨天下午杨秀林没来吃饭，今天上午也没见他来买饭，下午我在中间窗口[在]卖饭时，杨来了，在另一个窗口买饭，是许伯然[7]在卖。我为了向杨要报，就叫许伯然到我站的窗口来卖，我就换到了许原来站的一个窗口。逗（乘）这种机会，我又问杨："报纸带来了没有？"杨说："我忘了，等我吃完了饭到楼上给你拿来。"我说："那就不麻烦你，我开完了饭到楼上去拿。"杨说："可以。"杨买了饭就走了。

时间：同天晚上七点多钟。

地点：楼上《扬评》住的房里。

我到楼上《扬评》住的房里去拿《扬评》小报时，房里就只有杨

---

7　许伯然，湖北省话剧团炊事员。

秀林和那个跛子在,杨看我去了,就在桌上翻找,因桌上很乱,桌上乱七八糟的都是稿纸,杨翻了一会从压的很多稿纸下面找出来了一份校样给我,说:"这个校稿上面有些地方划了,改的很乱,你不一定看得清楚,你拿去吧。"我说:"这个校稿你们还要的吧?"杨说:"不要了。这是第一次的校样,第二次我们的校样送的去付印去了。"这样我拿着就下楼了。在我下楼时边走边看,刚从楼梯后的武斗工事的一个洞里钻出来,张金士[8]就在他房门口对我招手,轻轻的[声音]说:"你到楼上跟那个在说话?"我说:"跟《扬子江评论》的人要报看。"张说:"来来给我看一下。"我说:"我刚刚拿到还没看呢。"张说:"看看标题。"我说:"有'十八人上书'的内容。"张说:"你看完了给我看看。"我就走了。我回房后就一口气把这张小报读完了。在看的时候发觉还有几个错字没校对出来,就顺手给改过来了。第二天上午,杨在窗口买饭时,我对杨说:"我看出两个错字还没改过来,我给他们改了,是不是打电话给印刷厂改过来?"杨说:"你看的是第一次校稿,第二次校稿我们又校过了。"杨买完饭就走了。

时间:这份校样稿(出)来后的第二天下午。
地点:我房里。
张金士到我房里来把这份刊有"十八人上书"的名单和内容梗要的《扬评》反动小报借去了。我给张嘱咐说:"你不要给别人看,看了马上还来。这个样稿人家还要的。"第二天张还没送还给我,我就到张住的房里去拿回来了。我说:"你给别人看了没有。"张说:"谁也没给看,'十八人上书'中央有规定,不要外传的,他们这样登出来真是太大胆了。联(连)人名就具体登出来了。"我说:"他们办报路子肯定广,他们的消息为(未)必跟(比)我们还闭塞些,我想他们一定知道那些能登,那些不能登的。"张说:"他们大胆。"这样我就走了。果不其然,这则"十八人上书"的造谣新闻在这期正式出版时,撤换(成)了别的文章,而没正式发表出来。

---

8 张金士,湖北省话剧团演员一队演员。

时间：距张金士看了这张"十八人上书"反动《扬评》后不几天一个早餐后的时间。

地点：我从张家柱的门前走过，张原住资料室。

我上了厕所后回食堂，走在张家柱房门口，张站（在）他门口台阶上对我说："听说你那里搞了一张登有'十八人上书'的小报吧？"我说："是《扬子江评论》的这期校样稿。"张说："搞来看看，个杂[9]你跟他们的关系还搞得蛮熟哎，稿样就把给你看。"我说："我是卖饭的时候跟他们要的。"这样我就回房里把这份报拿给了张家柱。据我估计，张知道我有这份小报一定是张金士告诉张家柱的。因我没给他说过这件事。

这份反动《扬评》小报张家柱在上午他的小组的学习时，我在厨房窗口看见他们宣读过，在张家柱的房门口有郭胜峰[10]、王学峻[11]、胡象平[12]几个人坐在一起，这份报张过了几天才还给我。

时间：大概在68年6月中旬某天中午吃饭时。

地点：食堂露天走廊上。

杨秀林因事超过开饭时间才来吃饭，当时我正在露天走廊的餐桌上吃饭。杨买了饭也来到我这张桌上[来]吃饭，我问杨说："到那里去忙到现在才回来。"杨说："到印刷厂去联系印这期的报纸去了。"我说："这一期又快出版了。"杨说："武昌印刷厂最近生产任务很忙，这一期的版他们给我们已排好了，就是印刷排不上队，我们要把这期急着印出来，交涉了一上午，他们厂的（人）也不肯提前给我们印，要我们跟班。要是按他们给我们排的队，不知什么时候可以出版呢？哎！你们文艺界跟印刷厂是一个系统，你们有没有熟路子帮我们联系一下，我们的版都排好了，一共八版，只帮着印，不排版。"我说："印刷厂有几家我因工作关系有过联系，就是好多年没发生关系。"杨说："那几个印刷厂帮我们联系一下吧！"我说："汉口新华印刷厂

---

9 个杂，武汉方言，口头禅，完整的说法是"个杂子的"，没有实际含义。
10 郭胜峰，湖北省话剧团舞工队职工，该团"红艺军"成员。
11 王学峻，湖北省话剧团演员二队演员，该团"红艺军"成员。
12 胡象平，湖北省话剧团舞工队职工，该团"红艺军"成员。

综合车间搞业务的一个同志跟我很熟,好几年没联系了,文化大革命再(又)过了几年,也不晓得这个同志是那一派,他们厂的百万雄师的很多,要是他是站错队的或是新派的,那肯定不会接受印你们的报纸,要是钢派还可以打点商量。"杨说:"你帮我们打个电话试一下吗?行就行,不行也不要你跑路。"我说:"排不住[13]我认识的这个人据我看不会是钢派的,这个人很老实。"杨急着说:"打个电话问一下。"我说:"我等一下试一下,不过不能作只(指)望。"杨说:"你跟这个人熟,尽量的多磨一下,只要他负责印,我们把版送过去,什么时候可以回我的信?"我说:"等上了班我打个电话去试一下。"这样我就走了。事后这个电话我也没打,因为这个同志跟我虽然很熟,他知道我犯了错误,在新华印(刷厂)劳动过,我也了解这个同志肯定是站错过队,我一方面爱面子,一方面不想为这个出头露面。第二天杨在吃饭时顺便问我说:"电话挂了没有?"我撒谎说:"哎,我把这件事忘了。"杨说:"等一下记着问一声啊!"我说:"这个事我出面有困难,最好你们找我们红艺军勤务组说一声,要他们跟你们想办法靠得稳,新华印刷厂跟红艺军是一个总部,我们的勤务员也是文艺总部[14]的勤务员,要张德溢出面肯定能行。"杨说:"他们也忙,我也经常不在,碰不到,你帮我们说一声。"我说:"好,等他们来吃饭时我跟他们说。"因为是站在食堂外面,说了几句话我就走了。

时间:杨秀林跟我说了印报的事后第二天中午开饭时。
地点:食堂前场子上。
王树海吃完饭正准备走,我从厨房里赶出来对王说:"《扬子江评论》编辑部有件事要请你们给他们帮忙。他们因为碰不要(到)你跟张德溢的面,所以要我代着转达一下。"王树海说:"是么事情?"我说:"他们这期的报原来跟(给)他们印刷的(那)个厂现在很忙,

---

13 排不住,武汉方言,即"说不定""有可能"之意。
14 文艺总部,全称"毛泽东思想湖北省直文艺总部",由"红艺军总部""钢工总新华印刷厂直属分团"等若干组织组成,成立于1966年10月前后,有2201人。由于"狂妄师"分裂出去130人,清洗56人,劝退40人,实有人数1811人。

他们编辑部不能等这个工厂给他们安排的时间，想请你们给他们想点办法，找个印刷厂，他们的版都排好，只负责印刷。"王树海说："可以，等一下我跟张德溢说一声，他等一会要到汉口去开会的。"说完了我就走了。当时我找王树海说这件事，我是鼓着很大勇气去说的，我知道他的脾气很大，搞到不好要挨括[15]的，可是王的态度满口就同意，是除（出）我意料之外的事。《扬评》是否有人跟王树海和张德溢事先就说过此事[没有]，我不了解，可是这件事过了一两天，张德溢就给他们联系好印刷厂了。难道就是我对王树海说了一下，他们就积极的去办的吗？我想除我（说）了一声以外，《扬评》一定有人给张、王直接联系过，不然决不会听我的话的。

  时间：就是我跟王树海说了印报的事以后的第二天中午开饭时。
  地点：食堂。
  这天上午我因转账结算，没有到厨房参加卖饭，我的房就在食堂里。因天气热，我房门是开着，当时我看到冯天艾、袁建疆、廖章焕、杨秀林、蔡万宝[16]都在买饭。这时张德溢也来了，因他来的很晚，没人排队，冯等买好饭正向外走，张德溢一边买饭一边跟冯天艾说："昨天我跟[把]印刷厂联系好了，你们的版送去没有？"冯说："在电话里没听地址，他们用三轮车把版送过去了，没找到地方就踏过来了。"张说："就是江汉路新华印刷厂，我跟他们的姓杨的头头说好的嘛！"冯说："上午我们又到武昌印刷厂去了，他们同意给我们印了。这期他们只给印四版，不印八版了。"这样冯和张就走了。当时我因跟冯天艾还不熟悉，就没上前插话。当我从房里出来吃饭时，杨秀林、蔡安保还在食堂外面的桌子旁坐着，我就问杨说："你们用三轮踏过江的，我刚才听说怎么又拖回来，是么样[17]的事？"蔡说："踏的满身大汗，电话里没听地方，没找到，我们又踏过来了。"杨说："我上午去联系了，他们同意，只同意印四版，我们妥协了，不印八版了。原来他们不是不给我们印，是他们不同意印我们那篇评文汇报的文章。我

---

15 挨括，武汉方言，即"挨骂"之意。
16 蔡万宝，即"蔡安保"。
17 么样，武汉方言，即"怎样"之意。

们说为了不脱期就同意了。"蔡说:"他们厂的(一)个头头,也是钢工总十一个勤务员中的一个,是他看了这篇文章以后,认为我们批评文汇报,怕搞不好犯错误,就给到雷志茂看,雷志茂说有问题,所以他们才不敢印。"我说:"这个印刷厂的头头叫么事?"蔡说:"叫田国汉[18],是工总宣传部的。"我说:"这个头头是工总的头头,那还不小呢!"蔡说:"田国汉跟我关系蛮熟,他是支持我们的,这篇文章搞到文汇报的头上去了,他怕担责任,所以送到二司,请他们看看有没问题,结果雷志茂说有问题,他们就更不印了。"

这一期的校样稿是杨秀林还是蔡万宝给过(我)一份,是八版。这篇"评文汇报在一个时期的右倾机会路线应该批判"的文章,内容我看过,这期校样稿也借出去传阅散过毒,张家柱拿去在他们学习小组宣读过(这就是后来《扬评》炮打无产阶级司令部的四评反革命毒文中的"二评"原稿)。

我从没在市场上买过《扬评》反动小报,而是《扬评》的人员每出一期就送给我一期,这些《扬评》我都在68年9月上缴给李宏贵[19]同志了。我记得《扬评》潜入我团后,出版了8、9、10、11、12这几期,请组织清查一下我上缴的《扬评》就能查清楚。

时间:68年6月中下旬我记不准确的某天晚上七点多钟。
地点:我在前面操场乘凉。

杨秀林从团外来,他看到我就对我说:"你们团里有没有红布,借一块(给)我们。"我说:"搞么事用哎?"杨说:"明天钢工总组织了六、七百辆汽车,为营救鲁礼安全市大游行,我们乘这个机会在车(上)跟着游行队伍卖报,搞块红布写几个《扬子江评论》编辑部的大字挂在车上引人注目。"我说:"红幅我们团的有,走,我跟你一起去找一个人,你向他借。"说着我就把杨领着向刘君侠住的房间方向走。正走到葡萄架旁,看到刘君侠在葡萄架下石橙(凳)放电话那

---

18 田国汉,武昌印刷厂工人,中共党员,"钢工总"宣传部部长。文化程度不高。文革中和文革后两次入狱。后精神失常。
19 李宏贵,1939年出生。湖北省话剧团美工人员,"狂妄师湖北省话剧团革命造反团"一号勤务员。

站着，站在一起（的）还有好些人我不（没）注意。我就说："小刘在这里，你找他，他负责。"杨就把刚对我说的话又在这里吹了一遍。刘君侠对杨说："红幅我们倒有，现在我们团里的东西乱的很，也不晓得放到那里去了，等一下我们找一块借给你们。"我说："在不在大排演厅堆着？"刘对我说："你到大排演厅去找一下，要是到处都翻到了没有，你就到保管室找郑天西，要他找一块，你就说是勤务组同意了的。"这样我就去找郑天西借了一块红布，给《扬评》送到楼上去了。（详细情况已作过交待了）我去拿红布时，杨还跟刘君侠等一些人在谈，这个时候是否研究要我团红艺军参加营救鲁礼安的游行的事[没有]，我不了解。我到楼上送红幅时，听杨接电话说钢工总总部不同意明天的游行。这个情况我听到后就下楼，在葡萄架下原原本本告诉了刘君侠。

时间：第二天早晨，八点多钟。
地点：前面操场上。
我到前面来玩碰见了杨秀林，杨对我说："你们到底去不去参加游行，要是去，我们就坐你们的车一起过江。"我说："这个事我还不知道的……"因为沈虹光、吴有才正在操场上站着在谈话，我说："勤务员在这里，你去问他们。"这样杨就走去跟沈、吴谈去了。我站在一旁听沈说："今天我们要演出，上午同志们都休息了，现在召集不拢来，算了，我们不去了。"我听沈说不去了，我就在一旁出了个黑点子，说："人不能去，把红艺军的旗子叫他们带去挂在卖报的车上，也表示参加了嘛！"杨听说这个提示就对小沈说："你们的旗子把我们带过去，我们帮你们挂在指挥车上，我们的人在指挥车上。"沈说："我们等一会研究一下。"听到这里我就走了。后来如何我不知道了。

据我听杨秀林及沈虹光的口气，昨天晚上一定研究过我团参加"营鲁"[20]的问题，一定还是同意了的，后来又不参加了，可能是昨晚我把听到工总总部不同意这次游行告诉刘君侠以后而改变了计划。红艺军的旗子是否拿去参加了游行没有，《扬评》的人来后我没

---

20 即营救鲁礼安。

问这件事,据我的记忆当时大门口挂着两面旗子,一是红艺军的,一是武船韶山兵团的,就在这几天少了一面旗,我没注意是那一面。当时武船钢工总为"营鲁"还单独发了一个"声明",是武船徐世海拿来发了很多,我也得过一张。

时间:"营鲁"反革命游行以后当天下午。
地点:食堂外空场上。

蔡万宝、杨秀林、郭仲藩三个人吃饭时,我向他们了解"营鲁"游行的情况。杨说:"我们今天的报纸买的人很多,我们几个人都在车上搞不及,一共卖了两万多份。我们没参加游行,大头他们在指挥车上,他们还没回来。"我听(看)他们也不知道,我就走了。

从这以后,我跟《扬评》的关系越来就越[于]密切了。只要他们的人来吃饭,我一有空就跟他们聊天。这个期间冯天艾、袁建疆、廖章焕经常在外,在团的时间不多,尤其是冯天艾来团的时间更少。当时我认识冯天艾,这是蔡万宝告诉我的,而冯天艾不知道我的姓名。冯把我叫老朱,也许他听到有人唤我王延绪,他误听是朱[21],所以他唤我老朱。我这个期间最熟悉的是杨秀林、蔡万宝。因为林地(郭仲藩)不爱说话,所以接触少。袁建疆和廖章焕也跟我[也]比较熟,因袁建疆和蔡万宝对我谈起他们起来造反如何早。袁建疆说:我和小廖原来都是二司的,蔡万宝是工造的,是搞决联站时我们才认识的,决联站的七中勤务员,我们这几个都是的。(决联站)一号勤务员原来是水果湖中学的一个姓李的,以后改选就选的鲁礼安。"蔡万宝说:"鲁氏这个人冲劲大,只顾一个人朝前冲,写文章来的快,看问题也尖锐,就是没有组织才能,他只是个名誉一号勤务员,实际是冯天艾出面。"袁说:"再就是小蔡、杨秀林、我和小廖都是的。那时候我和小蔡,还有个女伢,还有水果湖中学的一个一起到黄梅去农村调查时,那里的农民有一天晚上来了好多人要抓我们,我们赶(感)到没有办法,我们就跑到湖里躲着,水齐了我们胸。小蔡那次再迟一时就差一点打死了,结果这些农民没找到就转去了。我们起来后,一个个

---

21 在武汉方言中,"绪"与"朱"的韵母相同。

冻的只跳。我们跑到一家农民的牛棚里躲着,我们冷的没有办法,我们看到梁上有个破水车,我们打的烧着烤火,啊,结果还是被农民抓去了,抓的去了我们都挨了打的,又是挂黑牌子游街,又是挨斗,妈的,把我们当了走资派还要坏,后来(若)不是我们学校的去保,我们还回不来呢!查天怡的妈妈也跑到黄梅去接她。那一(次)我们吃的苦真不小。"

就在这个期间,有一天袁建疆一个人到我房里去对我传播了这次谣言。

1. 就是贺龙跑到苏修去了,参加苏修的"五一"游行检阅,他在检阅台上不招手。我说:"你那里听来的。"袁说:"我们在收听莫斯科电台听到的。"我说:"你们怎么能听敌台广播呢?"袁说:"这有么事,华工的好多大学生就收听。我还看到照片呢。"我说:"你那搞到了照片?"袁说:"大学的图书馆里都订有苏修的真理报,那个上面登的。"

2. 袁制造、传播恶毒攻击我们伟大领袖毛主席的反革命谣言说:"毛主席真是世界上少有的人物,他老人家能大义灭亲。"我听糊涂了,以为发生了什么了不起的大事。我说:"什么大义灭亲哎?"袁说:"戚本禹和姚文元都是毛主席的女婿[22],这次把戚本禹揪出来就是江青同志首先发觉,在(由)中央文革亲自处理。毛主席是惜材(才)的,戚本禹运动初期是有些贡献的,可是毛主席有高度的原则,还是亲自提出要打倒戚本禹,你看这不是大义灭亲?"

时间:68年6月下旬某天上午。
地点:我家里。
蔡万宝来我房对我说:"老王,我们要走了,来向你告个别,谢谢你们对我们的支持。"我说:"没听你们说过要走的事[的]呢?么样突然决定要走了呢?"蔡说:"这里原来是个秘密点,现在好多中学生经常来,成了公开的了。我们突然转移几天,把这些学生摆开了,使他们不知道我们的去向,我们再来。你们的同志们其实对我们都很

---

22 此系当时流传的谣言。

热情,环境又好,我们是舍不得走的,现在没有办法。"我说:"你们再来时我跟勤务组商量一下,把炊事员这个房让给你们,后面安全。"蔡说:"这以后来了再说。我走了,谢谢你们。"

时间:68年7月上旬某天上午12点以后。

地点:食堂。

《扬评》第一次走了后大概一个星期后,突然林地(郭仲藩)来食堂吃饭。我问他说:"你们现在在么地方?"他说:"我是从黄石回武汉取版的。我们的人都在黄石办报。黄石没有条件排版,只能印刷,版是在武汉排的。我等一下就要赶回黄石。"我说:"你们转移到黄石去了。"他说:"跟代表团一起去了。这一期是我们一起合办的,有十三版。"我说:"你当天来当天去。"他说:"他们等得着急,等一下我去拿了版就走。"从郭仲藩这些谈话中证明,蔡万宝对我曾说的话是撒的谎。《扬评》这次突然撤走,是有计划的潜入黄石去活动的。我认为《扬评》撤出我团这样突然,一定(是)红艺军勤务组有人知道《扬评》离开我团的真象。郭仲藩这次来,难道就是为了吃一餐饭才来我团的吗?绝不会单纯为了吃一餐饭,一定有任务来给红艺军勤务组何人联系才顺便吃了一餐饭的。以上就是《扬评》第一次68年5月中旬潜入我团6月底突然撤走、潜入黄石活动的情况。

## 二、反革命喉舌《扬评》再度潜入我团活动的情况的揭发交待

时间:68年7月24号晚上8点多钟。

地点:我团洗澡室。

我正在洗澡时,《扬评》人员廖章焕突然也进来洗澡,因为上次林地来团跟我说了他们都在黄石,我问廖说:"你们人都来了?"廖说:"还没都来,是我一个人先来的。"我说:"你住在那间房里?"廖说:"我白天不在这里,只是晚上来睡,住在大礼堂旁边那间小房里。我晚上来了是找你们那个姓刘的开门。"我说:"你洗完了到我房里来玩。"我就走了。澡堂里当时就是我和姓廖的二个人。廖洗完澡后就到我房里来了。廖对我谈了他们整理一份完整的鲁礼安的材料,

准备送到中央文革去的情况。（已作详细的交待）

从这次我跟廖章焕的接触中，可以说明《扬评》第二次潜入我团时间，还要在我接触廖之前，他们就进来了，是刘君侠负责接待，廖一定会对刘谈些他们活动的情况的。

时间：68年7月25日中午一点钟左右，就是我跟廖接触后第二天。

地点：葡萄架下。

中午开完饭，我到前面来玩，看到廖章焕在葡萄架下一张竹躺椅上睡着。因我白天没见过廖，就走拢去跟廖打招呼。廖对我说："有点事跟你商量下。"我说："么事？"廖说："我们打算借你们的地方办个学习班，学习一些文件，统一下认识，大概有十几个要在这里吃饭。你看有没有么困难？"我说："我们这里经常有外单位的人来吃饭，十几个人没有么困难。不过这个事，我不能一个人作主，你最好跟勤务组说一声，由他们通知我。这样合手续些！"廖说："我们就是编辑部的一些学校过来的中午在这里吃一餐。武昌的开完会都回家去吃，到下午就是我、大头、小冯三个在这里吃。汉口的同学说不定来不了这么多。"我说："行政、生活是刘君侠管，我带你去找他，他可以负责。"说着我就领着廖向刘住房方向走。刚走到葡萄根座台时，刘君侠从他房里来了。我说："小刘来的正好，小廖要找你研究个事。"我们就走到葡萄架下墙边上，廖就把对我说的话又对刘说了一遍。廖最后说："开会只要有个地方就行，就是这里也行。"刘说："这里不方便。你们来的人，坐在这里都是些生人，有人一进来就发觉了，这里开不好。我看还是把楼上小排演厅打开，你们在楼上开，那里发言也方便些。就是下午楼上热些，有些炕人。我看他们也没关系。"（当时刘是否说了我们有电扇可以借给他们一把［没有］，我拿不准确）我说："我们团里也不是一派，狂妄的不在团里，战斗队里有不同观点，要是在这里开，他们听到了要是透露出去了也不好。"刘说："这个事现在不能确定，勤务员都到汉口总部去开会去了。等他们晚上回来后，我们商量一下再通知你。我看问题不大。"这样因我要午睡我就走了。

时间：68年7月25日，就是当天晚上。
地点：前面操场上。

当时我到前面来乘凉，刘站在葡萄架靠操场的旁边唤我说："那个事勤务组同意。你叫老周明天多买点菜，多煮些米。"我说："我已给他打了招呼说了一下的。"

时间：68年7月26日上午。
地点：美工制作间（《扬评》住地）。

我到前面去打开水还是搞么事，从美工间门口过，看到这房里坐了满满一房人，门是开的。靠门口放着一个竹床，上面坐着有杨秀林，还有一个戴眼镜的女大学生，靠窗户边桌子上也坐的是人。吃饭时我就问袁建疆说："怎么只看到杨秀林一个人来了，蔡万宝他们呢？"袁说："蔡万宝、杨秀林还有林地他们三个人跟我编辑部闹分裂，他们不跟我们一起搞了。他们现在住在农垦厅那边。上午的会就是开杨秀林的会。他原来在编辑部经济手续不清，要他来向大家报账的。杨秀林政治上有问题，我们要开除他。"我说："他有什么政治问题？"袁说："以后跟你谈。"就走了。

这个上午来吃饭的有袁建疆、冯天艾、廖章焕、杨秀林、王杰、刘丽华、查天怡、郑贞芬、娜娜[23]、冯卫东[24]，还有现在叫不出姓名的几个中学生和两个女大学生。（以上这些姓名当时除几个我知道外，大部分是以后搞清楚的）。这次会袁说是解决杨秀林的经济问题，我分析可能是为"7·29"黑会开的预备会议。

时间：68年7月27日，上午。
地点：我房间里。

我开完早饭进房，看见在我办公桌旁一张椅子上放着两个大书包。我当时估计是《扬评》袁建疆或是廖章焕放在我房里的，我就把这两个包放在我箱子上[放着]。中午开过了饭后，冯天艾就来拿书包，我说："是你放在这里的，有么材料搞点我看看吧？"冯说："我

---

23 娜娜，本名"罗娜娜"，女，学生，《扬子江评论》编辑部通信员。
24 冯卫东，学生，《扬子江评论》编辑部联络员。

找一下看看有没有。"说着就在他书包里翻，拿出了几张小报给我说："这是黄石六中出版的一张报，这是这次我们在黄石印的这期我们的报纸，不全，他（你）看吧。"冯拿着黄石六中办的一张小报里的一篇文章对我说："黄石六中有几个中学生的笔杆子蛮硬啦，这篇文章谈的就是现在不能交枪，现在交枪就是向资反路线投降，等于自杀，这张报在黄石很有威信，在黄石一出来，人们总是抢着买。他（你）看一下就知道他们的水平的。"（这篇文章是篇反革命毒文，是煽动抢枪对抗中央"七·三""七·二四"布告的，这个小报是否上缴我忘记了。）

就是这天上午还是下午睡起床后，我记不准确，我到《扬评》他们房里去要材料，房里有袁建疆、廖章焕、王杰、刘丽华。当时袁说："没有新材料，就是原来那篇评文汇报的，我们在红旗大楼九·一三的帮我们打印（了）些，你要（就）把这拿一本去看。"说着袁就在靠窗户边一张大条桌上拿了一本给我（靠墙放着很高一堆，大概有近百本）。袁说："这篇文章我们准备到上海去散发，抄成大字报到南京路贴出来，贴了我们就坐船回武汉。"我说："坐船那方便。"袁说："船上我们有熟人，去来也不花船费。"我正转向要走时，刘君侠也来了。刘来后说："有没有材料搞些来学习学习。"袁说："就是老王拿的这。"说着也拿了一本给刘。这时冯天艾友也进来了，刘说："多搞几本，一个战斗组发一本。"冯说："我们印的不多，我也送了一本给张德溢的，你拿去传着看吧。"这样我就跟刘一起走了。

时间：同天下午午饭后。

地点：露天走廊上。

我上街买东西回来，坐在那里休息。冯天艾来了，我问冯："有什么新消息没有。"冯说："最近中央接见了广西4·22和联总，有个记要大概最近就要来了。"我就把我刚才上街看到4·22告地状的情况给他谈了。冯说："我们最近要写一篇对当前形势的声明，准备一期发表。"冯向我鼓吹了一番全国造反派受压的情况，他们就是要综合全国形势和湖北武汉的当前的情况写一个声明等。

时间：68年8月15日。

上午早餐开过后，我为了了解钢派对《扬评》炮制的反革命毒文口号报、一、二评的态度，因为当时不但是社会上有大量反击《扬评》的大字报，我团部分革命群众也在议论着《扬评》的毒文是炮打党中央的，就是红艺军这个组织的部分群众也在相互埋怨，推卸责任。我想找冯天艾了解一下钢派的动态，一方面好向红艺军这派散播，以便稳住阵角，一方面好自己采取对策。我九点多钟到《扬评》的房里后，廖章焕正在对冯天艾说："我们再出去书包里的东西不要装太多，要是真的有人要砸我们，我们的书包装的满满的，别人还以为是什么材料，万一把我们在路上拦着打一家伙，那必定要首先抢我们背的书包。"冯说："那我们的图章还在你书包里放着的，那要拿出来放个地方。"廖说："那当然是要拿出啊。不过拿出来放在这房里也不保险，要是有人来抄，那不抄走了。"我听到这里，为了表示对他们的支持，我当时的思想里认为现在的形势是一个反复，要是我现在在《扬评》处境困难时，为他们出出力，今后反复过去，钢派、《扬评》胜利了，也是我捞取政治资本的条件。我就自告奋勇的对冯、廖说："你们对我放不放心？要是信任我，图章交给我，我跟（给）你们妥善的找个地方藏起来，保证不会叫任何人发觉。"廖因不能作主，就对冯说："你看么样？"冯说："可以交给老王，请他帮我们暂时保管起来，反正现在也不用它。"廖就从他书包里拿出来给我，是用纸包着的。因《扬评》房的窗户对着受审人员住的房的窗户，我怕有人发觉，接过这一包东西，就装在我的口袋里就走了。回房后打开看，是《扬子江评论》编辑部和新华工敢死队的两个图章，我就把它放在我办公桌抽屉里锁起来。过了些时候形势越来越紧时，我就把这图章藏在我房里暗楼上墙边上了。

中午吃饭时，冯天艾、袁建疆、廖章焕、娜娜、冯卫东来的很晚，当时饭已开过，我就给他们单独的切了一些卤牛肉给他们。冯天艾对他们赞扬我说："老王真是我们得力的后勤部长，是话剧团的总拐子[25]。"大家都一笑。这时候我向他们问了钢二总和二司对他们的态度

---

[25] 拐子，武汉方言，即"哥哥""老大"，引申为"头目"。这里含有"管家"的意思。

到底如何，有什么动向没有。冯说："钢派为了应付警司，表白自己的态度，是会批我们的，不过现在还没迹象，总部是想批，下面没动。今天娜娜搞了一份工总下面一个工厂把我们口号报、一、二评都油印[了]成（的）一本材料，发给他们的队员等，后面付（附）了几个毒草仅供批判的字在最后很不显眼的地方，他们其实是要学习我们的文章，不能不这样附几个字。"说着就拿给我看，看后我也心领神会了，也就更坚定了我站在反动的立场，对形势作了错误的估计。

时间：68 年 8 月 17 日。

这几天袁建疆总在我房里炮制毒草，上午廖章焕来我房时对袁说："你写东西不要在老王房里写，要写到前面我们住的屋里去写，不然有问题还牵连了老王。"我说："没关系，反正白天我也经常不在房里，桌子空着的，我不怕连累。"廖走后，我就问袁，"文章写起来了没有？"袁说，"我是练练文笔，我写的东西还能抄上街，我们学校墙报上还能用。"我说："拿给我看看。"袁说："还没写完，刚写了几张。"我说："我看看头的。"袁就给我了，我看袁的文章内容，就是更公开的攻击康老、伯达同志接见广西两派的讲话。从国际上到中国共运历史上几次"左"右倾错误谈到现在中央的所谓"考派"，攻击得非常恶毒。我看了前面袁写好的几页，对袁说："你写的锋芒太露了，太单刀直入，不含蓄，不能这样露骨，要是这样的拿去发表，肯定要遭到新派的狠狠反击，那你们的辫子就更多的要被别人抓住，那你们的处境到时候要比现在还要糟，还要困难。"袁说："不是发表，我这还（不）够资格发表，要是能用最了不起也是拿到我们学校去用。"这样我就到厨房去了。

下午三点多钟，冯天艾到我房里来拿他书包（里）的东西，我坐在桌上在转账。因为他经常来我房[的]拿你（他）书包的（里）放的材料，我习以为常，也没给他打招呼。冯拿出东西要走时对我说："老王，我们不知那天就要走了，我这里还有最后一个敢死队的兵证，送给你作个纪念吧！我们这些小鬼（指经常慕名去《扬评》编辑部的中学生——本书编者注）看到我袋子里有（稿子）就抢。"我就接过来说:"这兵证还蛮讲究的哎。"冯说:"这是最近武印[26]的给我们印的,那里青工好多是我们敢死队的队员啦!"我说:"这也没盖个章,作过(个)么纪念。"冯说:"你搞张相片我给你盖个章就是的。"说完了冯就走了。

冯走了不一会,袁建疆就来了,我就对袁说:"小冯刚才给了我一个新华工敢死队的兵证,他说叫我搞张相片你(他)给我盖章,我等一下去拍一张快照,好要他快点给我盖章。"袁说:"你过去没有相片?"我说:"有,我嫌不好。"袁说:"随便找一张盖个章就行了,还[是]照个么相呢?"这样我就把我的一书(本)相片拿出来给袁看,从中找了一张,袁说:"这一张很气派嘛!就象个敢死队员嘛!就拿这张盖个章。"因他们的图章都放在我这里的,再说他们有两个人证明我,我就自己把相片放在兵证贴相片的地方,也没贴上就盖了章,姓名单位我都没填。当时我考虑,要是真的今后有什么问题发生,在兵证上我也没贴相片,也没填姓名,我交出来也可以撒谎。要是反复胜利了,那时(再)贴上相片,填好姓名也不晚。这就是我当时的活思想。冯天艾所以送给我兵证,说是送给我作纪念,其实就是发展我入队。因我考虑在当时的处境下,他不便直接这样说,怕我回绝他。因我从观点、立场、行动上都已是"决派"《扬评》编辑部的人员了,而且是一个他认为的得力干将,所以他才发给我兵证。当时我也是很想申请加入《扬评》编辑部或是"敢死队",因我考虑我年令(龄)又大,过去也曾犯过严重错误,所以就没敢主动申请加入。冯这样主动找我,我是求之不得,也是(使)我如愿以偿,也是我积极行动的目的。

时间:68年8月18日。

上午曹艮俊来我房对我说:"你见到冯天艾跟他说,我们团的同志对他们住在这里(有)很大的意见,你通知他们一声,要他想办法搬走。"我说:"我算个老几,我么样好出面说要他们搬呢?要说你们勤务组出面说!"曹说:"你跟他们熟悉些,说话可以随便些。我刚才

---

26 武印,即武昌印刷厂。

跟王志义、吴有才也跟小廖说了，他说等冯天艾回来研究一下再回答我们的。"我说："我跟冯天艾说也只能向他反映一下同志们对他们的意见，他们搬不搬那我也管不上。"曹说："他（你）跟小冯说一下。我不好出面跟他说。"当时我就对曹的这种态度有看法，我想曹又想当婊子，又想立牌坊。他《扬评》错了，我表了态的，对了我也没撑你们，《扬评》走，政治资本我可以捞着。这是我当时对曹艮俊的看法，所以我也没理他。

快开午饭时，廖章焕、冯卫东拖了一三轮车稿纸来了。廖对我说："稿纸暂时放在你房里好不好？过几天我们搬家就搬走。"我满口同意说："放到我房里。"这样二十几捆稿纸就放在我房里暗楼上了。

时间：68年8月19日。

上午袁建疆找我借油印机、钢板和笔。袁说："我们准备把这几期大字报刻印成本（册），邮寄外地，你帮我把你们团的油印机借到用一下。"我说："你这个人真不知（识）相，现在大家对他（你）们就有很多意见，那还肯借油印给你们。油印机据我知道是怕狂妄的来砸转移走了，就是在家里，现在的形势也不会借给他（你）们。算了，你们到别的单位借，你们的路子还不宽？硬要到这里出洋相。"袁说："那油印机我们再想办法，能不能帮我们找几块钢板和笔呢？我们想多搞些人刻，突击出来。"我说："我等一下去找，你不要作只（指）望。"我就到当时被审查人员学习室去找王述珣[27]借了壹块钢板、一只钢笔，给了袁。

时间：68年8月20日。

晚上八、九点钟我在操场上乘凉，曹艮俊见到我又对我说："你去找他们（指《扬评》）的人说一声，要他们明天一定要搬出话剧团。"我就不耐烦的说："这个事你为什么总要找我跟他们说呢？要说你直接找他们的人说就是的。我看到楼上排演厅的（灯）亮的在，楼（上）一定有他们的人，你自己上楼去说。"因我将了曹一军，曹说："我们

---

[27] 王述珣，湖北省话剧团编导。

两个一起上楼找他们说。"我说:"个杂!你硬要把我拉着,好!好!走,我跟你上去找他们说。"这样我和曹就上楼了。到排演厅看到只袁建疆一个人在那里推油印,桌上、长沙发上摆满了印好了的口号报,一评二评的页子。曹就对袁说:"么样就是他(你)一个人在印啦!你们的人呢?"袁说:"都上街去卖报去了。"曹说:"搬家的事你们研究了没有?现在就要搬,我得到消息,狂妄的要来砸你们。"袁说:"这多东西我一个人也搞不及,要搬等冯天艾回来了再说。再说真的狂妄的来砸,我就跟他拼了,手榴弹我还有。"曹说:"也许不会来,不过一定明天要搬。"说完了要走时,曹和我都各自清理一份袁印好的材料拿着下楼了。在走以前我问袁说:"这油印机从那里搞来的?"袁说:"是十中的(一)个伢在他们学校借的。"

曹艮俊和我下楼以后,曹就把情况告诉了王志义。我们等有意识的在操场上玩,等冯天艾回来,以便通知他们搬走。十一点多钟左右,冯天艾、廖章焕、冯卫东三人踏着三轮(车)进来了。当冯进来后,大家都围着他了解情况。在场的人有张德溢、王祥治、王志义、槐仁立、刘君侠、曹艮俊、梁家琛和我,当时有没有吴有才我记不清了。冯进来走到大楼台阶时,张德溢对冯说:"坐一下,把你们了解钢派的情况谈给我们听一下。"冯说:"钢工总总部是打算对我们展开批判,现在为止还是想动而没看到作出决定。钢派下面有些工厂说是要批,其实是要学习我们的文章。有个工厂把我们的口号报、'评×氏人物'油印成材料,发给他们的战斗队员后,又附了几个毒草仅供批判的字,其实就是帮我们在宣传。"张德溢说:"外面都说×氏人物是指周总理,是炮打无产阶级司令部。我也是倾向这种看法的。"冯说:"×氏人物怎么是指周总理呢?那是他们的理论。我们在二评里不是写了吗。周总理是帮毛主席掌管一部(分)国家权力的,是毛主席信得过的无产阶级司令部的嘛,是我们敬爱的总理嘛。我们不是指的周总理,我们的矛头是指在上海的情况说的。"这样冯就谈到他们与朱鸿霞的关系是如何的密切,朱鸿霞在电讯大楼住的时候,他如何跟朱鸿霞交换意见啦,娜娜是如何开玩笑的讽刺、挖苦朱鸿霞等等。聊到转钟快一点了,张德溢说:"不聊了,明天还要按时起床,睡晚了不然起不起(来)的。"这样就要散了。冯天艾已经起身要走了,这时曹艮俊说:"小冯,最近我们有演出任务,美工间我们有些东西要开始制作,明天我派几个人准备把那间房打扫清理一下,他(你)们明天是不是想办法搬啦!"冯说:"好!我们明天搬。"这样就跟冯卫东准备上楼,我也跟着他们走。冯走到楼下走廊时对我说:"么样你们要我们搬,张德溢怎么没提这事哎?"我说:"张德溢只笑了一下,他不好谈。曹艮俊是怕追究责任,是他把你们搞进来的,所以他现在极积的要你们搬。你说明天搬,联系好了地方?"冯说:"我还没跟湖艺的直接交涉,要搬我们只有搬到湖艺程林原来住的那间房里,程林到北京去了,反正那个房还空着的,湖艺也没收回去。明天早晨我再去联系一下。"我就跟着冯天艾、冯卫东在(到)楼上小排演厅去玩,帮着他们清了一下他们卖报的一书包钱。玩了一会我就回房[的]睡了。"

时间:68年8月21日上午。

我上午一改(惯例)在厨房里没上前面来。吃午饭时曹艮俊对我说:"我早晨叫陈路他们把房子打扫了。他们没有办法搬走了。"我说:"搬到那里去了?"曹说:"我没跟他们打照面,不晓得搬到那里去了。"这样我才知道《扬评》搬走了。可是确切《扬评》搬到什么地方,我当时还不了解,走时《扬评》没有一个人来对我打招呼。

下午袁建疆来吃饭时,才告诉我他们搬到湖艺去了。

以上就是反革命喉舌《扬评》从从68年5月中旬到68年8月下旬两次进入我团和最后搬出我团我所了解的全过程情况的交待揭发。因仅凭记忆,时间前后可能不准确,可是以上罪恶事实,我是没捏造和隐瞒。如我对组织不忠诚老实,一切后果自负。

王延绪<br>68年11月17日

根据湖北省话剧团清理阶级队伍专案档案刊印。

# 交待材料（摘录）[1]

（一九六九年一月二十二日）

王延绪

当中央文革陈伯达与康生同志、姚文元同志及周总理代表无产阶级司令部在北京接见广西两派组织代表时，周总理代表全国革命人民的利益，代表无产阶级司令部，对广西4·22中的坏头头、一部分混入革命群众组织中的一些阶级敌人蒙蔽广大群众在广西干下了（的）一系列的不能使人容耐（忍）的滔天罪行提出严肃的斥责，指出他们煽动群众，蒙蔽和欺骗群众，制造了惊人的事件，抢劫援越物资、破坏、中断铁路交通运输。就在这几天，现行反革命分子冯天艾就多次对我说："接见广西两派代表，江青同志没有出席，只有周总理、康生同志、陈伯达同志等出席了，这很能说明问题，这说明中央现在内部斗争激烈，右倾机会主义现在占了统治地位，周总理是代表。为什么周总理只单独的[只]批评4·22，而不指责大联总呢？这就是压制造反派，长保皇派的威风。"（这是大意）等等。冯天艾这样恶毒攻击我们敬爱的周总理，炮打无产阶级司令部，散播对中央的不满情绪。冯并且还说："4·22现在搞的没有办法，跑到武汉来，避难的有几千人。可是省革委会[再]发表了通令，要外流武汉的外地人员不能停留在武汉，怎样来的怎样回去。这是什么话，现在4·22的情况，就跟我们7·20前在上海的情况一样，当时张春桥也跟现在我们省革委会的态度一样，革命造反派在当地受到保守派的压制，逃出来求援，现在不但没求得一点支援，反而在武汉得到这样的待遇，那个还有心去捍卫无产阶级革命路线呢？就这种现象，我们准备就当前武汉的局势写个评论，在下期中公开发表，为全国造反派说一些压得现在不敢说的话。"这是冯天艾散播对新生红色政权、省革委会不

---

[1] 这是编者根据王延绪在湖北省话剧团清理阶级队伍期间写的交待材料摘录的。

满，炮打"三红"的罪行。而我这时完全站在他的立场上，完全同意他这个反动观点，也同意造反派受压论。也就是在这几天，现行反革命分子冯天艾站在他反动的立场，看人民日报发表的纪念毛主席《炮打司令部——我的一张大字报》发表两周年而写的在以毛主席为首的无产阶级司令部的领导下团结起来的社论后，他对我说："这个社论真过瘾，说出了我们要说的话，全国只能有一个中心，不能有第二个中心。你想那个地方组织、地方革委会能与中央以毛主席为首、林副主席为副的无产阶级司令部来争中心？那是不可能的，能与毛主席争中心的，那一定是中央内部的人。[从]这篇社论提出的问题是很明朗了，就是中央内部有人搞多中心。我今天晚上就写一篇反对多中心论的文章，明天用大字报的形式贴到水塔上去。"这就是他"评×氏人物"这篇炮打无产阶级司令部、炮打我们敬爱的周总理大毒草出笼的根据，也就是他制造"矛头向上"的根据。他这个反动观点，我是同意的。我说："你看问题真尖锐，一看就看出问题来了，赶快搞！"就在第二天的早晨，反革命分子冯天艾就泡制出了这一支把矛头直指我们敬爱的周总理的毒箭，并在当天夜里由袁建疆抄成了大字报，并在当天（次日）上午由冯卫东、娜娜、刘丽华，还有我叫不出名字的人把这个大毒草贴到汉口水塔上了。这个大毒草的原稿在这天早晨由袁建疆给我看了。就是这天下午，张家柱要我向冯天艾借来了这支大毒草的原稿，给他看了。在我向冯天艾借这篇大毒草时，冯天艾说："你拿去给谁看？你们勤务组张德溢昨天已经拿去看过了。"我说："不是给他看，是给张家柱，就是住在食堂旁边的那个人看。"这样，冯就从书包里取出了这个大毒草的原稿给我，冯这时跟我说："我现在赶写二评，写好了明天逞（趁）热打铁再贴出去。"从冯的谈话中证明了两个问题，第一个就是张德溢与冯的关系也很密切，他所写的这篇大毒草，张德溢比我早看过，张德溢是怎样看到这篇毒草的，是冯主动给看征求意见呢？还是张德溢从冯天艾手里拿去的呢？第二个，大毒草"二评"也是在话剧团里泡制成功的。

就在（贴出后）第二天，反动喉舌《扬子江评论》的大毒草"评×氏人物"遭到了全市无产阶级革命派的群众沉重打击时，冯天艾与廖焕章两个在他们住的房间里研究说："我们这里随时有被砸的可能,我们的东西(指纸张、文件)要转移一下,编辑部的章子和敢死队的章子也不能再放在书包里了。"他们说这话时我也在场(是吃过晚饭后,我这时经常和他们一起玩),我说:"章子你们信得过我的话,交给我给你们保管,我人家是不会注意的。"冯表示同意,就叫廖焕章把两枚图章交给了我。就在第二天中午,袁建疆说:"纸张我放在前面不安全,是不是可以放在你的房里?"我同意了。这样就用他们打砸抢来的一个三轮车拖了一车纸放在我的房里来了。

就是在八月中旬的时候,冯天艾一天午饭后到我房里取他的书包时,从书包里拿出了一个"新华工敢死队"的队员证,对我说,这个兵证留给你作个纪念吧!就剩这一个了,要是小鬼们看到了早就抢去了。冯还说:"湖北印刷厂[2]很多青工都是我们敢死队员,大头(袁建疆的诨名)、小廖都是的。"说着就拿给了我。当时我知道是冯在发展我参加他们的组织,自己也很高兴,觉得在他们处在困难的时候发展我,我就更感到了不起。我就说:"这也没盖章,那算个么事纪念呢?"冯说:"你找张相片,我给你盖个章就是了。"就在冯走后不一会,袁建疆来了,我就把冯天艾给我兵证的事给袁说了。袁对我说:"你找一张相片出来盖个章嘛!"我就找出了我过去的一张照片,袁说:"这张很好,像个敢死队员,你盖个章算了。"因图章在我手里,又得到他们两个人的同意,所以我自己就盖了一个章。从那时起,我就正式加入了这个资产阶级反动喉舌《扬子江评论》的反动核心组织"新华工敢死队",正式成为这个反动组织的一员。我当时的思想是感到反正是个学生的造反组织,青年人是最有希望的,而且他们都是老造反派,在学生中,在钢二司,在钢工总中都很有影响的人物,而且能量又大,这对我来说是很光荣、很骄傲的事。因我反动立场所决定,看出了他们是在炮打周总理,炮打无产阶级司令部,可是自己站在反动的立场上,是唯恐天下不乱的。所以自己还在我团群众中散播为他们罪行解脱(的言论):"他们的大方向是正确的,他们写的'评×氏人物'是根据人民日报的社论精神写的,就看这炮打不打得准就是了。"这就暴露了我的反动面貌。正像我们伟大领袖毛主席说(的):

---

2 疑为"武昌印刷厂"。

"必须善于辨别那些伪装拥护革命而实际是反对革命的分子,把他们从我们的各个战线上清洗出去,这样来保卫我们已经取得的和将要取得的伟大胜利。"而我就是这种伪装拥护革命而实际是反对革命的分子。我就是利用了在无产阶级专政下的大民主的方式,"一遇机会,他们就会兴风作浪,想要推翻共产党,恢复旧中国"极端反动的人中的一个。我明知资产阶级派性是可以庇护敌人的,而我正是冲(拼)命的鼓动派,鼓吹造反派受压来混淆阶级阵线的阶级敌人中的一分子。我的罪恶是深重的,罪该万死。

我混到这个反革命组织的动机,不是为了巩固无产阶级专政,而是拼命的在破坏这个专政,正是站在这个反动立场,被这种反动的世界观所指导,所以就更拼命的在以后更效忠这个反动的组织的反动活动。思想上是决定与他们生死存亡的,心想要是他们能闯得出来,有我一份功劳,要是错了,就去跟着坐牢。

正是在这个反动思想指导下,所以当他们被我团革命派的同志们[把他们]赶出了话剧团,潜入了湖艺之后,我还继续为他们主动跑到湖艺去为他们出点子,帮着转移反革命的材料,亲自和刘海英一起把这些油印的"一评""二评""三评"等反革命文件送到四明大楼(营救反革命的代表团的所在地)这个反清理、对抗无产阶级司令部的大本营里去。当曾司令员指示说:"资产阶级反动喉舌《扬子江评论》是极其反动的,'新华工敢死队'是国民党"时,自己思想抗拒,行动上在团内散播说"哪有那么多国民党"来对抗红色政权省革委会曾司令员的命令,还反动地认为曾司令员是在执行资反路线,是在压制群众运动,还为他们已被无产阶级专政机关扣压(押)的两个居里(仁)门中学的反动学生四处奔走。当他们要去找钢工总胡厚民[3]、钢二司杨道远去说情时,自己还跟着刘海英一起去找王结,由王结又找廖焕章一起在王结家里密谈,策划如何利用合法的身份到拘留冯

---

3 胡厚民,1937年6月出生,湖北汉阳人。1961年入党。文革前为武昌铸钢厂工人,文革中为"钢工总"二号勤务员,1968年1月任湖北省革命委员会常委。1970年6月至1974年3月被监护审查。1974年3月增补为省总工会副主任。1975年3月下放罗田县,任县革委会副主任、平湖公社党委第一书记。1976年12月被定为"'四人帮'在湖北的黑干将",经中央批准被隔离审查。1982年被判刑20年。1990年在狱中去世。

天艾、蔡安保和居里（仁）门中学的这几个反革命分子的专政机关，去探听一些情况，以示慰问。我为了能取得合法身份，要他们能见到在压（押）三中的两个学生，把自己的毛选四套和一条肥皂要他们送去，还奔跑到青山亲自去找袁建疆，把他的罪证日记本送给他，探听钢工总、钢二司的态度，妄图负隅顽抗，以求能有个大反复，好重振反革命的军威，以达到反革命的东山再起、继续作更大的反党、反人民、反毛主席的反革命活动。

在王结家里密谈，实际上是廖焕章在与我订立反革命的攻守同盟，是要我说说他们在我团所搞的一些罪恶勾当，以保存省话剧团中一小撮的决派反动力量。廖说："关于我们在话剧团搞的一些事，要问你，你就说什么也不知道，只说你只管招乎（呼）他们吃饭，其它的事你都推给张德溢，扬子江也是你[他]搞进话剧团的，他们有什么活动，你就说红艺军勤务组知道就行了，其它的你不要说。"廖焕章为什么要封住我的口，而要我把知道情况的事都推给勤务组，我就怀疑廖是不是事先与勤务组的某些人事先就已订好了攻守同盟呢？

王延绪<br>
69.1.22

根据湖北省话剧团清理阶级队伍专案档案刊印。

# 我与《扬子江评论》的关系[1]

（一九六九年至一九七〇年交待）

王延绪

我当时的思想认识是这样的：认为新华工敢死队是钢派的观点，钢派对新华工敢死队是绝对支持的，自己也想与他们这样有声望的人能攀上关系，再者他们是我团造反派组织接进来的，为了表示支持我团的造反派，所以对他们也特别态度好。因为这样我就慢慢地与这些无政府主义的狂徒混熟了，这样我就与反动喉舌《扬子江评论》的人开始勾接（结）上了黑关系。

1969 年 1 月 21 日王延绪《我的交待》

68 年 5 月下旬，反革命喉舌《扬子江评论》编辑部潜入我团后，因我是食堂管理员，我为了攀交这些所谓的"革命小将"，乘他们吃饭之机，经常主动去给（跟）他们交谈。当时与廖同进我团的有反革命分子冯天艾、袁建疆、蔡安保、杨秀林、林地（郭仲藩）等人，经袁建疆介绍后，我才知道廖是市七中二司主要勤务员，是决联站发起人之一，是《扬评》编辑部负责联络的。廖与我交谈中他说："《扬子江评论》最初发刊的印刷经费是由我在我学校借的几十块钱才办起来的，我们现在的活动金（经）费是卖报赚的钱，（若）不是我从学校借的这笔钱，这张报还办不起来。"为了在我面前炫跃（耀）他自己，还说："我们二司在学校的是掌权派，我是我们学校二司的主要勤务员。"

1970 年 2 月 20 日王延绪《我如何结识廖焕章的》

---

[1] 这是编者根据 1969 年 1 月至 1970 年 2 月间王延绪写的十余份交待材料整理的，摘录原稿中与"北决扬"有关的内容，删去无关部分；同一件事在其他交待材料中已出现但叙述方式不同的，予以保留；各篇按事件发生先后次序编辑。标题是编者拟的。

有一次我就问杨秀林说:"你是不是名(姓)杨?是不是武大的?"杨听我一问,感到我不是一般身份的人,因他们来时是打着新华工敢死队的名誉(义)来话剧团,而没有暴露他们的真实身份。杨就问我:"是的,我是姓杨。你是怎么知道的?"我摆出一付(副)我很知他们内情人的样子说:"我知道就是了,我怎样知道的你不要打听。"从这次以后,杨就对我另眼向(相)待了,认为是"自己人"。所以他们出版的校样都是他首(先)问我看不看而送给我的。而林地表现得没有杨活跃,比杨稳重、深沉,不愿多接触人。喜欢攀谈的是蔡安保和杨秀林。

1969年3月9日王延绪《关于我与林地的接触及我所了解的情况的交待》

来参加7·29反革命黑会的(有)黄石炮轰派、黄石六中和工读学校的二十多人,吃饭钱、粮都是由廖负责交的,粮票据廖说是从他家里拿来的,是他私人的。湖南省无联的参加黑会的四个中学生也是由他和林地负责接待的。黄石六中来参加这次黑会的人在来汉后的第二天,由廖带领他们到体院去玩了一天。据廖对我说,他们这次到体院是通过廖在二司宣传队认识体院的一个吹笛子的同学,当时也在二司宣传队的关系去的。黄石来人中有一个学生因病住医院也是廖安排的。

黄石炮轰派来人回黄时,因怕他们到铁山被砸,为了不使他们当晚过铁山而[想]把他们抓住,也是廖和袁建疆打长途电话给鄂城的,因鄂城他们认识的人不在而没有把黄石的拦住。

7·29反革命黑会以后,《扬评》泡制的炮打无产阶级司令部的大毒草口号报贴到水塔后,据廖对我说,是他和罗娜娜在水塔下面接待了4·22、哈尔滨炮轰派、北航红旗、重庆反到底等组织的来访者,并与他们交换了意见。

1970年2月20日王延绪《我如何结识廖焕章的》

就在这个会[2]开了的第二天中午吃饭后,袁建疆来我房里对我说:"上午我们在区委开了个全体《扬子江评论》人员的会议,蔡安保、

---

[2] 即1968年7月29日《扬子江评论》在湖北省话剧团召开的"7·29"会议。

林地、杨秀林都参加（蔡、林、杨当时与冯有分歧，他们三人当时住在农垦厅，在另搞一个小报，不住在我团），这个会开的很成功，是统一认识，加强团结（的会），消除了分歧。"袁说着就拿了一份打字油印材料给我看，并说明："这个材料是从驻《长江日报》九·一三那里拿来的，我们要翻印些，现在就是这一份，你看看快给我。"这个材料是北航写的"两个司令部的斗争"（大意，文章名称记不清了）。现在来看这个材料就是（根据）北航黑会的精神来写的。在我团7·29黑会和这次在武昌区委开的这次会，主要是贯彻北航黑会的精神。

1969年1月21日王延绪《交待材料》

黄石炮轰派从我团走后的次日中午饭后，袁建疆到我房中来，我问袁说："昨天小冯说广西4·22朱仁有个干将要找你们交换情况，你们这个会开了没有？"袁当时没有直接回答我所提的问题，而说："上午我们在区委开了个编辑部扩大会，来了很多人，蔡安保、林地他们也来参加了。我们搞到北航红旗的一个文件，我们把这篇文章在会上学习了，我们就是[要]按这篇文章统一了对形势的认识。这篇文章提出的问题跟我们对当前形势的分析、认识是一致的。当前全国普遍是二月逆流派掌权，老造反派受压，关键是中央现在还存在两个司令部的斗争。"我听袁这些话后急切要了解北航红旗对当前形势的分析，就说："北航红旗的那篇文章，现在在不在你手里？搞到我看看。"袁说："在我这里，就是我这里的一份，我们准备翻印，翻印了就给你。"……据我的分析，这篇毒文就是北航黑会的精神，反革命分子冯天艾所泡制的反动"四评"、恶毒攻击我们的党中央、攻击解放军就是以这篇毒文为理论根据、为指导思想的。"7·29"反革命黑会我分析也就是贯彻、执行北航黑会的精神的。

1969年10月21日王延绪《我的继续交待、揭发材料》

蔡安保、杨秀林、林地和冯天艾分开了，因为分歧意见没有参加会。我当时说，你们应当团结起来一起搞，光你们几个力量太单薄，没有原则分歧一起办好一些。并说我和蔡安保关系不错，可以和你们调和一下。当时我就约定晚上去蔡他们那玩，后来林地自己来了，我就问他们为什么不来，他说地方小住不下，没有正面谈是因分歧之故。

《反革命地下组织"决派"成员王延绪的综合材料》（1969年10月22日整理）

反动喉舌《扬子江评论》因在武汉遭到了红色政权省、市革委会的打击，而不利在武汉出版他的反动报纸而要隐蔽地潜入黄石去时，在我们团里制造舆论说："现在来的人太多，这个不公开的点暴露了，需要转移地方，把这些不是我们的人甩开后再回来。"当蔡安保也对我说了后，我对这个反动的东西是留念的、不希望他们走的态度。

1969年1月21日王延绪《交待材料》

反动喉舌《扬评》因在武汉遭到打击而要潜入黄石时，我对他们说："你们要是感到黄石不安全的话，下次来后可以跟勤务组反映一下，就住到后面来，有必要的话，就把炊事员现在住的房让出来，请他们到前面住，你们在后面就隐蔽得多。"

《反革命地下组织"决派"成员王延绪的综合材料》（1969年10月22日整理）

……反革命黑文"评×氏人物"还没出笼时，袁就在我房里泡制了一篇比"评×氏人物"更为露骨、刻毒的疯狂的炮打周总理、康老、陈伯达同志的反革命黑文。当他写完后给我看，这时是中央首长周总理、康老、陈伯达、姚文元等同志接见广西4·22和"联指"联派谈话在武汉刊登发表的第二天。他疯狂地攻击周总理、康老陈伯达同志是考茨基派，是右倾机会主义者，是对派性不作阶级分析的右倾投降主义，恶毒造谣说这些中央首长是在压制造反派，还恶毒散播乱军反动言论说"现在十八人上书，军内的实权派的权力大，这些人（指我们敬爱的周总理、康老、陈伯达同志）不能不妥协，不能不发表这样的讲话（指中央首长对广西4·22的斥责的讲话）来压造反派，以巩固现在的局势"，来疯狂地对抗中央首长的讲话，达到他们乱军、分裂无产阶级司令部的罪恶目的。而我看了他的反革命黑文和听了袁的反革命言论，不是采取抵制的态度，反而站在反动的立场上对袁出黑点子说："你的锋芒太外露了，太单刀直入了，不含蓄，这种文章拿出去，肯定要遭到新派的强烈反击，最好不要拿出去发表，要是发表了，你们的辫子就更多的被别人抓着，那时候你们的处境要比现在还要糟。"袁说："我是练练笔，是没准备用的。"

1969 年 2 月 6 日王延绪《我的补充交待》

他们第一次撤出话剧团一个星期后，林地一个人突然来我团食堂来吃饭，这次我单独跟他接触，因为当时他们撤离话剧团后的去向是保密而没有告诉我的。我就问林地："你们现在撤到什么地方去了？"林说："我们编辑部的全部人员都在黄石办报，他们都在黄石。我是回武汉来运版的（注：是印报的铅板），这一期我们是十二版，都是鲁礼安在文化大革命中写的文章。我今天赶两点钟的车就回黄石。"林对我说："黄石的空气比武汉的空气活跃，武汉太沉闷了。代表团的人跟我们一起都在黄石。"因他急着要走，这些话是他在吃饭时跟我说的，吃完后就走了。

68 年 7 月下旬反革命喉舌《扬子江评论》编辑部第二次潜入话剧团后，当时在我团住的只有冯天艾、廖焕章、袁建疆，而再没有看到蔡、杨、林三人了。后来我就问袁建疆说："你们原来编辑部的蔡安保他们三个人是不是回单位去了？怎么他们没有来？"袁说："他们没有回单位，现在跟我们有分歧，他们不愿意跟我们一起搞了，他们现在住在农垦厅，要单独另搞一个报纸。"我不了解他们有什么分歧，就问袁："你们之间有什么分歧？"袁说："他们主要是认为冯天艾把《扬子江评论》当成了树立个人威性（信）的工具，说现在写有分量的评论文章少，而专门登的是鲁礼安的文章，跟当前形势接（结）合的不紧。再就是说冯不民主，不登他们写的稿件，而只发表他自己的。"这次谈话，袁还介绍了蔡安保的历史情况和杨秀林的企图叛国的信，以及林地不是林地真名，而是化名，说："林地这个人是武大历史系的，在学校里有右派言论，思想很反动。所以在（到）我们这里来后不敢用真名，用了真名怕人家认破了他的真实面目。这次我调查杨秀林的问题，才了解他不是叫林地，因我到他们学校去了解时，他们学校说没有叫林地（的），通过了解杨秀林才了解了他。他要跟我们搞分裂，可是又不愿丢掉《扬子江评论》这块招牌，他们把我们的刊头偷的去了，准备搞个《扬子江评论通讯》。"（关于蔡、杨、林三人在农垦厅的办报情况，我上次交待中已写过）

林地与冯天艾的矛盾没有蔡安保和杨秀林与冯天艾的矛盾那样尖锐，所以在第二次他们潜入话剧团后，也就是反革命喉舌《扬子江评论》在话剧团召开"7·29"黑会这个期间,他是经常一个人到话剧团来吃饭。他跟湖南湘江风雷的那几个学生很熟,关系很好。当时湖南的几个学生是住在农垦厅,吃饭、洗澡是在我们团里。要是湖南的参加了这次黑会,林地是一定了解这次黑会的内容的,因这几个学生是由他在接待、安排他们的生活问题。湖南的这几个学生有一次在食堂吃饭,就是林地私人出钱出粮招待的。由此推理来看,林地也可能参加了这次黑会,起码有很大的嫌疑。

1969年3月9日王延绪《关于我与林地的接触及我所了解的情况的交待》

反革命喉舌《扬子江评论》第二次进到我团是68年7月下旬,来团联系的人是廖焕章,此人在他们的人没全部进我团时,先来好几天。接待他的是刘君侠。就是在这几天中的一天,廖在晚上洗完澡后来到我房里玩时说:"我们为了营救鲁礼安,代表团(营救鲁礼安代表团)和我们在黄石把鲁礼安过去写的文章印成了八版报纸,我们现在采取的办法就是把他所写的文章全部,通过各种(方)法送到中央文革,请中央文革看看他的全部文章,看看他是不是反革命。"说了就到前面住的地方拿了一大卷材料给我看。因材料太多,我也无心看。因他要明天就把这些材料寄出去,当时就拿走了。

1969年1月21日王延绪《交待材料》

68年7月下旬某晚九点钟左右,我在澡堂洗澡时,廖也进来了,因我事先通过林地从黄石来汉取版时来我团,我知道他们的(人)全都到黄石去了。所以当我见廖进来后,我就问廖说:"你们是不是全都又搬来了?"廖说:"没有全搬来,是我一个人先来的。"我问:"你现在住在哪里?"廖说:"住在你们大礼堂旁边的那间房里。我白天不在这里,就是晚上来睡,晚上来是你们那个姓刘的给我开门。"我因澡已洗完了,就先走了,出门时我对廖说:"洗完了来我房里玩一会。"廖过了一会就来我房里了。廖来后,我说:"听说鲁礼安已被警司正式逮捕,是不是有这个事?"廖说:"没有这个事。前几天我们还有人在铁山看到了他(指鲁),他在那里很自由,就是只要他写交待。现在武汉军区还不敢正式逮捕他的,因为鲁礼安的问题是钢新之争的焦点,在鲁礼安的这个问题上,钢派也不会轻易的妥协,新派也不会轻易的饶过,要是军区正式逮捕了鲁礼安,就公开表明他们支持新派,这个后果军区是会考虑的。现在要鲁礼安恢复自由也是不可能的。"我说:"那你们下一步准备么样搞呢?"廖说:"现在唯一的希望就是看中央文革表态了。我们已经把鲁礼安在文化大革命期间所有写的文章,有些发表过的和没有发表的整理了一份完整的材料,准备送到中央文革,看江青同志看了么样表态。"我说:"你们打算么样送去呢?江青同志是不是能亲自收到呢?"廖说:"我们有两种打算,一种是亲自派人送到中央文革,我们也考虑到了,就是我们派的人能(否)直接送到中央文革,也怕江青同志不会亲自看到这个材料。所以我们另一个打算是,我们在决联站时候认识北航在汉口联络站的几个同学,想派[的]人到北京把这个材料交给他们,由他们再转到蒯大富他们,因他们可以直接见到江青同志,由他们直接交给江青同志。"我说:"这个材料在不在你手里?"廖说:"在我手里,有些没有发表的文章是我和几个同学手抄的。我们已经熬了几个晚上,我的眼睛就熬红了。你看不看?我去拿来。"我说:"好!"廖就到他住的房里把材料拿来了。这份材料拿来我看时已经封卷好了的,这卷材料的直径有三公分,是廖拿来后他拆开的。这些材料有《扬评》发表过的,除手抄的和在黄石印刷的十二版《扬评》我没看过以外,其他的我大部分过去看过,光[就]这些材料的目录就有四页纸。因我只希望打听消息,对材料不感兴趣,再说一下也看不完。我说:"算了,这多材料一下也看不完,我要看,耽误你们送走的时间。"这样廖就拿走了。

1970年2月20日王延绪《我如何结识廖焕章的》

68年8月中旬某天,冯天艾到我房里来,我对冯说:"我听说你们贴在水塔下面的大字报,警司都拍了照,你们现在还再继续搞,我看你有被捕的危险,新派对你们写的东西,现在可说组织了全线反击。在这风头上,最好不要再对着搞。警司拍照是大有来头的呀!你要是再被抓去了,你们就等于完了。"冯说:"现在是要乘(趁)热打铁,现在就是更好地发动群众的时机。你看现在群众的情绪,是要说话而不敢说。我们就是要说,要写,要动员老造反派起来嘛!我们是有群众基础,不然我们贴的大字报哪有这样多的人看呢?贴反击我们大字报的就是新派的那么几个学校,其实新派的也不是都反对我们的观点的。警司拍照的事我知道,没有关系,就是要抓我们,现在军区的也没有谁敢作这个主。现在全国各大军区的头头,毛主席都把他们召到北京去办学习班去了,曾刘也在北京学习。他们不在家,现在没谁敢随便动我们的。我们就是要抓住这个时机,把我的文章都贴出去,就是要在这个时间里把群众发动起来,等他们(指曾刘首长)回来了,我们就再不搞了。那时候就看他们的了,要抓就让他们抓好了。我们是小人物,要是他们随便把我们一抓,那就正好[的]动员了群众,暴露了他们自己。"我说:"现在我看你们最好从我们这里撤一下,要是'狂妄'的来砸你们,我们单位是无能为力来保护你们的。"冯说:"我们跟'狂妄师'有什么冲突呢,我们也不搞打、砸、抢,他们不得来砸我们的。要说是犯法,我们是政治犯,要来抓也是专政机关来抓,不管(关)他们的事。你放心,'狂妄师'不会因我住在这里来砸的。"说完冯就走了。当时毛主席、林副主席接见各大军区代表的消息还没正式发表,这个军内的情况冯是从何知道的,我没问他。

1969 年 10 月 22 日王延绪《我的继续交待、揭发材料》

这两个反动印鉴我窝藏了近大半个月之久,在窝藏期间,我怕'狂造'来抄我的房间,这两个图章我从抽屉底里拿出来藏到我房间暗楼上墙缝里。《扬评》被我团革命群众攥到湖艺后,是袁建疆、刘丽华要向全国散发《扬评》的反革命文件时,才来取走。袁、刘来取图章时,我正在午睡,当时我怕找梯子被团内同志发觉,是袁建疆亲自爬到暗楼上取下来的。图章拿下来后,袁、刘就在食堂里填写他们向全国散发反革命喉舌《扬评》毒草小报的通知文件。当我午睡起床后,袁、刘还在填写。填写这个通知[的]花了大概有一、二个小时。我看到刘丽华照着一个小本在念单位,袁建疆在填写单位名称。文件的内容大意是:我编辑部寄来××期《扬子江评论》×份,望接到后把他们掌握的材料及情况给我们寄来,以便交换彼此的情况。我没看刘手中的通讯目录本,只看到填写的通知书铺了一桌子,大概有近百份通知。填写完后袁、刘就把通知书连同两个图章一起带走了。

1969 年 10 月 22 日王延绪《我的继续交待、揭发材料》

郭保安被绑架事件后，当时街上贴着很多大字报要追查绑架的凶手，袁建疆就在这件事真象不大（搭）白[3]时一天中午对我说："郭保安是我们汉口的新华工敢死队员抓的。我们要抓他布置了很久，昨天在汉口市委礼堂把他抓到的。郭保安在那里开会，会完了一出门，我们就把他绑到我们事先准备好的一辆车上就跑了。我们已经被（把）他运到任何人就（都）不能发觉的地方。这次要放郭保安可以，把鲁礼安放出来交换，否则郭保安要想放出来就休想。我们已准备了大规模的武斗。"袁说了再三叮嘱我说："这事现在千万不能吐露出去，这是绝密。我是今天到四明大楼指挥部才听到的。"我对袁说："绝对保密，我保证不对任何人说。这事你最好也不要瞎哼。"这是大概情况。袁当时对我讲的还要详细，如何绑的，路线是如何走的。这就说明，这个反革命地下组织"决派"在武汉有很大的势力，不但有文的制造反革命舆论的反动《扬评》，武的有敢死队汉口分队这帮暗杀队的凶手。

    1969年10月22日王延绪《我的继续交待、揭发材料》

  这时曹艮俊为了推脱他引狼入室的罪责，也假意的要我出面跟冯天艾、袁建疆、廖焕章说，要他们搬走。我也如实的把他的意见转告了冯、袁、廖，可是他们总是问我张德溢对他们的态度。我对冯说："我没去接触张德溢，他的态度我不知道，现在团的同志们是怕你们在这里住连累了我们单位，是有很多人议论的曹艮俊对我说，要你们搬，是因为他把你们介绍进来，他怕担责任的原因。"冯说："你再摸摸张德溢的态度。"这样，一天张德溢在食堂门口我的窗户下面吃饭时，我就有意试探张德溢的态度。我说："小廖拖了一些稿纸放在我房里了，他说他找到了地方再拿走，你看怎么办？"张德溢说："是空白没写东西吧？"我说："是空的稿纸，没写东西。"张说："那怕么事？就放在你房里，那有什么关系。"这样我试探了张的态度就走了。过了一会曹艮俊来对我说："我看到他们那些稿纸上还是用《扬子江评论》的小报捆着的，上面的标签还是'新华工敢死队，你赶快都撕掉，要是'狂妄'的来抄看到了，那就麻烦了。"我就照他的意

---

3 不搭白，武汉方言，即"不明了"之意。

见，把捆稿纸两头的《扬子江评论》的小报和标签都撕了。

1969 年 10 月 24 日王延绪的交待

　　《扬评》潜入湖艺以后，他们的人还在这里来吃了几天饭。有一天下午袁建疆来团吃饭，我问袁："你们在湖艺住在几号楼？"袁说："就住在靠湖边后面的一栋，你去不去玩？我们住的那间房里还有一台钢琴，昨天湖艺有个女伢在我们房里弹了半天琴。睡的是钢丝床，蛮舒服。"……我和袁建疆到湖艺后，廖焕章、冯卫东都在，冯卫东对我说："明天我跟冯天艾一起到黄石去。"不一会冯天艾从汉口来了。我问冯天艾说："黄石现在两派斗争很激烈，在这种情况下，你们到黄石那危险性很大呀！"冯说："没有关系，那里越乱，就越顾不着管我们，在这种情况下我们去更安全。你看我还带了一副象棋，明天在车上没事我还下象棋呢。"冯又说："我这次去什么东西都不带，就是带这副象棋，挂包就（都）不带一个。"冯为了吹嘘自己在学校里是如何造反早，还拿出来了他跟张立国、聂年生、程宁[4]（据冯天艾说此人是红反团二号头头，是 68 年 5 月跟他们一起杀上社会的，是跟他一起发起"北斗星学会"，主办"工人运动讲习所"这个小报[5]也有此人。湖艺这间房就是原来程宁住的）的照片，冯说："程宁这次到北京就被温玉成抓了，温玉成原来在广州就是支保的，这次到北京当上了北京卫戍司令，就要耍耍他的威风。程宁被抓，这是我们早就估计到的。"

1969 年 10 月 24 日王延绪的交待

根据湖北省话剧团清理阶级队伍专案档案刊印。

---

4　程宁，即陈林。
5　疑为"钢工总工人运动讲习所"主编的小报《武汉工运》。

# 张德溢、曹艮俊、刘君侠等的交待[1]

当反革命曹艮俊提出要借房子给《扬评》住时自己就满口答应。当鲁、冯之流来团后，我是热情接待，并希望得到他们的支持，希望他们参加我们的活动，我们则保证替他们保密，提供各种方便条件。反革命曹艮俊还多次要我去武船、机附等厂联系枪支、联防，以保护这一小撮反革命分子。我自己也帮他们联系过印报、保管纸张。他们开黑会为他们提供会场，提供住宿。当社会上搞营鲁游行时，虽然我们没有参加，但在思想上是支持的。

当《扬评》炮打无产阶级司令部的毒文"四评"出笼后，自己也感到有问题，急忙把他们赶走，但在思想上《扬评》的流毒却仍然存在，认为他们是小将犯错误，因而也就不可能同错误的思潮决裂，更看不清混在自己组织中一小撮反革命分子曹艮俊、王学峻的反动面目，不但不对他们进行清理，反而让他们出去避风，别人问起来还为他们打圆场。

### 张德溢

华工敢死队要来，我催张德溢，张说："我们勤务组研究一下。"后来张说："我们商量了，会计室对面那间房子空着，就把那一间借给他们。"在和鲁礼安交谈完了以后，张德溢说："你们住在这里，我们不给你们传出去，就说是外调的，在我们这里住几天。"

"营救鲁礼安"的游行前一天，王延绪向小沈提议要出宣传车，张德溢当时是不同意，他说是发电机答应借（给）武船了，小沈的态度好像是同意的，张德溢跟我说："我们不去，借了房子给他们就是支持他们了。"我说："不一定要去，借房子就是对得起他们了，他们晓得的。"

---

[1] 这是编者根据湖北省话剧团专案人员抄录的曹艮俊、刘君侠等人的交待揭发材料整理的。标题是编者拟的。

**曹艮俊**

对《扬子江评论》进驻要保密,(我)问过王树海、张德溢,他们也说:"注意一下,不要暴露他们是敢死队的。"

**刘君侠**

反革命分子鲁礼安交待说:"我与冯天艾去话剧团看房间……与话剧团红艺军的一、二号头头会见……向他们交谈了一下对社会上形势的看法,大家反对反所谓'老机'即是'三反一粉碎'的主要内容的看法是一致的,他们也很支持我们对新华工的态度与立场。并说在这里写文章安静得很,没有干扰,这里基本上是钢派的力量一部分,属于狂妄师的都离开这里了。"

《窝藏反革命组织"北决扬"的黑后台》(未署名)

根据湖北省话剧团清理阶级队伍专案档案刊印。

# 我对于捂《扬子江评论》问题的盖子的交待[1]

（一九六九年一月三十日）

张家柱

在警司点了话剧团的名以后，我思想上就是对抗的，认为警司不了解我们的情况，偏听偏信，认为《扬子江评论》住在话剧团是事实，但是我没有看到谁和他们有什么勾结，只是听了"狂造"的汇报，加上战斗队一贯传说李一山的谣言，说警司三办是支保的。在这样的思想基础上以及反动的阶级本能，所以以后我一系列的表现，很自然的成了对抗三红，打着红旗反红旗，在清理阶级队伍中破坏毛主席的伟大战略部署，具体的就是对抗警司。下面是我的交待。

1. 在警司点了话剧团的名以后一次战斗队的大会上，任卓伟[2]提出了勤务组听不进意见，光听几个"老同志"的。当时张德溢非常恼火的说："有的老家伙该保的我就是要保！我也不想当革委会的什么，因为我父亲有问题，王树海、小沈比我的出身好，他们可以进革委会。"听了这个话以后，当时我觉得这种说法太露骨，这岂不是和警司点出的问题相对抗吗？但更大的是高兴，认为以后如果有什么问题，"小将"们是会担担子的。这一问题充分说明几个小将受我们这几个反动旧势力人物的毒之深。

2. 也是在警司点名以后，张德溢有一次从楼上下来，边走边对我说："走啊，好好去玩一趟，回来当山下派，让他们（指狂造）来搞，到时候看我们在下面搞。"意思是让"狂造"去掌权，他在下面找麻烦。当时我的思想是决不希望他们走的，想到他们一走，"狂造"不消来人，只消贴几张勒令的大字报，我就不敢回击，并且得服服帖帖的听命。但是见他走的决心已经下定了，所以就只好无可奈何的说：

---

1 这是张家柱在湖北省话剧团清理阶级队伍期间写的交待材料。
2 任卓伟，1939年4月出生。湖北省话剧团演员二队演员。文革后任该团团长。

"那好!你们一走,我们就正好放假,天天出去玩。'狂造'也管不着我,看他们每天开起会有几个人听他的,肯定他们召集不起来人,看搞出个什么名堂来。"这里我是在故意向他表"忠"心,表决心,也是在直接对抗警司来揭话剧团的盖子,因为警司是直接领导"狂造"来解决话剧团的问题的。

3. 过了几天他从我门口过,在我门口坐下来,谈到他爱人到上海治病,我就借机叫他不要走,说:"你爱人的病武汉也一样可以治,你一走,战斗队就散了,'狂造'要来一冲,家里谁也不敢出头,我是不敢的。"我的思想就是要他留下来顶住。他说:"你放心,不要紧,总超不出7·20这个框框,你们也好好的去玩一玩,这对战斗队也是个考验。"我劝他留下来就是想叫他留下来顶住话剧团这场揭盖子的斗争,因为当时王树海不在家,沈虹光、吴有才都要走,这个摊子眼看要散,想到自己过去对"狂造"的攻击,一定挨整是没有疑问的,不被揍也得受压。再一个就是"中流击水"[3]的任卓伟、杨邯等正在开始用《扬子江评论》问题来打开话剧团阶级斗争盖子的缺口,而任卓伟等人一贯也只有张德溢才压得住,压住了他们也就压住了话剧团阶级斗争的盖子,也就捂住了《扬子江评论》的盖子,也就是问题的实质。

4. 在洪山礼堂后台听朱鸿霞同志的讲话,当时关于朱谈话剧团成立革委会这段话,我因为上场演戏确未听见,但后台早已传开了,我听见的别的问题是不少的,最使我感到高兴的是关于《扬子江评论》朱鸿霞的解释,当时曹艮俊在问这个问题前,就征求我的意见,是不是问问朱。我说:"他又不了解你的具体情况,他又不能替你打包票。"结果曹艮俊还是问了。当时朱鸿霞说:"那有什么,《扬子江评论》是他的问题,你没参加就没参加嘛,我们工总下面和他有联系的单位多得很,未必都有问题?他们给我鲁礼安的材料,我还看不出鲁礼安反革命的问题。"坐在一道武重[4]革委会的头头祝孝先[5],为了说

---

3 "中流击水",全称"红艺军中流击水战斗组",湖北省话剧团的群众组织之一,属中间派。
4 武重,即武汉重型机床厂。
5 祝孝先,1940年出生。武汉重型机床厂工人,该厂"工人总部"一号勤务员、

明是什么问题就是什么问题，还把7·20前戴过手铐的手伸出来说："你们看我戴上了手铐，坐牢，但是我没有这个事就是不承认，还不是没有事。"我当时听了这些话，的确高兴万分，就更不把《扬子江评论》的事当个问题了，也就更不把警司点出话剧团的"尖端"问题根本不当回事了，也就是不怕，加上听了朱鸿霞关于话剧团成立革委会的讲话，我就迫不及待地跑到张德溢跟前说："怎么样？不走了吧？"张德溢只是笑，没说话。我就劝他说："别走了！这么好的条件，眼看就要成功了，这是关系话剧团的大事，你得斗私批修，你爱人又不是小孩子，到上海自己看病还不会！"这时张德溢也就是在这些类似的劝告中留下来了。无疑我的话对他起了很大的作用。我对于成立革委会所以这样积极，是因为革委会是三红，只要成立了革委会，就没有人敢攻击。又听石兰[6]同志说过"狂造"就怕战斗队成立革委会，因为攻击革委会就是炮打三红。这样我也就得到了保障，充分相信了张德溢、王树海是保自己的，所以我就积极的拉住张德溢不要走。这也就是我操纵小将的手段。

第二天开成立革委会名额分配讨论大会，我的思想是决不愿意有"狂造"的人参加革委会的。但是作为一个群众组织，我也没有理由不让有名额，有的同志因为派性在会上提出一个名额也不给"狂造"，我知道如果没有"狂造"的名额，革委会就成立不起来，所以我就建议（也就是出点子）说："'狂造'就是那几个人，何传志[7]没有档案，不管他是好人、坏人，反正现在没有弄清楚，没有人会选他。赵世卫谁见了他都讨厌，也不会选他。王松林、任文庭两人出身好，只要我们好好作工作，把他们拉进战斗队来，这样就只剩下了李宏贵一个人，就给他一个名额也没什么。"并且打着红旗说："给他一个名额，完全是为了紧跟毛主席的伟大战略部署，更好的搞好清理阶级队伍。"这完全是我在耍手腕，因为这样一来，"狂造"虽然有了名额，但却是个光杆司令，结果还是战斗队的天下，也就是我们这些反动旧

---

厂革委会副主任、省抓革命促生产总指挥长。在"两清"中被关押。1977年9月被逮捕，1979年1月被判刑7年。2010年去世。
6　石兰，湖北省话剧团"狂造"成员。
7　何传志，湖北省话剧团司机，该团"中流击水"成员。

势力人物的天下。如果照这样成立起来,事实上就是一个反革命的委员会,也正如公报所指出的斗争的中心是一个"权"字。如果没有警司和以"狂造"为代表的广大革命群众,这个反革命的政权也就成立起来了,王学峻、曹艮俊以及像我这样的反革命也就揪不出来。其实在警司未进点前,话剧团已经成立(为)资本主义复辟的独立王国,已经为我们这些人所统治。

在这次会上王学峻这个反革命比我表现的更狡猾,他在开始发言是赞成给"狂造"一个名额的,很明显这是他的一种反革命策略。但是当他听完所有的发言后,由于派性,大多数都不愿给"狂造"名额,这时王学峻认为自己的目的已达(到),连忙改口说:"把我也搞糊涂了,到底是给好呢?还是不给好呢?"因为群众说出了他的心里话,他就假装糊涂,顺水推舟,以免今后承担责任。

至于在这次大会后开小会研究问题,我确没有参加,但据我所知,是分配了人整理上报革委会成员的材料的。孟国仁[8]的材料大概是由专案组甘家鹄整理的。关于这一整理革委会成员的上报材料如何商量,专案组甘家鹄等最清楚这一过程及内幕。

5. 就在这一场欢喜之中,警司进一步点了话剧团的名,并且明确指出话剧团是个"马蜂窝",这时"狂造"的同志也"杀"回来了,警司来的同志每次来总是直接只找"狂造",这样局势已经很明显。我当时认为眼看大势已去,无法挽回。也就是在这时,吴有才发出了"是啊!看穿了"的叫喊,"警司宣传队跟工作队一样"的诬蔑。

头头们集体出走的事,他们是怎么安排计划的我确实是不知道,我是在警司进点后大揭阶级斗争的盖子时,揭出头头们在郭胜峰等人家里开过一系列的会议,作了安排,这时我才知道的。

在当时王志义[9]同志一直保密,我以为张德溢到总部工作去了,但是每天早祝[10]的时候总看不到张德溢的人,这样才引起了怀疑。当

---

8 孟国仁,1932年出生。湖北省话剧团艺术办公室主任,该团"红艺军"成员。
9 王志义,湖北省话剧团演员一队演员,该团"红艺军"成员。
10 早祝,即文革中流行的"早请示"。

我们在周世珍[11]房里问王志义时，王志义才轻描淡写、若无其事的说了张德溢已经走了。当时我们很奇怪，为什么王志义居然愿意放他们走，而自己又勇于担这个担子，因为王志义平时不是这样的人，他总喜欢一个人在外面到处跑的，并就这个事责怪王志义为什么把他们放跑了，王志义才说，他们已作好了安排，这其中的内幕，我的确不知道。如果要知道而不揭发或者参与了策划不交待，那就是应该罪加一等的。

在他们走了以后，我曾经到处串连别人，到外面去玩一趟，以对抗警司，破坏清理阶级队伍，我向梁家琛串连过，问他去不去上海，他也答应了，也串连过马少奎[12]、王学峻，他们俩人没有说可否。我向他们串连说的理由是，文化大革命以来从来没有机会玩一次，这一次正是好机会。这完全是我的反革命两手策略。在警司指出话剧团问题以后，我极力主张成立革委会，这是一种硬抗手段。这时头头们一走，我又串连别人外出，这是一种软拖手段。不管软拖硬抗都是直接对抗警司，捂住话剧团阶级斗争的盖子，捂住《扬子江评论》的盖子。

在"狂造"回来后，抓住《扬子江评论》问题来打破话剧团阶级斗争的盖子，并且提出口号，要通过《扬子江评论》来打破缺口。我当时认为《扬评》和战斗队没有什么关系，如果有关系，是谁该他个人负责，认为"狂造"是想抓辫子，无限上纲，从而整垮战斗队。所以我到处散布说："《扬子江评论》又不是二八流毒，未必要我们都来肃清一番。"这个话我向乔夫、周世珍、刘君侠以及我们小组都说过。事实上就是要挖出决派小爬虫的阶级敌人，只有肃清决派流毒，才能揭开话剧团的阶级斗争盖子。我散布的这种言论是在炮打警司，捂住阶级斗争的盖子，与"造反派受压论"是一个腔调，这就是反革命言论。

6. 关于王志义同志在楼上召集的一次黑会，我事前确是不知道，但是在这个会上我是打着红旗反红旗，接过革命的口号，操纵小将，出谋划策，摇鹅毛扇，捂住阶级斗争的盖子，事实是这样：

---

11 周世珍，湖北省话剧团演员二队演员，该团"红艺军"成员。
12 马少奎，湖北省话剧团演员二队演员，该团"红艺军"成员。

王进忠[13]同志在话剧团讲话，指出《扬评》问题，说现在广大群众是内部矛盾，要团结起来共同对敌，说红艺军警司是信任的，要依靠红艺军来搞《扬评》问题。我当时在黑会上的发言说："警司一再说信任红艺军，依靠红艺军，原来警司没有来以前，我心里还很不安，警司来了以后，我觉得有了主心骨了。今后我们不要再提什么革与保了，我们与'狂造'是内部矛盾，要团结起来共同对敌，王志义应该和小宝、鲍金祥[14]好好谈一次，解除别人的顾虑，免得别人一动就说是老保翻天，别人不好工作。王志义应该每天去向警司汇报，找不到人就打电话，并且预备一个本子，把话剧团每天的事都记下来，按本子汇报，这样才不会遗漏。你自己能力差不要紧，这样可以做到事事请示。"我当时的黑思想是用警司王进忠同志说的信任和依靠红艺军这个红旗来达到使战斗队这个小山头抱得更紧，说明"狂造"对待战斗队的态度是错误的，从而造成了两派群众组织更大的对立。并且要王志义争取主动，天天去汇报，取得警司的信任，这样就站住了。对小宝、鲍金祥去做工作，主要是怕"狂造"拉过去了。我这一套道理当时听来正大光明，其实是在贩卖私货，保住战斗队这个小山头，以达到保住自己的目的。这一段话也正投合了在座人的心意，所以很有市场，大家的发言也跟着这个路子来了。会上有人批评王志义抓的不好，每天除了早祝就晃来晃去，我在会上为王志义打气说："王志义这一段表现还是不错的，他只有这么大个能力嘛，这么大个摊子，又只有他一个人，过去又没有搞过、担过这么重的胆子。"这样就给王志义鼓了气，就等于说："你顶着干！"当时这个会的作用就是把这个小山头抱得更紧，不让散摊子，办法就是多向警司汇报，争取主动，这个会也就为我所左右了。

会后，因我见郑天西原来是"中流击水"的，今天也跑了来，就想做工作把他拉过来，所以散会以后，我就到郑天西房里，接着周世珍、刘君侠、王志义也来了，我就对郑天西说："你不要再跟任卓伟一起搞了，吴少云[15]的问题是个尖端，任卓伟就是想拉一批人，用搞

---

13 王进忠，武汉警司的负责人。
14 鲍金祥，湖北省话剧团"中流击水"成员。
15 吴少云，女，1929年出生。湖北省话剧团演员二队演员。

战斗队来保吴少云，你要跟他一起搞，要上当的。"事实上任卓伟等人当时正是革命行动，就是想要揭《扬子江评论》这个盖子，紧紧依靠警司，主动向警司汇报。我同郑天西的谈话，正是在做分化瓦解的工作，不让他们揭"战斗队"、《扬评》的盖子，是我在死捂住这个盖子，与警司对抗。

7. 关于排名单的黑会，那次排名单的经过确如我自己上次交待的情况，至于怎么就到了周世珍房里，那几天的情况是这样，王志义每天晚上必定要到团里来，每天都是混到晚上才回家，又总是在梁家琛、胡家模、周世珍等人房里坐，这种情况在王志义来说到周世珍房里去是一种经常（原文如此——本书编者注）。我当时去的动机，记得是想问一问王志义，为什么今天把郑天西也搞来开会，因为明知道郑天西是和杨邯、任卓伟一起的，王志义当时说"不要紧，我事先就敲了他一下，我说你要考虑你自己的身份啰，不要跟着瞎跑。"周世珍就接着说："我今天想套一套他们的情况，结果这小子什么也没谈。"在排名单的过程中，王志义和周世珍当时的活思想我不知道，在排名单时我说过这样的话："不要搞这个，这样搞不好，收起来，收起来。"我当时的黑思想是，这种搞法太露骨了，将来传出去，一定会有极坏的影响。但是从自己内心讲，是希望看一看这个阵营强弱的。

8. 关于"在险峰"大字报的出笼经过，也确是如我上次交待的情况，但是在今天阶级斗争的新形势下，一是要进行深挖，从当时我们这个小组的成员来看，除了胡象平、严丽明[16]、郭胜峰外，都是属于反动旧势力的人物，他们的思想倾向，必然的都是要保住战斗队这个小山头，把矛盾指向队外的王延绪，以便捂住《扬评》这个盖子。就我当时的思想来说，一点也没有想到深挖曹艮俊，只是想搞出一个人来交差，了结这件事，以便摆脱《话剧团为什么有这个土壤》的深追，我自己如果在这里面搞了小动作，一定要深追，但是最值得怀疑的，我认为首先是王学峻，因为写这张大字报他最积极，从拟稿到抄成，都是他一个人搞的，他在里面贩卖私货，贼喊捉贼是必然的。另外这

---

16 严丽明，湖北省话剧团演员一队演员。

个组的几个成员也就是《扬子江评论》在话剧团的土壤,即或不互相通气,幕后策划也会出现这张贼喊捉贼的大字报。

  以上就是我炮打三红、对抗警司、破坏清理阶级队伍的罪行。在前次得到了全团革命群众的揭露和批判以后,我完全低头认罪。在今天新的阶级斗争的形势下,革命群众进一步提高了阶级觉悟,给予我斗争和揭发是对我最大的挽救。

张家柱<br>69.1.30

根据湖北省话剧团清理阶级队伍专案档案刊印。

# 交待与揭发

## ——我与反革命《扬评》的接触

（一九六九年十月二十二日）

胡家模

一、王树海同志交给我反革命《扬评》小报，叫我卖给团的同志。付款给冯天艾时，他不收，此报作为赠送。后来我退给同志们了（大概是"鲁妈妈访问记"）。

二、冯天艾用团的自行车二、三次，都是张德溢同志叫借的，用完是冯直接还来的。

三、在1968年5月21日晚1点左右，有一个人背着黄书包敲好半天门的人（当时只我一个人在家），我打开门一看，我问，你是那里的？他讲："我是新华工敢死队（的），已经住在你们团里几天了。"过了约三、四天以后，一天下午饭时，我到饭堂吃饭，看见肖惠芳同志在同此人谈话，肖谈完往前面走，我问肖，这人是那里的？肖讲是新华工敢死队的副队长小冯同志，来来我介绍一下。从此就知道他是小冯。

四、在《扬评》决定大游行[2]的前夕，深夜两、三点钟，我醒时见楼上很亮，而且有人声。我上去一看，一两个女孩躺在沙发上，一两个男孩匍倒地板（上）画像和写标语。我讲，你们这样搞电费受不了，还是节约吧！

五、《扬评》在街上写的反动标语被狂妄[3]复（覆）盖了，被《扬评》的人看见，打电话回来给《扬评》，一个大个青年小家伙的人接，

---

1 这是湖北省话剧团行政工作人员胡家模在清理阶级队伍期间写的交待材料，原件未落款。
2 指"营救鲁礼安"大游行。
3 狂妄，与"决派"对立的保守组织"狂妄师"。

他对电话里讲,准备搞人去打。我听见,马上对勤务组反映。我当时想法,万一《扬评》去人打,后来狂妄弄人来团打他们,如果他们不在,反把我们打一顿,这才划不来。因为他们电话很多,讲话声音比较大,(我)知道此类情况较多,只要我听见不对的情况,我就向勤务组反映。

六、5月下旬,我上楼到会计室购餐券完毕出来,看见会计室对面房门打开了,我伸头看了一下,除了一般用的家具以外,窗户架上捆着一根粗绳子,我当时想到这一定是怕发生事,人就从窗户里下去的,绳粗有汽水瓶那样粗,此绳原来是在木工间放了很久的。

当时两派对立也激烈,因为我在团里时间比较多些,特别是到晚上,我总在家,所以《扬评》来的人,多半是我开门,传电话也是如此。除此以外,我没有同《扬评》的人暗地搞任何活动,也没有打其它交道。

有一天上午高家湾医院门房张同志来问我(因为我售文艺战报时认识他的),《扬子江评论》是住在你这里吧?他们在外面卖报,报卖完了我同他们联系好,叫我到这里来的,请你同他们联系,替我代购100份小报。我当时上楼找冯问了一下,冯讲:管报的人不在家,等一会再来。后来冯拿100份报给我代转张同志,而张还要前期。冯讲:前期没有了。

冯住在楼上时(5·20[4]以后),吃完下午饭时,我听见楼上嗡嗡的人声,我上楼问冯,冯答:"这都是敢死队的"。

以上是1969年10月22日交工宣队谢玉珍[5]

除以上交待以外,我保证没有同反动组织的人暗地和个别交谈

根据湖北省话剧团清理阶级队伍专案档案刊印。

---

4 指1968年5月20日湖北省话剧团两派的武斗。
5 1968年12月21日,工宣队进驻湖北省话剧团;谢玉珍,湖北省话剧团职工。

# 周建启的交待

## （已定为现行反革命分子）

（一九七〇年）

## 一、最早的一批"决派"

我们民办兵团[1]的前身——第八司令部——街办工业分部正式在"二·八"声明时期成立的。我们按照"北、决、扬"的总头目胡厚民的旨意极力宣扬"二·八"声明大香花，把矛头指向解放军，"怀疑一切"，"打倒一切"，猖狂向无产阶级反夺权，为反革命的"二月逆流"兴风作浪。

## 二、民办兵团与"决派"

所谓钢工总民办工业兵团拼凑于 1967 年 8-9 月，"北、决、扬"的总头目胡厚民派了所谓组织部第三办公室的决派骨干分子李玉兰亲自抓民办兵团的"组织建设"。

金建国对我说："我到总部去见到胡厚民，他派组织部第三办公室的李玉兰帮我们抓组织建设，指定我为一号勤务员。"说："我们当前的任务就是要抓紧组织建设，建立一支由革命左派掌权的队伍。李玉兰已经组织人首先对我、你和小方进行审查，已经基本肯定了我们是坚定的左派，是靠得住的。"因此，我们被指定担任一、二号勤务员及组织部长等要职。为了控制民办兵团及时了解情况，决派骨干分子李玉兰派遣了决派分子周立新充当兵团的联络部长。67.11 派李华明到街委联络站，一星期之后的一天晚上回到兵团，说到今天新华工的鲁礼安要（到）街委[委]联络站作报告，谈当前形势，我们去听了。12 月中旬李华明又回兵团与刘昌林密谈之后，当晚刘昌林建议召开

---

1 民办兵团，"钢工总"的下属组织。

勤务组扩大会议。会议在老汉口饭店食堂举行。参加会议的有刘昌林、周建启、李华明、周立兴、龚建华、李开玉、杜远东、熊居启等人。会议由刘昌林主持,他说:"这个会议主要是研究当前武汉的形势,确定今后的任务,先请李华明同志谈谈他在街委联络站听到的情况。"李明华说:"前几天新华工敢死队的鲁礼安同志到街委联络站去作了一个报告,当前的形势是省、市革委会即将成立,百万雄师、康三司在地下活动,企图翻案,新派老机的小山头围攻大山头,与钢派争工代会席位,龙梅生[2]还表示在市革委会的席位上决不让步。毛主席指示在二至四个月之内成立省革委会的日期即将到来了,根据当前趋势,曾、刘首长可能采取平衡政策,合(和)稀泥,钢新两派一派一半,所以革委会是折衷主义的产物。估计钢、新两派的斗争是长期的,将来在革委会里面仍然要斗争。所以当前的任务是要重新组织起来,纯洁队伍,清除老机和老保,建立一支决心把无产阶级文化大革命进行到底的无产阶级革命队伍,在革委会不起作用的时候重新建立新的国家机器。为建立这样一支队伍,必须首先从思想上、理论上武装起来,鲁礼安同志建议大家多学一点马列主义。这点很重要,没有革命的理论,就没有革命的运动。……"我建议兵团建立一个马列主义学习小组,各分团也要相应地成立这个小组。……刘昌林的"理论"水平非常高,金建国是一号头头,大家一致推选他们为正、副组长,刘昌林、金建国也欣然接受了。……参加了这个会议的成员也当然就是"组员"了。

根据总部胡厚民的指示,兵团调整了部署,决定"以攻为首(守)",加强街、区力量,市里留一个联络机构,由我、刘昌林、熊居启、周立兴、王口廷、曾绍泽、龚建华、王大秋等人顶着,精简机构,只搞组织、联络、情报三个组,同时重新发表审查各级头头,整顿组织,纯洁组织,建立一支左派队伍,决心把无产阶级文化大革命进行到底。要做到召之即来,来之能战,战之能胜。

---

2 龙梅生,1940年出生。武汉胶管厂锅炉工,后调武汉染料厂当工人,"工造总司"驻北京联络站站长,《湖北日报》夺权后,任该报总编辑。1974年为"杜则进"写作小组组长兼主笔。文革后因组织"杜则进"写作小组问题被判劳教三年。八十年代患胃癌去世。

离开兵团后,我游离于"决派"的基层江汉分团和新华街之间,进行了一系列的反革命活动,而金建国则钻进了更大的"决派"黑窝子江汉区工代会,并爬上了更上层,多次见到"北、决、扬"的总头目胡厚民。为了讨好黑主子,金建国到处奔走,想为胡厚民的妹妹安排工作。一九六八年二月(春节期间)"北、决、扬"的总头目胡厚民为了破坏清队,拼凑了一个地下联合黑司令部,为发动反复旧作组织准备,曾多次派其妹妹胡厚华和周军(女)到金建国家密谋策划。在反复旧后期,金建国曾对我说"我准备把你的材料直接送到胡厚民家里去。他是尝到了(被)打成反革命的味道的。"可见金建国与"北、决、扬"总头目现行反革命分子胡厚民不是一般关系。

### 三、民办兵团的反革命罪行

民办兵团成立后,按照"北、决、扬"的总头目(以下为空白——本书编者注)

根据一本清查"五·一六""北决扬"问题的工作笔记刊印。

# 王仁舟提出文化大革命要用战争解决问题的谬论

(一九六七年八月十六日)

王仁舟于六七年八月十六日晚在巴河工人俱乐部召集巴河区属机关企业干部、职工大会，他在会上，讲解毛主席著作——《抗日战争胜利后的时局和我们的方针》一文时说："我们的方针就是要打，要武装夺取政权，要战争解决问题，你们这样（的）机关干部，可能是怕战争的，害怕战争的人，就是修正主义，苏联所以修了，就是因为怕战争……"

又说："……有人认为，过去喊了几句打倒陈再道的口号就算是造反派，那还算不得，还要看他为我老王翻案没有？要晓得打陈再道的目的是为了解放全人类，不为我老王翻案，光打倒陈再道么用。湖北的问题还不能以'7·20'为分水岭，现要从（重）新站队，跟我老王一路走，才能算是真正的革命的。"

还说："……真正的马列主义在我这里，你们如果还有什么搞不清楚和不理解的问题，今后可以来找我谈谈。"

原巴河一司　张新年<br>
革联瞿和兵　陈汉英<br>
1968 年 3 月 26 日

根据浠水革联第四办公室、巴河钢总指 1968 年 8 月编印的《有关浠水巴河一司部分材料》刊印。

# 王仁舟恶毒地攻击毛主席的言论

（一九六七年八月）

一九六七年八月二十一日下午，王仁舟安排接见我们，由陈玉安通知的。我们（郑重、郭希扬、周业金、王松柏）一行四人，是为了谈判去的，被关押三天。在去巴河的第二天才"接见"我们。接谈时在场的有巴河一司张新民[1]、陈玉安，还有一个北京学生，连王仁舟共八人。

王仁舟提出了很多反动谬论，他开始讲了什么文化大革命的形势，接着谈到："政治就是骗"，"谁掌握了政权谁就意味着掌握了剥削"，"一夫多妻制"等等反动观点。

我们开始辩论第一个观点，批驳"政治就是骗。"我们说：政治是灵魂，政治是统帅，说政治是骗是反毛泽东思想的。我们打例子说：报纸上提"突出无产阶级政治"，为什么不提"突出骗"？他骂我们是不学无术的小资产阶级知识分子。他辩不过我们，就说这个词儿是外国翻译过来的，他用西班牙语，咕咕噜噜的做作了一翻（番），我们说："我们不懂西班牙语"。他又用强盗逻辑推理的方法，解释说：政治是阶级对阶级的斗争，阶级斗争的最高形式是战争，战争两军相对，互相就要欺骗，谁个骗得高，谁就会赢。我们批驳：两军相对，战争的胜负，决定战争的（是）正义与人的勇敢精神，而不是"骗"。既然战场上双方虚张声势，只是一种战略战术，而不是"骗"，战略战术是为赢得战争的胜利，战争仍然是流血的政治，不能把政治这个概念归宿为战术的含义。王仁舟辩不赢就骂人。

我们驳斥"谁掌握了政权谁就意味着掌握了剥削"，这种提法没有阶级内容，我们举例说：资产阶级掌握了政权，他难道是意味着掌握了剥削吗？他们本身就是剥削者，象约翰逊在美国掌握了政权，他是最大的剥削者，总不能说他是"意味着掌握了剥削。"我们是无产

---

1 张新民，"巴河一司"二号头头兼作战部部长。"七·二〇"前是巴河地区保守组织的一号头头，"七·二〇"后被王仁舟拉进"巴河一司"。

阶级就掌握政权的国家,是为了消灭剥削,难道说我们也掌握了剥削吗?说具体一点,我们的国家是以毛主席为首的中央领导同志掌握了政权,难道他们还剥削人吗?王仁舟这个坏蛋胆大妄为地说:"毛主席要不保持晚节,就要变质,就要剥削人民。"我们气愤地斥责:你这是攻击我们伟大领袖毛主席的,是反动的。他强词夺理的举例子辩解说:"你们不懂什么叫做意味着掌握了剥削,意味着掌握了剥削就是有剥削人民的可能,而且无产阶级要压迫另一个阶级,在经济上也就存在着剥削。"你看!他为地主阶级叫起苦来了。接着又说:"斯大林由于没有保持晚节,起了变化,死后,苏联变成资本主义复辟的国家。毛主席不保持晚节,难道不危险吗?"他恶毒地攻击我们的伟大领袖毛主席,是一个不折不扣的现行反革命分子。

后来辩论"一夫多妻制",我们不同意,说:"过去国民党就是诬蔑我们共产党是共产、共妻,这是国民党的话,是反动的。"王仁舟辩解说:"我想了,不能跟你们辩论观点,辩论扯不清,对这个问题不能用你们的资产阶级世界观,去解释未来的理想。"王仁舟的理想就是到了共产主义时,一个男人有几个堂客,恶毒地攻击、诬蔑共产主义社会。

第二天晚上,在陈玉安房里(楼上),王仁舟自封自己为"统帅",张新民为"副统帅"。我们极力反对,说:"这不仅仅是政治上的野心,同时是侮辱我们的毛主席,你们怎么能称统帅呢?"他答辩:"政治是统帅经济的,统帅一切的,我们是搞政治的,当然可以称为统帅哟!毛主席是伟大的统帅,我们是一般的统帅,这有什么关系?"他们两(俩)一定要做统帅,一定要与毛主席和林副主席相提并论,可以看出他们的狼子野心。

这是我们两次与王仁舟接触时,他所放出来的反动谬论。

浠水革联赴巴河一司谈判代表<br>
王松柏(浠水县委会干部)、周业金(浠水高中学生)<br>
郭希扬(浠水县委会干部)、郑 重(浠水县委会干部)<br>
1968年3月25日

根据浠水革联第四办公室、巴河钢总指1968年8月编印的《有关浠水巴河一司部分材料》刊印。

# 王仁舟咒骂毛主席和林副主席的反革命言论

(一九六七年九月五日)

王仁舟(六七年)九月五日下午召开了巴河一司所属生产队贫协组长会,在巴河镇俱乐部召开的,当王仁舟报告作完后,汤卜公社××大队第××生产队社员会后问:

老王呀!你下午讲了一下午,我都懂了,就是不知道你为什么在会前不向毛主席敬礼,不祝毛主席万寿无疆?也不学最高指示?这一点,我以往也听人说过,我不大相信,今天我见到的果然是这样,请你解释一下。

王仁舟答:对于这个问题很简单,以往也有人向我提过,今天我在这个会上向大家解释一下,以后再不准问了,你们受了蒙蔽呀!这一套完全是资产阶级的假情假意,这是资产阶级扒手想的鬼心思,我们要学习外国人对毛主席是热水瓶式的感情,外面冷,内面热,我们爱毛主席只要心里爱就行了,不要搞小资产阶级的那一套,你们要是不懂,我举个例子你们听,比如,斯大林未死前,赫鲁晓夫就修了,骂斯大林自(白)痴等,连坟墓也给毁了。你们如果不懂我再举个通俗的例子,比如:人家娘爱儿,会爱儿的,心里爱,不会爱儿的,整天地喊儿哎儿哎(做一副怪动作)!如果整天地喊,那这个儿不是继子儿就是个继子女。当时由于群众受他蒙蔽、欺骗,他说完后,还哄堂一笑。

王仁舟这个反革命分子,他不论在什么场合,什么会议,总是借打比喻或解释群众提出的问题,放肆地恶毒地攻击我们的伟大领袖毛主席,这个反革命分子,在谈话中还含射和恶毒地攻击林副主席会变成赫鲁晓夫式的人物,真是罪该万死。(作报告时他的脚跛着的。)

巴河一司组织部张国强,原巴河一司现是革联战士柴敦善

一九六八年三月二十六日

根据浠水革联第四办公室、巴河钢总指1968年8月编印的《有关浠水巴河一司部分材料》刊印。

# 王仁舟九月二十四日晚在广播大会上的讲话

(一九六七年九月二十四日)

1. 当前巴河一司的形势。目前我一司形势大好，在全县掀起反对人武部[1]一小撮新高潮，确实全县农民运动发动起来了，我一司正在扩大、发展、巩固我们的阵地，团二司兴起很快，占全县人口一半，十月、云路也积极反对人武部，到北京告状去了，蔡河、竹瓦、汪岗正在搞，形成了一个包围圈，在大好形势下要鼓劲，一司越被革匪反对，我们的农民运动证明越好。有人说我王仁舟不怕事，造反本身就是非法嘛！大家不要怕，我早就说了，一司的农民运动要受压，这个压是好事，真革命不怕压。

2. 我们与人武部和革联抱什么态度，他们对我一司是寸权必夺，我们对他们是要寸土必争，敌人拿刀，我们也要拿起刀来，要把火药味搞得浓浓的，人心搞得惶惶的。有些人看不惯，慢慢地看，从巴一到巴河镇多搞些石头、瓦片、长矛、大刀来迎接他们，要决心与革匪血战到底，决心揪出人武部一小撮坏蛋，大家要提高警惕，不要认为邵欠子不在浠水，但还有没有邵欠子的邵欠子，继续镇压农民运动，不能麻痹，不能走"议会道路"，要想一司取得胜利，农民当家作主，必须拿起枪杆子，用武装夺取政权，放下武器那就是大错而特错，想走"议会道路"是百分之百的修正主义，对浠水"革匪"不能抱着幻想，只有跟他斗争，"枪杆子里面出政权"，怕战争的人就是怕死鬼，那就是不革命的。我王仁舟就是不怕鬼，不怕死，2·15事件那样受压，被浠老谭捉进牢房，我也冒吓倒，大家一想就明白了，革命总要冒点风险，我们要百倍信心与"康总指"血战到底，打倒邵欠子，解放全浠水，现在有北京红代会，武汉三钢，黄冈五四兵团，黄石市红大炮，还有外省支持一司农民运动，当然与人武部、"革匪"斗争才能胜利。

---

[1] 指浠水县人武部。

3. 关于联合问题，我一司下属各兵团组织在大联合这个问题上要提高警惕，不要上敌人的当，有的人说我王仁舟不紧跟毛主席战略部署，不搞联合，大方向错光了，有的人说王仁舟光搞武斗，大家把《红旗》杂志十二期社论润一下味就明白了，谁个盲目追求大联合，谁就是修正主义，就是怕死鬼，跟革联钢总指不能幻想，跟他们冒得联合的基础，他们都是小资产阶级臭知识分子，跟他们联合必须要讲三个条件：

（1）共同揪浠水人武部一小撮，要打倒邵欠子；

（2）康总指的武器要交巴河一司；

（3）钢总指下属各兵团组织都要解散，不能改头换面。

冒得以上三条，我们决不跟他联合。

根据浠水革联第四办公室、巴河钢总指 1968 年 8 月编印的《有关浠水巴河一司部分材料》刊印。

# 王仁舟提出要建立一支新型的"人民军队"
## ——记浠水人武部顿参谋与王仁舟一次电话的辩论

（一九六七年九月）

具体时间忘记了，只记得是（六七年）九月下旬，在晚上八点钟，顿希贤[1]与王仁舟打了电话。顿希贤讲："你是王仁舟吗？"王仁舟答："是的。"顿希贤说："你们要执行'九·五'命令，要上交武器，要拥军爱民，我要爱民，你要拥军。"

王仁舟说："我拥什么军？你们这是为特权阶层服务的军队，我要建立一支新型的人民军队。"

顿希贤说："你怕有神经病哪！"

王仁舟说："我就是有点神经病。'僧是愚氓犹可训，妖为鬼蜮必成灾。'"

顿希贤也答一首诗："今日欢呼孙大圣，只缘妖雾又重来。"

王仁舟讲："你把我老王当妖哪？！"

顿希贤就说："你把我当鬼蜮。"这句话刚说完，王仁舟把电话一压跑了。

当时我听他说要建立一支新型的军队很不满，后来我托钢二司的学生在巴河一司摸下底儿，到底是怎么一回事，钢二司（体院同学）有的人问了一司司令部，他们计划组织一支军队，但没有黄布和帽徽等东西。

（以上情况是六八年三月三十一日中午顿希贤在原县委会食堂讲的。）

1968 年 4 月 1 日

根据浠水革联第四办公室、巴河钢总指 1968 年 8 月编印的《有关浠水巴河一司部分材料》刊印。

---

[1] 顿希贤，浠水县人武部参谋。

# 敬告×××[1]大人

（一九六七年十二月十二日）

浠水八·一八红联[2]

×××大人坐在大城市的高楼大厦里，摆出一付（副）绝对不可侵犯的救世主似的面孔，在骂农民大老粗了。

"农民要生产嘛！大家要吃饭嘛！""把农民引进城这种作法不是好人。"在我们的这位大人看来，为了大家吃饭穿衣，农民就天生的只能生产了，如果要造反呢？那就是惰农，就是痞子，就"不是好人"了！这那有一点共产党人的气味呢？当司令官，吃人民的饭，穿人民的衣，不但不为人民服务，替农民说话，反而站在农民的反面，替法西斯卖力，替浠老谭说话！难道有人在城里批发油肉（原文如此——本书编者注）社论（即九月六日湖北日报社论）镇压农民运动就天经地义，农民进城造反就不是好人？

难道浠老谭进城领旨，用机枪大炮打死农民就天经地义？农民进城造反就不是好人？

难道州官放火就天经地义，百姓点灯就不是好人？真是强盗逻辑。

"你们要'警司'拿出权威来，我们是有责任的，究竟是什么时候行使，我们有自己的打算，对坏人是要专政的。"呀呀！简直吃人了！好象世界都是他的！究竟什么时候行使？你们有什么打算？要专政么？好吧，明天早上就来！陈大麻子在二月黑风中没有征服我们，我们倒要看看你这位大人先生比陈大麻子强？

"现在棉花掉在地下，丰产不丰收，破坏生产，这种人群众不答应，法律不允许。"据说这话是十一月二十四日十五点一刻至次日零

---

1 指曾思玉。
2 八·一八红联，浠水县的造反组织。

（凌）晨四点说的，这真叫人看了替大人脸红，不知大人的鼻子二面是否也在发烧？是官做大了，脑袋发昏了，连棉花的生长期也记不得，这是出了天花忘了撕日历？我们以一个农民的身分告诉你吧！我们的棉花早已收到了家，不但丰产了，而且丰收了。棉花地里的小（麦）也长得老高老高了，不管浠老谭怎样残酷的围剿我们，贫下中农也一定会完成毛主席交给我们抓革命促生产的伟大任务，获得革命和生产大丰产丰收！象你这种四体不勤，五谷不分，只知诬蔑我们贫下中农的官大人，我们人民的法律也是不允许的，我们的群众也是不答应的。因为"我们这个队伍是为着解放人民的。""必须一刻也不脱离群众，一切从人民利益出发。"而你却是背道而驰的官大爷。这种人我们贫下中农不需要，终将被我们清洗出去！

另外，在大人还没有被清洗之前，我们警告你一句，以后再要发表什么"官话"的时候，最好慎重一点，以免给天下人留下笑柄遗（贻）笑大方，使你的那付（副）绝对不可侵犯的救世主的面孔显得太滑稽可笑了！"把死尸抬进城，你不是丑化文化大革命吗？谁高兴呀！美帝、苏修、特务高兴！有的人就蛮得意。"照我们这位大人的说法，打死了人，应该笑着，悄悄地埋掉，如果要哭，要愤怒，要讨还血债就不行了，那就是丑化无产阶级文化大革命了，这是宣扬地地道道修正主义货色；我们说：无产阶级文化大革命形势大好就是亿万群众充分发动起来了。在湖北形势大好的特点就是占人口百分之八十五的农民都发动起来了，我们巴河一司抬尸进城，向谭式人物讨还血债，向工人老大哥诉说肺腑之情，就是农民充分发动起来了形势大好的一个证明，它是美化无产阶级文化大革命，全然不是什么丑化无产阶级文化大革命。要说丑化，它只丑化了敌人，丑化了浠老谭，丑化了镇压农民运动的一切坏人，我们的行动好得很，它以血淋林的事实教育了人们：湖北地区的阶级斗争没有结束，而是从（向）纵深发展。"人家要联合，你们搞分裂。"的确这句话说对了，走资派、地、富、反、坏、右加上你这位大人这些"人家"的坛坛罐罐确（却）要"联合"起来，维持其不破。而我们就是要把这位大人和你在各地的代理人分裂出来或清洗出去，不然我们这个"联合"就没有什么意义了，因为联合是手段，联合一切无产阶级其他劳动人民斗你这一小撮才是联合的目的。以斗争求联合则联合成,以退让求联合则联合亡。

毛主席教导我们说:"民众的大联合何以这么厉害呢?因为一国的民众总比一国的贵族资本家及其他强权者要多。"[3]工人、贫下中农革命造反派总比你们这些走资派牛鬼蛇神要多,我们这些小人物大联合之时,就是你们这些"大人物"完蛋之日,你等着吧!

全世界无产者联合起来!

工人同志们!社员同志们!决心把无产阶级文化大革命进行到底的战友们:新的反面教员又冒出来了,他在给我们上课了,那些认为武汉"七·二〇"以后再没有阶级斗争了,可以"刀枪入库,马放南山",可以不搞农村文化大革命了,不通过阶级斗争可以联合的人们,丢掉幻想准备斗争吧!

让暴风雨来得更猛烈些!

浠水八·一八红联<br>一九六七年十二月十二日

(原载八·一八、巴河一司巴驿总部主办的《巴驿》第四期)

根据浠水革联第四办公室、巴河钢总指1968年8月编印的《有关浠水巴河一司部分材料》刊印。

---

[3] 引自毛泽东1919年7月21日在《湘江评论》第2号发表的《民众的大联合》。这里的引文与原文有出入,原文是:"民众的大联合,何以这么利害呢?因为一国的民众,总比一国的贵族资本家及其他强权者要多。"见《毛泽东早期文稿》,湖南出版社,1995年,第341页。

# 王仁舟在红旗大楼的形势报告

(一九六七年十二月十八日)

时间：一九六七年十二月十八日上午
地点：红旗大楼
主讲：王仁舟
内容：形势报告

先学最高指示（语录本第15页第二段）
学习"老三篇"中的《愚公移山》（我们开了一个很好的大会，……建立一个新民主主义的中国。）

我们来学习，住训练班，我这个大会也很好，和毛主席当年在党的第一次代表大会有共同的意义，当时是中国向何处去，全国九千万平方公里的土地只有延安这块地方是解放区，我们今天也是搞阶级斗争，反资本主义复辟，起来造反，全国只有浠水巴河地区，当时有日本鬼，当今有邵欠子及后台。我们的政治路线就是反修防修，改造人们的世界观，让毛泽东思想深入人心，建立一个没有勾儿心[1]的红彤彤的毛泽东思想的新世界。我们的组织路线是让群众自己教育自己，放手发动群众，斗批改的群众路线，依靠贫下中农，团结一切可以团结的力量，指导我们思想的理论基础是马克思主义。是这个七条，在毛主席的领导下，在七条党中央的领导下，打破资产阶级，解放浠水。

我们有毛泽东思想，凡是愿意和我们站在一起，公开戴八·一八袖章的就承认他是我们的战士。

……（漏记）

他们那里承认了党章，我这里没有党章，我们有毛泽东思想。
我们组织形式和任务和那时差不多。

---

1  勾儿心，疑为浠水方言，即"私心"。

在这里斗私批修,许多好人好事,拾金不昧,挖勾儿心是斗私批修的结果,是毛泽东思想深入人心,是毛主席革命路线的胜利。

"大会闭幕以后,……"《愚公移山》第二段(略)

邵欠子黑司令部猖狂得很,希望大家回去宣传毛主席革命路线,宣传一心为公,宣传这儿(个)做么事?就是要使群众建立一个信心,革命一定要胜利。让私心滚到黑水河里去。昨天冯希名拾十八元钱交出来,这样的事大家都要回去宣传。这是宣传毛泽东思想的巨大威力。

毛主席思想深入人心,群众充分发动起来了,走资派私心就会陷入群众的汪洋大海之中。"首先我们要使先锋队觉悟",要使八·一八战士个个觉悟,个个晓得国内有尖锐的阶级斗争。要是不承认浠水革联和我们是对敌矛盾,那就是"阶级斗争熄灭论"的翻版,反帝必反修,他那些人和工人阶级是尖锐的对立的两个阶级,要斗争,要去掉幻想准备战斗,当面叫老哥背后摸家伙的最危险了。要有敌情观念,斗争思想。

我们回去要动员群众起来将矛头对准邵欠子及其代理人,所以毛主席说:首先要使先锋队觉悟,下定决心,不怕牺牲,排除万难,去争取胜利。[2]但这还不够,还必须使全国广大人民群众觉悟,甘心情愿和我们一起奋斗。除了我这些人觉悟不够,要使广大的群众觉悟,要使他们甘心情愿地和我们革命,浠水革联是那一小撮人,他吃人民饭用人民的钱,革命人民一定要砸烂旧世界。

念《愚公移山》中故事一段:"中国古代有个寓言,叫做'愚公移山'……"

愚公就是苕[3]老头,智叟就是 Kuo 老头,愚公要挖两座大山,智叟认为自己聪明,叫愚公不要挖,但愚公要挖,他下定决心,子子孙孙都要挖,非将山挖平不可。"这件事感动了上帝,他就派了两个神仙下山,把两座山背走了。现在也有两座压在中国人民头上的大山,一座叫做帝国主义,一座叫做封建主义。……"

---

2 引自《愚公移山》(1945年6月11日),《毛泽东选集》第3卷,人民出版社,1966年7月,第1001页。
3 苕,方言,即"傻""呆"之意。

"这件事感动了上帝",这是神话,是假的。但中国共产党也下决心要挖帝国主义封建主义两座山,感动了上帝——劳动人民,现在两座山搬走了,中国解放了。毛主席走了二万五千里长征[吃手指头],下定决心克服千辛万苦,艰难困苦,将大山搬走了。

我们现在也有两座大山,一座看得见——修正主义大山,一座看不见的大山——个人主义勾儿心这座大山,在整个过渡时期有阶级斗争,凡是有个人主义有勾儿心的人当了大官就要修,修正主义源于屈服外部压力内部资产阶级思想影响,资产阶级捧场他就要干坏事,这两座山挖得掉了?修的山看得见,但如果个人头脑里的私心不挖掉,也可能变修,一当权就变修,怕战争怕死怕苦怕麻烦怕饿怕这怕那,国内屈服于资产阶级的思想影响,对外屈服于帝国主义的压力,就变修了。向私心让步,特别是知识分子有些怕死,一般的最后知识分子掌权的多,所以知识分子要改造,只有斗私,才会当权后不出修正主义,和平过渡,和平主张,三和(帝、修、反要和)一少(支援别人要少),我这里有好多人也不管别人,光顾自己。我这要主张革命,而不主张退让投降。共产党员的哲学就是斗争,我这要一辈子搞斗争,直到进入共产主义要使子子孙孙做哈吧苔,没有智叟这样的□□,只要我这个个挖了私心。一家也要政治挂帅,可以办训练班,家长没有私心,威信就高,我希望大家回去要挖个人主义大山,要挖修正主义大山,只有先挖私心,打铁先要本事硬,感动上帝,"难的是一辈子做好事"。要准备子孙万代挖私心,我们的形势就会越来越好,就会[能]打出一个红彤彤的新世界、新浠水。我担心散花[4]钱多会变修。我这也会感动上帝的,这个上帝是全浠水的广大贫下中农,只要愿斗私心的就会到我这来斗邵欠子这样的私心。但是要有方法,政治观点敌情观点,巴河区各个公社回去要注意,七铺有坏蛋,革联想颠覆我们,我们要是一放松,他就要进来先搞掉总部,把广播一砸司令部一垮就完了。

"昨天有两个美国人要回美国处(去),我对他们讲了,美国政府要破坏我们这是不允许的。……倘若你们偷偷摸摸到处乱跑,那是

---

4 散花,指浠水的一个群众组织"散花总部"。

不许可的。"

我们要把革联群众和他们的黑司令相区别,把黑司令部中规定政策的人和下面普通工作人员相区别。巴河不准人带枪去,解放军也不准带枪去,谁要带枪就接过来,不要过高的估计了敌人,你怕他,他也怕你。我这个头头要挖私心,全心全意为人民服务。和平公社的头头有点爱吃喝,他们狗咬狗的斗争我们可以利用。他们捉去了我们战士,一个手砍断、眼睛打报(爆)了,一个打死了……。他们成立革委会,对我们要大搞的,最近活捉王仁舟,绞死王仁舟!他这不得人心,我们捉到了只不过就地劳动改造一下。他们连蒋介石的办法都使用出来了。我们的战士很坚强,不暴露组织,十月的十四司就没有暴露,一个也没有向敌人投降,可贵啊,要学习。大家要准备被捕。浠水草联准备今天成立革委会,现在垮台了,他们是私心组成的集团,互相之间勾心斗角;我们这里不是,没有争当大官,冯庆发就是从战场上火线考验出来的,这样的人就是我们的头头。毛主席分析:世界上有三大矛盾。我们斗私心,矛盾可以克服,他们内部头头、走资派狗咬狗的矛盾,还有大小头头之间的矛盾,头头与广大贫下中农有矛盾,广大贫下中农要跟我这走的,实际上跟他们卖命的很少,这三大矛盾他们克服不了。主要的矛盾尖锐对立的两个阶级——头头、走资派与广大贫下中农。

毛主席说:"美国政府的扶蒋反共政策,说明了美帝反动派的猖狂……"

他们的政策说明了他们的猖狂,将学生打成残废,一个手砍断了,一个眼珠打报(爆)了,一个打死了。

三大矛盾:走资派之间的矛盾,大与小走资派之间的矛盾,走资派与广大贫下中农的矛盾。

现在浠水反八·一八,反毛主席革命路线必败,我们是革命的路线一定要胜利,这是主流。

"现在中国正在开着两个大会,一个是国民党的第六次代表大会,一个是共产党的第七次代表大会,……"

他们在开训练班想成立革委会,我们也在这里住训练班,他们的黑暗,引向资本主义老路,我们要打倒邵欠子及代理人,搞大人物的小联合,要把全浠水引向巩固的社会主义,引向光明。一个是毛主席革命路线,一个是反革命路线。七·二〇以前也在路线斗争上经过了较量,现在全国又酝酿着全国性的一次大博斗、大战斗,十六条说的斗争会有多次反复,这次是最后的一次大反复。我们相信我们在七条的指导下,在毛泽东思想指导下,一定要胜利。我们回去一定要象毛主席表扬的这个哈巴老头一样,斗私批修,挖掉私心大山,打倒邵欠子,要有气魄,这就是我们浠水地区的形势。现在汪岗区也起来,最后一个公社也起来了,现在各区都有我们的势力,逐渐发展壮大,最后孤立一小撮,八·一八必胜是确定了的,即使头头包括我在内牺牲了,毛主席的革命路线在浠水也一定要胜利,一定要有坚强的信心,人心所向不是表面的多数,而是实际上的多数,革联许多"人在朝中心在汉"。这是浠水的形势。

  湖北形势怎样呢?从这红旗大楼就可以看出湖北省的形势,毛泽东思想深入人心,年终是最好发动群众的时候,一年年终算起来贫下中农自己收入与走资派一比,又看见我这冲上了红旗大楼,广大社员都要动起来,特别到下年,湖北的形势大好,"一年之计在于冬"这是×××不要农民起来。毛主席在十条中规定了利用农闲串连,我们的串,我们能够在红旗大楼立下去就了不起,你革联不能吧?湖北有坚强的革命农民造反派,情况当然有恶化的,这以后再说。路线斗争继续下去,我们就有了物质保证,全省的农民运动起来了,武汉的大联合就有了群众的基础,武汉造反派在今冬明春的农运兴起有变动的,有一次重新站队的,最后的大联合是以关心支持农运兴起的为主的巴河这农运的兴起是真假造反派的分水领,你对湖北这么多的农民起来造反关不关心,就会是上台和赶下台,是革命和假革命反革命的试金石。一切人要受到它的检验。

  全国的形势也一样。很多地方很稳定的形成了大联合,看大联合要看群众觉悟,诞生了革委会,但也要经过以后斗争的考验,所以毛主席说:"文化大革命委员会是临时权力机构。现在群众的发动面越来越大。一家一同互相谈文化大革命,一家没有中间派只有两派。要么站在毛主席革命路线一边,要么站在资产阶级反动路线一边,基本上没有中间的。现在世界上的形势上是大动荡大分化大改组,革命的潮流、社会主义潮流、民主潮流仍然是世界革命的主流。东风压倒西风，现在是毛泽东思想深入人心，历史进入了毛泽东思想时代，亚非拉农民起来进行了武装斗争的道路，我这造反，他们也学习。印度、缅甸、泰国的革命群众从我国的文化大革命中认识到武装夺取政权的道路，现在毛泽东思想是使世界人民走向没有剥削、压迫的巨大力量。

我们要走自力更生的道路。这次毛主席特别引谢胡来武汉，这就是武汉有自己解放自己，独立解放的造反派，老一辈要死去，革命要有后来人，后来人要晓得么样造反革命，要自己有经验，要自己懂得"枪杆子里面出政权"的道路，而不是赫鲁晓夫的和平道路，这场文化大革命的国际意义，就是要我这青年自己斗争、掌握毛泽东思想"枪杆子里面出政权"，舍此没有第二条路，只有我们这代独立完成毛主席交给我们的任务，才是真正的造反派，只有自己解放自己，因为世界上人民革命哪里去找中央文革去找毛主席告状？毛主席说："要奋斗就会有牺牲，死人的事是经常发生的。但是我们想到人民的利益，想到大多数人民的痛苦，我们为人民而死，就是死得其所。"[5]认为我们死了几个人就要去告状，为么事不自己起来敢于战斗呢？死人是经常发生的，革命么不死人呢？我们这不是蠢猪式的人（仁）义道路，我这里要人民战争，不要枪杆子拿起枪杆子，不要武斗而要武斗（装）。我们还要做刀、矛子、炸药。巴一、汤铺没有这种思想死了人，和平还干掉了他们的坏蛋，就是没有走和平道路而走了武装夺取政权的道路，他们有武装将走资派赶跑了，夺了权，武卫思想很强。

我介绍一篇文章大家看看，林彪的《纪念十月革命道路》。

没有枪杆子政权保不住。你们回去要搞武装训练，女的要"不要红装要武装"，男的更不消说的。一定要培养出毛主席司令部的人。不要搞会议、和平，你几个代表，我几个代表，修正主义一套，散花是败类，接（抢）来的枪交了，是怕死鬼，阶级斗争就是残酷的，革命就是进攻的，不是叫武斗，不进攻不是马列主义，不是毛泽东思

---

5　引自《为人民服务》（1944年9月8日），《毛泽东选集》第3卷，人民出版社，1966年7月，第906页。

想。读书的不中，臭知识分子，没有实际的三大革命知识。

现在我要讲形势的反面，恶化。

十六条第二条"斗争会有反复，甚至可能有多次反复，这种反复。没有什么害处。他（它）将使无产阶级和其他劳动群众，特别是年青一代，得到锻炼，取得经验教训，懂得革命的道路是曲折的，不[是]平坦的。"

我这要准备失败，不准备失败就不是真马列主义者，正如我们到红旗大楼来要准备死，不准备死就不是马列主义者，这红旗大楼是有风险的，有人拿大旗作虎帐，欺骗党中央，围攻毒打我们，当我们决心下定了，我们的命运就决定八·一八的命运，希望关心红旗大楼，再过一个月，形势就会恶化，今天下午去贴大字报可能有点动荡，这张大字报是武汉的第一张[张]。形势还有另外的坏的一方面，敌人除用硬的一手制服不了我们外，还有一手软的，利用过年走亲戚，用四新软化我们。硬的一手我们在对付，在做地雷、炸弹，土的氢弹也成功，要注意经济封锁。在七·二〇我说，要"藏粮于民，藏枪于民，藏富于民，备战备荒为人民"。但许多人不懂得，两个司令部未解决，必须要这样，现在证明了这点。散花将钱放黄石市存，现在取不来了。

\* \* \*

有人说让我在这里跳几跳，……

我把形势说了一下，今天湖北电台又把浠水人武部夸了一下。

昨天出去到警司[6]搞了一下，引起好多人注意，看来我们的问题成为武汉的中心问题。

我们在这里张风[7]，下面好办事，我们这里不犯法，下面群众就更可以冲。

知识分子有既得利益，贪生怕死，修正主义之所以修就是因为他有既得利益。只有无产阶级象非洲这些地方的农奴他怨死，所以他不怕死，这决定了他的受剥削、受压迫地位。小资产阶级怕死，有奔头，大资产阶级更怕死。

---

6 警司，即武汉警备司令部。
7 张风，方言，意为招人议论。

社会科学就是研究人的,每一个人在阶级地位中生活,各种思想无不打上阶级烙印,有的有好职业好靠山,这都是既得利益,无产阶级没有既得利益,世界观不同,决定人的精神面貌也不同。

现在社会主义时期,以掌握大权就有了一切,有既得利益,群众地位决定了敢造反,由经济地位决定了。

虽然既是社会不同阶级地位不同,现在小资产阶级右翼相当于×××(按:原文脱字),原来大资产阶级相当于社长以上的第一把手。真正无产阶级的干部少得很,之所以要团结75%的干部,因为这些人不是有意反毛主席,而是世界观的问题。由必然王国进入自由王国,必须认识必然王国,"按劳取酬"是不合理的,知识分子的阶级地位使思想打上小资产阶级烙印,要追求真理这样活着才有意义,马克思、恩格斯的地位是资产阶级的,但他唯一的是为追求真理而活着的。毛主席说政治是灵魂,思想是灵魂。政治是思想的一部分,政治是骗,在阶级社会中政治是阶级斗争,在无产阶级社会里,政治是领导艺术管理能力。阶级斗争很多时候是要讲方法的,对敌耍手腕,耍手腕就是骗。

在社会主义过渡时期,政治一个是阶级斗争(对敌),一个是领导艺术(对内部先进与落后)。在这个时期包括敌我,内部矛盾,政治就是聪明,就是实践能力,是与人作斗争。

\* \* \*

"造反派要武装,就是要武装,不然人民要遭殃",这是重大的政治措施。

间接的武装,不要直接的武装,直接的武装没有用。

抢枪对国际有意义,抢枪的有理。我们不是眼睛向后的造舆论,而是眼睛向前的造舆论。

从帝国主义学毛主席抱着地珠(球)过日子,可以看出毛主席胸怀全珠(球)。全世界人民热爱毛主席。

因势利导,反右时毛主席还利用刘少奇,毛主席五八年对《文汇报》说过:"树欲静而风不止",阶级斗争只有第二次世界大战后,才是无产阶级掌权。

毛主席最近说:"当前的文化大革命好象辛亥革命的时局一样"。

中国共产党斗争离开了武装就没有地位,我这组织也是这样,这是血的教训。

整个无产阶级文化大革命是慢慢发展左派。

我这个组织是么样识别左派?就是看打、砸、抢。

向上告状是软弱的表现。

革命是最权威的,不革命么能有权威。

要以实际行动打出农民权威。

湖北地区一定要大树特树毛主席、毛泽东思想绝对权威。

根据浠水革联第四办公室、巴河钢总指 1968 年 8 月编印的《有关浠水巴河一司部分材料》刊印。

## ×××，你要走哪条路？

(一九六七年十二月二十三日)

翻开湖北文化大革命的历史，人们就会发现一个结论：凡是镇压群众运动的决没有好下场！

不是么？当去年八、九月份湖北的学生运动高涨，"毛泽东思想红卫兵"冲杀三镇的时候，王任重、张体学之流大抓"南下一小撮"[1]"枪打出头鸟"喧嚣一时，不可一世，但曾凡(几)何时，"秋后算账"成梦艺(呓)、"中南才子"变粪堆，"反革命""右派"叱(咤)风云当主人：——凡是镇压学生运动的，没有好下场！

不是么？当元月份工人运动蓬勃发展、"工人战斗队员"风云江城的时候，陈大麻子掀起二月逆流，刮起"三月黑风"解散黑工总镇压"反革命"，抛出"牛屎公告"[2]大毒草，策动"七·二〇"反革命暴乱事件，反革命气焰何其嚣张，但不到二十四小时，"百匪"分崩离析，麻子便俯首就(擒)，公鸡也生下了蛋，工总翻了案，"反革命""痞子"掌大权。凡是镇压工人运动的没有好下场！

历史就是这么严峻！七月革命的胜利凯歌送走了小丑陈再道，迎来了×××你老大人。"七·二〇"问题的解决，并不意味着阶级斗争的结束：无产阶级文化大革命发展到今天，正值农民运动的高潮时期，这是一个极大的问题，是你老大人当前面临的新课题，是决定你在湖北垮不垮台的关键。

毛主席教导我们："了解他的现在，就知道他的将来。"巴河一司的农民运动是湖北农民的缩影，巴河问题决不仅仅是巴河问题，这一点你可能已经预感到了。而从你几个月来对待巴河一司的态度，几次讲话，几次"指示"来看，你的立场是鲜明的，但也是错误的，非但

---

1 南下一小撮，1966年8月下旬，北京一批高校红卫兵到武汉串连，炮轰湖北省委。湖北省委把这些红卫兵称作"南下一小撮"。
2 指武汉军区"六·四"公告。

没有觉察错误,改正错误,反而在错误的道路上越滑越远,说老实话,从现在的情况来看,对于你的前途我们是悲观的。

毛主席说:"新陈代谢是宇宙间普遍的永远不可抵抗的规律。依事物本身的性质和条件,经过不同的'飞跃式'一事物转化他事物,就是新陈代谢的过程。"[3]

《赫鲁晓夫是怎样下台的》一文中有一段非常精辟的话:"各式各样的代表人物,各式各样的思潮,总是想登台表演一翻(番)。各人要走什么样的道路,完全可以由他们自己去选择。但是,有一点是我们深信不疑的,历史必将按照马克思列宁主义所揭示的规律前进,必将按十月革命的道路前进。"

农民运动是大势所趋,想阻挡也是阻挡不住的,对待巴河一司农民运功,各人有各人的自由,不过我们深信:历史必将证明巴河一司的大方向是完全正确的,凡是镇压农民运动的决没有好下场!

×××,我们要向你大声疾呼:你要走哪条路?

(原载《五洲星火》六七年十二月二十三日第二十期第二版)

(注:"敬告×××""×××,你要走哪条路?"都是由王仁舟亲自炮制,炮打无产阶级司令部的反动透顶的大毒草,文中×××系指曾思玉同志。)

浠水革联、巴河钢总指翻印<br>1968 年 8 月 23 日

根据浠水革联第四办公室、巴河钢总指 1968 年 8 月编印的《有关浠水巴河一司部分材料》刊印。

---

[3] 这段语录与原文有出入,原文是:"新陈代谢是宇宙间普遍的永远不可抵抗的规律。依事物本身的性质和条件,经过不同的飞跃形式,一事物转化为他事物,就是新陈代谢的过程。"见《矛盾论》(1937 年 8 月),《毛泽东选集》第 1 卷,人民出版社,1966 年 7 月,第 297 页。

# 王仁舟向蕲春[1]群众讲解农村文化大革命七条[2]

(一九六八年一月七日)

时间：一九六八年元月七日下午

地点：巴河一司司令部会议室

听众：蕲春群众20余人，武汉"决派"学生数人，记者四人等。

王仁舟……开始就念"七条"中有关形势问题一段，王认为"看形势好不好，要看群众分化了没有"。他说："群众打起来了，起来了，什么问题都解决了。"讲到这里，王引用了一段毛主席视察大江南北时有关形势的一段论述，也说要看群众发动起来了没有，但紧跟着他解释说："什么是形势好？形势好就是群众分化了，群众对立得很，兄弟、夫妻、父子分化的也有。""形势大好还有一点，一分化了，互相一斗，就出来了。"王指着蕲春来向王仁舟"学习"的群众说："你们从远地到这里来，可见你们眼界开扩（阔）了，关心国家大事，这也是形势大好的表现。"王仁舟最后小结说："形势大好，为公的人越来越多，毛泽东思想深入人心。""群众分化了，四清清不出来的，现在也清出来了，过去看你一个大队好不好，就是看你工分多少，现在看你是不是关心国家大事。具体在巴河地区，就是看到底是跟巴河一司走，还是跟邵欠子走，这是关系到自己的生死存亡，是打倒邵欠子，还是打倒王疤子[3]。"

王仁舟再念"七条"中关于夺权范围的一段，他说："这次文化大革命是解决县、社问题。以前光整队干部，不整县、社的。大队和县、社比较起来，哪个多？下边的。这就是打击一大片，保护一小撮。""党内一小撮走资派他们在很多单位都有代理人，从县、社、省、

---

1 蕲春，即蕲春县，位于湖北省东南部，文革时隶属黄冈专区。
2 农村文化大革命七条，指中共中央《关于今冬明春农村文化大革命的指示》（1967年12月4日）。
3 指王仁舟。

市以至中央都有他们的代理人，特别是在地方上，他们都是在幕前幕后进行指挥、操纵，走资派在上边，到下面都有，他们有一帮人，从上到下被他们控制，所以群众要分化，不分化，形势就不好。""在县、社那些是最大的一小撮？第一把手，第二把手，就是当家的那一小撮。""矛头要对准刘邓陶及其在地方的爪牙，解放县、社两级的问题，要用文的办法，也要用武的。从县社两级来讲，是解决一、二把手。元月前是县委书记，元月后是人武部。这些人都过不了群众的关口，从大城市到县社站队，十月解决省、市问题，现在解决县、社，队不能解决。""群众是分阶级的，所以自始至终要矛头向上，始终对准私字（即勾儿心）。""县、社的一些人说，最大的一小撮是刘、邓、陶、王，不要被这种远打近保的说法迷惑。走资派是最大的私，他们远打近保，他们打刘、邓、陶、王是假的，是为了保下面。""斗是基础，要分出司令部，批是关键。斗走资派是手段，而斗私改造思想，则是根本的关键。"

在讲解"七条"中关于"学生、工人，都不要到农村串连"一段时，王仁舟不分时间、地点地把六七（六）年中央关于农村文化大革命的"十条"（草案）对立起来讲解，王仁舟说："这个文件（指七条）要学生、工人、干部不要到农村串连。注意！这文件里学生、工人、干部前面没有'革命'两个字。而这文件（指十条）里，学生、工人、干部前面都有'革命'两个字。所以革命的学生，还是可以来的，原则按这个文件（指十条）进行。"

谈到××人武部宣传学生、工人、干部不要到农村串连时，王说："不要以为解放军的宣传就是对的。文化大革命要解决每个人的灵魂问题，解放军都是解放以后的，受资产阶级军事路线的教育，受走资派的影响较深，也要改造思想。不仅改造走资派，也要改造群众灵魂，更要改造部队。因为部队是和平中的，是和平主义部队，容易受走资派影响。因此要改造灵魂。经过文化大革命，部队也受到锻炼（举红旗大楼解放军保护群众一事为例）。王为了论证他这一论点，引用了毛主席的"军队办学习班，要有战士参加。"[4]这一最新指示，

---

4 《解放军报》1967年12月12日发表的社论《永远做毛主席的小学生》引用了这条语录，原文是："军队办学习班要有战士参加"。

讲解道:"军队团级以上的干部,都有军阀作风。当了官,架子大,不看书,不看报。士兵和干部一起,看干部互相揭发、亮相,明白干部也不过如此。所以这回毛主席著作学习班,要战士参加,是免除战士受蒙蔽。""比如军队派宣传队,如果造反精神强,就下来要群众造反。如果他被腐蚀,他就不敢造反,这样派宣传队可以改造军民关系。"

谈到农村大联合时,王仁舟说:"中央提出大联合不包括农村县、社级。"

念"七条"中关于批判中国赫鲁晓夫的"三自一包""阶级斗争熄灭论"一段,王联系到当前,针对着全国的大联合说道:"现在的阶级斗争熄灭论是什么?现在有人拿毛主席提出的大联合做烟幕弹,说再不要分化了,再不要斗争了。当前要大联合、三结合,不能造反,说不联合也要联合,说这是毛主席的指示,如果你要造反就是破坏毛主席的战略部署。他们说我们不搞大联合、三结合,不执行最高指示,他们就是用大话来吓人,这就是阶级斗争熄灭论。"讲到这里,我们认为王仁舟实际上是借批判"阶级斗争熄灭论"为名,行破坏毛主席提出的大联合之实,为他的"再分化"反动理论张目,并借"乱下去"实现其个人野心。但是,我们又恐怕他只指的浠水地区,当场就提问:"你所指阶级斗争熄灭论是否是普遍的?"王答道:"上了'七条',当然是普遍的。"王还讲道:"毛主席说:'人民,只有人民,才是创造世界历史的动力。'[5]而有些干部则说七条的成绩是他搞的,是他领导的,当前这种'剥削有功'论,就是夸耀十七年成绩归他的。"

王仁舟念"七条"中关于号召农民要不误农时,抓革命,促生产一段时,他说:"今冬明春,农村的运动还要大乱,大动荡,大分化,大家看,中央在不到半个月内就发表了两次文件,第一次是'七条'草案,这次是正式文件,就是根据我们的经验决定的。从这里我们不是可以看出今年农村的文化大革命是重点么?为什么要讲在今冬明春呢?因为要不违农时,再过二十多天就到春耕时节了。在那时农民

---

5 引自《论联合政府》(1945年4月24日),《毛泽东选集》第3卷,人民出版社,1966年7月,第932页。

运动就要处于低潮。这时就要暂时稳定。我们要抓紧时间。"王仁舟说:"去年元月中央为什么要表态?因为那时要迁就保守组织。春耕生产来了,要抓春耕生产,他们有管理能力,而这时造反派不成熟。"王预言:"春耕前,中央据此道理,对农村又要表一次态,夏收时节又要表一次态。""七月表态,我看就支左。"

王提出干部问题,说:"实际上,大队干部都是公社干部手里捏着的,几时是群众选的?"

王谈他在巴河的改革措施时说:"合队以后,干部就少了,吃闲饭的就少了。这样,这些头头(指干部)就不愿意了。参加劳动的人多了,那个不愿意呢?所以,中央说三级所有制一般不要变动,但不是不可以变动。"

王说:"不要搞捐献。我们这个区,原来的行政管理经费十万元,工资六万多元(大概是一月计算的),而我们的行政管理费几个月来只花了三万多元,为原来干部工资的一半,都是群众自觉捐献的。""我们从司令部到总部勤务员、战士,都是自费闹革命。我们的棉花还是丰收。"

"去年我们准备改,但去年还没有改就被镇压了。所以经济的改革要取决于政治的解决。无产阶级有了政权就有了一切,这是由于我们没有掌握区的政权。不要把改革放在第一位,而要把斗批改放在第一位。"

最后,蕲春群众(某组织)讲到他们那里两派的斗争,王针对蕲春群众按照九·五命令把枪交了说:"不要刀枪入库,马放南山,你们把枪交了,错了,上了当吧。造反派不靠发武器,要靠夺,要用性命来争权。你们今天去夺试试,看死人不死人?靠发武器不行的。只有老保靠发武器,我们不靠。""走资派死前有两手:政治骗局及军事冒险。我们也要两手,要文攻武卫。"

王总结说:"斗争的最高形式是武装夺取政权,战争解决问题。"

蕲春群众要求王仁舟讲讲他在上海、北京、湖南等地所看到的"农民运动"的情况。王说:"各地一样,干部一派,群众一派。巴河也一样。湖南的农民运动跟我们差不多,北京、上海的被镇压下去了。"

蕲春群众又谈本地情况，说现在他们（指与自己队里的组织）想搞革委会，到加（嘉）鱼[6]取经去了。王说："他想搞，你就不准他搞嘛！"

当王仁舟谈到"武装解决问题"时，蕲春群众提问："对方都是受蒙蔽的群众，先打我们怎么办？"王答道："在越南，美国兵也是受蒙蔽的。他来进攻，我们就打。放下武器，就是农民。"蕲春群众又问："长期打下去怎么办？"王说："还没有打起来，就怕打下去，可见你们对前途一点信心也没有。"王还对提问题的人批评道："你们这是赫鲁晓夫式的和平主义，害怕战争。"

这时，我们觉得如果蕲春群众回去照王仁舟所讲的去办，势必要造成大规模的武斗，贫下中农就要无辜牺牲。当场站出来指出：把文化大革命比作美、越，美、中作战的战场是错误的；把与自己不一派的群众比作美国兵是不对的。决不能这样。王仁舟大发雷霆，斥问我们："是从那里来的？"骂我们"是钢二司、三司革联的败类""臭知识分子""奸细"，并说："现在并不是以武汉的七·二〇为分界线，要以对巴河一司的态度重新划分。"还说我们（是）"只求自己解放的小资产阶级革命派""是'七条'上说的不革命的学生。"要赶我们出去，其原因：王仁舟直言不讳地说："我费了很大的劲，你们一句话就破坏了，对农民宣传不容易呀！"王还表扬了支持巴河一司的几个"决派"学生，说他们"眼睛向下""谦虚"，是"十条"上说的"革命学生"。

由于我们的提问，使王仁舟对其要讲的问题不便多讲，会就宣布结束。

武汉师范学院中文系赴浠调查组<br>一九六八年四月二十四日整理

根据浠水革联第四办公室、巴河钢总指1968年8月编印的《有关浠水巴河一司部分材料》刊印。

---

6 嘉鱼，即嘉鱼县，位于湖北省东南部，文革时隶属咸宁专区。

# 王仁舟接待钢二司、三司革联同学时的答话

(一九六八年一月九日)

元月九日,是巴河一司伍洲总部成立一周年的纪念日,这天王仁舟到伍洲总部参加庆祝会。会前,我们利用他的空余的时间和他进行了大约40分钟的交谈。参加这次交谈的除我们四人外,还有华中农学院、华农附中、水果湖中学等学校的十余个同学,在场的还有伍洲总部的一部分社员,当时共约30余人,交谈是在公社的一间较大的房里进行的。

下面是我们王仁舟交谈时的情况:

关于农民运动的内容和形式问题。

我们问到农村的无产阶级文化大革命与城市的无产阶级就文化大革命有什么联系和区别时,王仁舟说:"农村人口分散,不容易发动。"他说:"农村有造旧制度的反的要求,城市呢,是造资产阶级反动路线的反。农村这两方面的要求都有。"谈到文化大革命的进展时,王说:"在农村,县社两级才开始斗的任务,城市也是收尾的问题。"

我们又问,照这样说法,那么《红旗》杂志和《人民日报》元旦社论所指出的全国无产阶级文化大革命取得了决定性胜利,对农村来说,又该怎样理解呢?王仁舟说:"对农村来说,就是群众已经分化了,已经发动起来了,农村的各个角落的问题已经发现了。"接着他谈到了对元旦社论的看法,他说:"刘少奇住在中南海里面,他们也不清楚外面的实际情况,他们每天也要看报,听广播,我们应该长无产阶级的志气,灭敌人的志气。"他说:"理论与实际是有出入的,作为报刊杂志,理论和实际是有一段距离的。"我们又问,那么现在的运动与社论精神是否一致呢》王说:"现在农村里斗的任务和社论精神是一致的。"

关于工人阶级和农民的问题。

我们问,在文化大革命中,工人阶级对农民的领导作用怎样?王

仁舟认为不应该是工人阶级对农民的领导，他说："党是无产阶级的领导，党制定的二十三条、七条等就代表无产阶级对农民运动的领导，也就是毛泽东思想的领导。"

在谈到农民问题时，王仁舟明确地摆出自己的观点，他说："农民的革命性，在解放前和解放后有本质的不同。"他说："解放前的农民没有革命性"，他举了"老婆孩子热炕头"的说法作自己的依据，他说："解放后，农民没有私有财产了，他们就有了革命性。"这时，水果（湖）中学的同学不同意王仁舟的看法，认为解放前和解放后农民的革命性是一样的，王坚持自己的观点，又作了如下的解释："现在，我们国家的农民和资本主义国家的农民阶级地位是一样的，都受压迫。"水果湖中学的同学问他，怎么会是一样呢？他说："当然一样，现在贫下中农相当于资本主义国家的农业工人，都处于无产阶级的地位"，他说："解放后的农民两极分化了，一部分走资本主义道路，绝大部分接受党的领导，走社会主义道路、集体主义思想是强的。"

谈到工人阶级时，王仁舟也提出了自己的看法。

王仁舟的中心意思是工人阶级不能代表无产阶级，他举了南斯拉夫和苏联的工人作例子，说他们在思想上都分化了。他说："南斯拉夫的昨天就是我们的今天。"他说他调查了长辛店、黄石市的老工人，他说："资产阶级意识对工人阶级残酷的腐蚀"，"解放前的工人，挑个破箩筐，要就要，不要就卖了，那时的工人在整个社会是最苦的，最要求改变自己的地位。"他又很气愤地说："目前呢？谁愿意改变自己的地位！工人阶级现在成了国家的统治阶级了，他们的经济地位改变了，自己当了领导阶级，再不要革命了。"谈到现在的城市产业工人时，王很不满地说："你们不能把工人阶级的领导同无产阶级的领导混淆起来，工人领导中还有流氓、阿飞、妓女，流氓能领导我们吗？"我们指出，所谓工人阶级，应该是指整个阶级而言。王余怒未消，说"工人阶级两头小，中间大，左派是少数"，又说："这些少数才能代表无产阶级（共产党人）。"

王仁舟认为，现在中国最广大的无产阶级是在农村。他说："现在最受压迫的就是农民，他们的经济地位最低，最受压迫，最受剥削，他们最革命，要求改变现状最厉害。"他说："农村的贫下中农才是真正的无产阶级，中国最广大的无产阶级是在农村，他们最革命，毛泽东思想最先被他们接受。"

在谈到干部问题时，王仁舟说："贫下中农和官僚主义的干部是尖锐对立的两个阶级。"他引了毛主席对陈正人蹲点的批示[1]（查与他的引用不同），当时有同学说："农村广大干部是好的或比较好的，走资派只是一小撮。"这时王仁舟说："哼！你认为是一小撮，我看是普遍的问题。"

最后，关于整党的问题，问他有什么打算没有，他说："要整顿党组织，要清除一部分坏党员出去"，"所有的党员都要重新站队"。我们指出，这只是一个方面，其他方面呢？他似乎没有别的打算了。我们一个同学更明显地指出，比如发展新党员，增加党的新血液的问题，王仁舟很勉强地说："要发展新党员。"但不谈具体办法。另一个同学又追问一句，准备吸收多少新党员，王说："通过运动，从群众中挑选优秀分子入党。"对于现在估计发展比例问题，王说："这是唯心的"。但还是说了老党员与新党员的比例是 3:1（即三个老党员便有一个新党员）。

这次我们和王仁舟的交谈大致如此，伍洲总部要开庆祝会了，王仁舟在会上还有话要说，所以王仁舟被叫走了，在场的人也大多数去参加他们的大会去了。

武汉师范学院中文系 6502 班赴浠调查组<br>武汉师范学院杨毓椿等四同学 1968 年 4 月 24 日整理

根据浠水革联第四办公室、巴河钢总指 1968 年 8 月编印的《有关浠水巴河一司部分材料》刊印。

---

[1] 指《对陈正人同志蹲点报告的批语》（1965 年 1 月 29 日），毛泽东在这个批语中说："官僚主义者阶级与工人阶级和贫下中农是两个尖锐对立的阶级。"见《战无不胜的毛泽东思想万岁》第 1 册，新湖大革命造反临时委员会宣传部，1967 年 8 月，第 331 页。《战无不胜的毛泽东思想万岁》第 1 册标注的批语日期有误，正式出版物中的出处见《建国以来毛泽东文稿》第 11 卷 265-269 页，《对陈正人关于社教蹲点情况报告的批语和批注》（一九六四年十二月十二日、一九六五年一月十五日）。

## 北京科技大学周应求谈王仁舟在京活动情况

(一九六八年三月二十五日)

时间：一九六八年三月二十五日上午 10:00-12:00
地点：科技大周应求宿舍

王仁舟说他被开除是中央有意这样做的，是安排他到农村生根开花。他说毛主席对毛远新、王海容的谈话，王海容班上那个调皮学生就是指的他。

王仁舟说杨继绳[1]安排他在新华社，是中央文革知道杨为他翻案对了而安排的。

我们问他为什么轰曾思玉？他说曾思玉为什么不能炮轰？轰一二次没什么！辩到后来大家都生气了。杨继绳总结他是诡辩，偷换命题，别人什么都不懂，这是他诡辩的手段。

第一次我问他与谁一起来的？他说是一人来的，后听说与陈玉安一起来的，陈先回去了。杨继绳以前接到徐菊容的信，说王仁舟不该带着陈玉安全国跑，杨为此在火车上与王仁舟吵了。我们也批评他不该带女朋友到处跑时，他说："马克思说夫妻生活将来要破，不要履行什么手续。我这样做是破框框，你们对马克思主义不懂。"他承认陈玉安是他的女朋友，但不承认陈已打了胎。

王仁舟这个人有问题，思想有毛病，与武汉决派搞在一起是没有什么奇怪的。

根据浠水革联第四办公室、巴河钢总指 1968 年 8 月编印的《有关浠水巴河一司部分材料》刊印。

---

1 杨继绳，湖北浠水人，1940 年 11 月出生。1966 年毕业于清华大学，在新华社任记者、编辑 35 年。2008 年出版他的代表作《墓碑》。

# 王仁舟的反动言论摘要

（一九六八年三月二十六日）

胡守保揭发（红旗良种场一司成员）：

去年元月九日晚王仁舟在巴河一司司令部大小头头会上讲："目前我们八·一八红联、巴河一司与浠水革联的斗争是敌我斗争，浠水人武部邵欠子之流，是日本帝国主义，浠水革联是国民党反动派，我们巴河一司是革命根据地。我们要下定决心，一定要打败'日本帝国主义'，消灭'国民党反动派'"。

去年八月十五日王仁舟在群众会上说："对于那些通知、命令、公告不要迷信，它没有群众性。原来中央说不揪军内一小撮，为什么武汉揪对了？你们这些人框框多，奴隶主义。"

"伍洲总部受了二月黑风的压，这次有十三级的台风。马上有解放军到，可以把枪劫过来，你们不要怕，我们是武装夺取政权，解放军是对我们不满意的，他们是贫下中农子弟，有反动血统论，他们是当太平兵的，没有见过仗，你劫他的枪，他们不敢开枪的。"

郭旭初揭发：

王仁舟说："浠水人武部支保，不支左的，是黑武装部，我们要坚决打倒人武部，要坚决揪出人武部一小撮，要打倒不是邵欠子的邵欠子、安曾华、顿希贤等一系列的坏蛋，这是我们最大的拥军，最大的爱民，为人民除害，这就是巴河一司的大方向。"

张本金[1]揭发：

去年八月十四日王仁舟说："你们光打死老虎，我就是要打活老虎，打铁老虎，真正的造反派是不打死老虎的。"

九月十八日我问王仁舟：你为什么要打倒邵坤呢？王说："打倒邵坤不是我的目的，是我的手段。邵坤倒不倒是另外一回事，达到其他的目的是我的想法。"我追问什么想法，王说走着瞧。

---

[1] 张本金，原"巴河一司"主要负责人之一。

张本金揭发：

去年八月十八日，王仁舟对陈玉安、张新民和我说："毛主席重用李宗仁、傅作义，他们都是大战犯，我就是要跟右派头头、坏头头接近，跟这些人接近有什么可怕呢？"

八月二十九日说："有些农民树叶落下来怕打破了头，怕么事？在现阶段，农民是最无产者，是最革命的，必须作为革命领导力量。"

郭汉川揭发（原巴河一司成员）：

去年十月二十七日，王仁舟在五洲小学一司头头会上说："文化大革命是搞三级政府：去年（六六年）十月至今十月是搞省的问题，专区是派出机构不搞；今年（六七年）十月到明年（六八年）十月解决县的问题；明年（六八年）十月到后年（六九年）十月解决公社一级的问题，公社是一级政府。"

张国祥揭发：

我认为，一个地方有两派存在，是大好形势的最好表现。

（十月底在司令部一次会议上讲解毛主席最新指示讲）

武斗是有阶级性的，追查杀人凶手也是有阶级性的，害怕战争的思想是修正主义的表现。

（元月份在司令部会议上的讲话）

中央的指示有的就是带有欺骗性的，有的还带有煽动性的，中央"六·六"通令出来以后，武斗反而比以前更为厉害呢，所以我们对于中央这些指示不要听它。

王羚揭发：

王仁舟在红旗大楼说："现在是小资产阶级表演的时候了，一些臭知识分子也在热衷功名利禄的酣梦中，所谓成立'革命委员会'，就是为了自己扒官。"

去年九月五日王仁舟在和平公社群众大会上说："全国搞一个观点，统一了以后，我带兵打外国。"

东方红司令部宣传组揭发：

去年八月三十日上午，王仁舟对钢工总五湖四海[2]巴河调查组的

---

2 五湖四海，指"钢工总"的下属机构"五湖四海兵团"。

同志说:"农民是三大差别中最差的,工人经济地位比农民强,所以农民最革命,十个中国人中有八个农民,假如不把农民发动起来,这个运动是假的,虚伪的。农民将成为领导力量,因为地位最穷困,所以最革命,把这部分发动起来,农民运动也就容易解决了。"

今后的知识分子跟谁结合的问题。主要是同农民结合。解放后产业工人地位变了,尤其是下一代工人,生活水平高了,他们报酬比农民多,他们是在不平等基础上的平等。这部分人,人数多,又在资产阶级思想包围之中。所以他们的革命性不如农民革命性强。

涂久平揭发:

去年九月十五日,王仁舟在三中群众会上讲:"农民冒翻身,吃的是粗的,穿的是补破的,用的是没有的,鸡蛋也要送到合作社去卖,你们心里是明白的,我的心也灰了,你们真是可怜啊!你们长年累月做得累死了,养那些做官当老爷的,我们想一想翻身没有?这次毛主席叫我们起来造反,机不可失,时不再来,翻身的时间,一天也不能等,坐着等翻身是俄国苔做的事情,中国人民是做不到的。"

林玉阶揭发:

去年九月五日王仁舟在区当权派会上说:"关于捐献问题,捐献具有深远的历史意义。过去在战争时期,多少人为了革命献出了自己的生命,对待这次捐献,是看你们对待革命的态度问题,对待革命是否有正确的认识问题,热不热爱革命的问题。"

龚良银揭发(巴河地区茅江公社人):

王仁舟说:"有人说捐钱捐粮坏了,这是毛主席的号召,叫'自力更生'。出不出钱是爱不爱毛主席、拥不拥护文化大革命,也是看一个组织有没有战斗力、听不听我的话。"

林玉阶揭发:

浠水八·一八红联将来可以代替青年团,今后凡是参加浠水八·一八红联的人才能参加共产党。在我们浠水来说,要想参加共产党,必须首先参加八·一八红联。

张新年揭发(原巴河一司成员):

六七年八月十六日晚,王仁舟在巴河工人俱乐部召开的巴河区属机关、企业干部职工大会说:"我们的方针就是要打,要武装夺取政权，要战争解决问题，你们这些机关干部，可能是怕战争的，害怕战争的人，就是修正主义，苏联所以修了，就是因为怕战争……。"

彭顺华揭发（原巴河一司成员）：

六七年九月二日，王仁舟在俱乐部说："农民去掉自留地就是无产者，城市与农村比较，农村苦；工人与农民比较，农民苦；脑力劳动与体力劳动比较，体力劳动苦，农民生活最苦，只有武装夺取政权才能翻身。"

王仁舟在和平公社群众大会上说："农民生活最苦，只有武装夺取政权，才能翻身。"

杨旭揭发：

六七年九月二十日，王仁舟在群众会上说："现在是非常时期，我们要把（在）巴河实行军事共产主义，就是共产！"

林玉阶揭发：

"我想真正的革命造反派，是不要外援和支左的枪枝（支），而是要向敌人手里去夺枪。只有在敌人手里夺来的枪，才是真正的革命造反派。现在武装部在我们巴河一司周围发了很多的枪，你们可以想办法去夺他们的枪枝（支）。"

六七年九月五日，王仁舟在全区当权派会上说："关于文攻武卫的问题，武卫组织办法，区组织武卫连，公社组织武卫排，大队组织武卫班，要把武卫人员集中，组织集体生产，有事便于应付情况。有些人反对我们这样的作法，说到处是哨。我们应该看到处处是哨，应该高兴。只有修正主义者才害怕这种情况。"

张本金揭发：

六七年八月十七日晚召开司令部勤务员学习会，王仁舟布置各勤务员要着重抓打刀矛，勤务员中有的提出一司不搞武斗，要坚持文斗。王仁舟说："毛主席提出要坚持文斗，反对武斗，我就是要研究武斗，你们不懂在这非常时期权力一定要集中到一个人或两个人手里。"

涂久平揭发：

六七年九月，王仁舟与郭旭初谈话时说："全面武装有最大的阶级性，凡是拥护我的，不管是地主、富农，不管是男女老少，都要全面武装起来，搞武装夺取政权，实行农村包围城市，这是我们的创举。"

江楚波同志走访王仁舟的对话（江楚波现革联汪岗分部战士）：

……

江问：你发展对象是什么人，孤立是什么人？

王答：以工农基本群众为主，以新的阶级为主要对象……。

江问：对地、富、反、坏、右分子呢？

王答：不是说了吗？以新的阶级为主，以两条路线为主，看他愿走哪条道路，这在毛主席第七卷本"古田会议"上有。

江问：毛主席一至四卷上有"古田会议"这一章吗？

王答：没有，我有。准备印发出来，在内部学习。

……

江问：再问你，浠城和我们认为你接管邮电局是非法的？

王答：革命本身就是非法的，不是议会道路。

江问：你对毛主席当前战略部署是怎样理解的？

王答：当前主要矛头揪军队一小撮……

江问：你对走资派的斗批改是怎样安排的？

王答：走资派我们没有安排斗批，主要是在战场上看。火线头上去看。看他走那条道路，跟谁走，那该多好（原文如此——本书编者注），决定他们是什么派，是最好的亮相。再个，不把邵坤斗垮，再斗（抖）狠[3]也无用。

江问：你们用这些刀矛搜查，是否违背"要用文斗，不用武斗"？我很不理解。

王答：要文斗不用武斗这也是个政治口号，如"六·六"通令这都是麻痹国内敌人的。

江问：你对不愿参加你这个组织和反对你这个组织的人，你是如何对待的？

王答：群众说我是搞武斗，我不是搞武斗，是搞自卫，是搞无产阶级专政，对反对我的人，不论是群众、干部，一律是专政，专政就

---

[3] 抖狠，武汉方言，意为逞强、耍威风之意。

是不论是什么手段，打、骂都可以随便用。

江问：你今天与我谈的大都是用武装性的口气！

王答：湖北的问题是武汉，重点又在浠水，浠水是和平解放的，未动枪炮，中央要用枪杆子来解决湖北与浠水这个和平解放的问题。

江问：你认为浠水夺权问题呢？

王答：夺权这无须夺权，巴河的权我们就夺了，从此不搞上交，自给为主。

江问：你说的是巴一司搞农民运动，这不是违背了中央规定？不准农民进城市搞武斗！

王答：巴河、浠水是什么地区，还不是农村吗？

江问：农民运动，为什么中央未指示，别地方都未搞？

王答：全国农民运动几乎都在（被）走资派和保守派所控制了，只有巴一司属于造反派掌握了，所以被资产阶级镇压，浠水巴一司农民运动创造了健康发展，而创造有极为深远意义。

江问：你这算不算农村包围城市？

王答：口号不是这样提，基本方针是农村包围城市。

江问：你说你光听毛主席的话，其他什么人的话你不听，有这回事吗？

王答：对，我提的，中央首长、林彪等同志是传达毛主席的精神、思想我都听，他们不是说毛泽东思想的话，我不听，懂吧！

涂久平揭发：

"这次农民运动，是用我的竹笋战术，慢慢地从下面往上剥，最后从农村包围城市。"

林玉阶揭发：

六七年九月八日王仁舟在兵团头头和武卫队长会上说："私设牢房怕什么呢？凡是反对我们的人，你们可以把他们提出来，轻者示众，重者送去劳改。本区劳改不行可以送往外县劳改。"

张本金揭发：

六七年九月九日一司司令部提出要和革联谈判联合，王仁舟把人民日报刊登的《中国"议会迷"的破产》这篇文章拿出来说："你们这些人光追求大联合、三结合，谈判，议会道路走不通你们不知道，坚持武装斗争就是胜利。"

郭旭初揭发：

六七年九月上旬王仁舟在贫下中农会上说："干部拿工资都算剥削，每月四十元的和过去富农一样，拿五十元的和过去地主一样，你这些泥巴驼（坨）子伤心啦。整天面朝黄土背朝天，一年搞不到二百元钱！"

彭顺华揭发：

……

王仁舟在一次贫协组长以上的大会上说："你们这些贫协组长，要培养接班人，这次文化大革命，地富子弟造反最凶呀！那里有压迫，那里就有反抗，不知道压迫，就不知道反抗，你们要培养他们。"又说："裘西凯（区委委员，地主出身，运动开始时，这个人揪回家去斗争个把月），这个人老实，工作积极肯干，有人说他是地主，有变天账，这是唯心的。"

郭旭初揭发：

王仁舟说："你们听我的话就是了，我是唯物的，我是无产阶级者，听我的话就是听毛主席的话。"

王仁舟于九月中旬在□□（原件这里空两格——本书编者注）干部和司令部干部会上说："人民战争要讲全面皆兵，不能讲全民皆兵。毛主席提'全民皆兵'没有阶级性，我们要搞全国武装。""全面皆兵是最大的阶级性，凡是拥护我的，不管地主、富农，不管男女老少，都要全面武装起来，搞武装夺取政权，实行农村包围城市，这是我的新创举。"

张国祥揭发（原巴一司组织部）：

一次，王仁舟对周××说："毛主席发动这场无产阶级文化大革命，可能落得象巴黎公社一样的结局。"

冯大全揭发（巴一司和平公社总部红灯照兵团）：

去年十月在五洲办学习班时王仁舟说："毛主席在延安势力很小，抢点么事就有点么事。我们要学习毛主席那时在延安一样，只有抢才有东西，大家说要不要抢呀！"

徐章其等四人揭发（前五洲公社负责干部）：

六七年九月二十一日王仁舟在五洲小学群众大会上说:"毛主席在湖南领导农民秋收起义,我们这次也是领导农民秋收起义。"

一中初三(2)班刘楚桥揭发:

六七年八月王仁舟在三中食堂说:"'毫不利己,专门利人'[4]在农村不适合,不需要那么宣传,如果宣传就有利于一小撮走资派。"

巴一公社胜利大队五小队邱辉揭发(原一司成员):

去年中秋那天,王仁舟对我说:"马克思、恩格斯所领导的农民运动不彻底,毛主席也不彻底,我要在巴河地区赏(尝)试赏(尝)试一下。"

林玉阶揭发(原巴河一司成员):

去年八月二十五日王仁舟在巴河镇总部召开大队兵团头头会议上讲:"关于我所说的政治就是骗的问题,为什么说政治就是骗呢?我说政治是骗子,就是你欺骗我,我欺骗你,如果你接受了我的骗,那就达到了我的目的,我的目的达到了,那就不是骗你的了,如果你不接受我的骗,那就是骗你的。"

张本金揭发(原巴一司主要负责人之一):

去年九月一日晚王仁舟在司令部会上说:"你们都修了,怕死。你们不革命谁革?说直话我们司令部的勤务员的工资加起来不到五十元,马克思很早所盼望的廉价政府,我第一个要在巴河办起来,这是我的创举,我现在就在办廉价政府嘛!"

张国祥揭发:

王仁舟在一次会上说:"今后整党建党时,肯定要以是否坚定地站在巴河一司为界限,如果始终坚定地站在巴河一司一边,肯定会优先入党。""我在外语学院时,学校要我入党,我不稀罕这种党员,如果条件具备,自己可以批准自己入党。"

巴河一司群众揭发:

王仁舟去年九月三日在俱乐部群众大会上讲:"今冬明春农村无产阶级文化大革命的高潮过后会有一股黑风,说不定有残酷的镇压,为什么?杀一警(儆)百,要开始搞春耕大生产了,要真正彻底解决

---

[4] 引自《纪念白求恩》(1939年12月21日),《毛泽东选集》第2卷,人民出版社,1966年7月,第620页。

问题，我预计在六、七月间中央可能有一次公开表态。"

六七年九月份在区公所一次学习会上，他说："我要为世界革命摸索出一条新的道路。我们现在所做的事业是前人从来没有做过的事业，我们巴河一司是全国农民运动的典范，有指导世界革命的意义。"

王羚揭发（原浠水农高八·一学生）：

王仁舟在红旗大楼说："我要把红旗大楼办成六十年代农民运动讲习所。浠水巴河一司的农民登上了红旗大楼，全省农民运动的兴起，将由这里向各地散播种子，我要在红旗大楼把全省、全国的农民组织起来，那时什么'三钢''三新'都要受我们的考验，什么中央表态的支左'红旗'叫他完蛋。"

肖政揭发（原浠水农高八·一八学生、巴 司组织头头之一）：

我学了很多马克思、恩格斯、斯大林著作，依我看真正掌握了马列主义、毛泽东思想的人少得可怜，象周总理他就没有毛主席那样的思想，他是国务院的总理，管的是科学、事务性的东西，他缺乏政治水平，就中央来说，他代表的是右派势力。

新湖大学生、原京汉调查组成员张华揭发巴河一司坏头头王仁舟：

史无前例的无产阶级文化大革命已经取得了决定性的胜利，全国无产阶级革命派正在紧跟毛主席伟大的战略部署，夺取无产阶级文化大革命的全面胜利。

但是，一小撮顽固不化的走资派、特务、叛徒以及没有改造好的地、富、反、坏、右分子并不甘心自己的失败，他们还在作垂死的挣扎，王仁舟这个坏头头，在无产阶级文化大革命运动中，和阶级敌人扭在一起，干出了一系列的罪恶勾当。

六七年七月二十三日，王仁舟和我们（南宁、张华等）的一次谈话中说："陈再道是好司令员，不能打倒。"并向徐曙光要了一本打倒孟夫唐的材料。

九月底我和郭传杰、周寿康等同王仁舟进行了几次座谈。座谈中王仁舟说："政治就是骗。"当时我们反对。他说："我这话没有错，因为政治是战争的继续，打仗两个方面各有各的战略战术，互相都不告诉，是采取骗的手法，因此政治也是骗。"王仁舟还说："谁掌握了政权，谁就意味着掌握了剥削。"我们对这些反毛泽东思想的言论都进行了驳斥。

王仁舟对京汉调查（组）中反对他的人，采取极端卑鄙的手段，六七年九月初红八月的南宁同志和我在蛇山开了一次会，提到王仁舟掌权后会把巴河一司带坏，想用内部手法叫王仁舟不担任领导，做一个群众。王仁舟得知后，在巴河将南宁同志带（戴）高帽游行，将我赶出巴河，大整南宁和我的黑材料，捏造很多莫须有的罪名想从政治上把我们搞臭。

六七年十月，巴河一司抬尸在武汉游行否认浠水人武部支左大方向，强行封闭新生的湖北日报，炮打曾、刘首长。一次，红八月公社三个同志到红旗大楼看王仁舟搞什么活动，我们三个同志到红旗大楼后，王不见我们的同志，后来我们再三要求才接见，接见时他说："你们知识分子还是去接触农民吧，要知道你们把笔杆子一摇多少人头落地。"我问他："你们在这里做些什么？"他说："办学习班研究农民问题，解决农民问题。"好象中国农民问题还没有解决，待他解决。用心何其毒也！我们问学习班的农民群众王仁舟如何上课，他们一致回答："三天上一次大课，他讲的都说到我们心坎里去了。"王仁舟蒙蔽群众何等之深！

十二月二十三（二）日，在武汉革命组织强烈要求王仁舟之流撤出红旗大楼、湖北日报要复刊的条件下，我们要王认清形势，退出红旗大楼。他不理睬，在学习毛主席给越南人民一封信中：越南虽然是个小国，但是只要充分地发动群众，可以打败凶恶的美帝国主义一段时说："我们巴河一司虽然是个小组织，武汉三镇、三新他们瞧不起我们，但是我们的毛主席瞧得起。只要我们充分地发动起来了，完全可以打败他们。"

王仁舟在农民中读《抗日战争胜利后的时局和我们的方针》这篇光辉著作时，把巴河一司比作共产党，把浠水革联、三钢、三新比作蒋介石，巴河一司的方针是针锋相对，寸土必争。

毛主席教导我们："对于我们国家抱着敌对情绪的知识分子，是少数。这种人不喜欢我们这个无产阶级专政的国家，他们留恋旧社会，一遇风机，他们就会兴风作浪，想要推翻共产党，恢复旧中国。"[5]王仁舟就是这样的知识分子。对王仁舟这个人我的看法是：脑子有一套反毛泽东思想体系，不易改造，这样的思想必然暴露赋于（予）行动，王仁舟是个野心勃勃的家伙，他的野心不在于浠水、湖北，而是在于中国。他是个狼子野心（家）。

史无前例的无产阶级文化大革命形势一片大好，但是敌人是不甘心失败的。我们的同志应该居安思危，揪出破坏鄂东无产阶级文化大革命的黑手，打倒一切特务、叛徒、顽固不化的走资派以及变色龙、小爬虫、个人野心家！

新湖大　张华　68年4月14日

根据浠水革联第四办公室、巴河钢总指1968年8月编印的《有关浠水巴河一司部分材料》刊印。

---

5　这段语录与原文有出入，"对于我们国家抱着敌对情绪的知识分子，是少数"的原文是："对于我们的国家抱着敌对情绪的知识分子，是极少数"；"一有风机"的原文是："一有机会"。见《在中国共产党全国宣传工作会议上的讲话》（1957年3月12日），《毛泽东选集》第5卷，第404页。

# 北邮革委会常委张子学和穆天保

# 谈王仁舟的情况

（一九六八年三月二十八日）

时间：一九六八年三月二十八日上午
地点：北邮革委会办公室

黄植三是我们班的五个核心组的成员之一。过去、现在表现都还不错，他以前出去串连，我们没管。二月时王仁舟来过学校，黄植三以前介绍过一些浠水的情况，黄植三说王仁舟搞共产主义新农村。有次黄植三说："王仁舟说中央关于农村文化大革命的七条是总结巴河一司经验后作出的。原发的草案错误很多，总结一司的经验后，修改得正确了。"我们认为这是错误的说法，要黄植三注意。

根据浠水革联第四办公室、巴河钢总指 1968 年 8 月编印的《有关浠水巴河一司部分材料》刊印。

---

1　北邮，即北京邮电学院。

# 浠水各地出现歌颂王仁舟的反动标语口号

(一九六八年五月十二日)

浠水革联第四办公室

我县自 67 年以来,已经发现呼喊反动口号、书写反动标语的反革命案件 70 余起,其中把王仁舟这个反革命分子当作"领袖"歌颂的有 14 起,占整个案件的 19%。有的一边侮辱毛主席、林副主席,一边歌颂王仁舟;有的同时歌颂刘少奇、王仁舟。从这些材料看来,王仁舟是革命还是反革命不是昭然若揭吗?现将其详情分述如下:(文中的"☆☆☆"是指毛主席,"☆☆"是指林副主席,"×××"是指共产党)

1. 巴河区七铺公社新生大队公路上,于 67 年 2 月 21 号有人用茅刀写:"王仁舟万岁!万万岁!"

2. 关口区青台公社长春大队一生产队王金元(男,23 岁),于 67 年 9 月 21 号公开在群众中喊:"王仁舟好!打倒☆☆☆!"

3. 洗马区株林公社春光大队八生产队范士钧(男,36 岁),于 68 年 3 月 3 日到明星代销点没有买到灯油,出门公开喊:"王仁舟万岁!"连喊三声。

4. 十月区白石公社高升大队三生产队何大成(男,24 岁),于 68 年 3 月 13 日在小队浸谷水泥池边用木炭写:"王仁舟万寿无疆!"

5. 关口区三店公社星明大队八生产队周国元(男,21 岁),于 68 年 3 月 14 日在田间生产公开喊:"天上星,亮晶晶,☆☆☆早死早脱生,王仁舟好,王仁舟早来把干部干掉。"

6. 关口区胡河公社关桥小学六年级学生郭钧平,与 68 年 4 月公开辱骂毛主席和林副主席,并公开喊:"用鲜血和生命誓死保卫王仁舟"。

7. 株林公社春光大队四生产队范苏视(男,25 岁,贫农,农民),于 68 年 1 月大肆攻击学习"老三篇",并公开喊:"祝王仁舟万岁!

万万岁!"又说:"王仁舟万寿无疆!"连喊三声。

8. 关口区胡河公社丰山大队三生产队郭细亚(男,11岁,小土地出租,学生)于68年2月25日在路上用灰洒成:"王仁舟万岁!万岁!万岁!"又洒成:"刘少奇万岁!"

9. 团陂区路口公社新红大队金角尖山上,于68年3月9日有人写:"王仁舟万岁!刘少奇万岁!打倒☆☆☆"等反动标语。

10. 关口区三店公社百胜大队于68年4月10日,有人将墙上石灰粉好的毛主席语录牌打上"××",再写上"王仁舟好,巴河一司好"。

11. 洗马区株林公社春光大队四生产队范士钧,于68年4月10日从公社回家对范水银等五人大喊:"好消息,☆☆死了,☆☆☆快要死了,王仁舟到北京坐了殿。"

12. 团陂区桃树小学四年级学生严华春(男,13岁)于68年4月11日在别人用的毛主席语录一百条毛主席像的周围,用元(圆)珠笔写:"打倒☆☆,瓦解×××,打倒☆☆,拥护王仁舟!"等反动内容。

13. 县供销社土废部,于68年4月11日在银行取款发工资时,发现在一张两元的人民币背面上用钢笔写:"万岁王仁舟!王仁舟万岁!"等反动内容。

14. 68年3月下旬发现洗马区羊角公社幸福大队三小队,粪窖脚上有人用粉笔写着:"王仁舟万岁!☆☆☆啰家伙也万岁!"最后一字被擦,但仍能看出字形。

根据浠水革联第四办公室、巴河钢总指1968年8月编印的《有关浠水巴河一司部分材料》刊印。

# 王仁舟六月一日在巴河一司群众大会上的讲话
## 关于梅川谈判问题的全文

（一九六八年六月一日）

这次由 6090 部队主持的梅川 25 天谈判，是毛主席革命路线的伟大胜利，是全湖北省从来未有的胜利，是路线斗争进入了新阶段的标志。

"十六条"明确指出："文化革命既然是革命，就不可能（避免）地会有阻力。这种阻力，主要来自那些混进党内的[那些]走资本主义道路的当权派，同时也来自旧的社会习惯势力。这种阻力目前还是相当大的，顽强的。但是，无产阶级文化大革命毕竟是大势所趋，不可阻挡。大量事实说明，只要群众充分发动起来了，这种阻力就会迅速被冲垮。"

由于阻力比较大，斗争会有反复，甚至可能有多次的反复。这种反复没有什么害处。它将使无产阶级和其他劳动群众，特别是年轻一代，得到锻炼，取得经验教训，懂得革命的道路是曲折的，不平坦的。

我们同浠老谭的御林兵打仗，有人说是"苕打苕"，我王疤子说：这是反毛泽东思想的大毒草。西河武卫总部朱昌发的父亲说得好："你不打他，他要打你呀！"在浠老谭的血腥围剿中，在浠水联匪的屠刀下，我们巴河一司的许多坚强战士不是英勇地牺牲了吗？想起他们就心里难过，还有么理由不跟这些[细]蒋介石拼到底呢？见了马克思也不饶他这些狗日的！

这次无产阶级文化大革命中死的人，还没有过去一个小战役中死的人多，所以损失最小最小最小，要奋斗就会有牺牲，死人的事是经常发生的。在斗争中好人斗好人是误伤，坏人斗坏人，可以间接利用。如杨成武斗罗瑞卿，罗瑞卿被彻底打倒后，杨成武这个坏蛋还是跑不掉。资产阶级代表人物总是争权夺利的，坏人最终是要暴露的。好人斗坏人，这是客观规律，那里有无产阶级和资产阶级，那里一定有架打。这是不可避免的。

不要怕斗,不要怕乱。说狠点,我们浠水死了一半也没有啥,一个红彤彤的新浠水,一定重建起来。我们革命贫下中农应该牢牢掌握枪杆子,枪杆子是我们广大贫下中农的命根子,没有枪杆子便没有政权,便没有我们贫下中农的一切。枪——这个我们巴河一司广大革命的贫下中农用鲜血和生命换来的命根子,今天不能交!明天不能交!!后天不能交!!!这一代不能交!下一代也不能交!!只要帝国主义、修正主义、各国反动派一天不消灭,我们一天不放下枪杆子。资产阶级取得政权后,总是剥夺人民的武装,而无产阶级专政总是武装人民。我们要彻底清除我们队伍中的小资产阶级思想,绝不能书生意气十足,将尖锐、复杂、曲折的阶级斗争当成儿戏,绝不能在思想上解除武装,而是要强化这种武装。

有人说我这样讲不符合"九·五"命令,我说完全符合,有些人根本不懂得毛泽东思想,并且胡说八道,攻击"九·五"命令,说"九·五"命令是收枪,这是放他妈的狗屁。"九·五"命令是关于抢夺解放军的枪枝(支)而采取的措施,这是政策,政策是对付同路人的。"七·二〇"以后,毛主席说要武装革命群众。抢枪、放枪、交枪,这是小资产阶级的表现。"九·五"命令就是对付这种小资产阶级而发出来的。这些小资产阶级的代表人物,实质上是混进革命派内部典型的机会主义。这些机会主义份子到了紧急关头,为了保持个人的某些既得利益,便不顾革命,主张交枪。有这样一个兵团,平时要枪,到了打仗时变成了兔儿过的儿,得到手的"造反派"怕在战场上打死了划不来,这种人也是主张交枪的。这次革联所谓王扒子的王松柏、周业金都主张交枪,就是属于这种人。因为广大人民群众掌了枪对这些人是不利的。

共产党人靠真理吃饭,靠马列主义、毛泽东思想吃饭。他们说王疤子作了三条黑指示,这不是王疤子的指示,是我们伟大领袖毛主席的最高指示,毛主席在中国共产党第七次代表大会上说过,去年九月份在武汉也说过。这三条指示就是:

(1)子弹是要吃人的。(2)肚子是要吃饭的。(3)路是人走出来的。

这三句话是我们伟大领袖毛主席从千百万的鲜血中总结出来的真理。

"七·二〇"后，陈再道打倒了，一些叛徒考茨基派，一些机会主义份子，以为时机已到，他们纷纷地从舒适的别墅里爬出来，张开血盆大口，肆无忌惮地吞革命造反派所取得的胜利果实。黄凤娇、夏龙翔、邵欠子、王松柏、周业金之流都匆匆忙忙地从峨眉山上滚下来摘桃子。然而，这些蒋介石的门奴，岂知阶级斗争是严重的、长期的、复杂的。就在这个紧急关头，我们伟大领袖毛主席来到了武汉，一针见血地指出："子弹是要吃人的，肚子是要吃饭的，路是人走出来的。"告诫我们一切真正的无产阶级革命派，阶级斗争远没有结束。"七·二〇"后，革与保的斗争，"七·二〇"后无产阶级革命派同变色龙、小爬虫的斗争还是严重的、长期的、复杂的。我们要做景阳岗上的武松，当机立断，"宜将剩勇追穷寇，不可沽名学霸王。"将仇恨的枪口对准浠水的变色龙、小爬虫猛烈开火。继"七·二〇"不久，我们便于八月十八号向浠老谭宣战了。

子弹是要吃人的。

这说明了阶级斗争的严重性。我们同国民党反动派、党内走资派、机会主义者的斗争是拼死的你死我活的斗争，不是我们吃掉他们，便是他们吃掉我们，中间道路是没有的。

肚子是要吃饭的。

最近中央指出，要巩固工农联盟，这就意味着阶级斗争的长期性，要藏粮于民，藏富于民，备战，备荒，为人民。前不久黄石新派——保孙派对黄石钢派实行经济封锁，黄石钢六中等学生没饭吃，我八·一八红联散花总部给钢六中一千斤大米以援助。

关于战争，我们准备打赢，但也准备失败，说不定保守派从巴河一司头上开刀，把我们镇压下去，他们就安定了，假如说保守派围剿巴河一司，他打进来了，不给他水喝，不给他饭吃，他能生活下去吗？我们将麦子、谷子打下来不卖给他，看他怎么办，这不叫抗粮，我们应该把粮交给无产阶级司令部。在某一个非常时期内，或者以队将粮藏起来，坚壁清野，不让敌人知道，将水源开在隐蔽的地方，各机关的资金也不外流，这并不叫抗粮、抗税，实质上就是藏富于民，藏粮于民，主席很早就这样说了，过去我们不懂，现在应该要懂了，备战备荒为人民，这就是我们的目的所在。

路是人走出来的。

这就是阶级斗争的复杂性，我们同浠老谭的斗争，同资产阶级及其一切剥削阶级斗争，中国共产党同国民党反动派的斗争，在某个历史时期来说，即令是社会主义时期，这种斗争不仅是严重而长期的，而且是极端复杂的。因此，谁胜谁负的问题还没有得到解决，这就需要我们无产阶级革命造反派，积极地钻研马列主义、毛泽东思想，发扬无产阶级敢想、敢说、敢干的大无畏革命精神，同时要组织千百万革命群众同心同德同阶级敌人作不疲倦的殊死斗争。在目前这战备的非常时期，我们的队伍最要实行民工的三落实，要象我们伟大领袖毛主席教导我们的那样："组织军事化、行动战斗化、生活纪律化"，这就是民兵三落实的具体表现。通过这次无产阶级文化大革命一定要实现这"三化"。

我们要有几个比较：

我们这些人要变得聪明些，这是无产阶级的聪明，心不要太狭隘了，革命不要投机，要革命到底。我们这些人，是革命的洪流推上历史舞台的，原来我们怎么晓得谈判、打枪，现在通过革命学会了。

在梅川谈判中，我是处于少数，最后只剩下我一个人。但是我认为不交枪是真理，一定要坚持。当时我们去的代表受骗了，我并不怪我们去的代表，而是痛恨走资派，"僧是愚氓犹可训，妖为鬼蜮必成灾"！

谈判进行了25天，主持谈判的军代表突然告诉我们双方休会，宣称什么："我们是来收枪的，是来执行任务的。"如是就此我向6090部队党委提出了三点抗议：

1. 据部队党委反映革联与八·一八红联的分歧主要是一个要全部上交武器，一个要立即封存武器，待政治问题处理后再处理武器。双方都是认为不折不扣地执行"九·五"命令，真理只有一个。部队党委的随意就这一问题所发表的见解所引起的后果，应负完全责任。

2. 就双方达成的协议有很多条，而根据"求同存异"的原则，应达成部分协议,这才是对人民负责的态度,只管收武器,不管人民的死活,这是不负责任的表现。应该赶紧研究,不能草率了事,否则由此引起的一切后果由部队党委承担。

3. 关于没有达成协议的观点,部队同志未经我红联负责人的同意不得随意在我红联人中散布,否则,我们组织的瓦解和分裂,一概由6090部队党委负责。

部队党委接到后,立即召开会议,这是毛主席革命路线的伟大胜利!这是毛泽东思想的伟大胜利!

谈判的另一个胜利,是使我们这些同志受到了一次严峻的考验,使我们学会了谈判,同时使我们深深地体会到谈判是不流血的战争。

(原载八·一八《五洲星火》一九六八年六月四日)

根据浠水革联第四办公室、巴河钢总指1968年8月编印的《有关浠水巴河一司部分材料》刊印。

# 反革命政治狂人王仁舟言论摘编

(一九六八年九月十八日)

编者按：本报不惜篇幅摘登了浠水巴河一司坏头头、反动政治流派——"决派"另一创始人，反革命跳梁小丑鲁礼安的难兄难弟王仁舟的部分反革命言论。王仁舟疯狂地反对革命，与反革命政治狂人陈里宁是有过之而无不及的，就是这个早在1965年就因散布反革命言论，被北京外国语学院开除了学籍的王仁舟，曾被某些人誉为受"迫害"的"老造反派"，轰动了江城。从此，前往浠水县巴河地区"会见"王仁舟者，真可谓络绎不绝。他自己恬不知耻地自封为农民运动的"领袖""统帅"，他在武汉的难兄难弟们也费尽笔墨为之吹捧。去年十二月，就是这个王仁舟，在其武汉的难兄难弟们的支持下，以所谓"农民运动的兴起"为旗号，抬尸进入江城，一举封闭了新生的《湖北日报》，在江城办起了所谓的"农民运动讲习所"。从此王仁舟亲手炮制的所谓"军事共产主义"的"新农村"，通过自封"左翼"们的调查报告，神话般地传播了武汉。那时，王仁舟之流反动的气焰真是甚嚣尘上，不可一世。

然而，假的就是假的。在江城真正的无产阶级革命派眼里，王仁舟只不过是一个步希特勒、蒋介石后尘的反革命跳梁小丑而已，他的反革命狼子野心和疯狂程度的确无愧于作一个希特勒、蒋介石的徒子徒孙的。

一些同志不了解，为什么王仁舟那样疯狂呢？这完全是由他的反动本性决定的。他就是那种"仇恨共产党、仇恨人民、仇恨革命而达到疯狂程度"的反革命分子。"他们的阶级本能引导他们老是在想：他们（自己）怎样了不起，而革命势力总是不行的。他们总是高估了自己的力量。低估了我们的力量"。[1]

---

1 引自《关于胡风反革命集团的材料》，人民出版社，1955年6月，第122页。

王仁舟之流的疯狂并不表明他的强大，而恰恰表明了他的虚弱。他不是一再叫嚣"政治就是骗"吗？不是一再津津有味地宣扬"骗"字经吗？这正是他那个反动的阶级本质的很好的自我暴露。**"他们不但需要欺骗别人，也需要欺骗他们自己，不然他们就不能过日子。"** [2]

　　一切反人民、反革命、反毛泽东思想的阶级、集团或个人，都是没有真理而乞灵于"骗"的。所以不管他曾经多么气势汹汹，疯狂嚣张，不可一世，都不过是纸虎一只，春梦一场，革命人民的暴风雨一旦卷起，到头来就要立刻化为尘埃和泡影，被抛入历史的垃圾堆。请看，昔日捶胸顿足，张牙舞爪，吼叫咆哮，似乎要把一个地球都吞掉，而今日沦为阶下之囚，瓮中之鳖的王仁舟，除了他身上的脚镣手铐，还能"统帅"和"领袖"谁呢？这个希特勒和蒋介石的徒子徒孙不是亦步亦趋地跟着他的老祖宗走向了同一个坟墓吗？

　　因为王仁舟和一切反革命分子一样，有一点儿"骗"的本领，所以，一个时期内总还会有一些人跟着他跑的，我们特别希望这些人很好地研究一下王仁舟的这些言论。研究一下这个**反革命分子怎样耍两面派手法呢？他们怎样以假相（象）欺骗我们，而在暗地（里）却干着我们意料不到的事情呢？**[3] 从而从他的欺骗中觉悟过来，与他划清界限，回到人民一边来，革命一边来，同他进行斗争。

　　"铲掉毒草好肥田"。革命的同志们，让我们每一个都挥起革命的铲刀来吧！

## 一、疯狂反对毛主席，恶毒攻击毛泽东思想

　　谁掌握了政权谁就意味着掌握了剥削。×××要不保晚节，就要变质，就要剥削人民。

　　无产阶级要压迫另一个阶级，在经济上也就存在着剥削。

（1967年8月21日王仁舟与郑重等辩论时言论）

　　当有人问王在开会前为什么不向毛主席敬礼？不祝毛主席万寿

---

2 引自《关于胡风反革命集团的材料》，人民出版社，1955年6月，第122页。
3 引自《关于胡风反革命集团的材料》，人民出版社，1955年6月，第2页。

无疆？不学最高指示？他恶毒地攻击和谩骂我们伟大的领袖毛主席和林副主席说：你们受了蒙蔽呀！这一套完全是资产阶级的假情假意，这是资产阶级扒手想的鬼心思，我们要学习外国人对毛主席热水瓶式的感情，外面冷，内面热，我们爱毛主席只要心里爱就行了，不要搞小资产阶级的那一套。……比如，斯大林未死前，赫鲁晓夫整天喊：斯大林是我的导师，是我的领袖，可是斯大林一死，赫鲁晓夫就修了，骂斯大林白痴等，连坟墓也给毁了。

（1967年9月5日王仁舟的言论）

毛主席发动的这场无产阶级文化大革命，可能落得象巴黎公社一样的结局。

（对周××的一次谈话）

你们听我的话就是了，我是唯物的，我是无产阶级者，听我的话，就是听毛主席的话。

（郭旭初揭发）

对毛主席的话理解的执行，不理解的也要执行，你们也应该这样，我说的这些东西你们不理解的也一定执行。

（1967.9.在区公所讲话）

要用毛泽东思想来骗取人，骗取一切，不是改造人，不是改造世界观，现在的机关和国家干部都掌握了剥削。地主，富农在解放十七年来，他改造了，他没有罪了，不要改造了。

（在巴河旧区委会上的讲话）

"毫不利己，专门利人"在农村不合适，不需要那么宣传。

（67年8月在川中食堂讲话）

毛主席提"全民皆兵"没有阶级性，我们要搞全面武装。

（67年9月在巴河一司司令部会上讲话）

毛主席提出要坚持文斗，反对武斗，我就是要研究武斗。

（67年8月17日在巴河一司头头会上讲话）

革命是非，政治是骗。

（巴河一司彭汉明揭发）

关于我所说的政治就是骗的问题，为什么说政治是骗呢？我说政治是骗子,就是你欺骗我,我欺骗你。如果你接受了我的骗,那就达到了我的目的,我的目的达到了,那就不是骗你的了,如果你不接受我的骗,那就是骗你的。

(67年8月25日在大队兵团头头会上讲话)

马克思、恩格斯所领导的农民运动不彻底,毛主席也不彻底。我要在巴河地区尝试尝试一下。

(1967.9.13在和平公社群众大会上讲话)

我要把红旗大楼办成六十年代农民运动讲习所。浠水巴河一司的农民登上了红旗大楼,全省农民运动的兴起,将由这里向各地散布种子,我要在红旗大楼把全省,全国的农民组织起来。

(在红旗大楼的言论)

我要为世界革命事业摸索出一条新的道路。……我们巴河一司是全国农民运动的典范,有指导世界革命的意义。

(67年9月一次学习会上谈话)

毛主席领导解放十几年,工资制还没有解决,……这回发动大家,就是要解决这个差别。

(1967.9.8在巴河徐家仓群众大会上讲话)

有人问:无产阶级专政的条件下用武装夺取政权对不对?王说:"你们都是蠢人,毛主席就是喜欢这样的人夺他的权,并不害怕这样的人夺他的权。"

(同上)

有人说捐钱捐粮坏了,这是毛主席的号召,叫"自力更生"。出不出钱的问题,是爱不爱毛主席,拥护不拥护文化大革命的问题,这是看你这个组织有没有战斗力,听不听我的话的问题。

(在巴河区公所干部会上讲话)

毛主席视察了三区、六省市,我王仁舟二十天视察了七省,回来作最新指示。

(浠水革联陈仁汉揭发)

我跟你们说:我王仁舟就是要一手遮天,你们听我的,跟我走就是大方向。

(67.8.15.对东风顶逆流兵团的讲话)

这次站队在我王仁舟一边,不管错误多大,都是毛主席司令部的人。

(67.9.4 在区公所干部会议上讲话)

为什么有许多人为我翻案那么卖力呢?是想我出来领导他们闹革命,他们是为了维护无产阶级人民领袖翻案的。

(1967.8.28 在"新交通公社"讲话)

六八年二月二十二日晚,在陈玉安房里,王仁舟自封为"统帅",张新民(按:张是巴河一司二号头头兼作战部长)为"付(副)统帅"。真是狗胆包天!

(浠水革联王松柏等揭发)

开大会,他不读毛主席语录,别人问他,他竟说:"我的话句句都是马列主义"。

(王仁舟言论)

真正的马列主义在我这里。

(1967 年 8 月 16 日在巴河区属机关企业职工大会上讲话)

有人说我有个人野心,我就是有野心,我的野心不仅是中国的问题,而是全世界的问题。

(67.9.4 在区公所干部会上讲话)

## 二、肆意歪曲和践踏无产阶级司令部的一切战略部署和战斗号令

中央的指示有的就是带有欺骗性的,有的还带有煽动性的,中央"六·六"通令出来以后,武斗反而比以前更为厉害呢,所以我们对于中央这些指示不要听它。

(张国祥揭发)

我们革命就要四不怕,不怕中央指示,不怕中央命令,不怕中央通令,不怕中央政策。

(向巴河一司敢死队的讲话)

对于(按:中央的)那些通知、命令、公告不要迷信,它没有群

众性。

（67年8月15日在群众会上讲话）

有人说我王仁舟造反不按十六条办事，不按毛主席的指示办事，什么这几条，那几条，这指示，那指示，造反本身就是非法的嘛！

（在巴河区公所干部会议上讲话）

人民日报，红旗杂志有些偏右，不能完全相信它。

（1967年9月10日在司令部会上的讲话）

报纸上批判怀疑一切，那是报上的问题，我就是怀疑一切。

（在红旗大楼和肖×等谈话）

我们五洲（指五洲总部）可以不按全国文化大革命的部署搞。

（对京汉调查组讲话）

我们的文化大革命，第一段是发动群众，第二段是暴力斗争，第三段是武装夺取政权。

（剧团二司江海揭发）

目前有些人就是陶醉于"三结合"的议会道路。

（对钢九·一三赴浠水代表谈话）

谁要追求大联合，谁就没有好下场。

（在巴河一司司令部干部学习会上与郭××的对话）

看形势好不好，要看群众分化了没有。形势好就是群众分化了，群众对立得很，兄弟，夫妻，父子分化的也有，一分化，互相一斗，就出来了。"群众打起来了，起来了，什么问题都解决了。"

（1968年元月7日向圻（蕲）春等群众组织讲解农村文化大革命七条）

解决县、社两级的问题，要用文的办法，也要用武的。

（1968年元月7日向圻（蕲）春等群众组织讲解农村文化大革命七条）

有些人说九·五命令是收枪，这是放他妈的狗屁。……机会主义分子到了紧急关头，为了保持个人的某些既得利益，便不顾革命，主张交枪。

（1968年6月1日在巴河一司群众大会上的讲话）

"七·三""七·二四"布告[4]是要使群众认识到掌握枪杆子的重大意义,群众要掌握枪杆子,有了枪杆子就不受压迫。

(在省革委会毛泽东思想学习班发言)

我说要上交一切武器,这是敌人的理论。

武汉某人说:"革命组织要交枪,革命人民要乘凉"。这是受了和平主义的影响,是小资产阶级市民的要求,他们要求过安宁的日子。说出这种话的人,是阶级斗争熄灭论。……如果说是领导干部这样提出来,这是阴谋。

提出无条件上交一切武器,是阶级敌人一个大阴谋。……把武器收交以后干些什么呢?无非是维护少数人的统治地位。

(在省革委会某些大师兄学习班发言)

有人说我们巴河一司就是靠几条破枪维护自己的地位。要是没有枪就垮了,这也是血的事实。如果没有几条破枪,我今天也不能到这里来谈判。

(同上)

圻(蕲)春××组织讲到他们按照九·五命令把枪交了。王说:"不要刀枪入库,马放南山。你们把枪交了,错了,上了当吧!造反派不靠发武器,要靠夺。"

(1968年元月7日向圻(蕲)春等群众组织讲解农村文化大革命七条)

我这个组织是么样识别左派?就是看打、砸、抢。向上告状是软弱的表现。

(1968年在红旗大楼的讲话)

农村文化大革命十条是草案,毛主席没有定案。十条草案说整地、富、反、坏、右。十六条规定整党内走资派,没有明文规定整地、

---

4 "七·三"布告,指1967年7月3日中共中央、国务院、中央军委、中央文革针对广西地区发生打砸抢事件颁布的布告。这个布告未能制止广西及全国的动乱和武斗,反而导致广西一派在驻军支持下以"落实七·三布告"名义对另一派进行武装围剿。"七·二四"布告,是指中共中央、国务院、中央军委、中央文革于一九六八年七月二十四日颁布的布告。布告要求立即制止日益蔓延的破坏交通、抢劫军用列车、冲击解放军机关、杀伤解放军指战员和大规模武斗的行为。

富、反、坏、右，只有十六条才是中央文件。

（巴河一司王友利揭发）

（按：十六条规定，文化大革命运动重点整党内一小撮走资派，同时又指出要揭露一切牛鬼蛇神，这里就包括了地、富、反、坏、右等一小撮阶级敌人，真是反动至极！）

中央关于农村文化大革命的七条也是总结巴河一司经验后作出的。原发的草案错误很多，总结一司经验后，修改得正确了。

（北邮革委会揭发）

## 三、炮打伟大的中国人民解放军妄图毁我钢铁长城

我拥什么军？你们（按：指中国人民解放军）这是为特权阶层服务的军队，我要建立一支崭新的人民军队。

（67年9月下旬与浠水人武部一次电话的辩论）

解放军都是解放以后的，受资产阶级军事路线的教育，受走资派的影响较深，也要改造思想。不仅改造走资派，也要改造群众灵魂，更要改造部队，因为部队是和平中的，是和平主义部队。

（1968年元月7日向圻（蕲）春等群众组织讲解农村文化大革命七条）

军队团级以上干部，都有军阀作风，当了官，架子大，不看书，不看报。士兵和干部一起办学习班，看干部互相揭发，亮相，明白干部也不过如此，所以这回毛主席著作学习班，要战士参加，是免除战士受蒙蔽。

（同上）

文化大革命基本上是分三个步骤进行的，第一步是党委领导打知识分子内的黑帮；第二步是军队领导打各级党委；第三步是抓军内一小撮。我们要紧跟这个部署。

（在巴河一司司令部干部学习会上讲话）

我们的武器是敌人逼着我们去抢的，是抢的黄冈军分区的民兵武器。我们在抢武器中牺牲3人，是用鲜血换来的。

（在省革委会毛泽东思想学习班发言）

五洲总部受了二月黑风的压，这次有十三级的台风，马上有解放

军到，可以把枪劫过来，你们不要怕，我们是武装夺取政权，解放军是对我们不满意的，他们是贫下中农子弟，有反动的血统论，他们是当和平兵的，没有打过仗，你劫他的枪，他们不敢开枪的。

（67年8月15日在群众会上讲话）

当司令官，吃人民的饭，穿人民的衣，不但不为人民服务，替农民说话，反而站在农民的反面，替法西斯卖力……。

（67.12.12.八·一八红联：《敬告×××大人》）（按：×××指曾思玉同志）

陈大麻子在二月黑风中没有征服我们，我们倒要看看你这位大人先生比陈大麻子强？

（同上）

只知诬蔑我们贫下中农的官大人，我们人民的法律也是不允许的，……终将被我们清洗出去！

（同上）

我们这些小人物大联合之时，就是你们这些"大人物"完蛋之日，你等着吧！

（同上）

你从几个月来对待巴河一司的态度，几次讲话，几次"指示"来看，你的开场是鲜明的，但也是错误的，非但没有觉察错误，改正错误，反而在错误的道路上越滑越远，说老实话，从现在的情况来看，对于你的前途我们是悲观的。

×××（按：指曾思玉同志），我们要向你大声疾呼：你要走哪条路？

（67.12.23《五洲星火》王仁舟写《×××，你要走哪条路？》）

浠水人武部邵欠子（按：人武部负责人邵坤同志）之流，是日本帝国主义。

（67年1月9日在巴河一司头头会议上讲话）

浠水人武部是支保不支左的，是黑武装部，我们要坚决打倒人武部，要坚决揪出人武部的一小撮。

（67年8月15日在群众会上讲话）

## 四、拚命反对工人阶级领导，恶意挑拨工农关系、干群关系，叫嚣"农村包围城市"，妄想颠复（覆）无产阶级专政，实现资本主义复辟

南斯拉夫的昨天就是我们的今天。解放前的工人在整个社会是最苦的，最要求改变自己的地位，目前呢？谁愿意改变自己的地位！工人阶级现在成了国家的统治阶级了，他们的经济地位改变了，自己当了领导阶级，再不要革命了。

不能把工人阶级的领导同无产阶级的领导混淆起来，工人领导中还有流氓、阿飞、妓女，妓女、流氓能领导我们吗？

工人阶级两头小，中间大，左派是少数。

（1968年元月9日接待武汉师范学院中文系6502班赴浠水调查同学时的谈话）

我读书时不会骂人，现在要学会骂人，骂人是无产阶级的表现嘛。

（在巴河俱乐部群众大会上讲话）

现在最受压迫的就是农民，他们的经济地位最低，最受压迫，最受剥削，他们最革命，要求改变现状最厉害。农村的贫下中农才是真正的无产阶级，中国最广大的无产阶级是在农村，他们最革命，毛泽东思想最先被他们接受。

（1968年元月9日接待武汉师范学院中文系6502班赴浠水调查同学时的谈话）

解放前的农民没有革命性，解放后，农民没有私有财产了，他们就有了革命性。

现在我们国家的农民和资本主义国家的农民阶级地位是一样的，都受压迫。现在贫下中农相当于资本主义国家的农业工人，都处于无产阶级的地位。

（同上）

当前主要矛盾是三大差别，这次文化大革命就是要解决这个"钱"的问题。

（在区、公社干部会上讲话）

每月拿30元的干部都是中农，40元的是富农，60元的是地主，一百元的是资本家。

（在巴河一司各兵团头头和敢死队长会上讲话）

四十元以上的干部都怕死，怕革命，他们是无产阶级的特权阶层。

（在巴河广播讲话）

他们干部不是大菩萨养的，不是八字好些，这都是当权派的心思，所以当权派要打倒，拿高工资的都要打倒。

（巴河一司和平总部头头周××揭发）

干部拿工资都算剥削，每月四十元的和过去富农一样，拿五十元的和过去地主一样，你这些泥巴驼（坨）子伤心啦！整天面朝黄土背朝天，一年搞不到二百元钱！

（67年9月在贫下中农会上讲话）

公社一级干部一个月拿四、五十元，相当于过去八十担租的小地主，同学们回去可以喊他们"小地主"。

（1967.8.15对浠水三中师生讲话）

干部没有一个好的，都坏了，都是私心。

（巴河一司和平总部头头周××揭发）

城市与农村比较，农村苦；工人与农民比较，农民苦；……农民生活最苦，只有武装夺取政权才能翻身。

（67年9月2日在俱乐部的讲话）

全面武装有最大的阶级性。凡是拥护我的，不管是地主、富农，不管是男女老少，都要全面武装起来，搞武装夺取政权，实行农村包围城市，这是我们的创举。

（67年9月与郭旭初的谈话）

现在要搞武装斗争，武装夺取政权！同志们！现在讲什么四大？现在是进行无产阶级专政。

（1967.8.17在小教总部的谈话）

浠水是资产阶级的天下，只有用武力才能解决。

（王仁舟言论）

我们的方针就是要打,要武装夺取政权,要战争解决问题……

(1967年8月16日在巴河区属机关企业职工大会讲话)

这次农民运动,是用我的竹笋战术,慢慢地从下面往上剥,最后从农村包围城市。

(徐久平揭发)

抢枪对国际有意义,抢枪的有理。

(1968年在红旗大楼的讲话)

不要怕斗,不要怕乱,说狠点,我们浠水死了一半也没有啥。我们贫下中农要牢牢掌握枪杆子,没有枪杆子便没有政权,便没有我们贫下中农的一切。枪——这个我们巴河一司用鲜血和生命换来的命根子,今天不能交!明天不能交!!后天不能交!!!这一代不能交!下一代也不能交!!

(1968年6月1日在巴河一司群众大会上讲话)

进这红旗大楼是有风险的。……硬的一手我们在对付,在做地雷、炸弹,土的氢弹也成功。要注意经济封锁。在七·二〇我说要藏粮于民,藏枪于民,藏富于民,备战备荒为人民。(按:践踏最高指示,罪该万死!)但许多人不懂得,两个司令部未解决,必须这样,现在证明了这点,散花将钱放在黄石市存,现在取不来了。

(1968年在红旗大楼的讲话)

圻(蕲)春某群众组织谈到两派组织对立,对方都是受蒙蔽的群众,先打我们怎么办?王乘机挑拨说:"在越南,美国兵也是受蒙蔽的,他来进攻,我们就打。放下武器,就是农民。"圻(蕲)春某群众组织又问:"长期打下去怎么办?"王说:"还没打起来,就怕打下去,你们这是赫鲁晓夫式的和平主义,害怕战争。"

(1968年元月7日向圻(蕲)春等群众组织讲解农村文化大革命七条)

现在是小资产阶级表演的时候了,一些臭知识分子也在热衷功名利禄的酣梦之中,所谓成立了革命委员会,就是为了自己扒官。

(在红旗大楼的言论)

## 五、无耻鼓吹"以我为中心",大搞独立王国,对群众实行法西斯专政

巴河相当于一个国家的概念,我们是掌权者,谁反对我们巴河一司,谁就是我们的敌人。

(1967.8.17 对小教革联讲话)

公粮不要交给国家,交了群众没有吃的,要交给司令部。

(巴河一司王图友揭发)

你们敢不敢造反,敢造反的话,税收不要上交。

(对税收干部的讲话)

我们将麦子、谷子打下来不卖给他,看他怎么办。这不叫抗粮。

谁敢与巴河一司作对,谁敢反对我王仁舟,轻者抓去劳改,重者赶出巴河,我们有权就地处决。象谢××(钢总指战士)这样的家伙我们可以多杀他几个,这是我说的。

(1967.8.27 广播讲话)

对反对我的人,不论是群众、干部,一律是专政,专政就是不论是什么手段,打、骂都可以随便使用。

(江楚波走访王仁舟的谈话)

私设牢房怕什么呢?凡是反对我们的人,你们可以把他们提出来,轻者示众,重者送去劳改。

(67年9月8日在兵团头头和武卫队长会上讲话)

只要同意我的观点,不管是群众、当权派,都是革命的。敢同我唱对台戏的当权派就要斗争,群众也要揪出来示众。

(67.8.16 俱乐部群众会上讲话)

无产阶级专政是残酷的,我就是要把巴河火药味搞得浓浓的,把人心搞得惶惶的!

(1967.8.26 广播讲话)

群众对枪杆子就是重视,认识了掌握武器的重大意义。群众掌握了武器,农村小队长,你随便打工分,搞得不好,就要把他捆起来。巴河公社就是这样,搞得很好;……占旺林跑到卫生院吃了一个东

西，当时就捆起来了；有个青年人结了婚，不搞武斗，结果也捆起来了；我们办的新农村，有的户不愿意，想多住房子，我们就用枪杆子对付那些少数人；有的人不愿意吃食堂，我们就用枪杆子维护了食堂。

（在省革委会毛泽东思想学习班发言）

你们这些贫协组长，要培养接班人，这次文化大革命，地富子弟造反最凶呀！那里有压迫，那里就有反抗，不知道压迫，就不知道反抗，你们要培养他们。

（在一次贫协组长以上大会上讲话）

我王仁舟象一块吸铁石，你们（指群众）象小钉子，你们都吸到我这里来，跟我走。

（67.8.29 对巴河新交通职工讲话）

有人想推翻我，那是不可能的，刀把子在我手上。

（1967.9.24 在司令部讲话）

我们司令部勤务员的工资加起来不到五十元，马克思很早所盼望的廉价政府，我第一个要在巴河办起来，这是我的创举。

（67年9月1日在司令部会上讲话）

现在是非常时期，我们要把（在）巴河实行军事共产主义，就是共产！

（67年9月20日在一次群众会上讲话）

共产主义就是一夫多妻制。

（与浠水革联代表周××等同志的谈话）

马克思说夫妻生活将来要破，不要履行什么手续。我这样做（按：指他乱搞男女关系）是破框框，你们对马克思主义不懂。

（北科技大周××揭发）

到了共产主义社会，男女两性没有一夫一妻制了，到那时全凭人的道德了，没有什么固定的制度。

（北京外语学院安继星揭发）

关于"一夫多妻制"，他说："对这个问题不能用你们的资产阶级世界观，去解释未来的（按：指共产主义社会）理想。"

(67.8.21 与郑重等人的一次辩论)

全国搞一个观点，统一了以后，我带兵打美国。（按：看！好一付（副）希特勒的凶相！）

(67 年 9 月 5 日在和平公社群众大会上讲话)

根据 1968 年 9 月 18 日出版的《新湖大》第 101 期刊印。

www.ingramcontent.com/pod-product-compliance
Lightning Source LLC
Chambersburg PA
CBHW022220090526
44585CB00013BB/446